KB232577

實用現代 漢語語法 下

송산출판사

序

　　这几年我很看过几本讲现代汉语语法的书，得到一个印象是这些书的读者对象不明确，不知道是为谁写的。好像是谁都可以看看，看了都多少有点收获，但是谁的收获也不大。因为它既不能在理论上有所贡献，又不能在实用上有所裨益。最近刘月华同志把她和潘文娱同志、故斡同志合编的《实用现代汉语语法》校样拿给我看，我愉快地把它看完，觉得这是一本很有用的书，会受到它的读者的欢迎的。

　　这本书是为汉语作为第二语言的教师和已有基础的学生写的。作者在前言里说："本书的着眼点是实用。就是说，力求通过语法现象和语法规则的具体描写，来指导学生学会正确地使用汉语。……凡是外国人难以理解和掌握的语法现象，本书都作了尽可能详细的描写，对某些容易引起混淆的语法现象还作了比较分析，指明正误。"她们说到做到，有不少内容是别的书上不讲或一笔带过，而这本书里有详细说明的。例如：单音方位词的用途，"这/那么"和"这/那（么）样"用法的异同，"每"和"各"用法的异同，数目后边的"上下"和"左右"用法的异同，特别是用在年龄上，同一词语作状语和作补语的异同，等等。这些是一般语法书上忽略过去的例子。还有别的书上也讲，但是没有这本书讲得仔细的，如动词重叠的用法和意义，二十一个重要副词的用法，"了"的用法，多项定语的顺序，等等。

　　这本书还有值得称道的特点是有些提纲性的表解，如能愿动词用法表，介词分类用法表，语气助词表达功能表，状语补语比较表。还有，练习多而且切合需要。

　　这本书之所以能够具备这些优点，是因为它是多年课堂教学经验的总结。它还将继续在课堂教学中经受考验，并通过课堂教学改掉它里边未能完全避免的缺点。例如用二十页的篇幅讲"了"字的用法，"了₁"分五大项二十二小项，"了₂"七大项二十八小项，就不免有些烦琐，不便记忆。诚然，"了"字的用法是复杂的，但是能不能在材料的组织上想点办法，执简以驭繁呢，或者把一部分内容安排到练习里去呢？此外，本书所用的语法间架似乎有点折衷诸家之间的意思，但因此也就不免有些不尽融洽之处，这也可以在教学中继续得到改进。月华同志来取回校样的时候，要我在前边写几句话，我是乐于从命的。是为序。

吕叔湘

1982.6.1

前言

　　本书主要是为从事汉语作为第二语言教学的教师以及具备了一定的汉语基础的外国学生和学者编写的。它也可以作为国内民族院校的少数民族学生以及其他高等院校汉语和外语专业的学生学习现代汉语语法的参考书。

　　作为一部"实用语法"，本书的着眼点是实用。就是说，力求通过语法现象和语法规则的具体描写，来指导学生学会正确地使用汉语。为此，我们在阐述各项语法规则时，除了指出结构上的特点以外，还特别注重语义和用法上的说明，以便使读者了解在什么情况下使用什么样的表达方式以及在使用某种表达方式时应该注意什么样的限制条件等。外族人学习汉语语法与本族人的难点不完全相同，因此本书的重点就是外国人学习中经常会遇到的语法难点。凡是外国人难以理解和掌握的语法现象，本书都作了尽可能详细的描写，对某些容易引起混淆的语法现象还作了比较分析，指明正误。对部分语法现象的口语形式和书面语形式的区别以及风格色彩等也作了一定的介绍。这样，本书的重点、对某些语法现象的解释方法以及各项内容的详略程度跟其他语法著作就不完全一样。

　　本书的编写过程是首先对搜集到的大量正面例句进行分析，在此基础上确定本书的内容范围和各项内容的编排顺序。然后参照外国留学生的病句和多年的教学经验，确定每一项内容需要讲解的方面。在解释每一种语言现象时，也注意到了尽可能吸收语言学界已有的研究成果。本书是1978年4月开始编写的。1979年暑假写成初稿，1979年9月至1980年8月进行了第一次修改，1980年9月至1981年1月进行了第二次修改，1981年3月开始编写练习并作了最后一次修改。1978年8月曾油印了句法部分的纲要（≪基础汉语课本≫语法提纲），供我院教师作教学上的参考，并分送部分院校和研究机构征求意见。

　　本书是采取集体讨论、分头执笔、统一修改的方式编写的。执笔人分工如下：

　　刘月华：第一编；第二编中的数词和量词、动词、形容词、助词；第三编中的定语、状语、补语；第四编中的存现句、"把"字句、被动句、非主谓句；第五编中的复句。

　　潘文娱：第二编中的名词、代词、副词、介词、连词、象声词、叹词；第三编中的主语和谓语、宾语、复指和插说；第四编中的主谓句、"是"字句、"有"字句、连动句、兼语句；第五编中的紧缩句。

　　故桦：第四编的"是……的"句、疑问句和反问句、比较的方式。

　　赵静贞同志曾参加编写了状语、复指和插说、连动句、兼语句、比较的方式、存现句、复句等章节的初稿，后因工作调动，未能继续参加本书的编写和修改工作。

　　针对外国人学习汉语的特点编写一部系统的语法书，对我们来说还是第一次。由于我们缺少编写经验，加上对某些语法现象的研究还很不深入，对他人的研究成果学习得也很不够，所以本书遗留的问题仍然很多，缺点甚至错误更是在所难免。这次出版的目的之一，就是希望得到国内外广大读者的批评指正，以便将来进一步修改提高。在编写本书的过程中，我们得到了院内外很多同志的大力支持和热情帮助。有的同志提供了部分例句，有些同志提出过很好的意见和建议。吕必松同志自始至终关心本书的编写工作并看了部分书稿，提出了宝贵意见。特别是吕叔湘先生在百忙中审阅全书、提出修改意见并写了序言，周祖谟先生为本书题了书名。在此我们一并向他们表示衷心的感谢。

著者

于北京语言学院

增订本前言

　　《实用现代汉语语法》是一本对外汉语教学语法参考书，出版已近二十年。二十年来，对外汉语教学和汉语语法研究都取得了长足的发展，因此，从1998年起，我们开始了增订工作。

　　学习一种语言的语法，主要是学习该语言的语法规则及其用法。《实用现代汉语语法》就是对汉语语法规则，主要是对句法规则进行描写，同时也注意到语法现象用法的说明。此次增订，我们仍然沿着这条道路前进，希望在深度和广度上都能有所拓展。

　　语法是一种十分复杂的现象，除了基本的词法和句法结构规则外，还要受语言环境、上下文的影响。汉语在这方面尤为突出。此次增订，我们增加了"篇章"一章，在其他章节，在讨论一些具体问题时，也考虑到篇章方面的影响。

　　影响语法结构规则和用法的还有很多因素，比如说操该语言的人的思维规律，文化、性别、地位、年龄等，语体(对话与非对话;陈述、疑问、祈使、感叹;叙述、描写、说明、议论等)，以及句内意义、同类信息的共现或排斥等，可以说是多角度、多方面的。此次增订，在描写、说明、解释语法现象时，我们就是从多种角度、多个侧面进行的。

　　在外语教学和学习中，对语法规则的描写太抽象不行，因为学习者在交际时很难把它与正在进行的交际活动联系起来，也就是很难把握。比如动态助词"了"，只讲"了"的语法意义，只说它表示"发生"或"实现"或"完成"，不管你讲得多科学，学生也很难运用。就像学英语的现在完成时，只说它表示"现在完成"，学生很难运用一样。我们必须讲清它的具体用法，比如在句中常常与"了"共现的时间词语，"了"与语体的关系，后边有宾语时数量词等定语的使用，"了"的省略规则，可以和"了"结合的动词等等。但是语法规则太细了也不可取(比如一类动词能和哪些类名词搭配)，因为人的记忆是有限度的，不像电脑，规则太多了记不住，而且交际时也很难马上从记忆中"搜索"出来，结果，规则太多跟没有规则没什么两样。本书在描写每项语法规则时，试图找到这个繁简适合的"度"。

　　此次增订，我们力图吸收近二十年来汉语语法研究和对外汉语教学的研究成果，包括我们自己的成果。80年代以来，我国汉语语法研究取得很大的进展，而且其中相当一部分研究成果着重于语法现象的描写，这些正是我们所需要的。本书参考80年代以来的主要语法著作，限于篇幅，不能一一注明。我们在书后开列了主要参考书目，在具体章节后的参考文献中，只列出少量主要的论文。

　　此次是增订，所以本书框架、体系基本不变。关于体系问题，二十年前写这本书时，我们曾去拜访过朱德熙先生，问了他很多问题。比如一种现象叫补语好还是叫宾语好，等等。他说，语法体系就像币制，采取什么币制没有关系，因为可以兑换，同样，采用什么语法体系也不是最重要的，重要的是能提出问题。除此之外，我们认为也不能不考虑教学语法的稳定性。本书的体系，基本上是北京语言文化大学前身北京语言学院基础汉语教学多年采用的体系，也广为各国汉语教师所接受。如果改动太大，可能会给从事对外汉语教学的老师们带来一些不便。但这不等于说教学语法体系永远不变。只是当前我们还没有找到一个更为理想的、比现有体系具有明显优点的体系，因此本想改动的几点也不改了。英语作为外语教学历史比汉语长得多，英语语法研究也有很大进展，但多年来英语教学语法体系改变并不大。当然对外汉语教学语法研究没有对外英语教学语法研究那么成熟，但是我们认为体系的改变仍以慎重为宜。

我们在增订本书的过程中，重读了吕叔湘先生为我们写的序。先生的序非常中肯，既肯定了≪实用现代汉语语法≫一书总的方向—对教学实用，又指出不足。先生期望"它还将继续在课堂教学中经受考验，并通过课堂教学改掉它里边未能完全避免的缺点。……这也可以在教学中继续得到改进"。遗憾的是我们未能在先生生前完成增订工作。我们希望这个增订本朝先生的要求以及读者的期望又迈进了一步。

此次增订，增加的章节有句子的功能分类、汉语句子的语序、祈使句、篇章等，这几部分由刘月华执笔。有些章节重新改写，如"是……的"句、动态助词"了"、趋向补语、汉语的构词法等，其他部分也都有较大改动。除了"汉语的构词法"由潘文娱修改外，其余部分，我们三人分工不变。刘月华最后统改全书书稿。

这里我们要感谢长期以来使用本书、支持我们的广大读者和朋友们，正是他们不断给予的鼓励，增强了我们此次增订的勇气和信心。我们也要感谢商务印书馆的同志们，感谢他们在出版本书时给予我们的大力支持和帮助。

著者

2000年2月

역자 서문

어떤 사람들은 중국어는 문법이 없다고 말한다. 혹은 중국어 문법이 너무도 특별하다고 말한다. 그러나 인간의 언어는 규칙적인 체계를 갖고 있기에 언어로써 의사소통을 명확하게 할 수 있는 것이며, 인간이 사용하는 언어가 민족이나 지역에 따라 다를지라도 모두 보편적인 원리를 지니고 있다.

문법이란 언어규칙을 귀납해낸 것이다. 모든 단어는 형태소의 결합에 의해서 구성되고, 단어가 결합되어 구를 형성한다. 구는 다시 절을 이루고 절은 독자적으로 혹은 다른 절과 결합하여 문장을 만들어 낸다. 이러한 일련의 과정에서 성분의 배열과 결합을 제어하는 규율이 작용하는 것이다. 문법을 배운다는 것은 이러한 원리를 이해하는 것이라고 말할 수 있으며, 영어와 특성을 달리하는 고립어적 특성이 강한 중국어 문법의 학습에 있어서는 성분의 배열과 결합, 그의 운용에 따른 문법의 원리를 이해하는 것이 더욱 중요한 것이다.

중국어 문법의 바다는 넓다. 중국어를 전공하거나 중국어를 체계적으로 익혀서 배우려 한다면 우선 중국어 문법의 여러 방면을 꼼꼼히 익히는 것이 필요하다. 이미 국내에서 출판되었거나 번역된 중국어 문법서는 상당히 많다. 나름대로의 장단점을 갖고 있지만, 역자들이 번역한 劉月華 교수의 ≪實用現代漢語語法≫은 다른 문법서와 비교할 때, 내용이 풍부할 뿐만 아니라 상당히 구체적이며 중국어 문법의 거의 모든 내용을 다루고 있어서 문법사전적인 특성을 띄고 있다. 최근에 나온 증보판은 이전의 내용에 화용론적 내용을 첨가하여 문법의 설명력을 더 높이려고 시도하였다. 저자는 중국어 문법의 연구에 몰두하면서 중국어 교육에도 관심을 쏟고 있는 많은 만큼, 본서도 그러한 면에서 이론과 실제를 갖추려 노력했다고 평가되며, 현재까지 본서가 가장 신뢰받고 있는 중국어 문법서 중의 하나로 평가되고 있다.

본서로써 중국어 문법을 배우려는 학습자는 나무를 보면서도 항상 숲을 볼 수 있는 시각을 가져야만 보다 큰 학습 성과를 얻을 것으로 판단되며, 문법용어에 너무 집착하지 말고 용어나 문법적 서술이 가리키는 현상과 문법원리가 어떻게 상호 관련되는지를 이해하는데 노력할 수 있기 바란다.

끝으로 이 책이 나오기까지 세 번의 겨울을 맞았다. 무엇보다 번역작업에 도움을 주신 송산출판사 사장님, 김영조 편집장님 그리고 나머지 식구들에게도 고마움을 전한다.

2005년 2월
역자 일동

下권 차례

서   언 ·· 3
下권 차례 ··· 8
上권 차례 ··· 12

제3편 통사론(上) – 문장성분

제1장 주어와 술어 ·· 19
제1절 주어와 술어의 특징 ·· 19
제2절 주어로 쓰일 수 있는 성분 ··· 22
제3절 술어로 쓰일 수 있는 성분 ··· 25
연습문제 ··· 28

제2장 목적어 ··· 30
제1절 동사와 목적어의 의미 관계 ··· 30
제2절 목적어로 쓰일 수 있는 성분 ·· 33
제3절 직접목적어와 간접목적어 ··· 37
연습문제 ··· 40

제3장 관형어 ··· 42
제1절 관형어의 작용과 어법 의미 ··· 42
제2절 관형어로 쓰이는 어구와 '的'의 사용 문제 ····························· 49
제3절 다항관형어 ··· 60
연습문제 ··· 78

제4장 부사어 ··· 81
제1절 부사어의 기능과 분류 ··· 81
제2절 부사어 뒤에 쓰이는 구조조사 '地'의 사용 문제 ····················· 90
제3절 부사어의 위치 ··· 99
제4절 다항부사어 ·· 104
연습문제 ··· 114

제5장 보어 ·· 117

제1절 결과보어 ·· 118
연습문제 ·· 130

제2절 방향보어 ·· 132
연습문제 ·· 175

제3절 가능보어 ·· 177
연습문제 ·· 191

제4절 상태보어 ·· 193
제5절 정도보어 ·· 204
연습문제 ·· 211

제6절 수량보어 ·· 215
연습문제 ·· 229

제7절 개사구보어 ·· 213
연습문제 ·· 231

제8절 보어와 부사어 비교 ·· 232
연습문제 ·· 247

제6장 재지시와 삽입어 ·· 249
제1절 재지시 ··· 249
제2절 삽입어 ··· 255
연습문제 ·· 261

제4편 통사론(中) – 문장

제1장 주술문 ·· 265
제1절 동사 술어문 ·· 265
제2절 형용사 술어문 ·· 269
제3절 주술 술어문 ·· 273
제4절 명사 술어문 ·· 277
연습문제 ·· 284

제2장 특수한 동사 술어문 ·· 287

제1절 '是'자문 ······ 287
연습문제 ······ 307

제2절 '有'자문 ······ 310
연습문제 ······ 320

제3절 연동문 ······ 323
연습문제 ······ 329

제4절 겸어문 ······ 332
연습문제 ······ 342

제5절 존현문 ······ 345
연습문제 ······ 357

제6절 '把'자문 ······ 358
연습문제 ······ 381

제7절 '被'자문 ······ 383
연습문제 ······ 393

제3장 '是……的'문 ······ **394**
제1절 '是……的'문(一) ······ 394
제2절 '是……的'문(二) ······ 403
제3절 두 종류의 '是……的'문의 구별 ······ 408
연습문제 ······ 415

제4장 의문문, 반어문, 반향의문문 ······ **418**
제1절 의문문 ······ 418
제2절 반어문 ······ 428
제3절 반향의문문 ······ 438
연습문제 ······ 441

제5장 청원문 ······ **445**
제1절 긍정청원문과 부정청원문 ······ 445
제2절 청원문의 구조적 특징 ······ 447
제3절 청원문의 어기와 그 표현방식 ······ 464
제4절 몇몇 특수한 형식의 청원문 ······ 467
연습문제 ······ 469

제6장   비교의 방식 ·· 470

제1절   사물, 성질상태의 동일 여부 비교 ································ 470

제2절   성질, 정도 차이의 비교 ··· 474

연습문제 ·· 491

제7장   비주술문 ·· 494

제1절   무주어문 ·· 494

제2절   독립문 ·· 498

연습문제 ·· 502

제5편   통사론(下) - 복문과 텍스트

제1장   복문의 유형 ·· 506

제1절   연합복문 ·· 506

제2절   주종복문 ·· 512

제3절   다중복문 ·· 523

연습문제 ·· 526

제2장   복문의 주어와 접속어 ··· 528

제1절   복문 주어의 차이와 생략 ··· 528

제2절   복문의 접속어 ··· 531

연습문제 ·· 537

제3장   축약문 ·· 539

제1절   축약문의 특징 ··· 539

제2절   자주 보는 축약문의 유형 ·· 543

연습문제 ·· 557

제4장   텍스트 ·· 559

제1절   정보, 주제, 초점 ·· 559

제2절   텍스트의 연결 ··· 572

제3절   주-동-목 문장, 주제-진술문, '把'자문, '被'자문의 선택 ·········· 579

제4절   형용사의 술어와 관형어 선택 ······································· 585

연습문제 ·· 590

연습문제 답안 ·· 593

上권 차례

서 언 ··· 3
차 례 ··· 8

제1편 현대중국어 문법 개론

제1절 어법단위 ··· 15
제2절 단어의 분류 ····································· 17
제3절 통사구조관계와 구의 유형 ············· 18
제4절 중국어의 구사법 ····························· 22
제5절 문장의 구조 분류 ···························· 27
제6절 문장성분과 문장의 구조분석 ··········· 31
제7절 문장의 기능분류 ····························· 35
제8절 중국어 문장의 어순 ························· 41

제2편 품사

제1장 명사 ··· 49
제1절 명사의 형태표지 ····························· 49
제2절 명사의 어법특징 ····························· 57
제3절 명사의 어법기능 ····························· 59
제4절 방위사, 장소사, 시간사 ··················· 62
연습문제 ··· 81

제2장 대사 ··· 85
제1절 인칭대사 ··· 86
제2절 지시대사 ··· 97
제3절 의문대사 ······································· 107
제4절 몇몇 특수한 대사 每, 各, 谋 ··········· 126
연습문제 ··· 131

제3장 수사와 양사 ······························· 135

제1절 수사 ··· 135
제2절 양사 ··· 146
제3절 수량구의 어법기능 ··· 152
연습문제 ··· 165

제4장 동사 ··· 169

제1절 동사의 어법 특징 ··· 169
제2절 동사의 분류 ··· 169
제3절 동사로 구성된 문장에 관한 문제 ··· 173
제4절 동사의 중첩 ··· 177
제5절 동사, 명사의 겸품사 문제 ·· 186
제6절 조동사 ··· 188
연습문제 ··· 208

제5장 형용사 ··· 212

제1절 형용사의 구성 ·· 212
제2절 형용사의 분류 ·· 213
제3절 형용사의 어법 특징 ·· 215
제4절 형용사의 어법 기능 ·· 216
제5절 형용사의 중첩 ·· 222
제6절 형용사와 기타 품사와의 겸품사 문제 ··· 225
연습문제 ··· 228

제6장 부사 ··· 231

제1절 부사의 특징과 어법기능 ··· 231
제2절 부사의 분류 ··· 234
제3절 상용 부사의 용법 ··· 235
    1. 都 ··· 235
    2. 只 ··· 242
    3. 最 ··· 247
    4. 更 ··· 249
    5. 比较 ··· 250
    6. 稍微 ··· 252
    7. 曾经, 已经, 刚 ··· 253
    8. 快(快要), 就(就要), 将(将要) ·· 257
    9. 在 ··· 259
    10. 还 ··· 259
    11. 又 ··· 263
    12. 再 ··· 267

13. 也 ······ 271
14. 就와 才 ······ 278
15. 不와 没(有) ······ 285

연습문제 ······ 293

제7장 개사 ······ 296

제1절 개사의 종류 ······ 296
제2절 개사의 어법 특징과 개사구의 어법 기능 ······ 302
제3절 상용개사의 용법 ······ 305

1. 从 ······ 305
从······到 ······ 308
从······起 ······ 310
从······以来 ······ 311
从······以后 ······ 311
2. 由, 自, 打, 自从 ······ 313
3. 在 ······ 317
在······上 ······ 319
在······中 ······ 320
在······下 ······ 321
在······看来 ······ 322
4. 对于, 对, 关于 ······ 323
对于······来说 ······ 325
对······来说 ······ 327
5. 跟, 和, 与, 同 ······ 329
6. 给, 为, 替 ······ 332
为, 为了, 为着 ······ 335
7. 朝, 向, 往 ······ 339
8. 除(除了······以外) ······ 343
9. 连 ······ 345
10. 按照, 按, 照 ······ 347

연습문제 ······ 351

제8장 접속사 ······ 355

제1절 접속사 열거 ······ 355
제2절 접속사의 어법 특징 ······ 358
제3절 상용 접속사의 용법 ······ 360

1. 和 ······ 360
2. 及, 以及 ······ 362
3. 或者(或) ······ 364

```
    4. 与其, 宁可 ···································· 367
       与其A, 宁可B ······························· 367
       与其A, 不如B ······························· 367
       宁可 / 宁愿 / 宁肯B, 决不 / 也不 / 也别A ······ 369
       宁可 / 宁肯 / 宁愿A, 也要····· 370
       宁 ········································ 371
    5. 而 ········································ 371
    6. 并, 并且 ·································· 375
    7. 不但 ······································ 377
    8. 况且, 何况, 再说 ························ 379
    9. 因为, 由于 ······························ 380
   10. 所以, 因此, 因而 ······················ 384
   11. 既然, 既 ································· 386
   12. 虽然, 尽管 ······························ 389
   13. 即使 ······································ 392
   14. 只有, 只要 ······························ 393
   15. 无论, 不论, 不管 ······················ 395
   16. 除非 ···································· 397
   17. 以便, 以免, 免得, 省得 ················ 398
```

연습문제 ·· 402

제9장 조사 ·· **405**

제1절 구조조사 ·· 405
```
    1. 的 ········································ 405
    2. 地 ········································ 409
    3. 得 ········································ 409
    4. 所 ········································ 409
    5. 给 ········································ 410
```

연습문제 ·· 411

제2절 시태조사 ·· 413
```
    1. 시태조사 '了' ·························· 413
    2. 어기조사 '了' ·························· 432
    3. 시태조사 '着' ·························· 446
    4. 시태조사 '过' ·························· 455
    5. 시태조사 '来着' ······················ 464
```

연습문제 ·· 467

제3절 어기조사 ·· 469

1. 啊 ··· 470
2. 吗 ··· 474
3. 呢 ··· 479
4. 吧 ··· 484
5. 的 ··· 488
6. 了 ··· 488
7. 罢了, 而已 ··· 489
8. 嘛 ··· 489
9. 呗 ··· 490
연습문제 ··· 492

제10장 의성사 ····································· 494
제1절 의성사의 작용 ································· 494
제2절 의성사의 분류 ································· 495
제3절 의성사의 어법 기능 ··························· 496
연습문제 ··· 499

제11장 감탄사 ····································· 500
제1절 감탄사의 특징 ································· 500
제2절 감탄사의 종류 ································· 502
연습문제 ··· 512

연습문제 답안 ····································· 515

제3편

통사론(上)

문장성분

제 1 장

주어와 술어

제 1 절

주어와 술어의 특징

한 문장은 일반적으로 주어부분과 술어부분으로 나눌 수 있다. 주어부분은 서술하거나 설명하거나 묘사하는 대상이고, 술어부분은 주어에 대하여 서술하거나 설명하거나 묘사한다. 주어부분과 술어부분의 핵심은 주어와 술어이다.

① 他们上个星期游泳了。

    Tāmen shàng ge xīngqī yóuyǒng le.

그들은 지난주에 수영을 했어.

② 街上的人真多。

    Jiē shàng de rén zhēn duō.

거리에 사람들이 정말 많아.

예 ①의 주어부분은 '他们'이고 술어부분은 '上个星期游泳了'이며, 주어는 주어부분인 '他们'이며, 술어동사는 '游泳'이다. 예 ②의 주어부분은 '街上的人'이고 술어부분은 '真多'이며, 주어는 '人'이고, 술어는 '多'이다. 주어와 술어는 문장의 주요성분이며, 일반적으로 없어서는 안 될 성분이다. 예를 들면 '他们游泳'에서 전후 문맥이 주어지지 않은 상태에서 '他们'이나 '游泳'만 쓰였다면 의미가 명확하지 않다. 그러나 무주어문이나 독립문은 여기에 해당되지 않는다.

중국어의 동사술어문은 주어와 술어가 반드시 동작자와 동작의 관계는 아니다. 주어는 동작의 행위자나 대상 혹은 행위자도 아니고 대상도 아닐 것일 수도 있다.

① 我吃了两个馒头。(我-행위자)

    Wǒ chīle liǎng ge mántou.

나 찐빵 두 개 먹었어.

② 我的馒头叫哥哥吃了。(馒头-대상)

    Wǒ de mántou jiào gēge chī le.

내 찐빵을 오빠가 먹었어.

③ 我是老师。(我-행위자나 대상이 아님. '系事'라고도 칭함)

    Wǒ shì lǎoshī.

나는 선생님이야.

위의 문장은 아무런 문맥이 주어지지 않은 상황에서도 모두 성립한다. 이러한 주어들이 문장 속에 출현했다면 화용론적(篇章) 측면에서 볼 때 주제로 볼 수도 있다.

존현문에서는 장소사가 주어가 된다.

① 桌子上放着一本书。 (桌子上-장소)
  Zhuōzi shàng fàngzhe yì běn shū.

② 前边来了一个人。 (前边-장소)
  Qiánbiān láile yí ge rén.

책상 위에 책 한 권이 놓여 있다.

앞에서 한 사람이 왔다.

중국어는 텍스트, 문맥, 언어 환경의 제약을 많이 받는다. 동작의 대상이나 도구 등이 이미 알고 있는 정보이면 술어의 앞에 놓여 주제가 될 수 있다. 주제는 화용론적 (篇章) 개념이므로 대상 등이 주제로 쓰였을 때 문장을 평면적으로 분석하여 주제와 주어 등의 용어를 혼용하지 말아야 한다.

중국어는 직접적으로 형용사가 술어로 쓰여 사람이나 사물의 성질, 상태, 변화를 묘사할 수 있으며, 체언이 술어로 쓰여 사람이나 사물의 특징, 수량 등을 묘사할 수 있다. 또한 주술구가 술어로 쓰여 사람이나 사물을 설명하거나 묘사할 수 있다.

① 他很努力。
  Tā hěn nǔlì.

② 他北京人，瘦高个儿，圆脸庞，大眼睛。
  Tā Běijīngrén, shòu gāo gèr, yuán liǎn páng, dà yǎnjing.

③ 他学习好，工作好，身体好，是个三好学生。
  Tā xuéxí hǎo, gōngzuò hǎo, shēntǐ hǎo, shì ge sān hǎo xuésheng.

그는 매우 노력하고 있다. (형용사를 술어로 삼고 있다.)

그는 북경인이며, 마르고 큰 키에 둥글고 큰 얼굴, 큰 눈을 하고 있다. (명사구를 술어로 삼고 있다.)

그는 공부를 잘하고, 일도 잘하고 또 건강한 싼하오 학생이다. (주술구를 술어로 삼고 있다)

중국어는 일반적으로 주어는 앞에, 술어는 뒤에 놓인다. 그러나 술어가 앞에 놓이고 그 뒤에 주어가 오는 경우도 있는데, 이러한 문장을 倒裝句라고 한다. 이러한 문장은 주어를 항상 강하게 읽지 않는다. 글로 표현할 때는 술어 뒤에 쉼표를 써서 주어와 띄어 쓴다.

① 真多啊，街上的人。
  Zhēn duō a, jiē shàng de rén.

② 回来了吗，你妈妈?
  Huílái le ma, nǐ māma?

정말 많구나, 거리에 사람들이.

돌아 왔어, 너의 어머니?

다음은 주어가 출현하지 않은 경우이다. 이러한 경우를 ‘主语隐现’이라고 한다.
1 대화나 문맥이 있는 글인 경우

① A : 那个人的照片你看过了吗?
  Nàge rén de zhàopiàn nǐ kànguo le ma?

그 사람 사진을 너 봤니?

B：看过了。

    Kànguo le.

A：喜欢吗?

    Xǐhuan ma?

B：长得不错。

    Zhǎng de búcuò.

② 我今天上午去北海划了两个钟头船，下午又去操场打了一场球，所以很累。

    Wǒ jīntiān shàngwǔ qù Běihǎi huále liǎng ge zhōngtóu chuán, xiàwǔ yòu qù cāochǎng dǎle yì chǎng qiú, suǒyǐ hěn lèi.

② 명령문인 경우 : 중국어는 명령문에 주어의 출현 여부는 자유롭다.

① 劳驾，让开点儿。

    Láojià, ràng kāi diǎnr.

② 快去开门。

    Kuài qù kāi mén.

일정한 언어 환경에서 술어동사와 목적어 등도 출현하지 않을 수도 있다.

① A：黑板上的字是谁写的?

    Hēibǎn shàng de zì shì shéi xiě de?

  B：我。

    Wǒ.

② A：玻璃是谁打破的?

    Bōlí shì shéi dǎ pò de?

  B：我。

    Wǒ.

③ A：下星期，咱们老校友在北京聚会，你参加吗?

    Xià xīngqī, zámen lǎo xiàoyǒu zài Běijīng jùhuì, nǐ cānjiā ma?

  B：参加。

    Cānjiā.

  A：在哪儿?

    Zài nǎr?

봤어.	
좋아?	
잘 생겼어.	
오늘 오전에 북해에 가서 두 시간 동안 배를 탔어, 오후에는 또 운동장에 가서 골을 차서 매우 피곤해.	
실례합니다, 좀 비켜주세요.	
빨리 가서 문 열어.	
칠판에 있는 글자는 누가 썼어?	
제가요.	
유리는 누가 깨뜨렸지?	
제가요.	
다음주에 우리 옛 동창들은 북경에서 모이기로 했는데 참가하니?	
참가해.	
어디에 있어?	

B：未名湖畔。

Wèimíng húpàn.

미명호반이야.

제 2 절
주어로 쓰일 수 있는 성분

중국어에서 거의 모든 실사는 주어로 쓰일 수 있다.

 **명사(구) 혹은 대사**

이러한 경우가 가장 많이 보인다.

① 王英是我的朋友。

Wángyīng shì wǒ de péngyou.

왕잉은 나의 친구야.

② 月亮渐渐地升起来了。

Yuèliang jiānjiān de shēng qǐlai le.

달이 점점 떠오르기 시작했다.

③ 我们的事业一定会取得胜利。

Wǒmen de shìyè yídìng huì qǔdé shènglì.

우리 사업은 반드시 승리를 얻게 될 거야.

④ 您要我办的事已经办好了。

Nín yào wǒ bàn de shì yǐjing bàn hǎo le.

당신이 나보고 하라고 한 일을 이미 다 했습니다.

⑤ 这叫风筝。

Zhè jiào fēngzheng.

이것은 연이라고 불러요.

⑥ 谁教你们汉语?

Shéi jiào nǐmen Hànyǔ?

누가 너희들에 중국어를 가르치니?

⑦ 一切都准备好了。

Yíqiè dōu zhǔnbèi hǎo le.

모두 다 준비했습니다.

 **수사 혹은 수량구**

두 가지 경우에는 수사 혹은 수량구가 주어로 쓰일 수 있다.

1 숫자나 수량 단위가 서술의 대상인 경우이다. 이러한 문장은 일반적으로 숫자 혹은 도량형 간의 관계를 나타낸다.

① 零也是一个数。

　　Líng yě shì yí ge shù.

② 一米等于三市尺。

　　Yì mǐ děngyú sān shìchǐ.

③ 一年三百六十五天。

　　Yì nián sānbǎiliùshíwǔ tiān.

영도 숫자야.

1미터는 석자이다.

1년은 365일이다.

② '수량사＋명사'구가 위에서 이미 출현하였기 때문에 이러한 수량사가 '수량사＋명사'구를 대신하여 주어로 쓰인 경우이다.

① 这儿还有两张票，一张给你，一张给张丽。

　　Zhèr hái yǒu liǎng zhāng piào, yì zhāng gěi nǐ, yì zhāng gěi Zhāng Lì.

② 教我们的两位老师，一位姓张，一位姓王。

　　Jiāo wǒmen de liǎng wèi lǎoshī, yí wèi xìng Zhāng, yí wèi xìng Wáng.

③ 园林的建筑，十之八九是靠水的。

　　Yuánlín de jiànzhù, shí zhī bā jiǔ shì kào shuǐ de.

여기에 표 2장이 있어, 너한테 1장 주고 장리 한테 1장 줄께.

우리를 가르치는 두 분 선생님은 한 분은 장씨 이고 한 분은 왕씨이다.

조경 건축은 대체로 물 에 의지해.

3 동사(구) 혹은 형용사(구)

동작행위나 성질상태가 진술의 대상이 되었을 때, 동사(구)와 형용사(구)는 아무 런 형태 변화 없이 직접 주어로 쓰일 수 있다.

① 虚心使人进步，骄傲使人落后。

　　Xūxīn shǐ rén jìnbù, jiāo'ào shǐ rén luòhòu.

② 游泳是一种很好的体育运动。

　　Yóuyǒng shì yì zhǒng hěn hǎo de tǐyù yùndòng.

③ 姑娘有点不好意思了，走也不是，坐也不是。

　　Gūniang yǒudiǎn bùhǎo yìsi le, zǒu yě bú shì, zuò yě bú shì.

④ 太慢了不好，太急了也不好，太慢太急都是机会主义。

　　Tài màn le bù hǎo, tài jí le yě bù hǎo, tài màn tài jí dōu shì jīhuì zhǔyì.

⑤ 多听、多说、多写、多读，对提高外语水平很有好处。

　　Fuō tīng、duō shuō、duō xiě、duō dú, duì tígāo wàiyǔ shuǐpíng hěn yǒu hǎochu.

겸허는 사람을 발전하 게 하고 교만은 사람을 낙후하게 한다.

수영은 매우 좋은 체육 운동이다.

아가씨는 좀 쑥스러워 서 가는 것도 아니라 하 고 앉는 것도 아니라 한 다.

너무 늦어도 안 좋고 너 무 급해도 안 좋아, 너 무 느리고 너무 급한 것 은 모두 기회주의야.

많이 듣고 말하고 쓰고 읽는 것은 외국어 수준 을 향상시키는데 도움 이 된다.

⑥ 他生长在北京的书香门第，下棋、赋诗、作画，很自然地在他
的生活里占了很多的时间。

　　Tā shēngzhǎng zài Běijīng de shū xiang mén dì, xià qí、fù shī、
　　zuò huà, hěn zìrán de zài tā de shēnghuó lǐ zhānle hěn duō de
　　shíjiān.

⑦ 你应该少吃点儿，吃得太饱不好。

　　Nǐ yīnggāi shǎo chī diǎnr, chī de tài bǎo bù hǎo.

　　문어에서 동사(구)와 형용사(구)는 주어로 쓰일 때에는 관형어가 올 수도 있다.

① 您的到来为我们的晚会增添了欢乐的气氛。

　　Nín de dàolái wèi wǒmen de wǎnhuì zēngtiānle huānlè de
　　qìfēn.

② 第一次较大手术的成功，增强了我们的信心。

　　Dì yí cì jiào dà shǒushù de chénggōng, zēngqiángle wǒmen
　　de xìnxīn.

③ 民族的灾难，人民的痛苦，激发了鲁迅的爱国思想。

　　Mínzú de zāinán, rénmín de tòngkǔ, jīfāle Lǔ Xùn de àiguó
　　sīxiǎng.

4 ‘的’자문

　　‘的’자문은 명사와 동일한 기능을 하므로 주어로 많이 쓰인다.

① 打猎的追上来一看，狼不见了。

　　Dǎliè de zhuī shànglai yí kàn, láng bú jiàn le.

② 他说的正是我所想的。

　　Tā shuō de zhèng shì wǒ suǒ xiǎng de.

③ 最令人感动的是他的舍己救人的精神。

　　Zuì lìng rén gǎndòng de shì tā de shè jǐ jiù rén de jīngshén.

5 주술구

① 我们看书学习，掌握知识是为了更好地建设自己的国家。

　　Wǒmen kàn shū xuéxí, zhǎngwò zhīshi shì wèile gèng hǎo de
　　jiànshè zìjǐ de guójiā.

② 他说话办事是极有分寸的。

Tā shuō huà bàn shì shì jí yǒu fēncùn de.

③ 我这几天不休息没关系。

Wǒ zhè jǐ tiān bù xiūxi méi guānxi.

그는 말하고 일을 하는
것은 극히 분별이 있다.

나는 요 며칠 쉬지 않아
도 상관없다.

일부 문장은 주술구가 주어로 쓰였다고 볼 수도 있고 주술구가 술어로 쓰였다고 간주할 수도 있다.

他讲课很出色。
主 谓(主谓구)
그의 강의는 무척 뛰어나다.

他讲课 很出色。
主(主谓구) 谓

이 두 가지 분석은 문장구조도 다를 뿐만 아니라 그 의미도 차이가 난다. '讲课很出色'가 술어로 쓰였다면 '그가 강의를 하는 것이 매우 뛰어나다'는 뜻을 나타낸다. 평가의 대상이 '他'이고, 강의 이외의 다른 방면에 있어서는 반드시 뛰어난 것은 아니다. '他讲课'가 주어로 쓰였다면 평가의 대상은 '他讲课'이다. 중국어는 주어와 술어 사이에 휴지를 둘 수 있으므로 문장의 휴지가 문장 구조를 결정하는데 도움이 된다.

제 3 절
술어로 쓰일 수 있는 성분

동사(구), 형용사(구)가 술어로 쓰일 수 있으며, 명사구와 주술구로 술어로 쓰일 수 있다. 술어부분에는 동사나 형용사 등 이외에 부사어, 목적어, 보어도 포함될 수 있다.

 **동사 혹은 동사구가 술어로 쓰인 경우**

① 他已经从国外回来了。(부사어가 있다)

Tā yǐjīng cóng guówài huílai le.

② 最近，他创建了一个公司。(목적어가 있다)

Zuìjìn, tā chuàngjiànle yí ge gōngsī.

③ 他的事业很快就发展起来了。(부사어, 보어가 있다)

Tā de shìyè hěn kuài jiù fāzhǎn qǐlai le.

그는 이미 외국에서 돌
아왔다.

최근, 그는 회사를 창립
했다.

그의 사업은 매우 빠르
게 발전하기 시작했다.

④ 您的预言已经变成了现实。(부사어, 보어, 목적어가 있다)

Nín de yùyán yǐjīng biànchéngle xiànshí.

당신의 예언은 이미 현실로 변했다.

⑤ 工厂的效益提高得很快，工厂的收入也增加得很快。(보어가 있다)

Gōngchǎng de xiàoyì tígāo de hěn kuài, gōngchǎng de shōurù yě zēngjiā de hěn kuài.

공장의 효과와 이익은 매우 빠르게 향상되었으며 공장의 수입도 빠르게 증가되었다.

⑥ 她把红包给了我婆婆，说：'恭喜，恭喜。'('把'자문, 목적어가 있다)

Tā bǎ hóngbāo gěile wǒ pópo, shuō : 'Gōngxǐ, gōngxǐ.'

그녀는 축의금을 시어머니에게 드리며 말하기를 : '축하해요, 축하해요.'

⑦ 他被选作有成就的企业家了。('被'자문, 보어, 목적어가 있다)

Tā bèi xuǎn zuò yǒu chéngjiù de qǐyèjiā le.

그는 성공한 기업가로 선출되었다.

⑧ 他让他的儿女回来学习自己祖国的语言。(겸어문)

Tā ràng tā de érnǚ huílái xuéxí zìjǐ zǔguó de yǔyán.

그는 그의 자녀보고 돌아와서 자기 조국의 언어를 배우라고 했다.

⑨ 他给他自己家乡很多钱，让他们办学校。(이중목적어문, 겸어문)

Tā gěi tā zìjǐ jiāxiāng hěn duō qián, ràng tāmen bàn xuéxiào.

그는 자신의 고향에 많은 돈을 내어 학교를 세우게 했다.

 2 형용사 혹은 형용사구가 술어로 쓰인 경우

① 今天天气热，昨天凉快。(단독형용사)

Jīntiān tiānqì rè, zuótiān liángkuai.

오늘 날씨가 더운데 어제는 시원했다.

② 院子里乘凉的人很多。(부사어가 있다)

Yuànzi lǐ chéngliáng de rén hěn duō.

뜰에 더위를 피해 서늘한 바람을 쐬는 사람들이 매우 많다.

③ 见到久别的儿子，老太太高兴极了。(보어가 있다)

Jiàndao jiǔ bié de érzi, lǎo tàitai gāoxìng jí le.

오래 헤어졌던 아들을 보니 할머니는 너무 기뻤다.

④ 她激动得流出了眼泪。(보어가 있다)

Tā jīdòng de liúchu le yǎnlèi.

그녀는 흥분해서 눈물을 흘렸다.

⑤ 每到节日、假日，街上的人多得不得了。(보어가 있다)

Měi dào jiérì、jiàrì, jiē shàng de rén duō de bù dé liǎo.

매 번 명절, 휴일이면 거리에 사람들이 무척 많다.

3 명사 혹은 명사구가 술어로 쓰인 경우

① 今天新年。(명사)

Jīntiān xīnnián.

오늘은 새해다.

② 现在十二点钟。(명사구)

Xiànzài shí'èr diǎnzhōng.

지금 12시다.

③ 我北京人，你哪儿的人？(명사구)

Wǒ Běijīngrén, nǐ nǎr de rén?

나는 북경사람인데 당신은 어디 사람입니까?

④ 那个人黑头发，黄皮肤，北京口音。(명사구)

Nàge rén hēi tóufa, huáng pífū Běijīng kǒuyīn.

그 사람은 검은 머리, 노란 피부에 북경사투리를 써.

⑤ 那套房子六十平米，两室一厅。(수량사구)

Nà tào fángzi liùshí píngmǐ, liǎng shì yì tīng.

그 집은 60평방미터에 거실 하나 방이 두 개야.

⑥ 这个大西瓜三元五角。(수량구)

Zhège dà xīguā sān yuán wǔ jiǎo.

이 큰 수박은 3원 50전이다.

⑦ 她两个儿子，我一儿一女。(수량 명사구)

Tā liǎng ge érzi, wǒ yì ér yì nǚ.

그녀는 아들이 둘 있고 나는 아들 하나 딸 하나 있어.

 주술구가 술어로 쓰인 경우

① 他个子很高，走路很快。

Tā gèzi hěn gāo, zǒu lù hěn kuài.

그는 키가 크고 빨리 걸어.

② 我头疼。

Wǒ tóu téng.

나는 머리가 아프다.

③ 小明学习很努力。

Xiǎo Míng xuéxí hěn nǔlì.

샤오밍은 열심히 공부한다.

参考文献

崔应贤、朱少红　　主语、宾语问题研究概观,河南师范大学学报,1993年第3期。

冯志纯　　试论介词短语作主语,语言教学与研究,1986年第4期。

金立鑫　　对现代汉语的主语再认识,烟台大学学报,1991年第5期。

李临定　　主语的语法地位,中国语文,1985年第1期。

林兴仁　　主语、谓语的位置与修辞,语文月刊,1986年第1期。

徐昌火　　主语话题问题研究纵横谈,汉语学习,1997年第6期。

一. 아래 문장에서 주어를 찾아내고 주어와 술어와의 관계를 설명하시오.
　(A : 행위자 주어,　　B : 대상 주어,　　C : 행위자 주어이면서 대상 주어인 경우)

1. 说到这里老人的脸色变得严肃起来了。
2. 小王的腿长，他跑得一定快。
3. 五七年大学毕业后，她就被分配到这个单位来了。
4. 你的回答并没有解决我的问题。
5. 大伯告诉我：农村政策放宽了，村里搞起了几样副业。
6. 珍贵的花草不易养活。
7. 我轻轻地叩着门板，刚才那个小姑娘出来开了门。
8. 彼得的断指接上了，手术做得很好。
9. 22次开往上海的火车票已经卖完了，16次的也快卖完了。
10. 那座小山上长满了各种花草树木。
11. 花生都榨油了。
12. 那天晚上天气不怎么好。
13. 愚公对智叟说：你还不如一个孩子!
14. 那个地方四面是山。
15. 从车窗向外望去，远处是一片绿。

二. 아래 문장에서 주어를 찾아내고, 주어로 쓰인 어구가 어떤 성분인지 설명하시오.

1. 八月的南方够热的。
2. 一切都清楚了，你不用再说了。
3. 这十二个字还有这样一段故事。
4. 工作、劳动对我们是幸福、是快乐。
5. 从大学毕业到现在，三十年过去了。
6. 天已经黑了，地里走出几个摇摇晃晃的人来。
7. 我们家房子后边有一片空地，大院里的孩子们常常到那儿去玩。
8. 自己的事应该自己做。
9. 婚礼的舞会开始了。
10. 休息的方式很多，睡觉只是其中之一种，散步、下棋、听音乐、出去逛公园都是
　　休息。
11. 不同意的占少数。
12. 按时工作、按时休息对身体有好处。

13. 看着一棵好花生病要死是一件难过的事。

14. 聪明来自勤奋。

15. 运动场上，打球的打球，赛跑的赛跑，打拳的打拳，好热闹啊!

16. 他这样做完全是为了你好。

17. 勇敢不等于鲁莽。

18. 对人平等相待是小王最大的优点。

제 2 장

목적어

목적어는 동작행위와 관련이 있는 사물을 말한다. 목적어는 동사가 나타내는 동작행위를 더 구체적이고 명확히 하기 때문에 목적어를 동사의 부속성분(连带成分)이라고 말하기도 한다.

제 1 절
동사와 목적어의 의미 관계

동사가 술어로 쓰인 일반적인 문장에서 목적어를 찾으려면 두 가지를 살펴보아야 한다. 첫째, 동작의 대상을 나타내는 것이 무엇인지를 찾아야 한다. 둘째, 동사의 뒤에 놓였는지를 확인해야 한다. 중국어의 목적어는 동작의 행위자-대상관계로 결정되지 않기 때문에 동사 뒤에 놓였는지의 여부는 매우 중요하다. 예를 들어 '台上坐着主席团', '我家来了一位客人'에서 '主席团'과 '一位客人'은 행위자이지만 존현목적어이다.

동사와 목적어의 의미 관계는 다양한데, 그 가운데 아래에 나열한 것이 자주 보인다.

 **목적어가 동작행위의 대상인 경우**

① 我学习中文。

    Wǒ xuéxí Zhōngwén.

나는 중국어를 배운다.

② 谢谢你, 谢谢中国大夫。

    Xièxiè nǐ, xièxiè Zhōngguó dàifu.

너한테 고맙고 중국 의사에게 고맙다.

③ 我们都认识不少汉字了。

    Wǒmen dōu rènshi bùshǎo Hànzì le.

우리들은 모두 많은 한자를 알고 있다.

④ 张老师教我们。

    Zhāng lǎoshī jiào wǒmen.

장 선생님은 우리를 가르친다.

⑤ 我们才认识不久, 我不太了解他。

    Wǒmen cái rènshi bù jiǔ, wǒ bú tài liǎojiě tā.

우리들은 알게 된지 얼마 안 되어서 그를 잘 모른다.

 ## 목적어가 동작행위의 결과인 경우

① 他们挖了许多地洞。

Tāmen wāle xǔduō dìdòng.

② 他最近又写了一首长诗。

Tā zuìjìn yòu xiěle yì shǒu cháng shī.

③ 我们在这儿照几张相。

Wǒmen zài zhèr zhào jǐ zhāng xiàng.

④ 彼得用那只接活的手，在一块红布上绣了'友谊'两个字。

Bǐdé yòng nà zhī jiēhuó de shǒu, zài yí kuài hóngbù shàng xiùle 'yǒuyì' liǎng ge zì.

그들은 많은 땅굴을 팠다.

그는 최근 또 긴 시를 한 수 썼다.

우리들은 여기에서 사진을 몇 장 찍었다.

피터는 일을 하던 손으로 붉은 천에 '우정'이라는 두 글자를 수놓았다.

 ## 목적어가 동작행위의 수단인 경우

① 她女儿拉小提琴拉得可好了。

Tā nǚ'ér lā xiǎotíqín lā de kě hǎo le.

② 他在给大米过筛子，把碎米分出来。

Tā zài gěi dàmǐ guò shāizi, bǎ suìmǐ fēn chūlai.

③ 运动场上人多极了，有的跳绳，有的舞剑，有的荡秋千，还有的在爬绳、跳马或者扔手榴弹、投标枪。

Yùndòngchǎng shàng rén duō jí le, yǒu de tiàoshéng, yǒu de wǔ jiàn, yǒu de dàng qiūqiān, hái yǒu de zài pá shéng、tiào mǎ、huòzhě rēng shǒuliúdàn、tóu biāoqiāng.

그녀 딸은 바이올린을 정말 잘 켠다.

그는 쌀을 체에 걸러 빻아진 쌀을 가려내고 있다.

운동장에 사람들이 무척 많다. 줄넘기를 만드는 사람, 칼을 휘두르는 사람, 그네를 타는 사람이 있었고 또 줄타기, 도마 혹은 수류탄, 투창 던지기를 하는 사람들도 있었다.

 ## 목적어가 동작행위의 장소나 방향인 경우

① 明天我们去长城。

Míngtiān wǒmen qù Chángchéng.

② 我们昨天没有爬山。

Wǒmen zuótiān méiyǒu pá shān.

③ 走大路太远，咱们穿小路吧。

Zǒu dà lù tài yuǎn, zámen chuān xiǎolù ba.

④ 星期天，他们一家人常去逛公园。

Xīngqītiān, tāmen yì jiā rén cháng qù guàng gōngyuán.

내일 우리들은 만리장성에 간다.

우리들은 어제 등산을 하지 않았다.

큰길을 걷기에 너무 머니 우리들은 좁은 길로 질러가자.

일요일에 그들 식구는 늘 공원으로 거닐러 간다.

일부 동사는 동작행위를 나타내지 않지만, 목적어가 방향, 위치를 나타내기도 한다.

① 我们学校的办公楼座西朝东。

Wǒmen xuéxiào de bàngōng lóu zuò xī cháo dōng.

② 这条石子路直通后花园。

Zhè tiáo shízi lù zhítōng hòu huāyuán.

③ 我的家就在学校的对面。

Wǒ de jiā jiù zài xuéxiào de duìmiàn.

④ 在大森林里，哪儿是南，哪儿是北，我简直认不出来了。

Zài dà sēnlín lǐ, nǎr shì nán, nǎr shì běi, wǒ jiǎnzhí rèn bu chulai le.

 5 목적어가 행위동작의 목적이나 원인을 나타내는 경우

① 她着急自己的病老看不好。

Tā zháojí zìjǐ de bìng lǎo kàn bù hǎo.

② 我后悔没嘱咐小明两句。

Wǒ hòu huǐ méi zhǔfù Xiǎo Míng liǎng jù.

③ 外婆到乡下躲清静去了。

Wà pó dào xiāng xià duǒ qīngjìng qù le.

④ 救急救不了穷啊! 还得自己找饭碗子。

Jiùjí jiù bu liǎo qióng a! Hái děi zìjǐ zhǎo fàn wǎnzi.

6 존현문에서 목적어가 존재, 출현, 소멸되는 사물을 나타내는 경우

① 外边有人。

Wàibiān yǒu rén.

② 桌子上放着一套茶具和两个花瓶。

Zhuōzi shàng fàngzhe yí tào chájù hé liǎng ge huāpíng.

③ 客厅的后面还有一个书房。

Kètīng de hòumiàn hái yǒu yí ge shūfáng.

④ 房间里只剩下我们俩了。

Fángjiān lǐ zhǐ shèngxia wǒmen liǎ le.

⑤ 随着一阵风，屋里跑进来两个孩子。

　　Suízhe yí zhèn fēng, wū lǐ pǎojìnlai liǎng ge háizi.

⑥ 他三十岁那年死了媳妇，到现在还没娶上。

　　Tā sānshí suì nà nián sǐle xífù, dào xiànzài hái méi qǔ shang.

⑦ 一九一四年爆发了第一次世界大战。

　　Yījiǔyìsì nián bàofāle dì yí cì shìjiè dàzhàn.

순간 바람과 함께 방에 두 아이가 뛰어 들어왔다.

그는 30살 되던 그 해에 부인이 죽었는데 아직까지 얻지 않았다.

1914년 제 1차 세계대전이 발발했다.

　　위에서 언급한 것은 자주 보이는 동사와 목적어의 의미 관계이다. 실제로 중국어의 동사와 목적어의 의미 관계는 다양할 뿐만 아니라 그 관계를 묘사하기도 매우 힘들다.

① 祥子，咱们服个软，给他赔个不是。

　　Xiángzǐ, zámen fú ge ruǎn, gěi tā péi ge búshì.

② 他又拉了个买卖，到家已经十一点多了。

　　Tā yòu lāle ge mǎimài, dào jiā yǐjīng shíyī diǎn duō le.

샹쯔, 우리 순순히 지고 그 사람한테 배상해주면 되잖아.

그는 또 손님을 불러들여 집에 왔을 때는 이미 11시가 넘었다.

제 2 절
목적어로 쓰일 수 있는 성분

 **명사(구) 혹은 대사**

① 我们都学习汉语，阿里学现代汉语，我学古代汉语。

　　Wǒmen dōu xuéxí Hànyǔ, Ālǐ xué xiàndài Hànyǔ, wǒ xué gǔdài Hànyǔ.

② 他们正在编写一本简明汉英小词典。

　　Tāmen zhèngzài biānxiě yì běn jiǎnmíng HànYīng xiǎo cídiǎn.

③ 这件事我就托咐您了。

　　Zhè jiàn shì wǒ jiù tuōfù nín le.

④ 你们在谈论什么？

　　Nǐmen zài tánlùn shénme?

우리들은 모두 중국어를 배우는데 아리는 현대중국어를 배우고 나는 고대중국어를 배운다.

그들은 콘사이스 한영 소사전을 집필하고 있다.

이 일을 당신에게 부탁드립니다.

너희들은 무엇을 이야기하고 있니?

2 '的'자문

① 毛衣的样式很多，您要什么样的。

Máoyī de yàngshì hěn duō, nín yào shénme yàng de.

> 스웨터 스타일이 매우 많은데 어느 스타일을 원하는지요.

② 我买到的电影票是晚上七点半的。

Wǒ mǎidao de diànyǐng piào shì wǎnshang qī diǎn bàn de.

> 내가 산 영화표는 저녁 7시 반거야.

③ 花园里的花有各种颜色，有黄的，粉的，红的，白的，淡绿的，五光十色，非常好看。

Huāyuán lǐ de huā yǒu gè zhǒng yánsè, yǒu huáng de, fěn de, hóng de, bái de, dànlǜ de, wǔ guāng shí sè, fēicháng hǎo kàn.

> 화원에 각종 색깔의 꽃이 있는데 노란색, 분홍색, 붉은색, 하얀색 엷은 녹색, 종류가 다양하여 매우 아름답다.

④ 后边追上来几个打猎的。

Hòubiān zhuī shanglai jǐ gè dǎliè de.

> 뒤에 사냥꾼 몇 명이 쫓아온다.

⑤ 您不用谢了，这是我们应该做的。

Nín búyòng xièle, zhè shì wǒmen yīnggāi zuò de.

> 고마워 할 필요 없어요, 이건 우리가 응당 해야 될 일이에요.

⑥ 车上坐着一个赶路的和一个赶车的。

Chē shàng zuòzhe yí ge gǎn lù de hé yí ge gǎn chē de.

> 차에 나그네와 수레꾼이 앉아 있다.

3 수사 혹은 수량사

① 三乘三得九。

Sān chéng sān dé jiǔ.

> 3×3 은 9이다.

② 一公尺等于三市尺。

Yì gōngchǐ děngyú sān shìchǐ.

> 1미터는 석자이다.

③ 这两所学校相距三四里。

Zhè liǎng suǒ xuéxiào xiāngjù sān sì lǐ.

> 이 두 학교 거리는 3,4리이다.

④ 这个地区水面面积约占全部面积的五分之三。

Zhège dìqū shuǐmiàn miànjī yuē zhàn quánbù miànjī de wǔ fēn zhī sān.

> 이 지역의 수면 면적은 약 전체면적의 5분의 3을 차지하고 있다.

⑤ 新编的那套讲义分上中下三册。

Xīn biān de nà tào jiǎngyì fēn shàng zhōng xià sān cè.

> 새로 집필한 강의록은 상중하 3권으로 나누어져 있다.

⑥ 我那辆旧自行车卖了一百多元。

Wǒ nà liàng jiù zìxíngchē màile yì bǎi duō yuán.

> 나는 그 낡은 자전거를 100원에 팔았다.

⑦ 他们住的房间号是308。

Tāmen zhù de fángjiān hào shì sān líng bā.

> 그들이 살고 있는 방은 308호이다.

수량사가 목적어로 쓰여 어떤 사물이 지칭할 때는 그 사물이 이미 앞의 문장에 출현한 경우이다.

⑧ 最近你看了篮球比赛吗? 上星期看了一场。

    Zuìjìn nǐ kànle lánqiú bǐsài ma? Shàng xīngqī kànle yì chǎng.

최근 농구경기 봤니?
지난주에 한 경기 봤어.

⑨ 这样的纪念邮票我有三套, 送你一套吧。

    Zhèyàng de jìniàn yóupiào wǒ yǒu sān tào, sòng nǐ yí tào ba.

이런 기념우표는 세 세트가 있어, 너한테 한 세트 줄께

 # 4 동사(구) 혹은 형용사(구)

일부 동사들 뒤에 동사목적어만 올 수 있는 경우가 있다. 이러한 동사로는 '进行', '加以', '给予', '给以' 등의 처리 의미의 동사, '感觉', '感到', '希望', '以为', '认为' 등의 심리상태동사와 '开始', '继续', '打算' 등이 있다.

① 这个问题我们已经进行了多次研究。

    Zhège wèntí wǒmen yǐjīng jìnxíngle duō cì yánjiū.

이 문제는 우리들은 이미 여러 차례 연구했었어.

② 对于有卓越贡献的科技人员, 政府将给予表扬和奖励。

    Duìyú yǒu zhuōyuè gòngxiàn de kējì rényuán, zhèngfǔ jiāng jǐ yú biǎoyáng hé jiǎnglì.

탁월한 공헌을 한 과학기술인들에 대하여 정부는 칭찬과 표창을 할 것이다.

③ 根据大家的意见, 这个设计图纸还需加以修改。

    Gēnjù dàjiā de yìjiàn, zhège shèjì túzhǐ hái xū jiāyǐ xiūgǎi.

모두의 의견에 의하면 이 설계도는 수정을 해야 할 필요가 있다.

④ 关于这个方案, 王工程师还要作进一步的解释与说明。

    Guānyú zhège fāng'àn, Wáng gōngchéngshī hái yào zuò jìn yí bù de jiěshì yǔ shuōmíng.

이 방안에 대하여 왕 기사는 한 발 더 나아간 해석과 설명을 하려 한다.

⑤ 代表们表示同意我们的安排。

    Dàibiǎomen biǎoshì tóngyì wǒmen de ānpái.

대표들은 우리들의 계획에 동의했다.

⑥ 李时珍二十二岁就开始给人看病了。

    Lǐ Shízhēn èrshí'èr suì jiù kāishǐ gěi rén kàn bìng le.

리쓰쩐은 22살 때 사람들을 진찰해주기 시작했다.

⑦ 现在继续开会, 请大家入座。

    Xiànzài jìxù kāi huì, qǐng dàjiā rùzuò.

지금 계속 회의를 하니 모두 앉아 주십시오.

⑧ 农民们从切身的体会中, 进一步认识到政府对他们关怀备至。

    Nóngmínmen cóng qièshēn de tǐhuì zhōng, jìn yí bù rènshi dào zhèngfǔ duì tāmen guānhuái bèi zhì.

농민들은 몸소 겪은 체험에서 한 발 더나가 정부가 그들을 여러모로 보살피고 있음을 알게 되었다.

⑨ 每逢春暖花开的时候, 人们都喜欢到湖边来散步。

    Měi féng chūn nuǎn huā kāi de shíhou, rénmen dōu xǐhuan dào húbiān lái sàn bù.

매 번 따뜻한 봄이 되어 꽃이 필 때면 사람들은 호수가로 나와 산보하기를 좋아한다.

⑩ 愚公一家不怕辛苦、不怕困难，每天不停地挖山。

Yúgōng yì jiā bú pà xīnkǔ、bú pà kùnnan, měitiān bùtíng de wā shān.

⑪ 这几天，阿爹显得特别高兴。

Zhè jǐ tiān, ādiē xiǎnde tèbié gāoxìng.

우공 가족은 고생을 두려워하지 않고 어려움도 두려워하지 않는다. 매일 그치지 않고 산을 팠다.

요 며칠, 아버지는 유난히 기뻐하셨다.

5 주술구

주술구가 목적어로 쓰일 때에는 술어동사가 대부분 '说', '想', '看', '听', '觉得', '认为', '以为', '记得', '忘', '忘记', '知道', '相信', '认识', '希望', '赞成', '反对', '同意', '发现', '指出', '建议' 등등의 심리활동을 나타내는 동사들이다. 이때 주술구는 어떤 일을 나타낸다.

① 我知道你一心想做好人民代表的工作。

Wǒ zhīdào nǐ yìxīn xiǎng zuò hǎo rénmín dàibiǎo de gōngzuò.

나는 네가 일심으로 인민대표 업무를 잘 해내려고 한다는 것을 알고 있다.

② 那时候，我多么盼望我能走进大学的校门啊!

Nà shíhou, wǒ duōme pànwàng wǒ néng zǒujìn dàxué de xiàomén a!

그 때, 나는 얼마나 대학 교문에 들어갈 수 있기를 바랐는지!

③ 我们看到她的短发已经变成两条长辫子了。

Wǒmen kàndao tā de duǎnfà yǐjīng biànchéng liǎng tiáo cháng biànzi le.

우리는 그녀의 짧은 머리가 이미 길게 두 가닥의 땋은 머리가 된 것을 보았다.

④ 当时，他认为这个同志的发言比较符合实际。

Dāngshí, tā rènwéi zhège tóngzhì de fāyán bǐjiào fúhé shíjì.

당시, 그는 이 동지의 발언이 비교적 현실에 부합한다고 여겼다.

⑤ 他不怕山高路远，不怕严寒酷暑，走遍了产药材的名山。

Tā bú pà shān gāo lù yuǎn, bú pà yán hán kù shǔ, zǒubiànle chǎn yào cái de míngshān.

그는 산이 높고 길이 먼 것을 두려워하지 않으며 혹독한 추위와 더위를 두려워하지도 않아, 약재가 나는 명산을 돌아 다녔어.

6 개사구

개사구는 '是'의 목적어로 쓰일 수 있는데 가장 많이 보이는 개사는 '在', '为', '为了', '由于'이다.

① 我第一次见到老杨同志是在延安某地的窑洞里。

Wǒ dì yí cì jiàndao Lǎo Yáng tóngzhì shì zài Yán'ān mǒu dì de yáodòng lǐ.

나는 처음으로 라오양 동지가 연안의 어느 지방의 토굴집에 있는 것을 보았다.

② 我最初认识小川，是在1955年夏天。

    Wǒ zuìchū rènshi Xiǎo Chuān, shì zài yījiǔwǔwǔ nián xiàtiān.

③ 我和老郭同志最后一别，是在1970年初夏，湖北的向阳湖畔。

    Wǒ hé Lǎo Guō tóngzhì zuìhòu yì bié, shì zài yījiǔqīlíng nián chū xià, Húběi de Xiàngyáng húpàn.

④ 我这次来，不只是为了我，也是为了你。

    Wǒ zhè cì lái, bù zhǐ shì wèile wǒ, yě shì wèile nǐ.

⑤ 他这次没参加比赛是由于最近身体不太好。

    Tā zhè cì méi cānjiā bǐsài shì yóuyú zuìjìn shēntǐ bútài hǎo.

나는 가장 처음 1955년 여름에 小川을 알았다.

나와 라오꿔 동지는 1970년 초여름 호북의 향양호반에서 맨 마지막으로 헤어졌다.

내가 이 번에 온 것은 나를 위해서뿐만 아니라 또 너를 위해서이다.

그는 이 번에 시합에 참가하지 않은 것은 최근 건강이 별로 좋지 않아서이다.

제 3 절

직접목적어와 간접목적어

일부 동사는 목적어가 두 개 올 수도 있다. 일반적으로 하나는 사람, 다른 하나는 사물을 지칭한다. 사람을 지칭하는 목적어를 간접목적어, 사물을 지칭하는 목적어를 직접목적어라고 하는데, 간접목적어가 직접목적어의 앞에 놓인다.

① 张老师教我们汉语。

    Zhāng lǎoshī jiào wǒmen Hànyǔ.

장 선생님은 우리에게 중국어를 가르치신다.

② 刚才小李告诉我一个好消息，你想听吗？

    Gāngcái Xiǎo Lǐ gàosu wǒ yí ge hǎo xiāoxi, nǐ xiǎng tīng ma?

막 샤오리가 나에게 좋은 소식을 알려줬는데 듣겠니?

③ 你借我一点钱可以吗？

    Nǐ jiè wǒ yìdiǎn qián kěyǐ ma?

나에게 돈을 좀 빌려줘도 되겠니?

이처럼 쌍목적어가 올 수 있는 동사는 그다지 많지 않다. 자주 쓰이는 것으로는 '给', '送', '租', '借', '卖', '还', '告诉', '通知', '报告', '求', '教', '问', '请教', '赔', '称', '叫' 등이 있다.

'告诉', '通知', '求' 등의 동사가 문장을 이룰 때, 뒤에 반드시 간접목적어가 와야 하지만 직접목적어는 오지 않거나 문두에 놓일 수도 있다.

① A : 这件事我可以告诉老王吗？

    Zhè jiàn shì wǒ kěyǐ gàosu Lǎo Wáng ma?

이 일을 라오왕에게 알려줘도 됩니까?

  B : 你告诉他吧。

    Nǐ gàosu tā ba.

너 그에게 알려줘라.

② 明天早上开会。我通知你了，你可别忘了。

    Míngtiān zǎoshàng kāi huì. Wǒ tōngzhī nǐ le, nǐ kě bié wàng le.

그러나 간접목적어 없이 직접목적어만 쓰일 수는 없다.

    *他告诉一个新情况。

    *我求一件事。

‘借’, ‘租’ 등의 동사가 문장을 이룰 때, 뒤에 반드시 직접목적어가 와야 하지만, 간접목적어는 생략이 가능하다.

① 我想租(你)一间房子。

    Wǒ xiǎng zū(nǐ) yì jiān fángzi.

② 他已经借了(我)那么多钱了，还不够吗？

    Tā yǐjīng jièle (wǒ) nàme duō qián le, hái bú gòu ma?

이러한 동사 뒤에 간접목적어만 올 수는 없다.

    *这间房子我想租你。

    *很多钱他借了我。

‘教’, ‘请教’, ‘问’, ‘还’, ‘给’, ‘赔’ 등의 동사는 뒤에 직접목적어나 간접목적어 가운데 하나만 와도 문장이 성립한다.

① 这些钱是他给我的。

    Zhèxiē qián shì tā gěi wǒ de。

    他给两千块钱。

    Tā gěi liǎng qiān kuàiqián.

② 王老师教我。

    Wáng lǎoshī jiāo wǒ.

    王老师教数学。

    Wáng lǎoshī jiāo shùxué.

③ 别担心，我赔你。

    Bié dānxin, wǒ péi nǐ.

    我赔一千，你赔一千，可以吗？

    Wǒ péi yì qiān, nǐ péi yì qiān kěyǐ ma?

'称', '叫'는 뒤에 반드시 두 가지 목적어가 모두 와야만 문장이 성립한다.

① 人们都叫他无事忙。

  Rénmen dōu jiào tā wú shì máng.

  *无事忙人们都叫他。

  *他人们都叫无事忙。

② 附近的人都称他师傅。

  Fùjìn de rén dōu chēng tā shīfu.

  ?他附近的人都称师傅。

  *师傅附近的人都称他。

사람들은 모두 그를 하는 일 없이 바쁜 사람이라고 부른다.

부근 사람들은 그를 사부라고 부른다.

参考文献

李临定　动词的宾语和结构的宾语,语言教学与研究,1984年第3期。

马庆株　名词性宾语的类别,汉语学习,1987年第2期。

杨成凯　广义谓词性宾语的类型研究,中国语文,1992年第1期。

张泊江　施事宾语的主要类型,中国语文,1989年第1期。

一. 아래 각 예문에서 목적어를 가려내고 목적어와 동사 사이의 관계(행위자, 대상, 장소, 결과, 수량, 원인, 도구, 존재의 사물, 분류)를 설명하시오.

1. 彼得是个海员，他常常到中国来。
2. 夜深了，市区里突然响起了一阵枪声。
3. 今天下午他又写了三张纸，大约写了两千字。
4. 他在送给我的手绢上绣了'留念'两个字。
5. 船就要靠岸了。
6. 我们和外国朋友一起在河边照了一张相。
7. 这时屋里走出一个二十三四岁的姑娘，留着两条长辫子。
8. 这人差不多都来了，只少小王一个人了。
9. 我们下了船，还要走三十多里，才能到家。
10. 上大学的时候，他就写了好几首长诗。
11. 我们应该学习他的好学精神。
12. 外边下着雪，孩子们正在堆雪人。
13. 两个小时的工夫，他们就种了十几棵树。这儿只剩下三棵了。
14. 我们这里差不多都睡竹床，也有人睡木板床。
15. 大家都笑他那张大花脸。
16. 要托运的东西都已经装箱了，下午就要装车运走了。
17. 屋里没人。

二. 아래 각 예문 중 목적어가 어느 유형에 속하는지 설명하시오.

1. 胜利一定属于我们。
2. 这本书他已经翻译了500页了，快翻译完了。
3. 走在街上，要注意来往的车辆。
4. 小王是东北人，不怕冷。
5. 良好的开始是成功的一半。
6. 这个月，大刘又受到了表扬。
7. 我很不喜欢这样的人，太阴险。
8. 节日的天安门城楼显得更加庄严、美丽了。
9. 我们这儿有四位姓张的，您找哪一位?
10. 这药是老张让他妻子从家乡寄来的。
11. 回国后，我还要继续学习中国历史。

12. 我觉得这部小说写得好，值得看一看。
13. 今年暑假，你打算到哪儿去玩?
14. 刚到这儿来时，觉得很不习惯，现在好了。
15. 我喜欢滑冰，不喜欢游泳。
16. 别看他是个老北京，他不怎么熟悉北京的地理环境。
17. 这半年，我没看几本小说。
18. 他会说三种外国语呢。

제 3 장

관형어

제 1 절
관형어의 작용과 어법 의미

1 관형어의 작용

관형어는 일종의 수식어이다. 구에서 관형어는 '红旗', '伟大的国家', '木头桌子', '小张的书' 등과 같이 주로 명사를 수식한다. 형용사나 동사가 주어나 목적어로 쓰였을 때에도 그 수식어가 관형어일 수도 있다.

① 红旗在空中飘扬。

   Hóngqí zài kōngzhōng piāoyáng.

   붉은 깃발이 하늘에서 날리고 있다.

② 星期六，五班的同学访问了王国华的家。

   Xīngqiliù, wǔ bān de tóngxué fǎngwènle Wáng Guóhuá de jiā.

   토요일에 5반 학우들은 왕꿔화의 집을 방문했다.

③ 昨天你上街买了些什么?

   Zuótiān nǐ shàng jiē mǎile xiē shénme?

   어제 거리에서 무엇을 샀니?

④ 刚才那个姓杜的来了。

   Gāngcái nàge xìng Dù de lái le.

   방금 그 두씨라는 사람이 왔었다.

⑤ 这篇文章歌颂了他们在抗洪救灾中表现出来的无私无畏的精神。

   Zhè piān wénzhāng gēsòngle tāmen zài kàng hóng jiù zāi zhōng biǎoxiàn chulai de wú sī wú wèi de jīngshén.

   이 글은 그들이 홍수를 막고 재난에서 구하는 중에 보여준 두려움도 사심도 없는 정신을 칭송했다.

⑥ 每到星期天，总是很多工人、解放军、干部和小朋友来看他们。

   Měi dào xīngqītiān, zǒngshì hěn duō gōngrén、jiěfàngjūn、gànbù hé xiǎo péngyou lái kàn tāmen.

   매 일요일에는 늘 많은 노동자, 해방군, 간부와 꼬마들이 그들을 보러 온다.

⑦ 他的死比泰山还重。

   Tā de sǐ bǐ Tàishān hái zhòng.

   그의 죽음은 태산보다 더 크다.

⑧ 内心的激动使他再也说不下去了。

   Nèi xīn de jīdòng shǐ tā zài yě shuō bu xiaqu le.

   마음속의 흥분은 그로 하여금 더 다시 말할 수 없게 했다.

⑨ 这是我的不对，我向您道歉。

　　　Zhè shì wǒ de bú duì, wǒ xiàng nín dàoqiàn.

⑩ 一路上他们受到热烈的欢迎。

　　　Yí lù shàng tāmen shòudao rèliè de huānyíng.

이것은 내가 잘못한 것
이니 당신에게 사과합
니다.

길에서 그들은 열렬한
환영을 받았다.

　고유명사와 인칭대사는 일반적으로 관형어의 수식을 잘 받지 않는다. 그러나 문학 작품에서는 간혹 이러한 경우가 발견된다.

⑪ 一夜没睡觉的王观临，两只眼都熬红了。

　　　Yí yè méi shuìjiào de Wáng Guānlín, liǎng zhī yǎn dōu āo hóng le.

⑫ 还穿着破棉袄的他，觉得浑身躁热起来。

　　　Hái chuānzhe pò mián'ǎo de tā, juéde húnshēn zàorè qilai.

밤새 잠자지 못한 왕꽌
린은 두 눈이 모두 빨개
졌다.

헤진 솜저고리를 입은
그는 온 몸이 느닷없이
더워짐을 느꼈다.

　중국어에서 이러한 수사학상의 특수한 경우를 제외하면 관형어는 항상 피수식어의 앞에 놓인다.

 관형어의 어법 의미

　정의는 여러 가지 측면에서 중심어를 수식한다. 관형어가 나타내는 어법 의미, 관형어와 중심어간의 의미 관계는 대단히 복잡한데, 크게 제한성 관형어와 묘사성 관형어로 나눌 수 있다.

① 제한성 관형어

　제한성 관형어는 수량, 시간, 장소, 귀속 등의 측면에서 중심어를 한정하는 관형어를 말한다. 이러한 제한성 관형어는 중심어가 나타내는 사물의 범위를 나타내는 작용을 한다. 자주 쓰이는 제한성 관형어로는 다음과 같은 것들이 있다.

①　수량을 표시하는 경우

① 我买三斤苹果。

　　　Wǒ mǎi sān jīn píngguǒ.

② 这三本书我全看了。

　　　Zhè sān běn shū wǒ quán kàn le.

③ 很多学生在操场上锻炼身体。

　　　Hěn duō xuésheng zài cāochǎng shàng duànliàn shēntǐ.

나는 사과 세 근을 산
다.

이 책 세 권을 나는 다
봤다.

많은 학생들이 운동장
에서 몸을 단련하고 있
다.

④ 一件件往事涌上了心头。

    Yí jiànjiàn wǎngshì yǒngshangle xīntou.

지난 일 하나하나가 마음속에 떠올랐다.

② 시간을 표시하는 경우

① 经过几个月的努力，这头野象基本被训服了。

    Jīngguò jǐ ge yuè de nǔlì, zhè tóu yěxiàng jīběn bèi xùnfú le.

몇 개월의 노력을 거쳐 이 야생 코끼리를 기본적으로 복종시켰다.

② 他给我讲了一遍过去的情况。

    Tā gěi wǒ jiǎngle yí biàn guòqù de qíngkuàng.

그는 나에게 지나간 상황을 이야기 했다.

③ 장소를 표시하는 경우

① 你把身上的雪扫扫吧。

    Nǐ bǎ shēn shàng de xuě sǎosao ba.

몸의 눈을 털어라.

② 书包里的书是从图书馆借来的。

    Shūbāo lǐ de shū shì cóng túshūguǎn jièlái de.

책가방속의 책은 도서관에서 빌려왔다.

③ 你脑子里的想法我全清楚。

    Nǐ nǎozi lǐ de xiǎngfǎ wǒ quán qīngchu.

너 머리 속의 생각은 난 전부 알고 있어.

④ 귀속이나 소유를 표시하는 경우

① 愚公的儿子、孙子都赞成。

    Yú Gōng de érzi、sūnzi dōu zànchéng.

우공의 아들, 손자는 모두 찬성했다.

② 我们班有十个同学。

    Wǒmen bān yǒu shí gè tóngxué.

우리 반은 10명의 학우들이 있다.

③ 这是张明的铅笔。

    Zhè shì Zhāng Míng de qiānbǐ.

이것은 장밍의 연필이다.

④ 谢谢各位旅客的关心。

    Xièxiè gè wèi lǚkè de guānxīn.

모든 여행객의 관심에 감사드립니다.

⑤ 범위를 한정하는 경우

① 他们中间的多数会觉悟过来。

    Tāmen zhōngjiān de duōshù huì juéwù guolai.

그들 중의 대다수는 깨달을 것이다.

② 你的包裹超过了我们国家规定的重量。

    Nǐ de bāoguǒ chāoguòle wǒmen guójiā guīdìng de zhòngliàng.

너의 소포는 우리나라가 규정한 중량을 초과했다.

---

③ 你昨天说的那件事，我们同意了。

　　Nǐ zuótiān shuō de nà jiàn shì, wǒmen tóngyì le.

어제 말한 그 일은 우리들은 동의한다.

④ 省里派来的两位同志住在招待所里。

　　Shěng lǐ pàilái de liǎng wèi tóngzhì zhù zài zhāodàisuǒ lǐ.

省에 파견 나온 두 동지는 초대소에 머물고 있다.

⑤ 这些东西你拿回去吧，我不能收。

　　Zhèxiē dōngxi nǐ ná huíqù ba, wǒ bù néng shōu.

이 물건들을 가지고 돌아가라, 나는 받을 수 없어.

② 묘사성 관형어

묘사성 관형어는 성질, 상태, 특징, 용도, 재료(质料), 직업, 사람의 외모(穿着打扮) 등의 측면에서 중심어를 묘사하는 관형어를 말한다.

① 사물의 성질이나 상태를 묘사하는 경우

① 小赵穿了一件紫红色的大衣。

　　Xiǎo Zhào chuānle yí jiàn zǐhóngsè de dà yī.

샤오자오는 자홍색의 외투를 입었다.

② 这是一个非常重要的会议。

　　Zhè shì yí ge fēicháng zhòngyào de huìyì.

이것은 매우 중요한 회의이다.

③ 我们踏上了一座颤颤悠悠的小桥。

　　Wǒmen tàshangle yí zuò chànchànyōuyōu de xiǎo qiáo.

우리들은 흔들거리는 작은 다리에 발을 내딛었다.

④ 小明这个可爱的姑娘成长得很快。

　　Xiǎo Míng zhège kě'ài de gūniang chéngzhǎng de hěn kuài.

샤오밍 이 사랑스러운 아가씨는 매우 빨리 자란다.

② 사람이나 사물의 특징을 묘사하는 경우

① 突然跑来一个十五六岁的孩子。

　　Tūrán pǎolái yí ge shíwǔliù suì de háizi.

갑자기 15,6살 먹은 아이들이 뛰어왔다.

② 老马是一个雷厉风行的人。

　　Lǎo mǎ shì yí ge léilì fēngxíng de rén.

어멈은 맹렬한 기세로 재빨리 행동하는 사람이다.

③ 他有哪些最值得尊敬的品德?

　　Tā yǒu nǎ xiē zuì zhíde zūnjìng de pǐndé?

그는 어떤 가장 존경할 만한 인품과 덕성을 갖추고 있니?

④ 我看了一眼这个双层玻璃的窗子，玻璃上结满了冰花。

　　Wǒ kànle yì yǎn zhège shuāng céng bōlí de chuāngzi, bōlí shang jiémǎnle bīnghuā.

나는 이중유리로 된 창문을 힐끗 보니 유리에 얼음이 가득 얼어 있었다.

⑤ 最近他写了一篇关于中国经济的论文，颇受好评。

　　Zuìjìn tā xiěle yì piān guānyú Zhōngguó jīngjì de lùnwén, pō shòu hǎo píng.

최근 그는 중국경제에 관한 논문을 한 편 썼는데 매우 좋은 호평을 받았다.

3 용도나 내원을 설명하는 경우

① 这个装工具的箱子我很熟悉。

Zhège zhuāng gōngjù de xiāngzi wǒ hěn shúxī.

② 我要买一枝画画用的铅笔。

Wǒ yào mǎi yì zhī huàhuà yòng de qiānbǐ.

③ 老大娘给了我一把刚从树上打下来的枣儿。

Lǎo dàniáng gěile wǒ yì bǎ gāng cóng shù shàng dǎxialai de zǎor.

4 재료를 설명하는 경우

① 房间里摆着一张木头桌子，两把铁木折椅。

Fángjiān lǐ bǎizhe yì zhāng mùtou zhuōzi, liǎng bǎ tiě mù zhé yǐ.

② 纸箱子里装满了书。

Zhǐ xiāngzi lǐ zhuāngmǎnle shū.

5 직업을 설명하는 경우

① 我们班的汉语老师姓李。

Wǒmen bān de Hànyǔ lǎoshī xìng Lǐ.

② 张健父亲是土建工程师。

Zhāng Jiàn fùqin shì tǔjiàn gōngchéngshī.

6 그 밖의 묘사성 관형어

① 这里没有一般工地上常常发生的那种'我在哪儿'的笑话。

Zhèlǐ méi yǒu yìbān gōngdì shang chángcháng fāshēng de nà zhǒng 'wǒ zài nǎr' de xiàohuà.

② 那是一个颐养天年的好地方。

Nà shì yí ge yíyǎng tiānnián de hǎo dìfang.

③ 他的一本三十万字的回忆录已经写完了。

Tā de yì běn sānshí wàn zì de huíyìlù yǐjīng xiě wán le.

③ 제한성 관형어와 묘사성 관형어의 구분

1 제한성 관형어와 묘사성 관형어의 어법 의미와 표현 기능(表达功能) 차이

제한성 관형어는 '저것'이 아니라 '이것'임을 나타내는 구별 작용을 한다. 따라서 제

한성 관형어가 어떤 사물을 수식할 때에는 반드시 동일한 류의 다른 사물이 존재하는 것을 전제로 하기 때문에 화자는 반드시 구별이 된다는 것을 인식하고 있다. 즉, 제한성 관형어가 '어떤 것'(哪一个)를 지칭하기 때문에 의문문을 만들 때는 일반적으로 '哪(个, 些, 天的, 儿的……)', '谁的' 등을 쓴다.

일반적으로 시간, 장소, 소유 관계를 나타내는 관형어는 대부분 제한성이다.

① 桌子上的书是中文的。

   Zhuōzi shàng de shū shì Zhōngwén de.

② 今天的天气很好。

   Jīntiān de tiānqì hěn hǎo.

③ 小明的妈妈是个医生。

   Xiǎo Míng de māma shì ge yīshēng.

책상 위 책은 중국어책이다. ('책꽂이의 것', '장 속의 것'……하고 구별되어진다.)

오늘 날씨가 매우 좋다. ('어제', '그저께'……와 구별되어진다.)

샤오밍의 어머니는 의사다. ('다른 사람들'……과 구별된다.

다른 수식성분이 없거나 동사로 이루어진 주술구가 관형어로 쓰인 경우에도 대부분 제한성을 나타낸다.

④ 这是哥哥给我的铅笔。

   Zhè shì gēge gěi wǒ de qiānbǐ.

⑤ 老师说的那本书我已经买到了。

   Lǎoshī shuō de nà běn shū wǒ yǐjīng mǎidào le.

이것은 오빠가 나에게 준 연필이다. ('산 것', '빌린 것' 혹은 '다른 사람이 준 것'……과 구별된다.

선생님이 말한 그 책을 나는 이미 샀다. ('다른 사람이 말한 것'……과 구별된다.)

묘사성 관형어는 묘사하는 것이 주된 기능이다. 이러한 관형어를 쓸 때에는 화자의 주안점의 주로 묘사하는 사물 자체에 있기 때문에 동일한 류의 다른 사물이 있는지 여부는 무관하다. 즉, 묘사성 관형어는 '어떠한 것'(什么样的)에 주안점이 있다. 형용사와 형용사로 이루어진 주술구가 관형어로 쓰인 경우에는 대부분 묘사성을 나타낸다.

⑥ 我的朋友买了一条漂亮的围巾。

   Wǒ de péngyou mǎile yì tiáo piàoliang de wéijīn.

⑦ 远处传来了隐隐的炮声。

   Yuǎn chù chuánláile yǐnyǐn de pàoshēng.

⑧ 他的热情洋溢的讲话，给我留下了深刻的印象。

   Tā de rèqíng yángyì de jiǎnghuà, gěi wǒ liúxiàle shēnkè de yìnxiàng.

⑨ 我的老师是一位性情温和的人。

   Wǒ de lǎoshī shì yí wèi xìngqíng wēnhuó de rén.

나의 친구는 예쁜 목도리를 샀다.

멀리에서 아득하게 포성이 들려왔다.

그의 열정이 넘치는 연설은 나에게 깊은 인상을 남겼다.

나의 선생님은 성품이 온화한 사람이다.

묘사성 관형어는 일반적으로 '什么样的', '怎么样的'를 써서 의문문을 표현한다.

　동사(구), 주술구, 개사구는 제한성 관형어로 쓰일 수 있을 뿐만 아니라 묘사성 관형어로 쓰일 수도 있다. 따라서 동일한 어구가 다른 상황이나 다른 문장에서 다른 성질의 관형어로 쓰일 수도 있다.

⑩ 这时，对面走来一位穿红衣服的姑娘。

　　Zhè shí, duìmiàn zǒulái yí wèi chuān hóng yīfu de gūniang.

이 때에 맞은쪽에서 붉은 옷을 입은 아가씨가 걸어왔다. (묘사성)

⑪ 穿红衣服的那位姑娘是小李的妹妹。

　　Chuān hóng yīfu de nà wèi gūniang shì Xiǎo Lǐ de mèimei.

붉은 옷을 입은 그 아가씨는 샤오리의 여동생이다. (제한성)

⑫ 这是一个装衣服的箱子。

　　Zhè shì yí gè zhuāng yīfu de xiāngzi.

이것은 옷을 담는 상자이다. (묘사성)

⑬ 装衣服的那个箱子已经运走了。

　　Zhuāng yīfu de nàge xiāngzi yǐjīng yùnzǒu le.

옷을 담은 그 상자를 이미 옮겨 갔다. (제한성)

　형용사나 '的'가 쓰이지 않은 명사가 특정한 언어 환경에서 범위를 한정하는 기능을 할 수도 있다. 즉, 성질이나 특징 면에서 다른 사물과 구분하는 기능을 한다.

⑭ 给你这本新画报，我要那本旧的。

　　Gěi nǐ zhè běn xīn huàbào, wǒ yào nà běn jiù de.

너에게 이 새 화보를 주고 나는 낡은 것을 원한다.

⑮ 售货员：同志，你想买哪件衣服？

　　Shòuhuòyuán : Tóngzhì, nǐ xiǎng mǎi nǎ jiàn yīfu?

판매원: 동지, 어떤 옷을 사려고 하시죠?

　顾客：我想买那件蓝色的上衣。

　　Gùkè : Wǒ xiǎng mǎi nà jiàn lánsè de shàngyī.

고객: 저 파란색 윗도리를 사려고 하는데요.

그러나 이렇게 쓰일 때, 이러한 관형어의 어법특징(예를 들면, 뒤에 구조조사 '的'가 쓰이는지 여부, 관형어가 여러 개 있을 때의 순서 등)은 변하지 않고 여전히 묘사성 관형어와 같다.

② 문체의 차이

　묘사성 관형어, 특히 복잡한 묘사성 관형어는 주로 서술이나 묘사 성격이 강한 문학작품에 주로 쓰이고, 대화에서는 잘 쓰이지 않으며 논설문에서는 거의 쓰이지 않는다.

③ 동일한 문장에서 제한성 관형어와 묘사성 관형어가 모두 쓰였을 때, 제한성 관형어가 묘사성 관형어의 앞에 놓인다.(제3절 '다항관형어' 참조)

④ 제한성 관형어 뒤에 오는 중심어가 나타내는 사물은 항상 한정적(确定)이다. 그러나 묘사성 관형어 뒤에 오는 중심어가 나타내는 사물은 한정적일 수도 있고 비한정적일 수도 있다. 비한정적일 경우에 일반적 사물이거나 동일한 류의 사물 가운데 어느 하나를 지칭한다.

① 你昨天看的电影怎么样?

Nǐ zuótiān kàn de diànyǐng zěnmeyàng?

② 你可以给我介绍一个漂亮的女朋友吗?

Nǐ kěyǐ gěi wǒ jièshào yí ge piàoliang de nǚ péngyou ma?

③ 教你们音乐的那位老师病了。

Jiāo nǐmen yīnyuè de nà wèi lǎoshī bìng le.

④ 我们需要一位音乐老师，男女都可以。

Wǒmen xūyào yí wèi yīnyuè lǎoshī, nán nǚ dōu kěyǐ.

어제 본 영화 어떠니? (제한성 관형어, 영화 — 한정)

나에게 예쁜 여자친구를 소개시켜줄 수 있니? (묘사성 관형어, 여자친구 — 비한정)

너희에게 음악을 가르치는 그 선생님이 병이 났다. (제한성 관형어, 선생님 — 한정)

우리들은 음악선생님이 필요해, 남녀 모두 가능해. (묘사성 관형어, 선생님 — 비한정)

제 2 절
관형어로 쓰이는 어구와 '的'의 사용 문제

관형어로 쓰일 수 있는 어구는 매우 다양해서, 명사, 수량사, 대사, 형용사(구), 동사(구), 주술구, 관용구 등이 관형어로 쓰인다. 관형어 뒤에는 구조조사 '的'가 오는 것이 일반적이어서, '的'는 관형어의 형식표지라고 할 수 있다. 그러나 모든 관형어 뒤에 '的'가 쓰이는 것은 아니다. 관형어 뒤에 '的'의 사용여부는 관형어로 쓰이는 어구의 성질 및 나타내고자 하는 어법적 의미에 달려있는데, 이 문제를 나누어 설명하면 아래와 같다.

 수량구 또는 수사, 양사가 관형어로 쓰여 제한관계를 나타낼 때, 관형어 뒤에 '的'를 쓸 수 없다.

① 接着，他们给我讲了一个故事。

Jiēzhe, tāmen gěi wǒ jiǎngle yí ge gùshi.

② 杨白劳身上落了一层雪。

Yáng Báiláo shēn shang luòle yì céng xuě.

③ 老张，托你给王来泉同志捎个信儿。

Lǎo Zhāng, tuō nǐ gěi Wáng Láiquán tóngzhì shāo ge xìnr.

④ 他读的当然不外是些"易经"、"书经"。

Tā dú de dāngrán bú wài shì xiē "Yìjīng"、"Shūjīng".

⑤ 阿Q对着墙壁也发愣，于是两手扶着空板凳。

ĀQ duìzhe qiángbì yě fā lèng, yúshì liǎng shǒu fúzhe kōng bǎndèng.

이어서, 그들은 나에게 이야기 하나를 해 주었다.

杨白劳의 몸에는 눈이 한 겹 쌓였다.

老张, 王来泉동지에게 안부 좀 전해 주길 부탁합니다.

그가 읽는 것은 '역경'과 '서경' 같은 것들 밖에는 없다.

阿Q는 벽 쪽을 보면서 넋을 놓고 있다가, 두 손으로 빈 등걸의자를 잡고 기대어 있다.

이와 달리 수량사가 관형어로 쓰여 묘사관계를 나타낼 경우에는 그 뒤에 '的'를 써야한다.

⑥ 连五十多岁的老张也来参加乒乓球比赛了。

    Lián wǔshí duō suì de Lǎo Zhāng yě lái cānjiā pīngpāngqiú bǐsài le.

50 여세나 된 老张까지도 탁구 경기에 참가하러 왔다.

⑦ 他买了一条三斤的鲤鱼。

    Tā mǎile yì tiáo sān jīn de lǐyú.

그는 세 근이나 나가는 잉어 한 마리를 샀다.

⑧ 一寸的钉子买一两就成了。

    Yí cùn de dīngzi mǎi yì liǎng jiù chéng le.

1인치짜리 못을 한 냥만 사면 된다.

차용양사가 관형어로 쓰여 제한 관계를 나타낼 때는 뒤에 '的'를 쓰지 않는다.

⑨ 他看见前边有一个女同志，肩上扛着一袋粮食。

    Tā kànjiàn qiánbiān yǒu yí ge nǚ tóngzhì, jiān shàng kángzhe yí dài liángshi.

그는 앞쪽에 양식 한 자루를 어깨에 짊어지고 있는 한 여성 동지를 보았다.

'가득', '온통'이라는 뜻을 나타내며 묘사 기능을 하는 경우, 일반적으로 '的'를 쓸 수 있다.

⑩ 他从外边跑进来，一头的汗。

    Tā cóng wàibiān pǎojìnlái, yì tóu de hàn.

그는 바깥에서 뛰어 들어와, 얼굴이 온통 땀범벅이다.

⑪ 一屋的人都愣住了。

    Yì wū de rén dōu lèng zhù le.

온 방의 사람들이 다 어안이 벙벙해 졌다.

분수인 수량사가 관형어로 쓰이는 경우 그 뒤에 '的'를 써야 한다.

⑫ 今年百分之四十的职工增加了工资。

    Jīnnián bǎi fēnzhī sìshí de zhígōng zēngjiāle gōngzī.

금년에 40%의 직원들이 임금이 인상되었다.

때로는 생략이 가능하다.

⑬ 我们厂百分之七十女工是青年。

    Wǒmen chǎng bǎi fēnzhī qīshí nǚ gōngshì qīngnián.

우리 공장의 여직공 70%는 젊은 여성이다.

수사 '一'와 양사로 구성된 수량구의 중첩형식이 관형어로 쓰이는 경우, 아래 예문처럼 그 뒤에 '的'를 쓰는 것이 일반적이다.

⑭ 地上摆着一筐一筐的西红柿。

    Dì shàng bǎizhe yì kuāng yì kuāng de xīhóngshì.

땅 위에 토마토가 한 광주리 한 광주리씩 놓여져 있었다.

⑮ 一列一列的火车满载着生产物资开往祖国的四面八方。

Yí liè yí liè de huǒchē mǎnzàizhe shēngchǎn wùzī kāi wǎng zǔguó de sìmiàn bāfāng.

열차마다 화차에 생산 물자를 가득 싣고 조국의 전국 방방곡곡을 향해 달려간다.

수사 '一'가 중첩된 양사와 함께 관형어로 쓰이는 경우, '的'를 쓰지 않아도 된다.

⑯ 到布谷鸟欢叫的时候，一条条更高大的石坝修起来了，一个个山头被推倒了。

Dào bùgǔniǎo huānjiào de shíhou, yì tiáotiáo gèng gāo dà de shíbà xiū qilai le, yí gègè shāntóu bèi tuīdǎo le.

뻐꾹새가 지저귀는 때가 되자, 더욱 높고 큰 돌 제방이 하나씩 쌓아졌고, 산봉우리는 하나씩 뭉그러졌다.(제방이나 산봉우리는 짓누르고 있던 장애요인이나 압박 등을 은유함)

그러나 아래 예문처럼 '的'를 쓰는 경우 묘사 기능이 더욱 강해진다.

⑰ 地道口里还有一道道的门，民兵们把门一关，放进去的毒气又从原来的洞口出来了。

Dìdàokǒu lǐ hái yǒu yí dàodào de mén, mínbīngmen bǎ mén yì guān, fàng jìnqu de dúqì yòu cóng yuánlái de dòngkǒu chūlái le.

지하갱도 입구에는 문이 한 짝 한 짝 겹겹으로 있었는데, 민병들이 문을 닫자 집어넣은 독가스가 원래 구멍으로부터 나왔다.

중첩된 양사가 관형어로 쓰일 경우 그 뒤에는 '的'를 쓸 필요가 없다.

⑱ 今天，垛垛高墙夷为平地，座座亭榭任人憩歇。

Jīntiān, duǒduǒ gāo qiángyí wéi píngdì, zuòzuò tíng xiè rèn rén qìxiē.

오늘날, 우뚝 솟은 높은 성벽이 평지로 바뀌고, 정자마다 누구나 쉴 수 있다.

 지시대사와 사물을 묻는 의문대사 및 이러한 종류의 의문대사가 수량사와 구를 이루어 관형어로서 제한관계를 나타내는 경우, 그 뒤에 '的'를 쓸 필요가 없다.

① 这话说得多好啊!

Zhè huà shuō de duō hǎo a!

이 말, 얼마나 잘 말했는가!

② 延风，你说这几颗种子怎么样?

Yánfēng, nǐ shuō zhè jǐ kē zhǒngzi zěnmeyàng?

延风, 이 씨앗 몇 알이 어떻다는 거니?

③ 哪个老师教你们体育?

Nǎge lǎoshī jiāo nǐmen tǐyù?

어느 선생님이 너희들에게 체육을 가르치시니?

④ 你的衬衣是什么颜色的?

Nǐ de chènyī shì shénme yánsè de?

너의 셔츠는 무슨 색이니?

⑤ 这个工厂有多少工人?

Zhège gōngchǎng yǒu duōshǎo gōngrén?

이 공장에는 직공이 얼마나 있습니까?

소유 관계를 나타내는 '谁'와 묘사 관계를 나타내는 '怎么样', '这样', '那样'등이 관형어로 쓰일 경우, 그 뒤에는 '的'를 써야 한다.

⑥ 这是谁的地图?

　　Zhè shì shéi de dìtú?

　　

⑦ 这样的人还不该表扬吗?

　　Zhèyàng de rén hái bù gāi biǎoyáng ma?

　　

⑧ 老李是怎么样的一个人，你给我们介绍介绍。

　　Lǎo Lǐ shì zěnmeyàng de yí ge rén, nǐ gěi wǒmen jièshào jièshào.

　　

대사 '别'는 '别人', '别处', '别国' 등의 경우 외에는 그 뒤에 '的'를 써야 한다.

⑨ 下次再给你们介绍别的情况。

　　Xià cì zài gěi nǐmen jièshào bié de qíngkuàng.

　　

⑩ 这种产品还有别的用处没有?

　　Zhè zhǒng chǎnpǐn hái yǒu bié de yòngchù méi yǒu?

　　

인칭대사가 관형어로서 소유관계를 나타내는 경우, 그 뒤에는 '的'를 써야한다.

① 你的工作怎么样?

　　Nǐ de gōngzuò zěnmeyàng?

　　

② 白求恩同志用自己的血把那个八路军战士救活了。

　　Báiqiú'ēn tóngzhì yòng zìjǐ de xiě bǎ nàge bālùjūn zhànshì jiù huó le.

　　

때로는 '的'를 쓰는 경우와 쓰지 않는 경우 그 의미가 달라진다.

③ 同学们今天出发，我们老师明天出发。

　　Tóngxuémen jīntiān chūfā, wǒmen lǎoshī míngtiān chūfā.

　　

④ 我们的老师非常严厉。

　　Wǒmen de lǎoshī fēicháng yánlì.

　　

첫 번째 문장에서 '우리'는 바로 '교사'를 가리키는 재지시성분으로 그 사이에 '的'를 첨가할 수 없다. 그러나 두 번째 문장에서 '우리'는 '선생님'의 관형어로 소유관계를 나타낸다. 이 경우 반드시 '的'를 써야 한다.

구어에서 의문 혹은 반문을 나타낼 때, 인칭대사 뒤에 '的'를 쓰지 않을 수도 있다.

⑤ 我书包怎么不见了?

    Wǒ shūbāo zěnme bú jiàn le?

내 책가방이 어째서 보이지 않지?

⑥ 你帽子不是戴在头上么?

    Nǐ màozi bú shì dài zài tóu shàng me?

네 모자는 머리에 씌워져 있지 않니?

중심어가 사람에 대한 호칭이나 단체 기관의 명칭일 경우, 인칭대사 뒤에 '的'를 쓸 수 있지만, 구어에서는 '的'를 쓰지 않는 경우가 더 많다.

⑦ 你姐姐是昨天来的吗?

    Nǐ jiějie shì zuótiān lái de ma?

네 누나는 어제 왔니?

⑧ 我想谈谈我们国家的情况。

    Wǒ xiǎng tántan wǒmen guójiā de qíngkuàng.

나는 우리나라의 상황에 대해서 이야기해보고 싶다.

⑨ 我母亲是非常善良勤劳的。

    Wǒ mǔqīn shì fēicháng shànliáng qínláo de.

내 어머니는 매우 선량하고 부지런하시다.

⑩ 你们班的学生比我们少。

    Nǐmen bān de xuésheng bǐ wǒmen shǎo.

너희 반의 학생은 우리보다 적다.

관형어가 方位词를 수식할 경우, '的'를 쓰지 않는 경우가 더 많다.

⑪ 小明悄悄地藏在他后边。

    Xiǎo Míng qiāoqiāo de cáng zài tā hòubiān.

小明은 조용히 그의 뒤에 숨었다.

⑫ 我们学校很大。

    Wǒmen xuéxiào hěn dà.

우리 학교는 크다.

 명사가 관형어로 쓰여 소유관계를 나타낼 때는 '的'를 써야 한다.

① "玉荣……" 后边传来了姐姐的喊声。

    "Yùróng……" Hòubiān chuánláile jiějie de hǎnshēng.

"玉荣……", 뒤에서 누나의 외침 소리가 들려왔다.

방위사가 관형어로 쓰이는 경우 그 뒤에 '的'를 쓰는 것이 일반적이다.

② 里边的小屋子里，也发出了一阵咳嗽。

    Lǐbiān de xiǎo wūzi lǐ, yě fāchūle yí zhèn késou.

안에 있는 작은 방에서도 기침소리가 한차례 났다.

방위사가 명사의 수식을 받는 경우, 명사 뒤에는 '的'를 쓰지 않는 경우가 많다.

③ 操场北边是游泳池。

Cāochǎng běibiān shì yóuyǒngchí.

④ "看!" 她把照片递到小李面前。

"Kàn!" Tā bǎ zhàopiàn dìdao Xiǎo Lǐ miànqián.

운동장 북쪽은 수영장이다.

"봐라!" 그녀는 사진을 小李 앞에 들이 밀었다.

　일부 명사가 관형어로 쓰여서 소유 관계를 나타내지 않고, 사람의 직업, 혹은 사물의 원료, 속성, 유래 등을 나타내는데, 이 경우에는 묘사성 관형어에 속한다. 이러한 부류의 관형어는 뒤에 오는 중심어와 결합관계가 밀접하여 보통 '的'를 사용하지 않으며, 심지어는 '的'를 사용해서는 안 되는 경우도 있다. 의미상으로는 숙어적인 성격을 띠고 있다.

语文老师 ― 教语文的老师

*语文的老师

纸箱子― 用纸做的箱子

*纸的箱子

历史问题 ― 历史上出现过的问题

*历史的问题

纺织工艺 ― 关于纺织的工艺

*纺织的工艺

어문 교사 ― 어문을 가르치는 교사

종이 상자 ― 종이로 만든 상자

역사 문제 ― 역사적으로 출현한 적이 있는 문제

방직 공예 ― 방직에 관련된 공예

　때로는 명사가 관형어로 쓰일 때 '的'의 사용여부에 따라 아래처럼 어법관계와 의미가 달라지는 경우도 있다.

他是我们的班主任老师。(묘사성)

Tā shì wǒmen de bān zhǔrèn lǎoshī.

他是我们班主任的老师。(소유관계)

Tā shì wǒmen bān zhǔrèn de lǎoshī.

敌人的狐狸尾巴露出来了。(묘사성)

Dírén de húlí wěibā lù chulai le.

狐狸的尾巴很大。(소유관계)

Húlí de wěibā hěn dà.

그는 우리 반 담임선생님이다.

그는 우리 반 담임선생님의 선생님이다.

적의 마각이 드러났다.

여우의 꼬리는 크다.

　형용사가 관형어로 쓰일 때, 그 뒤에 '的'의 사용여부는 형용사의 음절수에 의해 정해진다. 일음절 형용사가 관형어로 쓰일 때는 그 뒤에 '的'를 쓸 필요가 없다.

① 我们一起学习，一起锻炼，我们是好朋友。（*好的朋友）

Wǒmen yìqǐ xuéxí, yìqǐ duànliàn, wǒmen shì hǎo péngyou.

우리들은 함께 공부하고, 함께 운동하는, 좋은 친구다.

② 这是一件小事，你别着急。（*小的事）

Zhè shì yí jiàn xiǎo shì, nǐ bié zháojí.

이것은 사소한 작은 일이야, 너 조급해 하지 마.

일부 형용사는 강조 혹은 대비하기 위해서 '的'를 쓸 수 있다.

③ 他为先生制竹片总是选嫩的竹子。

Tā wèi xiānsheng zhì zhúpiàn zǒngshì xuǎn nèn de zhúzi.

그는 선생님을 위해 죽비를 만들면서 언제나 부드러운 대나무를 고른다.

④ 这个重的箱子给我，你提那个轻的。

Zhège zhòng de xiāngzi gěi wǒ, nǐ tí nàge qīng de.

이 무거운 상자는 나에게 주고, 너는 저 가벼운 것을 들어라.

일반적인 이음절 형용사가 관형어로 쓰이는 경우, '的'를 쓰는 것이 일반적이다.

⑤ 鲁迅先生团起潮湿的纸，揉烂了，把它放进爐子里。

Lǔ Xùn xiānsheng tuán qǐ cháoshī de zhǐ, róulàn le, bǎ tā fàngjìn lúzi lǐ.

鲁迅 선생은 눅눅한 종이를 뭉개질 정도로 구겨 뭉쳐서 화로에 넣었다.

⑥ 孙先生是一个谦虚的人。

Sūn xiānsheng shì yí ge qiānxū de rén.

孙 선생은 겸손한 사람입니다.

일부 형용사가 특정 명사와 주로 결합하여 관용구를 형성하는 경우 그 가운데 '的'를 쓰지 않는 경우가 있다.

⑦ 关键时刻就要当机立断，坚持原则。

Guānjiàn shíkè jiù yào dāngjī lìduàn, jiānchí yuánzé.

중요한 때에는 즉시 결단을 내려야 하며 원칙을 고수해야 한다.

⑧ 要把国内外一切积极因素调动起来。

Yào bǎ guónèiwài yíqiè jījí yīnsù diàodòng qǐlai.

국내외의 모든 적극적 요인을 동원해야 한다.

이와 유사한 구로는 '糊涂虫(멍청이)', '老实人(성실한 사람)', '俏皮话(우스갯소리)', '正经事(정당한 일)', '可怜相(가련한 얼굴)', '重大贡献(중요한 공헌)', '先进单位(선진부서)', '伟大胜利(위대한 승리)' 등이 있다.

'冰凉', '通红', '黑洞洞', '白花花'와 같이 각종 부가성분을 수반하는 형용사나 형용사의 중첩형식 및 각종 형용사구가 관형어로 쓰이는 경우 그 뒤에는 '的'를 써야 한다.

⑨ 我在朦胧中，眼前展开一片海边碧绿的沙地来，上面深蓝的天空中挂着一轮金黄的圆月。

내가 몽롱한 가운데 눈앞에 해변에는 청록색 백사장이 펼쳐졌고, 머리 위 짙은 파란색 하늘

Wǒ zài ménglóng zhōng, yǎn qián zhǎnkāi yí piàn hǎibiān bìrǔ de shādì lai, shàngmiàn shēnlán de tiānkōng zhōng guàzhe yì lún jīnhuáng de yuányuè.

⑩ 这天一早，我就背着那鼓鼓囊囊的挎包来到航测专用码头。

Zhè tiān yì zǎo, wǒ jiù bèizhe nà gǔgǔnángnáng de kuàbāo lái dào hángcè zhuānyòng mǎtou.

⑪ (他)颈上套着一个明晃晃的银项圈。

(Tā) Jǐng shàng tàozhe yí ge mínghuǎnghuǎng de yín xiàngjuān.

⑫ 弯弯的月牙，已经移到村西头柳树林上头了。

Wānwān de yuèyá, yǐjing yí dào cūn xītou liǔshùlín shàngtou le.

⑬ 走，我们到最高的地方去看看。

Zǒu, wǒmen dào zuì gāo de dìfang qù kànkan.

⑭ 采用针刺麻醉做手术，收到了这样好的效果。

Cǎiyòng zhēncì mázuì zuò shǒushù, shōudàole zhèyàng hǎo de xiàoguǒ.

⑮ 六十多吨重的钻机躺在火车上。

Liùshí duō dūn zhòng de zuànjī tǎng zài huǒchē shàng.

‘很多’, ‘好多’, ‘不少’1)등의 형용사가 단독으로 관형어가 될 때, 그 뒤에 ‘的’를 쓰지 않는 것이 일반적이다.

⑯ 您瞧，好多人在天安门前照相呢，我们也去合影留念吧。

Nín qiáo, hǎo duō rén zài Tiān'ānmén qián zhào xiàng ne, wǒmen yě qù héyǐng liúniàn ba.

⑰ 他刚才把我捆起来，装在口袋里，上边还压了很多书。

Tā gāngcái bǎ wǒ kǔn qilai, zhuāng zài kǒudài lǐ, shàngbiān hái yāle hěn duō shū.

⑱ 妈妈送给我不少礼物。

Māma sòng gěi wǒ bùshǎo lǐwù.

 동사, 동사구가 관형어로 쓰일 때 일반적으로 ‘的’를 써야 한다.

① 杭州人称它为绿化的仓库。

Hángzhōu rén chēng tā wéi lǜhuà de cāngkù.

---

1) ‘多、少’ 이 두 형용사는 단독 형태로 관형어 자리에 올 수 없다. 예를 들면, ‘多人’, ‘少东西’ 등이라고 말 할 수 없다. 본 서 제2편 제5장 ‘형용사’편 참고.

② 我们立刻像置身在惊涛骇浪的大海中，撑着的伞和披着的油布都失去了抵抗的力量。

　　Wǒmen lìkè xiàng zhì shēn zài jīngtāo hàilàng de dàhǎi zhōng, chēngzhe de sǎn hé pīzhe de yóubù dōu shīqùle dǐkàng de lìliàng.

우리는 즉시 마치 거칠고 사나운 파도가 일렁이는 바다 한가운데 놓여진 것처럼, 들고 있던 우산과 덮고 있던 방수포가 모두 저항할 능력을 잃어 버렸다.

③ 这是新出版的杂志，你看吗?

　　Zhè shì xīn chūbǎn de zázhì, nǐ kàn ma?

이것은 새로 출판된 잡지인데, 보겠습니까?

④ 我们这些从旧社会过来的人都吃过通货膨胀的苦。

　　Wǒmen zhèxiē cóng jiù shèhuì guòlai de rén dōu chīguo tōnghuò péngzhàng de kǔ.

우리들처럼 신중국 성립 이전부터 살아온 사람들은 모두 통화팽창의 고초를 겪어봤다.

⑤ 靠墙摆着装满书籍的柜子。

　　Kào qiáng bǎizhe zhuāng mǎn shūjí de guìzi.

벽 쪽에 서적이 가득 꽂혀있는 책장이 놓여져 있었다.

⑥ 一下飞机，他就去开会研究如何争取贷款的问题去了。

　　Yí xià fēijī, tā jiù qù kāi huì yánjiū rúhé zhēngqǔ dàikuǎn de wèntí qu le.

비행기에서 내리자마자 그는 바로 회의를 열어 어떻게 대출을 받아낼 수 있는가 하는 문제를 연구했다.

관형어로 쓰이는 동사 혹은 동사구 뒤에 '的'를 쓰지 않으면, '吃的东西'와 '吃东西', '打破了的碗'과 '打破了碗'의 경우와 같이 뒤에 오는 명사중심어와 동목관계를 이루어, 통사 구조와 의미관계가 변하는 경우가 있다.

　일부 이음절 동사는 이음절 명사를 주로 수식하는데, 이 경우에 동목관계로 오인되지 않는다. 이러한 동사와 명사 사이에는 '的'를 쓰지 않는 것이 일반적이다.

⑦ 远远地听见一片欢笑声。

　　Yuǎnyuǎn de tīngjiàn yí piàn huānxiàoshēng.

멀리서 즐겁게 웃는 소리가 들려왔다.

⑧ 大家提了不少改进意见。

　　Dàjiā tíle bùshǎo gǎijìn yìjiàn.

모두가 여러 가지 개선된 의견을 제시하였다.

⑨ 发展工作进行得很顺利。

　　Fāzhǎn gōngzuò jìnxíng de hěn shùnlì.

발전 업무는 순조롭게 진행되었다.

⑩ 考试成绩公布了。

　　Kǎoshì chéngjī gōngbù le.

시험 성적이 발표되었다.

　중국어에서 이음절 동사와 이음절 명사가 동목관계를 이루고, 주어 혹은 목적어의 위치에 놓여질 때, 동사가 중심어의 위치에 오도록 해야 하고, 명사가 동사 앞에서 관형어가 될 경우, 그 사이에는 '的'를 쓰지 않는다.

① 理论学习是很重要的。

　　Lǐlùn xuéxí shì hěn zhòngyào de.

이론 학습은 중요한 것이다.

② 这一段景物描写十分优美。

Zhè yí duàn jǐngwù miáoxiě shífēn yōuměi.

이때 동사의 동사성은 약화되고, 명사성이 비교적 강하게 된다. 이러한 수식구조는 관형어로도 자주 쓰인다.

① 我们应该重视人才培养的问题。

Wǒmen yīnggāi zhòngshì réncái péiyǎng de wèntí.

② 土地测量工作进行得很顺利。

Tǔdì cèliáng gōngzuò jìnxíng de hěn shùnlì.

이 외에 '学生教育问题', '身体检查的结果', '车辆疏导的情况', '妇女解放的意义' 등도 있다.

6 주술구가 관형어로 쓰이는 경우, '的'를 써야 한다.

① 故宫过去是封建帝王住的地方，现在是劳动人民游览的场所。

Gùgōng guòqù shì fēngjiàn dìwáng zhù de dìfang, xiànzài shì láodòng rénmín yóulǎn de chǎngsuǒ.

② 这时，破草屋里走出来一位衣服破旧的老大娘。

Zhè shí, pò cǎowū lǐ zǒu chūlai yí wèi yīfu pòjiù de lǎo dàniáng.

7 개사구가 관형어로 쓰이는 경우, 그 뒤에는 '的'를 써야 한다.

① 中国人民要加强同世界各国人民的友谊。

Zhōngguó rénmín yào jiāqiáng tóng shìjiè gèguó rénmín de yǒuyì.

② 种地，生产粮食，这不是对国家的贡献吗？

Zhòng dì, shēngchǎn liángshi, zhè bú shì duì guójiā de gòngxiàn ma?

8 관용구(대부분 네 자로 이루어진 형식)가 관형어로 쓰이는 경우, 그 뒤에는 '的'를 써야 한다.

① 突然，眼前如彩虹升起，一幅幅五光十色的织锦把我给吸引住了。

Tūrán, yǎn qián rú cǎihóng shēngqǐ, yì fúfú wǔ guāng shí sè de zhījǐn bǎ wǒ gěi xīyǐn zhù le.

② 在这座巍峨的纪念碑前，终日都有川流不息的人群向革命先烈默默致敬。

Zài zhè zuò wēi'é de jìniànbēi qián, zhōngrì dōu yǒu chuānliú bù xī de rénqún xiàng gémìng xiānliè mòmò zhìjìng.

우뚝 솟은 이 기념비 앞에서, 하루 종일 끊임없이 밀려오는 사람들이 혁명 열사에게 말없이 경의를 표했다.

③ 今天早晨广播了两篇热情洋溢的讲话，我们听了很受鼓舞。

Jīntiān zǎochén guǎngbōle liǎng piān rèqíng yángyì de jiǎnghuà, wǒmen tīngle hěn shòu gǔwǔ.

오늘 새벽 열정 넘치는 연설 두 편을 방송하였는데, 우리는 연설을 듣고 매우 고무되었다.

⑨ 복문 형식의 구가 관형어로 쓰이는 경우, 그 뒤에는 '的'를 써야 한다.

① 鲁迅先生读完这封并不是给他，而是作为收信人的证件的短信，和来客谈了一会儿，把他送走了。

Lǔxùn xiānsheng dú wán zhè fēng bìng bú shì gěi tā, ér shì zuò wéi shōuxìnrén de zhèngjiàn de duǎnxìn, hé lái kè tánle yíhuìr, bǎ tā sòng zǒu le.

鲁迅선생은 그에게 준 것이 아니라 수취인 증명서인 간략한 편지를 다 읽고, 손님과 잠깐 이야기를 나눈 후 그를 배웅하였다.

② 他又不敢大声喊，怕惊醒白天做得劳乏、晚上躺下就睡着了的母亲。

Tā yòu bù gǎn dàshēng hǎn, pà jīngxǐng báitiān zuò de láofá、wǎnshang tǎngxià jiù shuìzháole de mǔqīn.

그는 낮에 일하느라 지쳐 밤에 눕자마자 잠이 드신 어머니가 놀라 깨실 까봐 큰 소리로 외치지도 못했다.

⑩ 관형어와 그 중심어가 결합하여 사물의 명칭 혹은 호칭이 되는 경우, 그 사이에는 '的'를 쓰지 않는다.

知识青年 지식청년　　　　爱民模范 애민모범
个体户 소규모 자영업자　　公关小姐 홍보부 여성스텝, 여비서
擦边球 에지(edge)볼　　　烤白薯 구운 감자
应届毕业生 금년도 졸업생　　三八红旗手 삼팔 홍기수
新技术推广交流会 신기술보급교류회　　北京大兴县红星人民公社 북경대흥현홍성인민공사

　이상과 같이 각 어구가 관형어로 쓰이는 경우 '的' 사용에 관한 규칙을 정리하였다. 주의해야할 점은 '的'를 사용하는 명사구에서는 관형어와 수식 받는 명사의 결합이 비교적 자유롭지만, '的'를 사용하지 않는 명사구에서는 관형어와 수식 받는 명사의 결합은 어느 정도 제한이 있어 자유롭지 못하다는 점이다.

　따라서 '河岸', '江岸', '海岸'이라고 말할 수 는 있으나, '湖岸'이라고는 말할 수 없고, '体育老师', '炼钢工人'이라고는 말 할 수 있으나, '体育学生', '豆腐工人'이라고는 말 할 수 없다. 마찬가지로, '关键时刻'라고 할 수는 있으나 '关键天'이라고는 말 할 수 없고, '活跃分子'라고는 할 수 있으나, '活跃学生'이라고는 할 수 없다. 또한 '的'를

사용한 구는 확장이 가능하나 '的'가 없는 구는 일반적으로 확장이 불가능하다. 예를 들면, '美丽的故乡'의 경우 '美丽而可爱的故乡'으로, '教室的使用'은 '教室的管理和使用'으로 말할 수 있다. 한편, '小女孩', '笨女孩' 등은 '小而笨女孩'라고 할 수 없으며, '炼钢工人'과 '纺织工人'을 '炼钢和纺织工人'이라고 할 수 없다. 이것은 '的'를 사용하지 않는 명사구가 강한 결합력을 가진다는 사실을 설명해 주는 것이다. 어떤 어구가 '的'를 사용하지 않고 직접 어떤 명사를 수식한다는 것은 이미 고정된 것이며, 장기간의 언어생활에서 형성된 것으로 화자가 마음대로 창조할 수는 없다. 그러므로 중국어를 배우는 사람은 이를 하나씩 암기해 나아가야 한다. 물론 각종 어구와 명사가 직접 결합 할 때 제한을 받는 상황은 모두 다르다. 예를 들어 색깔을 나타내는 형용사나, 재료, 직업을 나타내는 명사는 결합 범위가 넓다. '开会时间', '集合地点', '购销方式', '开采方法', '迟到现象', '游泳问题', '生长情况'과 같이 이음절 동사와 '시간, 장소, 방식, 방법, 수단, 현상, 문제, 상황'등을 나타내는 명사와의 결합은 다른 명사에 비해 자유롭다. 그밖에 한 구 안에 '的'를 쓸 필요가 없는 관형어가 있는 경우, 명사구의 관형어 혹은 중심어가 같은 경우 동일한 성분을 중복해야하며 생략할 수 없다. 즉, '语文老师和体育老师'를 '语文和体育老师'로, '社会主义革命和社会主义建设'을 '社会主义革命和建设'로, '新书包和新本子'를 '新书包和本子'로, '一斤苹果和一斤梨'를 '一斤苹果和梨'로 쓸 수 없다. 그러나 '有些工厂和农村'이나 '不少老师和学生'처럼 '很多', '不少', '某些'와 같은 단어는 이러한 형식이 가능하다. 한편, '的'를 쓰는 명사구는 동일한 관형어나 중심어의 경우에는 '他是工人和农民的朋友'나 '开会的时间和地点另行通知' 등과 같이 이들을 생략할 수 있다.

제 3 절
다항관형어

한 수식구에 여러 개의 수식어가 있을 수 있다. '清洁、明亮的窗户', '一本很厚的书', '站在门口的那个穿皮夹克的人' 등의 구에서 보이는 수식어를 다항관형어라고 한다.
다항관형어는 병렬관계의 다항관형어, 부가관계의 다항관형어, 교차관계의 다항관형어 등 세 가지 유형으로 분류된다.

 ## 병렬관계의 다항관형어

 ### 병렬관계 관형어의 정의

주된 것과 부차적인 것으로 구분이 없는 몇 개의 관형어가 중심어 하나를 병렬형식으로 수식하는 경우, 이들 관형어는 서로 병렬관계이다. 병렬관계의 관형어는 대부분 동일한 품사자질의 어구로 구성되어 있으며, 몇 개의 관형어가 연합하여 중심어

를 수식하거나 각각 개별적으로 수식하기도 한다. 전자의 경우 관형어가 서로 연합해야 비로소 중심어와의 관계가 성립되나, 후자의 경우 각각 개별적으로 중심어와 관계를 맺고 있다.

① 要调整重工业和农业、轻工业的投资比例。（연합수식）

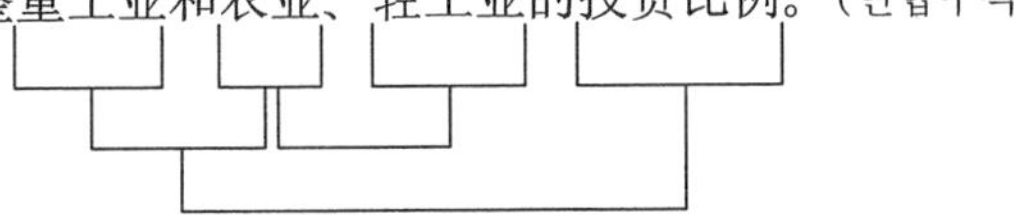

Yào tiáozhěng zhònggōngyè hé nóngyè、qīnggōngyè de tóuzī bǐlì.

중공업, 농업, 경공업의 투자비율을 조정해야 한다.

② 那个工人给我们谈了工厂和她自己的情况。（개별수식）

Nàge gōngrén gěi wǒmen tánle gōngchǎng hé tā zìjǐ de qíngkuàng.

그 여공은 우리에게 공장과 그녀 자신의 상황을 이야기 해 주었다.

③ 人们一下子都变成客客气气、嘻嘻哈哈、谨慎小心的人了。（개별수식）

Rénmen yíxiàzi dōu biànchéng kèkèqìqì、xīxīhāhā、jǐnshèn xiǎoxīn de rén le.

사람들이 일시에 겸손하고 유쾌하고 조심스러운 사람으로 변했다.

2 병렬관계 관형어에서 접속사와 '的'의 용법

병렬관계의 관형어가 명사 혹은 동사로 구성되어 있는 경우, 제일 끝에 오는 두 관형어 사이에 '和', '以及', '或' 등의 연사를 사용하며, 그 앞에 오는 관형어는 모점을 사용하거나 혹은 사용하지 않을 수 도 있다.

① 这是小明和小刚的老师。

　Zhè shì Xiǎo Míng hé Xiǎo Gāng de lǎoshī.

이분은 小明과 小刚의 선생님이다.

② 在学习或工作的时候，他的思想总是非常集中。

　Zài xuéxí huò gōngzuò de shíhou, tā de sīxiǎng zǒngshì fēicháng jízhōng.

공부하거나 일을 할 때, 그의 정신은 언제나 무척 집중된다.

③ 必须兼顾国家、集体和个人三方面的利益。

　Bìxū jiāngù guójiā、jítǐ hé gèrén sān fāngmiàn de lìyì.

국가, 단체와 개인 세 방면의 이익을 반드시 함께 고려해야 한다.

각 관형어의 지위가 동등하지 않을 경우, 접속사를 사용하여 상대적으로 거리가 먼 관형어를 떼어놓고, 관계가 가까운 관형어 간에는 모점을 쓸 수 있다.

④ 老师和爸爸、妈妈的嘱咐时常在他耳边响起。

　Lǎoshī hé bàba、māma de zhǔfù shí cháng zài tā ěrbiān xiǎngqi.

선생님과 아버지, 어머니의 당부가 늘 그의 귀가에 맴돈다.

만약 관형어가 두 개의 형용사로 이루어진 경우, 두 형용사를 직접 연결해도 된다.

⑤ 他被小燕真挚诚恳的态度感动了。

　Tā bèi Xiǎo Yān zhēnzhì chéngkěn de tàidù gǎndòng le.

그는 小燕의 진지하고 성실한 태도에 감동되었다.

⑥ 老人穿了一件破旧衣服。

　Lǎorén chuānle yí jiàn pòjiù yīfu.

노인이 헤어지고 낡은 옷을 입었다.

두 형용사 사이의 앞에 '又~又~', '很~很~', '最~最~' 등을 써도 된다.

⑦ 孩子们挖了一个又(很)大又(很)深的坑。

　Háizimen wāle yí ge yòu (hěn) dà yòu (hěn) shēn de kēng.

아이들은 크고 깊은 구덩이 하나를 팠다.

⑧ 我要到最远最艰苦的地方去工作。

　Wǒ yào dào zuì yuǎn zuì jiānkǔ de dìfang qù gōngzuò.

나는 가장 멀고 가장 고생스러운 곳으로 일하러 가려한다.

두 형용사 사이에 접속사를 사용해도 된다. 두 관형어의 의미가 서로 배치되지 않는 경우 '而'을 많이 쓴다.

⑨ 伟大而光明的祖国啊，愿你永远"如日之升"。

　Wěidà ér guāngmíng de zǔguó a, yuàn nǐ yǒngyuǎn "rú rì zhī shēng".

위대하고 빛나는 조국이여, 영원히 '떠오르는 태양'같기를.

⑩ 她是一个热情而开朗的姑娘

　Tā shì yí ge rèqíng ér kāilǎng de gūniang.

그녀는 열정적이고 명랑한 아가씨이다.

두 관형어의 의미가 서로 배치되는 경우 '而'을 쓸 수 없으며 '和'나 '或'를 쓴다.

⑪ 总之，我们要调动一切直接的和间接的力量，为把我国建设成为一个强大的社会主义祖国而奋斗。

　Zǒngzhī, wǒmen yào diàodòng yíqiè zhíjiē de hé jiānjiē de lìliàng, wèi bǎ wǒ guó jiànshè chéngwéi yí ge qiángdà de shèhuìzhǔyì zǔguó ér fèndòu.

요컨대, 우리들은 모든 직접적이고 간접적인 힘을 동원하여, 조국을 강대한 사회주의 조국으로 건설하기 위해 분투해야 한다.

⑫ 他站住了，脸上现出欢喜和凄凉的神情。

　Tā zhànzhù le, liǎn shang xiànchū huānxǐ hé qīliáng de shénqíng.

그는 멈춰 섰는데, 얼굴에는 기쁘면서도 처량한 표정을 지었다.

⑬ 先进的或落后的群众都发动起来了。

　Xiānjìn de huò luòhòu de qúnzhòng dōu fādòng qǐlai le.

앞서거나 뒤떨어진 군중이 모두 행동하기 시작하였다.

병렬된 형용사가 두 개 이상일 경우, 앞쪽에는 모점을, 마지막 두 개 사이에는 모점을 그대로 쓰거나, '而', '和', '或'를 쓸 수 있다.

⑭ 这是一个伟大、正确、英明的决定!

Zhè shì yí ge wěidà、zhèngquè、yīngmíng de juédìng.

이것은 위대하고, 정확하며, 슬기로운 결정이다!

⑮ 我们要把祖国建设成为一个独立、繁荣而富强的国家。

Wǒmen yào bǎ zǔguó jiànshè chéngwéi yí ge dúlì、fánróng ér fùqiáng de guójiā.

우리는 조국을 독립적이고, 번영하며, 부강한 국가로 건설해야 한다.

병렬관계인 복잡한 관형어는 맨 마지막 관형어의 뒤에 '的'를 쓰는 것(앞에서 든 대부분의 예에서와 같이)이 일반적이며, 때로는 관형어의 역할을 강조하기 위해 모든 관형어의 뒤에 '的'를 쓸 수도 있다.

⑯ 我们要和一切资本主义国家的无产阶级联合起来，要和日本的、英国的、美国的、德国的、意大利的以及一切资本主义国家的无产阶级联合起来……

Wǒmen yào hé yíqiè zīběnzhǔyì guójiā de wúchǎn jiējí liánhé qilai, yào hé Rìběn de、Yīngguó de、Měiguó de、Déguó de、Yìdàlì de yǐjí yíqiè zīběn zhǔyì guójiā de wúchǎn jiējí liánhé qǐlai……

우리들은 모든 자본주의 국가의 무산계급과 함께 연합하여야 하며, 일본, 영국, 미국, 독일, 이탈리아 그리고 모든 자본주의 국가의 무산계급과 함께 연합하여야 한다…….

⑰ 我要到最远的最艰苦的地方去工作。

Wǒ yào dào zuì yuǎn de zuì jiānkǔ de dìfang qù gōngzuò.

나는 가장 멀고 가장 고생스러운 곳으로 일하러 가려한다.

③ 병렬관계 관형어의 순서

이론적으로 병렬관계의 모든 관형어의 배열순서는 자유롭다. 하지만, 실제에 있어서는 여러 요인이 그들의 위치를 고정시켜 자유롭게 배열할 수 없는 경우가 많다.

병렬되어 있는 각 관형어 사이에는 위치의 고저, 중요성의 대소, 가치의 대소, 거리의 원근, 수량의 다소 등의 논리관계가 있어, 등급, 정도 등의 상승 또는 하강 순서로 배열해야 한다.

① 这次会议很重要，县、市、省的干部都要参加。(등급 상승 순서)

Zhè cì huìyì hěn zhòngyào, xiàn、shì、shěng de gànbù dōu yào cānjiā.

이번 회의는 매우 중요하니까, 군, 시, 도의 간부들이 모두 참가해야 한다.

② 我们必须兼顾国家、集体和个人的利益。(정치 지위의 하강 순서)

Wǒmen bìxū jiāngù guójiā、jítǐ hé gèrén de lìyì.

우리는 국가, 단체와 개인의 이익을 반드시 함께 고려해야 한다.

③ 学校的教学科研工作都要抓紧。(사안의 경중 순서)

Xuéxiào de jiàoxué kēyán gōngzuò dōu yào zhuājǐn.

학교의 교육 연구 업무에 모두 힘을 기울여야 한다.

④ 他很在乎亲人、友人和邻里对这件事的看法。(친소 관계의 순서)

　　Tā hěn zàihū qīnrén、yǒurén hé línlǐ duì zhè jiàn shì de kànfǎ.

그는 이 일에 대한 친지, 친구 그리고 이웃의 견해에 매우 마음을 두고 있다.

⑤ 他在香港买了很多金银首饰。(값어치 순서)

　　Tā zài Xiānggǎng mǎile hěn duō jīnyín shǒushì.

그는 홍콩에서 금은 장신구를 많이 샀다.

그 밖에 '长处和短处的问题', '优点和缺点的标准(由优到劣)', '老师和同学的帮助(由长到幼)', '社会主义革命和社会主义建设事业(政治上由重要到次要)', '工厂和农村的关系(政治上由重要到次要)', '医疗卫生方面(由重要到相对次要)', '文化教育事业(由重要到相对次要)' 등이 있다.

　일부 관형어는 대상 인식의 선후, 혹은 인식 규칙(얕은 것에서 깊이 있는 것으로, 겉에서 안으로, 외부에서 내부로 등) 순서로 나열하기도 한다.

⑥ 这就是我军多年来发展壮大的历史。

　　Zhè jiùshì wǒjūn duō nián lái fāzhǎn zhuàngdà de lìshǐ.

　　(사물의 내재적 관계 : '发展'한 후에 '壮大'해짐)

이것은 바로 우리 군이 수 년 동안 발전하고 강대해진 역사이다.

⑦ 这时，一位身穿花衣服，梳着两条长辫子，长着一双大眼睛的姑娘站了起来。

　　Zhè shí, yí wèi shēn chuān huā yīfu, shūzhe liǎng tiáo cháng biànzi, zhǎngzhe yì shuāng dà yǎnjing gūniang zhànle qilai.

　　(관찰과정: 윤곽을 먼저 본 후 세세한 것은 나중에 봄)

이때, 무늬가 있는 옷을 입고, 머리를 두 갈래로 땋고, 커다란 두 눈을 가진 소녀 하나가 일어났다.

⑧ 设计院来了一个才从艺术学院毕业的，作雕塑师的姑娘。

　　Shèjìyuàn láile yí ge cái cóng yìshù xuéyuàn bìyè de, zuò diāosùshī de gūniang.

　　(사건 발생의 선후순서)

디자인 대학원에 예술 대학을 갓 졸업하고 조각가인 한 아가씨가 왔다.

　일부 관형어는 중국 문화 혹은 중국어의 습관에 따라 배열된다.

⑨ 这时他想起临行时父亲和母亲对自己的嘱咐。

　　Zhè shí tā xiǎngqǐ línxíng shí fùqīn hé mǔqīn duì zìjǐ de zhǔfù.

이때 그는 떠나올 때 아버지와 어머니가 그에게 당부하신 말씀이 생각났다.

그밖에 '남녀청년', '형제자매간의 관계' 등의 예가 있다.

　일부 품사자질이나 지위가 대등한 관형어들만이 자유롭게 배열될 수 있다.

⑩ 小张、小李和小赵的文章都写得不错。

　　Xiǎo Zhāng、Xiǎo Lǐ hé Xiǎo Zhào de wénzhāng dōu xiě de bú cuò.

小张, 小李와 小赵의 글 모두 잘 써졌다.

小李、小张和小赵的文章都写得不错。

Xiǎo Lǐ、Xiǎo Zhāng hé Xiǎo Zhào de wénzhāng dōu xiě de bú cuò.

小赵、小李和小张的文章都写得不错。

Xiǎo Zhào、Xiǎo Lǐ hé Xiǎo Zhāng de wénzhāng dōu xiě de bú cuò.

 2 부가관계의 다항관형어

① 부가관계 관형어의 정의

부가관계의 관형어는 몇 개의 묘사성 관형어나, 묘사성 관형어와 제한성 관형어로 구성된다. 이들은 각기 품사가 다른 어구로 구성되어 있으며, 서로는 수식하지 않으나, 순서에 따라 그 뒤에 있는 것을 수식해 주는 수식구조이다. 부가관계 관형어 사이에는 접속사나 문장부호를 쓸 수 없다.

① 葫芦架下摆着一张矮腿的小长桌。

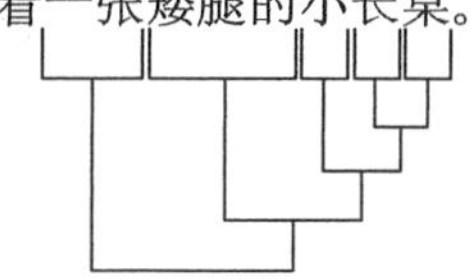

Húlú jià xià bǎizhe yì zhāng ǎi tuǐ de xiǎo cháng zhuō.
조롱박 시렁 아래에 다리가 짧고 작은 긴 탁자 하나가 놓여있다.

이 문장에서 '长'이 '桌'를 수식하고 있고, '小'가 '长桌'를 수식하고 있다. '矮腿'은 '小长桌'를 수식하고 있으며, '一张'은 '矮腿的小长桌'를 수식하고 있다.

② 右边，立一个五尺高的乌木塑龙灯座。

Yòu biān, lì yí gè wǔ chǐ gāo de wū mù sù lóng dēng zuò.
오른쪽에는 5척 높이의 흑단으로 용을 조각한 스탠드 하나가 서 있다.

③ ……如果有两个变量x和y,
对于变量x在某一范围内的每一个确定的值,

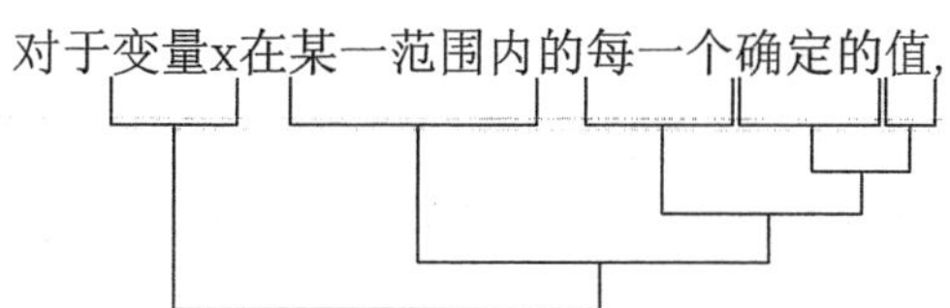

变量y都有……确定的值和它对应，那么变量x叫自变量，变量y叫自变量的函数。

······Rúguǒ yǒu liǎng gè biànliàng x hé y, duìyú biànliàng x zài mǒu yí fànwéi nèi de měi yí gè quèdìng de zhí biànliàng y dōu yǒu ······ quèdìng de zhí hé tā duìyīng, nàme biànliàng x jiào zì biànliàng, biànliàng y jiào zì biànliàng de hánshù.

일부 관형어는 구조적으로 볼 때 부가관계인 다항관형어처럼 보이지만, 실제로는 일반적인 다항관형어와 달라서 그 구조 관계에 따라 배열해야 한다.

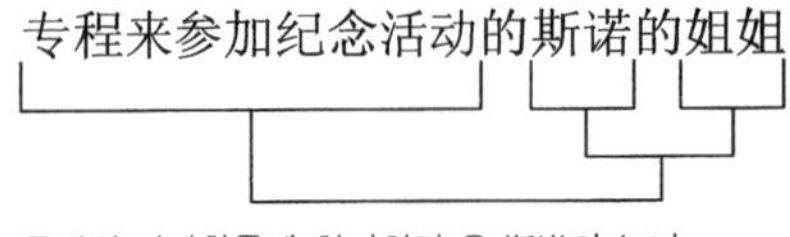

특별히 기념활동에 참가하러 온 斯诺의 누나

여기서 '斯诺'는 '姐姐'를 수식하고 있지만, '专程来参加纪念活动的'는 '斯诺的姐姐'를 수식하고 있다.

2 부가관계 관형어의 순서

부가관계 관형어는 일정한 순서에 의해 배열되며 일정한 계층을 형성한다.

① 부가관계 관형어는 뒤에 위치하여 첫 번째 계층을 이루는 묘사성 관형어와, 앞에 위치하여 두 번째 계층을 이루는 제한성 관형어 두 개의 계층으로 나눌 수 있다.

① 曹飞是工业组　最老的　编辑。

Cáofēi shì gōngyèzǔ zuì lǎo de biānjí.
曹飞는 공업조의 가장 나이든 편집인이다.

② 她数着窗外蓝色大海里悄悄飘过去的灯光。

Tā shùzhe chuāng wài lánsè dàhǎi lǐ qiāoqiāo piāoguoqu de dēngguāng.
그녀는 창밖의 푸른 바다에 조용히 떠가는 불빛을 세고 있다.

③ 我想了解这个省工业中存在的比较尖锐的问题。

Wǒ xiǎng liǎojiě zhège shěng gōngyè zhōng cúnzài de bǐjiào jiānruì de wèntí.
나는 이 성의 공업에 존재하는 비교적 첨예한 문제를 이해하고 싶다.

④ 他　　圆睁着的　惊恐的　眼睛直视着朱光。

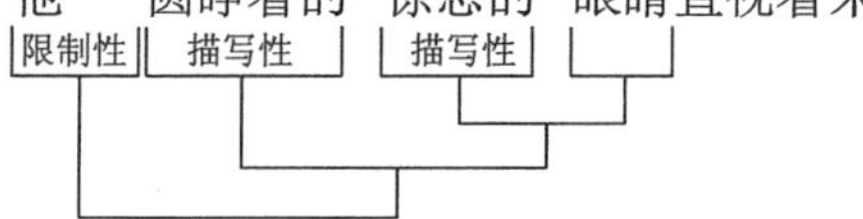

Tā yuán zhēngzhe de liāngkǒng de yǎnjing zhíshìzhe Zhūguāng.
그의 동그랗게 뜬 놀람과 두려움에 가득 찬 눈은 朱光을 주시하고 있다.

이러한 순서는 대체적으로는 바뀔 수 없다. 사람들은 일반적으로 먼저 사물의 범위를 정하여, 어떤 것이라는 것을 밝히고, 그것에 대해 묘사하는 것이 일반적이기 때문이다.

② 한정성 관형어의 순서
 여러 개의 한정성 관형어가 있는 경우, 그 배열 순서는 아래와 같다.
 ⑴ 소유 관계를 나타내는 명사 또는 대사1).
 ⑵ 처소사와 시간사가 동시에 출현하는 경우, 어느 것이 선행하여도 된다.
 ⑶ 기타 범위를 나타내는 관형어(예를 들면, 주술구, 동사구, 개사구 등)2).
 ⑷ 수량사구

① 这是整个学校一天的活动计划。

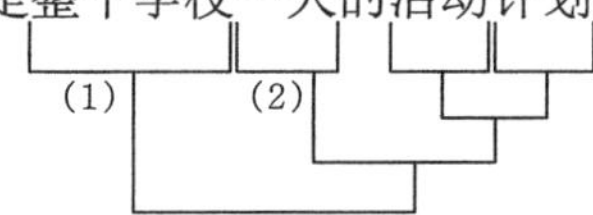

Zhè shì zhěng gè xuéxiào yì tiān de huódòng jìhuà.
이것은 학교 전체의 하루 활동계획이다.

② 他刚才说的关于会议的那一套意见我全不同意。

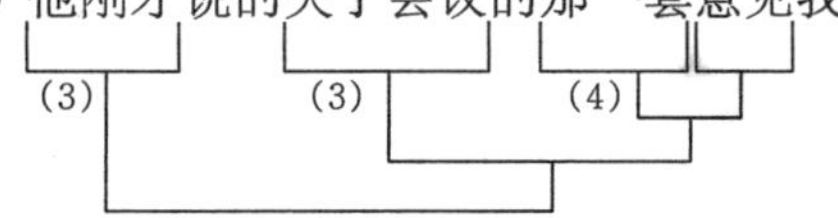

Tā gāngcái shuō de guānyú huìyì de nà yí tào yìjiàn wǒ quán bù tóngyì.
그가 금방 말한 회의에 관한 그러한 의견에 나는 모두 동의하지 않는다.

---

1) 소유 관계를 나타내는 명사나 대사 뒤에 처소사가 있는 경우, 명사나 대사와 처소사가 때로는 하나의 관형어인 경우도 있다.

내 눈앞의 이 사람은 매우 낯익다.
2) 관형어로 쓰이는 주술구, 동사구, 개사구 내부에 시간사나 장소사를 포함되는 경우도 있는데, 이럴 경우 하나의 관형어로 본다.
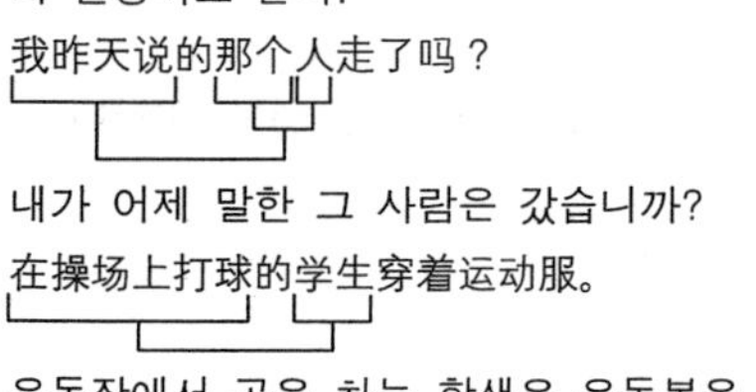
내가 어제 말한 그 사람은 갔습니까?

운동장에서 공을 치는 학생은 운동복을 입고 있다.

③ 杨明在体育运动方面的兴趣很广。

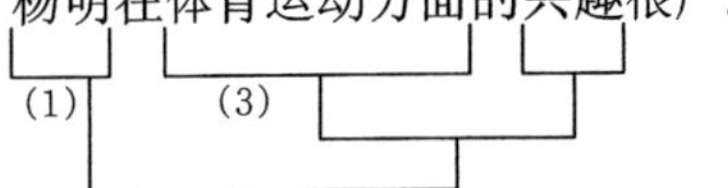

Yángmíng zài tǐyù yùndòng fāngmiàn de xìngqù hěn guǎng.

扬明은 스포츠 방면의 취미가 매우 다양하다.

④ 这位总编每天早晨的这次谈话总是很及时。

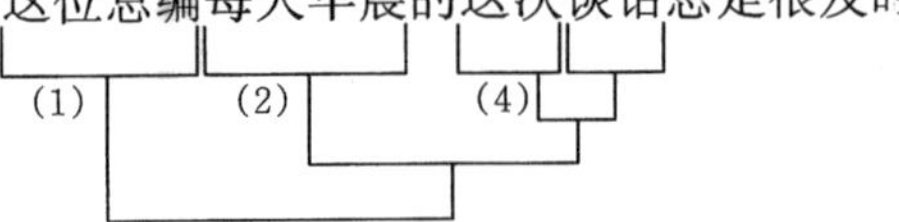

Zhè wèi zǒngbiān měitiān zǎochén de zhè cì tánhuà zǒngshì hěn jíshí.

이 총편집장의 매일 아침 이런 담화는 언제나 적시에 이루어진다.

소유관계를 나타내는 명사, 대사와 처소를 나타내는 어구가 동시에 출현할 때 그 순서는 의미관계의 제약을 받는다. 만약 처소사가 제한하는 범위가 명사나 대사가 제한하는 사물의 범위보다 넓거나 같은 경우 처소사가 앞에 위치한다.

⑤ 报纸头版上高厅长这篇论文很有分量。

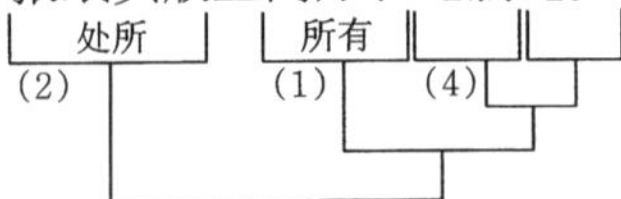

Bàozhǐ tóubǎn shàng Gāo tīngzhǎng zhè piān lùnwén hěn yǒu fēnliàng.

신문 제1면의 高청장의 이 논문은 매우 비중이 있다.

⑥ 操场北面我们班的那间活动室已经锁上了。

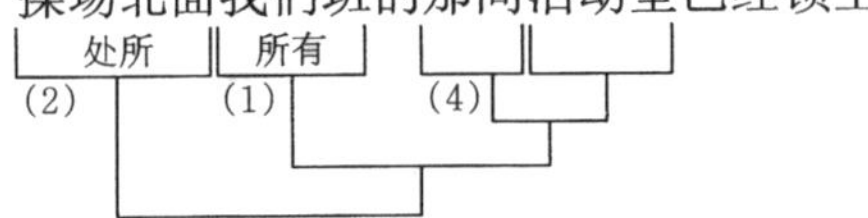

Cāochǎng běimiàn wǒmen bān de nà jiān huódòng shì yǐjing suǒshang le.

운동장 북쪽 우리 반의 그 동아리 방은 이미 잠겼다.

만약 명사·대사가 제한하는 범위가 처소사가 제한하는 범위보다 클 경우 명사, 대사는 앞에 위치한다.

⑦ 我们班操场北边那间活动室已经锁上了，南边那间还没有锁。

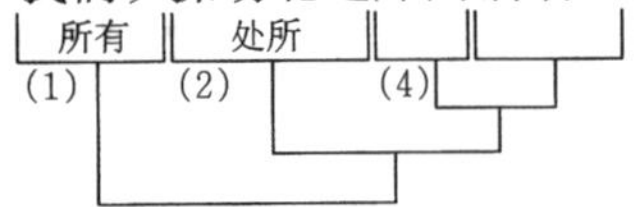

Wǒmen bān cāochǎng běibiān nà jiān huódòng shì yǐjing suǒshang le, nánbiān nà jiān hái méi yǒu suǒ.

우리 반 운동장 북쪽 그 동아리 방은 이미 잠겼고 남쪽의 그 방은 아직 안 잠겼다.

③ 묘사성 관형어의 순서

여러 개의 묘사성 관형어가 올 경우, 그 순서는 아래와 같다.

(1) 주술구.

(2) 동사(구), 개사구.

(3) 형용사(구) 및 기타 묘사성 어구.

(4) '的'를 쓸 필요 없는 형용사와 묘사성 명사.

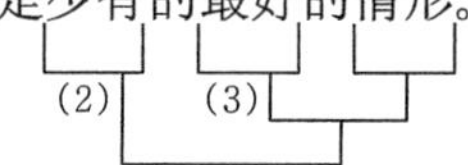

① 这当然是少有的最好的情形。

Zhè dāngrán shì shǎo yǒu de zuì hǎo de qíngxíng.

이것은 물론 드물게 있는 가장 좋은 상황이다.

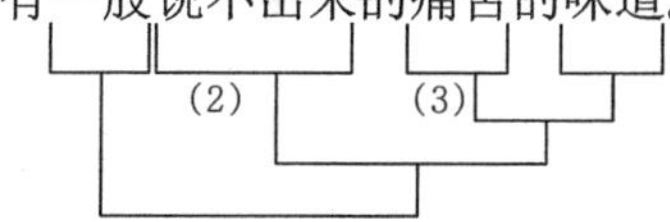

② 他心里有一股说不出来的痛苦的味道。

Tā xīn lǐ yǒu yī gǔ shuō bù chūlái de tòngkǔ de wèidào.

그의 마음속에는 한 줄기 말로 표현할 수 없는 고통스러운 느낌이 들었다.

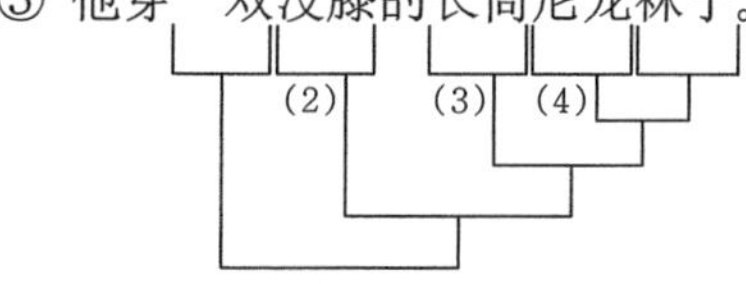

③ 他穿一双没膝的长筒尼龙袜子。

Tā chuān yì shuāng méi xī de cháng jiǎn nílóng wàzi.

그는 무릎까지 오는 긴 나일론 양말 한 켤레를 신었다.

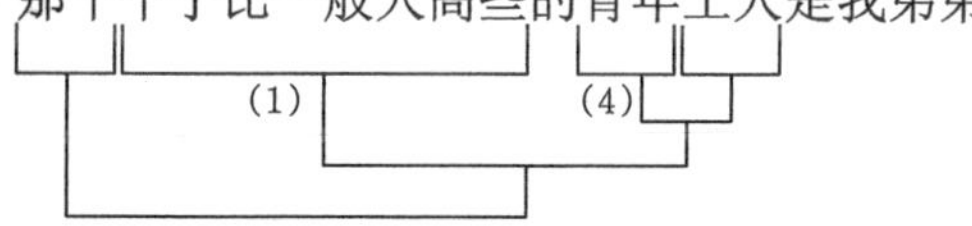

④ 那个个子比一般人高些的青年工人是我弟弟。

Nàge gèzi bǐ yì bān rén gāo xiē de qīngnián gōngrén shì wǒ dìdi.

그 키가 일반사람보다 좀 큰 청년 노동자는 내 남동생이다.

형용사와 '的'를 쓰지 않는 명사가 묘사성 관형어로 쓰일 때, 몇 개의 묘사성 관형어가 이어져 나오는 경우 '大红国光苹果', '绿绸夹袄'와 같이 일정한 순서가 있다.

크기, 새것과 낡은 것 – 출처 – 색깔 – 형상, 모양 – 재료 –명사

一张小黑椭圆木头桌子 작고 검은 타원형 나무 탁자 한 개

两把进口大白铁椅子 수입된 큰 흰색 철 의자 두 개

一头金色的披肩长发 금색의 어깨까지 드리운 긴 머리

大屛幕国产彩色立体声电视机 대형 국산 칼라 스테레오 텔레비전 수상기

옷에 대해 이야기하는 경우 '小夹袄', '长袍', '小棉袄'등과 같이 이미 옷의 명칭으로 굳어진 경우는 나눌 수 없다.

浅绿绸子小夹袄 연녹색 비단 짧은 겹옷
青洋绉肥腿单裤 푸른 주름비단 통 넓은 홑바지
琵琶襟紫呢坎肩 가슴 가운데가 겹치게 되어 있는 자색 배자
没膝的长筒胶鞋 무릎 위까지 덮는 긴 고무장화
灰色哥萨克式羊皮帽 회색 코사크식 양피 모자

여기서 색깔은 양식과 서로 자리를 바꿀 수 있다.

④ 수량을 나타내는 어구(수량구, 수량을 나타내는 구 및 일부 형용사 등)는 제한성 관형어지만, 쓰이는 빈도가 높으므로 따로 논의하도록 한다. 이러한 관형어는 복잡한 관형어 중에서 특정한 위치를 차지하고 있다. 즉, 제한성 관형어의 뒤, 묘사성 관형어 앞1)에 위치한다. 이러한, 부가관계 관형어의 배열 순서를 정리하면 아래와 같다.

제한성 + 수량 어구 + 묘사성

① 两三片透明的白云悄悄地游动着。
　　　　描写性
Liǎng sān piàn tòumíng de bái yún qiāoqiāo de yóudòng zhe.
두세 조각의 투명한 흰 구름이 조용히 흘러가고 있다.

---

1) (1) 때로는 어떤 명사 관형어(어떤 것은 뒤에 '的'를 쓰기도 함)가 소속관계를 나타내지 않고 묘사성을 띠고 있을 때, 수량사 뒤에 위치한다.
　① 上午召开了一次学术委员会紧急会议。(학술방면의 회의)
　　오전에 한차례 학술위원회의 긴급회의가 개최되었다.
　② 墙上挂着一幅周总理像。(사진 속의 사람이 周총리임)
　　벽에 周총리의 사진이 걸려 있다.
(2) 시간사가 관형어로 쓰이더라도 제한관계를 나타내지 않고 묘사기능을 갖기도 한다. 이럴 경우에도 수량사 뒤에 놓인다.
　① 你给我一张二十六号的≪人民日报≫。('二十六号出版的'를 표시)
　　당신은 나에게 26일자 ≪인민일보≫ 한 장을 주었다.
　② 大批大批昨天的落后分子进入了先进人物的行列。('昨天曾是'를 표시)
　　어제의 낙후 분자들 한 무리 한 무리가 선진인물의 대열에 진입하였다.
(3) 지시대사 '这', '那'가 단독으로 관형어로 쓰여 대체의 기능이 아닌 지시 기능을 나타낼 때 지시하는 어구 앞에 써야 한다.
　① 在那春夜京郊的小路上，有一对青年在散步。
　　그 봄밤 수도 근교의 작은 길에서 한 쌍의 젊은이가 산책을 하고 있다.
　② 在这北国的散发着泥土芳香的田野里，我深深地陶醉了。
　　이 북국의 흙 향기가 퍼져 있는 들녘에서 나는 깊이 도취되었다.

② 他耐心地听我叙述<u>前几天看到的</u>这些情况。
限制性

Tā nàixīn de tīng wǒ xùshù qián jǐ tiān kàndao de zhèxiē qíngkuàng.

그는 참을성 있게 내가 며칠 전 본 이러한 상황을 서술하는 것을 들었다.

③ 现在他要去给<u>他们那儿</u>八十名<u>闲得难受</u>的钳工找工作。
限制性　　　　　描写性

Xiànzài tā yào qù gěi tāmen nàr bāshí míng xián de nánshòu de qián gōng zhǎo gōngzuò.

지금 그는 그들 80명의 할 일 없어 고통스러워하는 기계 조립공들에게 일을 찾아주려 한다.

④ 我使劲把<u>朝江的那面</u><u>大</u>窗子推开。
限制性　描写性

Wǒ shǐ jìn bǎ cháo jiāng de nà miàn dà chuāngzi tuīkāi.

나는 힘껏 강을 향하고 있는 그 큰 창을 밀어 열었다.

⑤ <u>大街上和舞会上人们向她投过来</u>的<u>羡慕</u>的眼光，使她受不了。
限制性　　　　　　　描写性

Dàjiē shang hé wǔhuì shang rénmen xiàng tā tóuguolai de xiànmù de yǎnguāng, shǐ tā shòu bù liǎo.

거리와 무도회장의 사람들이 그녀에게 보내는 부러워하는 눈빛이 그녀를 견딜 수 없게 만들었다.

　묘사 기능을 부각시키기 위해 묘사성 관형어(명사 제외)는 수량 어구 앞에 놓일 수 있다.

⑥ 突然，天空出现了<u>年轻而快活</u>的一抹红色。

Tūrán, tiānkōng chūxiànle niánqīng ér kuàihuó de yì mǒ hóngsè.

갑자기 하늘에 젊고 유쾌한 한 줄기 붉은 빛이 나타났다.

⑦ 这儿住了<u>大小</u>一共二十八个部门单位。

Zhèr zhùle dàxiǎo yígòng èrshíbā ge bùmén dānwèi.

여기에 모두 합해 28개 부문의 크고 작은 부서가 입주해 있다.

⑧ 他不知不觉选择了<u>最简单</u>的一种工作方法。

Tā bù zhī bù jué xuǎnzéle zuì jiǎndān de yì zhǒng gōngzuò fāngfǎ.

그는 자기도 모르게 가장 간단한 한 가지 작업 방법을 선택했다.

⑨ 盛开的桃花丁香混成<u>那么浓</u>的一股香味。

Shèngkāi de táohuā dīngxiāng hùnchéng nàme nóng de yì gǔ xiāngwèi.

만개한 복사꽃과 정향꽃 향기가 섞여 그렇게 진한 향기를 낸다.

⑩ <u>弯弯曲曲</u>一千多条小路，你找哪一条？

Wānwānqūqū yì qiān duō tiáo xiǎo lù, nǐ zhǎo nǎ yì tiáo?

구불구불 이어진 천여 개의 오솔길에서 너는 어느 길을 고를 거니?

이러한 묘사성 어구는 수량사 뒤에 쓰일 수도 있다.

부가관계의 복잡한 관형어를 모두 배열하는 경우 순서는 아래와 같다.

(1) 소유관계의 명사나 대사.

(2) 처소사와 시간사는 서로 순서를 바꿀 수 있다[처소사가 (1)과 함께 출현할 경우 때로는 (1) 앞에 쓰기도 한다].

(3) 수량구(뒤에 묘사성 관형어).

(4) 주술구, 동사(구), 개사구.

(5) 수량구(앞에 제한성 관형어).

(6) 형용사(구) 및 기타 묘사성 어구.

(7) '的'를 쓰지 않는 형용사와 묘사성 명사.

① 不久，草原上又响起了<u>他们</u> <u>愉快</u>的歌声。
               (1)   (6)
Bù jiǔ, cǎoyuán shàng yòu xiǎngqi le tāmen yúkuài de gēshēng.
머지않아, 초원에는 또다시 그들의 유쾌한 노래 소리가 울려 퍼졌다.

② 这时，<u>一个</u> <u>年纪稍大的</u><u>大个子</u>解放军走了过来。
      (3)   (4)   (6)
Zhè shí, yí gè niánjì shāo dà de dà gèzi jiěfàng jūn zǒule guòlái.
이때, 나이가 좀 많고 키가 큰 한 해방군이 걸어왔다.

③ 他们克服了<u>所遇到的</u><u>一切</u> <u>意想不到</u>的困难。[1]
        (4)   (5)(3) (4)
Tāmen kèfúle suǒ yùdao de yìqiē yì xiǎng bú dào de kùnnán.
그들은 직면한 모든 생각지 못했던 어려움을 극복했다.

④ 张野看着<u>黄佳英</u> <u>那个</u> <u>严肃</u>的样子，觉得她确实变了。
       (1)   (3)   (6)
Zhāngyě kànzhe Huángjiāyīng nàge yánsù de yàngzi, jué de tā quèshí biàn le.
张野는 黄佳英의 그 엄숙한 모습을 보고, 그녀가 확실히 변했다고 느꼈다.

⑤ 那就是<u>墙壁上的</u><u>一张</u> <u>画满了各种工作母机与农具的</u><u>大</u> <u>广告</u>画。
      (2)   (3)   (4)   (7) (7)
Nà jiùshì qiángbì shàng de yì zhāng huà mǎnle gè zhǒng gōngzuò mǔ jī yǔ nóngjù de dà guǎnggàohuà.
그것은 바로 벽에 있는 각종 공작기계와 농기구가 가득 그려진 커다란 광고 그림이다.

⑥ 他刚走进四号病房就见<u>在病房门口走廊里坐着的</u><u>一位</u> <u>六十多岁</u>的老大爷在向他招手。
             (4)   (3)(5)   (6)
Tā gāng zǒu jìn sì hào bìngfáng jiù jiàn zài bìngfáng ménkǒu zǒuláng lǐ zuòzhe de yí wèi liùshí duō suì de lǎo dàyé zài xiàng tā zhāo shǒu.
그가 4호 병실에 들어서자마자 병실 문가 복도에 앉아 있는 한 60여세 된 노인네가 그를 향해 손을 흔드는 것을 보았다.

---

1) 이 문장에서 동사구조의 제한성 관형어 '所遇到的'의 측면에서 보면 '一切'는 (5)에 해당되고, 동사구조의 묘사성 관형어 '意想不到'의 측면에서 보면 (3)에 해당된다.

③ 부가관계 관형어에서 '的'의 용법

① 주술구, 동사(구), 형용사(구), 개사구 뒤에 관형어가 오는 경우, 뒤에는 일반적으로 '的'를 써야한다. 형용사구 뒤에 수량구가 있을 때 '的'를 생략할 수 있다.

② 소유관계를 나타내는 명사 혹은 대사 뒤에 '的'를 쓸 필요가 없는 관형어가 오는 경우, 명사나 대사 뒤에는 '的'를 써야한다.

① 我要为家乡的茶叶工人欢呼。

    Wǒ yào wèi jiāxiāng de cháyè gōngrén huānhū.

나는 고향의 찻잎 노동자를 위해 환호를 보내려한다.

② 我的老同学在北京工作。

    Wǒ de lǎo tóngxué zài Běijīng gōngzuò.

나의 오랜 급우는 북경에서 일한다.

소유관계를 나타내는 명사, 인칭대사 뒤에 지시대사, 의문대사, 방위사 혹은 기타 '的'를 쓰는 관형어가 오는 경우, '的'를 다시 쓰지 않는다.

③ 你跟八路军哪些人有联系?

    Nǐ gēn bālùjūn nǎxiē rén yǒu liánxì?

당신은 팔로군의 어떤 사람들과 관계가 있습니까?

④ 后来, 纪政明政委总是把毛主席这篇讲话的油印本放在挎包里带在身边。

    Hòulái, Jì Zhèngmíng zhèngwěi zǒngshì bǎ Máo zhǔxí zhè piān jiǎnghuà de yóuyìnběn fàng zài kuàbāo lǐ dài zài shēnbiān.

후에, 紀政明 정치 위원은 언제나 모주석의 이 연설 유인물을 군용 숄더백에 넣어 몸에 지녔다.

⑤ 当他的双手接触到我哆嗦着的身体时……

    Dāng tā de shuāng shǒu jiēchù dào wǒ duōsuōzhe de shēntǐ shí……

그의 두 손이 나의 부들부들 떠는 몸에 닿았을 때……

⑥ 我后头那个人是谁?

    Wǒ hòutou nǎ ge rén shì shéi?

내 뒤에 있는 그 사람 누구지?

③ 이음절 형용사가 관형어로 쓰여 묘사성 명사 관형어 앞에 쓰이는 경우, 형용사 뒤에는 '的'를 쓰는 것이 일반적이다.

① 劳动人民创造了灿烂的古代文化。

    Láodòng rénmín chuàngzàole cànlàn de gǔdài wénhuà.

노동자는 찬란한 고대 문화를 창조하였다.

② 可是孩子们还小, 要帮助他们走上正确的生活道路, 还得花费不少心血。

    Kěshì háizimen hái xiǎo, yào bāngzhù tāmen zǒu shàng zhèngquè de shēnghuó dàolù, hái děi huā fèi bùshǎo xīnxuè.

그러나 아이들은 아직 어려서, 그들을 도와 정확한 생활의 길로 걸어가게 하려면 적지 않은 심혈을 기울여야 한다.

③ 小姑娘穿着一条漂亮的绸裙子。

    Xiǎo gūniang chuānzhe yì tiáo piàoliang de chóu qúnzi.

어린 아가씨는 아름다운 비단 치마를 입고 있다.

이음절 형용사가 중심어에 가깝고, 앞에 다른 '的'를 써야만 하는 관형어가 있을 때, 형용사 뒤에는 '的'를 쓰지 않아도 된다.

④ 长城是中国劳动人民的伟大创造。

　　Chángchéng shì Zhōngguó láodòng rénmín de wěidà chuàngzào.

⑤ 新中国的劳动人民，怎么能忘记过去的悲惨生活呢？

　　Xīn Zhōngguó de láodòng rénmín, zěnme néng wàngjì guòqù de bēicǎn shēnghuó ne?

⑥ 他了解大娘想看儿子的迫切心情。

　　Tā liǎojiě dàniáng xiǎng kàn érzi de pòqiè xīnqíng.

长城은 중국 노동자들의 위대한 창조물이다.

신중국의 노동자들이 어떻게 과거의 비참한 생활을 잊을 수 있겠는가?

그는 아주머니가 아들을 보고 싶어 하는 절박한 마음을 이해한다.

두 개의 형용사 혹은 형용사구가 동시에 관형어로 쓰이는 경우, 이음절 형용사 혹은 형용사구는 앞에 놓이고 뒤에는 '的'를 써야하고, 일음절 형용사는 '的'없이 바로 중심어 앞에 놓인다.

⑦ 赵永进那双有神的大眼，在长眉毛下，迎着星光在闪亮。

　　Zhào Yǒngjìn nà shuāng yǒu shén de dà yǎn, zài cháng méimáo xià, yíngzhe xīngguāng zài shǎnliàng.

⑧ 人们亲切地把这头健壮的小象叫"版纳"。

　　Rénmen qīnqiè de bǎ zhè tóu jiànzhuàng de xiǎo xiàng jiào "Bǎnnà".

赵永进의 그 생기가 넘치는 두 눈은 긴 속눈썹 아래에서 별빛이 빛나는 것을 바라보고 있다.

사람들은 친근하게 이 건장한 작은 코끼리를 '版纳'이라고 불렀다.

결론적으로 부가관계의 다항관형어는 중의를 초래하지 않는 경우 여러 개의 '的'를 연용하는 것을 피하려 한다. 일반적으로 앞쪽에 위치하는 '的'는 생략이 가능하며 뒤쪽에 오는 '的'는 남겨놓는데, 이는 표현의 간결성 때문이다.

4 다항관형어와 그 자체가 복잡한 구를 이루고 있는 관형어와의 구별

다항관형어와 그 자체가 복잡한 구를 이루고 있는 관형어는 다르다. 다항관형어란 하나의 중심어 앞에 여러 개의 관형어가 쓰이는 것으로 이 여러 개의 관형어는 각각 중심어와 수식·피수식 관계를 맺고 있지만, 개별 관형어 간에는 수식·피수식 관계가 없다.

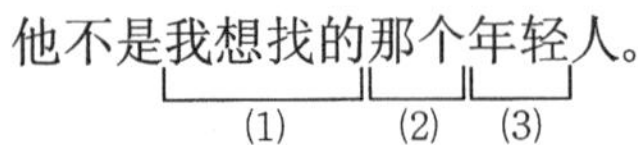

　　Tā bú shì wǒ xiǎng zhǎo de nàge niánqīng rén.

그는 내가 찾고 싶어 하는 그 젊은 사람이 아니다.

이 문장에서 '我想找的'와 '那个'와 '年轻'은 각각 '人'을 수식하고 있으므로 '我想找的人', '那个人', '年轻人'이라고 할 수 있지만, 이 세 관형어간에는 아무런 수식 관계가 없다.

하지만, 아래의 문장은 다르다.

① 南京长江大桥把中国东南部被隔断的铁路、公路连接起来。

Nánjīng Chángjiāng dàqiáo bǎ Zhōngguó dōngnánbù bèi géduàn de tiělù、gōnglù liánjiē qilai.

남경 장강 대교는 중국 동남부의 끊어져 있던 철도와 도로를 연결시켰다.

위 예문에서 '中国东南部'는 관형어로 쓰였는데, 이 관형어에서 '中国'는 또 '东南部'의 관형어지만, 그것이 '被隔断的铁路、公路'를 직접 수식하지는 않는다.

아래 문장의 관형어는 비록 매우 길고 구조가 복잡하지만, 하나의 관형어지, 다항 관형어는 아니다.

② 图Ⅱ-1乙中的直线L₂就是和L₁切于一侧的半径为R的圆的圆心的轨迹。

Tú Ⅱ-1 yǐ zhōng de zhíxiàn L2 jiùshì hé L1 qiè yú yí cè de bànjìng wéi R de yuán de yuánxīn de guǐjī.

그림Ⅱ-1乙의 직선 L2는 바로 L1과 한 면이 접하는 반경이 R인 원의 원심의 궤적이다.

이 문장에서 중심어 '轨迹'는 관형어가 '和L₁切于一侧的半径为R的圆的圆心' 하나뿐이다. 이 관형어 역시 수식구조로 그 중심어는 '圆心'이며, 관형어는 '和L₁切于一侧的半径为R的圆'이다. '和L₁切于一侧的半径为R的圆' 역시 수식구조로 그 중심어는 '圆'이고 관형어는 병렬관계를 이루고 있는 '和L₁切于一侧的'와 '半径为R的'이다.

③ 他是我哥哥的老师的孩子的同学。

Tā shì wǒ gēge de lǎoshī de háizi de tóngxué.

그는 내 오빠의 선생님의 아들의 급우이다.

이러한 관형어는 부가관계 관형어와 달리, 그 내부 구조는 하나의 계층이 하나의 계층을 포함하는 소유관계이다. 이러한 관형어는 학술논문에 자주 쓰이며, 구어에는 거의 쓰이지 않는다. 이러한 관형어는 중의를 초래하지 않는 조건 하에서 앞에 오는 구조조사 '的'를 가급적 생략할 수 있으나, 맨 뒤에 있는 '的'를 생략할 수 없다.

이러한 문장이나 구 구조를 분석할 때, 직접 결합하는 어구는 반드시 특정한 사람, 물체, 일을 나타낸다. 예를 들어 '我哥哥'는 특정한 사람을 나타내며, '我哥哥的老师', '我哥哥的老师的孩子', '我哥哥的老师的孩子的同学'등도 특정한 사람을 나타낸다. 또 다른 예를 보자.

④ 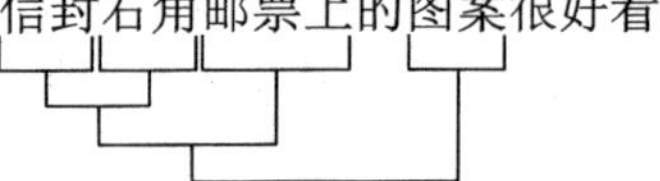 信封右角邮票上的图案很好看。

Xìnfēng yòu jiǎo yóupiào shàng de tú'àn hěn hǎo kàn.
편지봉투 오른쪽 우표 위의 도안이 예쁘다.

만약 하나의 구가 소유관계가 있는 여러 개의 명사를 포함하는 경우, 이 구의 앞의 몇 개 명사는 반드시 구조가 복잡한 하나의 관형어로, 이 관형어는 맨 뒤의 명사를 수식한다.

⑤  我父亲的父亲的父亲

Wǒ fùqin de fùqin de fùqin
내 아버지의 아버지의 아버지

이 구에서 '我父亲'은 특정한 사람을 나타내며, '我父亲的父亲'은 바로 '我祖父'이며, '我父亲的父亲的父亲'은 '我曾祖父'이다. 이러한 구는 아래와 같은 방식으로 분석할 수 없다.

⑥ 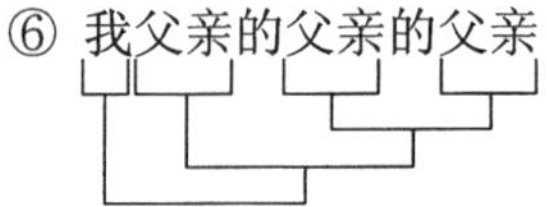 我父亲的父亲的父亲

특정한 인물인 '我'와 분리된 경우 '父亲的父亲'이 '祖父'이지만, 특정한 인물을 나타내지는 않기 때문이고, 마찬가지로 '父亲的父亲的父亲'은 曾祖父이지만, 역시 특정한 인물을 나타내지 않기 때문이다. 이러한 구조의 분석은 특정한 인물인 '我'로부터 시작해야 한다. 지금까지는 아직 소유 관계를 갖는 여러 개의 명사성 성분의 구조가 상술한 구와 다른 경우를 보지 못했다. 결론적으로 소유관계를 갖는 몇 개의 명사성 성분이 연결되어 있는 경우 앞에 위치하는 몇 개의 명사성 성분은 한 층 한 층 소유관계를 갖는 관형어로 구성되어 제일 뒤의 명사 하나를 수식하고 있다.

이러한 관형어 중에 첫 번째 명사는 하나의 참조점이라 할 수 있는데, 이러한 참조점이 있어서 전체 관형어 및 그 중심어가 하나의 정확한 사물을 나타낸다.

 혼합관계의 다항관형어

병렬관계와 부가관계를 모두 포함하고 있는 다항관형어를 혼합관계의 다항관형어라 한다. 그 순서는 병렬관계 관형어와 부가관계 관형어의 규율에 제약을 받는다.

① 她好读书，书籍使她认识现在的世界，也帮助她获得
几个热心为她介绍书籍以及帮助她认识其他方面的诚恳的朋友。

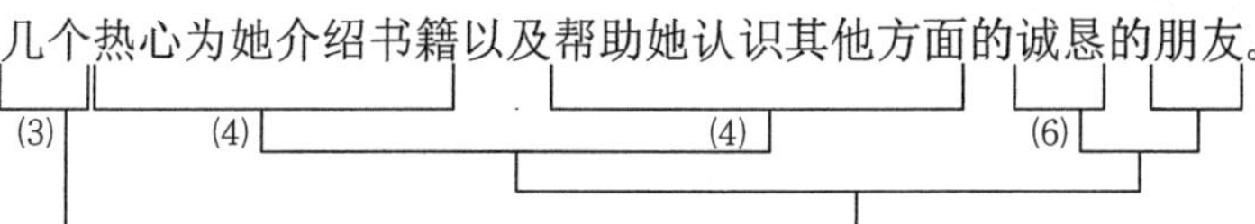

Tā hǎo dúshū, shūjí shǐ tā rènshi xiànzài de shìjiè, yě bāngzhù tā huòdé jǐgè rèxīn wéi
tā jièshào shūjí yǐjí bāngzhù tā rènshi qítā fāngmiàn de chéng kěn de péngyou.

그녀는 책 읽기를 좋아하는데, 책은 그녀에게 현재의 세계를 인식시켜주었고 열심히 그녀를 위해 책을 소개하고 그녀가 다
른 분야를 인식하도록 도와주는 몇 명의 성실한 친구를 얻도록 도와주었다.

② 祥子看见了人和厂那盏极明而怪孤单的灯。

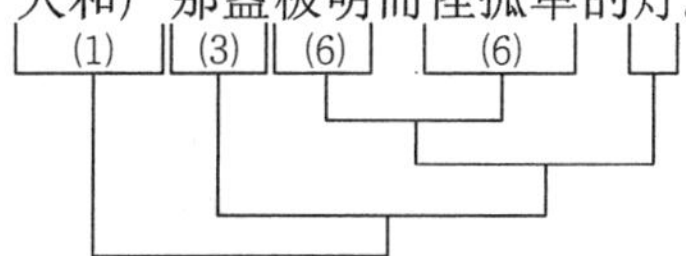

Xiángzǐ kànjiànle rén hé chǎng nà zhǎn jí míng ér guài gūdān de dēng.

祥子는 人和厂(인력거 회사이름)의 그 극히 밝으나 매우 외로워 보이는 등불을 보았다.

参考文献

崔希亮　　人称代词修饰名词时"的"字的隐现问题,世界汉语教学,1993年第3期。

廖秋忠　　现代汉语并列名词性成分的顺序,中国语文,1992年第3期。

刘月华　　定语的分类和多项定语的顺序,语言学和语言教学,安徽教育出版社,1984年7
　　　　　月。

陆丙甫　　定语的外延性、内涵性和称谓性及其顺序,语法研究和探索(四),北京大学出
　　　　　版社,1988年。

马庆株　　多重定名结构中形容词的类别和次序,中国语文,1995年第5期。

一. 주어진 단어나 어구로 수식관계의 명사구를 만드시오.(보기처럼 '的'를 쓰고 안 쓰고를 주의)

보기：好、孩子　→ 好孩子
　　　美丽、国家 → 美丽的国家

1. 新　　　　　社员　　　　　2. 健康　　　　身体
3. 北京　　　　春天　　　　　4. 他　　　　　姐姐
5. 三块　　　　蛋糕　　　　　6. 老实　　　　人
7. 普普通通　　房子　　　　　8. 操场　　　　前面
9. 非常关键　　时刻　　　　　10. 中国　　　　老师
11. 身体好　　　学生　　　　　12. 前面　　　　山岭
13. 小刘　　　　信心　　　　　14. 白茫茫　　　山上
15. 很多　　　　问题　　　　　16. 小　　　　　花
17. 多么简单　　方法　　　　　18. 石头　　　　桌子
19. 嘹亮　　雄壮　歌声　　　　20. 穿蓝衣服　　人
21. 光明正大　　事情　　　　　22. 非常幸福　　生活
23. 雷锋　　　　母亲　　　　　24. 联欢　　　　晚会
25. 参加劳动　　人　　　　　　26. 学习　　　　方法

二. 아래 예문을 보기처럼 복잡한 관형어를 갖는 한 개의 문장으로 고치시오.

보기：他是一个干部。

　　　他是老干部。
　　　他是一九二一年参加革命的干部。
　　　他是一个一九二一年参加革命的老干部。

1. 这是一张照片。
　这是彩色照片。
　这是从画报上剪下来的照片。

2. 一个孩子病了
　男孩子病了。
　不满周岁的孩子病了。
　老张的孩子病了。

3. 他们把羊赶到一块草地上。
　他们把羊赶到山坡下的草地上。
　他们把羊赶到开满野花的草地上。

4. 昨天作报告的同志是小李的爸爸。
　那个男同志是小李的爸爸。
　穿蓝衣服的同志是小李的爸爸。

5. 这时一个解放军走了过来。
　这时年纪最小的解放军走了过来。
　这时高个子解放军走了过来。
　这时穿着一身新军装的解放军走了过来。

6. 他们正在执行一项任务。
　他们正在执行上级交给的任务。
　他们正在执行光荣的任务。

7. 小刘是一个青年。
　小刘是勇敢的青年。
　小刘是朝气蓬勃的青年。
　小刘是有远大理想的青年。

三. 아래 예문 가운데서 올바른 문장을 고르고, 틀리거나 부정확한 예문을 바르게 고치시오.

1. 到中国以后，我认识了很多中国的朋友。

2. 北京有悠久的历史。

3. 我要积极参加技术学习和革新活动，刻苦钻研技术，为祖国生产更多优质的产品。

4. 中国人民满怀信心地迎接大好形势。

5. 今天参加游行人很多。

6. 我学习的成绩不太好。

7.昨天我去看了一个我的朋友。

8.我哥哥不喜欢颜色蓝的，他喜欢颜色白的。

9.我们每学期进行两次的考试。

10.鲜艳的红旗在空中飘扬。

四. 옳고 그름을 구별하시오.

1. A. 西湖是有名的一个湖。
   B. 西湖是一个有名的湖。
2. A. 我们有了自己的制药厂。
   B. 我们有了自己制药厂。
3. A. 刚两岁的他哥哥，连病带饿，死在了妈妈的怀里。
   B. 他的刚两岁的哥哥，连病带饿，死在了妈妈的怀里。
4. A. 现在我向你们介绍一下我们学校的学习和生活情况。
   B. 现在我向你们介绍一下我学校的学习和生活情况。
5. A. 列宁用面包捏成许多装牛奶的"墨水瓶"。
   B. 列宁用面包捏成装牛奶的许多"墨水瓶"。
6. A. 上海是一个中国最大的工业城市。
   B. 上海是中国最大的一个工业城市。
7. A. 他千言万语说不尽对祖国热爱。
   B. 他千言万语说不尽对祖国的热爱。
8. A. 到中国以后，我们看了很多中国的电影。
   B. 到中国以后，我们看了很多中国电影。
9. A. 我们村的医疗卫生工作搞得不错。
   B. 我们村的卫生医疗工作搞得不错。
10. A. 市、省、县的各级干部都在开会。
    B. 省、市、县的各级干部都在开会。
11. A. 我买一斤苹果和一斤梨。
    B. 我买一斤苹果和梨。
12. A. 汉语和物理老师都来参加我们的联欢会。
    B. 汉语老师和物理老师都来参加我们的联欢会。

제 4 장
부사어

제 1 절
부사어의 기능과 분류

 **부사어의 정의**

구 안에서 부사어는 '努力学习', '详细描写', '很红', '格外高兴'과 같이 동사와 형용사를 수식하는데 쓰인다. 문장에서 부사어는 술어부의 수식성분으로, 동사술어문, 형용사술어문, 주술술어문 및 명사술어문의 술어부분이 모두 부사어를 가질 수 있다.

① 我常常打篮球。

　　Wǒ chángcháng dǎ lánqiú.

나는 자주 농구를 한다.

② 劳动人民纷纷起来反抗秦二世的统治。

　　Láodòng rénmín fēnfēn qǐlai fǎnkàng Qín èr shì de tǒngzhì.

노동자들은 계속하여 일어나 秦2세의 통치에 대항하였다.

③ 西边是人民大会堂，您看，多雄伟。

　　Xībiān shì rénmín dàhuìtáng, nín kàn, duō xióngwěi.

서쪽은 인민대회당입니다. 보세요, 얼마나 웅장한지.

④ 弟弟今天很不高兴。

　　Dìdi jīntiān hěn bù gāoxìng.

남동생은 오늘 매우 기분이 나쁘다.

⑤ 时令才初冬，河水就结冰了。

　　Shílìng cái chūdōng, héshuǐ jiù jiébīng le.

절기로는 겨우 초겨울인데, 강물이 벌써 얼었다.

⑥ 张文刚才头疼了。

　　Zhāngwén gāngcái tóu téng le.

张文은 좀 전에 머리가 아팠다.

⑦ 热烈地讨论整整进行了一天。

　　Rèliè de tǎolùn zhěngzhěng jìnxíngle yì tiān.

열띤 토론이 꼬박 하루 종일 계속되었다.

구조적으로 볼 때, 부사어는 문장 내에서 뒤에 위치하는 언어 성분을 수식한다. 부사어가 주어 앞에 위치할 때는 뒤에 오는 문장 전체를 수식한다.

⑧ 四月中我从非洲到法国,

五月十号, 我从法国乘飞机来到中国, 参加一个国际贸易博览会。

Sì yuè zhōng wǒ cóng Fēizhōu dào Fǎguó, Wǔyuè shí hào, wǒ cóng Fǎguó chéng fēijī láidào Zhōngguó, cānjiā yí ge guójì màoyì bólǎnhuì.

4월 중에 나는 아프리카에서 프랑스로 가서, 5월 10일, 나는 프랑스에서 비행기를 타고 중국으로 와서, 국제무역 박람회에 참가하려 한다.

⑨ 刚才我谈了一下明天的活动。对明天的安排你们还有什么意见?

Gāngcái wǒ tánle yíxià míngtiān de huódòng. Duì míngtiān de ānpái nǐmen hái yǒu shénme yìjiàn?

좀 전에 저는 내일의 활동에 대해 이야기를 좀 했습니다. 내일의 일정에 대해 또 다른 의견이 있습니까?

부사어가 주어 앞에 오는 경우 문장과 문장 혹은 문단과 문단을 연결하는 기능을 한다. 예 ⑧에서 '4月中我从非洲到法国'는 다음 두 문장과 시간사에 의해 연결된 것이다. 예 ⑨에서 앞 문장은 '刚才我谈了一下明天的活动'이다. '对明天的安排'가 주어'你们' 앞에 놓인 이유는, 이 부사어가 뒤 문장과 앞 문장을 연결하는 역할을 하기 위해서이다.

부사어가 주어 뒤에 오는 경우, 뒤에 오는 술어부분을 수식한다.

⑩ 医生又把病历仔细翻了一遍。

Yīshēng yòu bǎ bìnglì zǐxì fānle yí biàn.

의사는 또다시 병력표를 자세히 한 번 더 살펴보았다.

⑪ 放学了, 孩子们高高兴兴地从学校往家走。

Fàng xué le, háizimen gāogāoxìngxìng de cóng xuéxiào wǎng jiā zǒu.

학교가 파하자, 아이들은 즐겁게 학교에서 집으로 갔다.

⑫ 天气逐渐暖和起来了。

Tiānqì zhújiàn nuǎnhuo qǐlai le.

날씨가 점점 따뜻해지기 시작했다.

⑬ 小刚一直学习很努力。

Xiǎo Gāng yìzhí xuéxí hěn nǔlì.

小刚은 줄곧 공부를 매우 열심히 한다.

2 부사어의 분류

부사어로 쓰일 수 있는 어구는 매우 다양하며, 부사어가 나타내는 의미 역시 매우 다양하다. 즉, 부사어는 여러 방면에서 동사, 형용사 등을 수식할 수 있다. 부사어의 기능에 따라 우리는 부사어를 크게 묘사성 부사어와 비묘사성 부사어로 분류할 수 있다. 이 두 종류의 부사어는 다시 하위 분류된다.

① 묘사성 부사어

묘사성 부사어는 다시 의미상 동작자를 묘사하는 것과 동작을 묘사하는 두 종류로 분류된다.

⒈ 의미상 동작자를 묘사하는 경우 : 여기에 속하는 부사어는 동작자가 동작을 할 때의 표정, 자태, 겉으로 드러나는 심리활동 등을 묘사하는 기능을 한다. 즉 이러한 부사어가 묘사하는 것은 감지할 수 있는 것들로, 주로 문학작품에 많이 쓰인다. 이하 각 어구들이 주로 부사어로 쓰인다.

형용사(구) : 激动, 高兴, 兴奋, 愉快, 幸福, 十分自然, 很大方, 美孜孜, 懒洋洋 등
동사(구)　 : 犹豫, 怀疑, 吃惊, 踉踉跄跄, 又蹦又跳, （像）…一样（似地）, 有些抱歉, 有把握 등
관용구　　 : 热情洋溢, 兴高彩烈, 目不转睛, 大摇大摆 등
부사　　　 : 公然, 暗暗, 暗自, 偷偷, 私自 등

그밖에 주술구 역시 '他脸色阴沉地说……(그의 얼굴색이 어두워지며 말하기를……)' 처럼 동작자를 묘사하는 부사어로 쓰일 수 있다.

① 四凤胆怯地望着大海。
　　Sìfèng dǎnqiè de wàngzhe dàhǎi.

② 老人哆哆嗦嗦地从怀里拿出一件东西。
　　Lǎorén duōduōsuōsuō de cóng huái lǐ náchū yí jiàn dōngxi.

③ 他沾沾自喜地说……
　　Tā zhānzhān zìxǐ de shuō……

四凤은 겁내며 바다를 바라보고 있다.

노인은 벌벌 떨면서 품 속에서 물건 하나를 꺼냈다.

그는 우쭐거리며 말하기를……

⒉ 동작을 묘사하는 경우 : 이러한 부사어는 동작의 방식 등에 대해 수식·묘사를 한다. 아래의 어구들이 주로 부사어로 쓰인다.

형용사(구) : 快, 高, 彻底, 仔细, 草草, 慢慢, 积极, 详细, 努力, 很快, 非常热烈, 十分详细
의성사　　 : 噗哧, 砰砰, 淅淅沥沥, 哗哗, 呜呜

동사(구)　　：来往, 来回, 巡回, 不住, 不停

수량(구)　　：一把, 一脚, 一趟一趟, 一勺一勺, 三拳两脚

명사(구)　　：历史, 主观主义, 快步, 大声

관용구　　　：滔滔不绝, 斩钉截铁, 当面锣, 对面鼓

정황과 상태·방식을 나타내는 부사 : 一直, 断然, 逐渐, 渐渐, 一起, 一一, 分别, 亲自, 亲手, 亲眼, 擅自, 暗自, 私自, 公然, 各自, 独自, 互相, 逐一, 特地, 专门, 一, 不断, 忽然, 猛然, 蓦地, 顺便, 附带, 随便, 任意, 肆意, 不断, 陆续, 连连, 重新, 再三, 一再, 反復, 经常, 时常, 偶尔, 赶快.

① 这次手术很顺利地做完了。

　　Zhè cì shǒushù hěn shùnlì de zuòwán le.

이번 수술은 매우 순조롭게 끝났다.

② 她的血压急剧下降。

　　Tā de xuèyā jíjù xiàjiàng.

그녀의 혈압이 급격히 떨어졌다.

③ 请你亲自给他做这个手术。

　　Qǐng nǐ qīnzì gěi tā zuò zhège shǒushù.

당신이 친히 그에게 이 수술을 해 주세요.

④ 雨渐渐地小了。

　　Yǔ jiànjiàn de xiǎo le.

비는 점점 잦아들었다.

　이 두 종류의 묘사성 부사어에는 모두 형용사(구), 동사(구) 및 관용구가 포함되지만, 기능이나 역할은 다르다. 아래처럼 첫 번째는 동작을 묘사하는 것이다.

① 我们到公园的时候, 很多中国小朋友热烈地欢迎我们。

　　Wǒmen dào gōngyuán de shíhou, hěn duō Zhōngguó xiǎo péngyou rèliè de huānyíng wǒmen.

우리가 공원에 이르렀을 때, 많은 중국 어린이들이 우리를 열렬히 환영해 주었다.

② 他没有得到更多的消息, 只是长长地嘘了口气, 靠在床边上坐下。

　　Tā méi yǒu dédào gèng duō de xiāoxi, zhǐshì chángcháng de xūle kǒuqì, kào zài chuáng biān shàng zuòxià.

그는 더 많은 소식을 얻지 못해서, 그저 길게 한숨만 내쉬며 침대에 기대어 앉았다.

③ 在新修的几千亩大的人造平原上, 拖拉机来往奔驰。

　　Zài xīn xiū de jǐ qiān mǔ dà de rénzào píngyuán shàng, tuōlājī láiwǎng bēnchí.

새로 닦은 수천 亩의 인공 평원에서 트랙터가 왔다갔다 돌아다녔다.

　아래처럼 두 번째는 동작자가 동작할 때의 정황·상태를 묘사하는 것이다.

① 黎明激动地握着小陈的手 : "真谢谢你!"

　　Límíng jīdòng de wòzhe Xiǎo Chén de shǒu : "Zhēn xièxie nǐ!"

黎明은 감격하여 小陈의 손을 움켜잡으며, "정말 감사합니다"라고 했다.

② 我兴奋地问 : "是谁呀?"

　　Wǒ xīngfèn de wèn : "Shì shéi ya?"

나는 흥분되어 "누구세요?"하고 물었다.

③ 小李尴尬地点点头。

    Xiǎo Lǐ gāngà de diǎndian tóu.

④ 他犹豫地说："这个办法行么？"

    Tā yóuyù de shuō : "Zhège bànfǎ xíng me?"

이 두 종류의 부사어를 구분하는 것은 '地'의 사용 여부에도 영향을 미칠 뿐 아니라 복잡한 부사어의 배열 순서에도 영향을 준다(본 장 제2절, 제4절 참조). 그러면 이 두 종류 부사어를 어떻게 구분할 것인가? 우선 의미·기능상으로 구분이 가능하다. 위에서 언급한 것처럼, 첫 번째 부사어는 동작을 묘사하는 것으로 동작이 진행되는 방식, 상황 등을 묘사한다. 두 번째 부사어는 의미적으로 동작자를 묘사하며 동작자 가 동작을 할 때의 기분, 태도, 자세, 표정 등을 묘사한다. 다음으로 통사상 구분이 가능하다. 동작을 묘사하는 부사어는 동작에 대한 서술로 변환 가능하다.

① 小朋友们热烈地欢迎我们。

    Xiǎo péngyoumen rèliè de huānyíng wǒmen.

    小朋友们对我们的欢迎很热烈。

    Xiǎo péngyoumen duì wǒmen de huānyíng hěn rèliè.

② 我们把房间彻底打扫了一下。

    Wǒmen bǎ fángjiān chèdǐ dǎsǎole yíxià.

    我们把房间打扫得很彻底。

    Wǒmen bǎ fángjiān dǎsǎo de hěn chèdǐ.

③ 他把事情的经过详细说了一遍。

    Tā bǎ shìqing de jīngguò xiángxì shuōle yí biàn.

    他把事情的经过说得很详细。

    Tā bǎ shìqing de jīngguò shuō de hěn xiángxì.

④ 老张平时积极工作。

    Lǎo Zhāng píngshí jījí gōngzuò.

    老张平时工作很积极。

    Lǎo Zhāng píngshí gōngzuò hěn jījí.

동작자를 묘사하는 부사어는 일반적으로 이러한 변환이 불가능하다.

① "……" 他高兴地对我说。

    "……" Tā gāoxìng de duì wǒ shuō.

    *"……" 他对我说得很高兴。

② 妈妈温和地看了女儿一眼。

　　Māma wēnhé de kànle nǚ'ér yì yǎn.

　＊妈妈看女儿一眼很温和。

　＊妈妈看了女儿看得很温和。

③ 他怀疑地注视着我。

　　Tā huáiyí de zhùshìzhe wǒ.

　＊他注视得我很怀疑。

동작자의 동작을 묘사할 때의 상황을 묘사하는 부사어는 의미가 변하지 않는 경우 동작자를 서술할 수 있다.

① 他很高兴地对我说。

　　Tā hěn gāoxìng de duì wǒ shuō.

　他很高兴。

　　Tā hěn gāoxìng.

② 妈妈很温和地看了女儿一眼。

　　Māmā hěn wēnhé de kànle nǚ'ér yì yǎn.

　妈妈很温和。

　　Māma hěn wēnhé.

③ 她怀疑地注视着我。

　　Tā huáiyí de zhùshìzhe wǒ.

　她很怀疑我。

　　Tā hěn huáiyí wǒ.

동작을 묘사하는 부사어는 일반적으로 동작자에 대해 이러한 서술이 불가능하다.

① 心脏剧烈地跳动着。

　　xīnzàng jùliè dì tiàodòngzhe.

　＊心脏很剧烈。

② 我们把房间彻底打扫了一下。

　　Wǒmen bǎ fángjiān chèdǐ dǎsǎole yíxià.

　＊我们很彻底。

③ 这个人总是孤立地看问题。

　　Zhège rén zǒngshì gūlì de kàn wèntí.

　＊这个人总是很孤立。('이 사람은 언제나 고립되어 있다'로 의미가 변함)

대부분의 형용사(구) 및 동사(구), 주술구, 관용구는 동작을 묘사하는 부사어나 혹은 동작자를 묘사하는 부사어 중의 한 종류로만 쓰이나, 소수의 형용사만이 각기 다른 문장에서 두 종류의 부사어로 모두 쓰일 수 있다.

> 小明认真学习。
> Xiǎo Míng rènzhēn xuéxí.
> 小明认真地说。
> Xiǎo Míng rènzhēn de shuō.

小明은 성실하게 공부한다. (동작 묘사, '认真'이 '学习'를 수식)

小明은 진지하게 말했다. (동작자 묘사, '认真'은 '小明'이 말하는 태도를 나타낸다)

② 비묘사성 부사어

비묘사성 부사어는 시간, 장소, 범위, 대상, 목적 등의 방면에 있어, 문장, 술어성분, 형용사를 제한하나 묘사 작용은 없다. 비묘사성 부사어는 의미에 따라 아래와 같이 몇 종류로 분류된다. (폐쇄류는 될 수 있는 대로 모두 열거한다.)

1 시간 표시 : 시간사, 부사, 개사구로 구성됨

시간사 : 今天, 上午, 1980年, 5月5号, 三点钟, 原来, 以后, 三天, 一年 등
부　사 : 已经, 早, 就, 才, 从来, 曾经, 一向, 向来, 历来, 终于, 马上, 立刻, 刚, 将,
　　　　快, 永远, 始终, 一直, 总, 老, 往往, 通常, 有时, 仍然, 依然, 同时, 先, 正,
　　　　本来, 然后 등
개사구 : 从……起, 自……, 打……, 在……, 当……, 于…… 등

2 어기와 추정을 표시 : 부사로 구성됨

明明, 的确, 难道, 岂, 简直, 幸亏, 到底, 究竟, 毕竟, 居然, 竟(然), 当然, 果然, 根本,
索性, 反正, 何必, 何苦, 未尝, 何尝, 不妨, 千万, 务必, 显然, 大概, 大约, 大致, 也许,
偏偏, 几乎, 差不多 등

3 목적, 근거, 관계, 협동 표시 : 개사구로 구성됨

목적 : 为…, 为了…
근거 : 按…, 根据…, 据…, 由…, 照…, 依…, 拿…, 从…
관계 : 关于…, 就…
협동 : 同…, 跟…, 和…, 与…

4 장소, 공간, 노선, 방향 표시 : 장소어구, 개사구로 구성됨

장소와 공간 : 上, 左边, 屋里, 地上, 桌子上, 在…, 于…, 当…

노선 : 沿(着)…, 顺(着), 打…, 从…, 通过…, 经(过)…

방향 : 朝…, 向…, 往, 照…

⑤ 대상 표시 : 개사구로 구성됨

对…, 给…, 跟…, 和…, 于…, 照…, 为…, 同…, 替…

⑥ 부정, 정도, 중복, 범위, 관련을 표시 : 부사로 구성됨

부정 : 不, 没(有), 甭, 别 등

정도 : 很, 十分, 非常, 更, 最, 特别, 极, 格外, 可, 真, 好, 多么, 比较, 稍微, 略微, 有
　　　 点儿, 颇, 太, 还 등

중복 : 又, 再, 还, 重, 也 등

범위 : 都, 全, 统统, 一概, 净, 只, 就, 仅仅, 光, 唯独, 不过 등

관련 : 就, 也, 都, 又, 还 등

③ 묘사성부사어와 비묘사성 부사어의 구별

묘사성 부사어와 비묘사성 부사어간에는 아래와 같은 많은 차이점이 있다.

① 비묘사성 부사어는 각종 술어문에 쓰일 수 있다.

① 他昨天去上海了。(동사술어문)

　　Tā zuótiān qù Shànghǎi le.

② 小梅今天比谁都高兴。(형용사술어문)

　　Xiǎo Méi jīntiān bǐ shéi dōu gāoxìng

③ 他的确头疼。(주술술어문)

　　Tā díquè tóu téng.

④ 今天刚星期三，急什么！(명사술어문)

　　Jīntiān gāng xīngqīsān, jí shénme!

그는 어제 상하이에 갔다.

小梅는 오늘 누구보다도 기쁘다.

그는 확실히 머리가 아프다.

오늘은 겨우 수요일인데, 뭘 그리 서두르니!

각종 술어문에 나타나는 비묘사성 부사어는 모두 다르다. 명사술어문과 주술술어문에는 시간, 어기 등과 같이 제한적인 몇몇 비묘사성 부사어만 쓰인다. 형용사술어문에 쓰이는 비묘사성 부사어의 종류는 동사술어문에 쓰이는 부사어보다 훨씬 적다.
　　명사술어문과 주술술어문에는 묘사성 부사어를 쓸 수 없다. 형용사술어문에도 '像……一样(似的)'와 같은 특정한 묘사성 부사어만을 쓸 수 있다.
　　동사술어문에 사용할 수 있는 부사어의 종류가 가장 많다. 그러나 술어 동사가 가능보어 혹은 상태보어를 수반하는 경우 사용할 수 있는 부사어는 매우 제한적이어서, '渐渐', '忽然' 등과 같이 시간을 나타내는 묘사성 부사어나, '一下子', '一脚' 등과 같은 동량을 나타내는 어구만 쓸 수 있다.

　그러므로 한 문장 안에 쓰이는 부사어의 종류는 문장의 의미와 관련이 있을 뿐 아니라 문장의 구조와도 관련이 있다.

② 비묘사성 부사어는 대부분 주어 앞에서 전체 문장의 수식어(把, 被 등으로 구성된 개사구 및 다수의 부사 제외)로 쓰일 수 있다. 묘사성 부사어는 일반적으로 주어 앞에 위치할 수 없지만, 시간의 의미를 나타내는 '漸漸地', '很快', '慢慢地' 등은 가능하다.

③ 묘사성 부사어와 비묘사성 부사어가 나타내는 문체는 각기 다르다. 비묘사성 부사어는 서술, 묘사, 의론 등과 같은 각종 문체에 나타낼 수 있으며, 묘사성 부사어는 서술체에 주로 쓰이고, 대화에는 많이 쓰이지 않는다. 동작자를 묘사하는 부사어는 소설의 서술성 표현에 많이 보인다.

④ 비묘사성 부사어에 쓰이는 실사(대부분의 부사 제외)는 단독으로 문장을 이루어 질문에 대해 대답할 수 있으며, 질문을 할 수도 있다.

① A : 你哪天去北京?

　　Nǐ nǎ tiān qù Běijīng?

　B : 明天。

　　Míngtiān.

② A : 你给谁买鞋?

　　Nǐ gěi shéi mǎi xié?

　B : (给)我妹妹。

　　(Gěi) wǒ mèimei.

당신은 어느 날 베이징에 갑니까?

내일이요.

당신은 누구에게 신발을 사줬습니까?

내 여동생(에게요).

묘사성 부사어는 단독으로 질문에 대답하는데 쓰일 수 없으며, 질문을 묻는데도 거의 쓰이지 않는다.

⑤ 묘사성 부사어 뒤에는 일반적으로 '地'를 쓸 수 있으나, 비묘사성 부사어 뒤에는 '地'를 쓰지 않는다. (본 장 제2절 참조)

 **비묘사성 부사어 뒤에는 일반적으로 '地'를 쓰지 않는다.**

① 第二天他起得很早。(시간)

　　Dì èr tiān tā qǐ de hěn zǎo.

다음날 그는 매우 일찍 일어났다.

② 小明刚走。(시간)

　　Xiǎo Míng gāng zǒu.

小明은 막 갔다.

③ 她像一只燕子似地在车间里飞来飞去。(장소)

　　Tā xiàng yì zhī yànzi sìde zài chējiān lǐ fēilái fēiqù.

그녀는 마치 한 마리 제비처럼 작업장 안에서 이리저리 나는 듯 다녔다.

④ 我从口袋里掏出一块手绢。(장소)

　　Wǒ cóng kǒudài lǐ tāochū yí kuài shǒujuàn.

나는 주머니에서 손수건 하나를 꺼냈다.

⑤ 他们都为实现四个现代化而努力工作着。(목적)

　　Tāmen dōu wèi shíxiàn sì ge xiàndàihuà ér nǔlì gōngzuòzhe.

우리들은 모두 4개 현대화를 실현하기 위해 열심히 일하고 있다.

⑥ 小马跟小赵游泳去了。(협동)

　　Xiǎo Mǎ gēn Xiǎo Zhào yóuyǒng qù le.

小马는 小赵와 수영하러 갔다.

⑦ 大家对这个节目没有兴趣。(대상)

　　Dàjiā duì zhège jiémù méi yǒu xìngqù.

모두가 이 프로그램에 대해서는 흥미가 없다.

⑧ 观众的确很喜欢这部电影。(어기)

　　Guānzhòng díquè hěn xǐhuan zhè bù diànyǐng.

관중들은 실로 이 영화를 매우 좋아한다.

⑨ 喜儿三岁上就死了娘。(관련)

　　Xǐ'ér sān suì shàng jiù sǐle niáng.

喜儿이 겨우 세 살 때 어머니가 돌아가셨다.

⑩ 今天不是星期日。(부정)

　　Jīntiān bú shì xīngqīrì.

오늘은 일요일이 아니다.

⑪ 老师把刚才说过的句子又说了一遍。(중복)

　　Lǎoshī bǎ gāngcái shuōguo de jùzi yòu shuōle yí biàn.

선생님은 좀 전에 말씀하셨던 문장을 다시 한 번 말씀하셨다.

⑫ 这一篮水果正好五斤。(수량)

　　Zhè yì lán shuǐguǒ zhèng hǎo wǔ jīn.

이 과일 한 바구니가 딱 다섯 근이다.

⑬ 今天我们班的同学都来上课了。(범위)

　　Jīntiān wǒmen bān de tóngxué dōu lái shàngkè le.

오늘은 우리 반 급우들이 모두 수업 받으러 왔다.

이음절 정도 부사 뒤에는 일반적으로 '地'를 쓰지 않지만, 수식 기능을 강조하는 경우에는 '地'를 쓸 수 있다.

① 这个决定非常地英明。

　　Zhège juédìng fēicháng de yīngmíng.

② 小妹今天格外地高兴。

　　Xiǎo mèi jīntiān géwài de gāoxìng.

③ 白梅对工作极端地负责任。

　　Báiméi duì gōngzuò jíduān de fùzérèn.

이 결정은 대단히 훌륭하다.
여동생은 오늘 다른 날과는 다르게 유달리 즐거워한다.
白梅는 일에 대해 지나치게 책임을 진다.

 **절대 다수의 묘사성 부사어 뒤에는 '地'를 쓸 수 있다.**

 동작자를 묘사하는 경우에는 일반적으로 모두 '地'를 써야 한다.

① 형용사와 형용사구

① 加丽亚得意地说 : "我成功了!"

　　Jiālìyà déyì de shuō : "Wǒ chénggōng le!"

② 她大方地伸出手来同我握手。

　　Tā dàfāng de shēnchū shǒu lai tóng wǒ wòshǒu.

③ 黄英激动地说 : "我太佩服你了!"

　　Huángyīng jīdòng de shuō : "Wǒ tài pèifú nǐ le!"

④ 小红不高兴地走了。

　　Xiǎo hóng bù gāoxìng de zǒu le.

⑤ 这时他很客气地提出三点要求。

　　Zhè shí tā hěn kèqi de tíchū sān diǎn yāoqiú.

⑥ 全会场都在静静地等待着。

　　Quán huìchǎng dōu zài jìngjìng de děngdàizhe.

⑦ 她一只手拿着筷子，两眼直瞪瞪地瞅着火苗。

　　Tā yì zhī shǒu názhe kuàizi, liǎng yǎn zhí dèngdèng de chǒuzhe huǒmiáo.

加丽亚는 의기양양하게 "나는 성공했어!"라고 말했다.
그녀는 거침없이 손을 내밀어 나와 악수를 했다.
黄英은 격정적으로 "나는 당신에게 너무 탄복했습니다"라고 말했다.
小红은 기분이 언짢아진 채로 가버렸다.
이때 그는 매우 예의바르게 세 가지 요구사항을 제시했다.
회의장(에 있는 사람들)이 모두 조용히 기다리고 있다.
그녀는 한 손에 젓가락을 든 채, 두 눈은 불꽃을 뚫어지게 응시하고 있다.

그러나 일음절 형용사 뒤에는 '他看着我傻笑'에서 '傻笑'처럼 '地'를 쓰지 않는 것이 일반적이다.

② 동사와 동사구

① 我爱人一见便吃惊地问：“你买的?”

Wǒ àiren yí jiàn biàn chījīng de wèn : "Nǐ mǎi de?"

② 老人抱歉地笑了笑。

Lǎorén bàoqiàn de xiàole xiào.

③ 小明踉踉跄跄地走回了家。

Xiǎo Míng liàngliàng qiàngqiàng de zǒuhuíle jiā.

④ 雪仍无声地往下飘着。

Xuě réng wúshēng de wǎng xià piāozhe.

⑤ 他一面擦着枪，一面连说带比划地对我讲了起来。

Tā yímiàn cāzhe qiāng, yímiàn lián shuō dài bǐhuá de duì wǒ jiǎng le qilai.

⑥ 我们挨得紧紧地站着，一句话也不说。

Wǒmen āi de jǐnjǐn de zhànzhe, yí jù huà yě bù shuō.

⑦ 一只老鹰张开翅膀，在半空中一动不动地停着。

Yì zhī lǎoyīng zhāngkāi chìbǎng, zài bàn kōngzhōng yí dòng bú dòng de tíngzhe.

③ 주술구와 관용구

① 他声音肯定而坚决地说：“我一定要把他找回来!”

Tā shēngyīn kěndìng ér jiānjué de shuō : "Wǒ yídìng yào bǎ tā zhǎo huílai!"

② 这时王玉昆气喘吁吁地跑了进来。

Zhè shí Wáng Yùkūn qì chuǎnxūxū de pǎole jìnlái.

③ 我浑身战栗了一下，手忙脚乱地解开了包袱。

Wǒ húnshēn zhànlìle yíxià, shǒu máng jiǎo luàn de jiěkāile bāofu.

④ 张广发聚精会神地听着。

Zhāng Guǎngfā jù jīng huì shén de tīngzhe.

⑤ 我很喜欢他这种豪爽劲，便也毫无顾忌地发表意见。

Wǒ hěn xǐhuan tā zhè zhǒng háo shuǎngjìn, biàn yě háo wú gùjì de fābiǎo yìjiàn.

내 아내는 보자마자 놀라면서 "당신이 산거예요?" 하고 물었다.

노인은 미안해하며 웃음을 지었다.

小明은 비틀거리며 걸어서 집으로 갔다.

눈은 여전히 아무 소리도 없이 흩날리고 있다.

그는 총을 닦으면서, 설명과 손짓을 해가면서 나에게 설명해주기 시작했다.

우리는 아주 가깝게 붙어 선 채로 한 마디도 하지 않았다.

독수리 한 마리가 날개를 펴고 공중에 꼼짝도 하지 않은 채 멈춰있다.

그는 단호하고 결연한 목소리로 "나는 반드시 그를 찾아 올 거야"라고 말했다.

이때 王玉昆은 숨을 헐떡이며 달려 들어왔다.

나는 온몸을 부들부들 떨고는 허둥지둥 보따리를 풀었다.

张广发는 정신을 집중하여 듣고 있다.

나는 그의 이러한 호탕할 뿐만 아니라 전혀 거리낌 없이 의견을 발표하는 것을 좋아한다.

때로는 동작자를 묘사하는 관용구 뒤에 '地'를 쓰지 않을 수도 있으나, 이럴 경우 부사어로 쓰일 수 없으며, 전체 문장은 연동문 혹은 두 개의 절(중간에 쉼표를 찍을 수 없음)이 된다. 비교해 보자.

① 他横眉立目地塞给那个人一张纸：“写！”

　　Tā héng méi lì mù de sāi gěi nàge rén yì zhāng zhǐ : "Xiě!"

　　他横眉立目(,)塞给那个人一张纸：“写！”

　　Tā héng méi lì mù(,) sāi gěi nàge rén yì zhāng zhǐ : "Xiě!"

그는 화가 나서 눈을 부라리며 그 사람에게 종이 한 장을 들이밀며 "써!"라고 말했다.

그는 화가 나서 눈을 부라리고는(,) 그 사람에게 종이 한 장을 들이밀며 "써!"라고 말했다.

② 我昏头昏脑地在街上乱走。

　　Wǒ hūn tóu hūn nǎo de zài jiē shàng luàn zǒu.

　　我昏头昏脑(,)在街上乱走。

　　Wǒ hūn tóu hūn nǎo(,) zài jiē shàng luàn zǒu.

나는 멍하니 거리를 싸돌아 다녔다.

나는 멍한데(,) 거리를 싸돌아 다녔다.

③ 老人无可奈何地回家去了。

　　Lǎorén wú kě nài hé de huí jiā qù le.

　　老人无可奈何(,)回家去了。

　　Lǎorén wú kě nài hé(,) huí jiā qù le.

노인은 어쩔 수 없이 집으로 돌아갔다.

노인은 어쩔 수 없어서 (,) 집으로 돌아갔다.

'(像)……似地'는 이미 '地'를 포함하고 있으므로 그 뒤에 다시 '地'를 쓸 필요가 없다. '(像)……一样' 뒤에는 '地'를 써도 되고 쓰지 않아도 된다.

① 我麻木了似地望着门。

　　Wǒ mámùle sìde wàngzhe mén.

나는 마비된 듯 문을 바라보았다.

② 小红像小鸟一样(地)飞回了家。

　　Xiǎo Hóng xiàng xiǎoniǎo yíyàng (de) fēi huí le jiā.

小红은 마치 작은 새처럼 집으로 나는 듯이 갔다.

기타 동작자를 묘사하는 부사어는 일반적으로 '地'를 써야한다.

① 外边风小了，雪花大片大片地往下落着。

　　Wàibiān fēng xiǎo le, xuěhuā dàpiàndàpiàn de wǎng xià luò zhe.

바깥은 바람이 잦아지고, 눈송이가 펑펑 내리고 있다.

② 他抓起电话，粗声大气地问：“你找谁！”

　　Tā zhuāqi diànhuà, cūshēng dàqì de wèn : "Nǐ zhǎo shéi!"

그는 전화기를 붙들고는 크고 거친 목소리로 "당신 누구를 찾으쇼！" 하고 물었다.

③ 罗立长站起来，疾言厉色地驳斥说……

　　Luó Lìcháng zhàn qǐlai, jíyán lìsè de bóchì shuō……

罗立长은 일어나서 거친 말투와 격한 표정으로 반박하며 말하기를…

 동작, 변화를 묘사하는 부사어의 경우 '地'의 사용법은 비교적 복잡하다.

대부분의 형용사(구), 동사(구) 및 주술구, 관용구, 의성사, 수량구의 경우, '地'의 쓰임이 자유로우나 대개는 쓰지 않는 것이 일반적이고, 묘사 기능을 강조하는 경우에만 '地'를 사용한다.

☐ 형용사: 형용사가 부사어로 쓰이는 경우 '地'의 사용여부는 형용사의 음절수와 관계가 있어서, 일음절 형용사 뒤에는 일반적으로 '地'를 쓰지 않는다.

① 快走几步，跟上队伍！

　Kuài zǒu jǐ bù, gēn shàng duìwu!

② 他眼睛直视着前方。

　Tā yǎnjing zhíshìzhe qiánfāng.

몇 걸음 빨리 걸어, 대오를 따라 가라!

그는 시선은 전방을 바로 바라보고 있다.

'真'이 부사어로 쓰이는 경우, 묘사 기능을 강조하기 위해 '的'를 쓸 수 있다.

③ 这件事我真不知道。

　Zhè jiàn shì wǒ zhēn bù zhīdào.

④ 这件事我真的不知道。

　Zhè jiàn shì wǒ zhēn de bù zhīdào.

이 일에 대해 나는 정말 모른다.

이 일에 대해 나는 정말 진짜로 모른다.

'猛'이 부사어로 쓰이는 경우 '地'를 써야 한다.

⑤ 突然他看见前面一个老人正在过马路，他猛地一下煞住车。

　Tūrán tā kànjiàn qiánmiàn yí ge lǎorén zhèng zài guò mǎlù, tā měng de yíxià shā zhù chē.

갑자기 그는 앞쪽에서 한 노인이 길을 건너고 있는 것을 보고는, 급히 단번에 차를 세웠다.

대다수 이음절 형용사의 경우 '地'를 써도 되고 쓰지 않아도 된다.

① 你有事可以直接找他。

　Nǐ yǒu shì kěyǐ zhíjiē zhǎo tā.

② 要切实(地)帮助他们解决一些问题。

　Yào qièshí (de) bāngzhù tāmen jiějué yìxiē wèntí.

③ 要注意安全生产。

　Yào zhùyì ānquán shēngchǎn.

④ 医生把病历仔细(地)翻了一遍。

　Yīshēng bǎ bìnglì zǐxì (de) fānle yí biàn.

당신이 일이 있으면 그를 직접 찾아도 된다.

확실하게 그들을 도와 문제들을 해결해야 한다.

안전하게 생산하도록 주의해야 한다.

의사는 병력카드를 자세하게 한번 검토했다.

⑤ 她刚才还明确(地)表示过同意，怎么这么一会儿就变了？

　　Tā gāngcái hái míngquè (de) biǎoshìguo tóngyì, zěnme zhème yíhuìr jiù biàn le?

　그녀가 좀 전에 분명하게 동의를 했는데 어떻게 이렇게 금방 변할 수 있습니까?

⑥ 车子过了西郊公园，猛然(地)转了个弯。

　　Chēzi guòle Xījiāo gōngyuán, měngrán (de) zhuǎnle ge wān.

　차가 西郊공원을 지나자 갑자기 커브를 틀었다.

⑦ 这件事我又详细(地)说了一遍。

　　Zhè jiàn shì wǒ yòu xiángxì (de) shuōle yí biàn.

　이 일에 대해 나는 또 한번 상세하게 설명을 했다.

일부 형용사는 언제나 이미 발생한 동작을 묘사하는데, 이 경우에는 뒤에 '地'를 꼭 써야 한다.

⑧ 大夫清楚地写了两个字：手术！

　　Dàifu qīngchu de xiěle liǎng ge zì : shǒushù!

　의사는 분명하게 '수술'이라는 두 글자를 썼다.

⑨ 他模糊地听见有人在喊他。

　　Tā móhude tīngjiàn yǒurén zài hǎn tā.

　누군가 그를 부르고 있는 것이 어렴풋하게 들렸다.

⑩ 他含混地应了一声。

　　Tā hánhùn de yīngle yìshēng.

　그는 좀 모호하게 대답했다.

중첩식 형용사가 이미 일어난 동작을 나타내는 경우, '地'의 사용이 자유롭다.

① 她回身轻轻(地)把门关上了。

　　Tā huí shēn qīngqīng (de) bǎ mén guānshàng le.

　그녀는 몸을 돌려 가볍게 문을 닫았다.

② 难道咱们眼巴巴(地)看着粮食烂在地里?

　　Nándào zámen yǎnbābā (de) kànzhe liángshi làn zài dì lǐ.

　그래 우리가 식량이 땅에서 썩는 것을 안타까워만 하며 멀뚱멀뚱 보고만 있어야 하겠는가?

③ 大家痛痛快快(地)玩了一天。

　　Dàjiā tòngtòngkuàikuài (de) wánle yì tiān.

　모두는 유쾌하고 즐겁게 하루를 놀았다.

일음절 동사가 수식을 받는 경우, '地'를 쓰는 것이 일반적이다.

④ 小刚一边穿衣服，一边慢慢地问：“什么事？”

　　Xiǎo Gāng yìbiān chuān yīfu, yìbiān mànmàn de wèn : “Shénme shì?”

　小刚은 옷을 입으면서 천천히 "무슨 일?"이냐고 물었다.

⑤ 我一翻身，觉出床在轻轻地颤。

　　Wǒ yì fān shēn, juéchū chuáng zài qīngqīng de chàn.

　나는 몸을 돌리자마자 침대가 가볍게 흔들리는 것을 느꼈다.

형용사구 뒤에는 '地'를 쓰는 것이 일반적이다.[1]

① 那位姑娘非常详细地介绍了自己的经历。

　Nà wèi gūniang fēicháng xiángxì de jièshàole zìjǐ de jīnglì.

② 入了党，我就可以更好地维护党的利益。

　Rùle dǎng, wǒ jiù kěyǐ gèng hǎo de wéihù dǎng de lìyì.

그 아가씨는 매우 상세하게 자신의 경험을 소개했다.

입당 후 나는 당의 이익을 더욱 잘 옹호할 수 있었다.

② 동사 : 동사가 부사어로 쓰이는 경우 그 뒤에 '地'를 쓰고 안 쓰고는 자유롭다.

① 拖拉机在田野里来回(地)奔驰。

　Tuōlājī zài tiányě lǐ lái huí (de) bēn chí.

② 老人唠唠叨叨(地)说个没完。

　Lǎorén láoláodáodáo (de) shuō ge méi wán.

트랙터는 밭에서 왔다 갔다 분주히 오간다.

노인은 주절주절 끊임없이 중얼거린다.

'很少', '很难'과 같은 경우에는 '地'를 쓰지 않는다.

① 最近我很少看见他。

　Zuìjìn wǒ hěn shǎo kànjiàn tā.

② 这件事能不能成还很难说。

　Zhè jiàn shì néng bu néng chéng hái hěn nán shuō.

요즘 나는 그를 거의 보지 못했다.

이 일이 성공할 수 있을지 없을지는 단언하기 어렵다.

'不住', '不停' 및 동사구 뒤에는 일반적으로 '地'를 쓴다.

① 一路上，我思想里不停地翻腾着这个问题。

　Yí lù shàng, wǒ sīxiǎng lǐ bù tíng de fānténgzhe zhège wèntí.

② 这条河不住地流啊，流啊，越流越开阔。

　Zhè tiáo hé búzhù de liú a, liú a, yuè liú yuè kāikuò.

③ 我们很感兴趣地观看孩子们的表演。

　Wǒmen hěn gǎn xìngqù de guānkàn háizimen de biǎoyǎn.

④ 为了提高农民的生活水平，国家有计划地提高了农副产品的收购价格。

　Wèile tígāo nóngmín de shēnghuó shuǐpíng, guójiā yǒu jìhuà de tígāole nóngfù chǎnpǐn de shōugòu jiàgé.

가는 길에 내 머리 속에는 이 문제가 끊임없이 맴돌았다.

이 강은 멈춤 없이 흐르고 흘러, 흐를수록 점점 넓어진다.

우리는 아이들의 공연을 아주 재미있게 관람했다.

농민의 생활수준을 향상시키기 위해 국가는 계획적으로 농산물과 부산물의 수매가격을 인상했다.

'联合发表', '补充说明'과 같이 일부 이음절 동사가 특정 동사를 수식하여 비교적 고정된 결합을 이루는 경우 '地'를 쓰지 않는 것이 일반적이다.

---

1) 일부 '很 + 일음절 형용사'의 경우, '地'를 쓰고 안 쓰고는 자유롭다.

　这件事大家很快(地)就传开了。

　이 일은 모두에게 빨리 퍼졌다.

③ 관용구 뒤에 '地'를 쓰고 안 쓰고는 자유롭다.

① 我们自下而上(地)进行动员，工作很顺利。

Wǒmen zì xià ér shàng (de) jìnxíng dòngyuán, gōngzuò hěn shùnlì.

② 你就这样按部就班(地)往下学，一定能提高。

Nǐ jiù zhèyàng àn bù jiù bān (de) wǎng xià xué, yídìng néng tígāo.

④ 명사(구) 뒤에는 일반적으로 '地'를 쓴다.

① 这个任务已经历史地落在我们肩上。

Zège rènwu yǐjing lìshǐ de luò zài wǒmen jiān shàng.

② 他们总是形式主义地看问题。

Tāmen zǒngshì xíngshì zhǔyì de kàn wèntí.

'快步', '大声'등의 명사구 뒤에는 대부분 '地'를 쓰지 않는다.

③ 护士快步走了进来。

Hùshi kuàibù zǒule jìnlái.

④ 别大声嚷嚷，安静点儿!

Bié dàshēng rǎngrǎng, ānjìng diǎnr!

⑤ 수량구 뒤에는 '地'를 쓰지 않는다.

① 几万名工人一下子来到大草原，有很多困难。

Jǐ wàn míng gōngrén yíxiàzi láidào dà cǎoyuán, yǒu hěn duō kùnnan.

② 小战士一把把敌人揪住了。

Xiǎo zhànshì yìbǎ bǎ dírén jiū zhù le.

중첩식 수량구에 '地'를 쓰고 안 쓰고는 자유롭다.

③ 老拴一趟一趟(地)给客人倒茶。

Lǎo Shuān yí tàng yí tàng de gěi kèrén dào chá.

④ 水一股一股(地)涌进了房间。

Shuǐ yì gǔ yì gǔ de yǒngjìnle fángjiān.

수량사 중첩형식이 구를 이룬 후에 '地'의 쓰고 안 쓰고는 비교적 자유롭다.

⑤ 你不要着急， 一个字一个字(地)往下念。

   Nǐ bù yào zháojí, yí ge zì yí ge zì (de) wǎng xià niàn.

너는 서둘지 말고 한 글자 한 글자씩 계속해서 읽어라.

⑥ 经过一家一户(地)了解情况， 问题大体上清楚了。

   Jīngguò yì jiā yí hù (de) liǎojiě qíngkuàng, wèntí dàtǐ shàng qīngchu le.

한 집 한 집씩 상황을 이해하니, 문제가 대체적으로 분명해 졌다.

⑥ 일음절 의성사 뒤에는 ‘地’를 쓰고 안 쓰고는 자유롭다.

① 老人低头不语， 只是吱吱(地)抽烟。

   Lǎorén dī tóu bù yǔ, zhǐshì zhīzhī (de) chōu yān.

노인은 고개를 숙이고 아무 말 없이, 뻐끔뻐끔 담배만 피웠다.

② 姑娘们格格(地)笑了起来。

   Gūniángmen gégé (de) xiàole qilai.

아가씨들은 까르르 웃기 시작했다.

③ 五点半钟， 便桥的木头吱吱嘎嘎(地)响了起来。

   Wǔ diǎn bàn zhōng, biàn qiáo de mùtou zhīzhīgāgā de xiǎngle qilai.

5시 반, 임시로 놓은 다리 나무에서 끼익끼익 소리가 나기 시작했다.

일음절인 경우 ‘地’를 쓰는 것이 일반적이다.

④ 手枪乒地响了一声。

   Shǒu qiāng pīng de xiǎngle yìshēng.

권총소리가 빵하고 났다.

⑤ 堡垒轰地被炸开了。

   Bǎolěi hōng de bèi zhà kāi le.

보루가 쾅하고 폭파되었다.

⑦ 묘사성 부사어로 쓰이는 부사 뒤에 ‘地’의 사용은 대부분 자유롭다. 그렇지만, ‘地’를 쓰지 않는 경우가 더 많다.

① 我听了心中暗暗(地)得意。

   Wǒ tīngle xīn zhōng àn'àn de déyì.

나는 마음속으로부터 은근히 의기양양 하는 소리를 들었다.

② 在相处的过程中， 我们互相之间逐渐(地)了解了。

   Zài xiāngchǔ de guòchéng zhōng, wǒmen hùxiāng zhījiān zhújiàn (de) liǎojiě le.

함께 지내는 동안에 우리는 서로를 점점 이해하게 되었다.

③ 她的脸渐渐(地)红了， 嘴角露出了微笑。

   Tā de liǎn jiànjiàn (de) hóng le, zuǐjiǎo lòuchūle wēixiào.

그녀의 얼굴은 점점 붉어졌고, 입가에는 미소가 퍼져 나왔다.

④ 妈妈再三(地)嘱咐他要当心。

   Māma zàisān (de) zhǔfù tā yào dāngxīn.

엄마는 재삼 그에게 조심하라고 당부한다.

⑤ 工人们反复(地)讨论这个计划。

   Gōngrénmen fǎnfù (de) tǎolùn zhège jìhuà.

노동자들은 이 계획을 반복해서 토론한다.

⑥ 我们经常(地)在一起研究工作。

　Wǒmen jīngcháng (de) zài yìqǐ yánjiū gōngzuò.

우리들은 자주 함께 일에 대해 논의한다.

일음절 부사 뒤에는 '地'를 쓸 수 없으며, '亲自', '亲手', '亲眼' 등의 부사 뒤에도 '地'를 쓸 수 없다.

제 3 절

부사어의 위치

중국어에서 부사어는 일률적으로 중심어 앞에 위치하지만, 때로는 특수한 수사상의 필요에 의해 부사어가 중심어 뒤에 올 수도 있다.

　于是我们只好等待着黄昏的到来，抑郁地。

　Yúshì wǒmen zhǐhǎo děngdàizhe huánghūn de dàolái, yìyù de.

그래서 우리들은 어쩔 수 없이 황혼이 될 때까지 기다릴 수밖에 없었다, 우울하게.

그렇지만, 이와 같이 부사어가 중심어 뒤에 오는 경우는 문학 작품에서나 볼 수 있는 것이며, 일반적으로 부사어가 중심어 뒤에 올 수 없다.

본 절에서는 중심어 앞에 오는 부사어가 다시 주어 앞에 오는 부사어와 주어 뒤에 오는 부사어 두 가지가 있음을 말하고자 한다. 대부분의 부사어는 주어 뒤에만 출현하며, 일부 소수 부사어만이 주어 앞에 출현한다. 그 밖의 부사어는 주어 뒤에 출현할 수 있으면 주어 앞에도 올 수 있다. 부사어의 위치를 결정하는 요인은 부사어가 되는 단어의 기능과 품사자질이다.

 **주어 앞에만 놓일 수 있는 부사어**

주어 앞에만 쓰이는 부사어는 제한성의 것에 한정되어서, 주로 '关于', '至于'로 구성된 개사구다.

① 关于他，这里有不少类似小说一样的传说。

　Guānyú tā, zhèlǐ yǒu bùshǎo lèisì xiǎoshuō yíyàng de chuánshuō.

그에 관해, 이곳에는 적잖은 소설 같은 전설이 있다.

② 关于明年的计划，我们以后再讨论。

　Guānyú míngnián de jìhuà wǒmen yǐhòu zài tǎolùn.

내년의 계획에 대해서, 우리 다음에 다시 토론하자.

③ 考试的范围我可以告诉你们，至于考试的题目，那当然要保密喽!

　Kǎoshì de fànwéi wǒ kěyǐ gàosu nǐmen, zhìyú kǎoshì de tímù, nà dāngrán yào bǎomì lou!

시험 범위는 내가 여러분께 가르쳐줄 수 있지만, 시험문제에 관해서는 당연히 비밀로 해야겠지요!

④ 在月底以前你一定要给我一个答复，至于同意还是不同意，那
是你的自由。

    Zài yuè dǐ yǐqián nǐ yídìng yào gěi wǒ yí ge dáfù, zhìyú tóngyì háishì bù tóngyì, nà shì nǐ de zìyóu.

술어 중에 기타 구조가 비교적 복잡한 묘사성 부사어가 포함되어 있을 때, 개사사를 포함하지 않는 장소어구 역시 주어 앞에 쓰인다.

⑤ 院子里，孩子们你追我赶地玩着。

    Yuànzi lǐ, háizimen nǐ zhuī wǒ gǎn de wánzhe.

⑥ 池塘旁边，一群白鹅一跛一跛地迈着方步。

    Chítáng pángbiān, yì qún bái'é yì bǒ yì bǒ de màizhe fāngbù.

 **주어 뒤에만 놓일 수 있는 부사어**

주어 뒤에만 쓰일 수 있는 부사어에는 대다수의 묘사성 부사어와 일부 제한성 부사어가 포함된다.

묘사성의 부사어는 대다수 주어 뒤에만 쓰이며, 극히 일부만이 주어 앞에 쓰일 수 있다.

① 像只燕子似地，小红在林子里一会儿飞到这儿，一会儿飞到那
儿。

    Xiàng zhī yànzi sìde, Xiǎo Hóng zài línzi lǐ yíhuìr fēi dào zhèr, yíhuì er fēi dào nàr.

② 一脚他就把球踢出了大门外。

    Yì jiǎo tā jiù bǎ qiú tīchūle dàmén wài.

③ 慢慢地大家对我不那么客气了。（'慢慢地'는 시간의미가 있음）

    Mànmàn de dàjiā duì wǒ bù nàme kèqi le.

다음의 제한성 부사어는 주어 뒤에만 쓰일 수 있다.

 어기를 나타내는 것과 일부 시간 부사를 제외한 부사(본 절 3 참조)

일부 개사를 포함하지 않는 장소어구는 구어에서 주어 뒤에 위치하며, 이때 술어 부분은 반드시 단순한 구조를 이루고 있어야 한다.

① 客人们请屋里坐!

    Kèrénmen qǐng wūlǐ zuò.

② 老人炕上睡，炕上吃。

    Lǎorén kàng shàng shuì, kàng shàng chī.

손님들은 방안에 앉아 주십시오!

노인들은 온돌에서 자고 온돌에서 먹는다.

 '把', '被', '叫', '让', '给', '管', '替', '离'로 구성된 개사구.

① 你把那本书递给我。

    Nǐ bǎ nà běn shū dì gěi wǒ.

② 这个孩子管他叫叔叔。

    Zhège háizi guǎn tā jiào shūshu.

③ 北大离清华不远。

    Běidà lí Qīnghuá bù yuǎn.

④ 你给我买点东西来。

    Nǐ gěi wǒ mǎi diǎn dōngxi lái.

당신은 그 책을 나에게 건네주세요.

이 아이는 그를 아저씨(삼촌)이라고 부른다.

북경대는 청화대에서 멀지 않다.

당신이 나에게 물건을 좀 사다주세요.

 ## 주어 앞·뒤에 모두 놓일 수 있는 부사어(주로 제한성 부사어)

1. 시간사 및 忽然, 原先, 突然, 马上, 立刻, 回头, 一时, 起初, 慢慢 등과 같은 부사를 포함한 시간을 나타내는 어구.
2. 대부분의 개사구.
3. 어기를 나타내는 부사.
4. 극소수의 묘사성 부사어(본 절 2 참조)

상술한 네 종류의 부사어는 일반적인 상황에서 대부분 주어 뒤에 쓰인다.

① 你明天来吧。

    Nǐ míngtiān lái ba.

② 我忽然想起一件事来。

    Wǒ hūrán xiǎng qǐ yí jiàn shì lái.

③ 我想趁这个工夫跟老人聊聊。

    Wǒ xiǎng chèn zhège gōngfu gēn lǎorén liáoliao.

④ 阿丹经常在宿舍里听录音。

    Ādān jīngcháng zài sùshè lǐ tīng lùyīn.

너는 내일 와라.

나는 갑자기 일 한 가지가 생각났다.

나는 이 틈을 이용해서 노인들과 담소를 나누고 싶다.

阿丹은 언제나 기숙사에서 녹음테이프를 듣는다.

⑤ 这几个月小燕确实付出了不少劳动。

   Zhè jǐ ge yuè Xiǎo Yàn quèshí fùchūle bùshǎo láodòng.

⑥ 听他这么一说，小明简直不敢相信自己的耳朵了。

   tīng tā zhème yì shuō, Xiǎo Míng jiǎnzhí bù gǎn xiàngxìn zìjǐ de ěrduo le.

요 몇 개월 동안 小燕은 실로 적지 않은 노동을 했다.

그가 이렇게 말하는 것을 듣고, 小明은 정말로 자신의 귀를 의심하지 않을 수 없었다.

   아래와 같은 경우, 상술한 부사어는 주어 앞에 쓰인다.

1️⃣ 부사어가 앞 문장을 이어서 문장 또는 문단을 연결하는 기능을 하는 경우.

① 头天晚上他很晚才睡。第二天他起得很迟。

   Tóutiān wǎnshang tā hěn wǎn cái shuì. Dì èr tiān tā qǐ de hěn chí.

② 这时服务员停掉广播回来了。

   Zhè shí fúwùyuán tíngdiào guǎngbō huílái le.

③ 我们每天上午四节课。除了上课以外，我们还常常出去参观。

   Wǒmen měitiān shàngwǔ sì jiékè. Chúle shàngkè yǐwài, wǒmen hái chángcháng chūqù cānguān.

④ 在这些事实面前，大家又受到了一次教育。

   Zài zhèxiē shìshí miànqián, dàjiā yòu shòudàole yí cì jiàoyù.

첫날 저녁에 그는 매우 늦게야 잠이 들었다. 이튿날, 그는 매우 늦게 일어났다.

이때, 종업원들은 방송을 중단하고 급히 돌아왔다.

우리들은 매일 오전 수업을 4시간 한다. 수업 외에 견학도 자주 한다.

이러한 사실 앞에서 모두들 한차례 교훈을 얻었다.

2️⃣ 상술한 부사어의 기능을 특별히 강조할 때.

① 明天上午你来开会，别忘了!

   Míngtiān shàngwǔ nǐ lái kāi huì, bié wàng le.

② 突然，周围一片黑暗。

   Tūrán, zhōuwéi yí piàn hēi'àn.

③ 明明你错了，为什么不承认呢?

   Míngmíng nǐ cuò le, wèishénme bù chéngrèn ne?

④ 难道我说得不对么?

   Nándào wǒ shuō de bú duì me?

⑤ 对他，我从来没有什么好印象。

   Duì tā, wǒ cónglái méi yǒu shénme hǎo yìnxiàng.

⑥ 在家里，我看不下去书。

   Zài jiā lǐ, wǒ kàn bu xiàqu shū.

내일 오전에 회의가 있으니 참가하는 것 잊지 마세요!

돌연, 주위가 어두워 졌다.

분명 당신이 틀렸는데 왜 인정하려 하지 않나요?

설마 내가 말한 것이 틀렸단 말인가?

그에 대해서, 나는 여태껏 어떤 좋은 인상도 받지 못했다.

집에서 나는 책을 볼 수가 없다.

③ 부사어가 하나 이상의 절을 수식하는 경우.

① 天一擦黑，她就把后门关上了，把鸡窝堵上了。

Tiān yī cā hēi, tā jiù bǎ hòumén guānshàng le, bǎ jīwō dǔshàng le.

날이 어두워지자, 그녀는 뒷문을 잠그고, 닭장을 닫았다.

② 原先，我仗着是个老杭州，打算在杭州呆三天，订了一天游湖、两天参观市区的计划。

Yuánxiān, wǒ zhàngzhe shì ge lǎo Hángzhōu, dǎsuàn zài Hángzhōu dāi sān tiān, dìngle yì tiān yóu hú、liǎng tiān cānguān shìqū de jìhuà.

원래, 내가 믿는 것은 항주 토박이로, 항주에서 삼일을 머물면서 하루는 호수를 유람하고, 이틀은 시내 지역을 돌아볼 계획을 세웠다.

③ 进城后，他入了党，提了干，为革命做了很多工作。

Jìn chéng hòu, tā rùle dǎng, tíle gàn, wèi gémìng zuòle hěn duō gōngzuò.

도시에 온 후, 그는 당에 입당하고 간부로 발탁되어, 혁명을 위해 많은 일을 하였다.

④ 在实践中，我们的医学知识由少到多，医疗技术逐步提高。

Zài shíjiàn zhōng, wǒmen de yìxué zhīshi yóu shǎo dào duō, yìliáo jìshù zhúbù tígāo.

실천하는 가운데, 우리의 의학지식은 점점 늘어났고, 의료기술은 점차 향상되었다.

⑤ 在中国共产党的领导下，中国人民推翻了三座大山，建立了中华人民共和国。

Zài Zhōngguó gòngchǎndǎng de lǐngdǎo xià, Zhōngguó rénmín tuīfānle sān zuò dàshān, jiànlìle Zhōnghuá rénmín gònghéguó.

중국공산당의 영도 하에, 중국인민은 큰 산 세 개(제국주의·봉건주의·관료 자본주의)를 무너뜨리고 중화인민공화국을 건립하였다.

④ 각기 다른 시간 혹은 각기 다른 조건 하에 발생되는 사건을 대비하거나 열거하는 경우.

① 明天我们要去长城，不能去你那儿了，以后再去看你吧。

Míngtiān wǒmen yào qù Chángchéng, bù néng qù nǐ nàr le, yǐhòu zài qù kàn nǐ ba.

내일 우리는 만리장성에 가야하므로 너한테 갈 수가 없어, 다음에 다시 널 보러 갈게.

② 从前他是一个工人，最近才当上干部。

Cóngqián tā shì yí ge gōngrén, zuìjìn cái dāng shàng gànbù.

이전에 그는 그저 노동자였지만, 최근에야 비로소 간부가 되었다.

③ 在业务上，我教你；在思想上，你多帮助我。

Zài yèwù shàng, wǒ jiāo nǐ; zài sīxiǎng shàng, nǐ duō bāngzhù wǒ.

업무 면에 있어는 제가 당신을 가르쳐 주고, 사상 면에 있어서는 당신이 나를 많이 도와주세요.

④ 对工作，他精益求精；对困难，他从不退缩；对朋友，他满腔热情；对自己，他严格要求。

Duì gōngzuò, tā jīngyì qiújīng; duì kùnnan, tā cóng bú tuìsuō; duì péngyou, tā mǎnqiāng rèqíng; duì zìjǐ, tā yángé yāoqiú.

일에 있어서 그는 완벽을 추구하며, 어려움에 있어서는 그는 절대 물러서지 않고, 친구에게는 그는 온 열정을 다하며, 자신에게는 엄격하다.

5 부사어구조가 복잡하거나 음절이 많을 경우, 주어 앞에 놓이는 것이 좋다.

① 当暴风雨快到来的时候，龙梅的爸爸就骑马去找孩子和羊群。

   Dāng bàofēngyǔ kuài dàolái de shíhou, Lóngméi de bàba jiù qí mǎ qù zhǎo háizi hé yángqún.

② 在我上大学的前一天，田大婶给我讲了她以前的痛苦生活。

   Zài wǒ shàng dàxué de qián yì tiān, Tián dàshēn gěi wǒ jiǎngle tā yǐqián de tòngkǔ shēnghuó.

③ 对每一个具体的困难，我们都要采取认真对待的态度。

   Duì měi yí ge jùtǐ de kùnnan, wǒmen dōu yào cǎiqǔ rènzhēn duìdài de tàidù.

④ 根据开荒造林季节的要求和生产的特点，参加造林队的知青在开荒造林季节要保证在场劳动。

   Gēnjù kāihuāng zàolín jìjié de yāoqiú hé shēngchǎn de tèdiǎn, cānjiā zàolín duì de zhīqīng zài kāihuāng zàolín jìjié yào bǎozhèng zài chǎng láodòng.

폭풍우가 막 몰려오려 할 때, 龙梅의 아버지는 말을 타고서 아이와 양떼를 찾으러 갔다.

내가 대학에 입학하기 하루 전, 田씨 아주머니는 나에게 그녀가 이전에 경험한 고생스러운 생활을 이야기 해 주었다.

각각의 구체적인 어려움에 대해, 우리들은 항상 진지하게 임하는 태도를 취해야 한다.

황무지 개간과 조림 계절의 수요와 생산 특징에 근거하여, 조림 팀에 참가하는 지식 청년은 황무지 개간과 조림을 하는 계절에 현장 노동을 해야 한다.

부사어를 주어 앞에 놓는 주요 원인은 앞 문장을 자연스럽게 이어 받아, 문장 및 문단을 연결하는 역할을 하는데 있다. 2-5에서 설명한 내용 또한 문장 및 문단의 연결 기능을 모두 갖고 있음을 보여주고 있다.

제 4 절
다항부사어

다항부사어란, 한 문장이 둘 혹은 둘 이상의 부사어를 포함하고 있는 경우를 말한다. 다항부사어 역시 병렬관계, 부가관계, 혼합관계로 분류할 수 있다.

 병렬관계의 다항부사어

 병렬관계의 다항부사어의 정의

다항부사어 간에 주된 것과 부차적인 것의 구분 없이 동등하게 연합하여 중심어를 수식하는 부사어를 병렬관계의 다항부사어라 한다.

① 我和同志们坚定、沉着地驾驶着飞机，穿云下降。

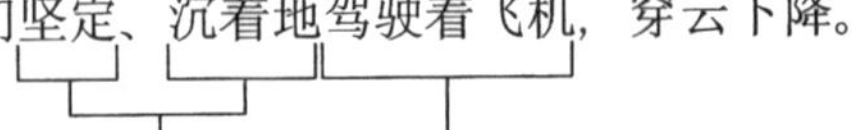

   Wǒ hé tóngzhìmen jiāndìng、chénzhuó de jiàshǐzhe fēijī, chuān yún xiàjiàng.
   나와 동지들은 의연하고 침착하게 비행기를 몰아, 구름을 뚫고 하강한다.

② 这对国家对社会比较有利。

Zhè duì guójiā duì shèhuì bǐjiào yǒulì.
이것은 국가에 대해 사회에 대해 비교적 유리하다.

② 병렬부사어의 연결과 '地'의 용법

병렬된 두 부사어가 모두 형용사인 경우, 둘을 직접 연결하거나, 모점을 사용하거나, 혹은 '而'이나 '而又'를 사용해도 된다. 예를 들면,

① 纪诚朴欢快、爽朗地说：……

　　Jì Chéngpǔ huānkuài、shuǎnglǎng de shuō：……

纪诚朴은 즐겁고 명랑하게 ……라고 말했다.

② 被压迫人民勇敢机智地进行斗争，并取得了胜利。

　　Bèi yāpò rénmín yǒnggǎn jīzhì de jìnxíng dòuzhēng, bìng qǔdéle shènglì.

핍박받은 인민은 용감하고 기지 있게 투쟁하였으며, 승리를 쟁취하였다.

③ 哥哥亲切而(又)诚恳地给弟弟指出了努力方向。

　　Gēge qīnqiè ér (yòu) chéngkěn de gěi dìdi zhǐchūle nǔlì fāngxiàng.

오빠는 친절하고 성의 있게 남동생에게 노력해야 할 방향을 제시하였다.

만약, 병렬된 두 부사어가 모두 개사구거나 동사구인 경우 직접 연결하거나 중간에 모점을 써서 연결해도 된다.

④ 这个办法对老师对同学都很方便。

　　Zhège bànfǎ duì lǎoshī duì tóngxué dōu hěn fāngbiàn.

이 방법은 선생님에게도, 급우들에게도 모두 편리하다.

⑤ 有些生产项目要有计划、有步骤地发展。

　　Yǒuxiē shēngchǎn xiàngmù yào yǒu jìhuà、yǒu bùzhòu de fāzhǎn.

일부 생산항목은 계획적으로 단계적으로 발전시켜야 한다.

병렬된 부사어가 만약 여러 항목이면, 항목 사이에는 모점을 사용한다.

⑥ 在国际交往方面，中国主张坚决、彻底、干净、全部地消灭大国沙文主义。

　　Zài guójì jiāowǎng fāngmiàn, Zhōngguó zhǔzhāng jiānjué、chèdǐ、gānjìng、quánbù de xiāomiè dàguó shāwén zhǔyì.

국제교류 분야에 있어, 중국은 확고하고, 철저하며, 깨끗하며, 전면적으로 대국적 쇼비니즘을 소멸시켜야 한다고 주장한다.

병렬관계의 부사어는 일반적으로 마지막에 오는 부사어 뒤에 '地'(위의 각 예문 참조)를 쓴다. 때로는 각각의 부사어를 강조를 강조하기 위해, 각 항목의 부사어 뒤에 모두 '地'를 쓸 수도 있다.

⑦ 中国革命的文学家艺术家……必须长期地、无条件地、全心全意地到工农中去，到火热的斗争中去。

Zhōngguó gémìng de wénxuéjiā yìshùjiā …… bìxū chángqī de、wú tiáojiàn de、quánxīn quányì de dào gōngnóng zhōng qù, dào huǒrè de dòuzhēng zhōng qù.

중국 혁명의 문학가와 예술가들은 …… 반드시 장기적으로, 무조건적으로, 전심전력을 다해 노동자와 농민 속에 뛰어들어야 하며, 불처럼 뜨거운 투쟁 속으로 뛰어들어야 한다.

병렬관계 부사어의 어순은 병렬관계의 관형어와 마찬가지로 이론적으로는 자유롭지만, 실제언어 속에서는 논리관계, 사물관찰의 과정 및 언어습관 혹은 상·하 문장의 제약을 받는다. 예를 들면, '干净、彻底、全部', '自由平等', '勇敢而坚强' 등과 같은 어순이다.

 부가관계의 다항부사어

 ① 부가관계의 다항부사어의 정의

다항부사어의 몇 개 항목 사이에 주된 것과 부차적인 것의 구분은 없으나, 일정한 어순에 따라 그 뒤에 위치하는 위어 부분을 수식하며, 각각의 부사어가 의미적으로 중심어와 수식관계를 맺고 있는, 이러한 부사어를 부가관계 부사어라 한다.

① 平时，雷锋从来也不乱花一分钱。

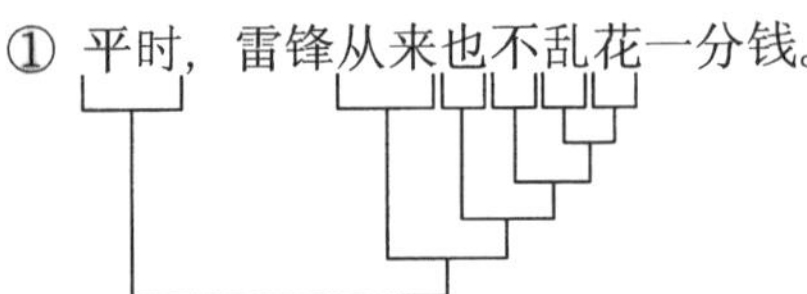

Píngshí, Léifēng cónglái yě bú luàn huā yì fēn qián.

평소에, 雷锋은 한 번도 1전조차 함부로 쓴 적이 없다.

② 董大贵满有把握地从床子上把活卸了下来。

Dǒng Dàguì mǎn yǒu bǎwò de cóng chuángzi shàng bǎ huóxièle xiàlai.

董大贵는 자신만만하게 선반에서 상품을 내려놓았다.

부가관계의 각 부사어간에는 접속어 혹은 문장부호를 사용할 수 없으며, '地'의 용법은 각종 어구가 단독으로 부사어로 쓰일 때와 같다.

② 부가관계 부사어의 배열순서

일반적으로 말하면, 부가관계 부사어의 배열순서는 부가관계 관형어에 비해 훨씬 자유스럽다. 배열순서는 주로 다항부사어의 기능과 어법의미와 관련이 있어서, 보편적이고 자주 보이는 규율을 따른다. 일반적으로 이러한 어순에 따라 말을 하는 경우 중국어를 말하는 사람들에게 받아들여진다. 일부 부사어는 어느 정도의 융통성과 특수성이 있는데, 이에 대해 좀 더 설명하면 아래와 같다.

① 묘사성 부사어에 있어, 동작자를 묘사하는 것은 앞에, 동작을 묘사하는 것은 뒤에 온다.

① 成瑶笑盈盈地斜视着华为。

   Chéngyáo xiào yíngyíng de xiéshìzhe Huàwéi.

成瑶는 함박웃음을 머금고 华为를 흘겨보았다.

② 他不动声色地一件件处理着。

   Tā bú dòng shēngsè de yí jiànjiàn chǔlǐzhe.

그는 안색, 어투 한번 변함없이 침착하게 일을 한 가지씩 한 가지씩 처리하고 있다.

③ 她像跟谁辩论似地猛然仰起了头……

   Tā xiàng gēn shéi biànlùn sìde měngrán yǎngqǐle tóu……

그녀는 누구와 논쟁이라도 할 것처럼 갑자기 고개를 쳐들었다.

② 대부분의 부사를 제외한 제한적인 부사어는 아래의 배열 순서를 따른다.
 (1) 시간을 표시하는 부사어.
 (2) 어기를 표시하거나 절 사이의 관련 작용을 표시하는 부사어.
 (3) 목적, 의거, 관련, 협동을 표시하는 부사어.
 (4) 장소, 공간, 방향, 노선을 표시하는 부사어.
 (5) 대상을 표시하는 부사어.

① 陈松林后来 索性不去多想了。
        (1)   (2)
   Chén Sōnglín hòulái suǒxìng bú qù duō xiǎng le.
陈松林은 후에 아예 더 생각하지 않기로 했다.

② 这件事我昨天 在下边都跟你谈了。
       (1)   (4)   (5)
   Zhè jiàn shì wǒ zuótiān zài xiàbiān dōu gēn nǐ tán le.
이일에 대해, 나는 어제 아래에서 당신과 이야기 했다.

③ 두 종류의 부사어를 함께 배열하는 경우, 전체적인 순서는 아래와 같다.
 (1)시간을 표시하는 부사어.
 (2)어기, 관련문장을 표시하는 부사어.
 (3)동작자를 묘사하는 부사어.
 (4)목적, 의거, 관련, 협동을 표시하는 부사어.
 (5)장소, 공간, 방향, 노선을 표시하는 부사어.
 (6)대상을 표시하는 부사어.
 (7)동작을 묘사하는 부사어.

① 你给我 乖乖地在这儿，哪儿也不准去。
　　　　　(6)　　(7)

Nǐ gěi wǒ guāiguāi de zài zhèr, nǎr yě bù zhǔn qù.

당신은 날 위해 얌전히 여기에 있어야지, 어디도 가서는 안 됩니다.

② 余新江攥起拳头，在小圆桌上 狠狠地 一击。
　　　　　　　　　　　　(5)　　　(7)　(7)

Yú Xīnjiāng zuànqi quántou, zài xiǎo yuánzhuō shàng hěnhěn de yì jī.

余新江은 주먹을 쥐고, 작은 둥근 탁자를 세게 한번 내리쳤다.

③ 成瑶立刻 机灵地上前去扶住了她。
　　　(1)　(3)

Chéng Yáo lìkè jīlíng de shàng qián qù fúzhùle tā.

成瑶는 즉시 잽싸게 앞으로 나아가 그녀를 부축했다.

④ 他要像个朋友似地 跟人家 好好谈谈。
　　　　　(3)　　　　(6)　　(7)

Tā yào xiàng ge péngyou sìde gēn rénjia hǎohāo tántan.

그는 마치 친구처럼 사람들과 잘 이야기 나누려 한다.

⑤ 她兴奋地 从哥哥手里 很快地抢过那封信来。
　　(3)　　　(5)　　　(7)

Tā xīngfèn de cóng gēge shǒu lǐ hěn kuài de qiǎng guò nà fēng xìn lai.

그녀는 흥분해서 오빠의 손에서 재빠르게 그 편지를 빼앗아왔다.

⑥ 二十多年来，他为革命 踏踏实实地工作着。
　　(1)　　　　　(4)　　　(7)

Èrshí duō nián lái, tā wèi gémìng tàtàshíshí de gōngzuòzhe.

20여 년 간, 그는 혁명을 위해 성실하게 일을 하고 있다.

⑦ 你们从前 到底 在一起 共同生活了多久?
　　　(1)　(2)　(4)　　(7)

Nǐmen cóngqián dàodǐ zài yìqǐ gòngtóng shēnghuóle duō jiǔ?

당신들은 예전에 도대체 얼마나 오래 함께 생활했습니까?

⑧ 有一次 曾刚在会议上 与周主任 针锋相对地争论起来。
　(1)　　　(4)　　　(6)　　　(7)

Yǒu yí cì Zēng Gāng zài huìyì shàng yǔ Zhōu zhǔrèn zhēnfēng xiāngduì de zhēnglùn qǐlai.

한번은, 曾刚이 회의에서 周 주임과 첨예하게 논쟁을 벌였다.

④ 몇 가지 보충설명

  (ㄱ) 동작이 발생할 때 동작자가 있는 공간, 장소를 표시하는 '在……' 및 '从……'은 (3) 앞에 혹은 (3) 뒤에 위치할 수 있다.

① 他<u>在家里</u> <u>愉快地</u>度过了暑假。

　　Tā zài jiā lǐ yúkuài de dùguò le shǔjià.

　　他<u>愉快地</u> <u>在家里</u>度过了暑假。

　　Tā yúkuài de zài jiā lǐ dùguò le shǔjià.

② 姑娘<u>不好意思地</u> <u>在众人面前</u>唱了起来。

　　Gūniang bù hǎo yìsi de zài zhòngrén miànqián chàngle qilai.

　　姑娘<u>在众人面前</u> <u>不好意思地</u>唱了起来。

　　Gūniang zài zhòngrén miànqián bù hǎo yìsi de chàngle qilai.

③ 早晨他<u>高高兴兴地</u> <u>从家里</u>走出来。

　　Zǎochén tā gāogāoxìngxìng de cóng jiā lǐ zǒu chūlai.

　　早晨他<u>从家里</u> <u>高高兴兴地</u>走出来。

　　Zǎochén tā cóng jiā lǐ gāogāoxìngxìng de zǒu chulai.

①	그는 집에서 유쾌하게 여름방학을 보냈다.
	그는 유쾌하게 집에서 여름방학을 보냈다.
②	아가씨는 쑥스럽게 대중들 앞에서 노래를 부르기 시작했다.
	아가씨는 대중들 앞에서 쑥스럽게 노래를 부르기 시작했다.
③	새벽에 그는 기쁘게 집으로부터 걸어 나왔다.
	새벽에 그는 집으로부터 기쁘게 걸어 나왔다.

상술한 '在……', '从……'과 시간을 표시하는 부사는 서로 위치를 바꿀 수 있다.

④ 他<u>在国内</u> <u>已经</u>学过一年汉语了。

　　Tā zài guónèi yǐjīng xuéguo yì nián Hànyǔ le.

　　他<u>已经</u> <u>在国内</u>学过一年汉语了。

　　Tā yǐjīng zài guónèi xuéguo yì nián Hànyǔ le.

⑤ 这个人<u>从床上</u> <u>忽然</u>坐了起来。

　　Zhège rén cóng chuáng shàng hūrán zuòle qǐlai.

　　这个人<u>忽然</u> <u>从床上</u>坐了起来。

　　Zhège rén hūrán cóng chuáng shàng zuòle qǐlai.

④	그는 국내에서 이미 중국어를 일년간 배웠었다.
	그는 이미 국내에서 중국어를 일년간 배웠었다.
⑤	이 사람이 침대에서 갑자기 일어나 앉았다.
	이 사람이 갑자기 침대에서 일어나 앉았다.

동작대상을 나타내는 '对……'등은 때때로 ⑶ 앞에 위치할 수 있다.

⑥ 他<u>亲切地</u> <u>对我</u>说……

　　Tā qīnqiè de duì wǒ shuō……

　　他<u>对我</u> <u>亲切地</u>说……

　　tā duì wǒ qīn qiē de shuō……

⑥	그는 친절하게 나에게 말하기를……
	그는 나에게 친절하게 말하기를……

⒧ 동작을 묘사하는 부사어는 묘사기능을 부각시키기 위해, ⑸ 앞에 쓸 수 있다. 특히 이음절·중첩식 형용사, 수량구의 중첩형식의 경우, 묘사기능이 비교적 강하기 때문에 문두에 놓는 경우가 있다. 그러나 일음절 형용사의 경우에는 앞으로 옮길 수 없는 것이 일반적이다.

① 有人发觉一个人影<u>悄悄地</u> <u>从训导处后面的窗口</u>跳出。
　　　　　　　　(7)　　　　　　　　(5)

Yǒurén fājué yí ge rényǐng qiāoqiāo de cóng xùndǎochù hòumiàn de chuāngkǒu tiàochū.

어떤 사람이 한 사람 그림자가 살그머니 학생처 뒤의 창구에서 도망쳐 나오는 것을 발견했다.

② 交通艇<u>嗖嗖地</u> <u>向前</u>疾驶着。
　　　　　　(7)　　　(5)

Jiāotōngtǐng sōusōu de xiàng qián jíshǐzhe.

교통정이 씽씽 앞으로 질주하고 있다.

③ 敌人<u>一步一步地</u> <u>向后</u>退着。
　　　　　(7)　　　　(5)

Dírén yí bù yí bù de xiàng hòu tuìzhe.

적은 한 걸음 한 걸음씩 뒤로 퇴각하고 있다.

④ 他拿起钢笔<u>很流利地</u> <u>在笔记本上</u>用中文写下了自己的名字。
　　　　　　　(7)　　　　(5)

Tā náqi gāngbǐ hěn liúlì de zài bǐjìběn shàng yòng Zhōngwén xiě xià le zìjǐ de míngzi.

그는 만년필을 들더니 달필로 공책 위에 한자로 자신의 이름을 써내려갔다.

⑤ 老张，你<u>详细</u> <u>跟他</u>说说。
　　　　　(7)　　(6)

Lǎo Zhāng, nǐ xiángxì gēn tā shuōshuo.

老张, 당신이 상세하게 그에게 얘기 좀 해 주세요.

(ㄷ) 만약 문장 안에 시간을 나타내는 구가 여러 개 나타날 때는

　　　　<u>시간사 — 개사구 — 부사</u>　　　순이다.

① 这个青年<u>最近</u> <u>时常</u>来书店。

Zhège qīngnián zuìjìn shícháng lái shūdiàn.

> 이 청년은 최근 자주 서점에 온다.

② 我<u>从现在起</u> <u>永远</u>不吸烟了。

Wǒ cóng xiànzài qǐ yǒngyuǎn bù xī yān le.

> 나는 지금부터 영원히 담배를 피우지 않겠다.

③ 昨天我<u>从早上七点</u> <u>一直</u>睡到下午两点。

Zuótiān wǒ cóng zǎoshang qī diǎn yìzhí shuì dào xiàwǔ liǎng diǎn.

> 어제 나는 아침 7시부터 오후 2시까지 계속 잤다.

(ㄹ) 문장 안에 동작을 묘사하는 부사어 두 개가 동시에 쓰이는 경우, 음절이 긴 것이 앞에, 음절이 짧은 것이 뒤에 온다.

① 匪徒<u>慢慢地</u> <u>紧逼</u>过来。

Fěi tú mànmàn de jǐn bí guòlai.

> 강도는 천천히 바짝 압박해 들어왔다.

---

② <u>他一个步骤一个步骤地</u> 仔细计算着。

　　Tā yí gè bùzhòu yí gè bùzhòu de zǐ xì jìsuàn zhe.

㈁ 기타 부사가 부사어로 쓰일 때의 위치

　　부정, 중복, 정도를 나타내는 부사의 위치는 문장의 구조계층과 관련이 있다. 이러한 종류의 부사어는 의미상 중심어와 직접 관계를 맺는 것은 아니다. 만약 중심어를 수식하는 경우, 중심어와 가장 가까이에 있다.

① 大厅里掌声一直十分激烈。

　　Dàtīng lǐ zhǎngshēng yìzhí shífēn jīliè.

　　홀 안에 매우 열광적인 박수소리가 이어졌다.

② 芳芳很喜欢唱歌。

　　Fāngfang hěn xǐhuan chàng gē.

　　芳芳은 노래 부르기를 매우 좋아한다.

③ 这个人我不认识。

　　Zhège rén wǒ bú rènshi.

　　이 사람, 나는 알지 못한다.

④ 你再说一遍。

　　Nǐ zài shuō yí biàn.

　　당신 다시 한번 말해주세요.

만약 하나의 구를 수식하는 경우, 구 앞에 쓴다.

⑤ 小梅听了这句话很不高兴。

　　Xiǎo Méi tīngle zhè jù huà hěn bù gāoxìng.

　　小梅는 이 말을 듣고 매우 기분이 나빴다.

⑥ 他又一夜没回来。

　　Tā yòu yí yè méi huílái.

　　그는 또 하룻밤 내내 돌아오지 않았다.

⑦ 别再给我添麻烦吧，疯子！

Bié zài gěi wǒ tiān máfan ba, fēngzi!
다시는 나를 귀찮게 하지 마라, 미친놈아!

이러한 부사가 다른 위치에 쓰일 수 있지만, 위치가 달라지면 어떤 경우에는 의미상의 차이가 생기기도 한다.

⑧ 我对这件衣服不十分满意。 (만족하지만, 정도 상 차이가 있다)

Wǒ duì zhè jiàn yīfu bù shífēn mǎnyì.
나는 이 옷에 대해 충분히 만족스러운 것은 아니다.

⑨ 我对这件衣服十分不满意。 (불만족하며 그 정도가 매우 심함)

Wǒ duì zhè jiàn yīfu shífēn bù mǎnyì.
나는 이 옷에 대해 아주 만족스럽지 못하다.

⑩ 他每天都不来，今天可能也不来。 (오지 않으며, 매일 그러하다)

Tā měi tiān dōu bù lái, jīntiān kěnéng yě bù lái.
그는 매일 오지 않기 때문에, 오늘도 아마 오지 않을 것이다.

⑪ 他不每天都来，（今天来不来很难说。）(오지만, 매일 오는 것은 아니다)

Tā bù měitiān dōu lái, (jīntiān lái bu lái hěn nánshuō.)
그가 매일 오는 것은 아니라서, (오늘 올지 안 올지는 말하기 어렵다.)

⑫ （你上午看了一个电影,）怎么下午又看电影？

Nǐ shàngwǔ kànle yí ge diànyǐng,) zěnme xiàwǔ yòu kàn diànyǐng?
(당신은 오전에 영화를 봤는데,) 어떻게 오후에 또 영화를 봐?

⑬ 你经常下午看电影，很影响工作，怎么今天又下午看电影？

Nǐ jīngcháng xiàwǔ kàn diànyǐng, hěn yǐngxiǎng gōngzuò, zěnme jīntiān yòu xiàwǔ kàn diànyǐng?
당신은 자주 오후에 영화를 봐서 업무에 영향이 심한데, 어떻게 오늘 또 오후에 영화를 봅니까?

범위를 나타내는 부사 '都', '全' 등이 포괄하는 성분 뒤에 쓰인다.

① 你听听，街坊四邻全干活儿，就是你没有正经事儿。('全'은 '街坊四邻'을 총괄함)

Nǐ tīngting, jiēfang sì lín quán gàn huór, jiùshì nǐ méi yǒu zhèngjing shìr.

너 들어봐, 이웃 사람들은 모두 일을 하는데, 너만 제대로 하는 일이 없다.

② 臭水往屋里跑，把什么东西都淹了。('都'는 '什么东西'를 총괄함)

Chòu shuǐ wǎng wū lǐ pǎo, bǎ shénme dōngxi dōu yān le.

더러운 물이 집으로 몰려들어와 모든 것을 물에 잠기게 했다.

③ 入冬以来，体育活动在各个班都积极开展起来了。('都'는 '各个班'을 총괄함)

Rù dōng yǐlái, tǐyù huódòng zài gè ge bān dōu jījí kāizhǎn qǐlai le.

입동이래, 스포츠 활동이 각 반에서 모두 적극적으로 전개되기 시작했다.

⑤ 부사어의 위치와 순서표 (아래 참조)

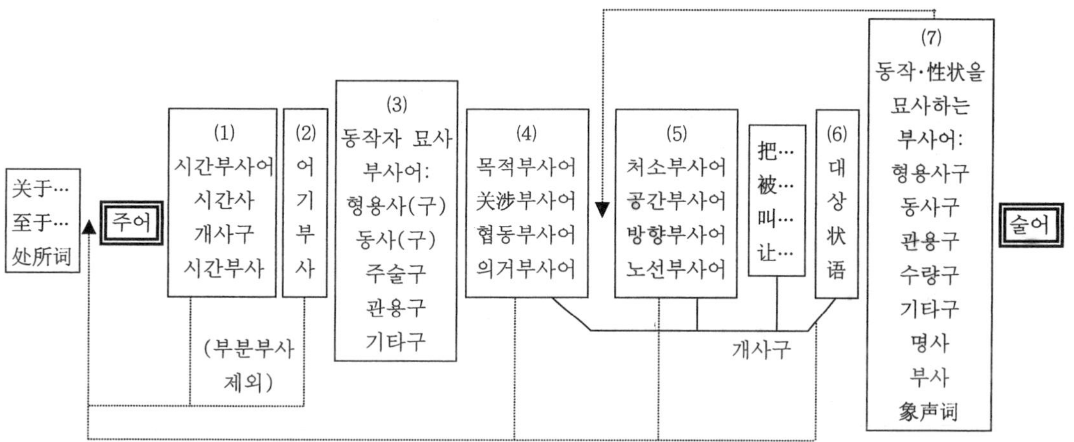

주) 점선은 이동 가능한 위치를 나타냄

参考文献

刘月华　状语的分类和多项状语的顺序,语法研究和探索(一),北京大学出版社,1983年。

一. 주어진 단어나 어구를 사용하여 새로운 수식관계구를 만들고, '地'의 용법을 주의하시오.

보기：激动　说 → 激动地说　　　　详细　说明 → 详细(地)说明

1. 热烈　　　讨论
2. 快　　　　走
3. 努力　　　学习
4. 积极　　　参加
5. 明天　　　出发
6. 亲自　　　动手
7. 渐渐　　　走远
8. 高　　　　喊
9. 在宿舍　　下棋
10. 跟小王　　谈话
11. 一步一步　接近
12. 吃惊　　　看着
13. 自由自在　飞翔
14. 高高兴兴　回家
15. 笔直　　　站着
16. 一次　　　解决问题
17. 一下午　　没说话
18. 不由自主　站了起来
19. 仔细　　　观察
20. 顺利　　　进行

二. 아래 예문을 다항부사어를 갖는 하나의 문장으로 만드시오.

1. 孩子们向公园走去。
　 孩子们兴高采烈地走去。
　 孩子们昨天下午走了。
2. 他已经去上海了。
　 他昨天去上海了。
　 他跟小李一起去上海了。

3. 几天来他奔走着。

　他为大家奔走着。

　他到处奔走着。

4. 小王高兴地站了起来。

　小王从座位上站了起来。

　小王很快地站了起来。

5. 姐姐对小明说：“快走吧!”

　姐姐忽然说：“快走吧!”

　姐姐激动地说：“快走吧!”

6. 老师大声地朗读课文。

　老师在课堂上朗读课文。

　老师给学生朗读课文。

三. 옳고 그름을 구별하시오.

1. A. 看你累得满头大汗，你应该不走得那么快。

　B. 看你累得满头大汗，你不应该走得那么快。

2. A. 我亲自打扫房间。

　B. 我亲自地打扫房间。

3. A. 突然从森林里敌人走出来，向正在开会的地方走去。

　B. 突然敌人从森林里走出来，向正在开会的地方走去。

4. A. 我没跟社员一起劳动，我进城了。

　B. 我跟社员一起没劳动，我进城了。

5. A. 这里剩下只一辆汽车了。

　B. 这里只剩下一辆汽车了。

6. A. 在北京，不论是郊区还是市区，到处我们都可以看到新建的大楼。

　B. 在北京，不论是郊区还是市区，我们到处都可以看到新建的大楼。

7. A. 天天勘探队员们背着背包翻山越岭去寻找矿藏。

　B. 勘探队员们天天背着背包翻山越岭去寻找矿藏。

8. A. 中国朋友热烈而隆重地举行了欢迎仪式。

　B. 中国朋友热烈隆重举行了欢迎仪式。

四. 아래 문장에서 올바른 문장을 고르고, 틀린 문장을 바르게 고치시오.

1. 你到底同意不同意，直爽跟他说一说。

2. 李兰已经安全地来到北京。

3. 在那个地方他们正在唱歌，我们去听听吧。

4. 我们2月16日1980年从法国来到北京。

5. 我们走进礼堂的时候，正在为作报告的人大家热烈鼓掌。

6. 早也不鸡叫，晚也不鸡叫，长工们刚躺下鸡就叫了起来。

7. 这本画报很有意思，那本画报也很有意思。

8. 村里你干什么活儿？

9. 我们都很喜欢游泳。

10. 朋友，你怎样地回答这个问题呢？

제 5 장

보어

전형적인 보어는 동사나 형용사 뒤에 위치하는 술어성 성분으로, 주로 결과보어·방향보어·상태보어가 있다. 이 보어들은 구조적으로 공통점을 하나 가지고 있는데, 즉 대부분이 두 가지 표현을 포함하고 있다. 예를 들면, '他喝醉了'는 '他喝(酒)'와 '他醉了'를 포함하고 있고, '我打破了一个杯子'는 '我打(了杯子)'와 '杯子破了'를 포함하고 있으며, '老师走进教室'는 '老师走'와 '老师进教室'를, '我打开窗户'는 '我打窗户'와 '窗户开'를, '他高兴得跳起来了'는 '他高兴'과 '他跳起来了'를, '他气得妈妈直哭'는 '他气妈妈'와 '妈妈直哭'를 포함하고 있는 것이다. 의미관계상 술어가 두 가지 표현을 포함하고 있을 때 앞의 동사나 형용사는 일반적으로 원인을 나타내고, 뒤의 보어는 결과를 나타낸다. 그래서 '他喝(酒)'는 원인이고 '醉了'는 결과이다. '老师走'는 원인이고(방식이라고 할 수도 있다) '进教室'는 결과이며, '他高兴'은 원인이고 '跳起来了'는 결과이다. 한 유형의 보어는 구조와 의미에 따라 몇 개의 종류도 더 나눌 수도 있는데, 어떤 것은 두 가지 표현을 포함하고 있지 않지만, 두 개의 표현을 포함하는 것이 이 세 종류 보어의 대부분을 차지한다.

다른 언어에는 중국어의 보어와 유사한 언어현상이 거의 없어서, 중국어에서 보어를 포함하고 있는 문장은 다른 언어에서는 다른 방식을 사용하는데, 두 개의 문장으로 표현할 가능성이 크다. 이 때문에 보어는 외국인이 완벽하게 숙달하기에는 비교적 어려운 어법항목이다.

가능보어는 의미와 구조상 결과보어·방향보어와 매우 밀접한 관련이 있으므로, 이것 역시 보어에 포함시킨다.

수량보어·개사구보어 등은 구조적으로나 의미상으로 전형적인 보어와는 매우 다르지만 이전의 체계에 따라 여전히 보어에 포함시킨다.

목적어도 동사 뒤에 위치하기는 하지만 목적어와 보어의 차이는 명확하다. 목적어는 일반적으로 동작이 미치는 대상을 나타낸다. 때문에 대부분이 명사성의 것이다. 위에서 서술한 바와 같이 전형적인 보어는 술어성의 것으로, 주로 동작과 관련된 사람이나 사물에 대한 설명표현이다. 그렇기 때문에 수량보어를 제외한 대다수 보어가 비명사성의 것이다. 의미와 구조적 특징에 따라 보어를 다음과 같은 7가지로 나눌 수 있다. (1)결과보어, (2)방향보어, (3)가능보어, (4)상태보어, (5)정도보어, (6)수량보어, (7)개사구보어.

요컨대 보어는 구어체 문장과 서술형식의 글에 비교적 많이 출현하고, 논설문과 문어적 색채가 강한 문장에는 잘 출현하지 않는다.

 **결과보어란 무엇인가?**

결과보어는 주로 동작이나 상태의 결과—동작자나 동작대상의 상태에 발생한 변화를 나타낸다. 예문 '打破了一个杯子'를 들어 설명하면, 동작 '打'로 인해 동작의 대상인 '杯子'에 '破了'라는 변화가 발생했음을 의미한다. 일부 결과보어는 동작에 대한 평가·판단을 나타내는데, 예문 '功课做完了'에서 보면 결과보어 '完'의 역할이 동작 '做'에 대한 판단·평가이다. 중국어에서 한 동작이나 상태로 인해 초래된(또는 초래할) 모종의 구체적인 결과를 서술할 때에는, 결과보어를 써야 하는데, 결과보어는 형용사와 동사로 이루어진다. 다음 예문은 문제가 있는 비문이다.

　*医生们紧张地工作，他们一定会救他。

여기서 화자가 표현하고자 하는 것은 분명 의사에 대한 확신에 가득 차 있고, 그들이 '救活他'할 수 있을 거라 믿는 것이지, '救他'하는 것만을 믿는 것은 아니다(왜냐하면 단지 구하는 것은 문제가 되지 않기 때문에), 그러므로 아래와 같이 고쳐야 한다.

医生们紧张地工作，他们一定会救活他。 Yīshēngmen jǐnzhāng de gōngzuò, tāmen yídìng huì jiù huó tā.	의사들이 긴박하게 조치를 하고 있으니, 그들은 반드시 그를 구해서 살려낼 것이다.

또 다른 예문을 보자.

　*虽然今天学的生词很多，但约翰很快就全记了。

여기서 말하고자 하는 것은 분명 '约翰记生词'라는 동작이 아니라, 이미 '记住了生词'라는 동작의 결과가 생겼다는 것이다. 그러므로 결과보어 '住'를 첨가해야 한다.

虽然今天学的生词很多，但约翰很快就全记住了。 Suīrán jīntiān xué de shēngcí hěn duō, dàn Yuēhàn hěn kuài jiù quán jìzhù le.	비록 오늘 배운 새 단어가 많았지만 존은 금방 다 외웠다

또 다음과 같은 예문을 보자.

他从冰箱里拿出来一个西瓜，放在桌子上，然后拿出刀来，先一刀把西瓜切开，再切成一块一块的，请大家吃。 Tā cóng bīngxiāng lǐ ná chūlái yí ge xīguā, fàng zài zhuōzi shàng, ránhòu náchū dāo lái, xiān yì dāo bǎ xīguā qiēkāi, zài qiē chéng yí kuài yí kuài de, qǐng dàjiā chī.	그는 냉장고에서 수박 한 통을 꺼내 탁자 위에다 놓은 다음 칼을 꺼내서, 먼저 수박을 한 칼에 반으로 자른 다음 다시 조각조각 잘라서 모두에게 먹으라고 했다.

만약 이 예문 안의 보어 '在', '出来', '开', '成'을 모두 의미가 비슷한 '了'로 바꾼다면, 중국어 모국어 화자들이 받아들이기 어려운 문장이 된다.

他从冰箱里拿了一个西瓜，放桌子上，然后拿了刀，先一刀把西瓜切了，再切一块一块的，请大家吃。

Tā cóng bīngxiāng lǐ nále yí ge xīguā, fàng zài zhuōzi shàng, ránhòu nále dāo, xiān yì dāo bǎ xīguā qiēle, zài qiē yí kuài yí kuài de, qǐng dàjiā chī.

보어는 중국어에서는 사용하지 않을 수 없는 것으로, 서술체 문장이나 구어에서도 매우 자주 사용되기 때문에 아주 중요한 것이다.

또한 결과보어와 동작의 발생이나 상태의 출현을 나타내는 시태조사 '了'의 기능이 다르다는 것에 주의해야 한다. 시태조사 '了'는 동작의 발생이나 상태의 출현만을 나타내는 반면, 결과보어는 동작에 의해 발생한 모종의 구체적인 결과를 나타낸다. 이 때문에 결과보어를 써야만 하는 경우에 만일 '了'로 대체 했다면, 표현하고자 하는 의미가 아래 예문처럼 불분명해진다.

*这本书我到处托人买，今天可买了一本。

여기서 화자가 표현하고자 하는 의미는 '买'라는 동작이 이미 발생했다는 것이 아니라, '买'라는 동작이 목적을 달성하여 결과가 생겼음을 말하고자 하는 것이다. 그러므로 다음과 같이 고쳐야만 한다.

这本书我到处托人买，今天可买到了一本。

Zhè běn shū wǒ dàochù tuō rén mǎi, jīntiān kě mǎidàole yì běn.

 2 결과보어의 의미 지향 및 목적어를 취하는 문제

의미 지향이라는 것은 보어와 문장 중의 어느 성분이 의미상 관련이 있는지를 가리키는 것이다. 결과보어는 의미상 대부분 목적어·주어와 관련이 있고, 일부는 술어동사와 관련이 있다.

① 보어는 동작의 대상(및 장소·도구 등)을 지향하는데, 주로 동사의 목적어나 '把'의 목적어, '被'자문의 주어 등이 보어와 의미관계가 있다.

① 他擦干净桌子，扔掉一个空烟盒和一些碎纸。
　　（他——擦，桌子——干净）

Tā cā gānjìng zhuōzi, rēngdiào yí ge kōng yānhé hé yì xiē suìzhǐ.

② 那时你……在阿勒泰山的雪坡上拖走一根粗大的木头。
　　（你——拖，木头——走）

Nà shí nǐ…… zài Ālètài Shān de xuě pō shàng tuō zǒu yì gēn cūdà de mùtou.

③ 凶手是我带去的，可是我能对谁来讲清这一切呢？

（我——讲，一切——清）

Xiōngshǒu shì wǒ dàiqù de, kěshì wǒ néng duì shéi lái jiǎng qīng zhè yíqiè ne?

④ 他颤着手划亮一根火柴，点燃一支香烟。

（他——划，火柴——亮）

Tā diānzhe shǒu huá liàng yì gēn huǒchái, diǎnrán yī zhī xiāngyān.

⑤ 再见吧，你的儿子将用血来洗尽你身上的污垢！

Zàijiàn ba, nǐ de érzi jiāng yòng xiě lái xǐ jìn nǐ shēn shàng de wūgòu!

⑥ 早晨，阳光照红了巨大的桥身。

Zǎochén, yángguāng zhàohóngle jùdà de qiáo shēn.

이외에 또, '赶走了敌人'·'打破了一个杯子'·'哭倒了长城'·'扔掉了旧衣服'·'记住了三个字'·'拴牢了绳子'·'打跑了小偷'·'寄走了一封信'·'吓哭了孩子' 등이 있다. 이러한 보어 중에서 만약 술어동사가 타동성의 것이라면 앞의 예들과 같이 뒤에 목적어를 취할 수 있다. 일부 동사는 자동성의 것이거나, 본래 목적어를 취할 수 없는 것들은 결과 보어를 사용한 후에는 아래와 같이 목적어를 취할 수 있게 된다.

⑦ 听了他这句话，大家笑弯了腰，笑疼了肚子。

Tīngle tā zhè jù huà, dàjiā xiào wān le yāo, xiào téng le dùzi.

⑧ 为了给你买这双鞋，我跑断了腿，可是你还不领情。

Wèile gěi nǐ mǎi zhè shuāng xié, wǒ pǎo duànle tuǐ, kěshì nǐ hái bù lǐngqíng.

이외에 또 '跑丢了一双鞋'·'哭红了眼睛'·'说破了嘴皮子'·'睡花眼'·'憋红了脸'·'熬红了眼睛'·'气崩了肚子'·'屋子里坐满了人' 등이 있다.

이러한 유형의 보어는 주로 '把'자문에 쓰인다.

⑨ 老农民和东郭先生一起把狼打死了。（老农民和东郭先生——打，狼——死）

Lǎo nóngmín hé Dōng Guō xiānsheng yìqǐ bǎ láng dǎ sǐ le.

⑩ 我打算明天就把这笔钱寄走。（我——寄，钱——走）

Wǒ dǎsuàn míngtiān jiù bǎ zhè bǐ qián jì zǒu.

⑪ 我……将把"晋陕峡谷"四个字改成"伟大的晋陕峡谷"。

Wǒ …… jiāng bǎ "Jìn shǎn xiá gǔ" sì ge zì gǎi chéng "wěidà de Jìnshǎn xiágǔ".

나는……'晋陕峡谷' 네 글자를 '伟大的晋陕峡谷'로 고칠 것이다.

⑫ 他把刀磨快了，准备杀鸡。

Tā bǎ dāo mó kuài le, zhǔnbèi shā jī.

그는 칼을 갈아서 잘 들게 하여(잘 들게 갈아서) 닭 잡을 준비를 하였다.

'被'자문에 출현 할 수도 있다.

⑬ 卧铺全被卖光了，没有一个空的。（[   ]1)—卖，卧铺—光）

Wòpū quán bèi mài guāng le, méi yǒu yí ge kōng de.

침대칸 표는 전부 다 팔려서 빈 좌석이 하나도 없다.

⑭ 到布谷鸟欢叫的时候，一个个的山头被搬倒了。（[   ]—搬，山头—倒）

Dào bùgǔniǎo huānjiào de shíhou, yí gè gè de shāntóu bèi bān dǎo le.

뻐꾹새가 울 때가 되었을 때 하나하나씩 짓누르고 있던 압박을 무너뜨렸다.

⑮ 你想，我怎么能不被惯坏呢……

Nǐ xiǎng, wǒ zěnme néng bú bèi guàn huái ne……

네가 생각해 봐라, 내가 어떻게 버릇이 나빠지지 않을 수 있겠니……

보어는 화제인 대상을 지향할 수도 있다.

⑯ 那天早晨，我带上两只钢笔，[   ]灌足墨水，然后去考场。

Nà tiān zǎochén, wǒ dàishang liǎng zhī gāngbǐ [   ] guànzú mòshuǐ, ránhòu qù kǎochǎng.

그 날 아침, 나는 만년필 두 자루를 가지고 갔는데, [   ]잉크를 가득 채워서 시험장에 가지고 갔다.

⑰ 屋子收拾干净了。

Wūzi shōushi gānjìng le.

방이 깨끗하게 치워졌다.

② 보어가 동작의 행위자를 지향하면, 행위자는 주로 주어이고 간혹 존현목적어일 때도 있다.

① 他一路上不知摔倒了多少次。（他—摔，他—倒）

Tā yí lù shàng bù zhī shuāi dǎo le duōshao cì.

그는 도중에 몇 번이나 넘어졌는지 모른다.

② 衣服湿透了。（衣服—湿，衣服—透）

Yīfu shī tòu le.

옷이 흠뻑 젖었다.

③ 去年冬天，我学会了滑冰。（我—学，我—会）

Qùnián dōngtiān, wǒ xué huì le huábīng.

작년 겨울에 나는 스케이트를 배워서 탈 줄 알게 되었다.

④ 我听懂了他的话。（我—听，我—懂）

Wǒ tīng dǒng le tā de huà.

나는 그의 말을 알아들었다.

---

1) [   ]는 생략되거나 출현하지 않은 성분을 나타낸다.

이러한 문장에서 하나의 명사가 술어동사의 대상이면서 또 보어의 대상일 때만 보어 뒤에 목적어가 올 수 있는데, 예 ③의 '学滑冰'·'会滑冰'과 예 ④의 '听他的话'·'懂他的话'가 이러하다.

또한 일부 동보구조 뒤에도 목적어가 올 수 있지만, 목적어는 제한을 많이 받는다.

⑤ 他一喝醉了酒就胡说八道。(목적어로는 '酒'만 가능)

Tā yì hē zuì le jiǔ jiù hú shuō bā dào。

그는 술만 취하면 헛소리를 한다.

⑥ 你吃饱了饭没事干是怎么的？　到这儿来倒什么乱？ (목적어로는 '饭'만 가능)

Nǐ chī bǎo le fàn méi shì gàn shì zěnme de? Dào zhèr lái dào shénme luàn?

너 배불리 밥 먹고 할 일이 없어서 그러냐? 왜 여기 와서 훼방을 놓니?

또한 '人坐懒了，吃馋了'，'这个人写文章写傻了'，'我们在一起混熟了'，'他听呆了'，'我打赢了' 등과 같은 보어들이 의미상 동작의 행위자를 지향한다.

③ 보어가 의미상 동사하고만 관련이 있으면, 동작에 대한 묘사·평가·설명을 하는 것이다. 이러한 보어는 (1)동작에 대해서만 묘사하는 것과, (2)'어떤 기준에 맞지 않음'을 뜻하는 것으로 나눌 수 있다.

(1) 보어가 동작에 대해 묘사·설명을 하는 것.

① 你看完这本杂志了吗？(看——完)

Nǐ kàn wán zhè běn zázhì le ma?

너 이 잡지 다 봤니?

② 不必担心，他的病已经好利索了。(好——利索)

Búbì dānxin, tā de bìng yǐjing hǎo lìsuǒ le.

걱정할 필요 없어, 그의 병은 말끔히 나았어.

③ 小声点，别吓着孩子！(吓——着)

Xiǎo shēng diǎn, bié xià zháo háizi.

아이가 놀래지 않도록 소리 좀 낮춰!

④ 我们商量好了，明天就动身。(商量——好)

Wǒmen shāngliàng hǎo le, míngtiān jiù dòng shēn.

우리가 상의를 다 했는데, 내일 바로 출발한다.

⑤ 他这个人我算看透了，一毛不拔。(看——透)

Tā zhège rén wǒ suàn kàn tòu le, yì máo bù bá.

그를 나는 마침내 훤히 다 알아봤는데, 구두쇠다.

이러한 문장에서 술어동사가 타동성의 것이라면 일반적으로 예 ①·③·④·⑤의 '看'·'商量'·'吓'와 같이 보어 뒤에 목적어를 취할 수 있지만, 타동성의 것이 아니라면 예 ②의 '好'처럼 목적어를 취할 수 없다.

⑵ '大·小·快·慢·肥·瘦·轻·重·咸·淡·长·短·多·少·粗·细·宽·窄·高·低' 등의 형용
사가 결과보어로 쓰일 때, 때로는 어떤 기준에 맞지 않음을 나타낸다.

⑥ 今天上课我来晚了。('应到的时间'에 비해)　　　　오늘 수업에 나는 늦었
　　Jīntiān shàng kè wǒ lái wǎn le.　　　　　　　　다.

⑦ 这件衣服做大了。('合适的尺寸'와 비교해서)　　　이 옷은 크게 만들어 졌
　　Zhè jiàn yīfu zuò dà le.　　　　　　　　　　　다.

⑧ 坑挖浅了, 再往深里挖挖吧。('合适的深浅'에 비해)　구덩이가 얕게 파졌다,
　　Kēng wā qiǎn le, zài wǎng shēn lǐ wāwa ba.　　　좀 더 깊이 파라.

⑨ 他酒喝多了, 开始瞎说了。('他的酒量'에 비해)　　그는 술을 많이 마셔서
　　Tā jiǔ hē duō le, kāishǐ xiā shuō le.　　　　　헛소리를 하기 시작했
　　　　　　　　　　　　　　　　　　　　　　　　다.

⑩ 照片挂歪了, 你正一下。('合适的位置'와 비교해서)　사진이 비뚤어지게 걸
　　Zhàopiàn guà wāi le, nǐ zhèng yíxià.　　　　　렸다, 네가 **바로** 잡아
　　　　　　　　　　　　　　　　　　　　　　　　라.

이러한 보어 뒤에는 일반적으로 목적어를 취할 수 없고, 문장 끝에는 일반적으로
'了'를 써야 한다.

④ 일부 결과보어는 조금 특별한 것으로, 사실상은 동목구조가 보어로 쓰인 것이다.

① 他吃人家的饭吃迷了心, 连自己的亲人都不认了。(보어:迷心)　그는 다른 사람한테 밥
　　Tā chī rénjia de fàn chī mí le xīn, lián zìjǐ de qīnrén dōu bú rèn le.　을 얻어먹더니 마음이
　　　　　　　　　　　　　　　　　　　　　　　　　　　　홀려서, 자기 가족조차
　　　　　　　　　　　　　　　　　　　　　　　　　　　　도 모른체 한다.

② 这个地方乱出名了, 谁都不愿意来工作。(보어:出名)　　이 곳은 (치안 등이)어
　　Zhège dìfang luàn chūmíng le, shéi dōu bú yuànyì lái gōngzuò.　지러운 것으로 소문이
　　　　　　　　　　　　　　　　　　　　　　　　　　　나서, 아무도 일하러 오
　　　　　　　　　　　　　　　　　　　　　　　　　　　려 고 하지 않는다.

③ 西瓜熟过劲了, 不能吃了。(보어:过劲)　　　　　　수박이 너무 익어 버려
　　Xīguā shú guòjìn le, bù néng chī le.　　　　　서 먹을 수 없게 되었
　　　　　　　　　　　　　　　　　　　　　　　　다.

이런 종류의 보어는 수량이 많지 않다.

3 결과보어를 포함하고 있는 문장의 구조적 특징

1 결과보어의 부정형식

결과보어는 동작이나 변화의 결과가 있는지 여부를 나타내는 것이기 때문에, 그 부
정형식은 일반적으로 '没'를 쓴다. 결과보어를 부정할 때는 '没'를 술어동사(또는 형
용사)의 앞에 놓아야 한다. '没 + 동사 + 결과보어'는 동작이 모종의 결과를 얻지 못
했음을 나타낸다.

① 这个故事我没听懂。

Zhège gùshi wǒ méi tīng dǒng.

② 还有一次，裁判员没看清楚，判错了。

Hái yǒu yí cì, cáipànyuán méi kàn qīngchu, pàn cuò le.

이 두 문장의 의미는 '들었'으나 '이해하지 못했'고, '보았'으나 '정확하지 않았다'는
것이다.

가정문·조건문에서만 결과보어를 '不'를 써서 부정한다.

③ 我不做完练习不去游泳。

Wǒ bú zuò wán liànxí bú qù yóuyǒng.

④ 不打倒敌人，我们决不停止战斗。

Bù dǎdǎo dírén, wǒmen jué bù tíngzhǐ zhàndòu.

⑤ 你要是不把他赶走，后果将不堪设想。

Nǐ yàoshi bù bǎ tā gǎn zǒu, hòu guǒ jiāng bù kān shèxiǎng.

2 결과보어와 술어동사나 형용사 사이에는 다른 성분을 삽입할 수 없다

보어 뒤에 시태조사 '了', '过'는 쓸 수 있지만 '着'는 쓸 수 없고, 결과보어(및 '了',
'过') 뒤에 목적어가 또 올 수 있다.

① 小燕关掉了总闸，好几台机器停产了。

Xiǎo Yàn guān diào le zǒng zhá, hǎo jǐ tái jīqì tíngchǎn le.

② 明朝统治者为了修建这些陵墓，费尽了劳动人民的血汗。

Míng cháo tǒngzhìzhě wèile xiūjiàn zhè xiē língmù, fèi jìn le
láodòng rénmín de xiěhàn.

③ 他从来没打断过别人的发言。

Tā cónglái méi dǎduàn guò biérén de fāyán.

3 목적어에 관한 문제

어떤 문장은 결과보어 뒤에 또 목적어가 있다. 이 목적어는 동사만의 목적어가 아
닌 동보구의 목적어로 보아야 한다.

① 他看见了一个人。

Tā kànjiàn le yí ge rén.

그는 한 사람을 보았다.

바로 이 때문에 일부 不及物동사는 사물목적어를 취할 수 없지만, 결과보어를 사용한 다음에는 사물목적어를 취할 수 있게 된다.

② 他跑丢了一只鞋。

　　Tā pǎo diū le yì zhī xié.

③ 这件事听了叫人笑破了肚皮。

　　Zhè jiàn shì tīngle jiào rén xiào pò le dùpí.

④ 小姑娘哭红了眼睛。

　　Xiǎo gūniang kū hóng le yǎnjing.

그는 뛰어다니다가 신발 한 짝을 잃어 버렸다.

이 사건은 들으면 사람을 뱃가죽이 찢어질 정도로 웃게 만든다.

소녀는 울어서 눈이 빨개졌다.

　때로는 술어동사는 뒤에 보어가 있고 없음에 따라 목적어와의 관계가 매우 달라지는데, 아래 예문 ⑤, ⑥을 비교해 보면 그 차이를 알 수 있다.

⑤ 人人努力搞好生产。

　　Rénrén nǔlì gǎo hǎo shēngchǎn.

⑥ "四人帮"搞乱了革命和生产。

　　"Sì rén bāng" gǎo luàn le gémìng hé shēngchǎn.

모든 사람이 노력해서 생산하자.

'四人帮'은 혁명과 생산을 엉망진창으로 만들었다.

‘搞乱生产’은 사실상 생산을 파괴했다는 것으로, ‘搞好生产’의 의미와는 완전히 다르다. 그러므로 동사는 결과보어와 결합한 이후에야 비로소 목적어와 관계가 발생하는 것이라고 할 수 있다. 즉 목적어와 직접 관계가 발생할 수 있는 그런 동사들을 쓰더라도, 화자가 고려하고 있는 것은 역시 동보구와 목적어의 관계이다. 예를 들어 한 사람이 ‘打倒反动派’라고 말할 때, 그가 표현하고자 하는 의미는 ‘把反动派打倒’이지 결코 ‘打反动派’만은 아니다.

　결과보어 뒤에 목적어를 취할 수 있는지 여부는, 앞서 언급한 보어의 의미 지향·술어동사와 보어로 쓰이는 단어나 구의 타동성 여부와 관련이 있는 것 외에도, 보어를 포함하고 있는 문장의 이어진 대화나 글에서의 위치와도 관련이 있다. 다시 말해 목적어를 취할 수 있는 동보구라 해도 이어진 대화나 글에서는 중국어의 문장규칙을 따라야 한다. 예를 들면, 때로는 대상을 목적어 위치에 놓아야 하고, 어떤 때는 ‘把’자문을 써야하고, 또 어떤 때는 ‘那辆自行车他修理好了’처럼 대상이 화제로써 문두에 위치해야 한다.

 보어 뒤 ‘了’의 용법에 관한 문제

(본 장 제2절 ‘방향보어’ 참조)

 결과보어로 쓰이는 단어 – 형용사와 동사

　형용사와 동사만이 결과보어로 쓰일 수 있다. 결과보어는 구어에서 사용빈도가 높은 어법현상 중 하나인데, 구어에 자주 쓰이는 일음절 형용사는 일반적으로 모두 결과보어로 쓰일 수 있고, 구어에서 자주 쓰이는 일부 이음절 형용사 또한 결과보어로 쓰일 수 있다. 동사가 결과보어로 쓰일 수 있는 것은 비교적 적지만, 그래도 자주 쓰이는 것에는, 见, 成, 懂, 走, 跑, 哭, 笑, 往, 掉, 着, 倒, 翻, 倒, 作, 为, 死, 透, 丢, 到, 在, 给 등이 있다. 이러한 동사들은 모두 분명하고 구체적이고 능동적인 동작행위는 나타내지 않는다('走'와 '跑'가 결과보어로 쓰일 때 나타내는 것은 '떠나다'라는 '离开'의 의미이다). 이는 동사가 결과보어로 쓰일 때는, 술어동사가 나타내는 동작으로 생긴 동작자나 동작대상의 피동적인 동작을 나타내기 때문이다.

① 他把妹妹气哭了。

　　Tā bǎ mèimei qì kū le.

② 我把桌子上的东西碰掉了。

　　Wǒ bǎ zhuōzi shàng de dōngxi pèng diào le.

③ 你怎么把他推倒了。

　　Nǐ zěnme bǎ tā tuī dǎo le.

그는 여동생을 화가 나서 울게 만들었다.

내가 탁자 위의 물건을 부딪쳐서 떨어뜨렸다.

너 어떻게 그를 밀어서 넘어뜨릴 수가 있니.

이 문장들 안의 보어 '哭', '掉', '倒'는 모두 피동적인 동작을 나타낸다. 만약 '由于孩子气妈妈, 结果妈妈打了孩子'라는 예문에서처럼 '打'가 능동적인 동작의 의미를 나타내면, 아래 예문에서처럼 결과보어를 쓸 수 없다.

　　*孩子气打妈妈。

　　*妈妈气打了孩子。

　일부 동사는 결과보어로 쓰일 때 어휘의미가 조금 달라진다. 자주 쓰이는 것들을 열거해 보면 다음과 같다.

① 见

'见'의 기본 의미는 '보고난 후 어떤 결과가 있음——看到'이다. '见'이 결과보어로 쓰일 때는 일반적으로 감각동사 '看', '瞧', '瞅', '望', '听', '闻' 뒤에만 쓰여, '동작의 결과가 있음'을 나타낸다.

① 孩子们看见我来了，都非常高兴。

　　Háizimen kànjiàn wǒ lái le, dōu fēicháng gāoxìng.

② 这种物体发出的声音太小，我听了半天也没听见。

　　Zhè zhǒng wùtǐ fāchu de shēngyīn tài xiǎo, wǒ tīngle bàntiān yě méi tīngjiàn.

③ 一进门我就闻见一股香味。

　　Yī jìn mén wǒ jiù wénjiàn yì gǔ xiāngwèi.

아이들은 내가 온 것을 보고 모두 매우 기뻐했다.

이런 물체가 내는 소리는 너무 작아서, 내가 한참을 들었지만 듣지 못했다.

문에 들어서자마자 나는 향기를 맡았다.

'见'은 또 '遇', '碰', '梦'등의 동사 뒤에서도 결과보어로 쓰일 수 있다.

④ 你遇见老刘告诉他一声，今晚在家里等我。

　　Nǐ yùjiàn Lǎo Liú gàosu tā yī shēng, jīnwǎn zài jiā lǐ děng wǒ.

너 老刘를 만나면 오늘 저녁에 집에서 나를 기다리라고 좀 전해 줘.

⑤ 我昨天梦见了我的一个老同学。

　　Wǒ zuótiān mèngjiàn le wǒ de yí ge lǎo tóngxué.

나는 어제 꿈에 옛 학우를 보았다.

2 住

동작을 통해 사람이나 사물의 위치를 고정시킴을 나타낸다.

① 他听了我的话立刻站住了。

　　Tā tīngle wǒ de huà lìkè zhànzhù le.

그는 내 말을 듣고 즉시 멈춰 섰다.

② 我紧紧握住老李的手。

　　Wǒ jǐnjǐn wò zhù Lǎo Lǐ de shǒu.

나는 老李의 손을 꽉 잡았다.

③ 门挡住了外面的灯光。

　　Mén dǎngzhùle wàimiàn de dēngguāng.

문이 바깥의 불빛을 막았다.

④ 咱们可别叫他给吓住啊。

　　Zámen kě bié jiào tā gěi xià zhù a.

우리 그 사람 때문에 놀라면 안 된다.

⑤ 这些生词我记住了。

　　Zhèxiē shēngcí wǒ jìzhù le.

이 새 단어들을 나는 외웠다.

3 着(zháo)

⑴ 동작이 목적을 이루었음을 나타내는 것으로, 주로 구어에 쓰인다.

① 你说的那本书我借着了。

　　Nǐ shuō de nà běn shū wǒ jiè zháo le.

네가 말했던 그 책을 나는 빌렸다.

② 这个谜语他没猜着。

　　Zhège míyǔ tā méi cāi zháo.

이 수수께끼를 그는 알아맞히지 못했다.

이 의미의 '着'가 부정상황(앞에 '没'가 있는 상황)에 쓰일 때는 강하게 읽고, 긍정상황에 쓰일 때는 일반적으로 약하게 읽는다.

⑵ 몇몇 동사나 형용사 뒤에 쓰여, 동작이나 어떤 상황이 사람이나 사물에게 좋지 않은 결과를 발생시켰음을 나타낸다.

① 这个孩子穿得太少，冻着了。('冻'해서 병에 걸림)

　　Zhège háizi chuān de tài shǎo, dòng zháo le

이 아이는 옷을 너무 얇게 입어서 꽁꽁 얼었다.

② 你们休息一会儿，小心别累着。('累'해서 몸에 좋지 않은 영향을 줌)

Nǐmen xiūxi yíhuìr, xiǎoxīn bié lèi zháo.

너희들 잠깐 쉬어라, 지치지 않도록 조심해라.

이러한 동사구로는 또 '热着', '捂着', '饿着', '撑着', '烫着', '凉着', '吓着' 등이 있고, '着'는 항상 약하게 읽는다.

(3) '入睡'의 의미를 나타낸다.

① 他看着看着书，睡着了。

Tā kànzhe kànzhe shū, shuì zháo le.

그는 책을 보다가 잠이 들었다.

(4) '燃烧'의 의미를 나타낸다.

① 他划着了火柴，点上了灯。

Tā huázháo le huǒchái, diǎn shàng le dēng.

그는 성냥개비에 불을 붙여 등불을 켰다.

(5) '应该, 有资格, 有责任'의 의미를 나타낸다.

① 你不是我的教师，你管不着!

Nǐ bú shì wǒ de jiàoshī, nǐ guǎn bu zháo!

당신은 나의 선생님이 아니니, 상관하지 마세요!

② 你也不是我的上级，批评不着我!

Nǐ yě bú shì wǒ de shàngjí, pīpíng bu zháo wǒ!

당신은 내 상사도 아니니, 나한테 야단치지 마세요!

(3)·(4)·(5) 중의 '着'는 강하게 읽어야 한다.

④ 好

동작이 완성되었을 뿐 아니라 완벽한 정도에까지 이르렀음을 나타낸다.

① 东郭先生把狼捆好，装进口袋里。

Dōn guō xiānsheng bǎ láng kǔn hǎo, zhuāng jìn kǒudài lǐ.

东郭 선생은 늑대를 잘 묶어서 자루 속에 집어넣었다.

② 鲁班把所有的工具都修理好了。

Lǔbān bǎ suǒyǒu de gōngjù dōu xiūlǐ hǎo le.

鲁班은 모든 공구들을 다 수리하였다.

③ 要搞好安全生产，搞好环境保护。

Yào gǎo hǎo ānquán shēngchǎn, gǎo hǎo huánjìng bǎohù.

안전하게 생산을 잘 해야 하고, 환경보호를 잘 해야 한다.

④ 这篇文章写好了，交给你吧。

Zhè piān wénzhāng xiě hǎo le, jiāo gěi nǐ ba.

이 글 다 썼으니 너에게 넘겨줄게.

⑤ 掉

(1) '脱离, 脱落'의 의미를 나타낸다.

① 小心点儿，别把他的博士帽碰掉了。

    Xiǎoxīn diǎnr, bié bǎ tā de bóshì mào pèngdiào le.

그의 박사모를 건드려 떨어뜨리지 않도록 조심해라.

(2) '消失'의 의미를 나타낸다.

① 我们要想办法吃掉敌人，否则就会被敌人吃掉。

    Wǒmen yào xiǎng bànfǎ chīdiào dírén, fǒuzé jiù huì bèi dírén chīdiào.

우리는 방법을 생각해서 적들을 해치워야 한다, 그렇지 않으면 적들에게 당할 것이다.

② 这一段话是多余的，删掉吧。

    Zhè yí duàn huà shì duōyú de, shān diào ba.

이 단락은 군더더기이니 삭제해 버려라.

③ 抓到他很不容易，你怎么让他跑掉了？

    Zhuā dào tā hěn bù róngyì, nǐ zěnme ràng tā pǎodiào le?

그를 잡기가 얼마나 어려웠는데, 너 어떻게 그가 달아나도록 놔뒀니?

④ 很久没下雨了，坑里的水都蒸发掉了。

    Hěn jiǔ méi xià yǔ le, kēng lǐ de shuǐ dōu zhēngfā diào le.

오랫동안 비가 내리지 않아서 구덩이의 물이 모두 증발해 버렸다.

또 '卖掉', '丢掉', '忘掉', '去掉', '除掉', '烧掉', '消灭掉', '走掉', '死掉', '溜掉', '逃掉', '挥发掉' 등이 있다. 남방 사람들이 비교적 많이 사용한다.

6 在

(1) 동작을 통해 사람이나 사물로 하여금 어느 한 장소에 놓이게 됨을 나타낸다. 뒤에는 반드시 장소목적어가 있어야 한다.

① 我坐在五排十一号。

    Wǒ zuò zài wǔ pái shíyī hào.

나는 5열 11번에 앉아 있다.

② 你们把生词抄在本子上。

    Nǐmen bǎ shēngcí chāo zài běnzi shàng.

여러분, 새 단어들을 노트에다 베껴 쓰세요.

③ 小王站在我面前。

    Xiǎo Wáng zhàn zài wǒ miànqián.

小王은 내 앞에 서 있다.

④ 问题出在计划性不强上。

    Wèntí chū zài jìhuà xìng bù qiáng shàng.

문제는 계획성이 부족한 것에 있다.

(2) 때로는 일이 발생한 시간을 나타낸다.

① 这个故事发生在古代。

    Zhège gùshi fāshēng zài gǔdài.

이 이야기는 고대에 발생했다.

② 时间定在明天上午八点。

    Shíjiān dìng zài míngtiān shàngwǔ bā diǎn.

시간은 내일 오전 8시로 정했다.

一. 적당한 결과보어를 써서 아래 문장을 완성하시오.

1. 他不小心跌倒(　　)石头上。
2. 老大爷看(　　)远处走过来两个人。
3. 战士端着一杯水，送(　　)老大娘。
4. 后来，红军打(　　)了地主南霸天，解放了受苦的农民。
5. 雷锋把自己的一生献(　　)了祖国和人民。
6. 山洞终于打(　　)了。
7. 我恨不得一下子就把所有的汉字都记(　　)。
8. 这件衣服做(　　)了，穿着太紧。
9. 大家听(　　)这个消息，高兴得跳了起来。
10. 每天晚上我看(　　)报就睡觉。
11. 在景山公园最高的亭子上，可以看(　　)北京城的全景。
12. 他们每月把十万只母鸡上交(　　)总公司。
13. 我们去医院看安娜的时候，她正躺(　　)床上看报。
14. 解放后，广大农民分(　　)了土地。
15. 我们分别几十年了，他的样子我完全忘(　　)了。
16. 我的钥匙找不(　　)了，你看见了没有?

二. 옳고 그름을 구별하시오.

1. A. 你能看见清楚黑板上的字吗?
   B. 你能看清楚黑板上的字吗?
   C. 你能看见黑板上的字吗?
2. A. 会开完了，我就去食堂吃饭。
   B. 开完会了，我就去食堂吃饭。
   C. 开完了会，我就去食堂吃饭。
3. A. 如果我把你要求讲的都讲完，讲得清楚，那还得半年的时间。
   B. 如果我把你要求讲的都讲完，讲清楚，那还得半年的时间。
4. A. 通过这部电影，我们看到了党和红军对小冬子的关怀。
   B. 通过这部电影，我们看见了党和红军对小冬子的关怀。
5. A. 小红不吃完饭就跑出去了。
   B. 小红没吃完饭就跑出去了。

6. A. 阿里看信就拿起笔来写回信。

   B. 阿里看完信就拿起笔来写回信。

7. A. 我国政府把我送到中国来学汉语。

   B. 我国政府送我在中国学汉语。

8. A. 我看完报了。

   B. 我看报完了。

9. A. 他们在学好汉语的过程中，遇到不少困难。

   B. 他们在学习汉语的过程中，遇到不少困难。

10. A. 小李走近小河的时候，忽然看到一条狗。

    B. 小李走到小河的时候，忽然看到一条狗。

11. A. 阿里的收音机坏了，谢利把它修好了，能用了。

    B. 阿里的收音机坏了，谢利把它修了，能用了。

12. A. 今天晚上我没看完这本书不睡觉。

    B. 今天晚上我不看完这本书不睡觉。

제 2 절

방향보어

방향보어는 방향을 나타내는 동사 '来'·'去'·'上'·'下'·'进'·'出'·'回'·'过'·'起'·'开'·'到' 및 '来·去'와 '上·下·进·出……' 등으로 구성된 '上来·上去, 下来·下去, 进来·进去, 出来·出去, 回来·回去, 过来·过去, 起来, 开来·开去, 到……来·到……去' 등이 동사 뒤에 쓰여 보어 역할을 하는 것을 가리킨다. 방향보어에는 모두 28개가 있다.

단순 방향보어	来	去	上	下	进	出	回	过	起	开	到
복합 방향보어			上来	下来	进来	出来	回来	过来	起来	开来	到……来
			上去	下去	进去	出去	回去	过去		开去	到……去

'来·去·上·下……'를 단순 방향보어라 하고, '上来·上去, 下来·下去……'는 복합 방향보어라고 한다.

일부 방향보어는 형용사 뒤에도 쓸 수 있다.

 **방향보어의 어법적 의미**

전반적으로 말하자면 방향보어의 어법적 의미는 매우 복잡하다. 대부분의 방향보어가 여러 의미를 나타낼 수 있지만, 몇몇 방향보어는 한 가지 의미만을 나타낸다. 우리는 방향보어의 의미를 크게 방향 의미·결과 의미와 상태 의미 세 가지로 나눈다.

① 방향 의미

방향 의미는 방향보어의 기본 의미이며 방향동사 자체가 나타내는 의미이다. 방향보어의 방향 의미는 사람이나 물체가 동작을 통해 공간에서 위치가 이동한 결과를 나타낸다. 예를 들면 '来'는 기준점을 향해 이동함을 나타내고, '去'는 기준점을 떠나 다른 목표점을 향해 이동함을 나타내며, '上'은 낮은 곳에서 높은 곳으로 이동함을 나타내고, '下'는 높은 곳에서 낮은 곳으로 이동함을 나타내는 것과 같다. 방향보어 중 '来'와 '去', '上'·'上来'·'上去'와 '下'·'下来'·'下去', '进'·'进来'·'进去'와 '出'·'出来'·'出去'는 반대 의미관계를 갖는다.

'来'·'去'와 '来'·'去'를 포함하고 있는 복합 방향보어는 모두 기준점을 어떻게 확정할 것인가라는 문제를 가지고 있다.

① 화자가 출현하거나 1인칭으로 서술을 할 때는, 화자나 '我'의 위치가 바로 기준점이 된다.

① 他向我走过来。(기준점은 '我'–화자의 위치)

　　Tā xiàng wǒ zǒu guòlái.

② 我向山上跑去。(기준점은 '我'–화자의 위치)

　　Wǒ xiàng shān shàng pǎoqù.

③ 昨天我们上口语课，铃还没响，老师就进教室来了。(기준점은 '我们'–화자의 위치)

　　Zuótiān wǒmen shàng kǒuyǔ kè, líng hái méi xiǎng, lǎoshī jiù jìn jiàoshì lái le.

> 그가 내 쪽으로 걸어왔다.
>
> 나는 산 위로 달려갔다.
>
> 어제 우리 회화수업시간에 (수업시작) 종이 울리기도 전에 선생님께서 교실로 들어오셨다.

② 3인칭 관점에서 객관적으로 서술할 때에는, 기준점을 서술하고 있는 인물이 있는 곳에 둘 수 있다.

① 小张忽然昏倒在地上，大家急忙向他跑过来。(기준점은 '小张'이 있는 위치)

　　Xiǎo Zhāng hūrán hūndǎo zài dì shàng, dàjiā jímáng xiàng tā pǎo guòlai.

② 看见张大夫，他急忙跑了过去。(기준점은 '他'가 원래 있던 위치)

　　Kànjiàn Zhāng dàifū, tā jímáng pǎole guòqu.

> 小张이 갑자기 땅에 쓰러지자, 모두들 황급히 그에게로 달려왔다.
>
> 장 의원을 보고, 그는 급히 달려갔다.

'来'·'去'가 방향보어로 쓰일 때 동작은 항상 확실한 목표가 있는 것이어야 한다는 점에 주의해야 한다. '来'를 쓸 때에는 기준점이 바로 동작의 목표이다. 예를 들면, '车上的人都向他跑来'에서 '他'는 동작 '跑'의 목표이다. '去'를 쓸 때에는 목표는 기준점 이외의 지점에 있고, 대부분 '朝'·'向'등으로 구성된 부사어를 써서 나타낸다. 예를 들면, '狼……向东郭先生扑去'에서 '东郭先生'은 동작 '扑'의 목표이다.

③ 3인칭 관점에서 객관적으로 서술할 때에도 어느 한 장소를 기준점으로 삼을 수 있는데, 이 장소는 묘사하고 있는 대상일 수도 있고, 서술하고 있는 사건이 발생한 지점일 수도 있다.

① 为了叫井冈山变得更快，国家派来了两千好儿女，同井冈山人一起来开发这座万宝山。(기준점은 '井冈山')

　　Wèile jiào Jǐnggāngshān biàn de gèng kuài, guójiā pài lái le liǎngqiān hǎo érnǚ, tóng Jǐnggāngshān rén yìqǐ lái kāifā zhè zuò Wànbǎoshān.

② 会场里坐了不少人，这时还不断有人进来。(기준점은 '회의장')

　　Huìchǎng lǐ zuòle bùshǎo rén, zhè shí hái búduàn yǒu rén jìnlái.

> 井冈山을 더욱 빠르게 변화시키기 위해서, 나라에서는 2천 명의 훌륭한 일군들을 파견해서 井冈山 주민들과 함께 이 万宝山을 개발하도록 하였다.
>
> 회의장 안에 많은 사람들이 앉아 있었는데, 이때에도 끊임없이 사람들이 들어왔다.

2 결과 의미

　방향보어는 때로 방향을 나타내지 않고, 동작이 결과가 있거나 목적에 도달했음을 나타낸다. 대부분의 방향보어는 결과 의미를 가지고 있을 뿐 아니라, 일부 방향보어는 결과 의미를 하나이상 가지고 있다. 결과 의미는 기본 결과 의미와 비기본 결과 의미 두 가지로 나눌 수 있는데, 기본 결과 의미는 방향 의미와 밀접한 관계가 있는 의미로, 만약 어느 한 방향보어가 단지 하나의 결과 의미만을 가지고 있다면 이 의미는 일반적으로 기본 결과 의미이며, 기본 결과 의미 이외의 결과 의미는 비기본 결과 의미이다. 방향 의미가 상반되는 방향보어는 그 결과 의미 역시 대부분 반대 의미관계를 가진다. 예를 들면, '上'·'上来'·'上去'와 '下'·'下来'·'下去', '进'·'进来'·'进去'와 '出'·'出来'·'出去' 등이 그러하다.

　'上来'·'上去'와 '下来'·'下去'의 결과 의미에는 또 주안점 문제가 있다(자세한 것은 다음 2의 내용 참조).

3 상태 의미

　방향보어의 상태 의미는 결과 의미보다 더욱 더 허화된 것으로, 공간의미(방향 의미)에서 동작상태의 시간상의 전개·확장(시간의미)을 나타내는 것으로 파생된 것이다. 예를 들면, 동작상태의 시작·지속·정지 등과 같은 것(방향과는 무관함)이다.

　'上'·'下'·'下来'·'下去'·'起'·'起来'·'开' 등만이 상태 의미를 가지고 있다. 방향보어의 상태 의미는 이미 시태조사의 의미에 가까울 정도로 허화 되어 있기 때문에 일부 어법서에서는 이것을 시태조사로 분류하기도 한다.

　방향보어의 상태 의미는 방향 의미와도 관련이 있다. 방향 의미가 반대 의미관계를 나타내는 것은 상태 의미 역시 반대 의미관계를 나타낸다.

 2　각 방향보어가 나타내는 의미

　이 책에서는 각 방향보어의 상용적인 의미만을 열거한다.

1 来

　□ 방향 의미 : 동작을 통해 사람이나 물체가 기준점을 향해 이동하는 것을 나타낸다.

① 忽然一条小狗向我跑来。

　Hūrán yì tiáo xiǎo gǒu xiàng wǒ pǎolái.

갑자기 강아지 한 마리가 나를 향해 달려왔다.

② 会场已经坐满了人，可是还不时有人进来。

　Huìchǎng yǐjīng zuò mǎn le rén, kěshì hái bù shí yǒu rén jìnlái.

회의장은 이미 사람들로 꽉 들어차 있었지만 여전히 간간이 사람들이 들어 왔다.

③ 一天, 老师傅把鲁班叫来, 说 : "你该下山了。"

　　Yì tiān, lǎo shīfu bǎ Lǔbān jiào lái, shuō : "Nǐ gāi xià shān le."

④ 欧阳海受了重伤, 车上的人都向他跑来。

　　Ōuyáng hǎi shòule zhòngshāng, chē shàng de rén dōu xiàng tā pǎolai.

하루는, 사부님이 **鲁班**을 불러다 놓고 말씀하셨다, "네가 산을 내려가야 할 때가 되었구나."

欧阳海가 중상을 입자, 차안에 있던 사람들이 모두 그에게 달려왔다.

② 去

□ 방향 의미 : 동작을 통해 사람이나 물체가 기준점을 떠나서 다른 목표를 향해 이동하는 것을 나타낸다.

① 甲(打电话) : 喂, 明天你能回来一下吗?

　　　　　　　　Wèi, míngtiān nǐ néng huílái yíxià ma?

乙 : 能回去, 你在家等我吧。

　　Néng huíqù, nǐ zài jiā děng wǒ ba.

② 谢利说 : "我的字典夏西借去了。"

　　Xièlì shuō : "Wǒ de zìdiǎn Xiàxī jiè qù le."

③ "让我把你吃了吧!"狼说着就向东郭先生扑去。

　　"Ràng wǒ bǎ nǐ chī le ba!" Láng shuōzhe jiù xiàng Dōng Guō xiānsheng pū qù.

④ 他朝图书馆的方向走去。

　　Tā cháo túshūguǎn de fāngxiàng zǒu qù.

갑(전화를 걸다) : 여보세요, 내일 당신 좀 돌아와 줄 수 있어요?

을 : 갈 수 있어. 집에서 기다리고 있어.

谢利는 "내 자전은 夏西가 빌려갔어"라고 말했다.

"내가 너를 잡아먹겠다!"라고 늑대가 말하면서 东郭선생에게 달려들었다.

그는 도서관 쪽으로 걸어갔다.

③ 上

① 방향 의미(一) : 사람이나 물체가 동작을 통해 낮은 곳에서 높은 곳으로 이동하는 것을 나타낸다. 정해진 기준점이 없다.

① 龙梅把羊赶上山。

　　Lóngméi bǎ yáng gǎnshàng shān.

龙梅가 양을 산으로 몰았다.

이 말을 할 때 기준점(예를 들면, 화자의 위치)은 '산 위'에 있을 수도 있고, '산 아래'에 있을 수도 있다('下·进·出·回……'등도 모두 정해진 기준점이 없다. 이후부터는 다시 부연 설명하지 않겠음).

② 气球慢慢飞上天空。

　　Qìqiú mànmàn fēi shàng tiānkōng.

풍선이 천천히 하늘로 날아 올라갔다.

② 방향 의미(二) : 동작을 통해 사람이나 물체가 기준점을 향해 이동하는 것—기준점에 다가감을 나타낸다.

① 老王叫我，我就快步走上前问他有什么事。

　　Lǎo Wáng jiào wǒ, wǒ jiù kuàibù zǒu shàng qián wèn tā yǒu shénme shì.

③ 결과 의미(一) – 기본 결과 의미 : 접촉·부착하여 고정되는 것을 나타낸다.

① 请你把门关上。

　　Qǐng nǐ bǎ mén guān shàng.

② 我用一块布把电视机蒙上了。

　　Wǒ yòng yí kuài bù bǎ diànshìjī méng shàng le

③ 去年我出差到重庆，正赶上八月十五。

　　Qùnián wǒ chūchāi dào Chóngqìng, zhèng gǎn shàng bā yuè shíwǔ.

④ 今天外边很冷，把大衣穿上吧。

　　Jīntiān wàibiān hěn lěng, bǎ dàyī chuān shàng ba.

⑤ 我今天一出门就遇上了一场大雨。

　　Wǒ jīntiān yì chū mén jiù yù shàng le yì chǎng dà yǔ.

⑥ 前边有一个虫子，小心别踩上。

　　Qiánbiān yǒu yí ge chóngzi, xiǎoxīn bié cǎi shàng.

⑦ 请在卡片上写上你的名字。

　　Qǐng zài kǎpiàn shàng xiě shàng nǐ de míngzi.

⑧ 冰箱温度太低了，牛奶都冻上冰了。

　　Bīngxiāng wēndù tài dī le, niúnǎi dōu dòng shàng bīng le.

⑨ 他把电脑拆了，自己又装上了。

　　Tā bǎ diànnǎo chāi le, zìjǐ yòu zhuāng shàng le.

⑩ 他看上了那个女孩，可是那个女孩觉得他比不上她以前的男朋友。

　　Tā kànshàng le nàge nǚhái, kěshì nàge nǚhái juéde tā bǐ bu shàng tā yǐqián de nán péngyou.

④ 결과 의미(二) : 기대하거나 도달하길 희망했던 목표가 실현되었음을 나타낸다.

① 他终于买上了他喜欢的汽车。

　　Tā zhōngyú mǎi shàng le tā xǐhuan de qìchē.

② 我弟弟去年好不容易考上了大学。

　　Wǒ dìdi qùnián hǎo bù róngyì kǎo shàng le dàxué.

③ 这个村子的居民去年才用上水。

　　Zhège cūnzi de jūmín qùnián cái yòng shàng shuǐ.

④ 他借了很多钱，一直还不上。

　　Tā jièle hěn duō qián, yìzhí huán bu shàng.

'上'의 이런 결과 의미는 구어적 용법의 일종이다.

⑤ 상태 의미 : 동작이나 상태의 시작을 나타낸다.

① 老师刚说了一句话，学生们就议论上了。

　　Lǎoshī gāng shuōle yí jù huà, xuéshengmen jiù yìlùn shàng le.

② 小明，我叫你睡觉，你怎么又唱上了。

　　Xiǎo Míng, wǒ jiào nǐ shuì jiào, nǐ zěnme yòu chàng shàng le.

③ 这个孩子时间抓得很紧，刚下课回到家，又用上功了。

　　Zhège háizi shíjiān zhuā de hěn jǐn, gāng xiàkè huí dào jiā, yòu yòng shàng gōng le.

④ 你不是在上学吗，怎么做上生意了？

　　Nǐ bú shì zài shàng xué ma, zěnme zuò shàng shēngyì le?

④ 上来

① 방향 의미(一) : '上'과 마찬가지로, 사람이나 물체가 동작을 통해 낮은 곳에서 높은 곳으로 이동하는 것을 나타낸다. 그러나 '上来'를 쓸 경우에는 기준점은 높은 곳에 있다.

① 这时我看见山下的人很快地跑上山来。(나 – 산 위에 있음)

　　Zhè shí wǒ kànjiàn shān xià de rén hěn kuài de pǎo shàng shān lái.

② 他在电话里说：“快点上楼来!”(그 – 위층에 있음)

　　Tā zài diànhuà lǐ shuō : "Kuài diǎn shàng lóu lái!"

③ 喂，你给我带上一杯茶来。(나 – 높은 곳에 위치함)

　　Wèi, nǐ gěi wǒ dài shàng yì bēi chá lái.

② 방향 의미(二) : 동작을 통해 사람이나 물체의 위치가 기준점을 향해 이동함— 기준점에 다가감(화자가 바로 기준점임)을 나타낸다.

① 比赛在激烈地进行，我们队打得不太好，这时教练把队长换上场来。(화자-경기장 안에 위치함)

Bǐsài zài jīliè de jìnxíng, wǒmenduì dǎ de bú tài hǎo, zhè shí jiàoliàn bǎ duìzhǎng huàn shàng chǎng lái.

경기는 격렬하게 진행되고 있었는데 우리 팀이 잘 싸우지 못하자, 코치가 주장을 교체해 들여보냈다.

② 他走上前来，悄悄对我说："你要注意旁边那个人！"('我'의 위치가 기준점임)

Tā zǒu shàng qián lái, qiǎoqiǎo duì wǒ shuō : "Nǐ yào zhùyì pángbiān nàge rén!"

그가 앞으로 걸어 나와서 살그머니 내게 "옆에 있는 저 사람을 조심해!"라고 말했다.

③ 기본 결과 의미(一) : 접촉·부착하여 고정되는 것을 나타낸다. 주안점은 주된 물체나 전체에 있다.

'上'·'上来'·'上去'가 보어로 쓰일 때는 항상 두 가지 측면 즉 주된 물체와 부차적인 물체 또는 물체의 전체와 부분과 관련이 있다. '上来'를 사용할 때는 주된 물체나 전체에 주안점을 둔다.

① 这个名单上的人不够，能不能再补上来几个？(주안점은 '名单'에 있음)

Zhège míngdān shàng de rén bú gòu, néng bu néng zài bǔ shànglai jǐ gè?

이 명단에 있는 사람들로는 부족한데, 몇 사람 더 보충할 수 있나요?

기본 결과 의미를 나타낼 때 '上来'는 '上'만큼 자주 사용되지 않는다.

④ 결과 의미(二) : 성공적으로 정확하게 완성했음을 나타낸다. 가능보어형식을 주로 사용한다.

① 这个问题太难，我答不上来。

Zhège wèntí tài nán, wǒ dá bu shànglai.

이 문제는 너무 어려워서 나는 대답을 할 수 없다.

② 我刚认识他不久，还叫不上他的名字来。

Wǒ gāng rènshi tā bù jiǔ, hái jiào bu shàng tā de míngzì lai.

내가 그를 안 지 얼마 되지 않았기 때문에, 아직은 그의 이름을 부를 수가 없다.

③ 你家在哪儿？我可说不上来。

Nǐ jiā zài nǎr? Wǒ kě shuō bu shànglai.

너의 집이 어디지? 나는 말로 설명할 수가 없어.

⑤ 上去

① 방향 의미(一) : 사람이나 물체가 동작을 통해 낮은 곳에서 높은 곳으로 이동하는 것을 나타낸다. 기준점은 낮은 곳에 있다.

① 听见楼上"嘭"的一声，我赶紧跑上楼去。(나-아래층에 있음)

Tīngjiàn lóu shàng "pēng" de yì shēng, wǒ gǎnjǐn pǎo shàng lóu qù.

위층에서 나는 '펑'하는 소리를 듣고, 나는 급히 위층으로 뛰어 올라갔다.

② 我看见一个孩子很快地爬上树去。（나-나무아래에 있음）

Wǒ kànjiàn yí ge háizi hěn kuài de páshàng shù qù.

나는 한 아이가 잽싸게 나무 위로 기어 올라가는 것을 보았다.

③ 他在楼上等着呢，你快把文件给他送上去。（화자-아래층에 있음）

Tā zài lóu shàng děngzhe ne, nǐ kuài bǎ wénjiàn gěi tā sòng shàngqù.

그가 위층에서 기다리고 있으니 어서 서류를 그에게 가져다주어라.

② 방향 의미(二) : 동작을 통해 사람이나 물체가 기준점을 떠나 다른 장소를 향해 이동하는 것을 나타낸다.

① 用人听见主人叫他，他很快地走上前去问主人有什么事。（'用人'이 기준점을 떠남）

Yòng rén tīngjiàn zhǔrén jiào tā, tā hěn kuài de zǒu shàng qián qù wèn zhǔrén yǒu shénme shì.

하인은 주인이 그를 부르는 소리를 듣고 얼른 앞으로 가서 주인에게 무슨 일인지 물었다.

② 一个电影明星来了，我看见很多孩子围了上去。（'我'의 위치가 기준점이고, '很多孩子'가 기준점을 떠남）

Yí ge diànyǐng míngxīng lái le, wǒ kànjiàn hěn duō háizi wéile shàngqù.

한 인기 영화배우가 오자, 나는 많은 아이들이 에워싸는 것을 보았다.

③ 결과 의미(기본 결과 의미) : 접촉·부착하여 고정되는 것을 나타내고, 주안점은 물체의 부분이나 부차적인 물체에 있다. 다시 말해 동작을 통해 물체의 일부분이나 부차적인 물체로 하여금 전체나 주요 물체와 접촉·부착하여 고정되게 하는 것을 나타낸다.

① 这幅画儿很好看，你贴上去吧。（주안점은 '牆'에 있음）

Zhè fú huàr hěn hǎo kàn, nǐ tiē shàngqu ba.

이 그림 예쁘다, 네가 (벽에다) 붙여라.

② 我也报名，请你把我的名字写上去。（주안점은 '表格'에 있음）

Wǒ yě bàomíng, qǐng nǐ bǎ wǒ de míngzi xiě shàngqù.

나도 신청해, 내 이름도 써 줘.

③ 那根绳子太短，把这根接上去。（주안점은 '那根绳子'에 있음）

Nà gēn shéngzi tài duǎn, bǎ zhè gēn jiē shàngqù.

그 줄은 너무 짧으니, 이 줄을 연결해라.

④ 屋子里灰尘太大，电视机容易脏，把这块布蒙上去。（주안점은 '电视机'에 있음）

Wūzi lǐ huīchén tài dà, diànshìjī róngyì zàng, bǎ zhè kuài bù méng shàngqù.

방에 먼지가 너무 많아서, TV가 쉽게 더러워지니 이 천을 덮어 씌워라.

'上'의 기본 결과 의미는 '上来'·'上去'와 동일하지만, 주안점이 없거나 명확하지 않다. 결과 의미를 나타낼 때, '上'이 '上来'·'上去'보다 더 자주 쓰인다.

6　下

⓵ 방향 의미(一) : 사람이나 물체가 동작을 통해 높은 곳에서 낮은 곳으로 이동하는 것을 나타낸다.

① 手放下吧。

　　shǒu fàng xià ba.

손을 내려놓으세요.

② 听见有人叫我，我很快走下楼。

　　Tīngjiàn yǒu rén jiào wǒ, wǒ hěn kuài zǒu xià lóu.

누군가가 나를 부르는 소리를 듣고 나는 재빨리 아래층으로 내려갔다.

다음 두 예문은 주의해야 한다.

③ 孩子看见我，高兴地跳下床。

　　Háizi kànjiàn wǒ, gāoxìng de tiàoxià chuáng.

아이는 나를 보고는 기뻐서 침대에서 뛰어 내렸다.

④ 孩子看见我，高兴地跳下地。

　　Háizi kànjiàn wǒ, gāoxìng de tiàoxià dì.

아이는 나를 보고는 기뻐서 땅으로 뛰어 내렸다.

이 두 문장이 나타내는 의미는 사실상 동일하다. 다시 말해 '下'뒤의 장소사는 동작의 기점을 나타낼 수도 있고(예 ③), 동작의 종점을 나타낼 수도 있다(예 ④). 장소사가 나타내는 장소가 지평선 보다 높을 때는 동작의 기점을 나타내고, 장소사가 나타내는 장소가 지평선이거나 지평선보다 낮을 때는 동작의 종점을 나타낸다.

⓶ 방향 의미(二) : 동작을 통해 사람이나 물체가 기준점에서 떨어져 분리되는 것을 나타낸다.

① 服务员端下一盘菜倒掉了。(식사하는 탁자가 기준점임)

　　Fúwùyuán duānxià yì pán cài dǎo diào le.

종업원이 요리 한 접시를 들어 내려서 쏟아 버렸다.

⓷ 결과 의미(一) : 분리되어 고정되는 것을 나타낸다.

① 他放下手术刀，脱下白大褂，走了出去。

　　Tā fàngxià shǒushùdāo, tuōxià bái dàguà, zǒule chūqù.

그는 메스를 내려놓고 흰색 가운을 벗어버리고서 걸어 나갔다.

② 孩子们采下一束野花，送给老师。

　　Háizimen cǎi xià yú shù yěhuā, sòng gěi lǎoshī.

아이들이 야생화를 한 묶음 꺾어서 선생님께 선물했다.

③ 她生下孩子以后，精神好了一些。

　　Tā shēng xià háizi yǐhòu, jīngshén hǎole yìxiē.

그녀는 아이를 낳은 후에 기력이 다소 회복되었다.

④ 结婚的日子已经定下了，可是他还决定不了是不是要跟她结婚。

　　Jiéhūn de rìzi yǐjīng dìng xià le, kěshì tā hái juédìng bu liǎo shì bu shì yào gēn tā jiéhūn.

결혼식 날짜는 이미 정해졌지만, 그는 그녀와 결혼해야 할지 말아야 할지 아직 결정을 할 수가 없다.

④ 결과 의미(二) : '움푹 들어감'을 나타낸다.

① 他很瘦，脸颊陷下两个坑。　　　　　　　　　그는 말라서 볼 양쪽이 움푹 파였다.

　Tā hěn shòu, liǎnjiá xiànxià liǎng ge kēng.

⑤ 결과 의미(三) : '수용'을 나타낸다.

① 我的钱包很小，装不下那么多钱。　　　　　내 지갑이 작아서 그렇게 많은 돈을 넣을 수 없다.

　Wǒ de qiánbāo hěn xiǎo, zhuāng bu xià nàme duō qián.

② 这间屋子坐不下一百个人。　　　　　　　　이 방은 백 명이 앉을 수 없다.

　Zhè jiān wūzi zuò bu xià yìbǎi ge rén.

③ 他心里搁不下事儿，老是坐立不安的。　　그는 마음속에 어떤 일을 떨쳐버리지 못해(담아두고 있어서) 항상 안절부절못한다.

　Tā xīn lǐ gē bu xià shìr, lǎoshì zuò lì bù ān de.

⑥ 상태 의미 : 动态에서 静态로 변함을 나타낸다.

① 我一喊，他就停下了。　　　　　　　　　　내가 큰 소리로 부르자마자 그는 멈췄다.

　Wǒ yì hǎn, tā jiù tíng xià le.

② 这几天我刚定下心写论文，你又来打扰我。　요 며칠 나는 막 마음을 먹고 논문을 쓰는데 네가 와서 또 나를 방해한다.

　Zhè jǐ tiān wǒ gāng dìngxià xīn xiě lùnwén, nǐ yòu lái dǎrǎo wǒ.

③ 大家对你这么好，你怎么老也安不下心呢？　모두들 너한테 이렇게 잘 하는데 너는 왜 늘 마음을 놓지 못하니?

　Dàjiā duì nǐ zhème hǎo, nǐ zěnme lǎo yě ān bu xià xīn ne?

상태 의미를 나타낼 때, '下'는 '下来'만큼 자주 쓰이지 않는다.

⑦ 下来

① 방향 의미(一) : 사람이나 물체가 동작을 통해 높은 곳에서 낮은 곳으로 이동하는 것을 나타낸다. 기준점은 낮은 곳에 있다.

① A : 你快下来，有人找你。(A-아래층에 있음)　　너 빨리 내려와라, 누가 널 찾아.

　　Nǐ kuài xiàlai, yǒu rén zhǎo nǐ.

　B : 好，我就下去。(B-위층에 있음)　　　　알았어, 지금 내려갈게.

　　Hǎo, wǒ jiù xiàqù.

② 我看见乘客们从飞机上下来了。(나-땅 위에 있지, 비행기 안에 있지 않음)　　나는 승객들이 비행기에서 내려오는 것을 보았다.

　Wǒ kànjiàn chéngkèmen cóng fēijī shàng xiàlai le.

③ 我从楼上搬下来几把椅子。(나-아래층에 있음)　　나는 위층에서 의자 몇 개를 옮겨 내려왔다.

　Wǒ cóng lóu shàng bān xiàlai jǐ bǎ yǐzi.

② 방향 의미(二) : 동작을 통해 사람이나 물체가 기준점에서 떨어져 분리되는 것을 나타낸다. 이동하는 사람이나 물체는 기준점 상에 있지 않다.

① 我向司令汇报完军情，退下来一步，转身走出司令部。

  Wǒ xiàng sīlìng huìbào wán jūnqíng, tuì xiàlai yí bù, zhuǎn shēn zǒu chū sīlìngbù.

나는 사령관에게 군 상황 보고를 마친 후, 한 걸음 물러나서 뒤돌아 사령부를 걸어 나왔다.

② 教练看他太累了，把他换下场来。（'教练'은 '场上'에 있지 않음）

  Jiàoliàn kàn tā tài lèi le, bǎ tā huàn xià chǎng lái.

코치는 그가 너무 피곤한 것을 보고, 그를 교체시켜 내려오게 했다.

③ 결과 의미(一) : 분리되어 고정되는 것을 나타낸다. 주된 물체와 분리된 부차적인 물체나 물체의 일부분에 주안점이 있다.

① 我很喜欢墙上那幅画，你摘下来给我吧。（주안점은 분리될 물체인 '画'에 있음）

  Wǒ hěn xǐhuan qiáng shàng nà fú huà, nǐ zhāi xiàlai gěi wǒ ba.

나는 벽에 걸린 저 그림이 맘에 드는데, 떼어 내서 나 줘.

② 我想记一个电话号码，你从本子上撕下一张纸来给我好吗？
（주안점은 '一张纸'에 있음）

  Wǒ xiǎng jì yí ge diànhuà hàomǎ, nǐ cóng běnzi shàng sī xià yì zhāng zhǐ lái gěi wǒ hǎo ma?

전화번호 하나 적으려는데, 나한테 노트 한 장 찢어 줄 수 있니?

③ 我用力从地里拔下来一个萝卜。

  Wǒ yòng lì cóng dì lǐ bá xiàlai yí ge luóbo.

나는 힘껏 땅에서 무 하나를 뽑아냈다.

④ 这个月剩下来的钱给你买双鞋吧。

  Zhège yuè shèng xiàlai de qián gěi nǐ mǎi shuāng xié ba.

이번 달에 남은 돈을 너에게 줄 테니 신발 사라.

⑤ 你别走了，留下来跟我们一起工作吧。

  Nǐ bié zǒu le, liú xiàlai gēn wǒmen yìqǐ gōngzuò ba.

가지 말고, 남아서 우리랑 같이 일하자.

⑥ 请你把黑板上的句子抄下来。

  Qǐng nǐ bǎ hēibǎn shàng de jùzi chāo xiàlai.

칠판의 문장들을 베껴 쓰세요.

⑦ 这件事我既然答应下来了，就一定会努力办好。

  Zhè jiàn shì wǒ jìrán dāying xiàlai le, jiù yídìng huì nǔlì bàn hǎo.

이 일은 내가 기왕 대답한 것이니, 반드시 노력해서 잘 해낼 것입니다.

⑧ 开会的事定下来了。

  Kāi huì de shì dìng xiàlai le.

회의를 개최하는 일이 정해졌다.

④ 결과 의미(二) : '움푹 들어감'을 나타내, '下'의 결과 의미(二)와 동일하다.

① 几天不吃饭，他就瘦下来了。

  Jǐ tiān bù chī fàn, tā jiù shòu xiàlai le

며칠 밥을 안 먹더니 그는 살이 쭉 빠졌다.

② 车带瘪下来了，该打气了。

　　Chēdài biě xiàlai le, gāi dǎ qì le.

타이어가 쭈그러들었으니, 바람을 넣어야겠다.

⑤ 결과 의미(三) : 시간·노력이 들고 어느 정도의 역경을 극복해야 하는 동작행위가 완성되었음을 나타낸다.

① 一天的重体力劳动干下来，身体好像散了一样，一步也不想走了。

　　Yì tiān de zhòng tǐlì láodòng gàn xiàlai, shēntǐ hǎoxiàng sǎnle yíyàng, yí bù yě bù xiǎng zǒu le.

하루 종일 힘든 육체노동을 하고 나니, 몸이 따로 따로 노는 것 같아서 한 발짝도 걷기 싫다.

② 三年中文学下来，他的进步是明显的。

　　Sān nián Zhōngwén xué xiàlai, tā de jìnbú shì míngxiǎn de.

3년 동안 중국어를 배우고 나니, 그의 실력향상이 뚜렷하다.

　　앞뒤 문장이 명확할 때, '下来'앞의 동사는 말하지 않아도 되고, 결과적으로 '下来'가 직접 시간사 뒤에 쓰이게 된다.

③ 一年下来，他完全习惯了。

　　Yì nián xiàlai, tā wánquán xíguàn le.

1년이 지나고 나서, 그는 완전히 익숙해졌다.

⑥ 상태 의미 : 동태에서 정태로 변함을 나타내고, '下'보다 더 자주 쓰인다.

① 汽车开到我家门口，停了下来。

　　Qìchē kāi dào wǒ jiā ménkǒu, tíngle xiàlai.

차를 우리 집 문 앞에까지 몰고 와서 멈춰 섰다.

② 你应该定下心来好好念书。

　　Nǐ yīnggāi dìng xià xīn lái, hǎohāo niàn shū.

너는 마음을 편안하게 먹고 공부를 열심히 해야 한다.

③ 大厅忽然静了下来，原来贵宾到了。

　　Dàtīng hūrán jìngle xiàlai, yuánlái guìbīn dào le.

로비가 갑자기 조용해졌는데, 알고 보니 귀빈이 도착한 것이었다.

④ 天渐渐黑下来了。

　　Tiān jiànjiàn hēi xiàlai le.

날이 점점 어두워졌다.

⑤ 火车慢下来了，原来要进站了。

　　Huǒchē màn xiàlai le, yuánlái yào jìn zhàn le.

기차가 속도를 늦추었는데, 알고 보니 역에 진입하려는 것이었다.

　　'下来'와 결합할 수 있는 것은 일반적으로 '暗'·'静'·'低'류의 소극적형용사이다.

8　下去

① 방향 의미(一) : 사람이나 물체가 동작을 통해 높은 곳에서 낮은 곳으로 이동하는 것을 나타낸다. 기준점은 높은 곳에 있다.

① 楼下的孩子们打起来了，他很快地跑下楼去。(그-위층에 있음)

Lóuxià de háizimen dǎ qilai le, tā hěn kuài de pǎo xià lóu qù.

② 我叫小王给山下的人带下去一些水果。(나-산 위에 있음)

Wǒ jiào Xiǎo Wáng gěi shān xià de rén dài xiàqu yìxiē shuǐguǒ.

③ 这些家具没有用了，你搬下楼去吧。

Zhèxiē jiājù méi yǒu yòng le, nǐ bān xià lóu qù ba.

<table>
<tr><td>

② 방향 의미(二) : 동작을 통해 사람이나 물체가 기준점에서 떨어져 분리되는 것을 나타낸다. 화자는 기준점 상에 있다.

① 把没有吃完的饭菜撤下去吧。

Bǎ méi yǒu chī wán de fàncài chè xiàqu ba.

② 场上的裁判把他罚下场去。

Chǎng shàng de cáipàn bǎ tā fá xià chǎng qù.

③ 결과 의미(一) : 분리되어 고정되는 것을 나타낸다. 주된 물체나 물체의 전체에 주안점이 있다.

① 墙上挂那幅画不好看，摘下去吧。(주안점은 '墙'에 있음)

Qiáng shàng guà nà fú huà bù hǎokàn, zhāi xiàqu ba.

② 写错了，他生气地把那张纸从本子上撕下去。(주안점은 '本子'에 있음)

Xiě cuò le, tā shēngqì de bǎ nà zhāng zhǐ cóng běnzi shàng sī xiàqu.

그러므로 남겨 두려는 것은 '下来'를 써야하고('下来'결과 의미(一)의 예 ② 참고), 버리려는 것은 위의 예처럼 '下去'를 쓴다.

③ 下课了，学生把黑板上的字擦下去了。

Xià kè le, xuésheng bǎ hēibǎn shàng de zì cā xiàqu le.

④ 把这个杈掰下去，这盆花就会长得好一点。

Bǎ zhège chà bāi xiàqu, zhè pén huā jiù huì zhǎng de hǎo yìdiǎn.

⑤ 他的声音真大，把大家的声音都压下去了，会场上一下子安静下来。

Tā de shēngyīn zhēn dà, bǎ dàjiā de shēngyīn dōu yā xiàqu le, huìchǎng shàng yíxiàzi ānjìng xiàlai.

</td><td>

아래층의 아이들이 싸우기 시작하자, 그는 재빠르게 뛰어 내려갔다.

나는 小王에게 산 아래 사람들한테 과일을 좀 가져다주도록 했다.

이 가구들은 소용없게 되었으니 아래층으로 옮겨가라.

다 먹지 못한 음식들을 치우세요.

경기장의 심판이 그를 벌로 퇴장시켰다.

벽에다 저 그림을 거는 건 안 어울리니, 떼어내 버려라.

잘못 쓰면, 그는 화가 나서 그 종이를 노트에서 찢어내 버린다.

수업이 끝나자 학생이 칠판의 글자를 지워버렸다.

이 가지를 쳐버리면, 이 화분의 꽃이 좀 더 잘 자랄 거다.

그의 목소리가 정말 커서 모두의 소리를 압도해서, 회의장이 한순간에 조용해 졌다.

</td></tr>
</table>

④ 결과 의미(二) : '움푹 들어감'을 나타내고, '下'·'下来'보다 더 자주 쓰인다.

① 眼看他一天天瘦下去了，可是医生一点办法也没有。

    Yǎnkàn tā yì tiāntiān shòu xiàqu le, kěshì yīshēng yìdiǎn bànfǎ yě méi yǒu.

그가 하루하루 여위어 가는 것을 직접 보면서도, 의사는 아무런 방법도 없었다.

② 几天不睡觉，他眼窝陷下去了，眼睛显得更大了。

    Jǐ tiān bú shuìjiào, tā yǎnwō xiàn xiàqu le, yǎnjing xiǎn de gèng dà le.

며칠 간 잠을 자지 않아 그는 눈두덩이 움푹 들어가서 눈이 더 커 보인다.

③ 汽车被撞得凹下去一块。

    Qìchē bèi zhuàng de āo xiàqu yí kuài.

차가 부딪쳐서 한 쪽이 푹 들어갔다.

⑤ 상태 의미(一) : 동태에서 정태로 변함을 나타낸다.

① 听了这句话，他的眼光黯淡下去了。

    Tīngle zhè jù huà, tā de yǎnguāng àndàn xiàqu le.

이 말을 듣고 그의 눈빛이 어두워졌다.

② 他一度低沉下去的勇气陡然增加了。

    Tā yí dù dīchén xiàqu de yǒngqì dǒurán zēngjiā le.

그는 한동안 수그러들었던 용기가 갑자기 생겼다.

'下去'와 '下来'를 비교해 보자. 첫째, '下来'는 '停·站'등의 동사와 결합할 수 있지만, '下去'는 결합할 수 없다. 둘째, '下来'가 결합할 수 있는 형용사의 범위가 '下去'보다 넓고, '下来'는 속도나 사람의 태도·어기를 나타내는 형용사와 결합할 수 있지만 '下去'는 결합할 수 없다. 셋째, '下来'는 일반적으로 근거리나 눈앞의 변화를 나타내지만, '下去'는 원거리의 변화를 나타내기에 더 적합하다.

① 教室里静下来了，老师才开始讲课。

    Jiàoshì lǐ jìng xiàlai le, lǎoshī cái kāishǐ jiǎng kè.

교실 안이 조용해지자 선생님은 비로소 수업을 시작하셨다.

② 我想听听隔壁吵什么，可是争吵声渐渐低下去了，我听不清楚。

    Wǒ xiǎng tīngting gébì chǎo shénme, kěshì zhēngchǎoshēng jiànjiàn dī xiàqu le, wǒ tīng bu qīngchu.

나는 옆방에서 뭐라고 떠드는지 들어보고 싶었지만, 싸우는 소리가 점점 작아져서 나는 잘 알아들을 수 없었다.

⑥ 상태 의미(二) : 이미 시작된 동작상태가 계속 진행되거나 지속됨을 나타낸다. 가능보어를 구성할 수 있다.

① 说下去!

    Shuō xiàqu!

계속 말해!

② 我要是再在这儿住下去，非得憋死不可。

    Wǒ yàoshì zài zài zhèr zhù xiàqu, fēiděi biē sǐ bùkě.

내가 여기서 다시 계속 산다면, 숨이 막혀 죽고 말 것이다.

③ 我们不能再沉默下去了，我们要抗争！

   Wǒmen bù néng zài chénmò xiàqu le, wǒmen yào kàngzhēng!

우리는 더 이상 침묵을
지키고만 있을 수 없고,
항쟁해야 한다.

‘下去’의 이러한 상태 의미는 상태 의미(一)보다 더 자주 쓰인다.

⑨ 进

① 방향 의미 : 동작을 통해 사람이나 물체가 어떤 장소의 외부에서 내부로 이동하는 것을 나타낸다.

① 上课了，学生们走进教室。

   Shàng kè le, xuéshengmen zǒu jìn jiàoshì.

수업이 시작되자 학생
들이 교실로 들어왔다.

② 我眼看着那只美丽的小鸟飞进了树林。

   Wǒ yǎnkànzhe nà zhī měilì de xiǎo niǎo fēi jìnle shùlín.

나는 그 아름다운 작은
새 한 마리가 숲으로 날
아 들어오는 것을 보고
있었다.

② 결과 의미 : ‘움푹 들어감’을 나타낸다.

① 墙上凹进一块，很显眼。

   Qiáng shàng āo jìn yí kuài, hěn xiǎnyǎn.

벽의 한 부분이 움푹 들
어간 게 아주 두드러진
다.

② 他的额头瘪进一块。

   Tā de étou biě jìn yí kuài.

그의 이마가 한 쪽이 움
푹 들어갔다.

⑩ 进来

□ 방향 의미 : 동작을 통해 사람이나 물체가 어떤 장소의 외부에 내부로 이동하는 것을 나타낸다. 기준점은 장소 안에 있다.

① 妈妈：孩子们，外边太冷，你们进来吧。

   Mama : Háizimen, wàibiān tài lěng, nǐmen jìnlái ba.

엄마 : 얘들아 밖이 너
무 추우니까 들어와라.

② 上课了，学生们走进教室来。

   Shàng kè le, xuéshengmen zǒu jìn jiàoshì lái.

수업이 시작되자 학생
들은 교실로 들어왔다.

⑪ 进去

① 방향 의미 : 동작을 통해 사람이나 물체가 어떤 장소의 외부에서 내부로 이동하는 것을 나타낸다. 기준점은 장소 밖에 있다.

① 主人对客人：有事咱们进屋去说吧。

   Zhǔrén duì kèrén : Yǒu shì zámen jìn wū qù shuō ba.

주인이 손님에게 : 볼
일이 있으면 우리 안으
로 들어가서 얘기하지
요.

② 刚才我看见两个人进商店里去了。

    Gāngcái wǒ kànjiàn liǎng ge rén jìn shāngdiàn lǐ qù le.

방금 전에 나는 두 사람이 상점 안으로 들어가는 것을 보았다.

② 결과 의미 : '움푹 들어감'을 나타낸다.

① 她满脸皱纹，眼睛深深地凹进去。

    Tā mǎn liǎn zhòu wén, yǎnjing shēnshēn de āo jìnqu.

그녀는 얼굴이 온통 주름살투성이고, 눈은 깊이 움푹 들어갔다.

② 他满脸胡子，太阳穴和腮都瘪进去。

    Tā mǎnliǎn húzi, tàiyángxué hé sāi dōu biě jìnqu.

그는 얼굴이 온통 수염이고, 태양혈과 볼이 움푹 들어갔다.

⑫ 出

① 방향 의미 : 동작을 통해 사람이나 물체가 어떤 장소의 내부에서 외부로 이동하는 것을 나타낸다.

① 听了他的话，妹妹哭着跑出家门。

    Tīngle tā de huà, mèimei kūzhe pǎo chū jiāmén.

그의 말을 듣고 여동생은 울면서 집을 뛰쳐나갔다.

② 放学了，孩子们排着队走出了校门。

    Fàng xué le, háizimen páizhe duì zǒu chū le xiàomén.

수업이 끝나자, 아이들은 줄을 서서 교문을 나갔다.

② 결과 의미 : 무에서 유, 불명확에서 명확, 은폐로부터 노출을 나타낸다.

① 那件事你想出什么办法没有？

    Nà jiàn shì nǐ xiǎng chū shénme bànfǎ méiyǒu?

그 일에 대해서 너 무슨 방법을 생각해 냈냐?

② 从字典里我查出这个字的发音和意思了，可是还不知道怎么用。

    Cóng zìdiǎn lǐ wǒ cháchū zhège zì de fāyīn hé yìsi le, kěshì hái bù zhī dào zěnme yòng.

자전에서 이 글자의 발음과 뜻을 찾기는 했지만 어떻게 쓰이는지는 아직 모른다.

③ 你听出这是谁的声音了吗？

    Nǐ tīng chū zhè shì shéi de shēngyīn le ma?

너 이게 누구의 목소리인지 구별해 낼 수 있니?

④ 这所大学多年来培养出成千上万的人才。

    Zhè suǒ dàxué duō nián lái péiyǎng chū chéng qiān shàng wàn de réncái.

이 대학은 수 년 동안 수많은 인재를 배출해 냈다.

⑬ 出来

① 방향 의미 : 동작을 통해 사람이나 물체가 어떤 장소의 내부에서 외부로 이동하는

것을 나타낸다. 기준점은 장소 밖에 있다.

① 小刚 : 小明, 快出来, 外边的雪真好看。

  Xiǎo Gāng : Xiǎo Míng, kuài chūlái, wàibiān de xuě zhēn hǎokàn.

② 我看见一只鸟从笼子里飞出来了。

  Wǒ kànjiàn yì zhī niǎo cóng lóngzi lǐ fēi chūlai le.

小刚 : 小明, 빨리 나와, 바깥의 눈이 정말 예쁘다.

나는 새 한 마리가 새장에서 날아 나오는 것을 보았다.

② 결과 의미 : 무에서 유, 불명확에서 명확, 은폐로부터 노출을 나타낸다.

① 关于这个问题学校应该制定出一套办法来。

  Guānyú zhège wèntí xuéxiào yīnggāi zhìdìng chū yí tào bànfǎ lai.

② 床底下藏着一些违禁品, 他很怕被搜出来。

  Chuáng dǐxià cángzhe yìxiē wéijìnpǐn, tā hěn pà bèi sōu chūlai.

③ 那个人叫什么名字, 住在哪儿, 你打听出来了吗?

  Nàge rén jiào shénme míngzi, zhù zài nǎr, nǐ dǎting chūlai le ma?

④ 我认为群众的积极性还没有充分发挥出来。

  Wǒ rènwéi qúnzhòng de jījíxìng hái méi yǒu chōngfēn fāhuī chūlai.

⑤ 他做出来的菜真是色、香、味俱全。

  Tā zuò chūlai de cài zhēn shì sè、xiāng、wèi jùquán.

이 문제에 관해 학교는 일련의 방법들을 만들어내야 한다.

침대 밑에 금지품을 숨기고 있었는데, 그는 수색해 낼까봐 두려워한다.

그 사람 이름은 무엇이고, 어디에 사는지, 알아냈습니까?

나는 군중의 적극성이 아직 충분히 발휘되지 못했다고 생각한다.

그가 만들어낸 요리는 실로 색과 향기·맛이 고루 갖추어졌다.

14 出去

□ 방향 의미 : 동작을 통해 사람이나 물체가 어떤 장소의 내부에서 외부로 이동하는 것을 나타낸다. 기준점은 장소 내에 있다.

① 下课了, 我看见老师和学生们都走出教室里去了。(나－교실 안에 있음)

  Xià kè le, wǒ kànjiàn lǎoshī hé xuéshengmen dōu zǒu chū jiàoshì lǐ qù le.

② 我们在树林里迷了路, 不知怎样才能走出树林去。(우리－숲 속에 있음)

  Wǒmen zài shùlín lǐ míle lù, bù zhī zěnyàng cái néng zǒuchū shùlín qu.

③ 这件事情你可不能说出去。

  Zhè jiàn shìqing nǐ kě bù néng shuō chūqu.

수업이 끝나자 나는 선생님과 학생들이 모두 교실을 나가는 것을 보았다.

우리는 숲 속에서 길을 잃었는데 어떻게 해야 숲에서 나갈 수 있는지 몰랐다.

이 일은 너 발설해서는 안 된다.

⑮ 回

□ 방향 의미 : 동작을 통해 사람이나 물체가 본래의 자리—집·조국·출발지 등을 향해서 이동하는 것을 나타낸다.

① 放学了，我们跑回宿舍。

　　Fàng xué le, wǒmen pǎo huí sùshè.

② 你真幸福，明天就要飞回祖国了。

　　Nǐ zhēn xìngfú, míngtiān jiù yào fēi huí zǔguó le.

수업이 끝나고 우리는 기숙사로 뛰어 돌아왔다.

넌 참 행복하겠구나, 내일이면 고국으로 돌아가니.

⑯ 回来

□ 방향 의미 : 동작을 통해 사람이나 물체가 본래의 자리—집·조국·출발지 등을 향해서 이동하는 것을 나타낸다, 기준점은 본래의 자리에 있다.

① 我家的小鸟飞走两天以后，又飞回来了。(새-집으로 돌아옴)

　　Wǒ jiā de xiǎo niǎo fēizǒu liǎng tiān yǐhòu, yòu fēi huílai le.

② 爸爸刚出去，又匆匆返回来，原来忘了要带的东西。(아빠-집에 돌아옴)

　　Bàba gāng chūqù, yòu cōngcōng fǎn huílái, yuánlái wàngle yào dài de dōngxi.

우리 집 새가 날아가 버린 지 이틀이 지난 후에 다시 (날아)돌아왔다.

아빠는 막 나가셨다가 다시 황급히 되돌아 오셨는데, 알고 보니 가져가야할 물건을 잊어버리고 가셨다.

⑰ 回去

□ 방향 의미 : 동작을 통해 사람이나 물체가 본래의 자리—집·조국·출발지 등을 향해서 이동하는 것을 나타낸다, 기준점은 본래의 자리에 있지 않다.

① 你把这本书寄回家去吧。(你·书-집에 있지 않음)

　　Nǐ bǎ zhè běn shū jì huí jiā qù ba.

② 太晚了，你把她们送回宿舍去吧。(你、她们-기숙사에 있지 않음)

　　Tài wǎn le, nǐ bǎ tāmen sòng huí sùshè qù ba.

너 이 책을 (우편으로) 집으로 되돌려 보내라.

너무 늦었으니 네가 그녀들을 기숙사까지 바래다주어라.

⑱ 过

① 방향 의미(一) : 동작을 통해 사람이나 물체가 어떤 장소를 지나거나 기준점을 향해서 이동하거나, 기준점을 떠나 다른 곳으로 이동하는 것을 나타낸다.

① 飞机飞过高山，飞过海洋，飞向遥远的大洋彼岸。(어떤 장소를 지나서)

비행기가 높은 산을 지나 바다 위를 날아 머나먼 바다 건너편을 향해

Fēijī fēiguò gāo shān, fēiguò hǎiyáng, fēi xiàng yáoyuǎn de dàyáng bǐ'àn.

② 他看见有人来了，慌忙跳过墙逃跑了。（어떤 장소를 지나서）

　　Tā kànjiàn yǒurén lái le, huāngmáng tiàoguò qiáng táopǎo le.

③ 陆大夫从护士的手里接过病历。（'病历'는 기준점 '陆大夫'를 향해 이동했음）

　　Lù dàifu cóng hùshi de shǒu lǐ jiēguò bìnglì.

④ 我正在讲话，他一把夺过话筒抢着说……（마이크는 기준점인 '我'를 떠나 다른 장소인 '他'를 향해 이동했음）

　　Wǒ zhèng zài jiǎng huà, tā yìbǎ duóguò huàtǒng qiǎngzhe shuō……

　　내가 말을 하고 있을 때, 그는 덥석 마이크를 잡아 채가서 ……라고 앞 다퉈 말했다.

날아간다.

그는 누가 온 것을 보고는 황급히 담장을 뛰어 넘어 도망을 갔다.

육 의원은 간호사에게서 차트를 건네받았다.

② 방향 의미(二) : 동작을 통해 사람이나 물체가 방향을 바꾸는 것—기준점을 향하거나 기준점을 떠나는 것을 나타낸다.

① 我进屋的时候他正往窗外看，听见我进来，他转过身向我点了点头。

　　Wǒ jìn wū de shíhou tā zhèng wǎng chuāng wài kàn, tīngjiàn wǒ jìnlai, tā zhuǎnguò shēn xiàng wǒ diǎnle diǎn tóu.

내가 방에 들어갈 때 그는 창 밖을 내다보고 있었는데, 내가 들어오는 소리를 듣고는 몸을 돌려 나를 향해 고개를 끄덕였다.

② 我看见她从对面走来，高兴地叫着她的名字，可是不知为什么，她扭过头不理我。

　　Wǒ kànjiàn tā cóng duìmiàn zǒulái, gāoxìng de jiàozhe tā de míngzi, kěshì bù zhī wèishénme, tā niǔguò tóu bù lǐ wǒ.

나는 그녀가 앞에서 걸어오는 것을 보고는 기뻐서 그녀의 이름을 큰 소리로 불렀으나, 웬일인지 모르지만 그녀는 고개를 돌려 나를 모른 체 했다.

③ 결과 의미(一) : '보내다'를 나타낸다.

① 她们在破庙里躲过了敌人的搜查。

　　Tāmen zài pòmiào lǐ duǒguòle dírén de sōuchá.

그녀들은 폐허가 된 절에서 적군의 수색을 피했다.

② 我们好不容易熬过寒冷的冬天。

　　Wǒmen hǎo bù róngyì āoguò hánlěng de dōngtiān.

우리는 추운 겨울을 간신히 견디어냈다.

③ 这件事你瞒不过我。

　　Zhè jiàn shì nǐ mán bu guò wǒ.

이 일은 네가 나를 속일 수 없다.

④ 你快逃吧，敌人不会放过你的。

　　Nǐ kuài táo ba, dírén bú huì fàngguò nǐ de.

빨리 도망가라, 적군이 너를 놓아 주지 않을 거야.

④ 결과 의미(二) : 적합한 점(시간과 장소)을 초과했음을 나타낸다.

① 我坐车的时候睡着了，结果坐过了站。

　　Wǒ zuò chē de shíhou shuì zháo le, jiéguǒ zuòguò le zhàn.

나는 차를 타는 동안 잠이 들어 버려서, 내릴 역을 지나쳤다.

② 他一跳到水里，水就没过脖子了。

　　Tā yí tiào dào shuǐ lǐ, shuǐ jiù mò guò bózi le.

그가 물로 뛰어 들고 보니 물은 목을 넘지 않았다.

③ 今天早上我睡过了，上课迟到了。

　　Jīntiān zǎoshàng wǒ shuìguò le, shàngkè chídào le.

오늘 아침에 나는 너무 자서 수업에 늦었다.

④ 弟弟长得很快，已经高过我耳朵了。

　　Dìdi zhǎng de hěn kuài, yǐjīng gāo guò wǒ ěrduo le.

남동생은 빨리 자라서 벌써 내 귀를 넘었다.

⑤ 결과 의미(三) : '……보다 낫다'를 나타낸다.

① 这种萝卜甜极了，赛过鸭梨。

　　Zhè zhǒng luóbo tián jí le, sài guò yālí.

이런 무는 정말 달아서, 배보다 더 달다.

② 听你这一席话，真是胜过读十年书啊!

　　Tīng nǐ zhè yì xí huà, zhēnshì shèng guò dú shí nián shū a!

당신의 이런 말을 한 차례 들으니, 정말 십 년 공부 한 것보다 낫군요!

③ 我不跟你比，我跑不过你。

　　Wǒ bù gēn nǐ bǐ, wǒ pǎo bu guò nǐ.

너랑 견주지 않을래, 난 너보다 잘 달리지 못해.

형용사 뒤에 '不过'를 쓸 수 있는데, 역시 이 의미에 속한다.

④ 那个地方再美不过了。

　　Nàge dìfang zài měi bu guò le.

그곳은 더 이상 아름다울 수 없다.

⑤ 他的工作再舒服不过了。

　　Tā de gōngzuò zài shūfu bu guò le.

그의 일은 더 이상 편할 수 없다.

⑥ 결과 의미(四) : '완결되다'를 나타낸다. '완결'을 나타내는 점에서, '过'와 '了'는 서로 비슷하지만, '过'는 동사가 나타내는 동작 및 언급하는 물체가 반드시 청자가 이미 알고 있는 정보여야 한다는 전제 조건이 있는 것이 '了'와 차이점이다.

① 老师 : 昨天我叫你们看的电影你们看过了吗?

　　Zuótiān wǒ jiào nǐmen kàn de diànyǐng nǐmen kànguò le ma?

선생님 : 어제 내가 너희에게 보라고 했던 영화 봤니?

学生 : 看过了。

　　Kànguò le.

학생 : 봤어요.

② 这封信你看过以后就烧掉吧。

　　Zhè fēng xìn nǐ kànguò yǐhòu jiù shāo diào ba.

이 편지는 네가 보고 난 다음에 태워버려라.

③ A : 你在我们这儿吃饭吧。

　　　Nǐ zài wǒmen zhèr chī fàn ba.

　 B : 我吃过了。

　　　Wǒ chīguò le.

④ 明天你吃过晚饭来一趟。

　　Míngtiān nǐ chīguò wǎnfàn lái yí tàng.

'过'의 이러한 용법은 '예전의 경험'을 나타내는 시태조사 '过'와 의미와 용법에 있어 모두 다르다. 발음상으로는 이 '过'는 강하게 읽지만 시태조사 '过'는 약하게 읽어야 한다. 결합할 수 있는 동사 역시 다르다(제2편 제9장 2절 "4.시태조사 '过'" 참조).

⑲ 过来

① 방향 의미(一) : 동작을 통해 사람·물체가 어떤 장소를 지나거나 기준점을 향해 이동하는 것을 나타낸다.

① 这时一辆卡车开过桥来。(화자는 기준점이고, '桥' 쪽에 있음)

　　Zhè shí yí liàng kǎchē kāiguò qiáo lái.

② 那个卖东西的老汉向我走过来。('我'가 기준점임)

　　Nàge mài dōngxi de lǎohàn xiàng wǒ zǒu guòlai.

② 방향 의미(二) : 동작을 통해 사람이나 물체가 방향을 바꾸는 것—기준점을 향하는 것을 나타낸다.

① 这时前边那个人转过脸来，我一看是一个多年未见的中学同学。

　　Zhè shí qiánbiān nàge rén zhuǎn guò liǎn lái, wǒ yí kàn shì yí ge duō nián wèi jiàn de zhōngxué tóngxué.

② 走在前面的人回过头来告诉我："注意，前面有一条沟!"

　　Zǒu zài qiánmiàn de rén huí guò tóu lái gàosu wǒ : "Zhùyì, qiánmiàn yǒu yì tiáo gōu!"

③ 결과 의미(一) : 힘겨운 시기나 난관을 헤쳐 나왔음을 나타낸다.

① 到现在我也不知道，当时我怎么没死，硬是熬过来了。

　　Dào xiànzài wǒ yě bù zhīdào, dāngshí wǒ zěnme méi sǐ, yìngshì áo guòlai le.

② 这些年你真不容易，你是怎么闯过来的?

　　Zhèxiē nián nǐ zhēn bù róngyì, nǐ shì zěnme chuǎng guòlai de?

③ 秋天，从饥饿中挣扎过来的人们，脸上开始出现健康的红润。

　　Qiūtiān, cóng jī'è zhōng zhēngzhá guòlái de rénmen, liǎn shàng kāishǐ chūxiàn jiànkāng de hóngrùn.

가을에, 기아에서 발버 둥치며 살아남은 사람들 얼굴에 건강한 홍조가 돌기 시작했다.

④ 尽管敌人对他严刑拷打，他还是挺过来了。

　　Jìnguǎn dírén duì tā yán xíng kǎo dǎ, tā háishi tǐng guòlai le.

적들이 그에게 모진 고문을 했음에도 불구하고, 그는 견뎌왔다.

④ 결과 의미(二) : 회복되거나 정상적·적극적인 상태로 변한 것을 나타낸다.

① 经过医生的抢救，他终于醒过来了。

　　Jīngguò yīshēng de qiǎngjiù, tā zhōngyú xǐng guòlai le.

의사의 응급처치를 통해, 그는 마침내 깨어났다.

② 直到这件事的严重后果出现了，我才明白过来，我错了。

　　Zhídào zhè jiàn shì de yánzhòng hòuguǒ chūxiàn le, wǒ cái míngbái guòlai, wǒ cuò le.

이 일의 심각한 최후 결과가 나타나고 나서야, 나는 비로소 내가 틀렸다는 것을 깨달았다.

③ 放心，他的身体很好，会活过来的。

　　Fàng xīn, tā de shēntǐ hěn hǎo, huì huó guòlai de.

안심해라, 그는 건강하니까 살아날 것이다.

④ 今天真冷，出去了一趟，回来一个小时了，还暖和不过来。

　　Jīntiān zhēn lěng, chūqùle yí tàng, huílai yí ge xiǎoshí le, hái nuǎnhuo bu guòlai.

오늘 정말 춥다, 한번 나갔다가 돌아온 지 한 시간이 되었는데도 여전히 따뜻해지질 않는다.

⑤ 결과 의미(三) : 할 수 있는 만큼의 완성을 나타내며, 가능보어형식을 자주 사용하며, 의미는 요구된 수량만큼 또는 마땅한 수량만큼 완성할 수 없음이다.

① 跑得我喘不过气来。

　　Pǎo de wǒ chuǎn bu guò qì lai.

나는 숨도 제대로 쉴 수 없을 정도로 달려 왔다.

② 人太多，我数不过来。

　　Rén tài duō, wǒ shù bu guòlai.

사람이 너무 많아서, 다 셀 수가 없다.

③ 工作太多，他一个人忙不过来。

　　Gōngzuò tài duō, tā yí ge rén máng bu guòlai.

일이 너무 많아서 그 사람 혼자서 너무 바빠서 어쩔 줄을 모른다.

④ 这些天我忙着考试，家里的事情顾不过来了。

　　Zhèxiē tiān wǒ mángzhe kǎoshì, jiā lǐ de shìqing gù bu guòlai le.

요 며칠 간 나는 시험 보느라 바빠서, 집안일은 돌볼 수가 없었다.

⑤ 你们这么多人一齐问问题，我怎么回答得过来呢？

　　Nǐmen zhème duō rén yìqí wèn wèntí, wǒ zěnme huídá de guòlai ne?

이렇게 많은 사람들이 한꺼번에 질문을 하면, 내가 어떻게 다 대답해 줄 수 있겠어요?

⑳ 过去

⓵ 방향 의미(一) : 동작을 통해 사람·물체가 어떤 장소를 지나거나 기준점을 떠나 다른 장소를 향해 이동하는 것을 나타낸다.

① 飞机飞过山去，渐渐看不见了。

　　Fēijī fēiguò shān qù, jiànjiàn kàn bu jiàn le.

비행기가 산을 날아 넘어가서는 점점 보이지 않게 되었다.

② 我去机场接一位从国外来的朋友，我正等得着急，看见他迎面走来，我也快走几步，迎了过去。

　　Wǒ qù jīchǎng jiē yí wèi cóng guówài lái de péngyou, wǒ zhèng děng de zháojí, kànjiàn tā yíng miàn zǒulái, wǒ yě kuài zǒu jǐ bù, yíngle guòqu.

나는 외국에서 오는 친구를 마중하러 공항에 가서, 애타게 기다리고 있는데 그가 정면에서 걸어오는 것을 보고는 나도 재빨리 몇 걸음 다가가서 맞이했다.

⓶ 방향 의미(二) : 동작을 통해 사람이나 물체가 방향을 바꾸는 것—기준점을 떠나는 것을 나타낸다.

① 她正在换衣服，背过脸去!

　　Tā zhèngzài huàn yīfu, bèi guò liǎn qù!

그녀가 지금 옷을 갈아 입고 있으니 얼굴을 돌려라.

② 他在我后边向我说着什么，说话声音很小，我听不清楚，只好扭过头去听。

　　Tā zài wǒ hòubiān xiàng wǒ shuōzhe shénme, shuōhuà shēngyīn hěn xiǎo, wǒ tīng bu qīngchu, zhǐhǎo niǔ guò tóu qù tīng.

그가 내 뒤에서 나에게 뭐라고 말하는데, 말소리가 너무 작아 난 잘 알아들을 수가 없어서 하는 수 없이 고개를 돌려서 들었다.

⓷ 결과 의미 : '보내다/지내다'를 나타낸다.

① 二十多年的时光转眼流逝过去了。

　　Èrshí duō nián de shíguāng zhuǎnyǎn liúshì guòqu le.

이십 년 넘는 세월이 눈 깜짝할 사이에 흘러가 버렸다.

② 苦日子总算熬过去了。

　　Kǔ rìzi zǒngsuàn áo guòqu le.

힘든 세월들을 마침내 견디어냈다.

③ 这个人好对付，我只用一句话就搪塞过去了。

　　Zhège rén hǎo duìfù, wǒ zhǐ yòng yí jù huà jiù tángsè guòqu le.

이 사람은 상대하기 쉬워서, 난 말 한마디로 대충 둘러대서 넘어갔다.

④ 这件事说过去就算了，以后谁也不要再提了。

　　Zhè jiàn shì shuō guòqu jiù suàn le, yǐhòu shéi yě bú yào zài tí le.

이 일은 말하고 넘어갔으면 그걸로 그만이니, 이후에 누구도 다시 얘기를 꺼내지 마라.

㉑ 起

⓵ 방향 의미 : 동작을 통해 사람이나 물체가 낮은 곳에서 높은 곳으로 이동하는 것

을 나타낸다. '上'과 다른 점은 '上'뒤에는 일반적으로 이동의 종점을 나타내는 장소목적어가 있지만, '起'뒤에는 종점을 나타내는 장소목적어가 올 수 없다.

① 空中升起一个气球。

　　Kōngzhōng shēngqǐ yí ge qìqiú.

공중에 풍선이 하나 떠올랐다.

② 他气得跳起脚骂人。

　　Tā qì de tiào qǐ jiǎo mà rén.

그는 화가 나서 발을 동동 구르며 욕을 했다.

그러므로 다음 예문들은 잘못된 것이어서 (　)안의 예문처럼 써야 한다.

　　*他走起楼。
　　(他走上楼。: 그는 위층으로 올라갔다)
　　*看见有客人来了，我忙站上身。
　　(看见有客人来了，我忙站起身。: 손님이 오는 것을 보고 나는 서둘러 몸을 일으켰다)

② 결과 의미(一) : 연결·결합하여 고정되는 것을 나타낸다.

① 连起这几个点就是一个六角形。

　　Lián qǐ zhè jǐ ge diǎn jiùshì yí ge liùjiǎoxíng.

이 몇 개의 점을 연결하면 육각형이다.

② 我用一张纸包起那些神秘的粉末就离开了那里。

　　Wǒ yòng yì zhāng zhǐ bāo qǐ nàxiē shénmì de fěnmò jiù líkāile nàlǐ.

나는 종이 한 장으로 그 신비한 가루를 싸서 그곳을 떠났다.

③ 他这些天正关起房门用功呢，你别去找他。

　　Tā zhèxiē tiān zhèng guānqǐ fángmén yònggōng ne, nǐ bié qù zhǎo tā.

그는 요 며칠 간 방문을 걸어 잠그고 열심히 공부하고 있으니, 너 그를 찾아가지 마라.

④ 听见有脚步声，他赶紧藏起那件血衣。

　　Tīngjiàn yǒu jiǎobùshēng, tā gǎnjǐn cáng qǐ nà jiàn xuèyī.

발소리가 나는 걸 듣고서, 그는 서둘러 그 피 묻은 옷을 숨겼다.

⑤ 他的这一不寻常的行动开始引起我们的注意。

　　Tā de zhè yī bù xúncháng de xíngdòng kāishǐ yǐnqǐ wǒmen de zhùyì.

그의 이 심상치 않은 행동이 우리의 주의를 끌기 시작했다.

⑥ 青年们在学校附近办起一个补习班。

　　Qīngniánmen zài xuéxiào fùjìn bàn qǐ yí ge bǔxíbān.

청년들이 학교 부근에 학원 하나를 열었다.

⑦ 从此她们建立起一种新型的师徒关系。

　　Cóng cǐ tāmen jiànlì qǐ yì zhǒng xīnxíng de shītú guānxi.

이 때부터 그녀들은 새로운 유형의 사제관계를 쌓기 시작했다.

'上'의 결과 의미(一)과 비교해 볼 때, '起'('起来')가 연결하는 물체는 주된 것과 부차적인 것을 나누지 않고, 전체와 부분을 나누지 않는다. 결합하는 동사도 다르다.

③ 결과 의미(二) : '돌출'·'융기'를 나타낸다.

① 干了一天活，他手上打起了几个血泡。

Gànle yì tiān huó, tā shǒu shàng dǎqǐ le jǐ ge xuèpào.

일을 하루 하고 나서 그의 손에 몇 개의 피 망울이 생겨났다.

② 妈妈刚说她一句，她就噘起了嘴。

Gànle yì tiān huó, tā shǒu shàng dǎqǐ le jǐ gè xiě pào.

엄마가 그녀에게 한 마디 하자마자, 그녀는 입을 삐죽 내밀었다.

③ 你们应该挺起腰板，像个主人翁的样子。

Nǐmen yīnggāi tǐng qǐ yāobǎn, xiàng ge zhǔrénwēng de yàngzi.

너희들은 허리를 똑바로 펴고, 주인다운 모습을 해야 한다.

④ 결과 의미(三) : 주관적으로 모종의 감당능력(경제·시간·자격·정신·체력 등)이 있는 지 여부를 나타내는데, 가능보어 형식만 쓴다.

① 这么贵的房子我可买不起。

Zhème guì de fángzi wǒ kě mǎi bu qǐ.

이렇게 비싼 집을 나는 살 수 없다.

② 我穿不起名牌衣服。

Wǒ chuān bu qǐ míngpái yīfu.

나는 유명 상표의 옷을 입을 수 없다.

③ 他是个重病人，这个问题你们还是快点解决吧，时间长了他拖不起。

Tā shì ge zhòngbìngrén, zhège wèntí nǐmen háishi kuài diǎn jiějué ba, shíjiān chángle tā tuō bu qǐ.

그는 중환자니까, 이 문제를 너희들이 빨리 해결해라, 시간을 더 이상 끌 수없다.

④ 我不敢粗心大意，出了问题我担待不起。

Wǒ bù gǎn cūxīn dàyì, chūle wèntí wǒ dāndài bu qǐ.

나는 감히 대충대충 할 수 없어요, 문제가 생기면 책임 질 수 없거든요.

⑤ 跳这种舞？我可丢不起这个人。

Tiào zhè zhǒng wǔ? Wǒ kě diū bu qǐ zhège rén.

이런 춤을 추라고? 나는 더 이상 망가질 수 없다.

⑤ 상태 의미 : 새로운 상태에 진입함을 나타내고, 동사 뒤에만 쓴다.

① 空中不时响起一阵阵沉闷的雷声。

Kōngzhōng bùshí xiǎng qǐ yí zhènzhèn chénmèn de léishēng.

하늘에서 이따금씩 간간이 묵직한 천둥소리가 울리기 시작했다.

② 她们一边吃饭，一边聊起别后十几年的情况。

Tāmen yìbiān chī fàn, yìbiān liáo qǐ biéhòu shí jǐ nián de qíngkuàng.

그녀들은 밥을 먹으면서, 헤어진 뒤 십여 년간의 정황을 이야기하기 시작했다.

③ 一些人窃窃私议，似乎也怀疑起这个会可能是个阴谋。

Yìxiē rén qièqiè sīyì, sìhū yě huáiyí qǐ zhège huì kěnéng shì ge yīnmóu.

몇몇 사람들이 수군거리는 것이, 마치 이 모임이 어쩌면 음모일지도 모른다고 의심하기 시작한 것 같다.

④ 不知什么时候，天下起了小雨。

　　Bù zhī shénme shíhou, tiān xià qǐ le xiǎo yǔ.

언제인지 몰라도 보슬비가 내리기 시작했다.

22 起来

1 방향 의미 : '起'와 동일하다, 동작을 통해 사람이나 물체가 낮은 곳에서 높은 곳으로 이동하는 것을 나타낸다.

① 气球升起来了。

　　Qìqiú shēng qǐlai le.

풍선이 떠올랐다.

② 把头抬起来。

　　Bǎ tóu tāi qǐlai.

고개를 들어올렸다.

③ 大风刮起来一阵砂石，打在汽车的玻璃上。

　　Dàfēng guā qǐlai yízhèn shāshí, dǎ zài qìchē de bōlí shàng.

거센 바람에 한바탕 모래가 날려 와, 차의 유리를 때렸다.

'上'과의 차이 역시 '起'와 동일하다.

2 결과 의미(一) : 연결·결합하여 고정되는 것을 나타낸다.

① 她们勾结起来欺骗他不是第一次了。

　　Tāmen gōujié qǐlai qīpiàn tā bú shì dì yí cì le.

그녀들이 결탁해서 그를 속인 것은 처음이 아니다.

② 这两笔钱加起来一共是多少？

　　Zhè liǎng bǐ qián jiā qǐlai yígòng shì duōshao?

이 두 몫의 돈을 합하면 모두 얼마입니까?

③ 你把头发盘起来，会凉快一点。

　　Nǐ bǎ tóufa pán qǐlai, huì liángkuai yìdiǎn

머리를 틀어 올리면 좀 시원할 거야.

④ 快藏起来!

　　Kuài cáng qǐlai!

빨리 숨어/숨겨!

⑤ 你怎么精神老也集中不起来？

　　Nǐ zěnme jīngshén lǎo yě jízhōng bù qǐlai?

넌 어째서 늘 정신을 집중하지 못하니?

⑥ 大家把他围起来了。

　　Dàjiā bǎ tā wéi qǐlai le.

모두들 그를 둘러쌌다.

⑦ 他这么一说，我想起来了，我们十年以前见过。

　　Tā zhème yì shuō, wǒ xiǎng qǐlai le, wǒmen shí nián yǐqián jiàn guo.

그가 이렇게 말하니까 생각이 났는데, 우린 십 년 전에 만난 적이 있다.

⑧ 大楼盖起来了，很快就可以搬进去住了。

　　Dàlóu gài qǐlai le, hěn kuài jiù kěyǐ bān jìnqu zhù le.

건물을 짓기 시작했으니, 곧 이사해 들어가서 살 수 있을 것이다.

③ 결과 의미(二) : '돌출'·'융기'를 나타낸다.

① 你看你, 哭得眼睛都肿起来了。

　　Nǐ kàn nǐ, kū de yǎnjing dōu zhǒng qǐlai le.

② 不小心, 头上碰起一个包来。

　　Bù xiǎoxīn, tóu shàng pèng qǐ yí ge bāo lai.

③ 把胸挺起来!

　　Bǎ xiōng tǐng qǐlai!

④ 상태 의미 : 새로운 상태에 진입함을 나타낸다. 동사 뒤에 쓰일 때는 동작이 진행
을 시작함 – 정태에서 동태로 진입함을 나타내고, 형용사 뒤에 쓰여서는 새로운 상
태가 시작되었음을 나타낸다.

① 天阴了, 下起雪来了。

　　Tiān yīn le, xià qǐ xuě lai le.

② 看见地上有一条蛇, 他吓得叫了起来。

　　Kànjiàn dì shàng yǒu yì tiáo shé, tā xià de jiàole qǐlai.

③ 听他说完, 大家都笑了起来。

　　Tīng tā shuō wán, dàjiā dōu xiàole qǐlai.

④ 你不是不喜欢打球吗? 怎么今天打起篮球来了?

　　Nǐ bú shì bù xǐhuan dǎ qiú ma? Zěnme jīntiān dǎ qǐ lánqiú lai le?

⑤ 他这次考试考得好一点, 又得意起来了。

　　Tā zhè cì kǎoshì kǎo de hǎo yìdiǎn, yòu déyì qǐlai le.

⑥ 他平时很节俭, 今天怎么大方起来了?

　　Tā píngshí hěn jiéjiǎn, jīntiān zěnme dàfang qǐlai le?

⑦ 看见别人都为她高兴, 小王心里觉得不是滋味起来。

　　Kànjiàn biérén dōu wèi tā gāoxìng, Xiǎo Wáng xīn lǐ juéde bú shì zīwèi qǐlai.

⑧ 周围的同学这么关心爱护他, 使他逐渐活泼开朗起来。

　　Zhōuwéi de tóngxué zhème guānxīn àihù tā, shǐ tā zhújiàn huópō kāilǎng qǐlai.

'起来'는 '下来'와 다르다. '起来'가 결합할 수 있는 형용사는 많지만 '下来'가 결합할
수 있는 형용사는 아주 적다. 이 외에도 '起来'는 일반적으로 '高·快·亮'류의 소위 적
극적형용사라 불리는 것 뒤에 쓰지만, '下来'는 '低·慢·暗'등의 소위 소극적형용사 뒤

에 쓴다. 하지만 화자 자신이 출현하는 변화가 일상적인 규범에 부합하지 않는다고 느낄 때는 '起来' 역시 소극적형용사와 결합할 수 있다.

① 我抽了马一鞭子，马跑得反而慢起来了。
　　Wǒ chōule mǎ yì biānzi, mǎ pǎo de fǎn'ér màn qǐlai le.

② 大白天，怎么天忽然暗起来了？
　　Dà báitiān, zěnme tiān hūrán àn qǐlai le?

내가 말을 채찍으로 때리자, 말이 달리는 것이 도리어 늦어졌다.

대낮인데 왜 날이 갑자기 어두워지기 시작하지?

㉓ 开

① 방향 의미 : 동작을 통해 사람이나 물체가 어떤 장소를 떠남을 나타낸다.

① 看见我跟爸爸有话要说，他就走开了。
　　Kànjiàn wǒ gēn bàba yǒu huà yào shuō, tā jiù zǒukāi le.

② 滚开!
　　Gǔn kāi!

내가 아빠와 할 말 있어 하는걸 보고, 그는 곧 가버렸다.

꺼져!

② 결과 의미(一) : '분리'·'분열'을 나타낸다.

① 我闭上眼睛想休息一会，听见有声音，就睁开眼睛看了看，什么都没有。
　　Wǒ bì shàng yǎnjing xiǎng xiūxi yíhuì, tīngjiàn yǒu shēngyīn, jiù zhēngkāi yǎnjing kànle kàn, shénme dōu méi yǒu.

② 这家的门我可敲不开。
　　Zhè jiā de mén wǒ kě qiāo bu kāi.

③ 你把这个面包掰开。
　　Nǐ bǎ zhège miànbāo bāi kāi.

④ 距离分不开她们。
　　Jùlí fēn bu kāi tāmen.

내가 눈을 감고 잠시 쉬려할 때, 무슨 소리가 들려서, 곧 눈을 뜨고서 봤지 만, 아무 것도 없었다.

이 집의 문을 난 정말 열게 할 수 없다.

네가 이 빵을 쪼개라.

거리가 우리를 갈라놓지 못한다.

　'开'는 '下'와 다르다. '下'는 덜 중요한 물체나 물체의 일부분이 주된 물체나 본체와 분리됨을 나타내는 반면, '开'는 분리되는 물체에 주된 것과 부차적인 것의 구별이 없고, 단지 한 물체가 여러 부분으로 나뉘어 졌음을 나타낸다.

你把西瓜切开。
Nǐ bǎ xīguā qiē kāi.

你把西瓜切下来一块。
Nǐ bǎ xīguā qiē xiàlai yí kuài.

수박을 잘라라.

수박을 한 조각 잘라내라.

③ 결과 의미(二) : '펴다'·'분산'을 나타낸다.

① 紧皱的眉头骤然舒展开了，他脸上露出了笑容。

    Jǐn zhòu de méitou zhòurán shūzhǎn kai le, tā liǎn shàng lùchū le xiàoróng.

② 她把台布抖开，铺在桌子上。

    Tā bǎ táibù dǒu kāi, pū zài zhuōzi shàng.

③ 他的外号一下子叫开了。

    Tā de wàihào yíxiàzi jiào kāi le.

잔뜩 찌푸린 미간이 갑자기 펴지더니, 그의 얼굴에 웃음이 나타났다.

그녀는 탁자 보를 털어서, 탁자 위에 깔았다.

그의 별명은 순식간에 널리 불리어졌다.

④ 결과 의미(三) : 공간이 어떤 물체를 수용할 수 있는지 여부나 모종의 동작이 펼쳐질 수 있는지 여부를 나타낸다.

① 屋子太小，摆不开两张床。

    Wūzi tài xiǎo, bǎi bu kāi liǎng zhāng chuáng.

② 这么多饺子，这个锅煮不开。

    Zhème duō jiǎozi, zhège guō zhǔ bu kāi.

③ 场地太小，这么多人跳舞怎么跳得开?

    Chǎngdì tài xiǎo, zhème duō rén tiàowǔ zěnme tiào de kāi?

방이 너무 작아서 침대 두 개를 놓을 수 없다.

이렇게 많은 만두를, 이 냄비로 삶을 수 없다.

장소가 너무 협소한데, 이렇게 많은 사람들이 어떻게 춤출 수 있겠어요?

'开'와 '下'는 모두 수용의 의미를 가지고 있으나, 다른 점은 첫째 '开'는 주로 공간의 수용가능 여부를 나타내고 '下'는 공간의 수용가능여부를 나타내는 것 외에도 용기의 수용가능여부도 나타낸다. 둘째 '开'는 어떤 공간이 모종의 동작이 펼쳐지는 것을 수용할 수 있는지 여부를 나타내지만 '下'는 불가능하다. 셋째, 결합할 수 있는 동사가 다르다.

⑤ 결과 의미(四) : '명확하다'·'철저히 깨닫다'를 나타낸다.

① 你要想开点，无论多么大的灾难，总会过去的。

    Nǐ yào xiǎng kāi diǎn, wúlùn duōme dà de zāinán, zǒng huì guòqu de.

② 我这个人最看得开，失业了，再找工作就是了，愁什么?

    Wǒ zhège rén zuì kàn de kāi, shīyè le, zài zhǎo gōngzuò jiù shì le, chóu shénme?

③ 他事情解释开了，别人对他的误解也就消除了。

    Tā shìqing jiěshì kāi le, biérén duì tā de wùjiě yě jiù xiāochú le.

넌 좀 넓게 생각해라, 아무리 큰 재난이라도, 늘 지나가기 마련이다.

나는 말이야 가장 탁 트인 사람이야, 실업을 하게 되면, 다시 일자리를 찾으면 되는 거지, 뭘 걱정해?

그가 사건을 해명해내자, 다른 사람들의 그에 대한 오해도 곧 사라졌다.

⑥ 상태 의미 : 정태에서 동태로 진입함을 나타낸다.

① 他一看见我来了，就喊开了："小张，小张! 快过来!"

   Tā yí kànjiàn wǒ lái le, jiù hǎnkāi le, "Xiǎo Zhāng, Xiǎo Zhāng! Kuài guòlai!"

② 听了这句话，妹妹哭开了。

   Tīngle zhè jù huà, mèimei kū kāi le.

③ 离这一天还有一个星期，她们就盘算开了。

   Lí zhè yì tiān hái yǒu yí ge xīngqī, tāmen jiù pánsuàn kāi le.

'开'와 '起来'를 비교해 보면 아래와 같다.

첫째, '起来'가 결합할 수 있는 동사와 형용사의 범위는 폭 넓고, '开'는 주로 동사와 결합하고, 결합할 수 있는 형용사는 '乱', '忙' 등으로 제한적이다.

둘째, '开'는 동작에 대해 예속 통제를 가하지 않는다는 의미를 나타낸다, 그러므로 때로는 화자의 이러한 동작에 대한 불만을 나타낸다.

① 你听，她们又吵开了。真烦人!

   Nǐ tīng, tāmen yòu chǎokāi le, zhēn fán rén!

② 几个小流氓在街上打开了，别人都远远地绕道走了。

   Jǐ ge xiǎo liúmáng zài jiē shàng dǎkāi le, biérén dōu yuǎnyuǎn de ràodào zǒu le.

셋째, '开'는 '起来'에 비해 더 구어적이다.

(24) 到

① 방향 의미 : 동작을 통해 사람이나 물체가 어떤 장소로 이동했음을 나타낸다.

① 汽车开到商店门前停了下来。

   Qìchē kāi dào shāngdiàn mén qián tíngle xiàlai.

② 上个月我来到这里看望我的父母。

   Shàng ge yuè wǒ lái dào zhèlǐ kànwàng wǒ de fùmǔ.

③ 他走到我面前站住了，好像有什么事情。

   Tā zǒu dào wǒ miànqián zhànzhù le, hǎoxiàng yǒu shénme shìqing.

④ 这本书我们学到二十三课了。

   Zhè běn shū wǒmen xué dào èrshísān kè le.

'到'는 한 장소에 도달했음을 나타낼 뿐만 아니라 도달시간의 한 시점도 나타낼 수 있다.

① 昨晚我看书看到两点。

  Zuówǎn wǒ kàn shū kàn dào liǎng diǎn.

어젯밤에 난 책을 2시 까지 보았다.

② 这个试验一直要做到十二月才能做完。

  Zhège shìyàn yìzhí yào zuò dào shí'èr yuè cái néng zuò wán.

이 실험은 12월까지 계속 해야만 겨우 끝낼 수가 있다.

'到'는 또 어느 정도에 까지 도달했는가-정도의 한 단계도 나타낼 수 있다.

① 最近他忙到饭都顾不上吃了。

  Zuìjìn tā máng dào fàn dōu gù bu shàng chī le.

최근 그는 밥도 못 챙겨 먹을 정도로 바쁘다.

② 他们俩好到花钱不分彼此，穿衣服不分你我，比亲兄弟还亲。

  Tāmen liǎ hǎo dào huā qián bù fēn bǐcǐ, chuān yīfu bù fēn nǐ wǒ, bǐ qīn xiōngdì hái qīn.

그들 둘은 서로 돈 쓰는 것이나 옷 입는 것도 네 것 내 것 나누지 않을 정도로 사이가 좋아서, 친형제보다도 친하다

③ 这个人坏到家了。

  Zhège rén huái dào jiā le.

이 사람은 정말 나쁘다.

② 결과 의미 : 동작을 통해 목적을 달성했거나 결과가 있음을 나타낸다.

① 写论文需要的书都找到了。

  Xiě lùnwén xūyào de shū dōu zhǎodào le.

논문을 찾는데 필요한 책들을 모두 찾아냈다.

② 你今天看到李老师了吗?

  Nǐ jīntiān kàndào Lǐ lǎoshī le ma?

넌 오늘 李선생님을 뵈었니?

③ 他昨天受到上级的表扬。

  Tā zuótiān shòudào shàngjí de biǎoyáng.

그는 어제 상사에게 칭찬을 받았다.

④ 我昨天在茶馆里遇到了分别十年的老同学。

  Wǒ zuótiān zài cháguǎn lǐ yùdàole fēnbié shí nián de lǎo tóngxué.

난 어제 찻집에서 헤어진 지 10년 된 오랜 동창을 우연히 만나게 되었다.

⑤ 每当我想到他，心里就很不平静。

  Měi dāng wǒ xiǎngdào tā, xīn lǐ jiù hěn bù píngjìng.

나는 매번 그를 생각할 때마다, 마음이 안정되지 않고 뒤숭숭하다.

⑥ 他预料到你今天可能来。

  Tā yùliàodào nǐ jīntiān kěnéng lái.

그는 네가 오늘 아마도 올 것이라고 예상했다.

㉕ 到……来

□ 방향 의미 : 동작을 통해 사람이나 사물이 먼 곳에서 기준점을 향해 이동함을 나타낸다. '到'와 '来'사이에는 장소를 나타내는 단어나 구가 있다.

① 我哥哥出国五年以后，又回到这个城市来了。

Wǒ gēge chūguó wǔ nián yǐhòu, yòu huídào zhège chéngshì lái le.

우리 오빠는 출국 한지 5년 후에, 다시 이 도시로 돌아왔다.

② 你去把他请到我们学校来作一次讲演，好吗？

Nǐ qù bǎ tā qǐng dào wǒmen xuéxiào lái zuò yí cì jiǎngyǎn, hǎo ma?

넌 가서 그를 우리 학교로 모셔서 강연하도록 초청하는 게 어때?

26 到······去

□ 방향 의미 : 동작을 통해 사람이나 사물이 가까운 곳에서 먼 곳으로 이동함을 나타내고, '到'와 '去'사이에 역시 장소를 나타내는 단어나 구가 있다.

① 这儿冬天太冷，鸟儿都飞到南方去了。

Zhèr dōngtiān tài lěng, niǎor dōu fēi dào nánfāng qù le.

이곳은 겨울에 너무 추워서, 새들이 모두 남쪽으로 날아간다.

② 你把他送到飞机场去吧。

Nǐ bǎ tā sòng dào fēijīchǎng qù ba.

네가 그를 공항까지 배웅해라.

'到······去'는 정도를 나타낼 수도 있다.

① 他这个人我了解，坏不到哪儿去。

Tā zhège rén wǒ liǎojiě, huái bu dào nǎr qù.

그 사람은 내가 잘 아는데, 그렇게까지는 나쁘지 않다.

② 这儿毕竟是南方，冬天再冷，也冷不到哪儿去。

Zhèr bìjìng shì nánfāng, dōngtiān zài lěng, yě lěng bu dào nǎr qù.

이곳은 어쨌거나 남쪽 지방인지라, 겨울에 아무리 추워봤자 그렇게까지는 춥지 않다.

3 방향보어의 의미 지향

결과보어와 마찬가지로 방향보어는 방향 의미와 결과 의미를 나타낼 때 의미상 항상 글 중의 어느 한 성분과 의미관계가 존재한다. 방향보어의 의미 지향 상황은 비교적 간단하다. 다음과 같은 몇 가지 경우가 있다.

1 타동사 뒤의 방향보어는 의미상 대상자를 지향한다.

① 小明从图书馆借来一本书。（小明—借，一本书—来）

Xiǎo Míng cóng túshūguǎn jièlái yì běn shū.

小明은 도서관에서 책을 한 권 빌려왔다.

② 你把这本书打开。（你—打，书—开）

Nǐ bǎ zhè běn shū dǎkāi.

넌 이 책을 펴라.

2 자동사 뒤의 방향보어는 의미상 동작자를 지향한다.

① 气球慢慢地升起来了。（气球—升，气球—起来）

　Qìqiú mànmàn de shēng qǐlai le.

② 前面走过来一个人。（人—走，人—过来）

　Qiánmiàn zǒu guòlai yí ge rén.

③ 大油凝上了。（大油—凝，大油—上 [固定]）

　Dàyóu níng shàng le.

풍선이 천천히 떠올랐다.

앞에서 한 사람이 걸어왔다.

돼지기름이 엉겨 굳었다.

 방향보어를 포함하고 있는 문장의 구조적 특징

1 단순 방향보어와 복합 방향보어의 사용문제

　일반적으로 단순 방향보어와 상응하는 복합 방향보어가 나타내는 의미는 동일한데, 특히 방향 의미와 기본 결과 의미가 그러하다. 단순 방향보어나 복합 방향보어를 선택 사용할 때 기준점과 주안점 이외에 통사구조와 음절이 중요한 역할을 한다. 방향보어 뒤에 목적어가 없고 문장의 끝에 위치해 있을 때, 일반적으로 복합 방향보어를 사용해야 하고('上'·'开'제외), 방향보어 뒤에 목적어나 다른 어구가 있을 때는 단순 방향보어를 써도 되고 복합 방향보어를 써도 된다.

① 办法我想出来了。

　Bànfǎ wǒ xiǎng chūlai le.

　*办法我想出了。

② 我们要团结起来。

　Wǒmen yào tuánjié qǐlai.

　*我们要团结起。

③ 艰苦的岁月终于熬过去了。

　Jiānkǔ de suìyuè zhōngyú áo guòqu le.

　*艰苦的岁月终于熬过了。

④ 车头凹进去了。

　Chē tóu āo jìnqu le.

　*车头凹进了。

⑤ 上课了，学生们从外边走进来了。

　Shàng kè le, xuéshengmen cóng wàibiān zǒu jìnlai le.

방법을 나는 생각해내었다.

우리는 단결해야만 한다.

어렵던 세월은 마침내 견디어 내었다.

차의 앞부분이 움푹 들어갔다.

수업이 시작되자, 학생들은 밖에서 걸어 들어왔다.

上课了，学生们从外边走进了教室。

Shàng kè le, xuéshengmen cóng wàibiān zǒu jìn le jiàoshì.

⑥ 国旗升起来了。

   Guóqí shēng qǐlai le.

国旗升起(来)以后，大家开始唱歌。

   Guóqí shēng qǐ(lai) yǐhòu, dàjiā kāishǐ chàng gē.

⑦ 游行队伍走过来了。

   Yóuxíng duìwu zǒu guòlai le.

游行队伍走过广场，向市政府走去。

   Yóuxíng duìwu zǒu guò guǎngchǎng, xiàng shìzhèngfǔ zǒuqù.

⑧ 她们关起门搞试验，三个月以后，试验成功了。

   Tāmen guān qǐ mén gǎo shìyàn, sān ge yuè yǐhòu, shìyàn chénggōng le.

⑨ 听到这个消息，大家都高兴地唱起来了。

   Tīngdào zhège xiāoxi, dàjiā dōu gāoxìng de chàng qǐlai le.

他一高兴，唱起歌(来)就没完。

   Tā yì gāoxìng, chàng qǐ gē (lai) jiù méi wán.

⑩ 说起这个人，我们大家都认识。

   Shuō qǐ zhège rén, wǒmen dàjiā dōu rènshi.

你怎么说起这个人来了？

   Nǐ zěnme shuōqi zhège rén lai le.

> 수업이 시작되자, 학생들은 밖에서 교실로 걸어 들어왔다.
>
> 국기가 올라갔다.
>
> 국기가 올라간 후, 모두들 노래를 부르기 시작했다.
>
> 시위대열이 걸어왔다.
>
> 시위대열이 광장을 지나서, 시청 쪽으로 걸어갔다.
>
> 그녀들은 문을 닫고서 시험을 했는데, 3개월 후, 시험이 성공했다.
>
> 이 소식을 듣고서 모두들 기쁘게 노래를 부르기 시작했다.
>
> 그는 기분이 좋아지자, 노래를 부르기 시작해서는 끝날 줄 몰랐다.
>
> 이 사람으로 말하자면, 우리 모두 다 안다.
>
> 넌 왜 이 사람을 언급하는 거야?

② 목적어의 위치

문장 안에 방향보어가 있고 또 목적어가 있을 때 목적어와 보어의 위치에 유의해야 한다.

1 단순 방향보어와 목적어의 위치

단순 방향보어가 방향 의미를 나타낼 때, 만약 단순 방향보어가 '来/去'이고 목적어가 장소어구라면 목적어는 '来/去'의 앞에 위치한다.

① 太晚了，我要回家去。

   Tài wǎn le, wǒ yào huí jiā qù.

② 叫你哥哥回学校来。

   Jiào nǐ gēge huí xuéxiào lái.

> 너무 늦어서, 난 집에 돌아 가야해.
>
> 네 오빠보고 학교로 돌아오라고 해라.

만약 목적어가 사람이나 물체를 나타내는 명사라면, 목적어는 방향보어의 앞이나 뒤에 올 수 있다.

③ 睡觉前，妈妈给我端来一碗汤，一定叫我喝了。

　　Shuìjiào qián, māma gěi wǒ duān lái yì wǎn tāng, yídìng jiào wǒ hē le.

④ 睡觉前，妈妈给我端一碗汤来，一定叫我喝了。

　　Shuìjiào qián, māma gěi wǒ duān yì wǎn tāng lái, yídìng jiào wǒ hē le.

⑤ 端一碗汤来!

　　Duān yì wǎn tāng lái!

잠자기 전, 엄마는 나에게 국 한 그릇을 가져다 주시고는, 나보고 반드시 먹어야 한다고 하셨다.

잠자기 전, 엄마는 나에게 국 한 그릇을 가져다 주시고는, 나보고 반드시 먹어야 한다고 하셨다.

국 한 그릇 가져와요!

동작이 이미 발생했을 때, 예 ③, ④와 같이 목적어를 단순 방향보어의 앞에 놓을 수도 있고, 단순 방향보어의 뒤에 놓을 수도 있다. 동작이 아직 발생하지 않았을 때는 예 ⑤와 같이 목적어는 일반적으로 단순 방향보어의 앞에 놓인다.

'上·下·进·出……' 단순 방향보어의 상황은 결과보어와 동일해서 목적어는 단순 방향보어 뒤에 위치해야 한다.

⑥ 我们很快地走下山。

　　Wǒmen hěn kuài de zǒu xià shān.

⑦ 客人陆续走进大厅。

　　Kèrén lùxù zǒu jìn dàtīng.

우리 빨리 산을 걸어 내려갔다.

손님들은 잇따라 홀 안으로 걸어 들어왔다.

단순 방향보어가 결과 의미를 나타낼 때 결과보어와 마찬가지로 목적어를 보어 뒤에 놓는다.

① 我们想出一个办法，你看行不行?

　　Wǒmen xiǎng chū yí ge bànfǎ, nǐ kàn xíng bu xíng?

② 闭上眼睛!

　　Bì shàng yǎnjing!

우리가 방법을 하나 생각해 냈는데, 네가 보기엔 어때?

눈을 감아라!

단순 방향보어가 상태 의미를 나타낼 때도 목적어는 보어 뒤에 놓는다.

① 他闭上眼睛，深情地拉起"天鹅湖"。

　　Tā bì shàng yǎnjing, shēnqíng de lā qǐ "Tiān'éhú".

② 今年我院送出一百多名学生，个个都很优秀。

　　Jīnnián wǒ yuàn sòng chū yìbǎi duō míng xuésheng, gè gè dōu hěn yōuxiù.

그는 눈을 감고서, 감정을 넣어 '백조의 호수'를 연주하기 시작했다.

올해 우리 학원은 백여 명의 학생을 배출했는데, 하나 하나가 모두 아주 우수하다.

② 복합 방향보어와 목적어의 위치

복합 방향보어가 방향 의미를 나타낼 때 목적어가 장소사라면, 복합 방향보어의 중간에 위치한다.

① 我们很高兴地走上楼去。

　　Wǒmen hěn gāoxìng de zǒu shàng lóu qù.

우리는 아주 신나게 계단을 올라갔다.

② 他明天就要飞回国去了。

　　Tā míngtiān jiù yào fēi huí guó qù le.

그는 내일이면 비행기로 귀국한다.

목적어가 사람이나 사물을 나타내는 명사일 때, 세 가지 위치가 있다.

(1) 목적어가 복합 방향보어의 중간에 위치한다.

① 从房间里搬出一把椅子来。(미완료)

　　Cóng fángjiān lǐ bān chū yì bǎ yǐzi lái.

방에서 의자 하나를 옮겨와라.

② 这时他从房间里搬出一把椅子来。(완료)

　　Zhè shí tā cóng fángjiān lǐ bān chū yì bǎ yǐzi lái.

이때 그는 방에서 의자 하나를 옮겨왔다.

③ 把椅子搬出房间去。(미완료)

　　Bǎ yǐzi bān chū fángjiān qù.

의자를 방에서 내가라.

④ 地里走出几个人来。(완료)

　　Dì lǐ zǒu chū jǐ ge rén lái.

들에서 몇 명이 걸어 나왔다.

⑤ 前面跑过一匹小马来。(완료)

　　Qiánmiàn pǎo guò yì pǐ xiǎo mǎ lái.

앞에서 망아지 한 필이 달려왔다.

⑥ 忽然随着一阵风飘过一阵花香来。(완료)

　　Hūrán suízhe yí zhèn fēng piāo guò yí zhèn huāxiāng lái.

갑자기 바람결에 꽃향기가 날아왔다.

(2) 목적어가 복합 방향보어의 뒤쪽에 위치한다.

⑦ 他从房间里搬出来一把椅子。(완료)

　　Tā cóng fángjiān lǐ bān chūlai yì bǎ yǐzi.

그는 방안에서 의자 하나를 옮겨왔다.

(3) 목적어가 복합 방향보어의 앞쪽에 위치한다.

⑧ 从房间里搬一把椅子出来。(미완료)

　　Cóng fángjiān lǐ bān yì bǎ yǐzi chūlai.

방안에서 의자 하나를 옮겨와라.

목적어가 방향보어의 중간에 위치하는 것이 가장 자주 보이는데, 이미 발생한 동작에 쓸 수도 있고, 아직 발생하지 않은 동작에 쓸 수도 있다. 목적어는 사물을 나타내는 명사, 추상명사, 장소어구일 수도 있고, 예 ③－⑥처럼 존현목적어일 수도 있다.

예 ⑦처럼 빈어가 복합 방향보어 뒤에 놓여서는 일반적으로 이미 발생한 동작에 쓰이며, 예 ⑧처럼 목적어가 보어 앞에 위치하는 상황은 드물게 보인다.

복합 방향보어가 결과 의미를 나타낼 때, 목적어는 일반적으로 복합 방향보어의 중간에 위치한다.

① 他说了半天，我才明白过这个理来。

Tā shuōle bàntiān, wǒ cái míngbái guò zhège lǐ lai.

그가 한참을 말하고 나서야, 나는 비로소 이 이치를 깨달았다.

② 你怎么老是板起面孔来训人呢？

Nǐ zěnme lǎoshì bǎn qǐ miànkǒng lai xùn rén ne?

넌 어째서 항상 정색을 하고서 사람들을 훈계하니?

③ 我们想了很久也没有想出办法来。

Wǒmen xiǎngle hěn jiǔ yě méi yǒu xiǎng chū bànfǎ lai.

우리는 한참을 생각하고서도 방법을 생각해 내지 못했다.

복합 방향보어가 상태 의미를 나타낼 때 또한, 목적어는 일반적으로 복합 방향보어의 중간에 위치한다.

④ 他一见了我就诉起苦来。

Tā yí jiànle wǒ jiù sù qǐ kǔ lai.

그는 날 보자마자 하소연을 하기 시작했다.

⑤ 看见前面来了一辆车，我就停下脚步来。

Kànjiàn qiánmiàn láile yí liàng chē, wǒ jiù tíng xià jiǎobù lai.

앞에서 차 한 대가 오는 걸 보고서, 나는 곧 발걸음을 멈추었다.

계속의 의미를 나타내는 '下去'를 쓸 때는 일반적으로 목적어가 출현하지 않는다.

③ 결과보어와 방향보어 뒤의 '了'의 용법에 관한 문제

① 결과보어와 방향보어는 '了'의 표현기능과 다르고, 통사구조중의 계층도 달라서, 이것들은 문장 안에서 각자의 고유의 역할이 있다.

첫째, 문장에 '了'를 쓸 때와 '了'를 쓰지 않을 때 표현하는 의미는 영원히 같을 수 없다. '了'를 쓰지 않으면 동작의 결과가 아직 실현되지 않음을 나타내고, '了'를 쓰면 동작결과가 이미 실현되었음을 나타낸다.

① 我去买下那所房子给你们住，好吗？ (미완료)

Wǒ qù mǎi xià nà suǒ fángzi gěi nǐmen zhù, hǎo ma?

내가 가서 그 집을 사서 너희들이 살도록 해줄게, 어때?

你既然买下了那所房子，就应该马上搬进去。(완료)

Nǐ jìrán mǎi xià le nà suǒ fángzi, jiù yīnggāi mǎshàng bān jìnqu.

넌 이미 그 집을 샀으니, 바로 이사해 들어가야 한다.

② 咱们冲出敌人的包围吧！ (미완료)

Zámen chōngchū dírén de bāowéi ba!

우리 적들의 포위망을 뚫고 나가자.

你们冲出了敌人的包围，这是很不容易的。(완료)

Nǐmen chōngchūle dírén de bāowéi, zhè shì hěn bù róngyì de.

너희는 적의 포위망을 뚫고 나왔는데, 이건 정말 쉽지 않았어.

의문문에서 '了'를 쓰는 것과 쓰지 않는 것도 다르다.

③ 他什么时候回学校来? (분명히 아직 '回来'하지 않았음)

    Tā shénme shíhou huí xuéxiào lái?

그는 언제 학교로 돌아오니?

他回学校来了吗? (아마도 '回来'했음)

    Tā huí xuéxiào láile ma?

그는 학교로 돌아왔니?

둘째, 일부 동보구조가 동작결과가 이미 실현되었음을 나타낼 때, 일반적으로 '了'를 써야 한다, 다시 말해 '了'를 쓰지 않는 경우는 없다고 말할 수 있다. 이점이 방향보어와 결과보어 뒤에 '了'를 쓰고 안 쓰고 하는 것과는 다르며 또한 자유롭지 못하다는 것을 설명해 주고 있다.

① 我从小住惯了平房，不喜欢住楼。

    Wǒ cóng xiǎo zhù guàn le píngfáng, bù xǐhuan zhù lóu.

나는 어려서부터 단층집에 사는 게 습관이 되어, 고층건물에 사는 걸 안 좋아한다.

② 阿二的觉悟果然提高了，也和他的父亲闹翻了。

    Ā'èr de juéwù guǒrán tígāo le, yě hé tā de fùqin nàofān le.

阿二의 자각의식은 단연 향상되었지만, 그래도 그의 아버지에게는 몹시 떼를 썼다.

③ 他们这几年吃腻了鸡鸭鱼肉，想吃青菜豆腐。

    Tāmen zhè jǐ nián chī nì le jī yā yú ròu, xiǎng chī qīngcài dòufǔ.

그들은 요 몇 년간 닭, 오리, 생선, 고기 먹는 데 물려서, 야채나 두부 같은 걸 먹고 싶어 한다.

④ 朱自治看错黄历了，这时候再也没有人把他当作朱经理，资本家三个字也不是那么好听的。

    Zhū Zìzhì kàn cuò huánglì le, zhè shíhou zài yě méi yǒu rén bǎ tā dàngzuò Zhū jīnglǐ, zīběnjiā sān gè zì yě bú shì nàme hǎo tīng de.

朱自治가 그날그날의 운수를 써 놓은 달력을 잘못 보자, 이때부터 다시는 아무도 그를 朱사장으로 보지 않았고, 자본가라는 세 글자도 그리 듣기 좋게 들리지 않았다.

⑤ 他的酒意消掉了一半，不由自主地向后退……

    Tā de jiǔyì xiāodiàole yí bàn, bù yóu zìzhǔ de xiàng hòu tuì……

그는 술기운이 어느 정도 사라지자, 자신도 모르게 뒤로 물러서서……

⑥ 如今瑟缩的人们都站起来了，昂首阔步地进入店堂。 ('站起来了'는 비유의미를 가지고 있다)

    Rújīn sèsuō de rénmen dōu zhàn qǐlai le, áng shǒu kuò bù de jìnrù diàntáng.

지금까지 움츠려 들었던 사람들이 모두 일어나, 머리를 쳐들고 성큼성큼 판매장으로 들어갔다.

이 외에도 '看够了'·'听烦了'등이 있다.

셋째, 문장 안에 보어가 있을 때 '了'를 쓰는 것과 쓰지 않는 것은 표현하는 의미가 별 차이가 없다고 해도 표현효과는 다르다. '了'가 동사 뒤 보어 앞에 출현할 때, '了'의 관할범위는 앞쪽의 동사이고 기능은 동작의 발생을 나타내는데 있다. 즉 '了'는 동작발생을 강조하는 기능이 있다.

① 我不加思索地说了出来……

Wǒ bù jiā sīsuǒ de shuōle chūlai……

② 他一屁股坐了下去，把沙发坐出了一个坑。

Tā yí pìgǔ zuòle xiàqu, bǎ shāfā zuò chūle yí ge kēng.

③ 有人把糖塞到我那小外孙的嘴里，他立时吐了出来。

Yǒurén bǎ táng sāidào wǒ nà xiǎo wàisūn de zuǐ lǐ, tā lìshí tǔle chūlai.

④ 她笑着迎了上来……

Tā xiàozhe yíngle shànglai……

‘了’가 동보구의 뒤에 출현할 때, ‘了’가 관할하는 범위는 최소한 전면의 동보구고, 기능은 동작결과의 실현을 나타내는데 있다.

① 我走进教室后，全体学生立刻站了起来。

Wǒ zǒu jìn jiàoshì hòu, quántǐ xuésheng lìkè zhànle qǐlai.

② 我走进教室时，看见学生已经站起来了。

Wǒ zǒu jìn jiàoshì shí, kànjiàn xuésheng yǐjing zhàn qǐlai le.

첫 번째 예문에서 ‘我’가 본 것은 학생이 ‘站起来’하지 않은 것에서 ‘站起来’하기까지의 동작이고, 두 번째 예문에서 ‘我’가 본 것은 학생이 이미 ‘站起来’한 결과이다.

하지만 ‘了’를 쓰지 않는 문장이 구조상 더 짜임새 있게 보일 수도 있다.

① 阿二是个性情豪爽的人，毫不犹豫地说出了他的体会。

Ā'èr shì ge xìngqíng háoshuǎng de rén, háo bù yóuyù de shuōchūle tā de tǐhuì.

阿二是个性情豪爽的人，毫不犹豫地说出他的体会。

Ā'èr shì ge xìngqíng háoshuǎng de rén, háo bù yóuyù de shuōchū tā de tǐhuì.

② 一桌菜起码有三分之一是浪费的，泔水桶里倒满了鱼肉和白米。

Yì zhuō cài qǐmǎ yǒu sān fēnzhī yī shì làngfèi de, gānshuǐtǒng lǐ dǎo mǎn le yú ròu hé báimǐ.

一桌菜起码有三分之一是浪费的，泔水桶里倒满鱼肉和白米。

Yì zhuō cài qǐmǎ yǒu sān fēnzhī yī shì làngfèi de, gānshuǐtǒng lǐ dǎo mǎn yú ròu hé báimǐ.

'了'가 문장 끝에 위치할 때는 또 확실한 휴지 어기를 나타내는 문장기능이 있다.

① "慢点!"

　　"Màn diǎn!"

　　朱自冶站住了。

　　Zhū Zìyě zhànzhù le.

"잠깐"

朱自冶는 멈추어 섰다.

陆大夫의 ≪美食家≫라는 소설에서 이 두 구절은 각기 독립적으로 문단을 이룬다.

② 下面轰地一声笑起来了。

　　Xiàmiàn hōng de yì shēng xiào qǐlai le.

아래에서 '푸하하' 하며
웃기 시작했다.

이 구절 역시 단독으로 문단을 이룬다.

③ "好呀，老顾客又回来了!"

　　"Hǎo ya, lǎo gùkè yòu huílai le!"

좋아요, 단골손님이 또
오셨군요!

이 구절은 한 문단의 끝에 있다.

　때로는 '了'와 보어가 한 복문이나 한 단락의 말끝에 있지 않지만, 뒤 문장은 일반적으로 이어서 발생한 하나의 동작을 나타내지 않는다.

① 他们哈哈地笑起来了，心情是很愉快的。

　　Tāmen hāhā de xiào qǐlai le, xīnqíng shì hěn yúkuài de.

② 小板车借回来了，可那朱自冶却像幽灵似地跟着小板车到了我的家里。

　　Xiǎo bǎnchē jiè huílai le, kě nà Zhū Zìyě què xiàng yōulíng sì de gēnzhe xiǎo bǎnchē dàole wǒ de jiā lǐ.

그들은 하하하 웃기 시
작했는데, 기분들은 아
주 좋았다.

작은 수레를 빌려 가지
고 왔는데, 그 朱自冶
는 도리어 마치 유령처
럼 작은 수레를 따라서
우리 집으로 왔다.

상술한 두 개 예문의 첫 번째 '了'뒤에는 모두 뚜렷한 휴지가 있고, 각 예문마다 두 소절의 주어가 다르며, 모두 연이어서 발생한 두 개의 동작을 나타내지 않는다. 두 예문 모두 중간에 쉼표를 쓰기는 했지만 사실상 이미 두 개의 독립된 문장이 되었으니, 마침표를 쓰는 것이 가장 좋다.

　다음의 동보구 뒤에는 '了'가 없지만, 문장은 더욱 짜임새 있어 보인다.

① 我们这些从蒋管区去的学生被半路截留，被编入干部队伍随军渡江去接管城市。

　　Wǒmen zhèxiē cóng Jiǎngguǎnqū qù de xuésheng bèi bànlù jiéliú, bèi biānrù gànbù duìwu suí jūn dù jiāng qù jiēguǎn chéngshì.

우리들처럼 蒋管区에서
돌아간 학생들은 도중
에 억류되어, 간부 대오
에 편입되어, 군을 따라
강을 건너 도시를 인수
관할하러 갔다.

② 人们突然都静下来，目光都集中在我身上。

    Rénmen tūrán dōu jìng xiàlai, mùguāng dōu jízhōng zài wǒ shēn shàng.

사람들은 갑자기 모두 조용해졌고, 시선이 모두 나에게로 집중되었다.

이 두 문장의 첫 번째 동보구 뒤에 만약 '了'를 첨가하면 두 개의 문장으로 바뀐다.

①' 我们这些从蒋管区去的学生被半路截留，被编入干部队伍了。后来随军渡江去接管城市。

    Wǒmen zhèxiē cóng Jiǎngguǎnqū qù de xuésheng bèi bànlù jiéliú, bèi biānrù gànbù duìwu le. Hòulái suí jūn dù jiāng qù jiē guǎn chéngshì.

우리들처럼 蒋管区에서 돌아간 학생들은 도중에 억류되어, 간부 대오에 편입되었다. 나중에 군을 따라 강을 건너 도시를 인수 관할하러 갔다.

②' 人们突然都静下来了。他们目光都集中在我身上。

    Rénmen tūrán dōu jìng xiàlai le. Tāmen mùguāng dōu jízhōng zài wǒ shēn shàng.

사람들은 갑자기 모두 조용해졌다. 그들의 시선이 모두 나에게 집중되었다.

② 보어 뒤에 언제 '了'를 생략할 수 있는가.

  그렇다면 왜 일부 보어를 포함하는 문장은 결과가 이미 실현되었는데도 종종 '了'를 쓰지 않는가? 이는 이러한 문장 안에서 '실현'의 의미가 이미 문장 중의 다른 성분·상하문·언어 환경 심지어는 전체 문장의 의미에 의해 표현되었기 때문이다. 시간 어구를 예로 들어 보자.

① 有一次我们正吃得高兴，忽然有个人走到我们的房间里来。

    Yǒu yí cì wǒmen zhèng chī de gāoxìng, hūrán yǒu ge rén zǒu dào wǒmen de fángjiān lǐ lái.

한번은 우리가 즐겁게 식사하고 있는데, 갑자기 누군가 우리 방안으로 걸어왔다.

② 当我深夜被朱自冶的铃声惊醒之后，心中便升起一股烦恼。

    Dāng wǒ shēnyè bèi Zhū Zìyě de líng shēng jīngxǐng zhīhòu, xīnzhōng biàn shēng qǐ yì gǔ fánnǎo.

내가 깊은 밤 朱自冶의 벨소리에 놀라 깨어난 후, 마음속에 곧 한 가지 걱정거리가 떠올랐다.

③ 我哥哥上个星期去上海，买回来很多东西。

    wǒ gēge shàng ge xīngqī qù Shànghǎi, mǎi huílai hěn duō dōngxi.

나의 오빠는 지난주에 상해에 가서, 많은 물건을 사 가지고 돌아왔다.

  상술한 예문 중의 부사어 '有一次'·'当我深夜被朱自冶的铃声惊醒之后'와 '上个星期'가 모두 사건은 이미 과거에 발생한 것임을 나타낸다. 결과가 이미 과거에 발생했음을 나타낼 수 있는 다른 부사어들은 다음과 같다.

④ 朱自冶又拿出一套宜兴紫砂杯……

    Zhū Zìyě yòu náchū yí tào Yíxīng zǐshā bēi……

朱自冶는 또 宜兴 紫砂 컵 한 세트를 꺼내서는……

⑤ 一长串油光铮亮的黄包车……在酒店门口徐徐停下。

    Yì cháng chuàn yóuguāng zhēngliàng de huángbāochē…… zài jiǔdiàn ménkǒu xúxú tíngxià.

번들번들하게 윤이 나는 인력거의 긴 대열이……술집 입구에서 서서히 멈추었다.

⑥ 她步态轻盈……一阵轻风似地向吃客们飘来。

　　Tā bùtài qīngyíng…… yī zhèn qīng fēng sìde xiàng chīkè men
　　piāo lái.

⑦ 叫花子呼啦一声散开……

　　Jiào huāzi hūlā yì shēng sǎnkāi……

⑧ ……各种热炒纷纷摆上台面。

　　……Gèzhǒng rèchǎo fēnfēn bǎi shàng tái miàn.

예 ④ 중의 ‘又’는 이미 두 번째 발생했음을 나타내고, 예 ⑤는 묘사성 부사어 ‘徐徐’가 있어, 자연히 ‘停’의 동작은 이미 발생했고, 예 ⑦의 ‘呼啦一声’은 ‘散开’때 내는 소리이고, ‘散开’는 당연히 이미 발생했고, 예 ⑧의 ‘纷纷’은 음식이 상 위에 ‘摆上’할 때의 모습을 묘사하고 있고, 역시 동작행위가 이미 발생했음을 충분히 나타내고 있다.

　여기서 알 수 있듯이, 반드시 ‘了’를 쓰는 몇몇 동보구를 제외하고는 중국어에서 동작행위결과가 이미 실현되었는지 여부를 나타낼 때는 시태조사 ‘了’의 유무에만 의존하는 것이 아니라, 이 임무는 문장 중의 각 성분, 상하문·언어 환경이 공동으로 분담한다. 문장 안에 어떤 성분이나 상하문·언어 환경이 동작결과가 이미 실현되었음을 표현할 수 있기만 하면, ‘了’는 생략할 수 있다. 반면 ‘了’를 쓴 후에는 ‘실현’을 나타내는 의미가 더욱 강해지며, 어떤 때는 어기·휴지·문장과 단락을 나누는 기능이 있다.

③ ‘了’의 위치

　방향보어를 포함하고 있는 문장에서 ‘了’는 동사 뒤 보어 앞에 출현할 수도 있고, 보어 뒤에 출현할 수도 있다. ‘了’가 동사 뒤에 출현할 때 앞의 동사를 관할하고, 기능은 어떤 한 동작의 발생을 서술하는 것이어서, 문장의 동작성이 더욱 강하다.

① 想到这里她的眼泪又涌了上来。

　　Xiǎngdào zhèlǐ tā de yǎnlèi yòu yǒngle shànglai.

이 예문은 ‘她’가 눈에서 눈물이 없다가 눈물이 출현하기까지를 서술한다.

② 我赶忙伸手把他拉了上来。

　　Wǒ gǎnmáng shēn shǒu bǎ tā lāle shànglai.

이 예문의 중점은 ‘我’가 행한 ‘拉他’의 동작에 있다.

③ 这时我们家的狗从外边走了进来，走到我脚边慢慢趴了下去。

　　Zhè shí wǒmen jiā de gǒu cóng wàibiān zǒule jìnlai, zǒu dào
　　wǒ jiǎo biān mànmàn pāle xiàqu.

'了'가 목적어와 보어 뒤에 위치할 때 일반적으로 앞의 전체 문장을 관할한다. 그 기능은 사건·상태의 출현을 나타내는 것이다.

① 我进门的时候，她们已经吵起来了。

  Wǒ jìn mén de shíhou, tāmen yǐjing chǎo qǐlai le.

내가 문에 들어섰을 때, 그녀는 이미 떠들기 시작했다.

이 예문은 '她们吵起来了'의 상태가 이미 사실임을 나타낸다.

② 我看见后边的人已经追上来了，于是加快了脚步。

  Wǒ kànjiàn hòubiān de rén yǐjing zhuī shànglai le, yúshì jiā kuàile jiǎobù.

난 뒷사람이 거의 따라잡은 걸 보고서, 발걸음을 더 재촉했다.

③ 天气热起来了，于是我把冬天的衣服都收了起来。

  Tiānqì rè qǐlai le, yúshì wǒ bǎ dōngtiān de yīfu dōu shōule qǐlai.

날씨가 더워지기 시작해서, 나는 겨울옷을 모두 정리했다.

4 방향보어의 부정형식

결과보어의 부정형식과 같다.

① A : 你把书寄回家去了吗?

  Nǐ bǎ shū jì huí jiā qù le ma?

넌 책을 집으로 되돌려 보냈니?

  B : 我没寄回家，寄到系里了。('没'가 부정하는 것은 방향보어'回'임)

  Wǒ méi jì huí jiā, jì dào xì lǐ le.

난 집으로 되돌려 보내지 않고, 과로 부쳤어.

② 等一会儿吧，汽车还没有开过来。('没有'는 '过来'를 부정함)

  Děng yíhuìr ba, qìchē hái méi yǒu kāi guòlái.

잠깐 기다려보자, 차가 아직 오지 않았어.

③ 黑板上的字写得太用力，怎么擦也没擦下去。('没'가 부정하는 것은 '下去'임)

  Hēibǎn shàng de zì xiě de tài yòng lì, zěnme cā yě méi cā xiàqu.

칠판 위의 글씨는 너무 힘주어 써서, 아무리 닦아도 지워지질 않는다.

④ 我平时很注意他们的关系，可是他们的关系这么深这么久了，我竟然没看出来。('没'는 '出来'를 부정함)

  Wǒ píngshí hěn zhùyì tāmen de guānxi, kěshì tāmen de guānxi zhème shēn zhème jiǔ le, wǒ jìngrán méi kàn chūlai.

난 평상시 그들의 관계를 눈여겨봤지만, 그들 관계가 이렇게 깊고 이렇게 오래된 줄은 알아차리지 못했어.

⑤ 我不拿回去她会骂我的。('不'는 '回去'를 부정함)

  Wǒ bù ná huíqu tā huì mà wǒ de.

내가 도로 가져가지 않으면 그녀가 날 욕할 거야.

⑥ 今天我不做完功课不睡觉。('不'는 '完'을 부정함)

  Jīntiān wǒ bú zuò wán gōngkè bú shuì jiào.

오늘 나는 숙제를 다 끝내지 못하면 잠자지 않을 거야.

예 ⑤ ⑥과 같이 '不'가 동사 앞에 쓰일 때, 일반적으로 가정·조건문에 출현한다.

一. 알맞은 방향보어로 괄호를 채우시오.

1. 同志们鼓励他们投稿，争取把这篇文章在报纸上登（　　）。
2. 他说（　　）了青年们的心里话。
3. 姐姐拿（　　）一把刀子，把西瓜切（　　）了。
4. 你放心，我们一定把你的意见反映（　　）。
5. 两个运动员战士把受伤的同志送（　　）野战医院（　　）了。
6. 售货员同志，请你把这件衣服包（　　）。
7. 中国人民运动员是在斗争中成长（　　）的。
8. 狼突然向东郭先生扑（　　）。
9. 我能看（　　）这是一个先进单位，这里的一切都令人满意。
10. 最近，小明当（　　）了优秀少先队员。
11. 请你们把今天的作业记（　　）。
12. 这个宿舍能摆（　　）四张床吗?
13. 听了他的话，大家都笑了（　　）。
14. 应该注意，别叫群众的情绪低落（　　）。
15. 请你把黑板上的字擦（　　）。
16. 这是谁写的字，你猜（　　）了吗?
17. 那封信是谁拆（　　）的?
18. 这是我们班学生的名单，刚才又来了五个，请你把她们的名字写（　　）。
19. 我的车不知道叫谁给撞得瘪（　　）一块。
20. 刚才他不小心，头碰在门上，碰（　　）一个大包。
21. 他昨天被抓（　　）去了，已经关（　　）了。
22. 听了他的一番话，我才明白（　　），原来出卖我的竟是我的老同学，而不是我的邻居。
23. 昨天坐地铁，因为我一直想心事，结果坐（　　）了站。
24. 这个人嘴很厉害，我说不（　　）他。
25. 你让我帮你修房子?我很愿意，可是工作太忙，时间花不（　　）。

二. 틀린 문장을 바르게 고치시오.

1. 我们进去了幼儿园，小朋友们正在门口排着队欢迎我们。

2. 吴清华逃了地主家以后，向大森林走去。

3. 琴声一响，孩子们就唱了下来。

4. 小刚把书包一放就跑出了。

5. 你的朋友回到了，难道你没看见吗?

6. 时间飞快地过，眼看就要放假了。

7. 孩子一看见我，就向我扑了过去。

8. 你的钢笔坏了，应该修理起来。

9. 一九六二年，周师傅和他的妻子先后病死了，留起来三个儿子和两个女儿。

10. 每到这个时候，我就想起来他的名字。

11. 老张进去商店的时候，已经快十二点了。

12. 他把小女儿叫来面前说:"你要永远记住这个教训。"

13. 受伤的人从床上坐上来了，大家劝他赶快躺。

14. 风一吹，飘了一阵花香过来。

15. 房间里不时地传一阵阵的笑声出来。

16. 同学们，上课了，快进去教室!

17. 吃完饭，我们都回去宿舍。

18. 小李，你给我拿来一个杯子!

19. 鸽子飞上去天了。

20. 农民的生活一天比一天好下去。

21. 我一边看着江面一边想到:"这条江有多宽?"

22. 老师不但关心我们的学习，还关心到我们的生活。

제 3 절

가능보어

기능 면에서 가능보어는 결과보어·방향보어와 매우 다르며, 주로 '(모종의 결과·방향, 어떤 상황의 발생에 대한)주·객관 조건의 허락여부'를 나타낸다. 가능보어 중 가장 중요한 한 종류가 바로 결과보어와 방향보어로 구성된 것인데, 구조상으로 결과보어, 방향보어와 관계가 밀접함으로, 보어에 포함시켜 서술한다.

가능보어에는 세 종류가 있다.

1 '得/不 + 결과보어/방향보어'로 구성된 것으로, A류 가능보어라 함.

2 '得/不 + 了(liǎo)'로 구성된 것으로, B류 가능보어라 함.

3 '得/不得'로 구성된 것으로, C류 가능보어라 함.

1 A류 가능보어

1 A류 가능보어가 나타내는 어법적 의미

동사와 결과보어나 방향보어 사이에 '得'나 '不'를 삽입해 '吃饱'—'吃得饱'·'吃不饱', '出来'—'出得来'·'出不来'와 같은 A류 가능보어를 만들 수 있다. A류 가능보어는 '주관적 조건(능력·힘 등)이나 객관적 조건이 (모종의 결과나 방향의)실현을 허용하는지 여부'를 나타낸다.

① 小明的力气小，举不起这块大石头。

    Xiǎo Míng de lìqi xiǎo, jǔ bu qǐ zhè kuài dà shítou.

> 小明은 힘이 약해서, 이 큰 돌덩이를 들어 올릴 수 없다.

② 我只学了几个月汉语，看不懂《人民日报》。

    Wǒ zhǐ xuéle jǐ ge yuè Hànyǔ, kàn bu dǒng 《Rénmín rìbào》.

> 나는 중국어를 단지 몇 개월 배웠을 뿐이라서, 《人民日报》를 보아도 이해할 수 없다.

이상 두 예문이 말하는 것은 주관적 조건이다.

③ 前边的人挡着我，看不见黑板上的字。

    Qiánbiān de rén dǎngzhe wǒ, kàn bu jiàn hēibǎn shàng de zì.

> 앞사람이 나를 가리고 있어서 칠판 글자가 보이지 않는다.

④ 教室里很吵，听不清录音。

    Jiàoshì lǐ hěn chǎo, tīng bu qīng lùyīn.

> 교실 안이 시끄러워서 녹음 테이프소리가 잘 들리지 않는다.

이 두 예문이 말하는 것은 객관적 조건이다.

주의해야 할 것은 가능보어와 '能'의 의미가 완전히 같지는 않다는 것이다. '인정과

도리 상 승낙여부'·'허가여부'의 의미를 나타낼 때, '能'이나 '不能'은 쓸 수 있지만 A
류 가능보어는 쓸 수 없다.

⑤ 外面很冷，你又在发烧，不能出去。

　　Wàimiàn hěn lěng, nǐ yòu zài fā shāo, bù néng chūqu.

밖이 추운데다 너는 열도 있으니 나가면 안 된다.

이 예문 안의 '不能'은 '도리상 허락하지 않음'·'해서는 안 됨'의 의미이므로, A류 가
능보어를 써서 표현할 수 없어서 다음과 같이 말할 수 없다.

　*外边很冷，你又在发烧，出不去。

또 이와 같은 다른 예문을 보자.

⑥ 记住，没有我的命令，你不能进来!

　　Jìzhù, méi yǒu wǒ de mìnglìng, nǐ bù néng jìnlai.

기억해둬, 내 명령 없이는 너는 들어올 수 없어!

이 예문에서 '不能'은 '허가하지 않음'의 의미로 쓰였으므로, 다음과 같이 가능보어를
써서 말할 수 없다.

　*记住，没有我的命令，你进不来!

② A류 가능보어의 긍정형식과 부정형식

　A류 가능보어에는 긍정과 부정 두 가지 형식이 있지만, 실제 언어사용에서는 주로
부정형식을 사용하며, 의문문을 제외하고 긍정형식은 사용빈도가 높지 않다. '주·객
관 조건이 어떤 결과나 방향의 실현을 허용하는' 의미를 표현하고자 할 때는, 일반적
으로 '能(또는 可以) + 동사 + 결과보어/방향보어'의 형식을 주로 사용한다.

① 这种本子很普通，你在商店里能(可以)买到。

　　Zhè zhǒng běnzi hěn pǔtōng, nǐ zài shāngdiàn lǐ néng (kěyǐ)
　　mǎidào.

이런 노트는 아주 일반적인 것이니까, 상점에서 살 수 있다.

② 他又往前一凑，能听见说说笑笑，却听不清说什么。

　　Tā yòu wǎng qián yí còu, néng tīngjiàn shuōshuō xiàoxiào, què
　　tīng bu qīng shuō shénme.

그가 앞으로 좀 더 바짝 다가가니, 웃고 떠드는 소리는 들리는데 뭐라 말하는 지는 똑똑하게 알아들을 수 없었다.

③ 我能学会滑冰，但学不会游泳。

　　Wǒ néng xué huì huá bīng, dàn xué bu huì yóuyǒng.

나는 스케이트는 배워서 탈 수 있는데, 수영은 배웠는데 할 줄 모른다.

　이와는 달리 A류 가능보어의 긍정형식은 주로 다음과 같은 상황에 사용한다.

1 묻는 말에 가능보어가 있을 경우, 대답할 때 주로 가능보어를 사용한다.

　A：我的话你们听得懂吗?

　　Wǒ de huà nǐmen tīng de dǒng ma?

여러분 제 말 알아들을 수 있겠어요?

B : 听得懂。

    Tīng de dǒng.

알아들을 수 있어요/
네.

② 어떤 결과나 방향을 실현하는 것이 비교적 어렵거나 자신이 별로 없음을 나타낼 때, 긍정형식의 A류 가능보어를 자주 사용한다. 동사 앞에는 주로 '大概·也许·说不定'같은 어구가 온다.

① 我去书店看看，你要的书也许买得到。

    Wǒ qù shūdiàn kànkan, nǐ yào de shū yěxǔ mǎi de dào.

② 你说一遍我听听，说不定我听得懂。

    Nǐ shuō yí biàn wǒ tīngting, shuō bu dìng wǒ tīng de dǒng.

내가 서점에 가 볼게,
네가 사려는 책을 어쩌
면 살 수 있을 거야.

내가 들어 볼게 한번 말
해 봐, 내가 알아들을지
도 모르지.

③ 완곡하게 부정의 의미를 나타낼 때.

① 他的病不是药治得好的。 (약으로는 치료할 수 없다)

    Tā de bìng bú shì yào zhì de hǎo de.

② 这里没有一个人比得上他。 (누구도 그 보다 못하다)

    Zhèlǐ méi yǒu yí ge rén bǐ de shàng tā.

그의 병은 약으로 치료
해서 나을 수 있는 것이
아니다.

여기에는 그와 비교할
수 있는/그보다 나은
사람이 아무도 없다.

④ 형식상 긍정형식을 사용하지만, 표현하는 의미는 부정형식과 모종의 관련이 있다.

① 你上哪儿我也找得着!

    Nǐ shàng nǎr wǒ yě zhǎo de zháo.

② 这个人什么坏事都做得出来!

    Zhège rén shénme huài shì dōu zuò de chūlai!

네가 어디를 가도 나는
찾아 낼 수 있다!(내가
찾지 못할 거라고 생각
하지 마라)

이 사람은 어떤 나쁜 짓
이라도 할 수 있다!(그
가 저지르지 못할 어떤
나쁜 일도 없다)

②·③·④는 A류 가능보어 긍정형식의 전형적인 용법이다. 이들 용법은 한 가지로 귀결시킬 수 있는데—모두 부정의미와 모종의 관계가 있다는 것이다. 다시 말해 자신이 별로 없거나 완곡한 부정의 의미를 나타낼 때 또는 어떤 의견을 반박할 때, A류 가능보어 긍정형식이 '能 + 동사 + 결과보어/방향보어'보다 더 풍부한 표현력을 가진다.

'주·객관 조건이 어떤 결과나 방향의 실현을 허용하지 않는다'는 의미를 나타낼 때, 일반적으로 가능보어의 부정형식을 사용하고, '不能+동사+결과보어/방향보어'는 잘 사용하지 않는다. 후자를 사용했을 경우, 어떤 때에는 문장이 성립될 수 없다.

① 吸烟的害处说不完。

　　Xīyān de hàichu shuō bu wán.

　*吸烟的害处不能说完。
② 银花想不出办法来。

　　Yínhuā xiǎng bu chū bànfǎ lai.

　*银花不能想出办法来。

때로는 그 밖의 의미를 나타낸다.

③ (黑板上的字写得太重)擦不掉。

　　(Hēibǎn shàng de zì xiě de tài zhòng) Cā bu diào.

　(黑板上的字有人还没抄完,)不能擦掉。(허락하지 않음)

　　(Hēibǎn shàng de zì yǒurén hái méi chāo wán) Bù néng cādiào.

④ (老汉对羊有深厚的感情,)离不开羊群。

　　(Lǎohàn duì yáng yǒu shēnhòu de gǎnqíng,) Lí bu kāi yángqún.

⑤ 龙梅想：羊是集体的财产, 不能离开羊群。(해서는 안 됨)

　　Lóngméi xiǎng : Yáng shì jítǐ de cáichǎn, bù néng líkāi yángqún.

　사물에 대한 어떤 의견·주장을 표현할 때는 '不能 + 동사 + 결과보어/방향보어'형식을 사용할 수 있고, 이 때 표현되는 의미는 A류 가능보어와 기본적으로 동일하다.

① 你不下苦功夫就不能赶上他们。

　　Nǐ bú xià kǔ gōngfu jiù bù néng gǎn shàng tāmen.

② 眼泪不能吓跑敌人, 必须和敌人斗争。

　　Yǎnlèi bù néng xià pǎo dírén, bìxū hé dírén dòuzhēng.

위의 두 예문은 물론 가능보어를 써도 된다.

①' 你不下苦功夫就赶不上他们。

　　Nǐ bú xià kǔ gōngfu jiù gǎn bu shàng tāmen.

②' 眼泪吓不跑敌人, 必须和敌人斗争。

　　Yǎnlèi xià bu pǎo dírén, bìxū hé dírén dòuzhēng.

의문문에서는 가능보어를 써도 되고 '能/不能 + 동사 + 결과보어/방향보어'를 써도 된다.

① 他的话你听得懂吗?

　　Tā de huà nǐ tīng de dǒng ma?

② 他的话你听不懂吗?

　　Tā de huà nǐ tīng bu dǒng ma?

③ 他的话你听得懂听不懂?

　　Tā de huà nǐ tīng de dǒng tīng bu dǒng?

④ 他的话你能听懂吗?

　　Tā de huà nǐ néng tīng dǒng ma?

⑤ 他的话你能不能听懂?

　　Tā de huà nǐ néng bu néng tīng dǒng?

⑥ 他的话你能听得懂吗?

　　Tā de huà nǐ néng tīng de dǒng ma?

①	그의 말을 당신은 알아 듣겠습니까?
②	그의 말을 당신은 알아 듣지 못하나요?
③	그의 말을 당신은 알아 듣겠어요, 못 알아듣겠어요?
④	그의 말을 당신은 알아 들을 수 있나요?
⑤	그의 말을 당신은 알아 들을 수 있나요 없나요?
⑥	그의 말을 당신은 알아 들을 수 있으세요?

　요컨대, 주관 혹은 객관 조건의 제한 때문에 어떤 결과나 방향을 실현할 수 없음을 표현할 때, 일반적으로 부정형식의 가능보어를 사용해야 하고, '不能 + 동사 + 결과보어/방향보어'의 형식은 쓰지 않거나 일반적으로 쓸 수 없다. 다시 말해 중국어에서 가능보어는 표현상에 있어 쓰지 않을 수 없는 어법형식의 일종이어서 '쓰지 않으려' 하면 안 된다. 반면 상응하는 긍정의 의미를 표현할 때에는 '能 + 동사 + 결과보어/방향보어'형식을 써야 한다. 다시 말해 사용 면에 있어 가능보어의 긍정형식은 잘 쓰이지 않으며, 가능보어의 긍정형식과 부정형식은 대응되지 않는다.

③ 숙어성 A류 가능보어

　일부 A류 가능보어는 '来不及'―'*来及', '对不起'―'*对起'처럼 상응하는 결과보어나 방향보어형식이 없다. 이러한 가능보어는 대부분 앞의 동사와 긴밀하게 결합하여 하나의 熟语性 구조를 이루어서, '对不起'의 의미는 '对人有愧'이고, '靠不住'의 의미는 '不可靠'이다. 이러한 가능보어의 수량은 많지 않은데, 자주 쓰이는 것에는 '禁得/不住'·'经得/不住'·'靠得/不住'·'划得/不住'·'合得/不来'·'说得/不拢'·'经得/不起'등과 같은 것들이 있고, 그 의미는 대부분 사전에서 찾을 수 있다. 상응하는 '能 + 동사 + 결과보어/방향보어'형식이 없기 때문에, 熟语性 A류 가능보어의 긍정형식이 일반적인 A류 가능보어의 긍정형식 보다 조금 더 많이 사용된다.

④ A류 가능보어를 포함하고 있는 문장의 구조적 특징

　① A류 가능보어를 취할 수 있는 것은 주로 동사이며, 구어에서 자주 사용되는 일음절 동사가 대부분이다. 만약 일음절 동사와 이음절 동사의 의미가 같다면 일반적으로 일음절 동사를 쓴다. 예를 들면 '吐不出来'라고 말하고 '呕吐不出来'라고 말하지

않고, '考不好'라고 말하고 '考试不好'라고 말하지 않는다. 일부 문어적 색채가 강한 동사는 가능보어를 취할 수 없다.

다음에 나열된 동사들은 A류 가능보어를 취할 수 없다.[1]
(1) 동보식 이음절 동사 : 取得·获得·使得·免得·觉得·晓得·认为·成为·延长·扩大 등.
(2) 일부 심리활동을 나타내는 동사 : 感动·佩服·喜欢·讨厌·抱怨·想(想念义)·误会· 怕·心疼·着急·懂·知道·同意·希望·满意 등.
(3) 有·是·为·像·以为와 사역의미를 나타내는 '让·叫·给' 및 능원동사.
(4) 灭·断·发生·开始·出现·经过·成·结果·停止·加入·爆发·鼓励·称赞·尊敬·尊重·冲 突·反对·俘虏·允许·通讯·教学·交际·抱歉·失去·著·游戏·拥抱·跟随 등.

소수의 형용사 역시 A류 가능보어를 취할 수 있다. 예를 들면 '好不下去了'·'热不 死'·'红不起来' 등.

결과보어와 방향보어 입장에서 보면, 방향 의미와 결과 의미를 나타내는 방향보어 가 가능보어를 구성하기 쉽고, 상태 의미를 나타내는 것은 일반적으로 가능보어를 구성하기가 비교적 어렵다. 예를 들면 '哭开了'—'*哭不开', '哭起来了'—'*哭不起来' 같은 경우이다. 결과보어 대부분은 가능보어를 구성할 수 있다.

② A류 가능보어를 포함하고 있는 문장은 동사 앞에 부사어가 있을 수 있는데, 술어 전체를 수식하는 시간·장소·범위·대상 등을 나타내는 비묘사성 부사어에 한한다.

① 大娘接过药, 眼里含着感激的泪水, 半天说不出话来。

Dàniáng jiēguò yào, yǎn lǐ hánzhe gǎnjī de lèishuǐ, bàntiān shuō bu chū huà lai.

아주머니는 약을 건네 받고서, 감격해서 눈물 을 글썽이며 한참동안 말을 하지못했다.

② 她性格孤僻, 和别人谈不上几句就没话了。

Tā xìnggé gūpì, hé biérén tán bu shàng jǐ jù jiù méi huà le.

그녀는 성격이 괴팍해 서 다른 사람과 몇 마디 말도 주고받지 않고서 말이 없다.

③ 一直到半夜, 他还合不上眼。

Yìzhí dào bànyè, tā hái hé bu shàng yǎn.

한밤중까지도 그는 눈 을 붙일 수 없었다.

④ 一锹挖不出个井, 一口吃不成个胖子。

Yì qiū wā bu chu gè jǐng, yì kǒu chī bu chéng ge pàngzi.

한 번 삽질에 우물을 팔 수 없고, 한 입 먹어서 뚱보가 될 수 없다.

동사 앞에는 일반적으로 동작자의 심정·태도를 나타내는 것과 동작을 수식하는 묘 사성 부사어를 쓸 수 없다. 문장 안에 만약 이런 종류의 부사어가 있다면 '能/不能＋ 동사 ＋ 결과보어/방향보어'형식만을 쓸 수 있다.

---

1) 본 절에서 나열한 동사, 형용사는 일반적으로 ≪普通话三千常用词表≫(初稿)에 수록된 것에 한한다.

⑤ 他在哪里呢? 他自己也不能正确地回答出来。

    Tā zài nǎlǐ ne? Tā zìjǐ yě bù néng zhèngquè de huídá chūlai.

    *他在哪里呢? 他自己也正确地回答不出来。

그는 어디에 있는가?
그 자신조차도 정확하
게 대답을 할 수 없다.

⑥ 你能高高兴兴地做完这件事吗?

    Nǐ néng gāogāoxìngxìng de zuò wán zhè jiàn shì ma?

    *你高高兴兴地做得完这件事吗?

너는 기쁘게 이 일을 다
마칠 수 있겠니?

다음 두 예문의 차이에 유의해야 한다.

⑦ 这些书我今天不能全买到。

    Zhèxiē shū wǒ jīntiān bù néng quán mǎidào.

이 책들을 나는 오늘 전
부 다 살 수는 없다.

⑧ 这些书我今天全买不到。

    Zhèxiē shū wǒ jīntiān quán mǎi bu dào

이 책들을 나는 오늘 전
부 살 수 없다.

예문 ⑦의 '全'은 '买到'만 제한하고, 의미는 '일부만을 살 수 있다'이다. 예문 ⑧의 '全'은 '买不到'를 제한하며 의미는 '한 권도 살 수 없다'이다.

③ 가능보어는 일반적으로 '把'자문·'被'자문의 술어동사 뒤에 쓸 수 없고,[1] 연동문의 첫 번째 동사 뒤에도 쓸 수 없다. 다음의 문장들은 틀린 것이다.

    *我把这个活干不好。

    *我把这些练习一小时做得完。

    *这个杯子被他打不破。

    *敌人可能被我们打得败。

    *他病刚好, 出不去散步。

    *我没有票, 进不去看电影。

④ 일부 가능보어 중간에 '太·大·很'과 같은 정도부사를 첨가할 수 있다.

① 我看不大清楚。

    Wǒ kàn bu dà qīngchu.

나는 그다지 잘 보이지
않는다.

② 在别人家里吃饭, 我总吃不大饱。

    Zài bié rénjia lǐ chī fàn, wǒ zǒng chī bu dà bǎo.

다른 사람의 집에서 밥
을 먹으면 난 언제나 그
다지 배불리 먹을 수 없
다.

③ 这件事我说不太准。

    Zhè jiàn shì wǒ shuō bu tài zhǔn.

이 일에 대해서 그렇게
정확하게 말할 수 없다.

---

1) 일부 숙어성 가능보어는 '被'자문에 '他不明白, 为什么自己总被人看不起?(그는 왜 자기가 늘 다른 사람에게 무시당하는지를 모른다)'처럼 쓰일 수 있다.

5 목적어의 위치

(1) 가능보어가 결과보어나 단순 방향보어로 이루어졌을 때 목적어는 가능보어의 뒤에 위치한다.

① 我们还是看不清跑道。

　　Wǒmen háishi kàn bu qīng pǎodào.

우리는 여전히 활주로가 잘 보이지 않는다.

② 这个口袋装不下六十斤米。

　　Zhège kǒudài zhuāng bu xià liùshí jīn mǐ.

이 자루는 쌀 60근을 담을 수 없다.

③ 商店已经下班了，他买不来东西了。

　　Shāngdiàn yǐjīng xià bān le, tā mǎi bu lái dōngxi le.

상점이 이미 문을 닫아서, 그는 물건을 사올 수 없다.

(2) 목적어는 또 전체 동보구의 앞에 놓을 수도 있지만, 목적어 앞에 동사를 중복해야 한다.

① 他说话说不明白。

　　Tā shuō huà shuō bu míngbái.

그는 말을 분명하게 하지 못한다.

② 汽车拐弯拐不过来。

　　Qìchē guǎi wān guǎi bu guòlai.

차가 모퉁이를 돌아오지 못한다.

(3) 만약 가능보어가 복합 방향보어로 이루어진 것이라면, 목적어는 대체로 복합 방향보어의 중간에 위치한다.

① 他激动得说不出话来。

　　Tā jīdòng de shuō bu chū huà lai.

그는 감격해서 말을 할 수 없었다.

② 他的思想总是转不过弯来。

　　Tā de sīxiǎng zǒngshì zhuǎn bu guò wān lai.

그의 사상은 언제나 바뀌지 않는다.

때로는 목적어가 복합 방향보어의 뒤에 놓일 수도 있다.

③ 这个包太小，装不进去一本杂志。

　　Zhège bāo tài xiǎo, zhuāng bu jìnqu yì běn zázhì.

이 가방은 너무 작아서 잡지 한 권도 담을 수 없다.

6 긍정형식 A류 가능보어 앞에는 '能'을 첨가해 '주·객관 허용'의 의미를 강조할 수도 있다.

① 这一百多亿根毛竹，流去了井冈山人多少汗水，谁能算得清呢?

　　Zhè yìbǎi duō yì gēn máozhú, liú qùle Jǐnggāngshān rén duōshǎo hànshuǐ, shéi néng suàn de qīng ne?

이 백여 억 개의 죽순대가 井冈山 사람들로 하여금 얼마나 많은 땀을 흘리게 했는가를 누가 정확하게 헤아릴 수 있겠는가?

② 你别说，我能猜得出来。

    Nǐ bié shuō, wǒ néng cāi de chūlai.

너 말하지 마, 내가 알아맞출 수 있어.

그러나 부정형식의 A류 가능보어의 앞에는 '不能'을 첨가할 수 없다. 왜냐하면 '不能'을 첨가한 후에는 이중부정이 되는데, 중국어에서 이중부정은 긍정과 같기 때문이다. 게다가 '不能'이 갖고 있는 여러 가지 의미 즉 다의성 때문에 의미에 차이가 많이 나게 된다.

③ 你完不成这个任务。(부정)

    Nǐ wán bu chéng zhège rènwu.

너는 이 임무를 완수할 수 없다.

④ 你不能完不成这个任务。('不能'의 의미는 '不准·不应该'이다)

    Nǐ bù néng wán bu chéng zhège rènwu.

너는 이 임무를 완수하지 않으면 안 된다.

⑤ 这句话他听不懂。(부정)

    Zhè jù huà tā tīng bu dǒng.

이 말을 그는 알아듣지 못한다.

⑥ 这句话他不能听不懂。('不能'의 의미는 '不会'이다)

    Zhè jù huà tā bù néng tīng bu dǒng.

이 말을 그가 알아듣지 못할 리 없다.

 **B류 가능보어**

① B류 가능보어가 나타내는 어법적 의미

B류 가능보어는 '得/不＋了(liǎo)'로 구성된다. '了'의 본 뜻은 '완료'·'종료'인데, '得/不＋了'로 구성된 가능보어가 일부 동사 뒤에 쓰일 때[1], 때로는 '了'가 여전히 '完·掉' 등의 결과 의미를 나타낸다.

① 这个西瓜太大，咱们俩吃不了。(吃不完)

    zhège xī guā tài dà, zámen liǎ chī bu liǎo.

이 수박은 너무 커서 우리 둘이서는 다 먹을 수 없다.

② 这件事我总也忘不了。(忘不掉)

    Zhè jiàn shì wǒ zǒng yě wàng bu liǎo.

이 일을 나는 아무래도 잊어버릴 수 없다.

이러한 '得/不了'와 A류 가능보어가 나타내는 의미는 같으므로, 그러므로 마땅히 A류 가능보어에 속해야 한다.

'得/不＋了'로 구성된 B류 가능보어에서 '了'자체는 결과 의미를 나타내지 않지만,

---

1) 일부 동사 뒤에 시태조사 '了'를 써도 '掉'와 같은 결과 의미를 나타낸다(제2편 제9장 제2절―시태조사 '了' 참조)

'得/不了'전체가 '주·객관 조건이 (어떤 동작이나 변화의) 실현을 허용하는지 여부'를 나타낸다.

① 钻机没有水就动不了。 (객관조건이 허용되지 않음)

Zuànjī méi yǒu shuǐ jiù dòng bu liǎo.

② 今天下雨，去不了颐和园了。 (객관조건이 허용되지 않음)

Jīntiān xià yǔ, qù bu liǎo Yíhéyuán le.

③ 你这么大年纪了，连山上的草都拔不了，怎么能搬走这两座大山呢？ (주관조건이 허용되지 않음)

Nǐ zhème dà niánjì le, lián shān shàng de cǎo dōu bá bu liǎo, zěnme néng bān zǒu zhè liǎng zuò dà shān ne?

④ 今天阿里病了，上不了课了。 (주관조건이 허용되지 않음)

jīntiān Ālǐ bìng le, shàng bu liǎo kè le

'得/不了'는 또 상황에 대한 예측을 나타낼 수도 있다.

① 我看小刘比小陈大不了几岁。

Wǒ kàn Xiǎo Liú bǐ Xiǎo Chén dà bu liǎo jǐ suì.

② 敌人是兔子的尾巴，长不了。

Dírén shì tùzi de wěiba, cháng bu liǎo.

'도리 상 허락 여부'나 '허가와 불허'의 의미를 나타낼 때는 B류 가능보어를 쓸 수 없고, '能'만을 쓸 수 있다.

① 一个人不能去，会掉在沟里!

Yí ge rén bù néng qù, huì diào zài gōu lǐ!

*一个人去不了，会掉在沟里!

② 你的要求是错误的，我不能答应。

Nǐ de yāoqiú shì cuòwù de, wǒ bù néng dāying.

*你的要求是错误的，我答应不了。

B류 가능보어는 평서문에 쓸 때도 주로 부정형식을 쓰고, 상응하는 긍정의미를 표현할 때는 대개 '能'을 많이 사용한다.

① 二哥，属老虎的才能干这种事，属耗子的干不了。

Èr gē, shǔ lǎohǔ de cái néng gàn zhè zhǒng shì, shǔ hàozi de gàn bu liǎo.

② 今天晚上我能去，阿里去不了。

오늘 저녁에 나는 갈 수
있는데 阿里는 못 가.

　　Jīntiān wǎnshang wǒ néng qù, Ālǐ qù bu liǎo.

　B류 가능보어는 주로 구어에 쓰이고, 문어나 공식적인 장소나 모임에서는 '能/不能
+동사', A류 가능보어나 다른 형식을 더 많이 사용한다.

2 B류 가능보어와 A류 가능보어의 차이

　'주·객관 조건이 실현을 허용하는지 여부'를 나타내는 것에 있어서는 A류 가능보어
와 B류 가능보어가 공통점이 있지만, A류는 항상 동작의 결과나 방향과 서로 관련이
있는 반면, B류는 결과나 방향과는 무관하다. 비교해 보면 아래와 같다.

① 今天晚上我有事，看不完这本书了。(A류, '看完'을 실현할 수
　없다)

오늘 저녁에 나는 일이
있어서 이 책을 끝까지
다 볼 수 없게 되었다.

　　Jīntiān wǎnshang wǒ yǒu shì, kàn bu wán zhè běn shū le.

② 今天晚上我有事，看不了这本书了。(B류, '看'을 실현할 수 없
　다)

오늘 저녁에 나는 일이
있어서 이 책을 볼 수
없게 되었다.

　　Jīntiān wǎnshang wǒ yǒu shì, kàn bu liǎo zhè běn shū le.

3 B류 가능보어를 포함하고 있는 문장의 구조적 특징

　B류 가능보어를 포함하고 있는 문장의 구조적 특징은 기본적으로는 A류 가능보어
를 포함하고 있는 문장과 같은데, 다음 두 가지 점은 숙지하여 구별해야 한다.

　1 동사나 형용사가 B류와의 결합은 A류 보다 쉽고, 결합범위도 더 넓어서, 몇몇 동
보식 동사('扩大·延长·埋没·提高' 등), 앞에 부사어가 있는 동사, 심지어는 다른 보
어를 가진 동사조차도 모두 B류 보어를 취할 수 있다.

① 我们这里埋没不了人材。

여기에 인재를 썩힐 수
없다.

　　Wǒmen zhèlǐ máimò bu liǎo réncái.

② 他这个人，早来不了。

그 사람 일찍 오기는 글
렀다.

　　Tā zhège rén, zǎo lái bu liǎo.

③ 这些土地是我们的，谁也抢不了去!

이 땅들은 우리의 것이
다, 누구도 뺏어갈 수
없다!

　　Zhèxiē tǔdì shì wǒmen de, shéi yě qiǎng bu liǎo qù!

이는 B류 가능보어가 주로 구어에 쓰이기 때문이다. 그러므로 구어에서는 잘 쓰이지
않는 동사 즉 '逾, 著, 恭候, 쿠(找)……', 사역, 명령의 의미를 나타내는 '使, 让, 叫' 및
조동사 등은 B류 가능보어를 취할 수 없다.

B류 가능보어를 취할 수 없는 형용사에는 다음과 같은 두 가지가 있다.

(1) 일부 구어에서는 잘 쓰이지 않는 것으로, '肮脏'·'错误'·'丑陋'·'细腻'·'衰败'·'高大' 등이 있다.

(2) 비술어형용사로, '男'·'女'·'雌'·'雄'·'正'·'副'·'横'·'竖'·'夹'·'大型'·'初级'·'多项'·'个别'·'共同'·'主要'·'新生'·'慢性'·'新式'·'四方'·'万能'·'天然'·'人为'·'袖珍'·'高频' 등이 있다.

② B류 가능보어 중간에는 정도부사를 삽입할 수 없다.

3 C류 가능보어

동사와 형용사 뒤에 '得/不得'만을 보어로 쓸 수 있는 '吃不得'·'去不得'·'急不得'등과 같은 것을 C류 가능보어라 한다. 이러한 가능보어는 두 가지 어법적 의미를 나타내기 때문에, C1류와 C2류 두 종류의 C류 가능보어가 있다고 할 수 있다.

1 C1류 가능보어

C1류 가능보어는 '주·객관 조건이 (어떤 동작의) 실현을 허용하는지 여부'를 나타낸다. 즉 B류 가능보어의 의미와 동일하다.

① (三仙姑)羞得只顾擦汗，再也开不得口。

(Sānxiāngū) Xiū de zhǐ gù cā hàn, zài yě kāi bu de kǒu.

② 他倒在太师椅上，半天动弹不得。

Tā dǎo zài tàishīyǐ shàng, bàntiān dòngdàn bu de.

(三仙姑는) 부끄러워서 땀만 닦으면서, 더 이상 말을 할 수 없었다.

그는 안락의자에 쓰러져서 한참동안 움직일 수가 없었다.

그렇지만 C1류 가능보어는 현대 표준 중국어에서는 잘 쓰이지 않아서, '주·객관 조건이 어떤 동작의 실현을 허용한다'는 의미를 나타낼 때에는 일반적으로 C1류 가능보어를 쓰지 않고, '能/不能 + 동사'나 B류 가능보어를 쓴다.

③ 我没有时间，不能去了。

Wǒ méi yǒu shíjiān, bù néng qù le.

我没有时间，去不了了。

Wǒ méi yǒu shíjiān, qù bu liǎo le.

*我没有时间，去不得了。

나는 시간이 없어 갈 수 없게 되었다.

나는 시간이 없어 갈 수 없게 되었다.

C1류 가능보어 중 일부는 熟语性의 것으로, 이미 앞의 동사와 결합해 하나의 단어가 되었고, 현대 표준 중국어에서 자주 사용된다. 예를 들면, '恨不得', '怪不得', '顾不得', '巴不得', '算不得'—부정형식만 사용하며, '舍得/不得'·'值得/不得'·'记得/不得'—긍정형식·부정형식 모두 사용하는 것들이다.

2 C₂류 가능보어

C₂류 가능보어는 '도리 상 허락여부'를 나타내는 것으로, 즉 '应该'의 의미이다. 동사와 형용사 뒤에 쓸 수 있다.

① 凉水浇不得。('不应该浇凉水'의 의미)

　Liángshuǐ jiāo bu de.

차가운 물을 주면 안 된다.

② 这个人你可小看不得。('不应该小看'의 의미)

　Zhège rén nǐ kě xiǎokàn bu de.

이 사람을 너는 얕봐서는 안 된다.

③ 那推针的手，轻不得、重不得、慢不得、快不得。

　Nà tuī zhēn de shǒu, qīng bu de、zhòng bu de、màn bu de、kuài bu de.

침을 놓는 손은 약해서도 안 되고, 강해서도 안 되며, 느려서도 안 되고 빨라서도 안 된다.

④ 那寿木盖子是四川漆!不能碰，碰不得!

　Nà shòu mù gàizi shì Sìchuānqī! Bù néng pèngpèng bu de!

그 관의 덮개는 四川漆이다! 만지지 마라, 만지면 안 된다!

그러나 '불허'의 의미를 표현할 때는 C₂류 가능보어를 쓸 수 없다. 비교해 보면 아래와 같다.

⑤ 没有我的命令你不能走!

　Méi yǒu wǒ de mìnglìng nǐ bù néng zǒu.

내 명령 없이는 너는 갈 수 없다.

　*没有我的命令你走不得。

의문문을 제외하고 C₂류 가능보어는 일반적으로 부정형식만을 사용한다. 이는 이러한 가능보어는 주로 충고·각성이나 경고를 하는데 쓰이고, 가능보어 앞의 동사나 형용사가 나타내는 동작이나 상황을 하지 않거나 출현하지 않도록 피해야지 그렇지 않으면 좋지 않은 결과를 가져올 것이라는 의미를 나타내기 때문이다. 이러한 보어는 구어에만 출현한다.

C₂류 가능보어를 포함하고 있는 문장의 구조적 특징은 다음 두 가지로 요약할 수 있다.

☐ C₂류 가능보어 앞의 동사나 형용사 역시 일음절이 많다. C₂류 가능보어를 취할 수 없는 동사에는 주로 다음과 같은 것들이 있다.

⑴ 구어에서는 잘 사용하지 않는 것.
⑵ 동작자가 통제할 수 없는 동작을 나타내는 동사. '醒'·'传染'·'长(zhǎng)'·'度过'·'遇'·'吃惊'·'觉悟'·'爆发' 등.
⑶ '是'·'像'·'为'·'以为' 및 능원동사.

C₂류 가능보어를 취할 수 있는 형용사는 유한한데, 대부분이 구어에서 자주 사용되는 것과 사람이 통제할 수 있는 상태를 나타내는 것이다. 주로 大·小·高·低·长·短·

粗·细·宽·窄·厚·薄·满·空·多·少·偏·歪·斜·弯·深·浅·重·轻·快·慢·迟·浓·淡·密·
稀·软·硬·紧·松·乱·稳·错·怪·贵·贱·便宜·密切·统一·简单·复杂·难·容易·热·冷·
凉·甜·酸·辣·咸·饿·累·闲·慌·胖·美·骄傲·糊涂·灵活·老实·谦虚·粗鲁·冒失·粗心·
大意·随便·认真·马虎·麻痹·厉害·紧张·急·客气·文明·严·活泼·顽固·疲沓·固执·热
情·大方·小气·自私·激烈·懒·勉强·顽皮·高兴·恼·亲热·兴奋·保守·积极·消极·悲观
등이다.

② C₂류 가능보어를 취한 동사는 뒤에 목적어를 잘 취하지 않는다. 만약 목적어가 있
다면 목적어의 구조는 반드시 '开不得口'·'怨不得他' 등과 같이 단순해야 한다. 문장
에 행위대상이 있으면 대개는 동사 앞에 놓여 주어가 된다. 비교해 보면 아래와 같
다.

你那犹犹豫豫的老毛病可犯不得。

Nǐ nà yóuyóuyùyù de lǎo máobìng kě fàn bu de.

?可犯不得你那犹犹豫豫的老毛病。

너 그 주저하는 고질병 도지면 안 된다.

一. 알맞은 가능보어로 괄호를 채우시오.

1. 树林中有一面红旗，由于雾特别大，看（　　）。
2. 这个担子太重了，我挑（　　）。
3. 我们住的小胡同特别窄，汽车开（　　）。
4. 我的钢笔哪儿去了，怎么找（　　）了？
5. 我是哪国人，你猜（　　）吗？
6. 今天太晚了，去（　　）颐和园了。
7. 不用电炉的时候，要把插销拔下来，千万大意（　　）。
8. 他忙得连饭都顾（　　）吃。
9. 雷锋从来舍（　　）乱花钱。
10. 这个礼堂坐（　　）三千人吗？
11. 这是什么地方？我怎么想（　　）了？
12. 你说得太快，我们听（　　）。
13. 这件衣服太贵，我买（　　）。
14. 在我们面前没有克服（　　）的困难。
15. 你慢点说，太快了，我记（　　）。
16. 这个教室坐（　　）一百个学生吗？
17. 天黑以前我们到（　　）家吗？
18. 这是谁的声音，你听（　　）吗？
19. 他们两个人每天在一起，好像分（　　）的样子。
20. 这些人像一盘散沙，我看组织（　　）了。

二. 아래 긍정문을 부정문으로 바꾸시오.

1. 今天学的课文我能背下来。
2. 星期日小刘能回来看电影。
3. 这两道题有什么区别，我能看出来。
4. 他说的话我能听懂。
5. 这个问题小王能答上来。
6. 一块钱能买五斤苹果。
7. 电影七点半能演完。
8. 你在这样的灯光下看书，眼睛会近视的。
9. 这件事我能详细地写出来。
10. 童年时代的生活他还记得。

三. 옳고 그름을 구별하시오.

1. A. 这个问题他考虑了很久，还是不能想出什么办法来。
   B. 这个问题他考虑了很久，还是想不出什么办法来。
2. A. 只要你能平安地回来，我就满意了。
   B. 只要你平安地回得来，我就满意了。
3. A. 阿里问谢利上哪儿去了，谁都回答不过来。
   B. 阿里问谢利上哪儿去了，谁都回答不出来。
4. A. 这本书你能亲自给他送去吗？
   B. 这本书你亲自给他送得去吗？
5. A. 他长得和中国人一样，谁都看不出来他是个外国人。
   B. 他长得和中国人一样，谁都不能看出来他是个外国人。
6. A. 这个音很难，我总也发不好。
   B. 这个音很难，我总也不能发好。
7. A. 你这个毛病怎么老也改变不过来？
   B. 你这个毛病怎么老也改不过来？
8. A. 酒太多了，我喝不了。
   B. 酒太多了，我不能喝完。

四. 틀린 문장을 바르게 고치시오.

1. 你连一块石头都不能搬动，怎么能把山搬走呢？
2. 今天天气不好，还照相得了吗？
3. 要不是老师帮助我，我就不能学习中文好。
4. 因为钱不够，所以他买不到那件大衣了。
5. 下午你来得了帮助我吗？
6. 我打开水龙头，看看现在水来得了来不了。
7. 现在，那座小山上一颗树也不看见。
8. 蕃瓜弄是上海一个有名的贫民窟，去参观以前，我真不能想像到过去的劳动人民
   生活是那样的悲惨。
9. 小张的伤势很重，大家都知道他已经不能救活了，禁不住哭了起来。
10. 你这样工作，不能工作好。

상태보어는 주로 동사 뒤에 '得'를 사용해 연결하여 동작의 결과상태를 나타내는 보어를 가리키는 것으로, 일부 형용사 뒤에도 상태보어를 쓸 수 있다. '个'·'得个'로 연결된 보어 역시 상태보어에 속한다.

상태보어는 중국어에서 구조·의미 지향·표현전달 기능이 매우 복잡한 보어로, 결과보어나 방향보어와 마찬가지로 매우 중요하다. 동작이나 동작의 결과에 대해 묘사하고자 할 때 상태보어를 쓰는 경우가 많다.

 **1 상태보어의 의미 지향**

결과보어와 마찬가지로 상태보어도 의미상 항상 동사만을 지향하지는 않는다.

① 의미 지향이 동사인 상태보어

상태보어가 동사를 지향하는 경우에는 동작에 대해 묘사·평가 또는 판단을 하는 것으로, 형용사와 형용사구가 쓰인다. 형용사가 상태보어로 쓰이는 경우는 술어로 쓰이는 경우와 마찬가지로, 일반적으로 앞에 '很'을 함께 쓰는데, 이때 '很'이 정도를 나타내는 기능은 약하다.

① 为了备课，李老师每天睡得很晚。

  Wèile bèi kè, Lǐ lǎoshī měitiān shuì de hěn wǎn.

수업 준비를 하느라 이 선생님은 매일 늦게 주무신다.

② 这场友谊赛非常精彩，运动员都打得很好。

  Zhè chǎng yǒuyì sài fēicháng jīngcǎi, yùndòngyuán dōu dǎ de hěn hǎo.

이번 친선경기는 아주 다채롭고 선수들 모두가 경기를 잘 하고 있습니다.

대구문에서만 형용사는 단독으로 상태보어로 쓰일 수 있다.

③ 我们一起学英语，他学得好，我学得不好。

  Wǒmen yìqǐ xué Yīngyǔ, tā xué de hǎo, wǒ xué de bù hǎo.

우리는 같이 영어를 배우는데, 그는 잘 배웠지만 나는 그렇지 못하다.

④ 我从前唱得好，现在嗓子不行了，唱不好了。

  Wǒ cóngqián chàng de hǎo, xiànzài sǎngzi bù xíng le, chàng bu hǎo le.

예전에는 노래를 잘 했는데, 지금은 목이 좋지 않아서 노래를 잘 부를 수없다.

다른 정도부사도 형용사 앞에 쓸 수 있다.

⑤ 太阳出来有一人高了，伙计们睡得正香。

　Tàiyáng chūlái yǒu yì rén gāo le, huǒjìmen shuì de zhèng xiāng.

⑥ 他说得非常对，我完全同意。

　Tā shuō de fēicháng duì, wǒ wánquán tóngyì.

동사를 의미 지향하는 상태보어는 보어에 대해 질문을 할 수 있다.

① 老师的问题他回答得对不对？

　Lǎoshī de wèntí tā huídá de duì bu duì?

② 他唱得好吗？

　Tā chàng de hǎo ma?

③ 你今天起得是不是很晚？

　Nǐ jīntiān qǐ de shì bu shì hěn wǎn?

동사를 의미 지향하는 상태보어는 주로 긍정형식을 쓰지만, 부정형식 역시 약간 쓰인다.

① 我唱得不好，请大家原谅。

　Wǒ chàng de bù hǎo, qǐng dàjiā yuánliàng.

이러한 상태보어를 수반하는 동사 뒤에 목적어가 있는 경우, 만약 목적어가 처음 출현하거나 목적어를 말하지 않으면 의미가 불분명해질 경우에는 술어동사를 중복해야 한다.

① 他唱歌唱得很好。

　Tā chàng gē chàng de hěn hǎo.

② 小李写汉字写得很清楚。

　Xiǎo Lǐ xiě Hànzì xiě de hěn qīngchu.

③ 玛丽说汉语说得比我流利。

　Mǎlì shuō Hànyǔ shuō de bǐ wǒ liúlì.

동사를 중복하는 이러한 용법은 일반적으로는 어떤 특정한 동작을 나타내는 데에는 쓰이지 않고, 일반적인 상황이나 습관적인 동작행위를 나타낸다. 예 ①~③이 이에 해당되는데, 다른 예를 들어보면 아래와 같다.

④ 我妹妹说话说得很快，外国人听起来很困难。

　Wǒ mèimei shuō huà shuō de hěn kuài, wàiguórén tīng qǐlai hěn kùnnan.

⑤ 他抽烟抽得很多。

    Tā chōu yān chōu de hěn duō.

그는 담배를 많이 피운다.

이러한 문장들의 첫 번째 동사는 생략할 수도 있다.

⑥ 他歌唱得很好。

    Tā gē chàng de hěn hǎo.

그는 노래를 잘 부른다.

⑦ 小李的汉字写得很清楚。

    Xiǎo Lǐ de Hànzì xiě de hěn qīngchu.

小李는 한자를 또박또박 잘 쓴다.

⑧ 玛丽汉语说得比我流利。

    Mǎlì Hànyǔ shuō de bǐ wǒ liúlì.

메리는 중국어를 나보다 유창하게 한다.

❷ 행위자(혹은 의미상의 주어) 또는 대상자 등을 의미 지향하는 상태보어

일부 상태보어를 포함한 문장에서 술어동사나 형용사는 원인을 나타내고, '得'뒤의 보어는 결과—어떤 동작이나 상황이 행위자(의미상의 주어)나 대상자 등으로 하여금 어떤 정황과 상태가 되도록 하였음을 나타낸다. 상태보어를 포함한 문장들 중에 이러한 문장이 다수를 차지한다. 술어중심어가 형용사일 경우 이러한 종류의 상태보어는 일반적으로 의미상의 주어(대부분 주어)를 묘사하고, 술어중심어가 동사일 경우에 보어는 대부분 대상자를 묘사하며, 경우에 따라서는 행위자나 의미상의 주어를 묘사하기도 한다. 이러한 종류의 보어로 쓰일 수 있는 어구는 매우 많아서, 술어로 쓰일 수 있는 어구의 거의 대부분이 가능하다. 형용사(구)·동사(구)·명사구·관용구 및 복문형식의 구 등이 이에 포함된다.

① 敌人气得大喊：“你小小年纪，难道不怕死吗？” ('大喊'은 의미상 주어인 '敌人'을 묘사)

    Dírén qì de dà hǎn : "Nǐ xiǎoxiǎo niánjì, nándào bù pà sǐ ma?"

적군이 화가 나서 고함을 질렀다, '너희 나이도 어린것들이 죽는 게 두렵지 않으냐?'

이러한 종류의 상태보어는 실제로 단지 하나의 주술구조나 동목구조만을 포함하고 있는 것은 아니다. 상술한 문장들 중에는 두 개의 주술구조가 포함되어 있다. 바로 '敌人——气', '敌人——大喊'인데, 여기서 '气'는 원인이고, '大喊'은 '气'의 결과이자 적이 화가 났을 때의 모습-정황과 상태이다. 또 다른 예문을 보자.

② 听了这句话，他的脸胀得通红。 (의미상의 주어인 '脸'을 묘사)

    Tīngle zhè jù huà, tā de liǎn zhàng de tōnghóng.

(그의 얼굴이 붓다, 그의 얼굴이 새빨개지다) – 이 말을 듣고, 그의 얼굴이 새빨갛게 부어올랐다.

③ 嗓子眼儿干得直冒烟儿。

    Sǎngzi yǎnr gān de zhí mào yānr.

(목구멍이 말라, 목구멍에서 연기가 날 지경이다) – 목구멍이 말라서 죽을 지경이다.

④ 王进喜听了这个消息高兴得跳了起来。

Wáng Jìnxǐ tīngle zhège xiāoxi gāoxìng de tiàole qǐlai.

⑤ 住在这古老森林里的飞禽走兽，都被惊得乱飞、怪叫起来。(대상인 '飞禽走兽'를 묘사)

Zhù zài zhè gǔlǎo sēnlín lǐ de fēi qín zǒu shòu, dōu bèi jīng de luàn fēi、guài jiào qǐlai.

⑥ 老大娘高兴得见人就说："合作医疗真是好啊!"

ǎo dàniáng gāoxìng de jiàn rén jiù shuō : "Hézuò yīliáo zhēn shì hǎo a!"

⑦ 我看他忙得一点空也没有，心里很难过。

Wǒ kàn tā máng de yìdiǎn kòng yě méi yǒu, xīn lǐ hěn nánguò.

⑧ 从此，隧道里的情况完全变了，昨天还热得头晕，今天却冻得发抖。(의미상의 주어/대상자인 '人'묘사, '人'은 드러나 있지 않음)

Cóng cǐ, suìdào lǐ de qíngkuàng wánquán biàn le, zuótiān hái rè de tóu yūn, jīntiān què dòng de fādǒu.

⑨ 那包饼干早被压得粉碎了。

Nà bāo bǐnggān zǎo bèi yā de fěnsuì le.

⑩ 有一次卓玛被打得快死了。

Yǒu yí cì Zhuōmǎ bèi dǎ de kuài sǐ le.

⑪ 他吓得站也站不稳，坐也坐不安。

Tā xià de zhàn yě zhàn bu wěn, zuò yě zuò bu ān.

⑫ 廷掾和豪绅们吓得面如土色。

Tíng yuàn hé háoshēnmen xià de miàn rú tǔ sè.

⑬ 这一场意外的争论，把我和那个女卫生员搞得莫名其妙。

Zhè yì chǎng yìwài de zhēnglùn, bǎ wǒ hé nàge nǚ wèishēngyuán gǎo de mò míng qí miào.

⑭ 他把斧子举得跟头一样高，站在那里，一动也不动。

　　Tā bǎ fǔzi jǔ de gēn tóu yí yàng gāo, zhàn zài nàlǐ, yí dòng yě
　　bú dòng.

（도끼가 들려지다, 도끼가 머리 높이만큼 높다) - 그는 도끼를 머리 높이만큼 치켜들고, 그곳에 서서 꼼짝도 하지 않았다.

⑮ 老纪听得入了迷。（행위자인 '老纪'를 묘사）

　　Lǎo Jì tīng de rùle mí.

（纪 아저씨는 들었다, 纪 아저씨는 정신이 팔렸다) - 纪아저씨는 듣고는 정신이 팔렸다.

주의: 이 문장의 상태보어는 '入了迷'로, 동목구조다.

⑯ 我看书看得忘了吃饭。

　　Wǒ kàn shū kàn de wàngle chī fàn.

（나는 책을 본다, 나는 밥 먹는 것을 잊었다) - 나는 책을 보다가 밥 먹는 것도 잊어버렸다.

　　때로는 술어동사가 원인을 나타내지 않는 경우도 있는데(이러한 동사는 대부분이 '生'·'长'과 같은 비동작동사이다), 이 경우 보어 역시 의미상의 주어의 정황과 상태를 설명한다.

⑰ 此人生得细长高粱秆个子，鸡蛋脸。（의미상의 주어인 '此人'을 설명）

　　Cǐ rén shēng de xì cháng gāo liánggǎn gèzi, jīdàn liǎn.

이 사람은 가늘고 긴 수수깡 같은 키에 계란형 얼굴을 가졌다.

⑱ 这个小女孩长得很漂亮。（의미상의 주어인 '小女孩'을 설명）

　　Zhège xiǎo nǚhái zhǎng de hěn piàoliang.

이 소녀는 예쁘게 생겼다.

　　보어의 의미 지향이 동작의 행위자·대상 등 일 때, 동사 뒤에 목적어가 있다면 이때도 역시 술어동사를 중복해야 한다.

⑲ 他走路走得满身大汗。

　　Tā zǒu lù zǒu de mǎn shēn dà hàn.

그는 온몸이 땀투성이가 되도록 걸었다.

⑳ 小明听故事听得忘了吃饭。

　　Xiǎo Míng tīng gùshi tīng de wàngle chī fàn.

小明은 밥 먹는 것도 잊고 이야기를 들었다.

③ 주술구가 상태보어로 쓰일 때, 보어안의 술어는 보어안의 주어를 설명한다

① 铁锤一下一下准确地落到钢钎上，打得石屑飞迸，火星四溅。

　　Tiěchuí yíxià yíxià zhǔnquè de luò dào gāngqiān shàng, dǎ de
　　shíxiè fēibèng, huǒ xīng sì jiàn.

쇠망치가 한 번 한 번 정확하게 강철 끝 위를 내리치자 돌가루가 여기저기 날리고 불꽃이 사방으로 튀었다.

'飞迸'은 '石屑'를 설명하고, '四溅'은 '火星'을 설명하고 있다. 또 다른 예를 보자.

② 呼啸的大风卷起地上的灰沙，直吹得我头昏眼花。

    Hūxiào de dà fēng juǎn qǐ dì shàng de huīshā, zhí chuī de wǒ tóu hūn yǎn huā.

③ 在进军的路上，打得敌人望风而逃。

    Zài jìnjūn de lù shàng, dǎ de dírén wàng fēng ér táo.

④ 看慌得你那个样子，快把心收收办正事好不好？

    Kàn huāng de nǐ nàge yàngzi, kuài bǎ xīn shōushou bàn zhèngshì hǎo bu hǎo?

⑤ 这一番话听得我凄然而又悚然。

    Zhè yì fān huà tīng de wǒ qīrán ér yòu sǒngrán.

⑥ 这双鞋穿得底都快透了，可是帮儿还很好。

    Zhè shuāng xié chuān de dǐ dōu kuài tòu le, kěshì bāngr hái hěn hǎo.

⑦ 小明写字写得铅笔尖都秃了。

    Xiǎo Míng xiě zì xiě de qiānbǐ jiān dōu tū le.

횡횡 부는 거센 바람이 땅위의 먼지를 일으키고, 머리가 어지럽고 눈이 핑핑 돌 정도로 불었다.

진군하는 동안 적군이 멀리서 보기만 하고도 도망칠 정도로 싸웠다.

허둥지둥하는 너의 모습을 봐라, 빨리 정신 차리고 해야만 할 일을 하는 게 어때?

이 말을 들은 나는 비참했고 두려워 소름이 끼쳤다.

이 신발을 바닥이 다 닳아 떨어질 정도로 신었지만, 신발 양 볼은 아직도 멀쩡하다.

小明은 연필 끝이 닳아 무뎌질 정도로 글씨를 썼다.

이러한 문장들의 전체문장의 주어·술어동사와 상태보어안의 주어사이의 관계는 비교적 복잡하다. ②·③과 같이 전체문장의 주어는 행위자고, 보어안의 주어는 술어동사의 대상인 경우도 있고, ⑤와 같이 전체문장의 주어가 술어동사의 대상이고, 보어안의 주어가 행위자인 경우도 있으며, ④처럼 술어중심어가 형용사이고 주어는 왕왕 생략되거나 아예 없고, 보어안의 주어가 바로 의미상의 주어인 경우도 있고, ⑥의 경우처럼 보어안의 주어가 전체문장 주어의 일부분인 경우도 있으며, ⑦처럼 보어안의 주어가 술어동사가 이용하는 도구인 경우 등이 있다. 이러한 문장들은 일반적으로 '(大风)把我吹得头昏眼花', '把敌人打得望风而逃', '这一番话把我听得凄然而又悚然', '这双鞋把底穿得快透了', '小明写字把铅笔尖写得秃了'처럼 모두 '把'자문으로 변환할 수 있다.

의미 지향이 동작의 행위자나 대상인 상태보어는 구체적인 특정 동작을 나타낸다. 그렇기 때문에 동작을 의미 지향하는 상태보어와는 달리, 동사 뒤에 목적어가 있어 동사를 중복할 경우에도 일반적인 습관성 동작을 나타내지 않는다.

2 상태보어를 포함한 문장의 통사구조적 특징

① 상태보어와 술어 중심어 간에는 구조조사 '得'외에 다른 성분은 삽입될 수 없다.

② 상태보어를 포함하는 동사와 형용사의 특징

① 상태보어를 취할 수 있는 동사와 형용사

1. 동사:

(1) 일반동사는 모두 동작에 대해 묘사를 하는 상태보어를 취할 수 있다. '鍛鍊'·'提高'·'发展'·'开展'·'进行'·'表演'·'回答'·'工作' 등과 같은 일부 이음절 동사는 동작의 행위자나 대상에 대해 설명을 하는 상태보어를 취할 수는 없지만, 동작에 대해 묘사하는 상태보어는 취할 수 있다.

(2) 동작의 행위자나 대상을 지향하는 상태보어를 취할 수 있는 동사는 대부분이 '打'·'吹'·'说' 등과 같은 일음절 동사이다. 소수의 이음절 동사도 이러한 보어를 취할 수 있는데, 대부분이 '收拾'·'打扮'·'糟蹋'·'整理'·'安排'·'打扫' 등과 같은 동작행위를 나타내는 동사이다.

2. 형용사:

(1) 일음절 형용사와 '聪明'·'老練'·'糊涂'·'热闹'·'激动'·'高兴'·'凉快'·'舒服'·'紧张'·'严肃'등과 같은 적지 않은 이음절 형용사는 모두 의미상 주어의 정황과 상태를 묘사하는 상태보어를 취할 수 있다. 이러한 형용사는 주술문으로 이루어진 상태보어도 취할 수 있다.

(2) 자체에 정도의 의미와 형상의 의미를 포함하고 있는 '冰凉'·'漆黑'·'雪白'·'金黄'·'笔直'·'草绿'·'鹅黄'·'逼真'·'稀烂'·'滚圆'·'碧绿'·'狂热'·'杰出'·'红彤彤'·'黑咕隆咚'·'稀里糊涂'등과 같은 형용사는 어떠한 종류의 상태보어도 취할 수 없다.

② 상태보어를 취하는 동사와 형용사는 중첩형식일 수 없다.

상태보어를 포함하고 있는 문장에서, 전체문장이 전달하는 의미의 중심은 보어 부분에 있고, 보어는 술어의 중심으로, 발음상의 휴지는 모두 '得'뒤에 있다. 또한 바로 이러한 이유 때문에 상태보어를 취하는 동사와 형용사는 중첩형식이 불가능하다. 이는 중국어의 한 문장 안에는 하나의 술어중심만 있을 수 있기 때문이다(병렬된 동사와 형용사가 술어로 쓰일 때는 중심이 하나이다). 동사와 형용사의 중첩형식 또한 문장의 술어중심이 되기 때문에 상태보어와 공존할 수 없다.

③ 문장 안에는 일반적으로 묘사성 부사어가 출현할 수 없다. 중국어에서는 한 문장 안에 일반적으로 같은 유형의 어법의미를 나타내는 성분이 다른 문장성분 형식으로 출현할 수 없다. 상태보어는 동작 및 동작의 대상·행위자 등에 대해 묘사한 것이기 때문에, 한 문장 안에 동작의 행위자를 묘사하거나 동작을 묘사하는 부사어를 쓸 수 없다. 예를 들어 다음과 같은 문장들은 성립될 수 없다.

*他高高兴兴地说得很快。

*我慢慢地摔得很疼。

*大爷急不可待地说得很激动。

④ 상태보어를 포함하고 있는 문장의 동사는 모두 이미 일어난 동작을 나타낸다. 이는 상태보어가 묘사성이 있기 때문에 한 동작에 대해서나 이 동작과 관련된 사람과 사물에 대해 묘사를 할 때, 이 동작은 이미 발생한 것이어야 하기 때문이다. 이 문제는 이후에 다시 논의할 것이다.

③ 상태보어의 구조적 특징

상태보어 중 의미 지향이 동작인 경우에만 부정형식을 쓸 수 있다.

① 小刚唱歌唱得不好。

　　Xiǎo Gāng chàng gē chàng de bù hǎo.

　　　　　　　　　　　　　　　　　　　　　　小刚은 노래를 잘 못 부른다.

② 这个字写得不对。

　　Zhège zì xiě de bú duì.

　　　　　　　　　　　　　　　　　　　　　　이 글자는 틀리게 썼다.

이러한 보어는 정반 의문문의 형식으로 질문할 수 있다.

이외의 다른 보어들은 묘사성으로 인해 주로 긍정형식으로만 쓰인다. 간혹 부정형식으로 쓰일 경우 무슨 내용인지 알 수가 없다.

③ *我把那本书看得没旧。

　　我把那本书看得很旧。

　　Wǒ bǎ nà běn shū kàn de hěn jiù.

　　　　　　　　　　　　　　　　　　　　　　나는 그 책을 닳고 닳도록 보았다.

④ *他急得不坐了。

　　他急得站了起来。

　　Tā jí de zhànle qǐlai.

　　　　　　　　　　　　　　　　　　　　　　그는 조급해서 일어났다.

간혹 보어 안에 부정부사가 있을 수 있지만, 그것은 보어안의 다른 어구와 하나가 되어 행위자(의미상의 주어)나 대상을 묘사하는 것이다.

⑤ 大风吹得他睁不开眼睛。

　　Dà fēng chuī de tā zhēng bu kāi yǎnjing.

　　　　　　　　　　　　　　　　　　　　　　큰 바람이 불어 그는 눈을 뜰 수 없다.

⑥ 王刚被训斥得不说话了。

　　Wáng Gāng bèi xùnchì de bù shuōhuà le.

　　　　　　　　　　　　　　　　　　　　　　王刚은 야단을 맞아서 말을 하지 않는다.

이러한 상태보어는 의문형식으로도 잘 쓰이지 않는다. 즉, 이러한 보어에 대해 질문하지 않는다.

① *大风吹得他睁得开眼睛睁不开眼睛?

② *王刚被训斥得说话不说话了?

다음의 문장들도 약간 어색하다.

③ *大风吹得他怎么样了？

④ *王刚被训斥得怎么样了？

 ## 상태보어의 표현 기능

앞에 서술한 바와 같이 상태보어는 구조적으로는 술어의 중심이고, 표현 기능면에서는 문장의 정보의 초점이 된다. 동작에 대해 묘사·논의하고자 할 때는 일반적으로 상태보어를 써야 한다.

① 这件事他干得不错。

   Zhè jiàn shì tā gàn de búcuò.

이 일을 그는 훌륭하게 해냈다.

이 문장에서 의미의 초점은 '不错'이다. 그러므로 아래처럼 말할 수 없다.

   *这件事他干不错。 (의미가 달라짐)

② 今天我起得很早。

   Jīntiān wǒ qǐ de hěn zǎo.

오늘 나는 매우 일찍 일어났다.

이 예문 역시 아래와 같이 말할 수 없다.

   *今天我起很早。

③ 他写中国字写得很好。

   Tā xiě Zhōngguó zì xiě de hěn hǎo.

   ?他写中国字很好。

그는 한자를 잘 쓴다.

물론, 중국어에도 '我说话很快'·'他走路很慢'·'姐姐每天睡觉很早' 등과 같은 표현이 있다. 그러나 위의 예문들과 같이 동작에 대해 묘사를 하는 경우에는, 동목구가 주어로 쓰여 이루어진 문장이 모두 성립될 수 있는 것은 아니다. 반대로, 이러한 동목구가 주어로 쓰인 문장들은 모두 '我说话说得很快'·'他走路走得很慢'·'姐姐每天睡觉睡得很早'와 같이 상태보어를 쓰는 문장으로 바꿔 쓸 수 있다.

상태보어는 묘사성을 가지고 있기 때문에 '한 사람이 너무 기뻐서 펄쩍펄쩍 뛰었다'라는 상황을 묘사할 때, '他高兴得跳起来了'라고 해야 한다. 물론 '他因为很高兴, 所以跳起来了'라고 해도 되지만, 이 문장은 정통 중국어처럼 들리지 않는다. 다시 말하자면, 상태보어가 한 사람이 어떤 원인에 의해 동작을 하거나 어떤 정황과 상태가 나타나는 것을 묘사할 때, 이러한 의미를 전달하려면 다른 표현 방식을 써서 대체할 수 없다.

 ## 상태보어와 결과보어 비교

① 구조상 결과보어는 일반적으로 일음절 형용사나 동사이지만, 상태보어는 일반적으로 일음절 이상의 것이다.

② 결과보어가 나타내는 결과는 모두 피동적인 것이지만, 상태보어는 반드시 그렇지는 않다.

① 听了这个消息，李冰急得到处找人打听消息。

    Tīngle zhège xiāoxi, Lǐ Bīng jí de dàochù zhǎo rén dǎting xiāoxi.

> 이 소식을 듣고, 李冰은 초조해서 여기저기 사람을 찾아가서 소식을 물어보았다.

② 妹妹不叫他跳了，说他跳得不好看，还说音乐声音太吵，他听了以后，气得把音乐声音拧得更大，跳得更起劲了。

    Mèimei bú jiào tā tiào le, shuō tā tiào de bù hǎokàn, hái shuō yīnyuè shēngyīn tài chǎo, tā tīngle yǐhòu, qì de bǎ yīnyuè shēngyīn níng de gèng dà, tiào de gèng qǐjìn le.

> 여동생은 그에게 춤추지 말라고 하면서, 그가 춤을 잘 추지도 못하고 음악 소리도 너무 시끄럽다고 말하자, 그는 이 말을 듣고 화가 나서 음악소리를 더 크게 하고, 더 신나게 춤을 추었다.

그러므로 결과보어가 어떤 원인에 의해 야기된 피동의 결과를 나타낸다면, 상태보어는 때때로 어떤 원인에 의해 야기된 적극적인 행동을 표현할 수 있다.

 ## 상태보어의 생략형식

어떤 문장은 동사·형용사 뒤에 구조조사 ‘得’가 있으나, ‘得’뒤에는 다른 성분이 없는 경우가 있는데, 이러한 문장의 주어 앞에는 주로 ‘瞧’·‘看’등의 동사가 있다.

① 孩子，看你那鞋烂得，把这双鞋穿上。

    Háizi, kàn nǐ nà xié làn de, bǎ zhè shuāng xié chuān shàng.

> 애야, 네 신발 낡은 것 좀 봐라, 이 신발을 신어라.

② 看他累得。

    Kàn tā lèi de.

> 저 사람이 피곤해 하는 것 좀 봐라.

③ 你瞧小英美得。

    Nǐ qiáo Xiǎo Yīng měi de.

> 너 小英이 얼마나 예쁜지 좀 봐라.

이러한 문장들은 상태보어가 생략된 것으로 뒤에다 ‘这个样子’·‘那个样子’ 및 더 구체적인 상태보어를 채워 넣을 수 있다. 일정한 담화맥락에서는 생략된 보어를 말하지 않아도 의미가 분명하다. 이러한 문장들은 주로 구어체에서 보인다.

다음의 문장들 또한 사실상 상태보어를 포함하고 있다(제4편 3장 ‘是……的’문 참조).

④ 他两眼通红，是哭的(得)。

    Tā liǎng yǎn tōnghóng, shì kū de (de).

> 그의 두 눈이 빨간 것은 울어서 그런 것이다.

⑤ 我手上起了一个大泡，是开水烫的(得)。

    wǒ shǒu shàng qǐ le yí ge dà pào, pāo shì kāishuǐ tàng de (de).

내 손에 큰 물집이 생긴 것은 끓는 물에 덴 것이 다.

 6 '个'를 사용하여 연결하는 상태보어

'个'를 사용하여 연결하는 상태보어는 그 형식과 의미가 모두 간단해서, '得'로 연결하는 보어만큼 복잡하지 않다. 이러한 보어에는 두 종류가 있다.

① 보어가 긍정형식의 것일 때, 그 기능은 일반적으로 행위자(의미상의 주어)나 대상에 대해 묘사를 하는 것으로, 형용사(의미상의 주어)·동사(의미상의 주어)·의성사·관용구 등이 보어로 쓰일 수 있다.

① 在游泳池里，孩子们又是游泳，又是打水仗，玩了个痛快。

    Zài yóuyǒngchí lǐ, háizimen yòu shì yóuyǒng, yòu shì dǎ shuǐzhàng, wánle ge tòngkuai.

수영장에서 아이들은 수영도 하고 물싸움도 하면서 신나게 놀았다.

② 大厅里打了个稀里哗啦，花瓶粉碎，碟儿碗儿稀烂，桌椅板凳东倒西歪。

    Dàtīng lǐ dǎle ge xīlihuālā, huāpíng fěnsuì, diér wǎnr xīlàn, zhuō yǐ bǎndèng dōng dǎo xī wāi.

홀에서 쨍그랑하고 꽃병이 깨지고 접시와 그릇이 박살나고 탁자와 의자가 여기저기 어지럽게 널려있을 정도로 싸웠다.

③ 这会儿，又半路上拔气门芯，把我弄个不上不下的，多别扭。

    Zhèhuìr, yòu bànlù shàng báqì ménxin, bǎ wǒ nòng ge bú shàng bú xià de, duō bièniu.

이번에는 또, 길가는 도중에 타이어 공기 밸브를 뽑아버려서 나를 이러지도 저러지도 못하게 만들었으니 얼마나 속이 뒤집어 졌겠니.

④ 民兵们把敌人打了个落花流水。

    Mínbīngmen bǎ dírén dǎle ge luò huā liú shuǐ.

민병들은 적을 대파했다.

이런 '个'를 사용하여 연결하는 상태보어는 '得'를 사용하여 연결하는 것 보다 더 구어적이며 과장의 어기를 포함하고 있다. 이 외에 '个' 앞에 보통 '了'를 쓰는 데, 이 점이 '得'를 사용하여 연결하는 보어와 다른 점이다.

② 보어가 부정형식의 것일 때는 일반적으로 '不停(계속)'의 의미를 나타내며, 그 기능은 동작에 대해 묘사·설명하는 것이다.

① 妈妈见了高兴得笑个不住。

    Māma jiànle gāoxìng de xiào ge bú zhù.

엄마는 만나고 나서 기뻐서 계속 웃으셨다. — 웃음을 멈추지 않았다.

② 女孩子们待在一起总断不了笑声，瞧，她们手不停嘴也不停，说个没完。

    Nǚháizimen dài zài yìqǐ zǒng duàn bu liǎo xiào shēng, qiáo, tāmen shǒu bùtíng zuǐ yě bùtíng, shuō ge méi wán.

여자아이들이 함께 있으면 항상 웃음소리가 끊이질 않아, 봐봐, 쟤들 손과 입이 가만있지 못하고, 끝없이 조잘거리고 있잖아.

③ 不知为什么，马玫瑰几乎失声惊叫起来，心儿"怦怦"跳个不住。

    Bù zhī wèishénme, Mǎ Méiguī jīhū shī shēng jīngjiào qǐlai, xīnr "pēngpēng" tiào ge bú zhù.

이 두 종류의 보어는 모두 동사 뒤에만 쓸 수 있다.

웬일인지 马玫瑰는 무심결에 놀라 소리 칠 뻔했고, 심장이 '두근두근' 계속 뛰었다.

 ## '得个'를 사용하여 연결하는 상태보어

'得个'를 사용하여 연결하는 상태보어는 긍정형식만 있고, 그 기능과 구조적 특징은 '个'를 사용하여 연결하는 긍정형식의 상태보어와 기본적으로 동일하다.

① 其结果，把几千年封建地主的特权，打得个落花流水。

    Qí jiéguǒ, bǎ jǐqiān nián fēngjiàn dìzhǔ de tèquán, dǎ de ge luò huā liú shuǐ.

② 访问的，研究的，谈文学的，侦探思想的，要做序题签的，请演说的，闹得个不亦乐乎。

    Fǎngwèn de, yánjiū de, tán wénxué de, zhēntàn sīxiǎng de, yào zuò xù tíqiān de, qǐng yǎn shuō de, nào de ge bú yì lèhū.

그 결과로 수천 년 동안 내려온 봉건지주의 특권을 추풍낙엽처럼 무너뜨렸다.

방문자, 연구자, 문학을 논하는 자, 사상을 탐색하는 자, 서문과 표지를 쓰는 사람, 연설에 초빙된 사람들이 떠들썩하니 즐겁지 않겠는가.

이러한 보어는 주로 문학작품에 쓰인다.

제 5 절

정도보어

정도보어는 의미상 정도를 나타내는 것으로, 형식상으로는 '得'를 사용하여 연결하는 것과 '得'를 사용하지 않고 연결하는 것 두 종류가 있다. 이전에는 주로 그 구조에 근거해 상태보어로 분류했었지만, 이러한 보어가 나타내는 정도 특징을 더 잘 표현하기 위해 별도로 분류하고자 한다.

 ## '得'를 사용하지 않고 연결하는 정도보어

'得'를 사용하지 않고 연결하는 정도보어란 형용사와 일부 동사 뒤에 직접 쓰여 정도를 나타내는 보어를 가리킨다. 자주 쓰이는 것으로는 부사 '极'와 동사 '透'·'死'·'坏'·'多'가 있고, 그 외에도 '远'·'着了'·'去了' 등이 있다.

정도보어는 정도부사와 마찬가지로, 형용사와 감정·느낌 및 심리활동·심리상태를 나타내는 동사하고만 함께 쓸 수 있다.

---

① 那天正下大雪，跑了三十多里山路，我累极了。

    Nà tiān zhèng xià dà xuě, pǎole sānshí duō lǐ shānlù, wǒ lèi jí le.

그 날 마침 큰 눈이 왔는데, 산길을 30여 리나 걸어서 나는 너무 피곤했다.

② 跨上断桥，……桥头荷花迎风摆动，像在迎接游人，真是可爱极了。

    Kuà shàng duàn qiáo, ……qiáotóu héhuā yíng fēng bǎidòng, xiàng zài yíngjiē yóurén, zhēn shì kě'ài jí le.

끊어진 다리에 올라, ……다리 어귀의 연꽃이 바람에 흔들거리는 것이 마치 여행객을 반기는 듯하니, 정말 사랑스럽다.

③ 考试结束了，我们高兴极了。

    Kǎoshì jiéshù le, wǒmen gāoxìng jí le.

시험이 끝나서 우리는 너무 기쁘다.

④ 这本书我喜欢极了。

    Zhè běn shū wǒ xǐhuan jí le.

이 책을 나는 너무 좋아한다.

⑤ 检查站工作这一改进，可乐坏了工人。

    Jiǎncházhàn gōngzuò zhè yì gǎijìn, kě lèhuài le gōngrén.

검사소 작업이 이번에 개선되자 근로자들이 너무 즐거워했다.

⑥ 这么谈，可别扭死人了。

    Zhème tán, kě bié niǔ sǐ rén le.

그렇게 말하면 정말 속 뒤집히지.

⑦ 伙计们恨透了周扒皮，越打越狠。

    Huǒjìmen hèn tòu le Zhōu Bāpí, yuè dǎ yuè hěn.

일꾼들은 周扒皮를 매우 증오해서, 때릴수록 더 잔인해졌다.

⑧ 哎呀，困死我了！

    Āiyā, kùn sǐ wǒ le!

아이고, 졸려죽겠다!

⑨ 有吃的吗，我饿极了。

    Yǒu chī de ma, wǒ è jí le.

먹을 것 있니, 배고파 죽겠다.

⑩ 这件毛衣扎极了，我不能再穿了。

    Zhè jiàn máoyī zhā jí le, wǒ bù néng zài chuān le.

이 털옷은 너무 따끔거려서 다시 못 입겠다.

⑪ 车走在山路上，颠极了。

    Chē zǒu zài shān lù shàng, diān jí le.

차가 산길을 달리는데 심하게 덜컹거린다.

'极'는 동사 '像' 뒤에도 쓸 수 있다.

⑫ 他们父子俩像极了。

    Tāmen fùzǐ liǎ xiàng jí le.

그들 부자는 너무 닮았다.

'多'는 형용사 뒤에만 쓰인다.

⑬ 我们想，这里的条件虽然简陋，但比白求恩大夫当年战场上的条件强多了。

    Wǒmen xiǎng, zhèlǐ de tiáojiàn suīrán jiǎnlòu, dàn bǐ Báiqiú'ēn dàifu dāngnián zhànchǎng shàng de tiáojiàn qiáng duō le.

우리 생각에는 이곳의 환경이 열악하기는 하지만 白求恩의사 때의 전쟁터환경보다는 훨씬 낫다.

⑭ 这儿的天气比北方好多了。

　　Zèr de tiānqì bǐ běifāng hǎo duō le.

　　이곳의 날씨는 북방보다 훨씬 좋다.

⑮ 昨天暖和，今天冷多了。

　　Zuótiān nuǎnhuo, jīntiān lěng duō le.

　　어제는 따뜻했는데, 오늘은 훨씬 춥다.

'远'은 '差'뒤에만 쓰인다.

⑯ 小李的技术差远了。

　　Xiǎo Lǐ de jìshù chà yuǎn le.

　　小李의 기술은(솜씨는) 아직 멀었다.

'着了'·'去了'는 北京 지방 색채가 비교적 강하다.

⑰ 哎呀，我昨天晚上一出门，一条大狗就朝我扑过来了，可吓着了我了。

　　Āiyā, wǒ zuótiān wǎnshang yì chū mén, yì tiáo dà gǒu jiù cháo wǒ pū guòlai le, kě xiàzháo le wǒ le.

　　있잖아, 어제 밤에 내가 문을 나서자마자 커다란 개 한 마리가 나한테 달려들어서, 나는 너무 놀랐어.

⑱ 那个地方远了去了，走路走不到。

　　Nàge dìfang yuǎnle qù le, zǒu lù zǒu bu dào.

　　그 곳은 너무 멀어서 걸어서는 갈 수 없다.

정도보어로 쓰이는 어구는 많든 적든 원래의 의미에서 벗어났지만, 그래도 여전히 어느 정도의 어휘의미를 가지고 있다. 때문에 정도보어로 쓰일 때 앞에 오는 형용사와 동사의 의미에 대한 일정한 요구가 있다. '极'·'多'가 보어로 쓰일 때는 적극적인 의미와 소극적인 의미에 모두 쓰일 수 있다. '死'·'坏'가 보어로 쓰일 때는 소극적인 의미에 많이 쓰인다. 어떤 경우에는 적극적인 의미로 쓰이기도 한다. '透'·'远'이 정도보어로 쓰일 때는 소극적인 의미에만 쓰인다.

주의해야 할 것은 '坏'·'死'·'透'·'远'·'多' 등이 결과보어로도 쓰일 수 있는데, 단어 의미는 변하지 않고 '정도'를 나타내지도 않는다는 것이다. 비교해 보면 아래와 같다.

① 我的衣服叫雨淋透了。(결과보어)

　　Wǒ de yīfu jiào yǔ lín tòu le.

　　내 옷이 비에 흠뻑 젖었다.

这个人坏透了。(정도보어)

　　Zhège rén huài tòu le.

　　이 사람은 아주 나쁘다.

② 把收音机搞坏了。(결과보어)

　　Bǎ shōuyīnjī gǎo huài le.

　　라디오를 고장 냈다.

今天我气坏，干什么事都不顺利。(정도보어)

　　Jīntiān wǒ qì huài, gàn shénme shì dōu bú shùnlì.

　　오늘 나는 되는 일이 없어서 몹시 화가 났다.

③ 这盆花干死了。（결과보어）

　　Zhè pén huā gān sǐ le.

　　这件事真把人急死了。（정도보어）

　　Zhè jiàn shì zhēn bǎ rén jí sǐ le.

> 이 화분의 꽃이 말라죽었다.
>
> 이 일은 정말 사람을 몹시 애타게 한다.

　‘得’를 사용하지 않고 연결하는 정도보어를 가진 문장의 통사구조적 특징은,

① 문장 끝에 반드시 조사 ‘了’가 있다.

② 보어와 동사나 형용사 사이에 ‘了’(‘远了去了’와 같은 동보구조는 제외)·‘过’ 등의 다른 성분을 넣을 수 없다.

③ 동사가 정도보어 ‘极’를 취할 때, 만약 목적어가 있다면 동사를 중복해야 한다.

① 他想孩子想极了。

　　Tā xiǎng háizi xiǎng jí le.

② 小明像爸爸像极了。

　　Xiǎo Míng xiàng bàba xiàng jí le.

> 그는 아이를 너무 보고 싶어 한다.
>
> 小明은 아빠를 너무 닮았다.

　‘透’가 정도보어로 쓰일 때, 만약 술어동사가 목적어를 가지고 있다면 동사는 중복해도 되고, 안 해도 된다.

③ 伙计们恨透了周扒皮。

　　Huǒjìmen hèn tòu le Zhōu Bāpí.

④ 伙计们恨周扒皮恨透了。

　　Huǒjìmen hèn Zhōu Bāpí hèn tòu le.

> 일꾼들은 周扒皮를 매우 증오한다.
>
> 일꾼들은 周扒皮를 매우 증오한다.

　‘死’·‘坏’가 상태보어로 쓰일 때, 만약 술어동사가 목적어를 가지고 있다면, 일반적으로는 동사를 중복하지 않는다. 예를 들어, 목적어가 행위자일 때 동사를 중복할 수 없다.

⑤ 这件事乐坏了我了。

　　Zhè jiàn shì lè huài le wǒ le.

　　*这件事乐我乐坏了。

> 이 일은 나를 아주 기쁘게 했다.

④ 이러한 정도보어 중 ‘透’·‘死’·‘坏’·‘着了’는 ‘把’자문에 쓸 수 있고, ‘极’·‘远’·‘多’·‘去了’는 ‘把’자문에 쓸 수 없다.

'得'를 사용하여 연결하는 정도보어에는 주로 부사 '很'·'慌'·'多'·'不得了(liǎo)'·'要死'·'要命'·'不行'이 있고, '可以'·'邪乎'·'夠呛'·'夠受的'·'厉害' 등도 정도보어로 쓰일 수 있다. 이 어구들이 정도보어로 쓰일 때의 의미는 대부분 그 기본 의미와는 약간의 차이가 있고, 모두 '정도가 심함'의 의미를 나타낸다.

'得很'이 결합할 수 있는 형용사와 동사의 범위는 매우 넓어서, 좋은 일에도 쓸 수 있고 나쁜 일에도 쓸 수 있으며 형용사 뒤에 쓸 수도 있고, 심리상태와 감각을 나타내는 동사 뒤에도 쓸 수 있다.

① 我们这儿原料多得很，已经加工不过来了，你们不要再运了。

Wǒmen zhèr yuánliào duō de hěn, yǐjīng jiāgōng bu guòlai le, nǐmen búyào zài yùn le.

우리한테 원료는 아주 많이 있어서, 이것도 다 가공할 수 없을 정도니 더 가져오지 마세요.

② 他为大家办事辛苦得很，你应该体谅他。

Tā wèi dàjiā bànshì xīnkǔ de hěn, nǐ yīnggāi tǐliàng tā.

그가 사람들을 위해 일 하느라 수고하고 있으니 너는 그를 이해해줘야 한다.

③ A : 你想家吗？

Nǐ xiǎng jiā ma?

집 생각나니?

B : 想得很。

Xiǎng de hěn.

아주 많이 나.

④ 今天他中了彩票，高兴得很。

Jīntiān tā zhòngle cǎipiào, gāoxìng de hěn.

오늘 그는 복권에 당첨되어서 아주 기쁘다.

'得慌'이 나타내는 정도는 심한 것일 수도 있고 심하지 않은 것일 수도 있다. 그러므로 앞에 '有一点'을 쓸 수도 있다. 주로 별로 좋지 않은 느낌을 나타내는 동사 뒤에 쓰인다. '得慌' 중 '慌'은 경성으로 읽는다.

① 这件衣服怎么这么扎得慌，哦，原来有一根针。

Zhè jiàn yīfu zěnme zhème zhā de huang, Ò, yuánlái yǒu yì gēn zhēn.

이 옷이 왜 이렇게 따끔거리지, 어, 바늘이 있었구나.

② 郑书记，坐我的车可颠得慌啊。

Zhèng shūjì, zuò wǒ de chē kě diān de huang a.

정 서기님 제 차를 타시면 심하게 덜컹거릴 텐데요.

③ 我觉得有点儿累得慌，歇会儿吧。

Wǒ juéde yǒudiǎnr lèi de huang, xiē huìr ba.

좀 피곤한데 잠깐 쉽시다.

'要命'·'要死'는 정도가 심함을 나타낸다. 심리상태와 감각을 나타내는 동사 뒤에 쓰일 수 있는데, 동사는 대부분 부정적인 뜻을 나타낸다. '他们俩好得要命，一会儿也离不开'·'听见这个消息他高兴得要死，恨不得马上就见到她'와 같이 형용사 뒤에 쓰이는 경우도 있다. '要命'·'要死'는 모두 구어체로, 긍정적인 의미의 형용사 뒤에 쓸 수 있지만, 정식 장소에서는 그래도 '得很'·'极了' 등을 쓰는 것이 더 좋다.

① 我渴得要命，快给我一点水喝。

　　Wǒ kě de yàomìng, kuài gěi wǒ yìdiǎn shuǐ hē.

목말라 죽겠어, 빨리 나한테 마실 물 좀 줘.

② 啊呀，我累得要命，你让我歇一会吧。

　　Āyā, wǒ lèi de yàomìng, nǐ ràng wǒ xiē yíhuì ba.

아이고, 힘들어 죽겠다, 나 좀 쉬게 해줘.

③ 外边热得要死，别出去了。

　　Wàibiān rè de yào sǐ, bié chūqu le.

밖이 너무 더우니 나가지 마라.

④ 那儿有什么好玩的? 那么远，去一趟累得要死，我不去。

　　Nàr yǒu shénme hǎo wán de? Nàme yuǎn, qù yí tàng lèi de yào sǐ, wǒ bú qù.

그곳이 뭐가 재밌어? 그렇게 멀어서 한 번 갈래도 죽도록 힘만 드니 난 안 갈래.

'不得了'·'什么似的' 또한 구어체로, 정도가 심함을 나타낸다. '不得了'는 형용사 뒤에 쓰일 수도 있고, 심리상태와 감각을 나타내는 동사 뒤에도 쓰일 수 있지만, '什么似的'는 주로 형용사 뒤에 쓰인다.

① 他想你想得不得了，你快去看看他吧。

　　Tā xiǎng nǐ xiǎng de bù dé liǎo, nǐ kuài qù kànkan tā ba.

그가 너를 너무 보고 싶어 하니까, 빨리 그를 보러 가봐라.

② 那个地方夏天热得不得了，我可不去。

　　Nàge dìfang xiàtiān rè de bù dé liǎo, wǒ kě bú qù.

그 지역은 여름엔 너무 더워서, 난 안 갈 거야.

③ 见到女儿她高兴得什么似的。

　　Jiàndào nǚ'ér tā gāoxìng de shénme sì de.

딸을 보더니 그녀는 마치 뭐처럼 너무 기뻐했다.

'不行'·'可以'는 모두 정도가 심함을 나타내고, 역시 구어체에 쓰인다. '不行'은 느낌을 나타내는데, 주로 느낌과 심리상태를 나타내는 형용사와 동사의 뒤에 쓰인다. '可以'는 원래 '行'의 의미인데, 정도보어로 쓰일 때는 풍자의 의미를 가지는 경우도 있고, 주로 화자의 평가를 나타내는데, '坏', '滑', '笨', '淘气', '顽皮', '丑', '懒', '酸' 등과 같이 일부 부정적인 의미를 가진 형용사 뒤에만 쓰인다.

① 他儿子刚才竟骂起他来了，他气得不行，嚷着非把儿子打死不可。

　　Tā érzi gāngcái jìng mà qǐ tā lai le, tā qì de bù xíng, rǎngzhe fēi bǎ érzi dǎ sǐ bùkě.

그의 아들이 아까 뜻밖에도 그를 욕하기 시작하자, 그는 너무 화가 나서 아 들을 때려죽이겠다고 소리소리 질렀다.

② 我晕得不行，快扶我一把。

　　Wǒ yūn de bù xíng, kuài fú wǒ yì bǎ.

너무 어지러워, 빨리 나 좀 부축해 줘.

③ 他这个人真懒得可以，看他的房间，简直没法下脚。

    Tā zhège rén zhēn lǎn de kěyǐ, kàn tā de fángjiān, jiǎnzhí méi fǎ xià jiǎo.

④ 你这个人真笨得可以，这么容易的题，给你讲了五遍，还不懂！

    Nǐ zhège rén zhēn bèn de kěyǐ, zhème róngyì de tí, gěi nǐ jiǎngle wǔ biàn, hái bù dǒng!

그는 얼마나 게으른지, 그의 방을 보면 발 디딜 틈이 없어.

너 멍청해도 너무 멍청하다, 이렇게 쉬운 문제를 다섯 번이나 설명해 줬는데도 못 알아듣다니!

    '厉害'·'够受的'와 '够呛'은 모두 구어체로 정도가 심함을 나타내는 것으로, '견디기 어렵다'는 의미가 있다. '邪呼'와 '厉害'는 동일한 의미를 나타내는 것으로, 북방 방언 중의 구어체적 표현이다.

① 今天的路不好，又坐一辆小车，颠得够受的。

    Jīntiān de lù bù hǎo, yòu zuò yí liàng xiǎochē, diān de gòushòu de.

② 刚才这个辣椒把我辣得够呛，眼泪都出来了。

    Gāngcái zhège làjiāo bǎ wǒ là de gòuqiàng, yǎnlèi dōu chūlai le.

③ 你快来看看我这儿怎么了，疼得厉害。

    Nǐ kuài lái kànkan wǒ zhèr zěnme le, téng de lìhai.

④ 其实他的病一点也不重，就是叫得邪乎。

    Qíshí tā de bìng yìdiǎn yě bú zhòng, jiùshì jiào de xiéhū.

오늘은 길도 나쁘고, 차도 작은 차를 타서 너무 흔들거려 죽는 줄 알았어.

좀 전에 이 고추가 너무 매워서, 눈물이 다 났다.

너 빨리 와서 여기가 어떻게 된 건지 좀 봐봐, 너무 아퍼.

사실 그의 병은 전혀 심각하지 않은데 소리만 심하게 지르는 것뿐이다.

    '多'는 비교에 쓰여 정도가 심함을 나타내며, 형용사 뒤에 쓰인다. '多得多'를 써서 정도가 더 심함을 나타내기도 한다.

① 这个电影比上次看的那个好得多。

    Zhège diànyǐng bǐ shàng cì kàn de nàge hǎo de duō.

② 我比他高得多得多。

    Wǒ bǐ tā gāo de duō de duō.

이 영화는 지난번에 본 그 영화 보다 훨씬 낫다.

나는 그보다 훨씬 더 크다.

一. 보기와 같이 주어진 단어를 사용하여 상태보어를 갖는 문장을 만드시오.

보기1 : 他　　洗衣服　　衣服很干净
　　　　　(1)他把衣服洗得很干净。
　　　　　(2)他洗衣服洗得很干净。
보기2 : 小红　　高兴　　小红跳了起来
　　　　小红高兴得跳了起来。

1. 阿里　　很　　激动
2. 小刚　　锻炼　　身体　　身体很结实
3. 他的脸　　胀　　他的脸通红
4. 运动员们　　表演　　很好
5. 谢利　　说汉语　　比我流利
6. 小王　　忙　　小王忘了吃饭
7. 李明　　吃饭　　饭干干净净
8. 火　　烤　　他的脸　　他的脸通红

二. 옳고 그름을 구별하시오.

1. A. 我不能写汉字很快。
　 B. 我写汉字不能写得很快。
2. A. 他感动得连一句话也说不出来。
　 B. 他感动连一句话也说不出来。
3. A. 他翻译很清楚，我们都懂了。
　 B. 他翻译得很清楚，我们都懂了。
4. A. 我们回答老师的问题，回答得很努力。
　 B. 我们努力回答好老师的问题。
5. A. 今天晚上我宁肯少睡点觉，也要把作业做好。
　 B. 今天晚上我宁肯少睡点觉，也要把作业做得好。
6. A. "为人民利益而斗争"这句话说得容易，做得很难。
　 B. "为人民利益而斗争"这句话说起来容易，做起来很难。
7. A. 车开得很慢，因为路不好走。
　 B. 车开了很慢，因为路不好走。

8. A. 他比我写快得多。
   B. 他比我写得快得多。
9. A. 由于老师的严格要求，我们越来越学得中文好。
   B. 由于老师的严格要求，我们学中文学得越来越好。
10. A. 冬子心里想，能不能快长一点，好早一点参加红军？
    B. 冬子心里想，能不能长得快一点，好早一点参加红军？

三. 틀린 문장을 바르게 고치시오.

1. 我要把这项工作做更好。

2. 我听见他们唱歌得高兴极了。

3. 他学汉语学得很好，也说得很对，也写得很快。

4. 工人管理得工厂很好。

5. 他散步得很慢。

6. 敌人恶狠狠地说："你回答全不对！"

7. 我们在教室里讨论很热烈。

8. 孩子们把水果吃了得一干二净。

동사 뒤에서 동작·변화와 관련된 수량을 나타내는 성분을 수량보어라 한다. 수량보어는 기능면에서, 심지어는 구조상으로도 상술한 보어들과는 다르다. 수량보어는 동작의 결과와 관련이 없으며, 동사·형용사 등의 술어로 이루어진 것도 아니다. 일부 어법서에서는 '準賓語'라 부른다.

수량보어에는 동량보어·시량보어·비교수량보어 세 종류가 있다.

 **동량보어**

 **동량보어가 나타내는 의미**

동량보어는 동작·행위의 수량—회수를 나타내는 것으로, 전용 또는 차용된 동량사가 쓰인다.

① 这本书你看过几遍了?

　　Zhè běn shū nǐ kànguo jǐ biàn le?

이 책 너는 몇 번(이나) 봤니?

② 请等一下。

　　Qǐng děng yíxià.

잠시만 기다려 주세요.

③ 大叔，咱们是不是一块儿到卧虎岭去一趟?

　　Dàshū, zámen shì bu shì yíkuàir dào Wòhǔlǐng qù yí tàng?

아저씨, 우리 함께 卧虎岭에 한 번 갈 거 아니에요?

④ 他朝敌人狠狠踢了一脚。

　　Tā cháo dírén hěnhěn tīle yì jiǎo.

그는 적군에게 매섭게 발길질을 한 번 했다.

⑤ 这杯茶水不烫，你喝一口试试。

　　Zhè bēi cháshuǐ bú tàng, nǐ hē yì kǒu shìshi.

이 차는 뜨겁지 않아요, 한 모금 드셔 보세요.

일부 형용사 뒤에도 동량보어를 쓸 수 있다.

⑥ 灯亮了一下，又灭了。

　　Dēng liàng le yíxià, yòu miè le.

불이 (한 번) 들어왔다가 다시 꺼졌다.

⑦ 这朵花开始红了一阵子，后来变白了。

　　Zhè duǒ huā kāishǐ hóng le yí zhènzi, hòulái biàn bái le.

이 꽃은 처음에 한 동안 붉었다가 나중에 하얗게 변했다.

② **동량보어를 포함하고 있는 문장의 통사구조적 특징**

1 동량보어와 술어중심어 사이에 시태조사 '了'·'过'를 쓸 수 있다.

① 老师傅把头轻轻地点了一下。

　　Lǎo shīfu bǎ tóu qīngqīng de diǎnle yíxià.

② 来北京后我去过两次天安门。

　　Lái Běijīng hòu wǒ qùguo liǎng cì Tiān'ānmén.

老师傅는 고개를 가볍게 한 번 끄덕였다.

북경에 온 후 나는 天安门에 두 번 가 봤다.

2 목적어의 위치

　술어동사 뒤에 만약 동량보어와 목적어가 동시에 출현하면, 목적어는 보어 앞에 올 수도 있고, 보어 뒤에 올 수도 있다. 목적어가 보어 앞에 오는지, 아니면 보어 뒤에 오는지는 다음의 몇 가지 요인과 관련이 있다.

　(1) 목적어로 쓰이는 명사의 성질과 관련이 있다.
　　명사가 추상적인 사물을 포함한 일반적인 사물을 나타낼 때는 동량보어의 뒤에 위치한다.

① 阿华师傅与站长交换了一下意见，矛盾消除了。

　　Āhuá shīfu yǔ zhànzhǎng jiāohuànle yíxià yìjiàn, máodùn xiāochú le.

② 他的母亲大哭了十几场，他的老婆跳了三回井。

　　Tā de mǔqīn dà kūle shí jǐ chǎng, tā de lǎopo tiàole sān huí jǐng.

③ 劳驾，请给我找一下26楼101号房间。

　　Láojià, qǐng gěi wǒ zhǎo yíxià èrshíliù lóu yāolíngyāo hào fángjiān.

④ 我想用一下你的电话，可以吗?

　　Wǒ xiǎng yòng yíxià nǐ de diànhuà, kěyǐ ma?

⑤ 会五点开，他怕迟到，赶紧看了一眼桌子上的表，还好，才四点半。

　　Huì wǔ diǎn kāi, tā pà chídào, gǎnjǐn kànle yì yǎn zhuōzi shàng de biǎo, hái hǎo, cái sì diǎn bàn.

⑥ 请问，我可以借一下这本书吗?

　　Qǐng wèn, wǒ kěyǐ jiè yíxià zhè běn shū ma?

阿华아저씨와 역장님이 서로 의견을 교환한 뒤에 문제가 해결되었다.

그의 어머니는 대성통곡을 십여 차례나 했고, 그의 마누라는 우물에 세 번 이나 뛰어들었다.

죄송하지만, 26동 101호실 좀 찾아 주세요.

제가 전화 좀 써도 될까요?

회의는 5시에 시작하는데 그는 늦을 까봐 걱정되어서 급히 탁자 위의 시계를 힐끗 쳐다보니, 다행히 아직 4시 반밖에 되지 않았다.

저, 제가 이 책을 좀 빌릴 수 있을까요?

　　상술한 문장들 중의 목적어들은 보어 앞에 올 수 없다.

①′ *阿华师傅与站长交换了意见一下，矛盾消除了。

②′ *他的母亲大哭了十几场，他的老婆跳了井三回。

③′ *劳驾，请给我找26楼101号房间一下。

④′ *我想用你的电话一下，可以吗?

⑤′ *会五点开，他怕迟到，赶紧看了桌子上的表一眼，还好，才四点半。

⑥′ *请问，我可以借这本书一下吗?

대구·열거하는 문장에서 보어는 목적어 뒤에 쓰일 수 있다.

① 上个月，我作为组长给组里的人做了不少工作，跟小张交换意
　　见三次，跟小李谈话两次，给小赵打电话五次，……

　　Shàng ge yuè, wǒ zuòwéi zǔzhǎng gěi zǔ lǐ de rén zuòle bùshǎo
　　gōngzuò, gēn Xiǎo Zhāng jiāohuàn yìjiàn sān cì, gēn Xiǎo Lǐ tán
　　huà liǎng cì, gěi Xiǎo Zhào dǎ diànhuà wǔ cì, ……

> 지난달에 나는 조장으로서 조원들에게 많은 일들을 해 주었는데, 小张과 의견 교환을 세 번 했고, 小李와는 상담을 두 번 했으며, 小赵에게는 전화를 다섯 차례 했다.

목적어가 확실한 사람·동물 및 지명을 나타낼 때는 보어 앞에 올 수도 있고 보어 뒤에 올 수도 있다.

① 昨天我找过两次老师，他都不在。

　　Zuótiān wǒ zhǎoguo liǎng cì lǎoshī, tā dōu bú zài.

　　昨天我找过老师两次，他都不在。

　　Zuótiān wǒ zhǎoguo lǎoshī liǎng cì, tā dōu bú zài.

> 어제 나는 두 번이나 선생님을 찾아갔었는데 선생님은 (두 번 다) 안 계셨다.

> 어제 나는 선생님을 두 번이나 찾아갔었는데 선생님은 (두 번 다) 안 계셨다.

② 刚才我喊了小李两回，他都不答应。

　　Gāngcái wǒ hǎnle Xiǎo Lǐ liǎng huí, tā dōu bù dāying.

　　刚才我喊了两回小李，他都不答应。

　　Gāngcái wǒ hǎnle liǎng huí Xiǎo Lǐ, tā dōu bù dāying.

> 방금 전에 내가 小李를 두 번이나 불렀는데도 그는 (두 번 다) 대답하지 않았다.

> 방금 전에 내가 두 번이나 小李를 불렀는데도 그는 (두 번 다)대답하지 않았다.

③ 小马去年来过北京一次，但住的时间不长。

　　Xiǎo Mǎ qùnián láiguo Běijīng yí cì, dàn zhù de shíjiān bù
　　cháng.

　　小马去年来过一次北京，但住的时间不长。

　　Xiǎo Mǎ qùnián láiguo yí cì Běijīng, dàn zhù de shíjiān bù
　　cháng.

> 小马는 작년에 북경에 한 번 왔었는데 오래 머물지는 않았다.

> 小马는 작년에 한 번 북경에 왔었는데 오래 머물지는 않았다.

④ 他向前推了老李一把，老李站不稳，倒了。

　　Tā xiàng qián tuīle Lǎo Lǐ yì bǎ, Lǎo Lǐ zhàn bu wěn, dǎo le.

　　他向前推了一把老李，老李站不稳，倒了。

　　Tā xiàng qián tuīle yì bǎ Lǎo Lǐ, Lǎo Lǐ zhàn bu wěn, dǎo le.

> 그는 老李를 앞으로 한 번 밀었는데, 老李는 제대로 서있지 못하고 넘어졌다.

> 그는 앞으로 한 번 老李를 밀었는데, 老李는 제대로 서있지 못하고 넘어졌다.

⑤ 他看了一眼大黄狗，赶紧跑了。

Tā kànle yì yǎn dà huánggǒu, gǎnjǐn pǎo le.

他看了大黄狗一眼，赶紧跑了。

Tā kànle dà huánggǒu yì yǎn, gǎnjǐn pǎo le.

그는 한 번 커다란 누렁이를 보고는 잽싸게 도망갔다.

그는 커다란 누렁이를 한 번 보고는 잽싸게 도망갔다.

⑥ 老人白了儿子一眼，不说话了。

Lǎorén báile érzi yì yǎn, bù shuōhuà le.

老人白了一眼儿子，不说话了。

Lǎorén báile yì yǎn érzi, bù shuōhuà le.

노인은 아들을 한 번 째려보고는 아무 말도 하지 않았다.

노인은 한 번 아들을 째려보고는 아무 말도 하지 않았다.

⑦ 以前我去过两次纽约，但是时间都不长。

Yǐqián wǒ qùguo liǎng cì Niǔyuē, dànshì shíjiān dōu bù cháng.

以前我去过纽约两次，但是时间都不长。

Yǐqián wǒ qùguo Niǔyuē liǎng cì, dànshì shíjiān dōu bù cháng.

예전에 나는 두 번 뉴욕에 갔었는데, 두 번 다 기간은 길지 않았다.

예전에 나는 뉴욕에 두 번 갔었는데, 두 번 다 기간은 길지 않았다.

만약 목적어가 대명사이거나, 동량사가 '刀'·'脚'·'拳'·'把掌'등인 경우, 목적어는 보어 앞에만 올 수 있다.

① 小刚狠狠踢了狗一脚就跑开了。

Xiǎo Gāng hěnhěn tīle gǒu yì jiǎo jiù pǎo kāi le.

小刚은 개를 모질게 발로 한 번 차고는 도망갔다.

② 他从后面砍了鬼子一刀。

Tā cóng hòumiàn kǎnle guǐzi yì dāo.

그는 뒤에서 귀신같은 놈을 칼로 한 번 내리찍었다.

③ 没想到他竟打了我一拳。

Méi xiǎng dào tā jìng dǎle wǒ yì quán.

뜻밖에도 그가 나를 주먹으로 한 대 쳤다.

④ 你打他一巴掌他就不闹了。

Nǐ dǎ tā yì bāzhang tā jiù bú nào le.

네가 그의 따귀를 한 대 갈기면 그는 더 이상 소란을 피우지 않을 것이다.

⑤ 今天上午我去医院看了他一趟，他很好。

Jīntiān shàngwǔ wǒ qù yīyuàn kànle tā yí tàng, tā hěn hǎo.

오늘 오전에 내가 그를 보러 병원에 한 번 갔었는데, 그는 (상태가) 아주 좋아.

⑥ 这个人过去骗过我一回，所以我不相信他。

Zhège rén guòqù piànguo wǒ yì huí, suǒyǐ wǒ bù xiāngxìn tā.

이 사람은 예전에 나를 한 번 속인 적이 있기 때문에 나는 그를 믿지 않는다.

마찬가지로 이 문장들 중의 목적어들 역시 보어 뒤에 올 수 없다.

①′ *小刚狠狠踢了一脚狗就跑开了。

②′ *他从后面吹了一刀鬼子。

③′ *没想到他竟打了一拳我。

④′ *你打一巴掌他他就不闹了。

⑤′ *今天上午我去医院看了一趟他，他很好。

⑥′ *这个人过去骗过一回我，所以我不相信他。

(2) 보어 앞에 올 수도 있고 보어 뒤에 올 수도 있는 경우의 목적어는 담화문 또는
　　동작이 이미 발생했는지 여부 등의 요소에 의하여 영향을 받는다.

　　목적어로 쓰이는 명사가 이미 알고 있는 정보를 나타낼 때는 통상적으로 보어 앞에
오고, 새로운 정보를 나타낼 때는 보어 뒤에 온다.

① "爸爸回来了！"孩子高兴地喊。老李看了孩子一眼，没说话。
（이미 알고 있는 정보）

"Bàba huílai le!" Háizi gāoxìng de hǎn. Lǎo Lǐ kànle háizi yì yǎn, méi shuō huà.

'아빠 오셨다!' 아이가 기뻐서 소리 질렀다. 老李는 아이들을 한 번 보고는 아무 말도 하지 않았다.

② 陈科长走进来的时候，看见小李和小赵正在打扑克，他拍了小李一下，不高兴地走进自己的办公室。（이미 알고 있는 정보）

Chén kēzhǎng zǒu jìnlai de shíhou, kànjiàn Xiǎo Lǐ hé Xiǎo Zhào zhèngzài dǎ pūkè, tā pāile Xiǎo Lǐ yíxià, bù gāoxìng de zǒu jìn zìjǐ de bàngōngshì.

진 과장이 들어오면서 小李와 小赵가 카드놀이 하는 것을 보고는, 小李를 한 대 툭 치고 언짢아하며 자기의 사무실로 들어갔다.

③ 他想明天去医院看一次老李。（새로운 정보）

Tā xiǎng míngtiān qù yīyuàn kàn yí cì Lǎo Lǐ.

그는 내일 老李를 보러 병원에 한 번 가 볼 생각이다.

④ 你看一眼老师，他在做什么呢？（새로운 정보）

Nǐ kàn yì yǎn lǎoshī, tā zài zuò shénme ne?

너 선생님 한 번 봐봐라, 선생님은 지금 뭐 하고 계시니?

③ 동량보어를 가진 동사 앞에는 부정부사를 거의 쓰지 않는다. 동량사는 동작의 양을 나타내기 때문에, 동작이 발생하지 않았거나 동작을 하고 싶지 않다면 '양'의 문제는 있을 수 없기 때문이다. 변명이나 반박의 뜻을 나타낼 때는 동사 앞에 '没'를 쓸 수 있는데, 이 때 '没'가 부정하는 것은 동량사이다.

① A : 你去过两次上海吧？

Nǐ qùguo liǎng cì Shànghǎi ba?

너는 上海에 두 번 가봤지?

B : 上海这个地方我只去过一次，没去过两次。

Shànghǎi zhège dìfang wǒ zhǐ qùguo yí cì, méi qùguo liǎng cì.

上海는 딱 한 번만 가봤지, 두 번이 아니야.

② A : 这个电影你已经看了两遍了吧？

Zhège diànyǐng nǐ yǐjīng kànle liǎng biàn le ba?

이 영화를 너는 벌써 두 번이나 봤지？

B : 这个电影我只看过一遍，没看过两遍。

Zhège diànyǐng wǒ zhǐ kànguo yí biàn, méi kànguo liǎng biàn.

이 영화는 딱 한 번만 봤지, 두 번이 아니야.

조건문에서는 동사 앞에 '不'를 쓸 수 있다.

③ 这个人不碰几回钉子是不会虚心的。

　　Zhège rén bú pèng jǐ huí dīngzi shì bú huì xūxīn de.

④ 你不尝一口，你怎么知道汤的味道?

　　Nǐ bù cháng yì kǒu, nǐ zěnme zhīdào tāng de wèidao?

④ 동량사의 수량을 제한하는 부사는 일반적으로 동사 앞에 온다.

① 我才打了你两下你就受不了啦?

　　Wǒ cái dǎle nǐ liǎng xià nǐ jiù shòu bù liǎo la?

② 今年我总共去过两次长城。

　　Jīnnián wǒ zǒnggòng qùguo liǎng cì Chángchéng.

위와는 달리 아래와 같은 부사는 동량보어 앞에 올 수 있다.

③ 这篇文章我读了整整三遍，还是不大懂。

　　Zhè piān wénzhāng wǒ dúle zhěngzhěng sān biàn, háishi bú dà dǒng.

횟수가 적음을 나타낼 때 다음과 같은 방식을 이용할 수도 있다.

④ 这篇课文我没看几遍就会背了。

　　Zhè piān kèwén wǒ méi kàn jǐ biàn jiù huì bèi le.

　　这篇课文我看了没几遍就会背了。

　　Zhè piān kèwén wǒ kànle méi jǐ biàn jiù huì bèi le.

⑤ 颐和园我没去过几次。

　　Yíhéyuán wǒ méi qùguo jǐ cì.

　　颐和园我去了没几次。

　　Yíhéyuán wǒ qùle méi jǐ cì.

주의해야 할 것은, 여기에 쓰인 '没'는 동량사와 결합해서 '少'의 의미를 나타내는 것으로 보아야 하고, 동량사 앞에는 구체적인 수를 나타내지 않는 수사 즉 부정수사 '几'·'多少'만 쓸 수 있다. 술어동사 뒤에 시태조사가 없거나 시태조사 '过'가 있을 경우, '没'는 동사 앞에 놓고, 술어동사 뒤에 '了'가 있을 경우 '没'는 동사 뒤에 놓는다.

 **시량보어**

시량보어는 동사 뒤에 쓰여 동작이나 상태가 지속된 시간의 길이는 나타낸다.

　시간은 시점과 时段으로 구분할 수 있다. 만약 시간을 과거에서 현재 그리고 미래까지 연결된 하나의 선이라고 한다면, 이 선상의 점 하나하나는 모두 시점이고, 시점은 하나의 구체적인 시간을 나타낸다. 이 점은 큰 것일 수도 있고 작은 것일 수도 있다. 예를 들어, 크게는 1999년일 수도 있고, 21세기일 수도 있으며, 작게는 1998면 12월 21일 오후 3시 25분 48초일 수도 있는 것이다. 时段은 일정기간 동안의 시간을 가리키는 것으로 시간선상의 한 단락이다. 时段 역시 큰 것일 수도 작은 것일 수도 있다. 크게는 세기 단위로 논할 수도 있고 작게는 분초 단위로 논할 수도 있다. 时段을 나타내는 어구만이 시량보어로 쓰일 수 있다. 시량보어는 아래와 같은 몇 가지 의미를 나타낸다.

① 동작이 지속된 시간을 나타낸다. 지속할 수 있고 동작을 반복할 수 있는 동사와 지속할 수 있는 상태를 나타내는 형용사만이 이러한 시량보어를 취할 수 있다.

① 他在路上走了整整三天。

　Tā zài lù shàng zǒule zhěngzhěng sān tiān.

그는 길에서 꼬박 삼일을 걸었다.

② 同志，你等一会儿。

　Tóngzhì, nǐ děng yíhuìr.

잠깐 기다리시오.

③ 朝也等，暮也等，等了漫长的二十年。

　Cháo yě děng, mù yě děng, děngle màncháng de èrshí nián.

아침에도 기다리고 저녁에도 기다리며, 기나긴 20년을 기다렸다.

④ 金沙江对岸的几万部队，一直过了三天三夜。

　Jīnshājiāng duì àn de jǐ wàn bùduì, yìzhí guòle sān tiān sān yè.

金沙江 맞은 편 기슭의 몇 만 명 군인은 삼일 밤낮을 계속 강을 건넜다.

⑤ 宴会进行了几个小时？

　Yànhuì jìnxíngle jǐ ge xiǎoshí?

연회는 몇 시간 동안 진행되었니?

⑥ 阿华师傅站在我背后看了一会儿。

　Āhuá shīfu zhàn zài wǒ bèihòu kànle yíhuìr.

阿华아저씨는 내 등뒤에 서서 잠깐 동안 보았다.

⑦ 去年他在北京住过几天。

　Qùnián tā zài Běijīng zhùguo jǐ tiān.

작년에 그는 북경에서 몇 일간 묵은 적이 있다.

⑧ 那盏灯亮了一夜。

　Nà zhǎn dēng liàngle yí yè.

그 등은 밤새 켜 있었다.

⑨ 他整整累了一年。

　Tā zhěngzhěng lèile yì nián.

그는 꼬박 1년 동안 고생했다.

시량보어 앞에 동목구가 올 수도 있는데, 이 동목구는 모두 하나의 사건을 나타내는 것으로 구체적인 동작은 아니다. 이러한 동목구 중의 동사 역시 지속할 수 있는 동작을 나타내고, 보어는 동작이 지속된 시간을 나타낸다.

① 他当大夫十几年了，从来没有出过事故。

Tā dāng dàifu shí jǐ nián le, cónglái méi yǒu chūguo shìgù.

그가 의사 노릇을 한지 십수 년이 되었는데, 한 번도 의료사고가 난 적이 없다.

② 我们开展这项活动很久了，积累了不少经验。

Wǒmen kāizhǎn zhè xiàng huódòng hěn jiǔ le, jīlèile bùshǎo jīngyàn.

우리가 이 활동을 벌인 지 꽤 오래되어서, 많은 경험을 쌓았다.

③ 你服这种药已经三个月了，效果怎么样?

Nǐ fú zhè zhǒng yào yǐjīng sān ge yuè le, xiàoguǒ zěnmeyàng?

네가 이런 약을 복용한 지 벌써 3개월이 되었는데 효과는 어떠니?

동사는 중복할 수 있고, 중복한 후에는 나타내는 동작지속의 의미가 더 명확해 진다.

① 我当大夫当了十几年了，都当烦了。

Wǒ dāng dàifu dāngle shí jǐ nián le, dōu dāng fán le.

나는 의사 노릇을 십수 년이나 해서 이제 이 노릇도 지겨워졌다.

② 你们开展这项活动开展了这么久，有什么经验吗?

Nǐmen kāizhǎn zhè xiàng huódòng kāizhǎnle zhème jiǔ, yǒu shénme jīngyàn ma?

너희들이 이 활동을 벌인지도 꽤 됐는데 무슨 경험을 쌓았니?

③ 我服这种药服了三个月了，不觉得有什么效果。

Wǒ fú zhè zhǒng yào fúle sān ge yuè le, bù juéde yǒu shénme xiàoguǒ.

나는 이 약을 3개월 동안 복용했는데 무슨 효과가 있는지 잘 모르겠다.

이런 보어를 가진 문장의 통사구조적 특징.

① 위에 서술한 것처럼 술어동사나 형용사 뒤에 시태조사 '了'·'过'를 쓸 수 있다.

② 목적어의 위치

만약 동작과 관련된 사물이 처음 출현해서 목적어를 말하지 않으면 의미가 명확하지 않을 때, 일반적으로 술어동사를 중복해야 한다. 목적어는 첫 번째 동사 뒤에 오고 보어는 두 번째 동사 뒤에 온다.

① 我们坐车坐了四十多分钟。

Wǒmen zuò chē zuòle sìshí duō fēnzhōng.

우리는 차를 40여분 동안 탔다.

② 老李听报告听了一下午。

Lǎo Lǐ tīng bàogào tīngle yí xiàwǔ.

老李는 보고를 오후 내내 들었다.

③ 刚才我找小刘找了半天。

Gāngcái wǒ zhǎo Xiǎo Liú zhǎole bàntiān.

방금 전에 나는 小刘를 한참 찾았다.

④ 我喊你喊了有十分钟了。

    Wǒ hǎn nǐ hǎnle yǒu shí fēnzhōng le.

내가 너를 10분은 불렀
다.

  만약 목적어가 앞 문장에 이미 출현했거나 일정한 담화맥락에서 말하지 않아도 가리키는 바가 명확하다면 술어동사를 중복하지 않아도 된다. 이때 목적어는 다음 몇 가지의 위치에 올 수 있다.

  (1) 목적어가 일반적인 사물이나 추상적인 사물을 나타내는 명사일 경우에는 일반적으로 시량보어 뒤에 위치하고, 보어와 목적어 사이에 '的'를 쓸 수도 있으며, 시간이 길다는 의미를 나타낸다.[1]

① 我今天写了二十分钟(的)汉字。

    Wǒ jīntiān xiěle èrshí fēnzhōng (de) Hànzì.

나는 오늘 한자를 20분
동안이나 썼다.

② 为了这件事，我们开了两个晚上(的)会。

    Wèile zhè jiàn shì, wǒmen kāile liǎng ge wǎnshang (de) huì.

이 일 때문에 우리는 이
틀 밤이나 회의를 했다.

③ 我们今年上了将近二百天(的)课。

    Wǒmen jīnnián shàngle jiāngjìn èrbǎi tiān (de) kè.

우리는 올해 수업을
200일 가까이 했다.

④ 小明打了一下午的球。

    Xiǎo Míng dǎle yí xiàwǔ de qiú.

小明은 오후 내내 공을
쳤다.

⑤ 昨天我们看了一天的电影。

    Zuótiān wǒmen kànle yì tiān de diànyǐng.

어제 우리는 영화를 하
루 종일 봤다.

  (2) 목적어가 특정인을 나타내는 명사·대명사일 경우는 일반적으로 시량보어의 앞에 위치한다.

① "是啊，我替小刘一天。"

    "Shì a, wǒ tì Xiǎo Liú yì tiān."

'맞아요, 제가 小刘를
하루 대신하는 거예요.'

② 我跟师傅这么多年，学到了不少东西。

    Wǒ gēn shīfu zhème duō nián, xuédàole bùshǎo dōngxi.

제가 사부님을 이렇게
오랜 동안 따르면서 많
은 것을 배웠습니다.

③ 小马等了你一个小时。

    Xiǎo Mǎ děngle nǐ yí ge xiǎoshí.

小马가 너를 1시간이나
기다렸다.

④ 你观察老师这么多年，有什么发现？

    Nǐ guānchá lǎoshī zhème duō nián, yǒu shénme fāxiàn?

너는 선생님을 이렇게
오랜 동안 관찰했는데
뭐 발견한 거라도 있
니?

---

1) 다음 예문 중의 시간사는 보어가 아니고 관형어다.

  接着他汇报了一年的工作情况。

  계속해서 그는 1년 동안의 업무상황에 대해 보고했다.

목적어가 특정인을 나타내는 명사이고 보어가 '一会儿'·'半天' 등과 같은 정해지지 않은 시간의 양인 경우, 목적어는 보어 앞에 올 수도 있고, 뒤에 올 수도 있다.

① 你等小刘一会儿吧。

    Nǐ děng Xiǎo Liú yíhuìr ba.

  你等一会儿小刘吧。

    Nǐ děng yíhuìr Xiǎo Liú ba.

잠깐만 小刘를 기다려라.

小刘를 잠깐만 기다려라.

② 我叫了半天李英她也不答应。

    Wǒ jiàole bàntiān Lǐyīng tā yě bù dāying.

  我叫了李英半天她也不答应。

    Wǒ jiàole Lǐyīng bàntiān tā yě bù dāying.

내가 한참동안 李英을 불렀는데도 그녀는 대답하지 않았다.

내가 李英을 한참동안 불렀는데도 그녀는 대답하지 않았다.

③ 我陪一会儿老师。

    Wǒ péi yíhuìr lǎoshī.

  我陪老师一会儿。

    Wǒ péi lǎoshī yíhuìr.

제가 잠깐 선생님을 모시겠습니다.

제가 선생님을 잠깐 모시겠습니다.

③ 부사의 용법

  수량보어를 제한하는 부사는 대부분 동사 앞에 쓸 수 있는데, 보어 앞에 쓸 수도 있다.

① 我整整学了三年中文。

    Wǒ zhěngzhěng xuéle sān nián Zhōngwén.

  我学中文整整三年了。

    Wǒ xué Zhōngwén zhěngzhěng sān nián le.

나는 중국어를 꼬박 3년 배웠다.

내가 중국어를 배운지 꼬박 3년 되었다.

② 我们才走了半个小时你就累了?

    Wǒmen cái zǒule bàn ge xiǎoshí nǐ jiù lèi le?

  我们走了才半个小时你就累了?

    Wǒmen zǒule cái bàn ge xiǎoshí nǐ jiù lèi le?

우리는 이제 겨우 30분 걸었는데 너 벌써 힘드니?

우리가 걸은 지 30분밖에 안 됐는데 너 벌써 힘드니?

③ 小马已经等你一个小时了。

    Xiǎo Mǎ yǐjīng děng nǐ yí ge xiǎoshí le.

  小马等你已经一个小时了。

    Xiǎo Mǎ děng nǐ yǐjīng yí ge xiǎoshí le.

小马는 벌써 너를 1시간이나 기다렸다.

小马가 너를 기다린 지도 벌써 1시간이나 되었다.

'只'·'就' 같은 부사는 동사 앞에 온다.

④ 我只休息了一天, 没休息两天。

    Wǒ zhǐ xiūxi le yì tiān, méi xiūxi liǎng tiān.

나는 단지 하루만 쉬었지, 이틀이 아니다.

이 문장 중의 '没'는 반박의 의미로 쓰였다. 소량의 의미를 나타내는 부정부사 '没'는 동사 앞에 올 수도 있고, 보어 앞에 올 수도 있다.

⑤ 我说了没几分钟话就被他打断了。

　　Wǒ shuōle méi jǐ fēnzhōng huà jiù bèi tā dǎduàn le.

　　我没说几分钟话就被他打断了。

　　Wǒ méi shuō jǐ fēnzhōng huà jiù bèi tā dǎduàn le.

내가 몇 분도 안 되게 말했는데 그가 끼어들었다.

내가 몇 분 말하지도 않았는데 그에 의해 중단되었다.

부정부사 '不'는 보통 조건문과 가정문에만 쓰인다.

⑥ 你干了这么长时间了, 不休息一会儿不行。

　　Nǐ gànle zhème cháng shíjiān le, bù xiūxi yíhuìr bù xíng.

너는 이렇게 오랜 동안 일을 하였으니 좀 쉬지 않으면 안 되겠다.

2 동작의 시작이나 완성으로부터 말하는 시점(혹은 언급한 어느 시각)까지 이미 얼마 간의 시간이 지났음을 나타낸다. 이러한 시량보어를 취하는 동사에는 종결성 동사와 결과보어나 방향보어를 가진 동사가 있다.

① 他走(离开)了三天了。

　　Tā zǒu (líkāi) le sān tiān le.

그가 떠난 지 사흘 되었다.

② 我来北京两年了。

　　Wǒ lái Běijīng liǎng nián le.

내가 북경에 온 지 2년이 되었다.

③ 我们已经认识十年了。

　　Wǒmen yǐjīng rènshi shí nián le.

우리가 서로 안 지 벌써 10년이 되었다.

④ 小王和小李结婚才一年多。

　　Xiǎo Wáng hé Xiǎo Lǐ jiéhūn cái yì nián duō.

小王과 小李가 결혼한 지 이제 겨우 1년이 좀 넘었다.

⑤ 姐姐回来一个小时了。

　　Jiějie huílái yí ge xiǎoshí le.

언니가 돌아온 지 1시간이 되었다.

⑥ 那棵树已经砍掉很长时间了。

　　Nà kē shù yǐjīng kǎndiào hěn cháng shíjiān le.

그 나무를 베어 버린 지 이미 꽤 오래되었다.

　이러한 수량보어를 가진 문장의 통사구조적 특징.

① 술어동사 뒤에 만약 목적어가 또 있다면, 술어동사와 목적어 사이에 시태조사 '了'·'过' 등을 쓸 수 없다.

② 보어의 수량을 제한하는 어구는 일반적으로 주로 보어 앞에 쓰인다.

① 我们相识还不到一年。

　　Wǒmen xiāngshí hái bú dào yì nián.

우리가 서로 안 지 아직 1년이 안되었다.

② 小高毕业快十年了。

　　Xiǎo Gāo bìyè kuài shí nián le.

③ 你离家才一天就想家了?

　　Nǐ lí jiā cái yì tiān jiù xiǎng jiā le?

④ 我回到国内整整五年了。

　　Wǒ huí dào guónèi zhěngzhěng wǔ nián le.

수량이 적음을 나타내는 '没(不)……' 역시 일반적으로는 대부분 보어 앞에 쓰인다.

⑤ 小明中学毕业没几天。别听他吹牛。

　　Xiǎo Míng zhōngxué bìyè méi jǐ tiān. Bié tīng tā chuī niú.

⑥ 我们认识没几天就要好了。

　　Wǒmen rènshi méi jǐ tiān jiù yào hǎo le.

'没'를 동사 앞에 쓸 수도 있다.

⑦ 他们没认识几天就结婚了。

　　Tāmen méi rènshi jǐ tiān jiù jiéhūn le.

'已经'은 술어동사 앞에 올 수도 있고, 술어동사 뒤에 올 수도 있다.

⑧ 我来北京已经快两年了。

　　Wǒ lái Běijīng yǐjīng kuài liǎng nián le.

　我已经来北京快两年了。

　　Wǒ yǐjīng lái Běijīng kuài liǎng nián le.

③ 목적어는 술어동사 뒤, 보어 앞에 위치한다.

① 他妹妹考上大学已经三年了。

　　Tā mèimei kǎo shàng dàxué yǐjīng sān nián le.

② 我认识老李很长时间了。

　　Wǒ rènshi Lǎo Lǐ hěn cháng shíjiān le.

③ 두 개 동작 사이의 시간간격을 나타낸다. 즉, 첫 번째 동작의 시작이나 완성 후 얼마 후에(혹은 다시) 두 번째 동작이 진행되는지를 나타낸다.

① 你吃完饭半小时再吃药。

　　Nǐ chī wán fàn bàn xiǎoshí zài chī yào.

② 我起床后十分钟开始听广播。

Wǒ qǐ chuáng hòu shí fēnzhōng kāishǐ tīng guǎngbō.

나는 일어나서 10분 있다가 라디오를 듣기 시작한다.

③ 今天下午学习一小时再打球。

Jīntiān xiàwǔ xuéxí yì xiǎoshí zài dǎ qiú.

오늘 오후에 공부를 한 시간 한 다음 공을 친다.

④ 大会开始不久他就发了言。

Dàhuì kāishǐ bù jiǔ tā jiù fāle yán.

총회 시작하고 얼마 안 있다가 그가 발언을 했다.

 어떤 기준과 비교해서 차이가 나는 시간을 나타낸다.

① 他每天早到十分钟。

Tā měitiān zǎo dào shí fēnzhōng.

그는 매일 10분 일찍 온다.

② 这趟车晚点两分钟。

Zhè tàng chē wǎn diǎn liǎng fēnzhōng.

이번 차는 2분 연착한 (했)다.

③ 小马今天迟到五分钟。

Xiǎo Mǎ jīntiān chí dào wǔ fēnzhōng.

小马는 오늘 5분 지각 했다.

이러한 문장들의 동사 앞에는 대부분 '早'·'晚'·'迟'같은 종류의 단어나 형태소가 있거나 포함하고 있다.

3 비교수량보어

비교수량보어란 형용사 뒤에 쓰여 비교한 결과의 수량상 차이를 나타내는 보어를 가리킨다. 명량사가 보어로 쓰인다.

① 虽然敌人的武器比我们强许多倍，但我们还是打赢了。

Suīrán dírén de wǔqì bǐ wǒmen qiáng xǔduō bèi, dàn wǒmen háishi dǎ yíng le.

적들의 무기가 우리의 것보다 몇 배나 강했지만 그래도 우리가 승리했다.

② 这个班的学生比那个班多二十个。

Zhège bān de xuésheng bǐ nàge bān duō èrshí ge.

이 반의 학생이 저 반보다 20명 많다.

③ 从学校到机场比到火车站远五公里。

Cóng xuéxiào dào jīchǎng bǐ dào huǒchēzhàn yuǎn wǔ gōnglǐ.

학교에서 공항까지가 기차역까지보다 5킬로나 멀다.

④ 今年的产量比去年多一倍。

Jīnnián de chǎnliàng bǐ qùnián duō yí bèi.

올해의 생산량은 작년보다 배가 많다.

⑤ 小英比小兰高出了一头。

Xiǎo Yīng bǐ Xiǎo Lán gāochule yì tóu.

小英이 小蘭보다 머리 하나 만큼 더 크다.

⑥ 他比我大两岁。

　　Tā bǐ wǒ dà liǎng suì.

⑦ 我大他一岁。

　　Wǒ dà tā yí suì.

그는 나보다 두 살 많다.

내가 그보다 한 살 많다.

주의해야 할 것은, 동사 뒤의 명량사는 보어가 아닌 목적어라는 점이다.

① 这个月的产量比上个月提高了两倍。

　　Zhège yuè de chǎnliàng bǐ shàng ge yuè tígāole liǎng bèi.

② 今年的学生比去年增加了一百名。

　　Jīnnián de xuésheng bǐ qùnián zēngjiāle yìbǎi míng.

이번 달 생산량은 지난 달보다 두 배나 증가되었다.

올해 학생은 작년 보다 100명 늘었다.

一. 옳고 그름을 구별하시오.

1. A. 那时候每个工人每天十到十二个小时的工作。
   B. 那时候每个工人每天做十到十二个小时的工作。
2. A. 你学中文学了多长时间?
   B. 你学了中文多长时间?
3. A. 你每天写多长时间汉字?
   B. 每天多长时间你写汉字?
4. A. 中国已经二十多年实行改革开放了，变化很大。
   B. 中国实行改革开放已经二十多年了，变化很大。
5. A. 我学了英文两年，学了汉文三年。
   B. 我英文学了两年，法文学了三年。
   C. 我学了两年英文，三年法文。
6. A. 昨天他整整看了一天书。
   B. 昨天他整整看书一天了。
7. A. 今年暑假，我们在中国才学习汉语学习了一个月。
   B. 今天暑假，我们在中国学习汉语才学习了一个月。
8. A. 今天我写汉字只写了一个小时。
   B. 今天我写汉字写了只一个小时。
9. A. 阿里朝我点了一下头。
   B. 阿里朝我点了头一下。
10. A. 我去年回了国一次。
    B. 我去年加了一次国。
11. A. 来中国以后，我们看了中国电影两次。
    B. 来中国以后，我们看了两次中国电影。
12. A. 老师找王朋有事，你喊一声他。
    B. 老师找王朋有事，你喊他一声。
13. A. 我打电话的时候，妹妹说弟弟把我的衣服弄脏了，我生气地看了弟弟一眼，没
       说什么。
    B. 我打电话的时候，妹妹说弟弟把我的衣服弄脏了，我生气地看了一眼弟弟，没
       说什么。
14. A. 你快喊一下哥哥，有人找他。
    B. 你快喊哥一下，有人找他。

二. 틀린 문장을 바르게 고치시오.

1. 我跟农村医生用汉语谈话了一个上午。
2. 关于回国的问题他们一个小时谈了。
3. 我们每天在课堂上写了汉字半个小时。
4. 他在农村干活了十一年。
5. 我们在这和半年到一年学习。
6. 咱们打球一场，怎么样?
7. 他敲了门几下儿，屋里没有人答应。
8. 阿里高谢利三厘米。
9. 他不喜欢家里的猫，常常无缘无故踢一脚猫。
10. 他一进门就打了一下我，我吓了一跳。

三. 주어진 단어로 적당한 문장을 만드시오.(필요시에는 동사 중복도 가능)

1.	孩子	看书	三个小时	了		
2.	狗	咬	了	在雷锋腿上	一口	
3.	王刚	去	美国	已经	三年	了
4.	阿里	重	比谢利	五公斤		
5.	小明	游泳	一上午			
6.	我	昨天	看	歌舞	了	一个晚上
7.	你	去	找	小李	一下儿	
8.	奶奶	死	了	整整五年	了	
9.	他	当	老师	二十年	了	了

개사 '于'·'向'·'自'로 구성된 개사구는 동사나 형용사 뒤에서 보어로 쓰일 수 있는데, 이런 보어를 개사구보어라 하는데, 주로 문어체에 많이 쓰인다.

 **'于'로 구성된 개사구보어**

'于'로 구성된 개사구보어는 시간·장소·기원·대상·목표·원인 및 비교 등을 나타낼 수 있다.

① 鲁迅生于一八八一年。(시간)

Lǔxùn shēng yú yī bā bā yī nián.

루쉰은 1881년에 태어났다.

② 鲁迅一八八一年生于绍兴。(장소)

Lǔxùn yī bā bā yī nián shēng yú Shàoxīng.

루쉰은 1881년에 绍兴에서 태어났다.

③ 一切真知来源于实践。(기원)

Yíqiè zhēnzhī láiyuán yú shíjiàn.

모든 참 지식은 실천에서 나오는 것이다.

④ 他决心献身于教育事业。(대상)

Tā juéxīn xiànshēn yú jiàoyù shìyè.

그는 교육 사업에 헌신하기로 결심했다.

⑤ 最近他正忙于写文章。(원인)

Zuìjìn tā zhèng máng yú xiě wénzhāng.

요즘 그는 글 쓰느라 바쁘다.

⑥ 领导不能落后于形势，落后于群众，否则工作必将被动。(비교)

Lǐngdǎo bù néng luòhòu yú xíngshì, luòhòu yú qúnzhòng, fǒuzé gōngzuò bì jiāng bèi dòng.

지도자는 정세에 뒤떨어져서도 군중에 뒤떨어져서도 안 된다. 그렇지 않으면 업무가 소극적이 될 수밖에 없다.

 **'向'으로 구성된 개사구보어**

'向'으로 구성된 개사구보어는 방향을 나타낸다.

① 有了它，船就可以避开各种危险，安全地驶向目的地。

Yǒule tā, chuán jiù kěyǐ bìkāi gèzhǒng wēixiǎn, ānquán de shǐ xiàng mùdìdì.

그것이 있으면 배는 각종 위험을 피해서 안전하게 목적지를 향해 갈 수 있다.

② "大爷!" 她欢快地叫了一声，扑向田大爷。

"Dàyé!" Tā huānkuài de jiàole yì shēng, pū xiàng Tián dàyé.

'어르신!' 그녀는 반갑게 부르며 田大爷에게 달려들었다.

③ 我们要从胜利走向胜利。

Wǒmen yào cóng shènglì zǒu xiàng shènglì.

우리는 승리에서 승리를 향해 나아가야 한다.

④ 它们滑下溪水，转入大河，流进赣江，挤上火车，走向天南海北。

Tāmen huá xià xīshuǐ, zhuǎnrù dàhé, liú jìn Gànjiāng, jǐ shàng huǒchē, zǒu xiàng tiān nán hǎi běi.

그것들은 계곡 물을 미끄러져 내려와, 대하로 넘어 들어간 다음, 赣江으로 흘러든 후, 기차에 빽빽하게 실려서, 전국 방방곳곳을 향해 간다.

 ## '自'로 구성된 개사구보어

'自'로 구성된 개사구보어는 장소를 나타낸다('从'·'由'의 의미를 나타낸다).

① 我们都是来自五湖四海，为了一个共同的革命目标走到一起来了。

Wǒmen dōu shì lái zì wǔhúsìhǎi, wèile yí ge gòngtóng de gémìng mùbiāo zǒudào yìqǐ lái le.

우리는 모두 전국 각지에서 왔지만, 공동의 혁명목표를 위해 한곳에 모였다.

② 这是发自内心的喜悦。

Zhè shì fā zì nèixin de xǐyuè.

이것은 마음에서 우러나는 기쁨이다.

③ 这句话引自《马恩全集》。

Zhè jù huà yǐn zì 《Mǎ'ēn quánjí》.

이 구절은 《마르크스 엥겔스 전집》에서 인용한 것이다.

 ## 개사구보어를 포함하고 있는 문장의 통사구조적 특징

1 '于'로 구성된 개사구는 동사와 형용사 뒤에 쓸 수 있고, '向'·'自'로 구성된 개사구보어는 동사 뒤에만 쓰일 수 있다.

2 술어동사와 개사 '于'·'自' 사이에는 시태조사 '了'·'过'를 쓸 수 없지만, '向' 뒤에는 시태조사 '了'를 쓸 수 있다.

3 개사구보어를 가진 문장은 개사 뒤에서 끊어 읽을 수 있다.

4 동사가 개사구보어를 취한 후에는 다시 목적어나 다른 보어를 취할 수 없다.

一. 괄호 안에 알맞은 개사를 넣으시오.

  1. 中山陵建(   )一九二九年。
  2. 阿里来(   )遥远的欧洲。
  3. 这些青年(   )学校毕业以后，开始走(   )生活。
  4. 这首歌选(   )歌剧≪白毛女≫。
  5. 胜利号油船驶(   )欧洲。
  6. 这时，物体处(   )相对静止的状态。

二. 틀린 문장을 바르게 고치시오.

  1. 这个故事听于老师。
  2. 后来小王来到北京从东北。
  3. 我们从一个胜利向另一个胜利走。
  4. 中华人民共和国成立在一九四九年。
  5. 我们来从不同的国家。

제 8 절
보어와 부사어 비교

　일반적으로 술어동사나 형용사 앞의 수식성분을 부사어라 하고, 술어동사나 형용사 뒤의 보충설명 성분을 보어라 한다. 그러나 부사어로 쓰일 수 있는 어구의 대부분이 보어로도 쓰일 수 있다. 그렇다면 같은 종류의 어구가 부사어로 쓰일 때와 보어로 쓰일 때 표현하고자 하는 의미와 통사구조적 특징에는 어떤 차이가 있는가 하는 점이, 바로 이 절에서 살펴보고자 하는 문제이다.

 **형용사가 부사어로 쓰이는 경우와 보어로 쓰이는 경우 비교**

 **일음절 형용사**

　일음절 형용사 중 부사어로 쓰일 수 있는 것은 많지 않은데다, 동사와 결합할 때도 제한을 많이 받지만(제2편 제5장 '형용사' 참조), 보어로 쓰일 때는 제한을 훨씬 덜 받는다.

　① 일부 일음절 형용사는 부사어로 쓰일 수 있다. 청원문에 쓰여 명령·충고 또는 재촉의 의미를 나타낸다. 그러나 단독으로는 보어로 쓰일 수 없다.

① 早去早回!

　　Zǎo qù zǎo huí!

　*去早回早!

일찍 갔다, 일찍 돌아와라!

② 多吃点儿菜!

　　Duō chī diǎnr cài!

　*吃菜(吃)多点儿!

반찬을 많이 먹어라!

③ 少说几句吧!

　　Shǎo shuō jǐ jù ba!

　*说少几句吧!

그만해라!

　일부 일음절 형용사는 부사어로도 쓰일 수 있고 상태보어로도 쓰일 수 있지만, 나타내는 의미는 아래처럼 다르다.

④ 快走! (좀 일찍 가자고 재촉하는 것)

    Kuài zǒu!

    빨리 가자!

走快点儿! (이미 걷고 있는 상태에서 좀 빨리 가라고 재촉하는 것)

    Zǒu kuài diǎnr!

    좀 빨리 걸어라!

走快了! (기준에 부합하지 않음을 나타냄)

    Zǒu kuài le!

    너무 빨리 간다!/시계가 너무 빠르다

② '早'·'晚'·'多'·'少' 등과 같은 일부 일음절 형용사는 부사어로도 쓰일 수 있고, 결과보어와 상태보어로도 쓰일 수 있는데, 모두 어떤 기준에 부합하지 않음을 나타낸다.

① 他晚来了几天。

    Tā wǎn láile jǐ tiān.

    그는 며칠 늦게 왔다.

② 他今天来晚了。

    Tā jīntiān lái wǎn le.

    그는 오늘 늦게 왔다.

③ 他今天来得很晚。

    Tā jīntiān lái de hěn wǎn.

    그는 오늘 아주 늦게 왔다.

④ 这个孩子今天多说了几句话。

    Zhège háizi jīntiān duō shuōle jǐ jù huà.

    이 아이는 오늘 말을 몇 마디 더 했다.

⑤ 这个孩子今天话说多了。

    Zhège háizi jīntiān huà shuō duō le.

    이 아이는 오늘 말을 많이 했다.

⑥ 这个孩子今天话说得多了一点儿。

    Zhège háizi jīntiān huà shuō de duōle yìdiǎnr.

    이 아이는 오늘 말을 좀 많이 했다.

이러한 형용사가 부사어로 쓰일 때(①·④)는 동사 뒤에 항상 수량을 나타내는 보어나 목적어가 있고, 결과보어로 쓰일 때(②·⑤)는 문장 끝에 항상 '了'가 오며, 상태보어로 쓰일 때(③·⑥)는 앞에 수식어가 오거나 뒤에 정도를 나타내는 '一点儿'·'些' 등이 온다.

'大·小·高·低·深·浅·肥·瘦·厚·薄·宽·窄·长·短·咸·淡·粗·细·重·轻' 등 일음절 형용사는 결과보어나 상태보어로 쓰일 수 있고, 어떤 기준에 부합하지 않음을 나타낸다. (본 장 제1절 '결과보어' 참조) 그러나 동일 문장의 동사 앞에 부사어로 쓸 수는 없다.

① 这双鞋做大了。

    Zhè shuāng xié zuò dà le.

    이 신발은 크게 만들었다.

    这双鞋做得太大。

    Zhè shuāng xié zuò de tài dà.

    이 신발은 너무 크게 만들었다.

＊大做了一双鞋。

② 衣服买短了。

　　Yīfu mǎi duǎn le.

　　衣服买得短了一点儿。

　　Yīfu mǎi de duǎnle yìdiǎnr.

　　＊短买了一件衣服。

옷을 샀는데 짧다.

옷 산 것이 좀 짧다.

② 이음절 형용사·형용사 중첩식·형용사구·관용구 등이 부사어와 보어로 쓰이는 경우 비교

① 이음절 형용사는 결과보어로 쓰이면 결과를 나타내고, 부사어로 쓰이면 동작이나 동작자의 정황과 상태를 묘사한다. 대부분의 형용사는 의미가 변하지 않는 상태에서 동일한 동사의 부사어와 결과보어로 쓰일 수 없다.

① 明明激动地写了两个大字。（동작자 묘사）

　　Míngming jīdòng de xiěle liǎng ge dà zì.

　　＊明明写激动。

明明은 격동적으로 큰 글자 2자를 썼다.

② 小梅高兴地说。（동작자 묘사）

　　Xiǎo Méi gāoxìng de shuō.

　　＊小梅说高兴。

小梅는 기뻐하며 말했다.

③ 老师傅仔细地把机器检查了一遍。（동작 묘사）

　　Lǎo shīfu zǐxì de bǎ jīqì jiǎnchále yí biàn.

　　＊老师傅把机器检查仔细。

老师傅는 기계를 두루 한번 자세하게 살펴보았다.

④ 敌人的阴谋彻底暴露了。（동작 묘사）

　　Dírén de yīnmóu chèdǐ bàolù le.

　　＊敌人的阴谋暴露彻底。

적들의 음모는 적나라하게 드러났다.

일부 개별적인 이음절 형용사는 부사어로 쓰일 수도 있고 결과보어로 쓰일 수도 있으며, 모두 동작을 묘사하지만, 부사어로 쓰이는 경우에는 술어동사 뒤에 다른 문장 성분이 있어야 한다.

① 黑板上的字我看清楚了。

　　Hēibǎn shàng de zì wǒ kàn qīngchu le.

　　我清楚地看见黑板上有两个字。

　　Wǒ qīngchu de kànjiàn hēibǎn shàng yǒu liǎng ge zì.

칠판 위의 글씨가 나는 뚜렷하게 보인다.

나는 칠판에 두 글자가 써진 것이 뚜렷하게 보인다.

② 我听清楚了。

    Wǒ tīng qīngchu le.

 *我清楚地听了。

형용사 중첩식·형용사 의미상의 주어·관용구 등은 결과보어로 쓰일 수 없다.

② 이음절 형용사·형용사 의미상의 주어·형용사 중첩식 및 관용구가 상태보어로 쓰이는 경우에 의미상으로는 전체문장 위어의 중심이 되지만, 부사어로 쓰이는 경우에 전체문장의 의미 중심은 동사에 있다.

① 运动员战士站得笔直，非常精神。

    Yùndòngyuán zhànshì zhàn de bǐzhí, fēicháng jīngshen.

  运动员战士笔直地站着，一动也不动。

    Yùndòngyuán zhànshì bǐzhí de zhàn zhe, yí dòng yě bú dòng.

첫 번째 문장은 운동선수가 서 있는 자세가 '笔直'하다는 것을 묘사하고 있어서, 전체문장이 나타내고자 하는 의미의 중심 역시 '笔直'에 있다. 두 번째 문장은 운동선수가 '站着'해 있다는 것을 말하고자 하는 것으로, 전체문장이 나타내고자 하는 의미의 중심 역시 '运动员在站着'이고, '笔直'는 '站'의 모양을 묘사한 것이다. 또 다른 예문을 들어보면 아래와 같다.

② 那几个字写得歪歪扭扭的，很不好看。

    Nà jǐ ge zì xiě de wāiwāi niǔniǔ de, hěn bú hǎokàn.

  记事本上歪歪扭扭地写着几个字，显然是孩子给他留的话。

    Jìshìběn shàng wāiwāi niǔniǔ de xiězhe jǐ ge zì, xiǎnrán shì háizi gěi tā liú de huà.

③ "听明白了！"孩子们回答得很响亮。

    "Tīng míngbái le!" Háizimen huídá de hěn xiǎngliàng.

  孩子们响亮地回答："听明白了！"

    Háizimen xiǎngliàng de huídá : "Tīng míngbái le!"

④ 这几天不断有急诊病人，所以医生们工作得很紧张。

    Zhè jǐ tiān búduàn yǒu jízhěn bìngrén, suǒyǐ yīshēngmen gōngzuò de hěn jǐnzhāng.

  手术室里，医生们紧张地工作着。

    Shǒushùshì lǐ, yīshēngmen jǐnzhāng de gōngzuòzhe.

⑤ 李老师昨天睡得很晚，今天精神不太好。

    Lǐ lǎoshī zuótiān shuì de hěn wǎn, jīntiān jīngshén bú tài hǎo.

똑똑히 들었다.

.

운동선수가 꼿꼿이 서 있는 것이 아주 늠름해 보인다.

운동선수가 꼿꼿이 선 채 꼼짝도 하지 않는다.

저 글자들은 비뚤비뚤 써져 있어서 정말 보기 싫다.

수첩에 비뚤비뚤하게 써져 있는 몇 글자는 아이가 그에게 남긴 메모임이 틀림없다.

'알았습니다!'라고 아이들은 우렁차게 대답했다.

아이들은 우렁차게 '알았습니다'라고 대답했다.

요 며칠 계속 응급환자가 있어서 의사들은 매우 바쁩니다.

수술실에서 의사들은 긴박하게 일하고 있습니다.

이 선생님은 어제 늦게 주무셔서 오늘 컨디션이 별로 좋지 않습니다.

为了赶一篇文章，李老师昨天很晚才睡。

Wèile gǎn yì piān wénzhāng, Lǐ lǎoshī zuótiān hěn wǎn cái shuì.

급히 글을 한 편 써야 했기 때문에 이 선생님은 어제 밤늦게 서야 잠자리에 들었다.

동작자가 동작 할 때의 정황과 상태를 나타내는 형용사(구)·형용사 중첩식과 관용구의 대부분은 동일 동사의 상태보어로 쓰일 수 없다.

① 他醉醺醺地走着。

　　Tā zuì xūnxūn de zǒu zhe.

　*他走得醉醺醺的。

그는 곤드레만드레 취해서 걷고 있다.

② 他急急忙忙地跑进教室。

　　Tā jíjímángmáng de pǎojìn jiàoshì.

　*他跑得急急忙忙的。

그가 황급히 교실로 뛰어 들어온다.

동작자가 동작 할 때의 정황과 상태를 묘사하는 형용사부사어중 일부는 동일 문장의 동사 뒤에서 상태보어로 쓰일 수는 있지만, 표현하는 의미가 다르다.

① 姑娘高兴地唱着。（'高兴'은 '唱'할 때의 심정을 나타냄）

　　Gūniang gāoxìng de chàngzhe.

　姑娘唱得很高兴。（'唱'해서 그 결과 '高兴'함）

　　Gūniang chàng de hěn gāoxìng.

아가씨가 즐겁게 노래를 부르고 있다.

아가씨는 노래 부르고 나서 기분이 좋아졌다.

② 老大爷激动地说……。（'激动'은 '说'할 때의 심정을 나타냄）

　　Lǎodàye jīdòng de shuō……

　老大爷说得很激动。（'说'해서 그 결과 '激动'함）

　　Lǎodàye shuō de hěn jīdòng.

할아버지는 흥분하시며 (……라고) 말씀하셨다.

할아버지는 말씀하시고 나서 흥분하셨다.

이 때문에 형용사가 부사어로 쓰이는 경우의 역할은 동작자가 동작 할 때의 정황과 상태를 묘사하는 것이지만, 보어로 쓰이는 경우에는 전체문장의 술어동사와 보어사이에 종종 인과관계가 존재한다.

 ## 부사가 부사어와 보어로 쓰이는 경우의 비교

정도를 나타내는 부사 '很'과 '极'만이 부사어로 쓰일 수 있을 뿐만 아니라 보어로도 쓰일 수 있다.

 '很'이 정도보어로 쓰이는 경우가 부사어로 쓰이는 경우보다 나타내는 정도가 높다.

① 今天红红很高兴。

　　Jīntiān Hónghong hěn gāoxìng.

　　今天红红高兴得很。

　　Jīntiān Hónghong gāoxìng de hěn.

② 这件衣服我很喜欢。

　　Zhè jiàn yīfu wǒ hěn xǐhuan.

　　这件衣服我喜欢得很。

　　Zhè jiàn yīfu wǒ xǐhuan de hěn.

	오늘 红红은 기쁘다.
	오늘 红红은 아주 기쁘다.
	나는 이 옷이 맘에 든다.
	이 옷을 나는 아주 좋아한다.

2 구어체에서 '极'는 일반적으로는 부사어로 쓰이지 않지만, 문어에서는 부사어로 쓰일 수 있고, 이 때 나타내는 정도는 정도보어로 쓰일 때와 거의 동일하다.

① 此书极好。

　　Cǐ shū jí hǎo.

② 这本书好极了。

　　Zhè běn shū hǎo jí le.

이 책은 아주 좋다.

이 책은 매우 좋다.

3 시간사가 부사어와 보어로 쓰이는 경우의 비교

　일반적으로 时段을 나타내는 어구만이 부사어로 쓰일 수 있을 뿐만 아니라 보어로도 쓰일 수 있지만 나타내는 의미는 다르다. 시간사가 부사어로 쓰이는 경우에는 일반적으로 이 시간 내에 어떤 동작을 완성했거나 어떤 상황이 출현했음을 나타내지만, 보어로 쓰이는 경우에는 동작이 지속된 시간을 나타낸다.

① 他两天看了一本书。

　　Tā liǎng tiān kànle yì běn shū.

　　这本书他看了两天还没看完。

　　Zhè běn shū tā kànle liǎng tiān hái méi kàn wán.

그는 이틀 동안에 책 한 권을 보았다.

그는 이 책을 이틀이나 봤지만 아직 다 보지 못했다.

첫 번째 문장의 '两天'은 '他看一本书' 하면서 소요된 시간이고, 두 번째 문장의 '两天'은 '他看这本书'가 지속된 시간을 나타낸다. 다시 예를 들어 보자.

② 阿里一个小时就把作业写完了。

　　Āl ī yí ge xiǎoshí jiù bǎ zuòyè xiě wán le.

　　阿里写作业写了一个小时了。

　　Āl ī xiě zuòyè xiěle yí ge xiǎoshí le.

阿里는 한 시간 동안에 숙제를 다 했다.

阿里는 숙제를 지금까지 한 시간째 하고 있다.

시간사가 부사어로 쓰이는 경우 때로는 '每'의 의미를 내포하기도 하는데, 이러한 문장들은 모두 규칙적으로 반복되는 동작을 나타낸다. 시량보어에는 이와 유사한 용법이 없다.

① 小梅两天去一次少年宫。

　　Xiǎo Méi liǎng tiān qù yí cì Shàoniángōng.

小梅는 이틀에 한 번 少年宫에 간다.

② 阿里一个月写一篇文章。

　　Ālǐ yí ge yuè xiě yì piān wénzhāng.

阿里는 글을 한 달에 한 편씩 쓴다.

　时段을 나타내는 시간사는 또 부정문에서 부사어로 쓰일 수 있으나 시량보어에는 이러한 용법이 없다.

① 我和弟弟十年没有见面了。

　　Wǒ hé dìdi shí nián méi yǒu jiànmiàn le.

나와 남동생은 십 년 동안 만나지 못했다.

② 他们俩好得不得了，一天不见都不行。

　　Tāmen liǎ hǎo de bù dé liǎo, yì tiān bú jiàn dōu bù xíng.

그들 둘은 너무 너무 좋아해서 하루라도 안 보고는 못산다.

 동량사가 부사어와 보어로 쓰이는 경우의 비교

　동량사가 부사어로 쓰이는 경우에는 일반적으로 어떤 동작을 완성하기까지 행한 회수를 나타내고, 보어로 쓰이는 경우에는 동작이 진행된 회수를 나타낸다.

① 武松三拳就把老虎打死了。

　　Wǔsōng sān quán jiù bǎ lǎohu dǎ sǐ le.

　武松打了老虎三拳。

　　Wǔ sōng dǎle lǎohu sān quán.

武松은 주먹질 세 번에 호랑이를 때려 죽였다.

武松은 호랑이를 (주먹으로) 세 번 때렸다.

② 敌人一脚把门踢开。

　　Dírén yì jiǎo bǎ mén tī kāi.

　敌人踢了门一脚，没踢开。

　　Dírén tīle mén yì jiǎo, méi tī kāi.

적군이 한 발에 문을 걷어차 열었다.

적군이 문을 한 번 걷어 찼으나 열리지 않았다.

　동량사 중첩형식은 부사어로만 쓰일 수 있고, 보어로는 쓰일 수 없다.

장소를 나타내는 어구가 부사어와 보어로 쓰이는 경우의 비교

　[1] '在+명사'가 동사 앞에 위치할 때는 개사구로 장소·공간을 나타내고, 동사 뒤에 위치할 때는 '在'는 동사로 결과보어로 쓰이고, 장소를 나타내는 명사가 목적어이다. 이들의 의미상의 차이는 아래와 같다.

　　'在+명사'가 타동사 앞에서 부사어로 쓰이는 경우에는 동작이 진행되는 장소를 나타내는 것으로, 동작자는 일반적으로 이 장소에 있지만, 그렇지 않은 경우도 있다.

① 我在黑板上写字。 (동작자는 '黑板上'에 있지 않음)　　나는 칠판에 글씨를 쓴다.

　　Wǒ zài hēibǎn shàng xiě zì.

② 阿里在本子上画画。 (동작자는 '本子上'에 있지 않음)　　阿里는 노트에 그림을 그린다.

　　Ālǐ zài běnzi shàng huà huà.

③ 我在五道口食堂吃饺子。 (동작자는 '五道口食堂'에 있음)　　나는 五道口 식당에서 만두를 먹는다.

　　Wǒ zài Wǔdàokǒu shítáng chī jiǎozi.

④ 小明在院子里踢球。 (동작자는 '院子里'에 있음)　　小明은 마당에서 공을 찬다.

　　Xiǎo Míng zài yuànzi lǐ tī qiú.

⑤ 谢利在语言文化大学学习中文。 (동작자는 '语言文化大学'에 있음)　　谢利는 语言文化大学에서 중국어를 공부한다.

　　Xièlì zài yǔyán wénhuà dàxué xuéxí Zhōngwén.

　　'在+명사'가 타동사 뒤에 쓰이는 경우에는 일반적으로 결과를 나타내는데, 동작을 통해 어떤 사물(대상)로 하여금 어느 장소에 놓여지게 함을 나타낸다.

① 老师把生词写在黑板上。 ('写'한 후에 '生词'는 '黑板上'에 있게 됨)　　선생님이 새 단어를 칠판에다 쓰신다.

　　Lǎoshī bǎ shēngcí xiě zài hēibǎn shàng.

② 阿里把画儿画在本子上。 ('画'한 다음에 '画儿'은 '本子上'에 있게 됨)　　阿里가 그림을 노트에다 그린다.

　　Ālǐ bǎ huàr huà zài běnzi shàng.

③ 小朋友们都把这件事记在心里。 ('记'한 후에 '这件事'는 '心理'에 남아 있게 됨)　　꼬마들은 이 일을 가슴에 새겼다.

　　Xiǎo péngyoumen dōu bǎ zhè jiàn shì jì zài xīn lǐ.

　　그러므로 만약 '在+명사'가 동작이 진행된 장소가 아닌 동작 후 사물이 위치한 장소를 나타낸다면, 보어로만 쓰일 수 있고 부사어로는 쓰일 수 없다.

① 把箭射在靶子上。　　화살을 과녁에다 쏜다.

　　Bǎ jiàn shè zài bǎzi shàng.

　　*在靶子上射箭。

② 他把手绢扔在地上。　　그는 손수건을 바닥에다 던져버린다.

　　Tā bǎ shǒujuàn rēng zài dì shàng.

　　*他在地上扔手绢。

　　어떤 경우에는 '在+명사'가 동사 뒤에서 나타내는 결과의 의미가 명확하지 않고, 동사 앞에 쓰여 나타내는 의미와 기본적으로 같은 경우가 있다.

① 小明睡在床上。

　　Xiǎo Míng shuì zài chuáng shàng.

② 李老师住在北大。

　　Lǐ lǎoshī zhù zài Běidà.

③ 一轮红日出现在东方。

　　Yì lún hóngrì chūxiàn zài dōngfāng.

> 小明은 침대에서 잔다.
>
> 이 선생님은 북경대에 거주한다.
>
> 붉은 태양이 동쪽에서 나타난다.

여기서 '在+명사'가 나타내는 것은 동작이 진행된 장소임으로, 이러한 '在+명사'는 모두 동사 앞에서 부사어로 쓸 수 있다.

①′ 小明在床上睡。

　　Xiǎo Míng zài chuáng shàng shuì.

②′ 李老师在北大住。

　　Lǐ lǎoshī zài Běidà zhù.

③′ 一轮红日在东方出现。

　　Yì lún hóngrì zài dōngfāng chūxiàn.

> 小明은 침대에서 잔다.
>
> 이 선생님은 북경대에 거주한다.
>
> 붉은 태양이 동쪽에 나타난다.

그러나 이 두 종류의 문장에 쓰일 수 있는 동사는 매우 한정적이어서, 여기서 예로 든 것들에서 크게 벗어나지 않는다. 이 두 종류 문장은 의미가 매우 비슷하기는 하지만 표현하고자하는 중점은 다르다. 전자는 장소를 강조한 것이고 후자는 동작을 강조한 것이다.

　경우에 따라서는 문장에 약간의 변환을 가하면 일부 동사가 이 두 문형에 출현할 수 있게 된다.

① 我躺在床上，望着天花板。

　　Wǒ tǎng zài chuáng shàng, wàngzhe tiānhuābǎn.

　我在床上躺着想心事。

　　Wǒ zài chuáng shàng tǎngzhe xiǎng xīnshì.

② 他走进房间，坐在了沙发上。

　　Tā zǒujìn fángjiān, zuò zài le shāfā shàng.

　他在沙发上坐着看电视。

　　Tā zài shāfā shàng zuòzhe kàn diànshì.

> 나는 침대에 누워서 천장을 바라보고 있다.
>
> 나는 침대에 누운 채 시름에 잠긴다.
>
> 그는 방에 들어와 소파에 앉았다.
>
> 그는 소파에 앉아서 TV를 본다.

즉, '在+명사'가 동사 앞에 출현 할 경우 동사 뒤에는 '着'를 써야 한다. 이와 같이 사용할 수 있는 동사 또한 한정적이다. 대부분은 '躺·站·立·坐·跪·蹲·卧·靠·趴·顶'과 같이 신체자세를 나타내는 것들과 물체의 상태를 나타내는 '飘·浮·悬' 등과 같은 자동사들이다. 이러한 문장에서 '동사+着'가 나타내는 것은 정지된 상태나 자세이고,

‘动+在+장소사’는 예 ①처럼 정지된 상태를 나타낼 수도 있고, 예 ②처럼 동작을 나타낼 수도 있다. 두 종류의 문형이 모두 정지된 상태를 나타낼 때 전자는 후자보다 동작성이 조금 더 강하다.

또한 소수의 자동사 앞뒤에 모두 ‘在+명사’가 출현 할 수 있다. 그러나 ‘在+명사’는 제한적으로 아래 예처럼 대구문에서만 술어동사 뒤에 출현 할 수 있다.

① 小明生在东北，长在东北。

　　Xiǎo Míng shēng zài dōngběi, zhǎng zài dōngběi.

② 我们劳动在一起、生活在一起、工作在一起。

　　Wǒmen láodòng zài yìqǐ、shēnghuó zài yìqǐ、gōngzuò zài yìqǐ.

小明은 동북지방에서 태어나고 자랐다.

우리는 함께 노동하고, 생활하고, 일한다.

대구문이 아닌 문장 안에서 ‘在+명사’는 일반적으로 예 ③처럼 동사 앞에만 올 수 있다.

③ 赵老师在北大工作。

　　Zhào lǎoshī zài Běidà gōngzuò.

　*赵老师工作在北大。

赵선생님은 북경대에서 근무한다.

어떤 것들은 대구문을 벗어나서는 단독으로 문장을 구성할 수 없다.

　*我长在东北。

　*我在东北长。

왜 동작의 장소를 나타내는 ‘在+명사’는 동사 앞에 출현하고, 동작 후 물체가 위치한 장소를 나타내는 ‘在+명사’는 동사 뒤에 위치하는가? 이는 우리가 제1편 제8절 ‘중국어 문장의 어순’에서 언급한 바와 같이, 사건 발생의 시간 순서가 중국어 어순을 결정하는 요소 중의 하나이기 때문이다. ‘在+명사’의 위치는 바로 이 원인과 관련이 있다. ‘在+명사’가 동작장소를 나타내는 경우, 이 장소의 출현이 동작보다 빨라야 한다. ‘我在黑板上写字’에서 ‘我’는 반드시 먼저 칠판 앞에 서 있어야 하고, 그 다음에 비로소 ‘写字’를 할 수가 있는 것이다. ‘学生们在五道口食堂吃饺子’ 또한 ‘学生’이 먼저 ‘五道口食堂’에 있은 다음에 비로소 ‘吃饺子’할 수 있다. 마찬가지로 ‘一轮红日在东方地平面上出现’은 마치 화자가 먼저 ‘东方地平面上’을 향해서 본 다음에 ‘红日出现了’하는 것을 본 것 같으므로 ‘出现’이라는 동작이 강조되었다. 반면 ‘一轮红日出现在东方地平面上’은 마치 화자가 먼저 ‘一轮红日’를 보고, 그 다음에 ‘红日’가 ‘东方地平面上’에 있는 것을 발견한 것 같아서 장소인 ‘东方地平面上’이 강조되었다.

② '到+명사'가 동사 앞에 위치할 경우1) '到'는 연동문의 첫 번째 동사이고 두 번째 동사는 '到+명사'의 목적을 나타낸다.

① 阿里到王府井买书去了。('到王府井'한 목적은 '买书'임)

　　Ālǐ dào Wángfǔjǐng mǎi shū qù le.

阿里는 王府井에 책 사러 갔다.

② 我到清华看朋友。('到清华'한 목적은 '看朋友'임)

　　Wǒ dào Qīnghuá kàn péngyou.

나는 청화대학에 친구를 만나러 간다.

'到+명사'가 동사 뒤에 위치할 경우 '到'는 결과보어고 명사는 장소목적어로, '到+명사'는 동작을 통해 동작자로 하여금 어떤 장소에 도달하게 함을 나타낸다.

① 十一点，王刚把女朋友送到了宿舍。('送'을 통해 '女朋友到宿舍'한 것임)

　　Shíyì diǎn, Wáng Gāng bǎ nǚ péngyou sòngdào le sùshè.

11시에 王刚은 여자친구를 기숙사까지 데려다 주었다.

② 你把书放到书包里。('放'을 통해 '书到书包里'한 것임)

　　Nǐ bǎ shū fàngdào shūbāo lǐ.

책을 책가방에 넣어라.

마찬가지로 이러한 문장들에서 '到+명사'가 동사 앞에 있는 경우에는 먼저 발생한 동작을 나타낸다. 예를 들면 '我到清华看朋友'에서 '我'는 반드시 먼저 '到清华'해야 하고 그 다음에 비로소 '看朋友'할 수 있다. 또 '11点, 王刚回到了宿舍'에서 '王刚'은 먼저 '回'한 다음에 비로소 '到宿舍'할 수 있는 것이다.

6 동작의 대상을 나타내는 단어가 부사어와 보어로 쓰이는 경우의 비교

'给+명사'가 동사 앞에 있을 경우에는 부사어로서 사물을 받는 대상이나 동작의 서비스 대상을 나타낸다.

① 我给姐姐写了一封信。(姐姐—'信'을 받는 대상)

　　Wǒ gěi jiějie xiěle yì fēng xìn.

나는 언니에게 편지를 한 통 썼다.

② 小明给弟弟寄了五十块钱。(弟弟—'钱'을 받는 대상)

　　Xiǎo Míng gěi dìdi jìle wǔshí kuàiqián.

小明은 남동생에게 50원을 보냈다/부쳤다.

③ 小红给妈妈开门。(妈妈—서비스의 대상)

　　Xiǎo Hóng gěi māma kāi mén.

小红은 엄마에게 문을 열어 주었다.

④ 阿里，你给我把照相机修理一下。(我—서비스의 대상)

　　Ālǐ, nǐ gěi wǒ bǎ zhàoxiàngjī xiūlǐ yíxià.

阿里, 카메라 좀 수리해 줘.

---

1) '到+명사'가 동사 앞에 오는 경우는 부사어가 아니지만, 그것이 동사 앞에 출현할 수도 있고 동사 뒤에 출현할 수도 있기 때문에 여기서 함께 비교한다.

‘给+명사’가 동사 뒤에 위치할 경우 ‘给’는 결과보어로, 사물을 받는 대상을 이끌어 내는 역할을 하고, 명사는 받는 사람을 나타낸다.

① 我寄给布朗先生一本书。(브라운—‘书’를 받는 대상)

  Wǒ jì gěi Bùlǎng xiānsheng yì běn shū.

나는 브라운 씨에게 책 한 권을 부쳤다.

② 阿里把词典借给谢利了。(谢利—‘词典’을 받는 대상)

  Ālǐ bǎ cídiǎn jiè gěi Xièlì le.

阿里는 사전을 谢利에게 빌려주었다.

‘给+명사’가 문장안의 어떤 위치에 출현할 수 있는가는 ‘给’ 및 동사의 의미와 관련이 있다. ‘给’가 서비스의 대상을 이끌어 내는 경우에는 ‘给+명사’가 부사어로만 쓰일 수 있다.

① 老师给学生讲课文。

  Lǎoshī gěi xuésheng jiǎng kèwén.

  *老师讲给学生课文。

선생님이 학생들에게 본문을 강의하신다.

② 大家给马车闪出一条路。

  Dàjiā gěi mǎchē shǎnchū yì tiáo lù.

  *大家闪给马车一条路。

사람들이 마차에 길을 내 주었다.

‘给+명사’가 받는 대상을 나타내는 경우, 술어동사가 ‘给予(수여)’의미를 나타내는 모든 문장에서 ‘给+명사’는 일반적으로 동사 뒤에 출현한다.

① 老师交给我一把钥匙。

  Lǎoshī jiāogěi wǒ yì bǎ yàoshi.

  *老师给我交一把钥匙。

선생님이 나에게 열쇠를 건네 주셨다.

② 这笔钱我分给你一半。

  Zhè bǐ qián wǒ fēngěi nǐ yí bàn.

  *这笔钱我给你分一半。

이 돈은 내가 너에게 반을 나눠 줄게.

‘给予’의미를 가진 동사는 수량이 적어서 모두 나열이 가능한 폐쇄류(closed class)로, 주로 送·卖·还·递·付·赏·嫁·交·分·输·赔·补·发·赠·赐·献·奖·传·捎·寄·汇·带·留·找(钱)·借(出)·租(出)·换(出)·扔·踢·移交·介绍·推荐·分配·归还·发放·交还·过继·赠送·转卖·转送·转交·转告·告诉·教 등이 있다. 일부 동사는 자체에 ‘给予’의 의미를 가지고 있지는 않지만, ‘搛给我一块肉’와 같이 일정한 담화맥락 하에서 ‘给予’의 의미를 나타낼 수 있다. 이러한 동사에는 ‘写·打(电话)·搛·舀(汤)’ 등이 있다.

술어동사가 ‘制作’과 ‘取得’의 의미를 나타낼 때 ‘给+명사’는 일반적으로 동사 앞에 출현한다.

① 妈妈给孩子缝一件衣服。

   Māma gěi háizi féng yí jiàn yīfu.

  *妈妈缝给孩子一件衣服。

② 我给妹妹买了一本小说。

   Wǒ gěi mèimei mǎile yì běn xiǎoshuō.

  *我买给妹妹一本小说。

엄마가 아이에게 옷을
꿰매주었다.

나는 여동생에게 소설
책 한 권을 사 주었다.

제작의 의미를 나타내는 동사는 수량이 너무 많아 나열이 불가능한 개방류(open class)로, '做'·'炒'·'缝'·'搞'·'打(毛衣)'·'刻(图章)'·'画'·'写'·'抄'·'沏' 등이 있다. 취득의 의미를 나타내는 동사는 폐쇄류로, 주로 买·偷·抢·骗·娶·赢·赚·扣·拐·收·要·叫(菜)·借(入)·换(入)·租(入) 등이 있다.

수여의 의미를 나타내는 동사의 일부와 몇몇 제작의 의미를 나타내는 동사('寄'·'汇'·'搛'·'舀'·'留'·'带'·'捎'·'让'·'写'·'打(电话)'·'换'·'发'·'推荐'·'介绍' 등)가 술어동사로 쓰이는 경우에만 '给+명사'는 동사 앞에 출현할 수도 있고, 동사 뒤에 출현 할 수도 있다.

① 这五十块钱你寄给他。

   Zhè wǔshí kuàiqián nǐ jì gěi tā.

  你给他寄五十块钱。

   Nǐ gěi tā jì wǔshí kuàiqián.

② 我们把小李写的一本书推荐给出版社了。

   Wǒmen bǎ Xiǎo Lǐ xiě de yì běn shū tuījiàn gěi chūbǎnshè le.

  我们给出版社推荐了一本书。

   Wǒmen gěi chūbǎnshè tuījiànle yì běn shū.

이 50위엔은 네가 그에
게 부쳐주어라.

네가 그에게 50위엔을
부쳐주어라.

우리는 小李가 쓴 책을
출판사에 추천했다.

우리는 출판사에 책 한
권을 추천했다.

'给+명사'가 동사 뒤에 출현할 때는 받는 사람을 강조하는 것이고, 동사 앞에 출현 할 때는 동작을 강조하는 것이다.

 부사어와 보어 비교표(주요사항만 열거함)

		부사어	결과보어	상태보어
형용사 등	일음절 형용사	(1)명령을 나타냄 : 快跑! (2)동작을 묘사함 : 大叫·高喊	결과를 나타냄 : 变黄了·打破了	동작을 묘사함 : 写得很好·走得很快
	이음절 형용사·형용사 중첩식·형용사 의미상의 주어·관용구 등	(1)동작을 수식·강조함 : 响亮地回答·很快地走进来·一字一顿地说 (2)동작자의 동작시 情态를 묘사함 : 高兴地说·摇摇晃晃地走着·笑容满面地说	—	(1)동작을 묘사하는 것으로 전체문장의 중심이다 : 回答得很响亮·走得很快·捆得结结实实的 (2)결과를 나타냄 : 吃得很高兴·吃得直打饱嗝儿
정도부사	很	정도를 나타내는 기능이 약함 : 很高兴	—	정도보어로 쓰이고, 정도를 나타내는 기능이 강함 : 高兴得很
	极	문어 : 极佳·极难	—	정도보어로 쓰이고, 비교적 구어체적임 : 好极了·热极了
시간어구	시점	明天我们去颐和园	—	—
	时段	어느 한 동작이 완성되기까지 소요된(필요한) 시간을 나타냄 : 两天看一本书	시량보어로 쓰여, 동작이 지속된 시간을 나타냄 : 这本书他看了两天了	—
동량어구		어느 한 동작을 완성하기까지 행한 횟수를 나타냄 : 武松三拳打死一只老虎	동량보어로 쓰여, 동작이 진행된 횟수를 나타냄 : 武松一连打了老虎三拳	—
장소를 나타내는 어구	'在'+명사	동작이 진행된 장소를 나타냄 : 在黑板上写字·在桌子上写信·在屋里开会	동작을 통해 사물로 하여금 도달하게 한 장소를 나타냄 : 把字写在黑板上·把手绢扔在地上	—
	'到'+명사	連动式의 첫 번째 부분이다 : 到商店买东西·到图书馆借书	동작을 통해 행위자나 대상으로 하여금 도달하게 한 장소를 나타냄 : 回到宿舍·来到操场上	—
대상을 나타내는 어구	'给'+명사	(1)서비스의 대상을 나타냄 : 给孩子理发、给客人开门 (2)받는 대상을 나타내고, 술어동사는 '제작'·'취득'의 의미를 나타냄 : 给老师沏一杯茶·给姐姐买一本书	받는 대상을 나타내고, 술어동사는 '수여'의 의미를 나타냄 : 交给我一把钥匙·卖给顾客一些水果	—

参考文献

方　梅　　宾语与动量词语的次序问题,中国语文,1993年第1期。

鲁健骥　　状态补语的句法、语义、语用分析在教学中的应用,语言教学与研究,1993年
　　　　　第2期。

吕叔湘　　汉语句法的灵活性,中国语文,1986年第1期。

马　真、陆俭明　　形容词作补语情况考察,汉语学习,1997年第1、4、6期。

梅立崇　　≪关于汉语结果复合动词中参项结构的问题≫一文的补正,语文研究,1995年
　　　　　第3期。

王红旗　　谓词充当结果补语的语义限制,汉语学习,1993年第4期。

一. 주어진 단어로 문장을 만드시오.

1. 那时候　有七个家庭妇女　工作　在这儿
2. 下星期　我　就要　和中国同学　住　在一个房间里　了
3. (敌人来了)，你走　快　吧
4. (我很快地走着)怕晚　来了
5. 你　放这本书在床上把
6. 孩子　睡觉在床上
7. 我　听录音　一个小时
8. 我　看完一本书　一天

二. 옳고 그름을 구별하시오.

1. A. 时间还早，咱们慢走一点儿吧。
   B. 时间还早，咱们慢点儿走吧。
   C. 时间还早，咱们走慢一点儿吧。
2. A. 黑板上的字很大，我看清楚了。
   B. 黑板上的字很大，我看得很清楚。
   C. 黑板上的字很大，我清楚地看了。
3. A. 孩子们端端正正地坐着听老师讲课。
   B. 孩子们端端正正地听老师讲课。
4. A. 小明看书看得很快，一本书看了一天。
   B. 小明看书看得很快，一天看了一本书。
5. A. 喂，给我倒来一杯茶。
   B. 喂，给我倒一杯茶来。
6. A. 我到王府井百货大楼去买衣服。
   B. 我买衣服到王府井百货大楼去。
7. A. 我在宿舍里听录音。
   B. 我听录音在宿舍里。
8. A. 你把钱放在皮包里。
   B. 你在皮包里放钱。

三. 틀린 문장을 바르게 고치시오.

1. 在旧社会，地主不让农民吃得饱，穿得暖。
2. 你注意记得这个字，不要忘了。
3. 张明去火车站跑很快。
4. 他这样少做练习，哪能得100分？
5. 我已经三次到故宫去了。
6. 我三年在大学学了中文。
7. 如果一点儿晚来，就买一到了。
8. 在通货膨胀的情况下，粮食一天好几次涨价。
9. 因为怕迟到，他打电话打得很快，叫了一辆出租汽车。
10. 不论什么工作，好好完成，都是光荣的。
11. 我想我算得错了。
12. 请你说话说得很清楚。
13. 自从中华人民共和国成立以来，北京变得多了。
14. 今天你来得太早，明天来得晚一点儿吧。

제 6 장
재지시와 삽입어

1 재지시 성분의 정의

한 문장에서 만약 두 어구가 동일한 사람, 동일한 사물을 가리키고 아울러 통사 구조에서 동등한 지위를 지니며 동일한 어법 성분에 속한다면, 이 두 어구는 바로 문장 속의 재지시 성분이다. 재지시 성분은 주어, 술어, 목적어, 관형어, 부사어, 보어 등 여섯 개의 문장 성분 이외의 특수 성분이다.

这位是我们的班长老王。

Zhè wèi shì wǒmen de bānzhǎng lǎo Wáng.

이 분은 우리 반장인 왕 씨입니다.

여기서 '我们的班长'과 '老王'은 동일한 사람을 가리키는 재지시 성분으로서 문장에서 모두 '是'의 목적어로 사용되었다.

여기서 '두 어구가 동일한 어법 성분에 속한다'는 말은 문장에서 주어가 되려면 모두 주어가 되고 목적어가 되려면 모두 다 목적어가 된다는 것을 가리킨다. 만약 그 중 한 어구를 제거한다 해도 문장의 구조 관계는 일반적으로 영향을 받지 않을 뿐더러 문장은 여전히 성립되며 의미도 기본적으로는 변치 않는다. 예를 들어 위 문장은 '这位是我们的班长', '这位是老王'으로 고칠 수 있다.

2 재지시 성분의 유형

자주 보이는 재지시 성분에는 아래 세 가지 유형이 있다.

 중첩 재지시

이러한 재지시 성분은 두 개 혹은 두 개 이상의 명사, 대사 혹은 명사구가 중첩되어 이루어지며, 문장에서 중첩된 어구는 동일 사물을 가리킨다. 언어의 표현 기능으로 볼 때, 다시 아래의 세 가지로 나눌 수 있다.

① 수식 기능을 갖는다. 이러한 재지시 성분 중 뒤의 어구가 가리키는 사람이나 사물 혹은 표현하는 개념은 명확하며, 앞의 재지시 성분은 관계, 직무, 신분, 용도 등에 대한 해석, 설명을 하는 수식 기능을 갖는다.

① 最小的弟弟周同义在幼儿园。

　　Zuì xiǎo de dìdi Zhōu Tóngyì zài yòu'éryuán.

막내 동생 周同義는 유아원에 있다.

② 解放军战士谢刚回北京看母亲去了。

　　Jiěfàngjūn zhànshì Xiègāng huí Běijīng kàn mǔqīn qù le.

해방군 전사 謝剛은 북경으로 어머님을 뵈러 갔다.

③ 他把祝贺女儿生日的礼物一个塑料小熊猫放在桌子上了。

　　Tā bǎ zhùhè nǚ'ér shēngrì de lǐwù yí ge sùliào xiǎo xióngmāo fàng zài zhuōzi shàng le.

그는 딸의 생일 축하선물인 플라스틱으로 된 작은 곰 인형 하나를 탁자 위에 올려놓았다.

이렇게 중첩되어 쓰이는 재지시의 앞 성분은 뒤쪽 성분의 관형어인 듯하지만, 두 성분 사이에는 구조조사 '的'를 사용할 수 없다. 예를 들어 이상의 예문들은 '最小的弟弟的周同义', '解放军战士的谢刚'으로 바꿀 수 없기 때문에 관형어가 아니다.

② 해석 기능을 갖는다. 이러한 재지시 성분은 보통 앞쪽 어구가 표현하는 개념이 명확한데도, 뒤쪽에 재지시 성분을 첨가한 후에 전자의 직무, 신분, 관계 등을 해석하거나 설명한다. 때로는 이러한 재지시 성분의 두 어구 사이에 휴지를 둘 수도 있는데, 문어에서는 쉼표, 말풀이표 혹은 콜론 등을 사용할 수 있으며, 이 때 뒤쪽의 어구가 갖는 해석 기능은 더욱 분명해진다.

① 人们望望我，又望望阿华师傅和站长。

　　Rénmen wàngwang wǒ, yòu wàngwang Āhuá shīfu hé zhànzhǎng.

사람들이 나를 한번 쳐다보고, 또 阿华 아저씨와 역장님을 한번 쳐다보았다.

② 李仁洁先生微笑点头，似乎表示赞许。

　　Lǐ Rénjí xiānsheng wēixiào diǎn tóu, sìhū biǎoshì zànxǔ.

李仁洁 선생은 미소를 지으며 고개를 끄덕였는데, 마치 찬성을 표시하는 듯 하였다.

③ 桥上用藏文和汉文写着"团结桥"几个大字。

　　Qiáo shàng yòng Zàngwén hé Hànwén xiězhe "tuánjié qiáo" jǐ gè dà zì.

다리 위에는 티베트 문자와 한자로 '团结桥'라는 큰 글자 몇 자가 씌어 있다.

④ 穿过登山路上的最后一道石坊——南天门，就到了泰山顶部。

　　Chuān guò dēngshānlù shàng de zuì hòu yí dào shífāng — Nántiān mén, jiù dàole Tàishān dǐngbù.

등산로의 마지막 돌패방(牌坊)인 南天門을 지나면 곧바로 泰山 정상에 이른다.

③ 상술한 수식·해석 기능을 동시에 겸한다. 이러한 재지시 성분은 통상적으로 세 개의 어구로 구성되어 있는데, 가운데 어구가 명확한 개념을 표현하고, 앞쪽 어구는 수식 기능을 하며 뒤쪽 어구는 해석 기능을 한다.

① 老船工阿福师傅给我们介绍了许多在海上战胜风浪的经验。

Lǎo chuángōng Āfú shīfu gěi wǒmen jièshàole xǔduō zài hǎi shàng zhàn shèng fēnglàng de jīngyàn.

노선원인 阿福아저씨가 우리에게 바다에서 풍랑과 싸워 이긴 많은 경험을 소개해 주었다.

② 我最敬佩的老师黄守信老先生与世长辞了。

Wǒ zuì jìngpèi de lǎoshī Huáng Shǒuxìn lǎo xiānsheng yǔ shì cháng cí le.

내가 가장 존경하는 선생님인 黄守信 선생님께서 세상을 하직하셨다.

③ 咱们祖孙三代本不是一家人哪!

Zámen zǔsūn sān dài běn bú shì yì jiā rén na!

우리 삼대는 본디 한 식구 아니냐!

④ 你们师徒俩好好聊聊吧!

Nǐmen shī tú liǎ hǎohāo liáoliao ba!

당신네 두 사제지간에 얘기 잘 나누세요!

상술한 몇 가지 중첩 재지시는 모두 연합 관계의 구를 지니는데, 이러한 구는 두 가지 특징을 갖는다.

⑴ 구의 각 성분들은 반드시 동일한 사물을 가리켜야 한다. 예를 들어, '阿福师傅'에서 '阿福'와 '师傅'는 동일인을 가리키며, '黄守信老先生'에서도 '黄守信'과 '老先生'은 동일한 사람을 가리킨다. 그러나 '校长、主任都参加了这次会议'에서 '校长', '主任'은 비록 모두 주어 위치에 있으나, 동일인을 가리키지 않고 직무가 다른 두 사람을 가리키기 때문에 재지시성분이 아니다.

⑵ 구의 각 성분은 반드시 연합 관계를 이루어야 한다. 그렇지 않으면 동일한 문장 성분이 될 수 없고, 중첩 재지시도 아니다. 예를 들어, 예문 ③ 의 '桥上……写着'团结桥'几个大字'에서 '团结桥'와 '几个大字'는 연합 관계이지 수식 제한이나 보충 관계가 아니다. 그러나 '今天下午两点开会' 의 '今天'과 '下午两点'은 비록 모두 시간을 나타내지만, 어법 구조로 볼 때, '今天'이 '下午两点'을 제한하는 수식 관계이지 재지시 관계는 아니다.

중첩 재지시는 주로 사람에 대한 칭호와 직무상에서의 호칭 및 여러 사람에 대한 수를 표현하는 데 사용된다. 중첩 재지시는 재지시 용법의 절대다수를 차지한다. 이러한 용법은 첫째로 어떤 사람을 언급했을 때 이 사람의 신분, 직위나 항렬 호칭을 덧붙이면 존경이나 정중함을 나타낼 수 있기 때문이며, 둘째로 중첩 재지시를 통해 신분, 직무 등을 설명함으로써 언어를 간결하고 생동감 있게 만든다.

① 老羊工冯常福把羊群赶到山窝里去避雨了。

Lǎo yánggōng Féng Chángfú bǎ yángqún gǎndào shān wō lǐ qù bì yǔ le.

늙은 양치기 冯常福은 양떼를 외진 산간 지역으로 몰고 가 비를 피하였다.

② 你们艺术家们是怕人打扰的。

Nǐmen yìshùjiāmen shì pà rén dǎrǎo de.

당신네 예술가들은 다른 사람이 방해하는 것을 꺼리지요.

③ 这不是贺先生您提到了这儿吗?

　　Zhè bú shì Hè xiānsheng nín tídàole zhèr ma?

④ 李强主治大夫的意思是暂不动手术。

　　Lǐ Qiáng zhǔzhì dàifu de yìsi shì zàn bú dòng shǒushù.

⑤ 你这小伙子胆子真大, 这样的独木桥你也敢走过去。

　　Nǐ zhè xiǎohuǒzi dǎnzi zhēn dà, zhèyàng de dúmùqiáo nǐ yě gǎn zǒu guòqù.

⑥ 张亮的爱人小芳刚下班回家, 邻居黄大妈就给她送来了一封信, 张亮写来的信。

　　Zhāng Liàng de àiren Xiǎo Fāng gāng xià bān huí jiā, línjū Huáng dàmā jiù gěi tā sòngláile yì fēng xìn, Zhāng Liàng xiě lái de xìn.

⑦ 第二天, 王欢去县城看望了他的同学, 一位刚上任的县长。

　　Dì èr tiān, Wáng Huān qù xiànchéng kànwàngle tā de tóngxué, yí wèi gāng shàng rèn de xiànzhǎng.

❷ 대사 재지시

　대사 재지시 성분은 일반적으로 문장의 첫머리에서 먼저 단어나 구를 언급하고, 뒤에 다시 대사를 사용해 그것을 지칭하는 것이다. 이 대사는 문장의 주어, 관형어나 목적어 등이 될 수 있다. 의미적으로 볼 때, 앞쪽 재지시 성분은 완전한 지칭이며, 뒤쪽의 대사는 재지시의 기능을 한다. 재지시하는 이러한 두 성분 사이는 일반적으로 쉼표를 써서 분리시켜야 한다.

① 我们的老船长, 他是一个有丰富实践经验的老水手。

　　Wǒmen de lǎo chuánzhǎng, tā shì yí ge yǒu fēngfù shíjiàn jīngyàn de lǎo shuǐshǒu.

② 商品这个东西, 千百万人, 天天看它, 用它, 但是熟视无睹。

　　Shāngpǐn zhège dōngxi, qiān bǎi wàn rén, tiāntiān kàn tā, yòng tā, dànshì shúshì wú dǔ.

　이러한 재지시 성분을 사용하는 까닭은 대개 재지시 성분의 앞쪽 어구를 부각시키기 위해서이다. 앞쪽 어구 구조가 복잡하거나 긴 까닭에, 구조를 치밀하게 만들고 주어와 술어를 좀더 긴밀하게 연결시키기 위하여 대사를 사용해 앞 어구를 재지시하는 것이다. 이렇게 하면 화자나 청자 모두에게 생경한 느낌을 주지 않고 언어 표현도 비교적 뚜렷하고 명확해진다.

　만약 대사와 지시 받는 어구가 동일한 어법 성분에 속하지 않는다면 재지시 관계는 존재하지 않는다.

① 我要找的那个同志已经回家了，他是两点走的。

   Wǒ yào zhǎo de nàge tóngzhì yǐjīng huí jiā le, tā shì liǎng diǎn zǒu de.

② 我刚才买了一枝毛笔，那是安徽产的。

   Wǒ gāngcái mǎile yìzhī máobǐ, nà shì Ānhuī chǎn de.

위 예문은 모두 복문인데, 예문 ①에서 '那个同志'는 첫째 절에서 주어이고, '他'는 두 번째 절의 주어이다. 예문 ②의 '一枝毛笔'는 첫째 절의 목적어이며, '那'는 두 번째 절의 주어이다.

  때로 대사 재지시 성분의 두 어구 구조는 간단하고 긴밀하게 연결돼 있어 그 사이에 쉼표를 쓸 필요가 없다.

① 你姓陈，我姓李，你爹他姓张。

   Nǐ xìng Chén, wǒ xìng Lǐ, nǐ diē tā xìng Zhāng.

② 我母亲七十大寿那天，我哥哥、嫂子他们都来给她祝寿了。

   Wǒ mǔqīn qīshí dà shòu nà tiān, wǒ gēge、sǎozi tāmen dōu lái gěi tā zhùshòu le.

두 번째 문장에서 '他们'은 '哥哥、嫂子'를 포함한 사람들을 재지시 한다. 이러한 용법은 대개 구어에서 사용되고, 또한 두 번째 재지시 성분은 대개 인칭 대사, 특히 3인칭 대사를 사용한다. 앞쪽 명사는 대부분 사람을 표시하는 고유 명사나 직무 혹은 친속 관계를 나타내는 명사이다. 예를 들면 '李中他们', '主任他们', '哥哥他们'이 그러하다.

③ 분합 재지시

  분합 재지시는 보통 두 종류로 나누는데, 그 하나는 **先分后总**(선 분리·후 총괄)이고 다른 하나는 **先总后分**(선 총괄·후 분리)이다.

  ① **先分后总**(선 분리·후 총괄) : 재지시 성분의 앞쪽 어구는 각 부분을 나누어 논하고, 뒤쪽 어구는 총괄 기능을 하는데, 보통 뒤쪽 어구의 앞에 수량사나 지시 대사가 있다.

① 那位老水手的可贵之处，是在实践中具体地分析了石兽、流水、河沙三者的性质及其相互关系。

   Nà wèi lǎo shuǐshǒu de kě guì zhī chù, shì zài shíjiàn zhōng jùtǐ de fēnxīle shíshòu、liúshuǐ、hé shā sān zhě de xìngzhì jíqí xiānghù guānxì.

② 会上选出了李立、张英、杨述三位同学为班委委员。

Huì shàng xuǎnchūle Lǐ Lì、Zhāng Yīng、Yáng Shù sān wèi tóngxué wéi bānwěi wěiyuán.

③ 太阳光的光谱是由红、橙、黄、绿、蓝、靛、紫七种颜色组成的。

Tàiyáng guāng de guāngpǔ shì yóu hóng、chéng、huáng、lǜ、lán、diàn、zǐ qī zhǒng yánsè zǔchéng de.

④ 这本书已翻译成英文、法文、德文、日文、意大利文和西班牙文六种文字，在国内外公开发行。

Zhè běn shū yǐ fānyì chéng Yīngwén、Fǎwén、Déwén、Rìwén、Yìdàlìwén hé Xībānyáwén liù zhǒng wénzì, zài guó nèi wài gōngkāi fāxíng.

회의에서 李立, 张英, 杨述 세 학우를 반위원회의 위원으로 선출하였다.

태양 광선의 스펙트럼은 빨, 주, 노, 초, 파, 남, 보 일곱 가지 색깔로 이루어진다.

이 책은 이미 영어, 불어, 독어, 일어, 이태리어, 스페인어 등 6개 언어로 번역되어 국내외에서 공개 간행되고 있다.

② 先总后分(선 총괄・후 분리) : 먼저 총괄 부분을 제시한 연후에 세부적으로 말한다. 때로는 세부적으로 말하는 부분이 각 절의 주어가 될 수 있다.

① 十几年来，他们兄弟二人刻苦自学，掌握了好几种外语：英文、德文、法文和日文。

Shí jǐ nián lái, tāmen xiōngdì èr rén kèkǔ zìxué, zhǎngwòle hǎo jǐ zhǒng wàiyǔ : Yīngwén、Fǎwén、Déwén hé Rìwén.

② 这次来中国旅游，参观访问了不少地方，北京、上海、杭州、桂林和乌鲁木齐等。

Zhè cì lái Zhōngguó lǚyóu, cānguān fǎngwènle bùshǎo dìfang, Běijīng、Shànghǎi、Hángzhōu、Guìlín hé Wūlǔmùqí děng.

③ 我国赠送给日本的两只小熊猫：一只叫康康，一只叫兰兰。

Wǒ guó zèng sòng gěi Rìběn de liǎng zhī xiǎo xióngmāo : yì zhī jiào kāngkang, yì zhī jiào lánlan.

④ 一些身佩军刀的官兵，有的在船舷上漫步，有的坐在船篷上昂首眺望，神态威武而又安闲。

Yìxiē shēn pèi jūndāo de guānbīng, yǒu de zài chuánxián shàng mànbù, yǒu de zuò zài chuánpéng shàng áng shǒu tiào wàng, shéntài wēi wǔ ér yòu ānxián.

십여 년 동안, 그들 두 형제는 힘들게 독학하여 여러 개의 외국어를 습득했는데, 영어, 독어, 불어와 일어다.

이번에 중국으로 여행 와서 많은 곳을 참관, 방문했는데, 北京, 上海, 杭州, 桂林과 乌鲁木齐 등이다.

중국이 日本에 기증한 새끼 판다 두 마리가 있는데, 한 마리는 康康이라 부르고 다른 한 마리는 쯔쯔이라 부른다.

몸에 군도를 찬 일부 관병들 중, 어떤 이는 뱃전에서 한가로이 거닐고, 어떤 이는 돛대 위에 앉아 머리를 쳐들고 멀리 바라보고 있는데, 그 표정과 태도가 위풍당당하면서도 편안해 보였다.

분합 재지시 구문과 분합 복문은 다르다. 분합 재지시의 재지시 성분 중 하나는 절을 이룰 수 없는 명사, 명사구인데 반하여, 분합 복문은 이와 달리 두 개의 절로 이루어진 것이다.

① 奶奶家养的菊花有好几种颜色：白的、黄的、粉的、水绿的和
藕荷色的。

Nǎinai jiā yǎng de júhuā yǒu hǎo jǐ zhǒng yánsè : bái de、
huáng de、fěn de、shuǐ lǜ de hé ǒuhésè de.

할머니 댁에서 기르는 국화는 여러 가지 색깔이 있는데, 흰색, 노란색, 분홍색, 연녹색과 옅은 자색이다.

② 她的三个哥哥：大哥是外科医生，二哥是火车司机，三哥是中
学老师。

Tā de sān ge gēge : dà gē shì wàikē yīshēng, èr gē shì huǒchē
sījī, sān ge shì zhōngxué lǎoshī.

그녀는 오빠가 셋 있는데, 큰오빠는 외과 의사이고 둘째 오빠는 열차 기관사이며 셋째 오빠는 중학교 교사이다.

③ 这个专业的录取标准有三个：一个是考试成绩，一个是身体素
质，一个是心理素质。

Zhège zhuānyè de lùqǔ biāozhǔn yǒu sān ge : yí ge shì kǎoshì
chéngjì, yí ge shì shēntǐ sùzhì, yí ge shì xīn lǐ sùzhì.

이 전공의 선발 기준은 세 가지가 있는데, 하나는 시험 성적이고 다른 하나는 신체조건이며 또 다른 하나는 정신적 소양이다.

④ 父亲的朋友送给我们两缸莲花，一缸是红的，一缸是白的，都
摆在院子里。

Fùqin de péngyou sòng gěi wǒmen liǎng gāng lián huā, yì
gāng shì hóng de, yì gāng shì bái de, dōu bǎi zài yuànzi lǐ.

아버지 친구 분께서 우리에게 연꽃 화분 두 개를 선물해 주셨는데, 하나는 붉은색이고 다른 하나는 백색으로 모두 마당에다 놓았다.

예문 ①, ②는 모두 재지시 성분을 포함한 단문이고 예문 ③, ④는 분합 복문이다.

재지시는 동격어라 칭하기도 한다. 중첩 재지시를 관련 재지시라 칭하고, 대사 재지시를 비관련 재지시라 칭하기도 한다. 또한 대사 재지시 중 앞쪽 성분을 대주어로 보고 뒤쪽 성분을 소주어로 보기도 한다. 예를 들어 '春节, 这是我国人民相沿成习的盛大节日'에서 '春节'는 대주어이고 '这'는 소주어이다. 그 외에 대사 재지시 중 앞쪽에 위치하는 성분을 주제로 간주하는 이도 있다.

<h1 style="text-align:center">제 2 절</h1>
<h2 style="text-align:center">삽입어</h2>

 1 삽입어의 정의

삽설(挿說)이라고도 하는 삽입어는 문장에서 비교적 특수한 성분이다. 그것은 문장의 주어, 술어, 목적어, 관형어, 부사어, 보어가 아니며, 문장 속의 각 성분과 구조상의 관계도 갖지 않으며 어기도 표시하지 않는다. 삽입어는 문장의 앞, 중간이나 뒤에 놓일 수 있다.

① 总而言之，要学好一门外语，非下苦功不可。

    Zǒng'ér yán zhī, yào xué hǎo yì mén wàiyǔ, fēi xià kǔ gōng bù kě.

② 这件事，依我说，就算了吧。

    Zhè jiàn shì, yī wǒ shuō, jiù suàn le ba.

③ 这藤野先生，据说是穿衣服太模糊了。

    Zhè Téngyě xiānsheng, jù shuō shì chuān yīfu tài móhu le.

요컨대, 외국어를 숙달하려면 각고의 노력을 기울이지 않으면 안 된다.

이 일은 내 생각인데 그만 두는 게 좋겠다.

이 藤野선생은, 들리는 말에 의하면 옷 입는 데는 너무 데면데면하다고 한다.

위 세 문장의 '总而言之', '依我说', '据说'은 모두 삽입어이다. 그것들은 각 문장 구조에서 필수 성분은 아니다. 그렇지만 삽입어는 텍스트 및 의미 표현에 있어 일정한 기능을 한다.

 삽입어의 역할

① 삽입어의 의미표현 기능

삽입어에는 의미 표현 기능이 있다. 문장에서 삽입어의 사용 여부에 따라 의미가 달라진다.

① 据说，井冈山的毛竹有一千多万根。

    Jùshuō, Jǐnggāngshān de máozhú yǒu yì qiān duō wàn gēn.

듣자하니, 井冈山의 강남죽이 천여 만 뿌리가 있다던데요.

여기서 삽입어 '据说'를 사용함으로써 말하는 내용이 소문임을 나타낸다. 만약 삽입어를 사용하지 않는다면 말하는 내용이 사실임을 나타낸다.

② 삽입어의 텍스트 연결 기능

삽입어는 또한 문장을 이어 단락이나 텍스트를 구성하게 할 수도 있다.

① 他为企业多赚了十万元，满以为自己会受到表扬。哪里想到，总经理听完他的汇报，生气地说："王科长，咱们的企业的信誉才值十万元，是不是太便宜了！"

    Tā wèi qǐyè duō zhuànle shí wàn yuán, mǎn yǐwéi zìjǐ huì shòudào biǎoyáng. Nǎli xiǎng dào, zǒngjīnglǐ tīng wán tā de huìbào, shēngqì de shuō : "Wáng kēzhǎng, zámen de qǐyè de xìnxin yù cái zhí shí wàn yuán, shì bu shì tài piányi le!"

그는 회사를 위해 십만 위엔을 더 벌어들여서 자신이 표창 받을 거라 철썩 같이 믿고 있었다. 그런데 사장이 그의 보고를 듣고 나서 "왕과장! 우리 회사의 신용과 명예가 겨우 십 만 위엔 가치밖에 되지 않는다면 너무 형편없는 것 아니오!"라고 화낼 줄 어디 생각이나 했겠는가.

위 문장에서 '哪里想到'는 전후 문장을 연결해 주고 있다.

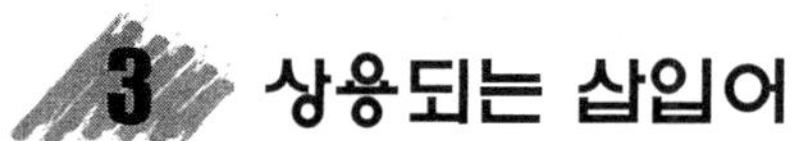

상용되는 삽입어

삽입어의 의미표현 기능에 따라 아래와 같이 몇 가지로 나눌 수 있다.

1 화자의 주관적인 생각, 견해, 의견이나 태도를 나타낸다. 상용되는 것으로는 '我看', '我想', '不瞒你说', '说实在的', '说真的', '依我看', '依我说', '依我之見' 등이 있다.

① 这个消息，我看，不可靠。

　　Zhège xiāoxi, wǒ kàn, bù kěkào.

　이 소식은, 내가 보기에 신빙성이 없다.

② 这些诗集，我想，你们都读过了吧。

　　Zhèxiē shījí, wǒ xiǎng, nǐmen dōu dúguo le ba.

　이 시집들은 너희들 모두 읽어 봤으리라 생각하는데.

③ 依我看嘛，各位的争论都是多余的。

　　Yī wǒ kàn ma, gèwèi de zhēnglùn dōu shì duōyú de.

　내가 보기에는, 여러분의 논쟁은 모두 쓸데없는 것입니다.

④ 不瞒你们说，我也挺想去看这场球赛的，可是重任在身啊。

　　Bù mán nǐmen shuō, wǒ yě tǐng xiǎng qù kàn zhè chǎng qiú sài de, kěshì zhòngrèn zài shēn a.

　솔직히 말해서, 저도 무척 이 경기를 보러 가고 싶지만 중책을 맡고 있거든요.

⑤ 说实在的，我没有心思去参加这样的活动。

　　Shuō shízài de, wǒ méi yǒu xīnsi qù cānjiā zhèyàng de huódòng.

　솔직히 말해서, 나는 이런 행사에 참여할 기분이 아니야.

2 상황에 대한 추측, 고려를 나타낸다. 상용되는 것으로는 '看(起)来', '想来', '看样子', '充其量', '少说', '说不定' 등이 있다.

① 看来，光靠文凭学历找工作也是不行的。

　　Kànlái, guāng kào wénpíng xuélì zhǎo gōngzuò yě shì bù xíng de.

　보아하니, 졸업장과 학력만으로 일자리를 구하는 것도 어려울 것 같습니다.

② 看来，大学生必须提高自身的能力和素质。

　　Kànlái, dàxuéshēng bìxū tígāo zìshēn de nénglì hé sùzhì.

　보아하니, 대학생은 반드시 자신의 능력과 자질을 향상시켜야 할 것 같습니다.

③ 命运啊，乐极了会生悲，苦尽了会甘来，看来，苍天是公正的。

　　Mìngyùn a, lè jíle huì shēng bēi, kǔ jìnle huì gān lái, kànlái, cāngtiān shì gōngzhèng de.

　운명이란 것은 기쁨 뒤에는 슬픔이 찾아오고, 고생 끝에 낙이 오는 데, 그런 것을 보면, 하늘은 공평한 것 같습니다.

④ 这个主意，想来又是李小朋出的。

　　Zhège zhǔyì, xiǎnglái yòu shì Lǐ Xiǎopéng chū de.

　이 아이디어는 생각해 보니 또 李小朋에게서 나온 것 같다.

⑤ 看样子，你们还都没有弄懂……

　　Kàn yàngzi, nǐmen hái dōu méi yǒu nòng dǒng……

　보아하니, 너희들 아직도 ……를 이해 못하는구나.

③ 예상 밖임을 나타낸다. 자주 사용되는 것으로는 '不想', '谁知', '谁知道', '谁料到', '不料', '哪想到' 등이 있다.

① 谁知道阿Q采用怒目主义之后，未庄的闲人便愈喜欢跟他开玩笑。

Shéi zhīdào ĀQ cǎiyòng nù mù zhǔyì zhīhòu, Wèizhuāng de xiánrén biàn yù xǐhuan gēn tā kāi wánxiào.

> 阿Q가 눈을 부릅뜨는 태도를 취하기 시작한 후로, 未庄의 놈팡이들이 더 신나서 그에게 농담을 걸어올 줄 누가 알았겠어.

② 谁想，刚搬来半个月，家里又遇到了一个更头疼的问题。

Shéi xiǎng, gāng bān lái bàn ge yuè, jiā lǐ yòu yùdàole yí ge gèng tóu téng de wèntí.

> 막 이사 온 지 반 달 만에 집안에 또다시 더 골치 아픈 문제가 생길 줄 누가 생각이나 했겠어.

③ 后来因为被雨淋了一场，又加上长途行军的疲劳，不想在准备通过最艰苦的草地的时候，我又犯病了。

Hòulái yīnwèi bèi yǔ lín le yì chǎng, yòu jiā shàng chángtú xíngjūn de píláo, bù xiǎng zài zhǔn bèi tōngguò zuì jiānkǔ de cǎodì de shíhou, wǒ yòu fàn bìng le.

> 나중에 비에 한바탕 젖은데다가 장거리 행군의 피로가 겹쳤기 때문에, 뜻밖에도 가장 힘든 초원을 통과할 준비를 할 때 나는 또 병이 도졌다.

④ 상대방의 주의를 상기시키는 기능을 한다. 자주 쓰이는 것으로는 '你看', '你听', '你想', '你想想', '请看', '你说' 등이 있다.

① 你看，这里的城墙大约有七米高，五米到六米厚。

Nǐ kàn, zhèlǐ de chéng qiáng dàyuē yǒu qī mǐ gāo, wǔ mǐ dào liù mǐ hòu.

> 보세요, 이곳의 성벽은 대략 7m높이에 두께는 5m에서 6m정도 됩니다.

② 你说说，他这样做对吗？

Nǐ shuōshuo, tā zhèyàng zuò duì ma?

> 말씀 좀 해보세요. 저 사람이 이렇게 하는 게 옳습니까?

③ 您想，这一大家子的人，我没有看见就走，心里痛快吗？

Nín xiǎng, zhè yī dàjiāzi de rén, wǒ méi yǒu kànjiàn jiù zǒu, xīn lǐ tòngkuai ma?

> 생각해 보세요, 이런 대단한 양반을 내가 뵙지도 않고 간다면 통쾌하겠습니까?

⑤ 소식의 출처를 나타낸다. 자주 쓰이는 것으로는 '据说', '听说', '据传', '传说', '相传', '据报道', '据调查', '据记载', '说是' 등이 있다.

① 据传来的消息，知道革命党虽然进了城，倒还没有什么大异样。

Jù chuánlái de xiāoxi, zhīdào gémìngdǎng suīrán jìnle chéng, dǎo hái méi yǒu shénme dà yìyàng.

> 들리는 소식으로, 혁명당이 비록 시내로 진입하기는 했지만 아직 별다른 점이 없다는 걸 알았다.

② 抓阄这个古老的习俗，据史载，时兴于魏晋南北朝。

Zhuā guì zhège gǔlǎo de xísú, jù shǐzài, shíxīng yú Wèi Jìn nánběicháo.

> 제비를 뽑는 이 오래된 풍습은 역사 기록에 따르면 위진 남북조시기에 성행했다고 한다.

③ 对于高山反应，据说，身体弱的比身体强壮的更容易适应，女性比男性适应得快。

Duìyú gāo shān fǎnyìng, jùshuō, shēntǐ ruò de bǐ shēntǐ qiángzhuàng de gèng róngyì shìyìng, nǚxìng bǐ nánxìng shìyìng de kuài.

고산병은, 듣건대 신체가 약한 사람이 건강한 사람보다 더 쉽게 적응하고, 여성이 남성보다 빨리 적응한다고 한다.

④ 苏州园林据说有一百多处，我到过不过十多处。

Sūzhōu yuánlín jùshuō yǒu yì bǎi duō chù, wǒ dàoguo bùguò shí duō chù.

苏州园林은 듣기로는 백여 곳이 있다는데, 내가 가본 곳은 십여 곳에 불과하다.

⑤ 据阿Q说，他的回来，似乎也由于不满意城里人。

Jù ĀQ shuō, tā de huílái, sìhū yě yóuyú bù mǎnyì chéng lǐ rén.

阿Q의 말에 따르면, 그가 돌아오게 된 것도 도시 사람들이 못마땅했기 때문인 듯하다.

⑥ 据统计，这里的人大部分都不是本地人。

Jù tǒngjì, zhèlǐ de rén dàbùfen dōu bú shì běndìrén.

통계에 따르면, 이 곳 사람들 대부분은 토박이가 아니다.

⑦ 据专家统计，最近十年来，每年死海水面下降四十到五十厘米。

Jù zhuānjiā tǒngjì, zuìjìn shí nián lái, měi nián sǐhǎi shuǐmiàn xià jiàng sìshí dào wǔshí límǐ.

전문가들의 통계에 따르면, 최근 십년 동안 매년 사해의 수면이 40에서 50cm까지 내려갔다고 한다.

⑧ 听我的朋友说，咱们学校今年招收研究生，您看我行吗？

Tīng wǒ de péngyou shuō, zámen xuéxiào jīnnián zhāoshōu yánjiūshēng, nín kàn wǒ xíng ma?

제 친구 말로는 우리 학교에서 올해 대학원생을 뽑는다는데, 보시기에 제가 될 것 같습니까?

⑨ 据记载，这块碑石是清朝乾隆二十九年所立，距今已有二百年。

Jù jìzài, zhè kuài bēishí shì Qīng cháo Qiánlóng èrshíjiǔ nián suǒlì, jù jīn yǐ yǒu èrbǎi nián.

기록에 의하면, 이 비석은 청나라 건륭 29년에 세워진 것으로, 지금으로부터 이미 2백년이 됐다고 합니다.

 예를 들어서 보충 설명함을 나타낸다. 자주 사용되는 것으로는 '例如', '比如', '(也)就是说' 등이 있다.

① 这儿有许多群众组织。比如：读书会、世界语学会、新文字研究会、人民武装自卫会。

Zhèr yǒu xǔduō qúnzhòng zǔzhī. Bǐrú : dúshūhuì、shìjiè yǔxué huì、xīn wénzì yánjiūhuì、rénmín wǔzhuāng zìwèihuì.

이곳에는 많은 대중 모임이 있다. 예를 들어 독서모임, 세계어학회, 신문자연구회, 시민자율방범대 등이다.

② 干什么事情都得细心，比如养蚕吧，不细心，行吗？

Gàn shénme shìqing dōu děi xìxīn, bǐrú yǎngcán ba, bù xìxīn, xíng ma?

무슨 일을 하든지 세심해야 해. 예를 들어 누에를 키우는데 세심하지 않으면 되겠냐?

③ 有的栏目，比如"备注"就不一定非填不可。

Yǒu de lánmù, bǐrú "bèizhù" jiù bù yídìng fēi tián bùkě.

어떤 항목은, 예를 들어 '비고'란은 반드시 기입해야 하는 건 아니다.

④ 有人这样说，结婚前要睁大眼睛仔细瞧，结婚后就要睁一只眼闭一只眼，也就是说，婚前要多看看对方的短处，婚后要多想想对方的长处。

Yǒurén zhèyàng shuō, jiéhūn qián yào zhēngdà yǎnjing zǐxì qiáo, jiéhūn hòu jiù yào zhēng yì zhī yǎn bì yì zhī yǎn, yě jiù shì shuō, hūn qián yào duō kànkan duìfāng de duǎnchù, hūn hòu yào duō xiǎngxiang duìfāng de chángchu.

⑤ 现在，世界上每小时就有五千个婴儿出生，也就是说，每天地球上就要多出十二万人。

Xiànzài, shìjiè shàng měi xiǎoshí jiù yǒu wǔqiān ge yīng'ér chūshēng, yě jiùshì shuō, měitiān dìqiú shàng jiù yào duō chū shí'èr wàn rén.

 총괄을 나타낸다. 앞 문장에서 말한 내용을 총괄해서 간단한 결론을 짓는다. 자주 쓰이는 어구로는 '总之', '总而言之' 등이 있다.

① 总的来说，这部电影从剧本到银幕是成功的。

Zǒng de láishuō, zhè bù diànyǐng cóng jùběn dào yínmù shì chénggōng de.

② 总之，她的职业是搭桥、结缘、牵线、拴疙瘩。

Zǒngzhī, tā de zhíyè shì dā qiáo、jié yuán、qiān xiàn、shuān gēda.

参考文献

陈建民　"同位"的词语,汉语学习,1986年第6期。

储泽祥　两个指人名词组合造成的复指短语,汉语学习,1998年第3期。

何伟渔　复指短语·复指关系·复指成分,语文学习,1984年第10期。

黄河关　于同位结构,汉语学习,1992年第1期。

刘丹青　试谈两类"同位语"的区别,语言教学与研究,1985年第1期。

陆俭明　指人的名词自相组合造成的偏正结构,中国语言学报,1985年第2期。

张永来　关于插入语与句子成分的划分问题,语言研究,1990年第2期。

朱英贵　复指短语的辨识,汉语学习,1994年第6期。

一. 아래 문장에서 재지시 성분을 찾아내시오.

1. 红旗，鲜艳的红旗，在迎风飘扬。
2. 上海，这座工业发达的城市，我很早以前就想来参观访问了。
3. 她们姐妹俩，都在念书。
4. 我，张老汉，敢作敢当，什么都不怕。
5. 这五本书，一本语文，一本数学，一本历史，一本地理，一本英语，都是刚发下来的新书。
6. 我们大家都去过长城。
7. 爱吸烟喝酒的人，我们应该告诉他们一定要改掉那些不好的习惯。
8. 这位就是给我作手术的主治医生王大夫。
9. 接到妈妈的来信，我们兄弟几个新民高兴。
10. 这是我最珍贵的东西，我要把它送给救了我的恩人老张叔叔。
11. 一切都替你安排好了，最后是否能成功就靠你自己了。
12. 对工作认真负责的人，我们应该及时表扬他们。
13. 屋子里摆着好多东西，三张办公桌，十几把椅子，两个书柜。
14. 苹果、桃子、石榴、糖、花生，这些吃的东西都是谁买的？
15. 人家张大爷每天坚持走路上班，身体棒极了。
16. 小王他们怎么到现在还不回来？
17. 昨天我在医院里碰到了我的一位中学老师金建先生。
18. 王教授培养的几名研究生张力、李平、赵凡，他们现在都是中外有名的科学家。
19. 我终生难忘的一天——一九六六年七月一日，一去不复返了。
20. 后来，他终于找到了那部书的手稿——一部不朽的巨著。

二. 아래 문장에서 삽입어 성분을 찾아내시오.

1. 我看，这几种办法各有优缺点。
2. 据说，世界上第一座桥是猴子造的。
3. 总而言之，无论做什么事情都应该有实事求是的精神。
4. 这件事，说实在的，没有什么了不起的，你却把它看成了大事。
5. 大家提的各种方案，不瞒你说，都很难实现。
6. 这种计算器，看来对搞我们这一行的用处不大。
7. 这种教条主义的学习方法，你想想，对学习有好处吗？
8. 听说你来中国以前是研究社会学的。

9. 据了解他以前不是作家。他曾经做过多种工作，比如卖报、开车、打零工等，他都干过。

10. 看样子他今天来不了了，都四点了。

11. 不想这件小事竟使得他这样不愉快。

12. 看起来，事情也只能这样了。

제4편

통사론(中)

문장

제 1 장

주술문

중국어의 문장은 구조에 따라 주술문과 비주술문으로 분류할 수 있다. 비주술문은 독립문, 무주어문 등을 포함한다.

주어와 술어를 포함하고 있는 문장을 주술문이라 한다. 술어의 성질에 따라 주술문은 네 가지로 나눌 수 있다.

1. 동사 술어문
2. 형용사 술어문
3. 주술 술어문
4. 명사 술어문

제 1 절

동사 술어문

동사 술어문은 동사가 술어로 쓰이는 문장으로서, 주로 사람이나 사물의 동작 행위, 심리 활동, 변화 발전 등을 서술한다. 동사 술어문은 중국어에서 대부분을 차지한다.

① 他们下午游泳，我们钓鱼。

　　Tāmen xiàwǔ yóuyǒng, wǒmen diào yú.

② 我很后悔。

　　Wǒ hěn hòuhuǐ.

③ 他的手艺提高了。

　　Tā de shǒuyì tígāo le.

> 그들은 오후에 수영을 하고 우리는 낚시를 한다. (동작 행위)
>
> 나는 후회한다. (심리 활동)
>
> 그의 솜씨가 향상되었다. (변화 발전)

동사 술어문은 구조에 따라 아래와 같은 몇 가지 유형으로 나눌 수 있다.

1 동사만 있는 문장에서 술어는 자동사로 이루어진다.

① 妹妹来了。

　　Mèimei lái le.

> 여동생이 왔다.

② 小明休息了，小刚工作，两个人倒着干。

  Xiǎomíng xiūxi le, Xiǎogāng gōngzuò, liǎng ge rén dǎozhe gàn.

③ 一声枪响，小鸟全飞了。

  Yì shēng qiāng xiǎng, xiǎoniǎo quán fēi le.

④ 我们两个人的看法相似。

  Wǒmen liǎng ge rén de kànfǎ xiāngsì.

⑤ 汽车拐弯，大家留神。

  Qìchē guǎiwān, dàjiā liú shén.

⑥ 请您指正。

  Qǐng nín zhǐzhèng.

⑦ 你也要为别人着想。

  Nǐ yě yào wèi biérén zhuóxiǎng.

⑧ 晚会上，歌声不断。

  Wǎnhuì shàng, gēshēng búduàn.

⑨ 哟，我的手表停了。

  Yō, wǒ de shǒubiǎo tíng le.

⑩ 刚才，我睡了半个多小时，你也睡一会儿吧。

  Gāngcái, wǒ shuìle bàn ge duō xiǎoshí, nǐ yě shuì yíhuìr ba.

 술어 동사가 하나의 목적어를 동반한 문장.

1 술어 동사가 반드시 목적어를 동반해야 하는 동사 술어문.
 (1) 명사성 목적어를 동반하는 동사로는 '姓', '叫', '等于', '属于', '不如' 등이 있다.

① 这位老师姓王，叫王华。

  Zhè wèi lǎoshī xìng Wáng, jiào Wáng Huá.

② 好人不等于老好人。

  Hǎo rén bù děngyú lǎohǎorén.

③ 他的预言已经成为现实了。

  Tā de yùyán yǐjīng chéngwéi xiànshí le.

④ 那些事情都属于过去了，不要再提它了。

  Nà xiē shìqing dōu shǔyú guòqù le, búyào zài tí tā le.

이러한 동사 뒤에는 반드시 목적어를 동반해야 하며, 그렇지 않으면 문장이 성립되지 않는다.

⑵ 술어성 목적어를 동반하는 동사는 '给予', '予以', '给', '装作', '从事' 등이다. 이러한 동사도 반드시 동사성 목적어를 동반해야 문장을 이룰 수 있다(일부 어떤 동사는 명사성 목적어를 동반할 수 있다).

① 对有突出贡献的人应给予表扬和奖励。

Duì yǒu tūchū gòngxiàn de rén yīng jǐyǔ biǎoyáng hé jiǎnglì.

뚜렷한 공헌을 한 사람에 대해서는 마땅히 표창하고 칭찬해야 한다.

② 对不遵守纪律的人应给以批评。

Duì bù zūnshǒu jìlǜ de rén yīng gěiyǐ pīpíng.

규율을 준수하지 않는 사람에 대해서는 응당 꾸짖어야 한다.

③ 请求您，对我们的要求予以考虑。

Qǐng qiú nín, duì wǒmen de yāoqiú yǔyǐ kǎolǜ.

부탁드립니다. 저희 요구를 고려해 주십시오.

④ 实验测得的数据要加以分析。

Shíyàn cèdé de shùjù yào jiāyǐ fēnxī.

실험으로 측정해 얻은 수치는 분석해 봐야 한다.

⑤ 别人的胡言乱语，你就装作没听见。

Biérén de hú yán luàn yǔ, nǐ jiù zhuāngzuò méi tīngjiàn.

다른 사람의 허튼소리는 못들은 체 하세요.

② 동사 뒤에 목적어가 있지만, 이 목적어는 필수적인 것은 아니다.

① 我买了两本汉语书。

Wǒ mǎile liǎng běn Hànyǔ shū.

나는 중국어 책 두 권을 샀다.

② 你收集了这么多民间工艺品。

Nǐ shōujíle zhème duō mínjiān gōngyìpǐn.

당신은 이렇게나 많은 민간 공예품을 수집하셨군요.

③ 老大爷从来不抽香烟，他抽旱烟袋。

Lǎodàyé cónglái bù chōu xiāngyān, tā chōu hàn yāndài.

할아버지께서는 여태껏 권련으로는 피우지 않으시고 담뱃대로 피우십니다.

④ 他去西藏，我去云南少数民族地区。

Tā qù Xīzàng, wǒ qù Yúnnán shǎoshù mínzú dìqū.

그는 티베트로 가고 저는 云南소수민족 지역으로 갑니다.

⑤ 我已经知道这个孩子惹了大祸了。

Wǒ yǐjīng zhīdào zhè ge háizi rěle dàhuò le.

나는 이 아이가 큰 잘못을 저질렀다는 것을 이미 알고 있다.

⑥ 我希望人人都能平等相待。

Wǒ xīwàng rén rén dōu néng píngděng xiāngdài.

나는 모든 사람들이 서로 평등하게 대할 수 있기를 바랍니다.

③ 이중 목적어를 동반한 동사 술어문에서는 동사가 두개의 목적어를 동반하며, 간접 목적어는 앞에 위치하고 직접 목적어는 뒤에 위치한다.

① 张老师教我们汉语。

Zhāng lǎoshī jiāo wǒmen Hànyǔ.

② 昨天我借了你十块钱。

Zuótiān wǒ jièle nǐ shí kuàiqián.

③ 班长通知大家明天开全校运动会。

Bānzhǎng tōngzhī dàjiā míngtiān kāi quánxiào yùndònghuì.

④ 你告诉我你的电话号码。

Nǐ gàosu wǒ nǐ de diànhuà hàomǎ.

⑤ 经理交给咱们一个任务。

Jīnglǐ jiāo gěi zánmen yí ge rènwu.

⑥ 我那老乡现在还亲热地叫我老哥哥。

Wǒ nà lǎoxiāng xiànzài hái qīnrè de jiào wǒ lǎo gēge.

장 선생님은 우리에게 중국어를 가르치신다.

어제 내가 너에게 10위엔을 빌렸다.

반장이 모두에게 내일 전교 운동회가 열린다고 알렸다.

나에게 네 전화번호를 알려다오.

사장님께서 우리들에게 임무를 하나 맡기셨다.

그 고향 사람은 지금도 살갑게 나를 형님이라 부른다.

 술어 부분에 부사어를 포함한다.

① 他弟弟明年就大学毕业了。

Tā dìdi míngnián jiù dàxué bì yè le.

② 小明每天都很认真地做课外练习。

Xiǎomíng měitiān dōu hěn rènzhēn de zuòkè wài liànxí.

③ 妹妹很高兴地答应了他的要求。

Mèimei hěn gāoxìng de dāyingle tā de yāoqiú.

④ 你再仔细看看。

Nǐ zài zǐxì kànkan.

⑤ 关于分配的问题，你们先不必考虑。

Guānyú fēnpèi de wèntí, nǐmen xiān búbì kǎolǜ.

그의 남동생은 내년이면 대학을 졸업한다.

小明은 매일같이 수업 외 공부를 매우 열심히 한다.

여동생은 기꺼이 그의 요구에 대해 승낙했다.

좀더 자세하게 보세요.

분배에 관한 문제는 우선은 너희들이 고려할 필요가 없다.

 술어 부분에 보어를 포함한다.

① 小红的病治好了。

Xiǎohóng de bìng zhì hǎo le.

② 李老师从国外回来了。

Lǐ lǎoshī cóng guówài huílái le.

小红의 병은 치료되었다.

이 선생님께서 외국에서 돌아오셨다.

③ 这么多东西我怎么吃得下?

   Zhème duō dōngxi wǒ zěnme chī de xià?

이렇게 많은 것을 제가 어떻게 다 먹을 수 있겠어요?

④ 方明笑得腰都直不起来了。

   Fāng Míng xiào de yāo dōu zhí bu qǐlái le.

方明은 허리도 똑바로 펴지 못할 만큼 웃어댔다.

⑤ 你来一下!

   Nǐ lái yíxià.

잠깐 오세요!

⑥ 昨天他们玩了整整一天。

   Zuótiān tāmen wánle zhěngzhěng yì tiān.

어제 그들은 꼬빡 하루를 놀았다.

⑦ 这些年轻人刚刚走向生活。

   Zhè xiē niánqīngrén gānggāng zǒu xiàng shēnghuó.

이 젊은이들은 이제 막 생활전선에 뛰어 들었다.

동사 술어문의 구조 유형은 가장 많고 그 구조가 가장 복잡하다. 다음 장의 '특수 동사 술어문'에서 구조와 기능이 복잡한 몇몇 동사 술어문을 설명한다.

제 2 절

형용사 술어문

> 형용사가 술어로 쓰이는 문장을 형용사 술어문이라 한다. 중국어의 형용사는 직접 술어가 될 수 있으며 앞에 '是'나 기타 동사를 사용하지 않는다. 형용사 술어문의 주요 기능은 사람이나 사물의 성질과 형상에 대하여 묘사하고 사물의 변화를 설명하는 것이다. 형용사 술어문은 일반적으로 묘사문이다.

① 我们学校的学习条件很好。

   Wǒmen xuéxiào de xuéxí tiáojiàn hěn hǎo.

우리 학교의 학습 여건은 좋다.

② 这儿的风景非常美丽。

   Zhèr de fēngjǐng fēicháng měilì.

이곳의 경치는 매우 아름답다.

③ 他家里干干净净的。

   Tā jiā lǐ gānganjìngjìng de.

그의 집은 매우 깨끗하다.

④ 天渐渐冷了，院子里冷清清的，没有什么人了。

   Tiān jiànjiàn lěng le, yuànzi lǐ lěngqīngqīng de, méi yǒu shénme rén le.

날씨가 점점 추워지자, 정원은 썰렁하니 아무런 인기척도 없게 되었다.

⑤ 你的手怎么冰凉冰凉的，你冷吗?

   Nǐ de shǒu zěnme bīngliáng bīngliáng de, nǐ lěng ma?

당신 손이 왜 이렇게 차가운거죠, 추워요?

⑥ 屋子里黑咕隆咚的，什么都看不见，怎么不开灯？

　　Wūzi lǐ hēi gū lóng dōng de, shénme dōu kàn bu jiàn, zěnme bù kāi dēng?

형용사 술어문의 기능

① 묘사성 형용사 술어문

중국어에서 형용사가 술어로 쓰일 때, 단독으로 쓰이면 제한을 받게 된다. 그래서 주로 아래와 같이 대비를 이루는 문장에 쓰인다.

① 我的行李多，他的行李少。

　　Wǒ de xíngli duō, tā de xíngli shǎo.

이 내 짐이 많고 그의 짐은 적다.

② 甲：这本书好，还是那本书好？

　　　Zhè běn shū hǎo, háishi nà běn shū hǎo?

　乙：这本书好。

　　　Zhè běn shū hǎo.

갑 : 이 책이 좋으냐? 저 책이 좋으냐?

을 : 이 책이 좋아요.

대비를 나타내지 않을 때, 형용사 앞에는 일반적으로 정도를 나타내는 부사를 덧붙여야 한다.

① 这个孩子很可爱。

　　Zhè ge háizi hěn kě'ài.

이 아이는 귀엽다.

② 那天天空格外晴朗。

　　Nà tiān tiānkōng géwài qínglǎng.

그 날 하늘은 유달리 쾌청했다.

③ 公园里的人非常多。

　　Gōngyuán lǐ de rén fēicháng duō.

공원에 사람이 매우 많다.

④ 小草悄悄地从土里钻出来，嫩嫩的、绿绿的。

　　Xiǎocǎo qiāoqiāo de cóng tǔ lǐ zuān chūlái, nènnèn de、lǜlǜ de.

아기 풀의 싹이 어느새 땅을 뚫고 나왔는데 여리고도 푸릇푸릇하다.

⑤ 一天傍晚，天阴沉沉的，北风越刮越紧。

　　Yìtiān bàngwǎn, tiān yīnchénchén de, běifēng yuè guā yuè jǐn.

어느 날 저녁 무렵, 하늘이 어두컴컴해지고 북풍이 점차 세차게 불었다.

⑥ 田野里的庄稼油绿油绿的。

　　Tiányě lǐ de zhuāngjia yóulǜ yóulǜ de.

들판의 농작물이 짙푸르다.

형용사의 중첩 형식을 사용할 때는 일반적으로 뒤 쪽에 '的'를 사용해야 한다.

질문에 답할 때, 형용사도 단독으로 술어로 쓰일 수 있는데, 대비의 의미를 포함하지는 않는다.

① A : 今天冷不冷?

　　　Jīntiān lěng bu lěng?

　 B : 冷。

　　　Lěng.

> 오늘 춥냐?
>
> 춥네요.

형용사를 병렬시켜 술어로 쓰일 때에는 정도를 나타내는 부사를 붙일 필요도 없고, 대비를 나타내지도 않는다.

① 房间里干净、整齐。

　 Fángjiān lǐ gānjìng、zhěngqí.

② 老妈妈和蔼慈祥。

　 Lǎo māma hé ǎi cí xiáng.

> 방 안이 깨끗하고 가지런하다.
>
> 늙으신 어머니는 온화하고 자상하다.

이러한 용법은 대개 서면어에 나타난다.

② 변화를 나타내는 형용사 술어문

일부 형용사는 동태 조사 '了'나 보어를 붙여서 변화를 나타낼 수 있다.

① 风暖了，树青了，清明到了。

　 Fēng nuǎn le, shù qīng le, qīngmíng dào le.

② 怎么，你的头发全白了。

　 Zěnme, nǐ de tóufa quánbái le.

③ 突然，天空暗了下来。

　 Tūrán, tiānkōng àn le xiàlái.

④ 自打修了这条铁路后，我们山里人的日子一天比一天好起来了。

　 Zìdǎ xiūle zhè tiáo tiělù hòu, wǒmen shān lǐ rén de rìzi yì tiān bǐ yì tiān hǎo qǐlái le.

⑤ 他不是我的孩子，我也不能看着他这样坏下去，我要拉他一把。

　 Tā bú shì wǒ de háizi, wǒ yě bù néng kànzhe tā zhèyàng huài xiàqù, wǒ yào lā tā yì bǎ.

⑥ 跟他谈完话后，我心里才平静下来。

　 Gēn tā tán wán huà hòu, wǒ xīn lǐ cái píngjìng xiàlái.

> 바람이 따스해지고 나무가 푸르러지는 것을 보니 청명절이 가까워졌다.
>
> 어쩌다 네 머리가 하얗게 다 쇠었니.
>
> 갑자기 하늘이 어두워졌다.
>
> 이 철로를 놓은 후부터 우리 산간 사람들의 생활이 나날이 좋아지기 시작했다.
>
> 그 애는 내 아이는 아니지만 나. 또한 그 애가 이대로 나쁜 길로 나가는 것을 보고만 있을 수 없으니 그 애를 구해내야겠다.
>
> 그와 이야기를 다 나눈 후에야 나는 마음이 평온해졌다.

 형용사 술어문의 구조적 특징

 앞에서 서술했던 것처럼 일반 형용사가 술어로 쓰일 때, 그 앞에는 보통 정도를 나타내는 부사가 사용된다. 또한 술어 형용사 앞에 '比', '跟', '像' 등으로 이루어진 개사구를 사용함으로써 비교의 대상을 이끌어낼 수 있다. 예를 들어 '这种纸比那种纸厚', '她跟他妈妈一样高了', '谁像你这么幸运啊' 등과 같다.

형용사 술어문은 정도, 시간, 처소, 어기 및 소수의 방식(대개 부사로 충당)을 나타내는 부사어만을 사용할 수 있다.

① 我们的校园很大。

　Wǒmen de xiàoyuán hěn dà.

우리학교 교정은 넓다.

② 今天非常暖和。

　Jīntiān fēicháng nuǎnhuo.

오늘 매우 따뜻하다.

③ 售货员对我们很热情。

　Shòuhuòyuán duì wǒmen hěn rèqíng.

판매원은 우리에게 친절하다.

④ 小刚在家里调皮，在外面很老实。

　Xiǎogāng zài jiā lǐ diàopí, zài wàimiàn hěn lǎoshi.

小刚은 집안에서는 개구쟁이이지만, 밖에서는 성실하다.

⑤ 天已经黑了，街上的人也稀少了。

　Tiān yǐjing hēi le, jiēshàng de rén yě xīshǎo le.

날이 이미 어두워졌고 거리의 사람도 드물어졌다.

⑥ 五月，麦梢渐渐地黄了。

　Wǔ yuè, màishāo jiànjiàn de huáng le.

오월에 보리 끝이 점점 누렇게 되었다.

⑦ 难道小明还不满意吗?

　Nándào xiǎomíng hái bù mǎnyì ma?

설마 小明이 아직도 만족하지 못하는 건 아니겠지?

 형용사술어 뒤에는 수량보어, 방향보어(대개 파생의미를 나타냄), 상태보어, 정도보어, 시간보어, 가능보어, 개사구 등을 동반할 수 있다.

① 这个箱子比那个重二十五公斤。

　Zhège xiāngzi bǐ nàge zhòng èrshíwǔ gōngjīn.

이 상자는 저 상자보다 25kg 무겁다.

② 南屋的窗户比北屋的宽半米。

　Nánwū de chuānghu bǐ běiwū de kuān bàn mǐ.

남쪽 방 창문은 북쪽 방 창문보다 50cm 넓다.

③ 我家的日子一天天好起来了。

　Wǒ jiā de rìzi yì tiāntiān hǎo qǐlái le.

우리 집 형편이 날로 좋아지기 시작했다.

④ 他高兴得两只眼睛笑成了一条缝。

　Tā gāoxìng de liǎng zhī yǎnjing xiàochéngle yì tiáo fèng.

그는 좋아서 두 눈을 실눈처럼 하고 웃었다.

⑤ 昨天那场足球赛精彩极了。

　　Zuótiān nà chǎng zúqiúsài jīngcǎi jíle.

⑥ 妈妈累了一天了，该休息了。

　　Māma lèi le yì tiān le, gāi xiūxi le.

⑦ 这本书难了一点儿。

　　Zhè běn shū nán le yìdiǎnr.

⑧ 她比以前坚强多了，敢于反抗了。

　　Tā bǐ yǐqián jiānqiáng duō le, gǎnyú fǎnkàng le.

어제 그 축구시합은 정말 흥미진진했었다.

어머니께서는 온종일 힘드셨으니 쉬셔야 합니다.

이 책은 약간 어렵다.

그녀는 이전보다 훨씬 강인해져서 대담하게 반항도 한다.

 형용사술어문의 부정형식은 주로 술어형용사 앞에 '不'를 붙이며, 변화를 나타내는 것은 '没'를 쓸 수 있다.

① 咱们的收入不多，处处要精打细算。

　　Zánmen de shōurù bù duō, chùchù yào jīngdǎ xìsuàn.

② 坐车不方便，还是骑自行车方便。

　　Zuò chē bù fāngbiàn, háishi qí zìxíngchē fāngbiàn.

③ 树叶还没红，不好看。

　　Shùyè hái méi hóng, bù hǎokàn.

④ 他都七十多了，头发还没全白。

　　Tā dōu qīshí duō le, tóufa hái méi quán bái.

우리 수입이 많지 않으니 모든 면에서 꼼꼼하게 따져봐야 한다.

차를 타기에는 불편하고 그래도 자전거를 타는 것이 편리하다.

나뭇잎이 아직은 붉어지지 않아 보기 좋지가 않다.

그는 이미 칠십이 넘었는데도 머리가 아직 전부 쇠지는 않았다.

제 3 절

주술 술어문

　주술문이 술어가 되는 문장을 '주술술어문'이라 하는데, 이는 중국어 특유의 문장이다. 전체 문장의 주어, 술어와 술어 속의 주어, 술어를 구별하기 위해 우리는 전자를 '대주어', '대술어'라 칭하고 후자는 '소주어', '소술어'라 칭한다. 대주어와 소주어 사이에는 일정한 관계가 존재한다. 주술 술어문의 술어는 주로 주어를 설명하거나 묘사하는 것이다. 즉 주술 술어문은 설명하거나 묘사하는 문장이다.

 ## 주술 술어문에서 대, 소주어의 의미관계

　주술 술어문의 소주어는 대주어가 나타내는 사물의 일부분을 나타내거나 대주어가 나타내는 사물의 속성을 나타낸다.

① 他头疼，嗓子还有点儿红。

　　Tā tóuténg, sǎngzi hái yǒudiǎnr hóng.

② 金沙江水急浪大。

　　Jīnshā jiāngshuǐ jílàng dà.

③ 这一带土地肥沃，山水秀丽。

　　Zhè yí dài tǔdì féiwò, shānshuǐ xiùlì.

④ 新来的副经理年龄不大，办事能力很强。

　　Xīn lái de fùjīnglǐ niánlíng bú dà, bàn shì nénglì hěn qiáng.

⑤ 那个房间里的一伙人，说的说，笑的笑，可热闹了。

　　Nàge fángjiān lǐ de yì huǒ rén, shuō de shuō, xiào de xiào, kě rènao le.

⑥ 这种汽车性能好，样子美观，价格适宜。

　　Zhè zhǒng qìchē xìngnéng hǎo, yàngzi měiguān, jiàgé shìyí.

⑦ 小王体重七十一公斤，身高一米七二。

　　Xiǎo Wáng tǐzhòng qīshíyī gōngjīn, shēngāo yì mǐ qī'èr.

⑧ 他学习努力，工作积极。

　　Tā xuéxí nǔlì, gōngzuò jījí.

⑨ 北京的农业发展也很迅速。

　　Běijīng de nóngyè fāzhǎn yě hěn xùnsù.

예문 ①~③의 소주어가 나타내는 사물은 대주어가 나타내는 사물의 구성 부분이고, 예문 ④~⑦의 소주어는 대주어가 나타내는 사물의 일부 특성이다. 예를 들어 연령, 성격, 태도, 심리 상태, 길이(높이), 중량, 체적, 양식, 색깔, 기능, 용도 등이다. 예문 ⑧, ⑨의 소주어도 어떤 측면에서는 대주어가 나타내는 사물을 설명하는 것인데, 다른 점은 소주어는 모두 동사나 동사구로 이루어진다는 점이다.

다른 예를 보자.

① 新出版的≪学汉字≫一套三本。

　　Xīn chūbǎn de ≪Xué hànzì≫ yítào sān běn.

② 这本书一页几百字？

　　Zhè běn shū yí yè jǐ bǎi zì?

　　这本书一页七百多字。

　　Zhè běn shū yí yè qī bǎi duō zì.

위 문장의 소주어와 소술어는 수량사이고, 소주어가 나타내는 사물도 대주어가 나타내는 사물의 일부분이다. 예문 ①의 대주어는 '新出版的≪学汉字≫'이고, '一套'는 소

주어이며 대주어 ≪学汉字≫의 일부분이다. 예문 ②의 대주어는 '这本书'이고 소주
어는 '一页'인데 둘은 분명히 전체와 부분의 관계에 있다.

③ A : 这种型号的计算机一台多少钱?

　　　Zhè zhǒng xínghào de jìsuànjī yì tái duōshao qián?

　B : 一台八千五百块钱。

　　　Yī tái bā qiān wǔ bǎi kuàiqián.

이런 모델의 컴퓨터는 한 대에 얼마입니까?

한 대에 8,500위엔 입니다.

이 문장은 또한 아래와 같이 말할 수 있다.

　A : 这种型号的计算机多少钱一台?

　　　Zhè zhǒng xínghào de jìsuànjī duōshao qián yì tái?

　B : 八千五百块一台。

　　　Bā qiān wǔ bǎi kuài yì tái.

이런 모델의 컴퓨터는 얼마입니까, 한 대에?

8,500위엔 입니다, 한 대에.

 주술 술어문의 구조적 특징

주술 술어문에는 부사어가 있을 수 있으며, 부사어는 문두나 대주어 뒤, 대술어 앞
에 올 수 있다. 부사어는 시간, 어기, 범위를 나타낼 수 있고 소수는 방식(일반적으로
부사가 담당함)이나 관련(부사어의 위치는 제3편 4장 '부사어' 참고)을 나타낸다.

① 王大爷突然肚子疼。

　　Wáng dàyé tūrán dùzi téng.

② 从小, 他就身体好, 个子大。

　　Cóng xiǎo, tā jiù shēntǐ hǎo, gèzi dà.

③ 几个月以来, 他一直学习很努力。

　　Jǐ ge yuè yǐlái, tā yìzhí xuéxí hěn nǔlì.

왕 노인은 갑작스레 배가 아팠다.

어려서부터 그는 체격이 좋고 키가 컸다.

몇 개월 동안 그는 줄곧 열심히 공부했다.

소수 밀접하게 연결된 주술문이 술어가 될 때에는 부정 부사를 써서 부사어로 삼을
수 있다.

④ 他昨天没头疼。

　　Tā zuótiān méi tóuténg.

그는 어제 머리가 아프지 않았다.

주술 술어문의 소술어도 부사어를 취할 수 있다. 만약 소술어가 동사라면 사용 가
능한 부사어는 동사 술어문과 같다. 그러나 주술 술어문의 구조는 대개 아주 간단하
여 사용할 수 있는 부사어는 한정되어 있다. 만약 소술어가 형용사라면 사용 가능한
부사어는 형용사 술어문과 같다.

① 她身材不高。

Tā shēncái bù gāo.

② 王老师身体一直很好。

Wáng lǎoshī shēntǐ yìzhí hěn hǎo.

③ 他学习很努力。

Tā xuéxí hěn nǔlì.

④ 我头很疼，应该去医院。

Wǒ tóu hěn téng, yīnggāi qù yīyuàn.

그녀는 키가 크지 않다.

왕 선생님의 건강은 줄곧 좋으셨다.

그는 공부에 노력한다.

나는 머리가 아파서 병원에 가 봐야 한다.

 ## 3 주술 술어문의 용도

1 사람이나 사물 자체에 대해 일부 측면에서 설명, 묘사하거나 평가, 판단한다.

① 那杨小梅，模样儿长得俊，什么活都能干，心眼儿又挺好。

Nà Yáng Xiǎoméi, múyàngr zhǎng de jùn, shénme huó dōu nénggàn, xīnyǎnr yòu tǐng hǎo.

② 项羽不说话，刘邦脸都变白了，张良直拿眼睛看项羽。

Xiàng Yǔ bù shuō huà, Liú Bāng liǎn dōu biàn bái le, Zhāng Liáng zhí ná yǎnjing kàn Xiàng Yǔ.

③ 选编的教材题材丰富，内容充实，体裁多样。

Xuǎnbiān de jiàocái tícái fēngfù, nèiróng chōngshí, tǐcái duōyàng.

④ 这首歌曲调优美，节奏鲜明。

Zhè shǒu gē qǔdiào yōuměi, jiézòu xiānmíng.

그 杨小梅는 외모가 뛰어나고 무슨 일이나 잘하며 마음씨도 아주 곱다.

项羽가 말하지 않으니 刘邦은 얼굴이 하얗게 변하였고 张良은 줄곧 项羽를 노려보았다.

선별 편집한 교재는 제재가 풍부하고 내용이 충실하며 체재형식이 다양하다.

이 노래는 곡조가 아름답고 리듬이 명쾌하다.

 처소 상황에 대해 설명, 묘사한다.

① 闹市的中心人更多，他好不容易才挤到一个人稀的地方。

Nàoshì de zhōngxīn rén gèng duō, tā hǎo bù róngyì cái jǐ dào yí ge rénxī de dìfang.

② 暖棚里的上上下下，处处花花绿绿。

Nuǎnpéng lǐ de shàng shàng xià xià, chùchù huā huā lǜ lǜ.

③ 铁路沿线山高水险，地质复杂，气候多变。

Tiělù yánxiàn shān gāo shuǐ xiǎn, dìzhì fùzá, qìhòu duōbiàn.

번화가 중심에는 사람이 더 많아서 그는 겨우 한산한 곳으로 밀치고 나왔다.

비닐하우스 안은 위아래 곳곳이 알록달록하다.

철로 연변은 지형이 험하고 지질이 복잡하며 기후가 변화가 심하다.

주술 술어문은 매우 유용한 문장 형식으로서 구어에서 많이 사용된다. 주술 술어문은 보통 기타 문장 형식으로 대체할 수 없다.

제 4 절
명사 술어문

명사 술어문은 명사성 어구가 술어가 되는 문장을 가리킨다. 체언은 명사, 명사구, 대사, 수사, 수량사구와 '的'자구를 가리키며, 명사 술어문의 주어와 술어 사이에는 '是'자가 없다.

① 今天除夕。('除夕'가 술어임)

　　Jīntiān chúxī.

오늘은 섣달 그믐날이다.

② A : 你们都十几了? ('十几'가 술어임)

　　　Nǐmen dōu shí jǐ le?

너희들은 열 몇 살이니?

　 B : 哥哥十八，我十二。('十八', '十二'이 술어임)

　　　Gēge shíbā, wǒ shí'èr.

형은 열여덟 살이고 저는 열두 살입니다.

③ 喂，您哪儿? (전화상)('哪儿'이 술어임)

　　Wèi, nín nǎr?

여보세요. 어디지요?

 **명사 술어문의 유형**

1 하나의 명사로 이루어진 명사 술어문

① 今天星期二。

　　Jīntiān xīngqī'èr.

오늘은 화요일이다.

② 明天中秋节。

　　Míngtiān Zhōngqiūjié.

내일은 추석이다.

③ 刚才还晴天呢，现在又阴天了。

　　Gāngcái hái qíngtiān ne, xiànzài yòu yīntiān le.

방금 전까지도 맑았었는데 지금은 다시 흐려졌다.

실제 언어에서 하나의 명사가 술어가 되는 명사 술어문은 드문 편이다.

 **2** 명사구, 수량사구, '的'자구가 술어가 되는 명사 술어문

① 这本书五十块钱。

　　Zhè běn shū wǔ shí kuàiqián.

이 책은 50위엔 이다.

② 张老师上海人。

    Zhāng lǎoshī Shànghǎi rén.

③ 这个小伙子高个子、方脸庞、粗眉毛、大眼睛。

    Zhège xiǎohuǒzi gāo gèzi、fāng liǎnpáng、cū méimao、dà yǎnjing.

④ 我两个孩子，一个儿子，一个女儿。

    Wǒ liǎng ge háizi, yí ge érzi, yí ge nǚ'ér.

⑤ 一年三百六十五天。

    Yì nián sān bǎi liù shí wǔ tiān.

⑥ 老张新调来的，搞软件的。

    Lǎo Zhāng xīn diào lái de, gǎo ruǎnjiàn de.

장 선생님은 上海사람이다.

이 젊은이는 큰 키에 네모진 얼굴, 짙은 눈썹과 큰 눈을 가졌다.

저는 아이가 둘인데 아들 하나, 딸 하나입니다.

일년은 365일이다.

장씨는 새로 온 사람으로 소프트웨어를 담당한다.

2 명사 술어문의 특징

① 명사 술어문에서 하나의 명사가 술어가 되는 경우는 드문 편이다. 술어 대부분은 명사와 명사의 결합이나, 형용사와 명사의 결합 또는 기타 명사구로 이루어진 것이다.

② 명사 술어문의 부정 형식은 술어 앞에 '不是'를 붙이며 '是'자구를 이룬다.

① A : 今天星期二吗?

    Jīntiān xīngqī'èr ma?

  B : 今天不是星期二。

    Jīntiān bú shì xīngqī'èr.

② A : 这本书五十块钱吗?

    Zhè běn shū wǔ shí kuàiqián ma?

  B : 这本书不是五十块钱。

    Zhè běn shū bú shì wǔ shí kuàiqián.

③ A : 老张新调来的吗?

    Lǎo Zhāng xīn diào lái de ma?

  B : 老张不是新调来的。

    Lǎo Zhāng bú shì xīn diào lái de.

오늘이 화요일입니까?

오늘은 화요일이 아닙니다.

이 책은 50위엔 입니까?

이 책은 50위엔이 아닙니다.

장씨는 새로 온 사람입니까?

장씨는 새로 온 사람이 아닙니다.

분명히 명사 술어문의 부정 형식은 동사 술어문 ‘是’자문의 부정 형식과 마찬가지로 ‘是’자문이며, 또한 상대의 말을 부정하고 반박할 때 사용한다. 이 때문에, 명사 술어문이 ‘是’를 생략한 ‘是’자문이라 말하는 이도 있다. 그러나 실제 구어에서 명사 술어문은 자연스럽고 적합한 문장으로서, 이러한 의미를 나타낼 때에는 ‘是’를 쓰지 않는 것이 대부분이다.

① 他北京人。

   Tā Běijīng rén.

   他是北京人。

   Tā shì Běijīng rén.

그는 北京사람이다.

② 一年十二个月。

   Yì nián shí'èr ge yuè.

   一年是十二个月。

   Yì nián shì shí'èr ge yuè.

일년은 12개월이다.

③ 这种半导体收音机八个管，两个波段。

   Zhè Zhǒng bàndǎotǐ shōuyīnjī bā ge guǎn, liǎng ge bōduàn.

   这种半导体收音机是八个管，两个波段。

   Zhè Zhǒng bàndǎotǐ shōuyīnjī shì bā ge guǎn, liǎng ge bōduàn.

이런 트랜지스터라디오는 여덟 개의 관과 두 개의 주파수대를 가지고 있다.

어떤 문장은 ‘是’를 사용하면 구어적 색채를 상실하게 된다.

④ 这个小伙子高个子，方脸庞。

   Zhè ge xiǎohuǒzi gāo gèzi, fāng liǎnpáng.

   这个小伙子是高个子，方脸庞。

   Zhè ge xiǎohuǒzi shì gāogèzi, fāng liǎnpáng.

이 젊은이는 큰 키에 네모난 얼굴을 가졌다.

⑤ 哥哥十岁，弟弟八岁。

   Gēge shí suì, dìdi bā suì.

⑤ 哥哥十岁，弟弟是八岁。

   Gēge shì shí suì, dìdi shì bā suì.

형은 열 살 동생은 여덟 살이다.

3 명사 술어문의 술어는 모두 간단하여 일반적으로 보어나 목적어가 없다. 그러나 때로는 부사어를 지닐 수도 있으며, 이 때 부사어는 대개 시간, 범위, 어기를 나타내는 어구이다.

① 今天已经十二月六号了。

   Jīntiān yǐjīng shí'èr yuè liù hào le.

오늘이 벌써 12월 6일이다.

② 三斤苹果一共一块零五分。

   Sān jīn píngguǒ yígòng yí kuài líng wǔ fēn.

③ 地上净水，别滑倒了。

   Dì shàng jìng shuǐ, bié huádǎo le.

④ 刚解放的时候她才十几岁，现在她已经是满头白发了。

   Gāng jiěfàng de shíhou tā cái shí jǐ suì, xiànzài tā yǐjing shì mǎn tóu bái fà le.

⑤ 表演那天，男生一律西装领带，女生一律白衬衫，花裙子。

   Biǎoyǎn nà tiān, nánshēng yílǜ xīzhuāng lǐngdài, nǚshēng yílǜ bái chènshān、huāqúnzi.

⑥ 你究竟哪里人？

   Nǐ jiūjìng nǎli rén?

3 명사 술어문의 용도

① 시간, 날짜, 날씨, 본적 등을 설명한다. 이러한 문장의 술어는 대부분 명사, 명사구 및 일부 대사이다. 술어는 주어와 동일성의 관계를 갖는다.

① 现在十二点。

   Xiànzài shí'èr diǎn.

② 今天什么日子? 今天"五四"青年节。

   Jīntiān shénme rìzi? jīntiān wǔ sì Qīngnián jié.

③ 刚才还晴天呢，现在又阴天了。

   Gāngcái hái qíngtiān ne, xiànzài yòu yīntiān le.

④ 他英国人，我加拿大人。

   Tā Yīngguórén, wǒ Jiānádàrén.

⑤ 他东北口音，可能是东北人。

   Tā Dōngběi kǒuyīn, kěnéng shì Dōngběirén.

② 주어의 수량 방면에서의 특성을 설명한다. 일반적으로 연령, 길이, 중량, 가격, 도량 관계나 존재 또는 소유하는 사물에 대해 설명한다. 이러한 문장의 술어는 대다수 수사, 수량사구이거나 수량사를 지닌 명사구이다.

① 龙梅十一岁，玉荣九岁。

   Lóngméi shíyī suì, Yùróng jiǔ suì.

② 身高一米七五，体重八十多公斤。

    Shēngāo yì mǐ qī wǔ, tǐzhòng bā shí duō gōngjīn.

키가 1m 75이고 체중은 80여 kg이다.

③ 长城东边从山海关起，西边到嘉峪关，一共一万三千多里。

    Chángchéng dōngbiān cóng Shānhǎiguān qǐ, xībiān dào Jiāyùguān, yígòng yí wàn sān qiān duō lǐ.

长城은 동쪽 山海关에서부터 서쪽 嘉峪关까지 도합 13,000여 리이다.

④ 这件毛衣二十多块钱。

    Zhè jiàn máoyī èrshí duō kuàiqián.

이 스웨터는 20여 위엔이다.

⑤ 这个书箱十六公斤，那个旅行袋四公斤。

    Zhège shūxiāng shíliù gōngjīn, nàge lǚxíngdài sì gōngjīn.

이 책 상자는 16kg이고 저 여행가방은 4kg이다.

⑥ 我两个男孩，我妹妹一儿一女。

    Wǒ liǎng ge nánhái, wǒ mèimei yì ér yì nǚ.

나는 남자 아이 둘을 뒀고, 내 여동생은 일남 일녀를 두었다.

⑦ 前边一片稻田，后边一片森林。

    Qiánbiān yípiàn dàotián, hòubiān yípiàn sēnlín.

앞쪽은 논이고 뒤쪽은 숲이다.

3 등가 관계를 설명한다. 이러한 문장의 주어, 술어는 모두 수량사구를 포함하며 둘은 호환할 수 있다.

① 一套明信片四毛五。（四毛五一套明信片）

    Yí tào míngxìnpiàn sì máo wǔ. (sì máo wǔ yí tào míngxìnpiàn)

엽서 한 세트에 0.45위엔 이다.

② 两张五毛钱。（五毛钱两张）

    Liǎng zhāng wǔ máo qián. (wǔ máo qián liǎng zhāng)

두 장에 0.50위엔 이다.

또한 일부 문장의 주어와 술어는 모두 수량사나 수량사구이며 각종 단위의 환산 관계를 나타낸다.

③ 一天二十四小时。

    Yì tiān èrshísì xiǎoshí.

하루는 24시간이다.

④ 一米三(市)尺。

    Yì mǐ sān (shì) chǐ.

1m는 3척이다.

⑤ 现在一斤十两了，不是十六两了。

    Xiànzài yì jīn shí liǎng le, bú shì shíliù liǎng le.

현재는 1근에 10냥이지 16냥이 아니다.

⑥ 一吨两千斤。

    Yì dūn liǎng qiān jīn.

1톤은 2,000근이다.

이러한 용법은 대개 구어에 한정되고 문어나 비교적 공식적인 상황에서는 주어와 술어 사이에 항상 '是'나 다른 동사를 쓴다. 예를 들면 '有', '等于', '折合' 등이 있다.

일부 명사 술어문은 주어와 술어가 모두 수량사를 포함하고 있지만, 둘은 등가의 것이 아니며, 주어와 술어 사이의 관계는 비교적 복잡하다.

① 一年十块钱, 三年满期, 四年头上就挣师傅钱了。(1년에 10원을 범)

Yì nián shí kuàiqián, sān nián mǎn qī, sì nián tóu shàng jiù zhēng shīfu qián le.

② 一人一套茶具, 一套十五件。('有', '分', '发', '买' 등)

Yì rén yì tào chá jù, yì tào shí wǔ jiàn.

③ 十五个人一班。('是', '在')

Shíwǔ ge rén yì bān.

④ 一班十五个人。('有')

Yì bān shí wǔ ge rén.

⑤ 一袋化肥一百斤。('有')

Yí dài huàféi yì bǎi jīn.

⑥ 十张稿纸就五千字。('有')

Shí zhāng gǎozhǐ jiù wǔ qiān zì.

⑦ 一筒(香烟)五十支。('装', '有')

Yì tǒng (xiāngyān) wǔ shí zhī.

⑧ 普普通通的三间房子, 几根大柁? 几根二柁? 多少根椽子? 多少根檩? ('有')

Pǔpǔtōngtōng de sān jiān fángzi, jǐ gēn dà tuó? jǐ gēn èr tuó? duōshao gēn chuánzi? duōshao gēn lǐn?

이러한 명사 술어문은 대개 '有', '是', '挣(钱)', '装', '给', '发', '领' 등과 같은 자주 쓰이는 동사가 나타내는 의미를 갖는다.

4 주어의 상황, 특징이나 속성을 묘사한다. 술어는 대개 형용사나 수량사를 지닌 명사구이다.

① 这个十九岁的姑娘, 高高的个子, 一双大眼睛, 显得很机灵。(용모 묘사)

Zhège shíjiǔ suì de gūniang, gāogāo de gèzi, yì shuāng dà yǎnjing, xiǎnde hěn jīlíng.

② 张大哥急性子, 张大嫂慢性子。(성격 묘사)

Zhāng dàgē jíxìngzi, Zhāng dàsǎo mànxìngzi.

③ 桌前两三把小沙发和一个矮茶几儿。(실내 상황, 배치 묘사)

Zhuō qián liǎng sān bǎ xiǎoshāfā hé yí ge ǎi chájīr.

④ 日头将没不没的时候，水面一片红光，耀眼睛! (경치 묘사)

　Rìtou jiāng méi bu méi de shíhou, shuǐmiàn yípiàn hóngguāng, yào yǎnjing!

해가 지려할 적에 수면이 온통 붉은 빛이 되어 눈이 부시구나!

⑤ 我们这个检查站就我自己一个人。(사물의 상황 묘사)

　Wǒmen zhège jiǎncházhàn jiù wǒ zìjǐ yí ge rén.

우리 검사소에는 오직나 한사람뿐이다.

⑥ 这种飞机两个发动机。(사물의 특징 묘사)

　Zhè zhǒng fēijī liǎng ge fādòngjī.

이런 종류의 비행기는 엔진이 두 개다.

⑤ 주어의 소속을 설명하는데 보통 '的'자구를 사용한다.

① 您哪个单位的?

　Nín nǎ ge dānwèi de?

당신은 어느 소속입니까?

② 那位同志哪儿的?

　Nà wèi tóngzhì nǎr de?

저 사람은 어디 사람이지?

③ 他文化部的，搞创作的。

　Tā wénhuàbù de, gǎo chuàngzuò de.

그는 문화부 소속으로 창작에 종사한다.

④ 我们的电视十九寸的。

　Wǒmen de diànshì shíjiǔ cùn de.

우리 TV는 19인치짜리이다.

　명사 술어문은 구어에서 상용하는 문장 형식으로서 간결하지만 문어나 공식적인 상황에서는 잘 쓰지 않는 편이다.

参考文献

吕叔湘　　主谓谓语句举例,中国语文,1986年第5期。

杨成凯　　"主主谓"句法范畴和话题概念的逻辑分析——汉语主宾语研究之一,中国语文,1997年第4期。

周日安　　体词谓语句的生成条件,佛山大学学报,1996年第3期。

一. 술어 성분을 찾아 어떤 유형의 술어문인지를 밝히시오.

　　A : 동사 술어문　　B : 형용사 술어문　　C : 주술 술어문　　D : 명사 술어문

1. 春天到了，天气渐渐暖和了，燕子都从南方回来了。（　）（　）（　）
2. 这个地方太美了，比画还美。（　）（　）
3. 刚来的那个小伙子才十九岁，四川人。（　）（　）
4. 老厂长的儿子，身材高大，脸色红润。（　）（　）
5. 这里是有名的游览区。（　）
6. 我分到的那套房子四十平方米。（　）
7. 他今天腿疼，来不了了。（　）（　）
8. 胜利的消息传来之后，大家跳啊，唱啊，欢呼啊，高兴得眼泪都流出来了。
　　（　）（　）（　）（　）
9. 这只船长十四米，宽八米。（　）（　）
10. 你通知一下老李今天下午开会。（　）
11. 我们的斗争是正义的，真理在我们这一边。（　）（　）
12. 昨天张老师一连给我们讲了四个成语故事。（　）
13. 你们经常来帮助我，我非常感谢你们。（　）（　）
14. 为了赶任务，她已经三天没怎么睡觉了。（　）
15. 老科学家认为中国不是贫油国。（　）
16. 这时，一道金色的阳光射在我的床上。（　）
17. 我们的老师身高体胖。（　）（　）
18. 小王对大事认真，对小事总是马马虎虎的。（　）（　）
19. 这种蛋糕甜香甜香的。（　）
20. 他们为准备这些事忙了大半天。（　）
21. 风停了，雨住了，太阳又出来了。（　）（　）（　）
22. 怎么你的手冰凉冰凉的，你冷吗?（　）（　）

二、명사 술어문으로 묻는 말에 대답하시오.

1. 你哪里人?
2. 你今年多大了?
3. 你几年、级了?
4. 今天几号?

  5. 今天星期几?

  6. 现在几点钟了?

  7. 这种糖多少钱一斤?

  8. 您是东北人吧?

  9. 您这小儿子几岁了?

10. 您几个孩子? 就这一个儿子吗?

11. 你新搬的房子怎么样? 几间一套的?

12. 你家几口人?

13. 你哪个学校的?

14. 你哥哥多高?

三、한 친구의 이름, 나이, 본적, 키, 눈의 생김새, 머리카락, 성격, 기호, 공부나 일
    등의 상황을 중문으로 간단하게 소개하시오.

四、빈칸에 적당한 단어를 선택하여 써넣으시오.

热　亮　轻松　紧张　干干净净　整整齐齐　静悄悄　宽
长　矮　激动　黑咕隆咚　绿油油　笔直笔直　平平坦坦

  1. 每天, 天刚______, 他就起床了。

  2. 屋里太______了, 开一会儿窗户吧。

  3. 这几天, 同学们都在准备考试, 比较______, 再过几天考完了就______了。

  4. 山洞里面______的, 不打手电, 什么也看不见。

  5. 张华的作业一向都____________, ____________。

  6. 那条主要的街道又______又______。

  7. 宿舍楼里______的, 没有一点声音, 同学们都上课去了。

  8. 从车窗向外望去, 远处一片庄稼, ______的。顺着庄稼地是一条公路,
    ______的, ______的。

  9. 老张身高1.73米, 老李身高1.75米, 老张比老李稍微______点儿。

10. 那天她看见校长, ______得话都说不出来了。

五、아래 문장을 주어진 단어를 써서 완성하시오.

1. 我回来的时候，__________________。
   （有你一封信　收发室里看见）
2. 我们__________________。
   （离开这里　就　明天　打算）
3. 总结会上，每个同学__________________。
   （都　收获很大　说　这次语言实习）
4. 王教授，这是我写的一篇论文，请您______并______。
   （给以　看看　指正）
5. 我提的意见__________________。
   （跟　你的建议　相反　正好）
6. 阿里的练习__________________，__________________。
   （很好　写　清楚　整齐　得　又……又……）
7. 学习一年中文以后，我还要__________________。
   （在这个学校　学习　专业　继续）
8. 每天晨练的时候，她__________________。
   （沿着　都　校园的围　墙　一圈　走）
9. 您让我办的事儿，我__________了，保证__________________。
   （记　下来　都　办完　三天之内）
10. 请你__________________。
   （大家　游泳比赛　通知　开始　3:00）

제 2 장

특수한 동사 술어문

제 1 절

'是'자문

'是'는 동사로서 기본적인 의미는 긍정, 판단을 나타내는 것이다.

 **'是'의 어법적 특징**

1 '是'는 일반 동사와 같은 어법 특징을 갖는다.

① 부사의 수식을 받을 수 있다.

① 这些都是新杂志。

　　Zhè xiē dōu shì xīn zázhì.

이것들은 모두 새 잡지이다.

② 他现在已经是大学生了。

　　Tā xiànzài yǐjīng shì dàxuéshēng le.

그는 현재 이미 대학생이 되었다.

③ 这辆汽车不是我的，是我父亲的。

　　Zhè liàng qìchē bú shì wǒ de, shì wǒ fùqīn de.

이 자동차는 내 것이 아니라 아버지 것이다.

④ 你刚说的也是一种办法，可以考虑。

　　Nǐ gāng shuō de yě shì yì zhǒng bànfǎ, kěyǐ kǎolǜ.

당신이 방금 말한 것도 한 방법이니 고려해 볼 만 합니다.

⑤ 他指的就是那一套《契诃夫小说集》。

　　Tā zhǐ de jiù shì nà yí tào 《Xièhēfū xiǎoshuōjí》.

그가 가리키는 것은 바로 한 질로 된 《체호프 소설집》이다.

⑥ 这些话明明是多余的，可是我还要说。

　　Zhè xiē huà míngmíng shì duōyú de, kěshì wǒ hái yào shuō.

이런 말들은 분명 쓸데 없는 것이지만 나는 그래도 해야겠다.

② 능원 동사 뒤에 사용할 수 있다.

① 这应该是一对的，怎么只有一个了。

　　Zhè yīnggāi shì yí duì de, zěnme zhǐ yǒu yí ge le.

이것은 한 쌍이어야 하는데 어째서 한 짝밖에 없지.

② 这次考察的地区可以是西北，也可以是西南。

    Zhè cì kǎochá de dìqū kěyǐ shì xīběi, yě kěyǐ shì xīnán.

③ 将来他会是你一个很好的帮手。

    Jiānglái tā huì shì nǐ yí ge hěn hǎo de bāngshǒu.

④ 这种事情能是他干出来的吗？您不能听信坏人的话。

    Zhè zhǒng shìqing néng shì tā gàn chūlai de ma? Nín bù néng tīngxìn huàirén de huà.

③ 긍정, 부정으로 된 병렬 방식으로 질문할 수 있다.

① 这是不是新来的杂志？

    Zhè shì bu shì xīn lái de zázhì?

② 那位老先生是不是王院长？

    Nà wèi lǎo xiānsheng shì bu shì Wáng yuànzhǎng?

④ 단독으로 질문에 대한 대답에 사용되어 술어가 될 수 있다.

① A：请问这里是张大伯家吗？

    Qǐng wèn zhèlǐ shì Zhāng dàbó jiā ma?

  B：是。

    Shì.

② A：这是你翻译的文章吗？

    Zhè shì nǐ fānyì de wénzhāng ma?

  B：是。

    Shì.

⑤ 뒤 쪽 어구와 술목구를 이루어 전체 문장의 술어가 된다.

① 《阿Q正传》是鲁迅先生写的一部小说。

    ĀQ zhèngzhuàn shì Lǔ Xùn xiānsheng xiě de yí bù xiǎoshuō.

② 维纳斯是罗马神话中爱与美的女神。

    Wéinàsī shì luómǎ shénhuà zhōng ài yǔ měi de nǚshén.

③ 领导上的要求是节约，少花钱，多办事。

    Lǐngdǎo shàng de yāoqiú shì jiéyuē, shǎo huā qián, duō bàn shì.

이번 조사지역은 서북 지역일 수도 있고, 서남 지역일 수도 있다.

장래에 그는 당신의 훌륭한 조수가 될 겁니다.

이런 일이 그가 한 일 일까요? 당신은 나쁜 사람의 말을 곧이들어 서는 안 됩니다.

이것은 새로 온 잡지지 요?

저 노선생이 왕 원장님 이지요?

실례지만, 이곳이 장씨 아저씨 댁인가요?

그렇습니다.

이 게 네가 번역한 문장 이냐?

그렇습니다.

《아Q정전》은 鲁迅 선생이 쓴 소설 한 편이 다.

비너스는 로마 신화의 사랑과 미의 여신이다.

지도부의 요구는 절약 하고 돈을 적게 쓰고 일 은 많이 하는 것이다.

④ 你是干什么的? 小伙子，看得出，你不是干这一行的。

Nǐ shì gàn shénme de? xiǎohuǒzi, kàn de chū, nǐ bú shì gàn zhè yì háng de.

② '是'가 일반 동사와 다른 점

① '是' 뒤에는 '了', '着', '過' 등 시태 조사 및 여러 보어를 사용할 수 없다. 이것은 '是'가 동작을 나타내지 않기 때문이다. 새로운 상황의 출현을 나타낼 때, '是'자문의 문장 끝에 '了'를 쓸 수 있다. 예를 들면 '从今天起，我就是北京大学的学生了'가 그러하다.

② '是'는 일반적으로 오직 '不'자를 써서 부정('不是')할 수 있다.

③ '是'는 중첩할 수 없다. 대답을 나타내는 '是是'는 '是'의 연용이며 동사 중첩과는 다르다.

④ '是'는 비록 술어동사이지만 의미상 문장의 중점은 아니며 중점은 목적어에 있다. 현대중국어에서 '是'는 사용빈도가 비교적 높은 상용되는 동사이다.

2 '是'자문의 구조적 특징

'是'의 주어와 목적어가 되는 어구는 여러 가지이며 일반 동사의 주어, 목적어보다 훨씬 광범위하여 거의 모든 실사와 구가 가능하다.

① 명사 및 명사구

① 约翰是男生，玛丽是女生。

Yuēhàn shì nánshēng, Mǎlì shì nǚshēng.

② 李四光是一位著名的地质学家。

Lǐ Sìguāng shì yí wèi zhùmíng de dìzhì xuéjiā.

③ 导电性最好的金属材料是铜。

Dǎodiànxìng zuì hǎo de jīnshǔ cáiliào shì tóng.

② 대사

① 你不是我，怎么知道我想什么?

Nǐ bú shì wǒ, zěnme zhīdào wǒ xiǎng shénme?

② 唐太宗李世民可不是这样，自己下得一手好围棋，还很爱护人才。

Tángtàizōng Lǐ Shìmín kě bú shì zhèyàng, zìjǐ xià de yì shǒu hǎo wéiqí, hái hěn àihù réncái.

당태종 李世民은 진정 이러했는데, 자신이 바둑을 잘 두었고, 또한 인재를 몹시 아꼈다.

③ 父亲一向是那样，他说一句就是一句的。

Fùqīn yíxiàng shì nàyàng, tā shuō yí jù jiù shì yí jù de.

아버지께서는 줄곧 그렇게 하실 말씀만 하셨다.

④ A：您是哪儿？

Nín shì nǎr?

어디시죠?

B：我是北京饭店。

Wǒ shì Běijīng fàndiàn.

北京 호텔입니다.

③ 수사 및 수량사구

① 十五是三的倍数，也是五的倍数。

Shíwǔ shì sān de bèishù, yě shì wǔ de bèishù.

15는 3의 배수이며 5의 배수이기도 하다.

② 二加二是四。

Èr jiā èr shì sì.

2더하기 2는 4이다.

③ 一千克是一公斤。

Yì qiān kè shì yì gōngjīn.

1,000g은 1kg이다.

④ 这是第一次，也是最后一次。

Zhè shì dì yī cì, yě shì zuìhòu yí cì.

이것은 처음이자 마지막이다.

⑤ 二楼二门六号是张力的家。

Èr lóu èr mén liù hào shì Zhāng Lì de jiā.

2동 두 번째 문 6호는 张力의 집이다.

④ 동사 및 동사구

① 变化是必然的。

Biànhuà shì bìrán de.

변화는 필연적인 것이다.

② 现在，活下去是他唯一的要求。

Xiànzài, huó xiàqu shì tā wéiyī de yāoqiú.

현재는 살아가는 것이 그의 유일한 요구이다.

③ 他刚说的话是故意为难我。

Tā gāng shuō de huà shì gùyì wéinán wǒ.

그가 방금 한 말은 일부러 나를 곤란하게 하는 것이다.

④ 我们的口号是勤奋、务实、勇于创新。

Wǒmen de kǒuhào shì qínfèn、wùshí、yǒngyú chuàngxīn.

우리의 구호는 근면, 무실역행, 과감한 창조다.

⑤ 형용사 및 형용사구

① 谦虚是一种美德。

    Qiānxū shì yì zhǒng měidé.

겸손은 미덕이다.

② 进步的大敌是骄傲自满。

    Jìnbù de dàdí shì jiāo'ào zìmǎn.

진보의 적은 오만과 자만이다.

⑥ 처소사

① 后面是一个足球场。

    Hòumiàn shì yí ge zúqiúchǎng.

뒤쪽은 축구장이다.

② 前头是街心花园，马路南边就是火车站。

    Qiántou shì jiēxīn huāyuán, mǎlù nánbiān jiù shì huǒchēzhàn.

앞쪽은 도로 중앙 화단이고 큰길 남쪽이 바로 기차역이다.

⑦ 시간어구

① 1996年2月19日是春节。

    Yī jiǔ jiǔ liù nián èr yuè shíjiǔ rì shì Chūn Jié.

1996년 2월 19일은 구정이다.

② 昨天的昨天是前天

    Zuótiān de zuótiān shì qiántiān.

어제의 어제는 그제이다.

③ 二月二十六号是我的生日。

    Èr yuè èrshíliù hào shì wǒ de shēngrì.

2월 26일은 내 생일이다.

④ 去年第一学期开学的日期是9月1日。

    Qùnián dì yī xuéqī kāixué de rìqī shì jiǔ yuè yī rì.

작년 첫 학기 개학일은 9월 1일이다.

⑧ 주술구

① 他那样做是为了快点儿完成任务。

    Tā nàyàng zuò shì wèile kuài diǎnr wánchéng rènwu.

그가 그렇게 한 것은 임무를 빨리 완성하기 위함이다.

② 他来晚的原因是家里来了客人。

    Tā lái wǎn de yuányīn shì jiā lǐ lái le kèrén.

그가 늦게 온 원인은 집에 손님이 왔기 때문이다.

③ 你不表示意见是不是因为你不同意这个方案？

    Nǐ bù biǎoshì yìjiàn shì bu shì yīnwèi nǐ bù tóngyì zhè ge fāng'àn?

당신이 의견을 내지 않는 건 당신이 이 방안에 동의하지 않기 때문이죠?

④ 这件事不是我不管，是我管不了。

    Zhè jiàn shì bú shì wǒ bù guǎn, shì wǒ guǎn bu liǎo.

이 일은 내가 관여치 않는 것이 아니라 관여할 수 없는 것이다.

⑨ '的'자구

① 这件衬衫是真丝的。

    Zhè jiàn chènshān shì zhēnsī de.

이 셔츠는 본견이다.

② 这座圆形的小塔是铜的。

    Zhè zuò yuánxíng de xiǎotǎ shì tóng de.

원형으로 된 이 작은 탑은 동으로 만든 것이다.

③ 红色的运动服是我的，蓝色的是她的。

    Hóngsè de yùndòngfú shì wǒ de, lánsè de shì tā de.

붉은 색 운동복은 내 것이고 파란 색은 그녀의 것이다.

④ 我女儿是学医的。

    Wǒ nǚ'ér shì xuéyī de.

내 딸은 의학도이다.

⑤ 她丈夫是外交部的。

    Tā zhàngfu shì wàijiāobù de.

그녀 남편은 외교부 직원이다.

⑥ 这台机器是绣花用的。

    Zhè tái jīqì shì xiùhuā yòng de.

이 기계는 수놓는 데 쓰이는 것이다.

⑦ 桌子上的杂志都是新来的，书架上的都是过期的。

    Zhuōzi shàng de zázhì dōu shì xīn lái de, shūjià shàng de dōu shì guòqī de.

탁자에 있는 잡지는 모두 새로 온 것이고 서가에 있는 것은 모두 이전 것이다.

 '是'자문의 유형과 용법

주어와 목적어의 관계에 따라 '是'자문은 다음과 같이 분류할 수 있다.

 동등과 귀속을 나타낸다. 이러한 '是'자문의 주어, 목적어는 대부분 명사, 대사, 수량사 혹은 '的'자구가 담당하는데, 주어와 목적어는 대개 상응하며 때로는 같은 것이기도 하다. 이는 다시 두 가지로 나눌 수 있다.

▣ 동등함을 나타내는 것으로, 주어와 목적어가 위치를 호환할 수 있는데 문장의 의미는 변치 않는다.

① 一年的四个季节是春季、夏季、秋季、冬季。

    Yì nián de sì ge jìjié shì chūnjì、xiàjì、qiūjì、dōngjì.

1년의 사계절은 봄, 여름, 가을, 겨울이다.

② 这篇文章的作者是王中。

    Zhè piān wénzhāng de zuòzhě shì Wáng Zhōng.

이 글의 작가는 王中이다.

③ 山东省的别称是鲁。

Shāndōngshěng de biéchēng shì Lǔ.

山東省의 별칭이 '鲁'이다.

④ 这次唱歌比赛的第一名是王英。

Zhè cì chànggē bǐsài de dì yī míng shì Wáng Yīng.

이번 노래 경연대회 일등은 王英이다.

⑤ 一分钟是60秒，一个小时是3600秒。

Yì fēnzhōng shì liùshí miǎo, yí ge xiǎoshí shì sān qiān liù bǎi miǎo.

1분은 60초이고 1시간은 3,600초이다.

이상 각 예문은 모두 일정한 담화 맥락에서 주어, 목적어가 가리키는 사물은 유일한 것이고, 주어와 목적어는 호환할 수 있는 것들이다. 예를 들어 예문 ①은 '春季、夏季、秋季、冬季是一年的四个季节'로 말할 수 있고, 예문 ②는 '王中是这篇文章的作者'라고 말할 수 있다. 어떤 것을 주어로 선택할 것인가는 앞뒤 문장과 담화 맥락 등에 의해 결정된다.

② 귀속을 나타내는 것으로 목적어는 類개념을 나타내고 주어는 属개념을 나타낸다. 属개념은 類개념 속에 포함되는데, 즉, 주어가 가리키는 사물은 목적어가 가리키는 사물의 일부분에 속한다.

① 这棵树是桃树。

Zhè kē shù shì táoshù.

이 나무는 복숭아나무이다.

② 橘子、苹果、香蕉、菠萝等都是水果。

Júzi、píngguǒ、xiāngjiāo、bōluó děng dōu shì shuǐguǒ.

귤, 사과, 바나나, 파인애플 등은 모두 과일이다.

③ 居里夫人是世界著名科学家。

Jūlǐ fūrén shì shìjiè zhùmíng kēxuéjiā.

퀴리 부인은 세계적으로 유명한 과학자이다.

귀속 관계를 나타내는 이러한 '是'자문은 주어와 목적어를 호환할 수 없다. 예를 들어 '水果是橘子', '世界著名科学家是居里夫人'이라고 말할 순 없다. 때로 호환 후 문장의 의미가 변할 수 있다. 예를 들어 예문 ①의 주어, 목적어를 호환하게 되면 '桃树是这棵树'로 변하게 되어 문장의 의미가 '커다란 숲 속에 오직 이 복숭아나무만 있고 그 나머지는 복숭아나무가 아니다'는 것이 되어 본래 문장의 의미와는 너무 다르게 된다.

귀속을 나타내는 상기 '是'자문을 제외하고도 '的'자문이 목적어를 이루는 '是'자문이 있는데 일반적으로는 명사가 생략된 것이라고 간주된다.

① 李老师是教语法的。

Lǐ lǎoshī shì jiāo yǔfǎ de.

이 선생님은 어법을 가르치시는 분이다.

② 这台机器是绣花用的。

Zhè tái jīqì shì xiùhuā yòng de.

이 기계는 수놓은 데 사용하는 것이다.

③ 这座圆形的小塔是铜的。

　　Zhè zuò yuánxíng de xiǎotǎ shì tóng de.

이러한 '是'자문도 귀속을 나타낸다.

 목적어는 어떤 측면에서 주어에 대해 설명을 가하며, 주어와 목적어는 상응하지 않는다. 이것은 중국어 특유의 문형으로서 아래는 몇 가지 자주 보이는 예이다.

① 사람의 성격, 특징을 설명한다.

① 老王是个慢性子，你可得常催着他点儿。

　　Lǎo Wáng shì ge mànxìngzi, nǐ kě děi cháng cuīzhe tā diǎnr.

왕씨는 성격이 느긋한 사람이니, 자네가 자주 그를 좀 재촉해야 하네.

② 小李是瘦高个儿。

　　Xiǎo Lǐ shì shòugāo gèr.

小李는 키 큰 말라깽이다.

③ 你们是知识分子的语言，他们是人民大众的语言。

　　Nǐmen shì zhīshifènzǐ de yǔyán, tāmen shì rénmín dàzhòng de yǔyán.

당신들은 지식인의 언어를 쓰고 그들은 대중의 언어를 쓴다.

② 시간을 설명한다.

① 他们回国的日期都定了，老张是明天，老李是后天。

　　Tāmen huíguó de rìqī dōu dìng le, lǎo Zhāng shì míngtiān, lǎo Lǐ shì hòutiān.

그들의 귀국 날짜가 잡혔는데, 장씨는 내일이고 이씨는 모레다.

② 明天从学校出发是上午6:30。

　　Míngtiān cóng xuéxiào chūfā shì shàngwǔ liù diǎn sānshí fēn.

내일 학교에서 출발은 오전 6시 30분에 한다.

③ 처소를 설명한다.

① 我们都住在黄河边上，他是上游，我是下游。

　　Wǒmen dōu zhù zài huánghé biān shàng, tā shì shàngyóu, wǒ shì xiàyóu.

우리 모두는 황하 변에 사는데, 그는 상류에 살고 나는 하류에 산다.

② 这次生产实习分两个地方，一班是上海，二班是杭州。

　　Zhè cì shēngchǎn shíxí fēn liǎng ge dìfang, yì bān shì Shànghǎi, èr bān shì Hángzhōu.

이번 생산 실습은 두 곳으로 나뉘는데, 1반은 上海이고 2반은 杭州이다.

④ 담당한 역할을 설명한다.

① 这次排练，罗拉是东郭先生，丁力是狼。

　　Zhè cì páiliàn, Luólā shì Dōngguō xiānsheng, Dīnglì shì láng.

이번 리허설에서는 로라가 東郭 선생 역이고 丁力가 늑대 역이다.

② 入场式开始了，仪仗队里，男生是旗手，女生是军乐队。

Rùchǎngshì kāishǐ le, yízhàngduì lǐ, nánshēng shì qíshǒu, nǚshēng shì jūnyuèduì.

입장식이 시작되었는데 의장대에서 남학생은 기수를 맡고 여학생은 군악대를 맡았다.

③ 他们夫妻俩都在饭店工作，儿子是厨师，儿媳妇是前台。

Tāmen fūqī liǎ dōu zài fàndiàn gōngzuò, érzi shì chúshī, érxífu shì qiántái.

그들 부부는 둘 다 호텔에서 근무하는데 아들은 요리사고 며느리는 프런트 담당이다.

⑤ 구비한 물품을 나타낸다.

① 我们俩买的书不一样，他是英文课本，我是科技常识。

Wǒmen liǎ mǎi de shū bù yíyàng, tā shì Yīngwén kèběn, wǒ shì kējì chángshí.

우리 둘이 산 책은 다른데, 그가 산 것은 영어 교과서이고 내가 산 것은 과학 기술 상식 책이다.

② 我们的电视机不一样，他是黑白12寸，我是彩色14寸。

Wǒmen de diànshìjī bù yíyàng, tā shì hēibái shí'èr cùn, wǒ shì cǎisè shísì cùn.

우리들 TV는 서로 다른데, 그의 것은 흑백 12 인치짜리이고 내 것은 칼라 14인치짜리다.

⑥ 의복을 나타낸다.

① 解放前，他夏天总是一件破布衫。

Jiěfàng qián, tā xiàtiān zǒngshì yí jiàn pò bùshān.

해방 전에, 그는 여름 내내 떨어진 셔츠를 입고 지냈다.

② 别人都是T恤牛仔，就他是西装革履。

Biérén dōu shì T xù niúzǎi, jiù tā shì xīzhuāng gélǚ.

다른 사람들은 모두 티셔츠와 청바지를 입었는데 그만 양복에 구두를 신었다.

⑦ 도구, 수단을 나타낸다.

① 我们是小米加步枪，敌人是飞机加大炮。

Wǒmen shì xiǎomǐ jiā bùqiāng, dírén shì fēijī jiā dàpào.

우리는 좁쌀에 소총을 지녔는데, 적은 비행기에 대포를 가졌다.

② 俺们两个村儿只隔一条河，可人家是拖拉机，俺们村还是小锄头。

Ǎnmen liǎng ge cūnr zhǐ gé yì tiáo, kě rénjia shì tuōlājī, ǎnmen cūn hái shì xiǎochútou.

우리 두 마을은 겨우 강 하나를 사이에 두고 있는데, 저쪽은 트랙터를 쓰는 반면 우리 마을은 아직도 호미를 쓴다.

③ 他总是这么一辆破车。

Tā zǒngshì zhème yí liàng pòchē.

그는 언제나 이런 고물차를 탄다.

⑧ 상황을 나타낸다.

① 看来，张女士是既事业有成，又家庭美满。

Kànlái, Zhāng nǚshì shì jì shìyè yǒuchéng, yòu jiātíng měimǎn.

보아하니, 장 여사는 사업에서 성공했을 뿐더러 가정도 원만하다.

② 他是到了黄河也不死心。

　　Tā shì dàole Huánghé yě bù sǐxīn.

　이러한 종류의 '是'자문은 일반적으로 담화 맥락에 의거해 주어나 목적어에 일부 어구를 보충해 줌으로써 주어, 목적어가 상응하도록 할 수 있다.

① 老王是个慢性子的人。

　　Lǎo Wáng shì ge mànxìngzi de rén.

② 小李是个瘦高个儿的人。

　　Xiǎo Lǐ shì ge shòugāo gèr de rén.

그러나 보충한 후에는 보통 장황하고 군소리처럼 보여, 본래의 문장처럼 간결하고 생동적이며 참신하지는 않다.

　그 외, 일부 '是'자문은 비유관계를 나타낸다.

① 青年们努力吧! 你们是祖国的未来， 祖国的希望。

　　Qīngniánmen nǔlì ba! nǐ men shì zǔguó de wèilái, zǔguó de xīwàng.

② 时间就是生命。

　　Shíjiān jiù shì shēngmìng.

③ 王大爷您真是雪中送炭啊! 该怎么谢谢呢?

　　Wáng dàyé nín zhēn shì xuě zhōng sòng tàn a! gāi zěnme xièxie ne?

④ 俗语说 : 人是铁， 饭是钢。

　　Súyǔ shuō : rén shì tiě, fàn shì gāng.

⑤ 他的脸现在是多云转晴。

　　Tā de liǎn xiànzài shì duō yún zhuǎn qíng.

　이러한 '是'자문은 중국어의 경제성과 간결성을 보여준다. '是'는 내용이 복잡한 문장을 '是'가 연결하는 몇 개의 중요 어구로 구성된, 비교적 간단한 문장으로 만들 수 있다. 예를 들어 갑, 을 두 사람이 있는데 갑은 탁구를 좋아하고 을은 축구를 좋아한다고 하자. 누군가가 '你们俩喜欢什么运动?(당신들 둘은 무슨 운동을 좋아하세요?)' 라는 질문을 했을 때, 갑이 답하기를 '他是足球, 我是乒乓求。(저 사람은 축구를 좋아하고 저는 탁구를 좋아합니다.)'라고 할 수 있다. 이러한 답변에서 '是'를 사용해 주어 '他', '我'와 두개의 중요어구 '足球'와 '乒乓球'를 연계시켜 두개의 간단한 '是'자문을 구성할 수 있다. 이 두 마디 말을 엄격하게 논리에 따라 분석해 보면, 다소 불합리하지만 중국어를 구사하는 사람은 이처럼 간단하고 생동적으로 즐겨 표현한다.

원인 등을 설명, 해석하는 데 사용되어 때로는 해명의 의미를 갖는다. '是'의 목적어는 대개 동사(구), 형용사(구), 개사구로 이루어진다.

1 원인을 설명한다.

① 我来中国是学习汉语，不是旅游。

    Wǒ lái Zhōngguó shì xuéxí Hànyǔ, bú shì lǚyóu.

내가 중국에 온 목적은 중국어를 배우려는 것이지 여행하려는 것이 아니다.

② 你不去旅行是身体顶不下来吧？

    Nǐ bú qù lǚxíng shì shēntǐ dǐng bu xiàlai ba?

당신이 여행을 가지 않으려는 것은 몸이 견디지를 못해서죠?

③ 人家是不知道，问问你，没有别的意思。

    Rénjia shì bù zhīdào, wènwen nǐ, méi yǒu bié de yìsi.

그 사람이 몰라서 당신께 묻는 것이지 다른 뜻이 없습니다.

④ 他学习好是由于他有明确的学习目的。

    Tā xuéxí hǎo shì yóuyú tā yǒu míngquè de xuéxí mùdì.

그가 공부를 잘하는 건 그가 뚜렷한 학습 목적을 가지고 있기 때문이다.

⑤ 群众敬佩她是因为她是一个踏踏实实的实干家。

    Qúnzhòng jìngpèi tā shì yīnwèi tā shì yí ge tātāshíshí de shígànjiā.

군중들이 그녀를 존경하는 건 그녀가 묵묵히 성실하게 열심히 일하는 사람이기 때문이다.

2 어떤 상황에 대해 해석을 내리는 것.

① 白大嫂子低下头来，这回不是生气，而是不好意思。

    Bái dàsǎozi dī xià tóu lái, zhè huí bú shì shēng qì, érshì bù hǎo yìsi.

백씨네 큰형수가 고개를 숙였는데, 이번에는 화가 나서가 아니라 겸연쩍어서이다.

② 我们对同学的要求就是刻苦钻研，掌握好本领，将来为祖国的四化建设贡献力量。

    Wǒmen duì tóngxué de yāoqiú jiù shì kèkǔ zuānyán, zhǎngwò hǎo běnlǐng, jiānglái wèi zǔguó de sìhuà jiànshè gòngxiàn lìliang.

학생들에 대한 우리의 요구는 열심히 연구하고하고 훌륭한 능력을 키워 장차 조국의 '四化建設'에 기여하라는 것이다.

③ 他们最后一次集会是在北大。

    Tāmen zuìhòu yí cì jíhuì shì zài Běidà.

그들의 마지막 집회는 북경대에서 열린다.

④ 你这样做是根据什么？

    Nǐ zhèyàng zuò shì gēnjù shénme?

당신이 이렇게 하는 건 무엇을 근거로 하는 겁니까?

3 해명하는 어투를 지닌 문장은 보통 '是'를 지닌 두 개의 절을 포함한다.

① 他的做法是进，不是退。

    Tā de zuòfǎ shì jìn, bú shì tuì.

그의 행동은 나아가자는 것이지 물러서자는 것이 아니다.

② 这种办法是快，不是慢。

　　Zhè zhǒng bànfǎ shì kuài, bú shì màn.

③ 周瑜说：这是他自己找死，并不是我逼他。

　　Zhōu Yú shuō : Zhè shì tā zìjǐ zhǎo sǐ, bìng bú shì wǒ bí tā.

④ 她不是买不起，是不想买。

　　Tā bú shì mǎi bu qǐ, shì bù xiǎng mǎi.

⑤ 不是他不努力，是他没有能力。

　　Bú shì tā bù nǔlì, shì tā méi yǒu nénglì.

위의 각 예문은 모두 두 개의 절로 이루어졌는데, 하나는 '是'를 써서 긍정의 의미를 나타내었고, 다른 하나는 '不是'를 써서 부정의 의미를 나타내었다. 즉 긍정−부정 혹은 부정−긍정이라는 두 가지 상황으로 설명하였다.

④ 해석을 나타내는 무주어문.

　이러한 무주어문에서는 '是' 앞에 주어가 없으며 '是' 뒤에 바짝 붙는 명사성 어구는 '是'의 목적어가 되어서 동목구를 형성한다. 때로는 '是'의 목적어가 뒤쪽 동사의 주어가 되기도 한다.

① 是风把门吹开了。

　　Shì fēng bǎ mén chuī kāi le.

② 是乡亲们救了我们。

　　Shì xiāngqīnmen jiùle wǒmen.

③ 在我困难的时候，是我的老师帮助了我。

　　Zài wǒ kùnnan de shíhou, shì wǒ de lǎoshī bāngzhùle wǒ.

④ 是我没说清楚，不是你没听清楚。

　　Shì wǒ méi shuō qīngchu, bú shì nǐ méi tīng qīngchu.

⑤ 是我的一句话，惹出了麻烦。

　　Shì wǒ de yí jù huà, rě chū le máfan.

④ 존재를 나타낸다. 주어는 방위사나 처소사이고 '是'는 '존재'의 의미를 갖고 있다.

① 桌子上是书，没有别的东西。

　　Zhuōzi shàng shì shū, méi yǒu bié de dōngxi.

② 宿舍前是一个网球场。

　　Sùshè qián shì yí ge wǎngqiúchǎng.

③ 山上全是枫树，秋天是一片红。

　　Shān shàng quán shì fēngshù, qiūtiān shì yípiàn hóng.

산에 있는 것은 전부 단
풍나무라서　가을이면
온통 붉은 빛이다.

④ 你怎么脸上、身上都是泥？

　　Nǐ zěnme liǎn shàng、shēn shàng dōu shì ní?

너는 어째 얼굴이랑 몸
이 온통 진흙투성이냐?

⑤ 早上起来，我打开窗户向外一看，树上、地上、屋顶上都是
雪，好看极了。

　　Zǎoshang qǐlái, wǒ dǎkāi chuānghu xiàng wài yí kàn, shù
　　shàng、dì shàng、wūdǐng shàng dōu shì xuě, hǎokàn jíle.

아침에 일어나 창을 열
고 밖을 내다보니 나무
위, 땅 위, 지붕 위가
온통 눈 천지로 몹시 아
름다웠다.

　　존재를 나타낼 때, '是'와 '有'는 차이가 있다. '是'는 어떠한 물체가 어떤 공간을 점
거하여 그 물체가 그 공간에서는 유일한 것임을 나타낸다. 그러나 '有'는 단지 어떤
공간에 어떤 혹은 몇몇 물체가 존재하고 있다는 것을 나타낸다.

① A : 桌子上是什么？

　　Zhuōzi shàng shì shénme?

탁자 위에는 무엇이 있
나요?

B : 桌子上是书。

　　Zhuōzi shàng shì shū.

탁자 위에는 책이 있습
니다.

② A : 桌子上有什么东西吗？

　　Zhuōzi shàng yǒu shénme dōngxi ma?

탁자 위에는 무슨 물건
이 있습니까?

B : 桌子上有书，还有笔。

　　Zhuōzi shàng yǒu shū, hái yǒu bǐ.

탁자 위에는 책이 있고
붓도 있습니다.

예문 ①처럼 '是'를 이용해 질문을 했을 때, 질문자는 이미 탁자 위에 무언가가 있다
는 것을 알고 있지만 무엇이 있는지는 모른다. 응답자도 '是'를 써서 대답함으로써
'탁자 위에 있는 것은 바로 책이며 다른 물건은 없다'는 것을 나타내고 있다. 하지만
예문 ②처럼 '有'자를 이용해 질문했을 때는, 질문자는 탁자 위에 물건이 있는지 없
는지를 모르며 더욱이 얼마나 있는지 알지 못한다. 이에 대한 대답은 아무 것도 없다
는 것일 수도 있고 한 개 이상의 물건이 있다는 것일 수도 있다.

 긍정을 나타낸다.

① 동사(구), 형용사(구) 앞에 사용되어 긍정을 나타내며, 보통은 상당히 높은 정도
의 긍정을 나타낸다. '是'는 가볍게 읽는다.

① 小林对人是那样热情，谁都会喜欢她。

　　Xiǎolín duì rén shì nàyàng rèqíng, shéi dōu huì xǐhuan tā.

小林은 사람들을 그처
럼 따뜻하게 대하니 누
구라도 그녀를 좋아할
것이다.

② 孩子们是又唱又跳，高兴得不得了。

　　Háizimen shì yòu chàng yòu tiào, gāoxìng de bùdéliǎo.

③ 他大吼了一声，声音是那么可怕，吓得旁边的孩子哭了起来。

　　Tā dà hǒule yì shēng, shēngyin shì nàme kěpà, xià de pángbiān de háizi kūle qǐlai.

④ 他的态度是那么诚恳，以至于本来不想买东西的人，都纷纷掏出钱来。

　　Tā de tàidu shì nàme chéngkěn, yǐzhìyú běnlái bù xiǎng mǎi dōngxi de rén, dōu fēnfēn tāo chū qián lai.

② '是'에 강세를 두어 앞쪽의 말을 긍정하는데, 긍정한 내용은 반드시 이미 알고 있는 정보이다.

① A : 小林这个人很热情啊。

　　Xiǎo Lín zhè ge rén hěn rèqíng a.

　B : 小林这个人'是很热情。

　　Xiǎo Lín zhè ge rén shì hěn rèqíng.

② A : 你昨天是不是不高兴了?

　　Nǐ zuótiān shì bu shì bù gāoxìng le?

　B : 昨天我'是不高兴了，你怎么能当着那么多人的面说我呢!

　　Zuótiān wǒ shì bù gāoxìng le, nǐ zěnme néng dāngzhe nàme duō rén de miàn shuō wǒ ne!

③ A : 那个电影怎么样? 不错吧?

　　Nà ge diànyǐng zěnmeyàng? búcuò ba?

　B : '是不错。

　　Shì búcuò.

③ 대화 중 상대방이 하는 말을 긍정한다는 것을 나타낼 때도 '是'를 쓸 수 있다.

① A : 发生这件事不是偶然的，是我们平时不重视思想教育的结果。

　　Fāshēng zhè jiàn shì bú shì ǒurán de, shì wǒmen píngshí bú zhòngshì sīxiǎng jiàoyù de jiéguǒ.

　B : 是，是，是这样。

　　Shì, shì, shì zhèyàng.

② A : "梅表妹要结婚?"觉新惊疑地问道。

　　"Méi biǎomèi yào jié hūn?" Juéxīn jīngyí de wèndào.

B：是。日期还没有定，不过也很快。

　　Shì. Rìqī hái méi yǒu dìng, búguò yě hěn kuài.

<blockquote>네. 날짜는 아직 안 잡 했지만 곧 할 겁니다.</blockquote>

어느 관점에 대해 동의를 나타내고 아울러 자신의 감상을 표현할 때에는 말의 첫머리에 '是啊', '是的' 등을 써서 긍정을 나타낼 수도 있다.

③ 是啊! 人们是多么需要相互理解啊! 理解万岁。

　　Shì a! Rénmen shì duōme xūyào xiānghù lǐjiě a! Lǐjiě wànsuì.

<blockquote>그래요! 사람들에게 상호 이해가 얼마나 필요한대요! 이해가 최고지요.</blockquote>

 '是'의 전후에 똑같은 어구를 사용해서 아래와 같은 몇 가지 의미를 나타낼 수 있다.

[1] 주어는 바로 목적어가 나타내는 것의 한 종류이지 다른 것이 아님을 긍정한다.

① 事实总是事实。

　　Shìshí zǒng shì shìshí.

<blockquote>사실은 어쨌든 사실이다.</blockquote>

② 青年就是青年，不然，何必要搞青年团呢?

　　Qīngnián jiù shì qīngnián, bùrán, hébì yào gǎo qīngniántuán ne?

<blockquote>청년은 청년이지, 그렇지 않으면 뭐 하러 청년단을 결성하려 하겠어?</blockquote>

③ 优秀生毕竟是优秀生，在哪儿都表现得出色。

　　Yōuxiùshēng bìjìng shì yōuxiùshēng, zài nǎr dōu biǎoxiàn de chūsè.

<blockquote>우등생은 우등생이라서 모든 면에서 뛰어나다.</blockquote>

④ 对就是对，不对就是不对，一定要实事求是。

　　Duì jiù shì duì, bú duì jiù shì bú duì, yídìng yào shí shì qiú shì.

<blockquote>옳으면 옳고 그르면 그른 것으로 반드시 실사구시 해야 한다.</blockquote>

⑤ 其实，该好就是好，该坏就是坏，您说，是不是这个理?

　　Qíshí, gāi hǎo jiù shì hǎo, gāi huài jiù shì huài, nín shuō, shì bu shì zhè ge lǐ?

<blockquote>사실, 좋은 건 좋고 나쁜 건 나쁜 거지, 뭐 그런 거 아니에요?</blockquote>

이러한 문장의 주어와 목적어는 일반적으로는 비교적 간단하며, 게다가 '是' 앞뒤의 어구는 동일하다. 확인의 의미를 강조하기 위해서 '是' 앞에는 부사 '就', '总', '毕竟', '终归' 등이 쓰이고, 또한 이들 부사는 강하게 읽어야 하며 생략할 수 없다.

이렇게 사용하는 '是' 앞뒤에는 동사나 동사구를 사용할 수도 있다.

① 懂就是懂，不懂就是不懂，不懂不要装懂。

　　Dǒng jiù shì dǒng, bù dǒng jiù shì bù dǒng, bù dǒng bú yào zhuāng dǒng.

<blockquote>알면 아는 것이고 모르면 모르는 것이지, 모르면서 아는 체하지는 말아라.</blockquote>

② 孩子，别怕，拣柴禾就是拣柴禾，什么消息不消息的。

　　Háizi, bié pà, jiǎn cháihe jiù shì jiǎn cháihe, shénme xiāoxi bù xiāoxi de.

<blockquote>얘야, 무서워하지 마라. 땔나무 주울 거면 땔나무만 주우면 되지 무슨 소식이든 무슨 상관이냐.</blockquote>

예문 ②의 의미는 '네가 멜나무를 줍고 있는 건 다른 일과는 상관없고, 또 다른 일은 알지 못 한다'는 것이다.

② 한계가 분명하고 뚜렷하여 모호하지 않음을 나타낸다. 이러한 문장 형식은 대개 두 개나 두 개 이상의 '是'자문으로 이루어진 것이다. 일반적으로 일처리에 정직하고 성실하며, 일을 하는데 있어 조리 있고 분명하다는 것을 나타내는 데 사용된다.

① 王大嫂总是这么干净利索，头是头，脚是脚。

   Wáng dàsǎo zǒngshì zhème gānjìng lìsuǒ, tóu shì tóu, jiǎo shì jiǎo.

> 왕씨네 형수는 언제나 이처럼 깔끔하여 한계가 명확하고 뚜렷하다.

② 这个青年人办事，丁是丁，卯是卯，不含糊。

   Zhè ge qīngnián rén bàn shì, dīng shì dīng, mǎo shì mǎo, bù hánhu.

> 이 청년은 일을 처리하는 데 있어 빈틈이 없고 소홀함이 없다.

③ 小张平时话语不多，可是话一说出来，一句是一句，总是说到点子上。

   Xiǎo Zhāng píngshí huàyǔ bù duō, kěshì huà yì shuō chūlai, yí jù shì yí jù, zǒngshì shuō dào diǎnzi shàng.

> 小张은 평상시에는 말 수가 적지만, 말을 했다 하면 한마디 한마디가 언제나 정곡을 찌른다.

④ 小明写的字真不错，一笔是一笔，横是横，竖是竖。

   Xiǎomíng xiě de zì zhēn búcuò, yì bǐ shì yì bǐ, héng shì héng, shù shì shù.

> 小明이 쓴 글자는 훌륭해서 한 필 한 필 가로 세로가 반듯하다.

⑤ 咱们应该公是公，私是私，清清楚楚。

   Zánmen yīnggāi gōng shì gōng, sī shì sī, qīngqīngchǔchǔ.

> 우리는 공은 공이고 사는 사로서 분명히 해야 한다.

③ 양보를 나타내는 '虽然'의 의미가 있으나, '虽然'을 사용하는 것보다 어기가 부드럽고 더욱 구어적인 표현이다. '是' 앞뒤의 어구는 대개 동사구, 형용사구나 명사구로 양보문을 이룬다. 뒤 쪽의 단문은 전환의 의미를 지닌 주요 문장이다.

① 这孩子聪明是聪明，就是不知道用功。

   Zhè háizi cōngmíng shì cōngmíng, jiù shì bù zhīdào yòng gōng.

> 이 아이는 총명하긴 한데 다만 노력할 줄을 모른다.

② 这个东西我有是有，可是忘了放在什么地方了。

   Zhè ge dōngxi wǒ yǒu shì yǒu, kěshì wàngle fàng zài shénme dìfang le.

> 이 물건이 내게 있기는 하지만 어디에다 두었는지 잊어 버렸다.

예문 ①의 의미는 '这孩子虽然聪明，可是不用功。(이 아이가 비록 총명하긴 하나 노력하지 않는다)'는 것이고 예문 ②는 '你想借东西，我虽然有，可是忘了放在哪儿了。(당신이 빌리고자 하는 물건이 내게 비록 있기는 하지만, 어디에다 두었는지 잊어버렸다)'는 의미이다. 그러나 긍정적 어기는 매우 부족하다.

또한 '是' 앞에 부사 '倒'를 붙여 어기를 더욱 완화시킬 수 있다.

① 这孩子聪明倒是聪明，就是不知道用功。

　　Zhè háizi cōngmíng dǎo shì cōngmíng, jiù shì bù zhīdào yòng
　　gōng.

이 아이는 총명하긴 한데 노력할 줄을 모른다.

'是' 앞뒤의 어구는 때로 약간 다를 수 있다.

① 这种笔的样子好看是挺好看，就是笔尖太粗。

　　Zhè zhǒng bǐ de yàngzi hǎokàn shì tǐng hǎokàn, jiù shì bǐjiān tài
　　cū.

이런 펜은 모양은 예쁘기는 무척 예쁘지만 붓끝이 너무 굵다.

② 这种汽车跑得快是快点儿，可是费油。

　　Zhè zhǒng qìchē pǎo de kuài shì kuài diǎnr, kěshì fèiyóu.

이런 자동차는 속도가 빠르기는 좀 빠르지만 기름이 많이 든다.

예외가 없음을 나타내며 '凡是'의 의미를 갖고 '是'는 강하게 읽는다.

　이렇게 사용하는 '是'의 기능은 여전히 '귀속'이다. '是' 뒤의 명사 앞에는 양사를 붙일 수 있다.

① 这点事是个人都会做。

　　Zhè diǎn shì shì ge rén dōu huì zuò.

이만한 일은 사람이라면 누구나 할 수 있다.

이 말의 의미는 '사람이라면 이 정도의 일은 할 수 있다'는 것이고 '일'이 매우 용이함을 나타낸다.

② 他这个人，是节目就想看。

　　Tā zhè ge rén, shì jiémù jiù xiǎng kàn.

그 사람은 프로그램이라면 뭐든지 보고 싶어 한다.

이 말의 의미는 '그는 프로그램을 매우 즐겨 보기 때문에 프로그램이라면 좋고 나쁘고를 떠나 다 보고 싶어 한다.'는 것이다.

'是'는 응답을 나타내며 화자에 대한 청자의 태도 표명으로 간주할 수 있고, 또한 청자는 항상 지시받는 입장에 있다.

① 她快活地应了一声“是”，便迈着轻快的脚步走到外面去了。

　　Tā kuàihuó de yìngle yì shēng "shì", biàn màizhe qīngkuài de
　　jiǎobù zǒu dào wàimiàn qù le.

그녀는 쾌활하게 "예"라고 답하고서 가뿐한 걸음으로 밖으로 걸어 나갔다.

② A：你快去吧!

　　Nǐ kuài qù ba.

얼른 가봐!

　B：是, 是。

　　Shì, shì.

네. 네.

③ A : 你给我滚出去!

  Nǐ gěi wǒ gǔn chūqu!

 B : 是。

  Shì.

이러한 종류의 '是'는 복종의 의미를 갖는다. 현재는 군대, 감옥에서만 많이 사용하는
편이고 일반적인 상황에서는 사용이 적은 편이다.

 '是'를 '时候', '地方' 등 명사의 앞에 사용해 '적합하고 알맞다'란 의미를 나타낸다.

① 你来得是时候，我们正想给你打电话，叫你开会呢。

 Nǐ lái de shì shíhou, wǒmen zhèng xiǎng gěi nǐ dǎ diànhuà, jiào nǐ kāi huì ne.

② 这个花盆摆得不是地方，一不小心就会被踢翻。

 Zhè ge huāpén bǎi de bú shì dìfang, yí bù xiǎoxīn jiù huì bèi tīfān.

③ 你的汽车停得不是地方，叫交警拖走了。

 Nǐ de qìchē tíng de bú shì dìfang, jiào jiāojǐng tuōzǒu le.

④ 你的话说得不是时候，人家正在发愁，这不等于火上浇油嘛!

 Nǐ de huà shuō de bú shì shíhou, rénjia zhèngzài fā chóu, zhè bù děngyú huǒ shàng jiāo yóu ma!

⑤ 这场台风来得很是时候，我留你多住一天，你说一定要走，现在好了，大风把你留下来了。

 Zhè chǎng táifēng lái de hěn shì shíhou, wǒ liú nǐ duō zhù yì tiān, nǐ shuō yídìng yào zǒu, xiànzài hǎo le, dàfēng bǎ nǐ liú xiàlai le.

 ### 4 '是'자문의 의문 형식

 ### 1 '是'자문의 문장 끝에 의문조사 '吗'를 붙인다

① 你是留学生吗?

 Nǐ shì liúxuéshēng ma?

② 对不起，请问，您是张先生吗?

 Duìbuqǐ, qǐng wèn, nín shì Zhāng xiānsheng ma?

② 정반 의문 형식

① 你是不是留学生?

　　Nǐ shì bu shì liúxuéshēng?

② 对不起，请问，您是不是张先生?

　　Duìbuqǐ, qǐng wèn, nín shì bu shì Zhāng xiānsheng?

당신은 유학생인가요?

실례지만 말씀 좀 묻겠는데요, 당신이 장 선생님이신가요?

'不是'를 '是'자문의 문 말에 둘 수도 있다.

①′ 你是留学生不是?

　　Nǐ shì liúxuéshēng bú shì?

②′ 对不起，请问，您是张先生不是?

　　Duìbuqǐ, qǐng wèn, nín shì Zhāng xiānsheng bú shì?

당신은 유학생입니까?

실례지만 말씀 좀 묻겠습니다. 당신이 장 선생님이신가요?

③ '是不是'를 쓰는 의문문 형식

　'是不是'는 문장의 첫머리나 말미에 두거나 혹은 술어의 어느 어구 앞에 쓸 수 있다.

① 是不是我们明天开始放假?

　　Shì bu shì wǒmen míngtiān kāishǐ fàng jià?

　我们是不是明天开始放假?

　　Wǒmen shì bu shì míngtiān kāishǐ fàng jià?

　我们明天开始放假，是不是?

　　Wǒmen míngtiān kāishǐ fàng jià, shì bu shì?

우리 내일부터 방학이죠?

② 毕业后你要搞翻译工作，是不是?

　　Bì yè hòu nǐ yào gǎo fānyì gōngzuò, shì bu shì?

졸업 후에 당신은 번역 일을 할 거죠?

③ 咱们企业的信誉才值十万元，是不是太便宜了?

　　Zánmen qǐyè de xìnyù cái zhí shí wàn yuán, shì bu shì tài piányi le?

우리 회사의 신용과 명예가 겨우 십만 위엔짜리라면 너무 싼 거 아닌가요?

④ 他最近身体不好，是不是?

　　Tā zuìjìn shēntǐ bù hǎo, shì bu shì?

그는 최근에 건강이 좋지 않은 거 아닌가요?

⑤ 这种生产方式是不是有点儿落后?

　　Zhè zhǒng shēngchǎn fāngshì shì bu shì yǒudiǎnr luòhòu?

이런 생산 방식은 좀 낙후된 거 아닌가요?

参考文献

范　晓　"是"字句的提问形式,语文学习,1983年第6期。

符达维　作为分句的"X是X",中国语文,1985年第5期。

何思成　谈"是"的语法功能,成都大学学报,1984年第2期。

李芳杰　"的"字结构位于句首的判断句,世界汉语教学,1997年第1期。

吕文华　主语是受事的"是……的"句,汉语学习,1985年第5期。

郑献芹　现代汉语中"是"的词性及用法浅探,殷都学刊,1993年第3期。

周有斌　"是"字句的研究述评,汉语学习,1992年第6期。

一. 주어진 단어로 '是'자문을 만드시오.

　1. 这位先生　中国足球队的领队
　2. 医生　我父亲　也
　3. 中国有名的地质学家　李四光先生
　4. 白颜色的　他的汽车　不　红颜色的
　5. 教学楼的前边　一片草地
　6. 这儿的主人　我们　不
　7. 地上、房上、树上　雪　都
　8. 学习　读书　学习　使用也
　9. 一座大教堂　我们学校的旁边
10. 力量　知识　就
11. 用毛笔写汉字　他的业余爱好
12. 那只大熊猫新生出来的　这两只小熊猫
13. 赚钱　我们的目的　不
14. 看小说、看电影　休息　也
15. 中国古代的四大发明　造纸、印刷术、火药和指南针
16. 外国留学生　那几个年轻人　都
17. 种花、养花　一种乐趣　对他
18. 中国中央电视台的　他们　都
19. 生命　时间　就
20. 他　昨天没来　因为病了

二. 아래 문장을 '是'자문으로 바 시오.

　1. 这种布虽然贵一点儿,可是结实、耐穿。

　2. 他写得慢,可是写得整齐。

　3. 小王虽然来过了,可是你要的东西没有给你带来。

　4. 这篇论文写得确实好,难怪得了头等奖。

　5. 那个地区,农民的生活真的比以前好多了,许多农家都住进了二三层小楼。

6. 我看她真的被深深感动了,眼泪一直含在眼圈里。

7. 无论学习什么都应该做到:懂了就说懂了,不懂就说不懂,不要装懂。

8. 王师傅说:我虽然老了,可是我身体还行,我还想为大伙儿干点事儿。

9. 这种小野花,在北方农村到处都有。

10. 这是一座花园城市,走到哪里,哪里都有花草。

三. '是'자문의 목적어를 찾아 주어와 빈어와의 관계를 설명하시오.

A：表示等同   B：表示归类
C：表示说明主语的某一方面   D：用于解释、说明
E：表示存在   F：表示肯定
G：表示表示主语就是宾语所代表的那一类 H：表示界限分明
I：表示表示让步   J：表示无例外(凡是的意思)

1. 中国的首都是北京。(   )
2. 李四光是中国有名的地质学家。(   )
3. 这个院子跟附近的许多院子没有什么差别。周围是半人高的木栅栏左边是一间独
   立的小屋右边是两间正屋。(   )(   )(   )
4. 那个房间里都是水。(   )
5. 他是急脾气,可又是软心肠。(   )(   )
6. 你是哪个班的?(   )
7. 不是你记错了,是我告诉你错了。(   )(   )
8. 长江是中国的第一条大江。(   )
9. 这本字典好是好,就是太贵。(   )(   )
10. 他的东西总那么干干净净,整整齐齐,书是书,本儿是本儿。(   )(   )
11. 我给大象照相不是玩,是工作,我是个摄影记者。(   )(   )(   )
12. 她的发音是那么准确,语调是那么自然。(   )(   )
13. 他特别喜欢看电影,是电影就看,也不管好坏。(   )
14. 不同意就是不同意,不要含含糊糊,不好意思说。(   )
15. 这两个字的写法是不一样,丁力说得对。(   )
16. 自从她丈夫去世后,她总是一身黑衣服,头上是一朵白花。(   )(   )

四. 아래 문장 중 틀리거나 부정확한 것이 있으면 바르게 고치시오.

 1. 这本词典是老师不是?
 2. 这位女士是不是您的秘书吗?
 3. 老师,请问,这什么是?
 4. 你是北京语言文化大学的学生吗,是不是?
 5. 这本新杂志是你吗?
 6. 这件蓝色的衬衫是新,那件白的是旧。
 7. 以前你是没是这个学校的学生?
 8. 我的书都是英文,那些中文书都是不我的。
 9. 您以前是过我们老师,现在是还我们的老师。
10. 巴黎法国的首都是。
11. 我们是都留学生。
12. 什么是这句话的意思?

제 2 절
'有'자문

'有'는 동작 행위를 나타내지 않는 비동작 동사이며, 기본적인 의미는 '소유', '존재'이다. '有'를 술어 동사로 취하는 문장을 '有'자문이라 한다.

1 동사 '有'의 어법적 특징

① '有'는 부정 부사 '不'의 수식을 받을 수 없다. 즉 '我不有书'라 말할 수 없다. '有'의 부정 형식은 '有'의 앞에 부사 '没'을 붙이는 것으로 '我没有这本书'가 그 예이다. 이러한 문장에서는 '有'를 생략해서 '我没这本书'로 표현할 수 있다. '没有' 뒤에 목적어가 없을 때는 '有'를 생략할 수 없다. 예를 들어 '你有这本书吗?'란 질문에는 마땅히 '我没有'라고 답해야지 '我没'라 할 수 없다. '有'의 다른 부정 형식은 '无'이다. '无'는 일반적으로 문어나 관용어에 사용된다. 예를 들어 '无源之水', '无本之木', '无的放矢' 등이 그러하다.

② 의미상 어울릴 수 있기만 하면 '有'는 직접 조동사의 뒤에 쓸 수 있다. 예를 들어 '能有这样的事吗?', '农民可以有自留地', '你会有好运气的'가 그러하다.

③ '有'는 일반적으로 중첩할 수 없다.

④ '有'의 뒤에는 각종 보어를 취할 수 없다.

⑤ '有'는 단독으로 정도 부사의 수식을 받을 수 없으니 '他很有'라 말할 수 없다. 그러나 일부 '有+관형어+목적어'구조 앞에는 '很'을 사용할 수 있다. 예를 들면 '这几年我很有些处事为人的经验了', '这个工厂很有几个敢想敢干的人'이 그러하다.

2 '有'의 의미와 용법

 '소유', '구비'를 나타낸다.

이러한 문장에서 주어는 일반 사물을 나타내는 명사이고, 목적어 역시 일반 사물을 나타내는 명사이다. 주어, 목적어 간의 관계에 따라 다시 아래와 같이 몇 가지 상황으로 나눌 수 있다.

① '有'의 목적어가 나타내는 사물은 주어가 나타내는 사물의 일부분이다.

① 人人都有两只手。

    Rén rén dōu yǒu liǎng zhī shǒu.

사람은 모두 두 개의 손이 있다.

② 这座桥有两层。

    Zhè zuò qiáo yǒu liǎng céng.

이 다리는 복층으로 되어있다.

③ 植物有根、茎、叶几部分。

    Zhíwù yǒu gēn、jīng、yè jǐ bùfen.

식물은 뿌리, 줄기, 잎 등 몇 부분이 있다.

④ 这本书一共有480页。

    Zhè běn shū yígòng yǒu sìbǎi bāshí yè.

이 책은 480페이지짜리이다.

② 주어와 목적어 사이에 소유 관계가 있다.

① 我有一辆摩托车。

    Wǒ yǒu yí liàng mótuōchē.

나는 오토바이 한 대를 갖고 있다.

② 张老师有很多书。

    Zhāng lǎoshī yǒu hěn duō shū.

장 선생님은 책을 많이 가지고 계신다.

③ 我有两个孩子。

    Wǒ yǒu liǎng ge háizi.

저는 아이가 둘입니다.

④ 阿里有一台计算机。

    Ālǐ yǒu yì tái jìsuànjī.

阿里는 컴퓨터가 한 대 있다.

위 두 용법 중 '有' 앞에는 정도부사 '很', '非常' 등으로 수식할 수 없다. 즉 '您很有孩子', '他非常有房子'라고 말할 수 없다.

③ 목적어는 주어의 어떤 속성을 나타내며 대개 추상 명사이다.

① 教书这个工作很有意义。

    Jiāoshū zhè ge gōngzuo hěn yǒu yìyì.

가르치는 이 일은 매우 보람이 있습니다.

② 想不到吸烟会有这么大的危害。

    Xiǎng bú dào xī yān huì yǒu zhème dà de wēihài.

흡연이 이렇게 심각한 폐해를 갖고 있는지는 생각지도 못했다.

③ 干这种事要有决心和勇气啊。

    Gàn zhè zhǒng shì yào yǒu juéxīn hé yǒngqì a.

이러한 일을 하는 데에는 결심과 용기가 있어야 합니다.

④ 对做好这个工作你有信心吗?

    Duì zuò hǎo zhè ge gōngzuò nǐ yǒu xìnxīn ma?

이 일을 잘 할 자신은 있나요?

⑤ 这些年轻人都很有干劲，也有实事求是的精神。

    Zhè xiē niánqīngrén dōu hěn yǒu gànjìn, yě yǒu shí shì qiú shì de jīngshén.

이 젊은이들은 모두 다 활기차고 실사구시 정신도 갖고 있다.

⑥ 人总是要死的，但死的意义有不同。

　　Rén zǒngshì yào sǐ de, dàn sǐ de yìyì yǒu bùtóng.

사람은 언젠간 죽기 마련이지만 죽음의 의미에는 차이가 있다.

예문 ①의 술어 '很有意义'는 주어 '教书这个工作'의 특성을 설명한다. 예문 ②의 술어 '会有这么大的危害'는 주어 '吸烟'이 초래하는 심각성의 결과를 설명한다.

'有'와 일부 명사는 특수한 구를 구성할 수 있는데 의미는 허화 되어 형용사적 성질을 가질 수 있다. '有……'는 적극적 형용사의 의미, 예를 들어 '多', '大', '远' 등을 나타낸다. 예를 들어 '有气派'의 의미는 '气派很大'이고 '有经验'의 의미는 '经验很多'이며 '有钱'의 의미는 '富有'이다. 또한 '有办法'의 의미는 '办法多'이고 '有眼光'은 '眼光远'이란 의미이다.

① 这个人很有前途。

　　Zhè ge rén hěn yǒu qiántú.

이 사람은 전도유망하다.

② 小马这个青年有头脑，有眼光。

　　Xiǎomǎ zhè ge qīngnián yǒu tóunǎo, yǒu yǎnguāng.

小马라는 이 청년은 머리도 있고 안목도 있다.

③ 老王师傅很有经验，工作上很有办法。

　　Lǎo Wáng shīfu hěn yǒu jīngyàn, gōngzuò shàng hěn yǒu bànfǎ.

왕 선생은 경험이 많아서 업무에 능수능란하다.

④ 목적어가 나타내는 사물과 주어가 나타내는 사물이 모종의 관계를 갖는다.

① 我从来没有个亲人，真想永远和你在一起！

　　Wǒ cónglái méi yǒu ge qīnrén, zhēn xiǎng yǒngyuǎn hé nǐ zài yìqǐ!

저는 지금까지 가족이 없었는데 당신과는 정말 영원히 함께 하고 싶어요!

② 老教授一共有四位助手，他们正在研究一个新课题。

　　Lǎo jiàoshòu yígòng yǒu sì wèi zhùshǒu, tāmen zhèngzài yánjiū yí ge xīn kètí.

노교수는 모두 네 명의 조교를 두고 있는데 그들은 지금 새로운 과제를 연구 중에 있다.

③ 他说："我还没有家，你这里就是我的家。"

　　Tā shuō : wǒ hái méi yǒu jiā, nǐ zhèlǐ jiù shì wǒ de jiā.

그는 "저는 아직까지 집이 없었는데 당신이 있는 이곳이 바로 제 집입니다"라고 말했다.

④ 太阳有九大行星。

　　Tàiyáng yǒu jiǔ dà xíngxīng.

태양은 9개 대행성을 거느리고 있다.

⑤ 我们有了这样的好领导，工作一定会有起色。

　　Wǒmen yǒu le zhèyàng de hǎo lǐngdǎo, gōngzuò yídìng huì yǒu qǐsè.

우리에게 이처럼 훌륭한 지도자가 생겼으니, 업무도 분명 활기가 넘칠 것이다.

老舍의 《且说屋里》에는 다음과 같은 문장이 나오는데, 이 속에는 소유를 나타내는 '有'가 몇 개 나오지만 그 뜻은 각기 다르다.

一个廿世纪的中国人所能享受与占有的，包善卿已经都享受和占有过，现在还享受与占有着。他有钱、有汽车、有儿女、有姨太太，有古玩，有可作摆设用的书籍。有名望、有身份，有一串可以印在名片上与讣闻上的官衔，有各色的朋友，有电灯、电话、电铃、电扇，有寿数，有胖胖的身体和各种补药。（《老舍短篇小说选》）

Yí ge niàn shìjì de Zhōngguórén suǒ néng xiǎngshòu yǔ zhànyǒu de, Bāo Shànqīng yǐjīng dōu xiǎngshòu hé zhàn-yǒuguo, xiànzài hái xiǎngshòu yǔ zhànyǒuzhe. Tā yǒu qián、yǒu qìchē、yǒu érnǚ、yǒu yítàitai, yǒu gǔwán, yǒu kě zuò bǎishè yòng de shūjí. Yǒu míngwàng、yǒu shēnfèn, yǒu yì chuàn kěyǐ yìn zài míngpiàn shàng yǔ fùwén shàng de guānxián, yǒu gèsè de péngyou, yǒu diàndēng、diànhuà、diànlíng、diànshàn, yǒu shòushu, yǒu pàngpàng de shēntǐ hé gèzhǒng bǔyào.

20세기의 중국인들이 누릴 수 있고 가질 수 있는 것을 包善卿은 이미 모두 누려도 보고 가져도 보았으며, 지금도 여전히 누리며 소유하고 있다. 그는 돈, 자동차, 자식, 첩, 골동품, 장식용 서적을 갖고 있으며, 명예, 지위, 명함과 부고에 새겨 넣을 수 있는 한 무더기의 직함, 다양한 분야의 친구가 있고 전등, 전화, 초인종, 선풍기가 있으며, 천수와 비대한 몸집 그리고 각종 보약을 지니고 있다.(《老舍단편소설선》)

② '존재'를 나타낸다.

이러한 '有'자문의 문두는 처소 어구, 시간 어구이고 목적어는 존재하는 사물을 나타내는 명사이다. 전체 문장은 어떤 장소나 어떤 시간에 어떤 사람이나 사물이 존재한다는 것은 나타낸다(본 장 5절 '존현문' 참고).

① 屋里有人。

Wū lǐ yǒu rén.

방 안에 사람이 있다.

② 蓝蓝的天空没有一点云彩。

Lánlán de tiānkōng méi yǒu yìdiǎn yúncai.

푸른 하늘에는 구름 한 점 없다.

③ 唐代有个诗人，名叫贾岛。

Táng dài yǒu ge shīrén, míng jiào Jiǎ Dǎo.

唐代에 贾岛라 불리는 시인이 있었다.

④ 现在离上课还有一刻钟。

Xiànzài lí shàng kè hái yǒu yíkè zhōng.

현재 수업시작까지는 아직 15분이 남았다.

때로 처소사 앞에는 개사를 사용하는데 개사와 처소사가 개사구를 이루어 처소를 나타내는 부사어가 된다.

① 在墙角有一个大铁桶。

Zài qiángjiǎo yǒu yí ge dà tiětǒng.

담장 구석에 커다란 철통이 하나 있다.

② 靠窗户有一把竹椅子。

Kào chuānghu yǒu yì bǎ zhú yǐzi.

창가에 대나무 의자 하나가 있다.

일정한 담화 맥락에서 '有'의 주어는 생략할 수 있다.

① 有情况! 他猛地站起来向门外奔去。

　　Yǒu qíngkuàng! Tā měng de zhàn qǐlai xiàng ménwài bēn qù.

② 玉宝喊了声 : 有贼! 伙计们拿着木棍都跑出去了。

　　Yùbǎo hǎnle shēng : Yǒu zéi! Huǒjìmen názhe mùgùn dōu pǎo chūqu le.

③ 记住，小燕，没有克服不了的困难，也没有解决不了的问题。

　　Jì zhù, xiǎo yàn, méi yǒu kèfú bu liǎo de kùnnan, yě méi yǒu jiějué bu liǎo de wèntí.

때로 주어는 말할 수 없거나 말할 필요가 없는 것으로 역시 '有+명사' 구조를 사용한다.

① 有水了! 有水了! 快去接水。

　　Yǒu shuǐ le! Yǒu shuǐ le! Kuài qù jiē shuǐ.

② 有风，你看蜡烛总在跳动!

　　Yǒu fēng, nǐ kàn làzhú zǒng zài tiàodòng!

③ 有你的电话。

　　Yǒu nǐ de diànhuà.

④ 有电! 危险。

　　Yǒu diàn! Wēixiǎn.

존재를 나타내는 사물 명사도 '有' 앞에 놓아 주어로 삼을 수 있다.

① 我们日里到海边拣贝壳去，红的绿的都有，鬼见怕也有，观音手也有。

　　Wǒmen rì lǐ dào hǎibiān jiǎn bèiké qù, hóng de lǜ de dōu yǒu, guǐ jiàn pà yě yǒu, guānyīnshǒu yě yǒu.

② 这是菜单，中餐、西餐都有。

　　Zhè shì càidān, zhōngcān、xīcān dōu yǒu.

③ 这些花布花样虽然一样，但颜色不同 : 红的、蓝的、绿的都有。

　　Zhè xiē huābù huāyàng suīrán yíyàng, dàn yánsè bùtóng : hóng de、lán de、lǜ de dōu yǒu.

④ 这种事永远都会有。

　　Zhè zhǒng shì yǒngyuǎn dōu huì yǒu.

문제가 생겼다! 그는 갑자기 일어나 문 밖을 향해 뛰쳐나갔다.

玉宝가 '도둑이야!' 소리를 지르자 점원들이 나무 몽둥이를 들고 달려 나갔다.

小燕아 기억하여라, 극복하지 못할 어려움도 없고 해결 못할 문제도 없단다.

물이다! 물! 얼른 물을 받아라.

바람이 분다, 촛불이 계속 흔들리는 것 봐!

당신(에게) 전화 왔어요.

전기 흘러! 위험해.

우리는 낮에 해변에 조개껍질 주우러 갔었는데, 붉은 것, 푸른 것도 있고 鬼見怕랑 觀音手도 있었다.

이것이 메뉴판인데 중식, 양식 다 있습니다.

이 꽃무늬 천들은 무늬가 같기는 하지만 색깔은 달라서 홍색, 남색, 녹색이 다 있다.

이런 일은 언제나 있을 것이다.

⑤ 她哥哥姐姐都有，她是老三。

    Tā gēge jiějie dōu yǒu, tā shì lǎo sān.

그녀는 오빠, 언니가 다 있는 셋째이다.

⑥ 要是您不赞成奢侈，节省的办法也有。

    Yàoshi nín bú zànchéng shēchǐ, jiéshěng de bànfǎ yě yǒu.

만약 당신이 사치하는 것에 찬성치 않는다면 절약하는 방법도 있습니다.

이러한 문장의 주어는 대개 병렬 명사(구)이거나 '的'자구이다. '有'의 앞에는 일반적으로 부사 '都'나 '也'를 써야 하며, '有'의 뒤에는 다시 목적어를 지닐 수 없다. 이러한 문장은 '존재'하는 사물을 부각시키는 기능을 한다.

3 '발생과 출현'을 나타낸다.

뒤쪽의 목적어는 동사이다.

① 在工农业发展的基础上，人民的生活水平有了很大提高。

    Zài gōngnóngyè fāzhǎn de jīchǔ shàng, rénmín de shēnghuó shuǐpíng yǒu le hěn dà tígāo.

농공업 발전의 기초 위에서 국민들의 생활수준이 많이 향상되었다.

② 近年来，中小学教育也有了很大发展。

    Jìnnián lái, zhōngxiǎoxué jiàoyù yě yǒu le hěn dà fāzhǎn.

근래 들어 초·중등 교육도 많은 발전을 거두었다.

③ 经过同志们的批评帮助，他的思想有了一些转变。

    Jīngguò tóngzhìmen de pīpíng bāngzhù, tā de sīxiǎng yǒu le yì xiē zhuǎnbiàn.

동지들의 비판과 도움으로 그의 사상에 약간의 변화가 생겼다.

④ 几年没见，你跟以前一样，没有什么变化。

    Jǐ nián méi jiàn, nǐ gēn yǐqián yíyàng, méi yǒu shénme biànhuà.

몇 년 만에 만났는데도 너는 예전과 마찬가지로 아무런 변화가 없구나.

⑤ 小明经过一段时间的勤劳苦练，学习上有了明显的进步。

    Xiǎomíng jīngguò yíduàn shíjiān de qínláo kǔliàn, xuéxí shàng yǒu le míngxiǎn de jìnbù.

小明은 한 동안 부지런히 노력하여, 학업이 뚜렷하게 향상되었다.

⑥ 去年国民收入又有了增长。

    Qùnián guómín shōurù yòu yǒu le zēngzhǎng.

작년에 국민 소득이 또 다시 증가하였다.

이러한 문장에서 목적어가 되는 동사는 일반적으로 이음절이며 출현한 변화를 나타낸다.

4 '포괄'을 나타낸다.

세 가지 상황으로 나눌 수 있다.

① '有'자문의 목적어가 나타내는 사물은 모두 주어가 가리키는 부류에 속하며 목적어는 하나뿐이 아니고 몇 개가 나열되기도 한다. 때로는 마지막에 총수량을 제시하기도 한다.

① 人造纤维有粘胶纤维、铜氨纤维和醋酸纤维等。

Rénzào xiānwéi yǒu niánjiāo xiānwéi、tóng'ān xiānwéi hé cùsuān xiānwéi děng.

② 云的种类很多，有卷云、积云、层云等。

Yún de zhǒnglèi hěn duō, yǒu juǎnyún、jīyún、céngyún děng.

③ 这位植物学家收集了60000号植物标本，大约有5000多种。

Zhè wèi zhíwùxuéjiā shōujíle liù wàn hào zhíwù biāoběn, dàyuē yǒu wǔqiān duō zhǒng.

④ 今天参加座谈会的有工人、学生、干部、教师等各方面的代表二十多人。

Jīntiān cānjiā zuòtánhuì de yǒu gōngrén、xuésheng、gànbù、jiàoshī děng gè fāngmiàn de dàibiǎo èr'shí duō rén.

⑤ 人民画报有英文版的、法文版的、日文版的等好几十种。

Rénmín huàbào yǒu Yīngwén bǎn de、Fǎwén bǎn de、Rìwén bǎn de děng hǎo jǐ shí zhǒng.

② '有'를 두 개 혹은 두 개 이상 사용하여 각각 열거한다.

① 人们在社会实践中从事各项斗争，有了丰富的经验，有成功的，有失败的。

Rénmen zài shèhuì shíjiàn zhōng cóngshì gèxiàng dòuzhēng, yǒu le fēngfù de jīngyàn, yǒu chénggōng de, yǒu shībài de.

② 来客也不少，有送行李的，有拿东西的，有送行兼拿东西的。

Lái kè yě bùshǎo, yǒu sòng xíngli de, yǒu ná dōngxi de, yǒu sòngxíng jiān ná dōngxi de.

③ 他的书包总是装得鼓鼓的，有书，有本儿，有杂志，还有一卷报纸。

Tā de shūbāo zǒngshì zhuāng de gǔgǔ de, yǒu shū, yǒu běnr, yǒu zázhì, hái yǒu yí juǎn bàozhǐ.

④ 每天早上，操场上锻炼的人多极了，有跑的，有跳的，有打球的，还有练太极拳的。

Měitiān zǎoshang, cāochǎng shàng duànliàn de rén duō jíle, yǒu pǎo de, yǒu tiào de, yǒu dǎ qiú de, hái yǒu liàn tàijíquán de.

이러한 형식의 '有'자문은 문장의 앞부분은 전체적인 서술이고, 뒷부분은 '有'를 이용해 열거한다.

③ 그 밖에 '포괄'을 나타내는 '有'자문이 있는데, 그 목적어는 수량사이거나 수량사를 지닌 명사구이다. 목적어는 주어가 가리키는 사물의 총수이다.

① 一年有十二个月。

Yì nián yǒu shí'èr ge yuè.

1년은 12개월이다.

② 一个星期有七天。

Yí ge xīngqī yǒu qī tiān.

일주일은 7일이다.

③ 这本书有三百多页。

Zhè běn shū yǒu sān bǎi duō yè.

이 책은 300여 페이지 짜리이다.

④ "人"字有两划, 一撇一捺。

"Rén" zì yǒu liǎng huá, yì piě yí nà.

'人'자는 2획으로 왼 삐침과 오른 삐침이다.

이러한 문장에서 주어가 가리키는 사물이 포함하는 수량과 목적어가 나타내는 수량은 서로 대등하다.

5 '도달'을 나타낸다.

대개 추측과 비교에 사용한다.

① 추측에 사용한다. '有' 뒤에는 수량 어구가 있거나 수량 어구에 다시 추측 대상의 성질과 관련 있는 형용사를 붙인다.

① (我看)他大约有三十多岁。

Wǒ kàn tā dàyuē yǒu sānshí duō suì.

(내가 보기에) 그는 대략 30여 세이다.

② 有的石头一块就有两千多斤(重)呢!

Yǒu de shítou yí kuài jiù yǒu liǎng qiān duō jīn zhòng ne!

어떤 돌은 한 덩어리(무게)가 2,000여근이나 된다.

③ 斧刃有半尺左右(长)。

Fǔrèn yǒu bàn chǐ zuǒyòu (cháng).

도끼날은 (길이가) 반척 정도 된다.

④ 那条河有五百米(宽)。

Nà tiáo hé yǒu wǔ bǎi mǐ kuān.

저 강은 (넓이가) 500 미터이다.

⑤ 那段路有三十米宽, 四百米长, 两边都是树。

Nà duàn lù yǒu sānshí mǐ kuān, sì bǎi mǐ cháng, liǎngbiān dōu shì shù.

그 길은 30m 넓이에 400m 길이로 양쪽은 모두 나무이다.

⑥ 我学习汉语有六个月了。

Wǒ xuéxí Hànyǔ yǒu liù ge yuè le.

내가 중국어를 공부한 지 6개월이 되었다.

이 문장 속의 '有'자는 술어 동사이고 '有' 뒤의 수량사나 수량사와 형용사는 모두 목적어가 된다. 형용사는 단독으로 '有'의 목적어가 될 수 없으니, '有高', '有深'이라고 표현할 수 없다. 그 속에 있는 형용사는 일반적으로 '长', '宽', '粗', '大', '重', '深' 등 적극적

형용사이고 '短', '窄', '矮', '细', '小', '轻', '浅' 등 소극적 형용사는 쓰지 않는다. 이러한 문장의 부정식은 '没(有)'를 쓰며 '어떤 정도에 이르지 않았음'을 나타낸다.

① 这块布没有两米长，最多不过1.70米。

　　Zhè kuài bù méi yǒu liǎng mǐ cháng, zuìduō búguò yì mǐ qīshí.

이 천은 2m는 안되고 기껏해야 1.70m이다.

② 从北京到天津没有500里。

　　Cóng Běijīng dào Tiānjīn méi yǒu wǔbǎi lǐ.

北京에서 天津까지 500리가 안된다.

③ 我学习汉语还没三个月呢。

　　Wǒ xuéxí Hànyǔ hái méi sān ge yuè ne.

나는 중국어를 배운지 아직 3개월도 안됐어.

또한 '不到'를 써서 '没有'를 대체할 수 있다.

①′ 这块布不到两米长，最多不过1.70米。

　　Zhè kuài bù bú dào liǎng mǐ cháng, zuìduō búguò yì mǐ qīshí.

이 천은 2m는 안되고 기껏해야 1.70미터정도이다.

②′ 从北京到天津不到500里。

　　Cóng Běijīng dào Tiānjīn bú dào wǔbǎi lǐ.

北京에서 天津까지 500리가 안된다.

③′ 我学习汉语还不到三个月呢。

　　Wǒ xuéxí Hànyǔ hái bú dào sān ge yuè ne.

나는 중국어를 배운지 아직 3개월이 안됐어.

② 비교에 사용한다. '有'의 뒤는 도량이나 비유하는 사물을 나타내는 어구이며, 다시 형용사를 첨가하여 비교의 기준을 설정한다. '有'는 주어가 기준에 이르렀음을 나타낸다. 만약 이르지 못했다면 '没有'를 사용한다.

① 那个教室有这个教室大吗?

　　Nà ge jiàoshì yǒu zhè ge jiàoshì dà ma?

저 교실은 이 교실만큼 큽니까?

② 那个教室没有这个教室这么大。

　　Nà ge jiàoshì méi yǒu zhè ge jiàoshì zhème dà.

저 교실은 이 교실만큼 크지 않습니다.

③ 我的小女儿有桌子高了。

　　Wǒ de xiǎo nǚ'ér yǒu zhuōzi gāo le.

나의 어린 딸은 탁자 높이만큼 자랐다.

④ 这个游泳池的水没有一人深。

　　Zhè ge yóuyǒngchí de shuǐ méi yǒu yì rén shēn.

이 수영장의 물은 사람 키만큼 깊지 않다.

⑤ 弟弟没有妹妹那么爱学习。

　　Dìdi méi yǒu mèimei nàme ài xuéxí.

남동생은 여동생만큼 공부를 좋아하지 않는다.

⑥ 这棵树长得没有那棵树那么粗壮。

　　Zhè kē shù zhǎng de méi yǒu nà kē shù nàme cūzhuàng.

이 나무는 저 나무만큼 굵게 자라지 않았다.

'有'는 또한 연동문과 겸어문(본장 3절 '연동문', 4절 '겸어문' 참고)을 이룰 수 있다.

参考文献

贺　阳　　“程度副词+有+名”试析,汉语学习,1994年第2期。
史有为　　说说“没有我水平低”,汉语学习,1994年第4期。
杨惠芬　　表比较的“没有”句句形探析,语言教学与研究,1998年第1期。
詹开第　　“有”字句,中国语文,1981年第1期。
张豫峰　　“有”字句研究综述,汉语学习,1998年第3期。

연습문제

一. 아래 문장을 읽고 내포된 뜻을 이해하시오.

(很)有钱	(很)有见识	(很)有志气	(很)有风度
(很)有眼力	(很)有远见	(很)有勇气	(很)有礼貌
(很)有头脑	(很)有本事	(很)有出息	(很)有办法
(很)有眼光	(很)有能力	(很)有理想	(很)有心眼
(很)有水平	(很)有经验	(很)有前途	有脾气
(很)有学问	(很)有办法	(很)有抱负	有一手
(很)有见解	(很)有才气	(很)有魄力	有两下子

有进步	有提高	有改进	有联系	有发展	有转变
有来往	有认识	有进展	有长进	有增长	有交往

二. 아래 '有'자문이 어떤 뜻을 나타내는지 설명하시오.

　　　A : 소유　　B : 존재　　C : 열거　　D : 도달　　E : 포괄　　F : 새로운 상황 발생

1. 有人吗? (　)
2. 听, 有动静! (　)
3. 现在有十二点了吧。(　)
4. 今天下的雪有一尺厚。(　)
5. 一年有四季。(　)
6. 本世纪以来, 科学技术的新成果布了迅速的增长。(　)
7. 展览会的展品有五千多件。(　)
8. 液体有一定的体积, 没有一定的形状。(　)(　)
9. 参加这次大会的有工人, 有农民, 有解放军, 有知识分子, 有男的、女的、老的、少的。大约有二百多人。(　)(　)
10. 小王没有大刘高。(　)

三. 주어진 단어를 사용하여 긍정식 또는 부정식의 '有'자문을 만드시오.

1. 我　　一个弟弟　　一个妹妹和

2. 这座城市　　一千四百多万人

3. 她　　充分的信心　　对学好中文

4. 我　　一本汉英词典　　只　　英汉词典

5. 我们学校　　游泳池　　滑冰场　　也

6. 这座小楼里　　十五间房　　一共

7. 那张桌子上　　一些书报　　别的东西　　只

8. 湖心的小岛上　　一片树林　　树林里　　中国式的小楼　　一座　　只

9. 我住的房间里　　一张书桌　　两把椅子　　一个书架和一个衣柜　　还

10. 这条河上　　一座很有名的石拱桥

四. 아래 예문을 '有'자문으로 고치시오.

1. 二十年来，我国的农业大大地发展了。

2. 我们这里，乡镇企业的生产水平也大幅度地提高了。

3. 听了您的报告，我们对中国的饮食文化了解了一些。

4. 今天的谈判，双方都作了一些让步，取得了一些进展。

5. 参加过实际调查后，进一步认识了这里的民俗习惯。

6. 假期里，阿里出去旅行了一趟，他的汉语进步了不少。

五. 아래 문장 내용에 근거하여 괄호 안의 요구에 맞게 문장을 고치시오.

1. 他对京剧很感兴趣。（有……吗）

2. 一个星期之内，完成这个任务困难吗？（有没有）

3. 这位大夫做这种手术，很有经验。（有……没有）

4. 我们在这里谈话影响你学习吗？（有……吗）

5. 你参加了汉语水平测试，可能得到95分吗？（有没有）

6.先问问大家的意见是必要的。（有……没有）

7.他认识到做这件事很必要。（有没有）

8.他办事能力很强。（有……吗）

9.我可以参加这个会议。（有……吗）（资格）

10.每一个成年人都可以参加选举。（有……吗）（权力）

六. 틀린 문장을 찾아 바르게 고치시오.

1.问：这个人有没有学问吗？
　答：当然有。人家有多很著作呢。
2.问：你们的图书馆很有书，是吗？
　答：对，我们的图书馆很有书。
3.问：这个新来的小工人很有经验吧？
　答：没，他第一次干这种活。
4.问：他的报告对你们很帮助吗？
　答：他的报告很好，很帮助我们。
5.问：是不是天气预报说明天傍晚有小雷阵雨？
　答：对，明天傍晚有下雨，可能还有刮风。
6.问：这种小手提包很有用吗？
　答：不有用。
7.问：今天晚上你有没有时间吗？
　答：有时间，你什么事有？
8.问：老师，您有几个孩子吗？
　答：我有两个孩子。
9.问：你的宿舍里有没有电视机吗？
　答：我的宿舍里没有电视机。
10.问：这个句子有没有语法错误？
　答：不错误在这个句子里。

1 연동문은 무엇인가?

술어가 두 개 혹은 두 개 이상의 동사로 이루어지며, 동사구 사이에는 휴지가 없고 관련 어구도 없으며 두 개의 동사구가 하나의 주어를 공유하는데, 이러한 문장을 연동문이라 부른다.

① 我去问。

    Wǒ qù wèn.

> 내가 가서 물어보겠다.

② 他们结了账搬走了。

    Tāmen jiéle zhàng bān zǒu le.

> 그들은 셈을 치르고 가지고 갔다.

③ 鲁班含着眼泪告别了师傅。

    Lǔ Bān hánzhe yǎnlèi gàobié le shīfu.

> 魯班은 눈물을 머금고 스승께 작별을 고했다.

④ 中国人用筷子吃饭。

    Zhōngguórén yòng kuàizi chī fàn.

> 중국인은 젓가락으로 밥을 먹는다.

⑤ 对于这件事，他始终保持沉默不话。

    Duìyú zhè jiàn shì, tā shǐzhōng bǎochí chénmò bù shuō huà.

> 이 일에 대해 그는 시종 침묵으로 일관했다.

⑥ 有人想走了，乔光朴站起来拦住大家说：“同志们，别走啊。”

    Yǒu rén xiǎng zǒu le, Qiáo Guāngpǔ zhàn qǐlai lán zhù dàjiā shuō : "tóngzhìmen, bié zǒu a."

> 누군가가 가려고 하자, 乔光朴이 일어나서 모두를 가로막으며 말했다. "동지들! 가지 마세요."

연동문의 술어는 동사와 형용사가 연용되거나 형용사와 동사가 연용될 수도 있다.

① 大家听了这个消息都非常高兴。

    Dàjiā tīngle zhè ge xiāoxi dōu fēicháng gāoxìng.

> 모두들 이 소식을 듣고 매우 기뻐했다.

② 他急着说：“你别走!”

    Tā jízhe shuō : "nǐ bié zǒu!"

> 그는 급히 말했다. "가지 마세요!"

의미상으로 보면, 연동문의 두 동사구 사이에는 병렬, 주술, 동목, 동보, 수식 등 관계가 존재하지 않으며, 이치상 혹은 자연적인 선후 관계이다.

① 他站起来走过去开门。

    Tā zhàn qǐlai zǒu guòqu kāi mén.

> 그는 일어나 걸어가서 문을 열었다.

이 문장의 ‘站起来’, ‘走过去’과 ‘开门’은 연속 발생한 세 개의 동작을 나타낸다.

② 老伴去世后，常大爷每天自己买菜做饭吃。

　　Lǎobàn qùshì hòu, Cháng dàyé měitiān zìjǐ mǎi cài zuò fàn chī.

부인이 세상을 뜬 후, 常씨 어르신은 매일 직접 장을 봐다가 밥을 지어 드신다.

이 구의 '买菜'는 '做饭'의 전제 조건이고 '做饭' 또한 '吃'의 전제이다. 이는 이치상의 선후 관계이다.

2 연동문의 유형

전후 두 동사(구) 사이의 의미관계에 따라 연동문은 아래와 같이 몇 가지로 나눌 수 있다.

 선후 또는 연속적으로 발생한 두 개의 동작이나 상황을 나타낸다. 나중 동작이나 상황이 발생했을 때 앞의 동작은 이미 끝난 것이다.

① 孩子们听完故事哈哈大笑起来。

　　Háizimen tīng wán gùshi hāhā dàxiào qǐlai.

아이들은 이야기를 듣고 난 후 큰소리로 웃기 시작했다.

② 他们吃过晚饭散步去了。

　　Tāmen chīguo wǎnfàn sàn bù qù le.

그들은 저녁밥을 먹고 나서 산책하러 갔다.

③ 无数辆汽车通过宽阔的公路桥开往四面八方。

　　Wúshù liàng qìchē tōngguò kuānkuò de gōnglùqiáo kāi wǎng sìmiàn bāfāng.

수많은 자동차들이 널찍한 公路橋를 통해 사방팔방으로 간다.

④ 王师傅接过小模型看了一会说：“行啊!”

　　Wáng shīfu jiēguò xiǎo móxíng kànle yíhuì shuō : “Xíng a!”

왕 선생님이 조그만 모형을 받아 들고 잠시 살펴보시더니 말씀하셨다. "좋군!"

⑤ 我们从广播里听了这一噩耗难过极了。

　　Wǒmen cóng guǎngbō lǐ tīngle zhè yī èhào nánguò jíle.

우리는 라디오방송에서 이 흉보를 듣고서 몹시 괴로웠다.

이러한 문장의 제1 동사 뒤에는 보통 결과보어나 동작의 완성을 나타내는 '了', 혹은 경험상을 나타내는 '过'가 자리한다.

 제2 동사(구)가 나타내는 동작 행위는 제1 동사가 나타내는 동작의 목적이다.

① A : 你来干什么?

　　　Nǐ lái gàn shénme?

B : 我来缴电费和房租。

　　　Wǒ lái jiāo diànfèi hé fángzū.

무슨 일로 오셨나요?

저는 전기세와 방세를 내러 왔어요.

이 두 문장의 '干什么'와 '缴电费和房租'는 모두 '来'의 목적이다.

② 我们去商店买东西。

　　Wǒmen qù shāngdiàn mǎi dōngxi.

우리는 물건 사러 상점에 간다.

③ 他去小酒店喝了点儿酒。

　　Tā qù xiǎojiǔdiàn hēle diǎnr jiǔ.

그는 조그만 술집에 가서 술을 좀 마셨다.

④ 文清，你又把那灯点起来干什么？

　　Wénqīng, nǐ yòu bǎ nà dēng diǎn qǐlai gàn shénme?

文清아! 너 또 뭐하려고 그 등을 켜는 거냐?

⑤ 阿里要到机场去接代表团。

　　Ālǐ yào dào jīchǎng qù jiē dàibiǎotuán.

阿里는 공항으로 대표단을 마중 나가려 한다.

⑥ 暑假，我们一定回来看望您。

　　Shǔjià, wǒmen yídìng huílái kànwàng nín.

여름 방학에 우리는 당신을 보러 꼭 (돌아)올게요.

이러한 연동문의 제1 동사구는 보통 '来', '去'를 포함한다.

　때로 '来'는 실재적인 '来'의 의미를 나타내지 않고, 일종의 바람을 나타내며 어기를 완화시키는 기능을 한다.

① 我们开个联欢会来欢迎新同学。

　　Wǒmen kāi ge liánhuānhuì lái huānyíng xīn tóngxué.

우리는 환영회를 열어 신입생을 환영하였다.

② 我来谈谈。

　　Wǒ lái tántan.

제가 얘기해 보겠습니다.

③ 我们的报纸也要靠大家来办，而不能只靠少数人关起门来办。

　　Wǒmen de bàozhǐ yě yào kào dàjiā lái bàn, ér bù néng zhǐ kào shǎoshùrén guān qǐ mén lái bàn.

우리 신문도 모든 사람에게 의지해 만들어야지 단순히 소수에게만 의지해 문을 걸어 닫고 만들 수는 없다.

 제1 동사(구)는 제2 동사(구)가 나타내는 동작의 방식(수단, 도구)을 나타낸다.

① 阿里用左手写字。

　　Ālǐ yòng zuǒshǒu xiě zì.

阿里는 왼손으로 글씨를 쓴다.

② 中国人都用筷子吃饭。

　　Zhōngguórén dōu yòng kuàizi chī fàn.

중국인들은 젓가락으로 밥을 먹는다.

③ 明天我们坐飞机去上海。

　　Míngtiān wǒmen zuò fēijī qù Shànghǎi.

내일 우리는 비행기로 상해에 간다.

④ 那位空姐笑着对我说："没关系。"

　　Nà wèi kōngjiě xiàozhe duì wǒ shuō : "méi guānxi."

그 스튜어디스가 웃으며 내게 말했다: "괜찮습니다."

⑤ 妈妈骑自行车走了。

　　Māma qí zìxíngchē zǒu le.

⑥ 老师握着我的手说：“再见。”

　　Lǎoshī wòzhe wǒ de shǒu shuō：“zài jiàn.”

4 제1 동사(구)는 긍정적 의미를 나타내고 제2 동사(구)는 부정적 의미를 나타내지만, 두 구가 나타내는 의미는 똑같다. 정반 두 측면에서 한 가지 사실을 설명한다.

① 走不了，爷爷的手抓着门板不放。

　　Zǒu bu liǎo, yéye de shǒu zhuāzhe ménbǎn bú fàng.

이 문장에서 ‘抓住门板’의 의미는 ‘不放’과 같다.

② 张素素却板起脸不笑。

　　Zhāng Sùsù què bǎn qǐ liǎn bú xiào.

③ 我看他总是坐在那里不动，原来他在练气功。

　　Wǒ kàn tā zǒngshì zuò zài nàli bú dòng, yuánlái tā zài liàn qìgōng.

④ 她说出最后一句话，自己觉得失言，就闭嘴不说话了。

　　Tā shuōchū zuìhòu yí jù huà, zìjǐ juéde shīyán, jiù bì zuǐ bù shuō huà le.

5 제1 동사가 ‘有’(혹은 ‘没有’)인 연동문에는 두 가지 종류가 있다.

① 의미 상 ‘有’의 목적어도 그 뒤에 오는 동사의 행위 대상자이다.

① 现在我们都有宽敞的房子住了。（住房子）

　　Xiànzài wǒmen dōu yǒu kuānchǎng de fángzi zhù le.

② 我有一个问题请教您。（请教问题）

　　Wǒ yǒu yí ge wèntí qǐngjiào nín.

③ 在事实面前他没有话说了。（说话）

　　Zài shìshí miànqián tā méi yǒu huà shuō le.

② ‘有’의 목적어는 추상명사이고 제2 동사구는 이 추상명사의 관형어로 변환할 수 있다. 이러한 문장은 왕왕 ‘应该’란 의미를 담고 있다.

① 每位教职工都有权力选举自己的代表。（有选举自己代表的权力）

　　Měi wèi jiàozhígōng dōu yǒu quánlì xuǎnjǔ zìjǐ de dàibiǎo.

② 你有什么理由不让我走？（没有不让我走的理由）

  Nǐ yǒu shénme lǐyóu bú ràng wǒ zǒu?

당신은 무슨 이유로 저를 못 가게 하는 거죠?

③ 我有责任帮助你们解决困难。（有帮助你们解决困难的责任）

  Wǒ yǒu zérèn bāngzhù nǐmen jiějué kùnnan.

저에게는 당신들이 어려움을 해결하도록 도와 줄 책임이 있습니다.

④ 小刘没有资格参加这次活动。（没有参加这次活动的资格）

  Xiǎo Liú méi yǒu zīgé cānjiā zhè cì huódòng.

小刘는 이번 활동에 참가할 자격이 없다.

⑤ 现在你有没有时间再打一份文件？（有没有再打一份文件的时间）

  Xiànzài nǐ yǒu méi yǒu shíjiān zài dǎ yí fèn wénjiàn?

지금 당신은 서류 하나 더 타이핑할 시간이 있습니까?

이러한 연동문에 사용할 수 있는 추상명사로서 자주 보이는 것은 이 밖에 '力量', '办法', '本事', '把握', '信心', '机会', '条件', '钱', '时间' 등등이 있다.

 연동문의 구조적 특징

 연동문에서 두 동사구는 위치를 상호 교환할 수 없다. 상호 교환 후에는 원래의 의미가 뒤바뀌거나 문장을 이루지 못한다. 이러한 점은 병렬 관계의 구와는 다르다. 병렬 관계를 지닌 구조 성분은 위치를 바꿀 수 있지만, 원래의 의미는 바뀌지 않는다. 예를 들어 '他天天看电视、读报、念书'라는 문장은 '他天天读报、念书、看电视'로 바꿔 말할 수 있다. 그러나 연동문을 이루는 각 구는 위치를 바꿀 수 없다. 예를 들어 '他站起来走过去开门'을 '他去开门走过去站起来'라고 말한다면 문장이 성립되지 않는다. '他开门出去了'를 '他出去开门了'로 바꾸면 곧바로 의미가 바뀐다.

연동문의 주어로 가장 자주 보이는 것은 동사(구)의 행위자이지만, 어떤 것은 행위 대상자이기도 하며, 혹은 행위 대상자면서 행위자이기도 하다.

① 大夫抽出自己的血救活了那个孩子。（'大夫'는 '抽'과 '救'의 행위자이다）

  Dàifu chōu chū zìjǐ de xiě jiù huó le nà ge háizi.

의사는 자신의 피를 뽑아 그 아이를 살려냈다.

② 书放在宿舍没带来。（'书'는 '放', '带'의 행위 대상자이다）

  Shū fàng zài sùshè méi dài lái.

책을 기숙사에 두고 가져오지 않았다.

③ 毕业后，我和几个同学被分配到航标站工作。（'我和几个同学'은 '分配'의 행위 대상자이고 '工作'의 행위자이다）

  Bì yè hòu, wǒ hé jǐ ge tóngxué bèi fēnpèi dào hángbiāozhàn gōngzuò.

졸업 후, 나와 몇몇 학우들은 항로표지센터에 배속되어 근무하였다.

④ 张老师调到中文系教古汉语去了。（'张老师'는 '调'의 행위 대상자이고 '教'의 행위자이다）

  Zhāng lǎoshī diào dào Zhōngwénxì jiāo gǔ Hànyǔ qù le.

장 선생님께서는 중문과로 배치되어 고대 중국어를 가르치시게 되었다.

参考文献

陆俭明　关于"去+W"和"VP+去"句式,语言教学与研究,1985年第4期。
沈开木　连动及其归属,汉语学习,1986年第5期。
周国光　现代汉语里几种特别的连动句式,安徽师范大学学报,1985年第3期。

一. 아래 연동문에 연용된 동사 혹은 동사구를 구분하고, 의미상 두 성분 사이의 관계를 설명하시오.

A : 연속 발생한 2개 동작 표시　　B : 목적 표시　　C : 방식 표시,
D : 정반 두 측면에서 한 가지 사실 설명　　E : 제1동사가 '有'인 연동문

　1. 爸爸想了一下儿说：“我不能同意你的要求。”
　2. 以后我一定找时间去你家里看看你的母亲。
　3. 十年前她家就搬到北京郊外住了。
　4. 小时候，我们常常去那个公园玩。
　5. 有一年夏天，我坐船到南方奶奶家过暑假。
　6. 门外有个青年要见你。
　7. 小明用手轻轻地摸了摸小力的新铅笔盒，没有说话。
　8. 他听到外边有动静，立刻开门出去看了看。
　9. 你有什么理由不同意他的要求？
10. 这些南方的特产我们一直放着没吃。
11. 每次劳动的时候，大家都抢着干又脏又重的活儿。
12. 张老师，我有一些问题想请教你一下儿。你现在有时间帮助我吗？
13. 我那只手表一直放在抽屉里没带。

二. 아래 지문에서 연동문을 찾아내시오.

　　从前有几个人得到一壶酒。这壶酒只够一个人喝。到底谁应该喝这壶酒呢？大家商量半天，怎么也决定不下来，最后有一个人说：“咱们每个人用树枝在地上画一条蛇。谁先画完，这壶酒就让给谁喝。”
　　大家都同意这个办法。于是每个人就拿起一根小树枝在地上画起来。
　　有一个人很快就把蛇画好了。他笑着看了看周围，还没有一个人画完。他又拿起树枝，抱着酒壶得意地说：“你们谁有本事能比我画得快，我还有时间给蛇画上几只脚。”说着就画起来。当他正忙着给蛇画脚的时候，另一个人已经把蛇画完了，就把酒壶抢了过去，指着地上的蛇说：“蛇是没有脚的，你现在给蛇添了脚，就不是蛇了。因此，第一个画完蛇的是我，不是你呀！”

1. 张老师忘了戴眼镜, 他＿＿＿＿＿＿＿＿。（回宿舍　取）
2. 那个故事太悲惨了, 孩子们＿＿＿＿＿＿＿＿。（听　哭起来）
3. 那是她结婚时的纪念, 所以她一直＿＿＿＿＿＿＿。（保存　用）
4. 昨天, 他们＿＿＿＿＿＿＿＿。（坐火车　去南方　旅行）
5. 姐姐正＿＿＿＿＿＿＿, ＿＿＿＿＿＿＿。（忙着写论文　陪着我玩　没有时间）
6. 阿里从书包里＿＿＿＿＿＿＿我。（交给　拿出来一封信）
7. 小组住院了, 下午咱们＿＿＿＿＿＿＿, 好吗?（带　水果　去看她）
8. 他, 已经骑了好几年了。（花　几十块钱　买　一辆旧自行车）
9. 你不应该＿＿＿＿＿＿＿, 这样看书对眼睛不好。（躺　看书）
10. 他们＿＿＿＿＿＿＿理由不。（没有　参加这个会）
11. 父亲说:"你们都喜欢吃花生吗?"孩子们都＿＿＿＿＿＿＿:"喜欢!"（争　回答）
12. 我＿＿＿＿＿＿＿一束花儿＿＿＿＿＿＿＿在花瓶里好吗?（插　去买）

四. 아래 예문을 연동문으로 고치시오.

1. 他又买了一辆新型摩托车。花了三百多元。

2. 这位年轻的作家写了一个剧本。用了一年左右的时间。

3. 他不回答我的问题。他是没有理由的。

4. 住那么好的房子。我现在还没有条件。

5. 下星期天, 我来找你。咱们一起去颐和园。咱们划船。

6. 他坐公共汽车。他去北京图书馆。他借书。

7. 汽车走在半路上。汽车停住了。汽车不走了。

8. 老人看完儿子的信。老人拉起衣袖。老人擦了擦眼泪。

9. 我每次去看他。他总是笑着。他走过来。他迎接我。

10. 姐姐看了我织的毛衣。姐姐捂着嘴。姐姐直笑。

五. 아래 각각의 예문을 비교하여 의미상 무슨 차이가 있는지 밝히시오.

1. A. 小方开门出去了。
   B. 小方出去开门。
2. A.老队长接过那把锄头看了看说："可以。"
   B. 老队长看了看那把锄头接过去说："可以。"
3. A. 他们坐汽车进城。
   B. 他们进城坐汽车。
4. A. 她下床穿衣服。
   B. 她穿衣服下床。
5. A. 他们轻轻推开门走进去。
   B. 他们轻轻走进去推开门。
6. A. 小明站起来拍拍身上的土。
   B. 小明拍拍身上的土站起来。

제 4 절
겸어문

 겸어문이란 무엇인가?

겸어문의 술어는 동목구와 주술구가 한데 결합되어 이루어진 것이다. 술어 중 앞 동목구의 목적어는 뒤 주술문의 주어를 겸한다. 예를 들어 '你请他来'라는 문장에서 주어는 '你'인데, 술어 안의 동목구 '请他'의 '他'는 뒤쪽 주술구 '他来'의 주어이기도 하다. 이러한 문장을 겸어문라 하며 '他'를 겸어라 한다. 겸어문의 제2 동사와 주어 사이에는 주술 관계가 존재하지 않는다. 즉, 겸어문의 술어 중의 두 동사가 동일한 하나의 주어를 갖는 것이 아니다. 겸어문 속에서 주술문의 술어는 대개 동사이며, 형용사나 주술구 혹은 명사일 수도 있다.

① 这个消息使我很高兴。

Zhè ge xiāoxi shǐ wǒ hěn gāoxìng.

이 소식은 나를 기쁘게 했다.

② 昨天的事使他情绪有些波动。

Zuótiān de shì shǐ tā qíngxù yǒu xiē bōdòng.

어제 일로 그의 마음이 다소 흔들렸다.

③ 祝你学习好、身体好、工作好。

Zhù nǐ xuéxí hǎo、shēntǐ hǎo、gōngzuò hǎo.

공부 잘 하고 몸 건강하고 일 잘 하길 빕니다.

④ 他买了一枝圆珠笔三个笔芯。

Tā mǎile yì zhī yuánzhūbǐ sān ge bǐxin.

그는 볼펜 한 자루와 심 세 개를 샀다.

예문 ①의 겸어는 '我'이고 그 술어는 형용사 '高兴'이다. 예문 ②의 겸어는 '他'이고 그 술어는 주술구인 '情绪有些波动'이다. 예문 ③의 겸어는 '你'이고 그 술어는 병렬되어 있는 세 개의 주술구 '学习好、身体好、工作好'이다. 예문 ④의 겸어는 '一枝圆珠笔'이고 그 술어는 명사구 '三个笔芯'이다.

 겸어문의 종류

제1 동사 의미의 차이에 근거하여 겸어문은 아래 몇 가지로 나눌 수 있다.

 사역의 의미를 나타내는 겸어문

이러한 겸어문에서 제1 동사는 사역의미를 나타낸다. 예를 들어 '使', '让', '叫', '请', '派', '强迫' 등등이다. 겸어 뒤에 있는 어구가 나타내는 동작이나 상태는 제1 동사가 나타내는 동작이 일으키는 것이다.

① 大家请她跳舞。

   Dàjiā qǐng tā tiào wǔ.

모두들 그녀에게 춤을 청했다.

② 这个小姑娘真惹人喜爱。

   Zhè ge xiǎo gūniang zhēn rě rén xǐ'ài.

이 꼬마 아가씨는 정말 사람들한테 귀여움을 받게 한다.

③ 我叫我的小孙子从家乡带来一点特产。

   Wǒ jiào wǒ de xiǎosūnzi cóng jiāxiāng dàilái yìdiǎn tèchǎn.

나는 내 어린 손자를 시켜 고향에서 특산품을 조금 가져오도록 하였다.

④ 领队派他去南京了。

   Lǐngduì pài tā qù Nánjīng le.

대장은 그를 남경으로 파견하였다.

⑤ 你听明白，我没逼你做那件事。

   Nǐ tīng míngbái, wǒ méi bī nǐ zuò nà jiàn shì.

분명히 들어라. 나는 네가 그 일을 하도록 강요하지 않았어.

⑥ 改选以前，咱们先让大伙儿提提意见。

   Gǎixuǎn yǐqián, zánmen xiān ràng dàhuǒr títi yìjiàn.

재선 이전에 우리 먼저 모두들에게 의견을 제시해 보게 합시다.

⑦ 他不准人家发表相反的意见。

   Tā bù zhǔn rénjia fābiǎo xiāngfǎn de yìjiàn.

그는 다른 사람이 상반된 의견을 발표하는 걸 허락지 않았다.

겸어문에 사용되어 사역의미를 나타내는 동사로 상용되는 것은 이 외에 '吩咐', '打发', '促使', '使得', '要求', '迫使', '催', '催促', '要', '委托', '请求', '鼓励', '引导', '启发', '答应', '指示', '指定', '劝', '劝说', '召集', '领导', '组织' 등이 있다. 일부 허용이나 금지의 의미를 나타내는 동사도 이러한 겸어문에 자주 사용된다. 예를 들어 '容许', '许', '禁止', '准许', '允许' 등이다.

② 호칭이나 인정의 의미를 나타내는 겸어문

이러한 겸어문의 제1 동사는 호칭이나 인정 의미를 나타내는데, 예를 들면 '称', '叫', '骂', '选', '选举', '推选', '认', '认为' 등이 있다. 겸어 뒤의 동사는 대개 '做', '为', '当', '是' 등이다.

① 我给他起了个小名叫南南。

   Wǒ gěi tā qǐle ge xiǎomíng jiào nánnan.

나는 그에게 南南이란 아명을 지어 주었다.

② 由于各国经常打仗，历史上称这一时期为战国。

   Yóuyú gè guó jīngcháng dǎ zhàng, lìshǐ shàng chēng zhè yì shíqī wéi zhànguó.

각국이 항상 전쟁을 일삼았으므로 역사상 이 시기를 일컬어 전국시대라 하였다.

③ 我认您做我的师傅吧!

   Wǒ rèn nín zuò wǒ de shīfu ba!

내가 당신을 제 스승으로 삼지요!

④ 你们选谁当代表?

   Nǐmen xuǎn shéi dāng dàibiǎo?

너희들은 누구를 대표로 뽑았느냐?

⑤ 我们应该选择名家名篇作教材。

Wǒmen yīnggāi xuǎnzé míngjiā míngpiān zuò jiàocái.

우리는 마땅히 명가의 명편을 선택해 교재로 삼아야 한다.

⑥ 人家背后骂我是废物。

Rénjia bèihòu mà wǒ shì fèiwù.

그 사람이 뒤에서 나를 쓰레기라고 욕했다.

3 애증, 호오의 의미를 나타내는 겸어문

이러한 겸어문에서 제1 동사는 대개 사랑, 칭찬, 축하나 혐오, 처벌 등을 나타낸다. 예를 들어 '喜欢', '讨厌', '爱', '恨', '嫌', '佩服', '钦佩', '羡慕', '称赞', '夸', '欣赏', '赞扬', '原谅', '笑话', '责备', '怪', '烦', '骂' 등이다. 겸어 및 그 뒤의 술어는 원인을 나타낸다.

① 大家埋怨他来晚了。

Dàjiā mányuàn tā lái wǎn le.

모두들 그가 늦게 왔다고 원망했다.

이 문장에서 '(他)来晚'이 '埋怨他'의 원인이다.

② 我们原谅他年纪小，没经验。

Wǒmen yuánliàng tā niánjì xiǎo, méi jīngyàn.

그가 나이도 어리고 경험이 없으니 우리가 이해해야죠.

③ 群众喜欢他办事公道。

Qúnzhòng xǐhuan tā bàn shì gōngdào.

사람들은 그가 일처리를 공정하게 하기 때문에 좋아한다.

④ 我爱他朴实、浑厚。

Wǒ ài tā pǔshí、húnhòu.

나는 그가 순박하고 후덕해서 좋다.

⑤ 领导上批评她老爱说大话。

Lǐngdǎo shàng pīpíng tā lǎo ài shuō dàhuà.

지도부에서는 그녀가 늘 흰소리만 늘어놓는다고 비난하였다.

⑥ 大家都嫌他说话啰嗦。

Dàjiā dōu xián tā shuō huà luōsuō.

모두들 그가 말이 많기 때문에 싫어한다.

4 겸어의 술어는 겸어를 설명하거나 묘사한다.

① 我最近改编了一个剧本约二十万字。

Wǒ zuìjìn gǎibiānle yí ge jùběn yuē èr shí wàn zì.

나는 최근에 약 20만 자짜리 시나리오 하나를 각색하였다.

이 문장에서 '约二十万字'는 '剧本'을 설명하는 것이다.

② 她家里摆着一个小圆桌三条腿。

Tā jiā lǐ bǎizhe yí ge xiǎoyuánzhuō sān tiáo tuǐ.

그녀 집에는 다리가 세 개 달린 작은 원탁 하나가 놓여져 있다.

③ 他们新编了一部词典带插图。

Tāmen xīn biānle yí bù cídiǎn dài chātú.

그들은 삽화가 들어 있는 사전을 새로 편찬했다.

5 제1 동사가 '有(没有)'인 겸어문

'有'의 목적어(즉 겸어)는 존재하는 사람이나 사물을 나타내고, 겸어의 술어는 겸어를 설명하거나 서술 묘사한다.

① 古代有个诗人叫贾岛。

　　Gǔdài yǒu ge shīrén jiào Jiǎ Dǎo.

고대에 贾岛라는 시인이 있었다.

② 桌子上有一本新杂志是谁的？

　　Zhuōzi shàng yǒu yì běn xīn zázhì shì shéi de?

탁자 위는 있는 새 잡지 한 권은 누구의 것입니까?

③ 第三生产队有一只羊病了。

　　Dì sān shēngchǎnduì yǒu yì zhī yáng bìng le.

제 3 생산팀의 양 한 마리가 병이 났다.

④ 后面有几个人哭起来了。

　　Hòumiàn yǒu jǐ ge rén kū qǐlai le.

뒤의 몇 사람이 울기 시작했다.

이러한 겸어문에서 더욱 자주 보이는 형식은 무주어 겸어문이다. 즉 '有'의 앞에 주어가 없는 것이다. '有'의 목적어(즉 겸어) 앞에는 '一个', '几个', '很多', '一些', '多少' 등 관형어가 있는데 새로운 정보를 나타내며 '这个', '那个'를 관형어로 쓸 수 없다.

① 有只狼跑过来了，你看见没有？

　　Yǒu zhī láng pǎo guòlai le, nǐ kànjiàn méiyǒu?

늑대가 한 마리 달려 왔는데 보지 못했소?

② 此后又有近处的本家和亲戚来访问我。

　　Cǐhòu yòu yǒu jìnchù de běnjiā hé qīnqī lái fǎngwèn wǒ.

이후에 또 근처의 일가 친척들이 나를 방문하러 왔다.

③ 有个人心眼儿特别好。

　　Yǒu ge rén xīnyǎnr tèbié hǎo.

어떤 사람은 마음씨가 굉장히 좋다.

④ 有一种自行车两个车座子，三个轱辘。

　　Yǒu yì zhǒng zìxíngchē liǎng ge chē zuòzi, sān ge gūlu.

어떤 자전거는 좌석이 2개, 바퀴가 3개이다.

6 제1 동사가 긍정적 의미를 나타내는 '是'인 겸어문

동사 '是' 앞에는 주어가 없고 그 뒤의 명사구나 대사가 '是'의 목적어가 되며 동시에 그 뒤 동사(구)의 주어를 겸하여 하나의 주술문을 형성한다. 이러한 겸어문은 모두 주어가 없으며, '是'의 역할은 그 목적어(즉 겸어, 강하게 읽음)를 긍정하는 데 있다.

① 是′姑老爷叫我？

　　Shì gū lǎoye jiào wǒ?

어머님의 고모부께서 저를 부르신 다구요?

② 是′我把她气哭了。

　　Shì wǒ bǎ tā qì kū le.

내가 그녀를 화나 울게 만들었다.

③ 是′风把门吹开了。

    Shì fēng bǎ mén chuī kāi le.

④ 是′白求恩大夫救活了那个战士。

    Shì Bái qiú'ēn dàifu jiù huó le nà ge zhànshì.

⑤ 是′这篇文章启发了我，使我改变了主意。

    Shì zhè piān wénzhāng qǐfā le wǒ, shǐ wǒ gǎibiànle zhǔyì.

바람이 문을 열어 젖혔다.

白求恩의사가 그 전사를 살려냈다.

이 글이 내게 영감을 주어 나의 생각을 바꾸게 하였다.

 ## 겸어문의 어법적 특징

 음성적인 면에서 볼 때, 겸어문에서 휴지하거나 길게 끌 수 있는 곳은 겸어의 뒤이지 제1 동사의 뒤가 아니다. 예를 들어 '你请他来'에서 '你请他 | 来'로만 읽을 수 있고 '你请 | 他来'로는 읽을 수 없다.

 겸어문의 제1 동사 뒤에는 일반적으로 '了', '着', '过'가 올 수 없다. '让', '叫', '使'를 제외하고 사역의미나 인정의미를 나타내는 일부 동사의 뒤에는 때로 '了'를 동반할 수 있지만 일정한 조건이 있다.

① 원인이나 결과를 설명하는 전후문장이 있다.

① 愚公一家人搬山的事感动了上帝，他就派了两个神仙把两座山搬走了。

    Yúgōng yì jiā rén bān shān de shì gǎndòng le shàngdì, tā jiù pàile liǎng ge shénxiān bǎ liǎng zuò shān bān zǒu le.

② 我们选了小王当代表，明天他就要开会去了。

    Wǒmen xuǎnle xiǎowáng dāng dàibiǎo, míngtiān tā jiù yào kāi huì qù le.

愚公 일가 사람들이 산을 옮기는 일이 하느님을 감동시켜서, 하느님께서는 신선 둘을 내려 보내 산 두개를 옮겼다.

우리는 小王을 대표로 뽑았는데, 내일 그가 회의에 참석하러 갈 것이다.

② 문장 끝에 새로운 상황의 출현을 나타내는 '了'가 있다.

① 那件事托了老王去办了。

    Nà jiàn shì tuōle lǎo Wáng qù bàn le.

그 일은 왕씨에게 처리하도록 부탁했다.

 겸어문의 겸어는 주로 명사, 대사가 되며, 일정한 전후 문장이 있을 경우에는 수량사가 될 수도 있다.

① 从前线回来的人说到白求恩，没有一个不佩服，没有一个不为他的精神所感动。

    Cóng qiánxiàn huílai de rén shuō dào Bái qiú'ēn, méi yǒu yí ge bù pèifú, méi yǒu yí ge bù wéi tā de jīngshén suǒ gǎndòng.

전선에서 돌아온 사람이 白求恩 이야기를 하니, 탄복하지 않은 사람이 없었고 그의 정신에 감동되지 않은 사람이 없었다.

 ## 특수한 겸어문

 간접목적어가 겸어가 되는 문장. 이러한 문장의 순서는 「주어＋동사＋간접목적어＋직접목적어＋동사」이다.

① 你给他一本小人书看，他很高兴，不哭了。

　　Nǐ gěi tā yì běn xiǎorénshū kàn, tā hěn gāoxìng, bù kū le.

② 你借我车用用，可以吗?

　　Nǐ jiè wǒ chē yòngyong, kěyǐ ma?

③ 劳驾，递我那张说明书看一下儿。

　　Láo jià, dì wǒ nà zhāng shuōmíngshū kàn yíxiàr.

> 쟤한테 그림동화책을 보여주면 기분이 좋아져 울지 않을 겁니다.
>
> 제가 차를 좀 쓰게 빌려 주실 수 있나요?
>
> 죄송하지만 그 설명서 좀 보게 건네주세요.

이상 세 예문은 모두 이중 목적어문이다. 예문 ①의 동사 '给'의 간접 목적어는 '他'이고 직접 목적어는 '一本小人书'이며 '一本小人书'는 또한 동사 '看'의 목적어를 겸한다. 예문 ②의 '借'는 이중 목적어를 동반한 동사인데, '车'는 '借'의 직접 목적어와 동사 '用'의 목적어를 겸한다. 예문 ③의 '那张说明书'는 '递'의 직접 목적어와 동사 '看'의 목적어를 겸한다.

 개사 '把', '给'의 목적어가 겸어가 되는 문장.

① 他们给伤员做了碗鸡蛋汤喝。

　　Tāmen gěi shāngyuán zuòle wǎn jīdàntāng hē.

② 我要给他们干个样儿瞧瞧。

　　Wǒ yào gěi tāmen gàn ge yàngr qiáoqiao.

③ 我把他介绍到学校里当教员。

　　Wǒ bǎ tā jièshào dào xuéxiào lǐ dāng jiàoyuán.

> 그들은 부상자에게 계란국을 끓여 먹였다.
>
> 나는 그들에게 본보기를 좀 보여주려 한다.
>
> 나는 그를 학교 교사자리에 소개시켜 주었다.

예문 ①에서 '伤员'은 개사 '给'의 목적어이며 동시에 '喝'의 주어이기도 하다. 예문 ② '他们'은 개사 '给'의 목적어이면서 제2 동사 '瞧瞧'의 주어를 겸한다. 예문 ③의 '他'는 '把'의 목적어이며 동사 '当'의 주어를 겸한다.

 ## 겸어문과 연동문의 혼합식

연동문과 겸어문은 모두 구조가 간결하고 세련되면서 의미 표현이 명확한 특징을 갖고 있다. 사람들은 비교적 복잡한 사상을 표현할 때 자주 이 두 종류의 구문을 함께 사용하여, 연동문을 겸어문에 결합한 구문이나 겸어문을 연동문에 결합한 문장 형식을 형성한다.

1 겸어문과 연동문의 결합

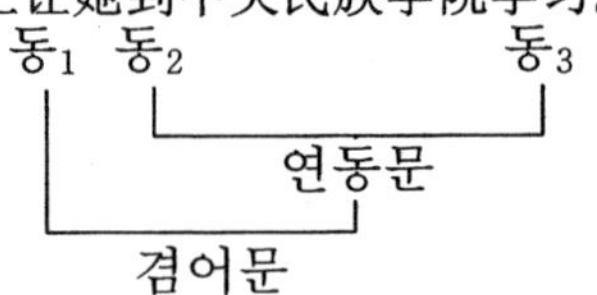

① 卓玛身体好了以后，领导上让她到中央民族学院学习。

Zhuōmǎ shēntǐ hǎo le yǐhòu, lǐngdǎo shàng ràng tā dào zhōngyāng mínzú xuéyuàn xuéxí.

卓玛의 건강이 회복된 후, 지도부는 그녀를 중앙민족학원에 가서 공부하도록 하였다.

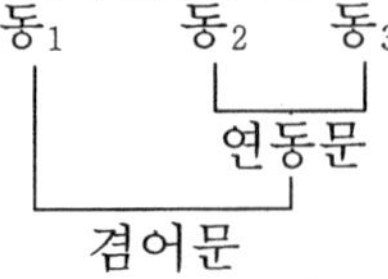

② 老师要求我们用中文写一篇日记。

Lǎoshī yāoqiú wǒmen yòng Zhōngwén xiě yì piān rìjì.

선생님께서는 우리들에게 중국어로 일기 한 편을 쓰라고 하셨다.

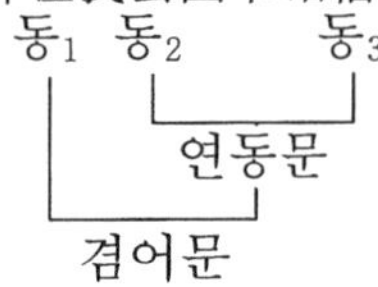

③ 老师让我去图书馆借一本书。

Lǎoshī ràng wǒ qù túshūguǎn jiè yì běn shū.

선생님께서 나에게 도서관에 가서 책 한 권 빌려오라고 시키셨다.

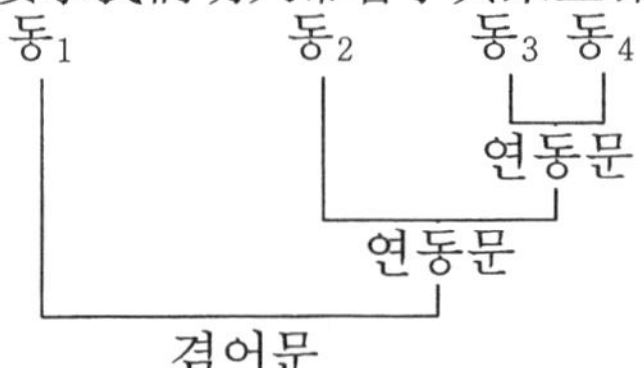

④ 老师要求我们明天带着字典来上课。

Lǎoshī yāoqiú wǒmen míngtiān dàizhe zìdiǎn lái shàng kè.

선생님께서는 우리들에게 내일 자전을 가지고 수업에 오라고 하셨다.

2 연동문과 겸어문의 결합

이러한 문장에서는 일반적으로 세 개 혹은 더 많은 동사(구)가 있는데 동사1과 동사2는 전체 문장 주어의 동작이고, 동사2의 목적어는 동사3의 주어이기도 하다.

주어＋동사1＋목적어＋동사2＋목적(겸)어＋동사3(＋목적어)

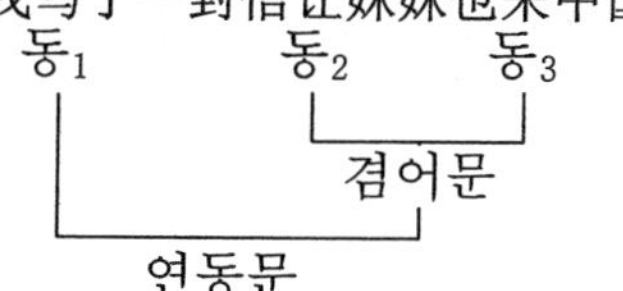

Wǒ xiěle yì fēng xìn ràng mèimei yě lái Zhōngguó.
나는 편지 한 통을 써서 여동생도 중국에 오도록 하였다.

이 문장에는 세 개의 동사가 있는데, 동사1은 '写', 동사2는 '让', 동사3은 '来'이다. 동1 과[동2+동3]은 연동문이고 동사2와 동사3는 겸어문이다. 동사3의 '妹妹'는 '让'의 목 적어이며 '来'의 주어로서 겸어이다. 전체 문장은 연동문이 겸어문에 연결된 것이다.

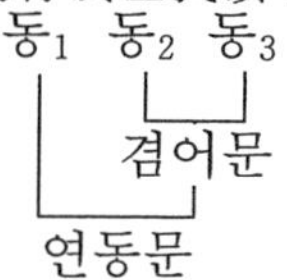

Nà shíhou, bàba méi yǒu qián ràng wǒ dú shū.
그 시절에 아버지께서는 나를 공부시킬 돈이 없으셨다.

또한 어떤 문장은 겸어문에 겸어문이 연결된 문장도 있고, 세 개의 연동문, 겸어문 형식이 한데 결합된 경우도 있다.

Wǒ zhàngfu yǒu yí ge chāoběn, wǒ yào tā jiè nǐ kànkan.
제 남편에게 필사본이 하나 있으니, 제가 그에게 말해서 당신이 빌려 볼 수 있도록 하겠어요.

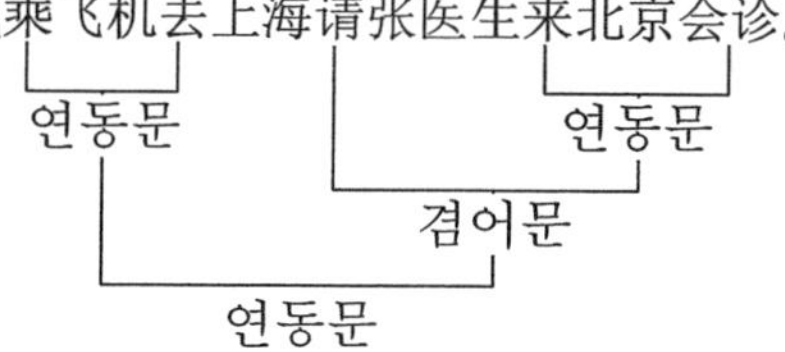

Jīntiān wǎnshang, wǒ chéng fēijī qù Shànghǎi qǐng Zhāng yīshēng lái Běijīng huìzhěn.
오늘 저녁에 나는 비행기로 上海에 가서 닥터 장을 北京으로 왕진오시도록 청할 것이다.

6 목적어인 겸어문과 이중 목적어문 및 주술문의 구분

1 겸어문과 이중 목적어문의 차이

만약 이중목적어문의 직접목적어가 주술문이면 형식상 겸어문과 비슷한데 어떻게 구별하는가?

1 질문 방식의 차이: 겸어문에서 겸어 뒤의 성분은 '干什么'로 질문하는데, 이중 목적어문에서의 직접목적어는 '什么'로 질문한다.

① 他刚才告诉我今天下午开会。(他刚才告诉你什么?)(이중 목적어문)

Tā gāngcái gàosu wǒ jīntiān xiàwǔ kāi huì. (Tā gāngcái gàosu nǐ shénme?)

② 他叫我今天下午去开会。(他叫你干什么?)(겸어문)

Tā jiào wǒ jīntiān xiàwǔ qù kāi huì. (Tā jiào nǐ gàn shénme?)

그가 방금 전에 내게 오늘 오후에 회의가 있다고 알려줬다.(그가 방금 네게 무얼 알려줬느냐?)

그가 나에게 오늘 오후에 회의에 참석하라고 하였다.(그가 네게 무엇을 시켰는가?)

2 이중 목적어문의 직접 목적어는 문두에 제시할 수 있다.

① 他告诉我明天去上海。 (이중 목적어문)

Tā gàosu wǒ míngtiān qù Shànghǎi.

明天去上海，他告诉我。

Míngtiān qù Shànghǎi, tā gàosu wǒ.

② 他让我明天去吃饭。 (겸어문)

Tā ràng wǒ míngtiān qù chī fàn.

*明天去吃饭，他让我。

그가 내게 내일 上海에 간다고 알려줬다.

내일 上海에 간다고 그가 내게 알려줬다.

그가 나에게 내일 밥 먹으러 오라고 하였다.

2 목적어인 겸어문과 주술문의 구별

이 두 종류의 문장은 형식상 서로 흡사하여 외견상 구분이 쉽지 않다. 아래 세 측면에서 구분할 수 있다.

1 제1 술어동사의 성질 차이

주술문이 목적어가 되는 문장에서 전체문장 술어 동사의 목적어는 주술문(명사+동사)이지 단지 그 문장 안의 명사가 아니다. 예를 들어 '我知道他住在哪儿'라는 문장에서 '他住在哪儿'이 '知道'의 목적어이지 '他'가 '知道'의 목적어인 것이 아니다. 그러나 겸어의 목적어는 단지 뒤쪽의 명사이다.

주술문이 목적어인 문장에서 술어 동사는 반드시 하나의 일을 진술하거나 설명해야 하는데, 이 조건에 부합되는 동사는 대개 아래와 같다.

A. 인지를 나타내는 것: 知道, 听说, 看见, 看到, 觉得, 以为, 懂得, 明白 등이다.

B. 심리 활동을 나타내는 것: 希望, 盼望, 相信, 想, 怀疑, 记得 등이다.

이 밖에도 '说', '反对', '赞成', '同意' 등이 있다. 겸어문은 문장 속의 제1 동사가 그것과 완전히 달라야 한다.

② 발음 휴지의 차이

겸어문에서 겸어와 제1 동사가 긴밀히 결합하면 휴지할 수 없는데, 주술문이 목적어인 문장에서는 술어 동사 뒤에서 잠깐 동안 휴지를 할 수 있다.

① *我叫│小王来。

② 我希望│小王来。

　　Wǒ xīwàng xiǎo Wáng lái.

나는 小王이 오기를 바란다.

③ 제1술어동사 뒤에 기타 어구가 올 수 있는지 여부

주술문이 목적어인 문장에서 술어 동사 뒤에는 기타 어구를 삽입하여 부사어로 삼을 수 있는데, 겸어문의 제1 동사 뒤에는 기타 어구를 붙일 수 없다.

① *我让明天你们都来。

② 我希望明天你们都来。

　　Wǒ xīwàng míngtiān nǐmen dōu lái.

나는 내일 너희들 모두 오기를 바란다.

参考文献

丁永根　　略谈兼语句与主谓结构作宾语, 语言教学与研究, 1993年第4期。

龚千炎　　由"V给"引起的兼语句及其变化, 中国语文, 1983年第4期。

刘荣生　　现代汉语兼语式及其鉴别方法, 西藏民族学院学报, 1996年第2期。

邢欣论　　兼语式的深层结构, 新疆大学学报, 1984年第1期。

吴为章　　复杂单句两例试析, 汉语学习, 1984年第1期。

一. 아래 예문에서 겸어를 찾으시오.

　　보기 : 你请他进来。（他）

1. 他从来不强迫别人接受自己的意见。
2. 老师让谁回答问题，谁回答，不要乱说话。
3. 我们研究所的同志都称赞他是一位先人后己，公而忘私的好党员，好干部。
4. 你怎么能总叫别人替你担忧呢？
5. 我还有一个哥哥在北大物理系教书。
6. 为了侮辱齐国的使节，楚王命令卫兵在大门旁边另外开了一个小门。等晏子来的
　　时候，让他从小门进去。
7. 他常常请我们到他家去做客。
8. 班上的同学给他起了个外号叫活字典。
9. 仁慈的先生，让我在你的口袋里躲躲吧!
10. 我新买了一个录音机是两用的。

二. 주어진 단어로 보기처럼 겸어문을 만드시오.

㈠보기 : 让　　等

　　　　　他让我等一会儿。

1. 叫　　八点来
2. 让　　教他日语
3. 请　　看京剧≪贵妃醉酒≫
4. 催　　还书
5. 托　　带东西
6. 劝劝　　生气别
7. 派　　去
8. 使　　不安
9. 组织　　游览
10. 强迫　　同意

㉓보기：夸奖　　勤奋　　好学
　　　　大家都夸奖他勤奋、好学。

1.表扬　　服务态度好
2.佩服　　有学问
3.嫌　　太淘气
4.喜欢　　爱帮助人
5.称赞　　刻苦好学
6.骂　　太不讲道理
7.恨　　自私自利
8.选　　当车间主任
9.笑　　太粗心
10.感谢　　这么大力地帮助我们

㉔보기：一本新字典　　四用
　　　　他买了一本新字典是四用的。

1.姑姑　　在乡下
2.桌子　　三条腿
3.两个窗户　　朝南
4.大百科全书　　英文版的
5.弟弟　　小明

三. 보기처럼 겸어문으로 고치시오.

　　보기：救了我性命的是张爷爷。
　　　　　是张爷爷救了我的性命。

1.那天晚上，给我开门的是看大门的老工人。

2.杀害了我父亲的人是谁?

3.教育我们长大成人的是我们的老师。

4.蜡烛让风吹灭了。

5.我的自行车是一位工人师傅帮我修理好了。

四. 경어문과 연동문이 섞여있는 아래 문장을 보기처럼 A.연동문, B.경어문으로 나누시오.

보기 : 我去打开窗户让新鲜空气进来。
　　　 我去打开窗户。（A）　 （我）让新鲜空气进来。（B）

1. 他请我去他家玩过两次。

2. 领导上让我回来看看您老人家。

3. 齐王派晏子到楚国去当大使。

4. 大妈让我赶快把汗水浸透的衣服脱下来换上干的。

5. 他有个哥哥调到西北去支援边疆了。

6. 我爹急急忙忙跑回来让我叫大家先躲一躲。

7. 我们厂长让厂里的职工都能坐上厂子的班车回家。

8. 大家都选她当代表去北京开经验交流会。

9. 节日那天，很多学生到我家里来请我给他们演戏。

10. 老师不让我们单独一个人到河里去游泳。

11. 你打电话叫他来。

12. 你叫他来打电话。

五. 아래 문장을 보기처럼 경어문과 연동문이 섞여있는 문장으로 만드시오.

보기 : 总经理让我们到农村去，我们到农村去推销厂里的新产品。
　　　 总经理让我们到农村去推销厂里的新产品。

1. 老王托我。我去他家。我看望一下儿他的母亲。

2. 国画社请了一位画家。画家来我们美术学院，画家给我们作报告。

3. 我们系里请张教授，张教授来我们学校，张教授参加论文答辩会。

4. 老王命令小王。小王立刻去连队。小王报告新接到的情报。

5. 大家都推选大刘。大刘当组长。大刘组织这次活动。

존현문은 중국어에 존재하는 독특한 문장으로 의미에 근거하여 명명한 것이다. 존현문은 구조가 특수하여, 동사 사용 조건이 특이할 뿐만 아니라 특별한 기능을 갖고 있기 때문에, 존현문을 사용해야 할 경우에 다른 문장으로 대체할 수 없다.

의미적인 관점에서 본다면, 존현문은 어떠한 장소에 어떤 사물이 존재하거나, 출현, 소실됨을 나타낸다. 형식적인 관점에서 본다면, 존현문의 문두에는 장소를 나타내는 단어가 쓰이고, 존재, 출현, 소실되는 사람이나 사물을 나타내는 명사는 항상 술어동사의 뒤에 온다.

존현문은 두 종류가 있다. 하나는 사람이나 사물이 존재함을 나타내는 것으로 존재문이라 부른다. 다른 하나는 사람이나 사물의 출현, 소실을 나타내는 것으로 은현문이라 부른다.

 **존재문**

① **존재문의 표현기능**

중국어에서 어떠한 장소에 어떤 사람이나 사물이 존재함을 설명할 때(예를 들어, 어떤 장소의 상황, 방안의 설비 등을 묘사할 때)는 일반적으로 다음과 같은 문형을 사용한다.

> 장소어구 + 동사 + 명사(존재를 나타내는 사물)

① 桌子上有一本书。
   Zhuōzi shàng yǒu yì běn shū.

   탁자 위에 책이 한 권 있다.

② 桌子上是一本书。
   Zhuōzi shàng shì yì běn shū.

   탁자 위에 있는 것은 한 권의 책이다.

③ 桌子上放着一本书。
   Zhuōzi shàng fàngzhe yì běn shū.

   탁자 위에 책이 한 권 놓여 있다.

이러한 의미를 나타낼 때, 중국어 화자는 항상 장소구를 문두에 놓고('在', '从'등의 개사를 사용하지 않음), 존재하는 사물을 나타내는 명사를 술어동사의 뒤에 놓는다.

존재문의 표현기능은 주로 객관적인 환경, 인물의 차림새, 태도 등을 묘사하므로, 서술적 성격이 아닌 묘사적 성격을 가지고 있다.

① 屋子里很干净。墙上挂着几幅油画。靠墙摆着一个小衣柜，柜子上放着一台电视机和一台录音机。旁边是一套沙发……

Wūzi lǐ hěn gānjìng. Qiáng shàng guàzhe jǐ fú yóuhuà. Kàoqiáng bǎizhe yí ge xiǎo yīguì, Guìzi shàng fàngzhe yì tái diànshìjī hé hé yì tái lùyīnjī. Pángbiān shì yí tào shāfā……

② 小院子里非常安静，茅草屋的小窗子上亮着灯光，浮动着人影。

Xiǎo yuànzi lǐ fēicháng ānjìng, máocǎowū de xiǎo chuāngzi shàng liàngzhe dēngguāng, fúdòngzhe rényǐng.

③ 路的左边，都埋着死刑和瘐毙的人，右边是穷人的丛冢。

Lù de zuǒbiān, dōu máizhe sǐxíng hé yǔbì de rén, yòubiān shì qióngrén de cóngzhǒng.

④ 捕鱼的人头上戴着草帽，腰间围着一块油布，手里提着鱼网。

Bǔ yú de rén tóu shàng dàizhe cǎomào, yāojiān wéizhe yíkuài yóubù, shǒu lǐ tízhe yúwǎng.

⑤ 他脸上堆着笑，眼里闪动着狡黠的光。

Tā liǎn shàng duīzhe xiào, yǎn lǐ shǎndòngzhe jiǎoxiá de guāng.

> 방안은 깨끗하고, 벽에 유화 몇 점이 걸려 있다. 벽 쪽에 작은 옷장이 하나가 놓여 있고 서랍장 위에 TV 한 대와 녹음기 한 대가 놓여 있다. 옆에는 소파 세트가 있고……
>
> 작은 정원은 매우 조용하고, 초가집의 작은 창문으로 등불이 비치고 사람 그림자가 어른거린다.
>
> 길 왼편에는 사형되었거나 감옥에서 죽은 사람이 묻혀있고, 오른편에는 가난한 사람들의 무덤들이다.
>
> 고기를 잡는 사람은 머리 위에 밀짚모자를 쓰고 있고, 허리에는 방수포를 두르고, 손에는 어망을 들고 있다.
>
> 그는 웃음을 띠고 있고, 눈에는 교활한 빛이 번쩍이고 있다.

이 문장들 중에서 '挂着', '摆着', '放着', '亮着', '埋着', '戴着', '围着', '提着', '堆着' 등은 사람이 어떤 동작을 취하고 있음을 서술하는 것이 아니라, 모두 사람이나 사물이 존재하는 상태를 표현하고 있다. 예를 들면 '挂'의 의미는 원래 동작을 나타내지만, 존재문에서는 동작을 나타내지 않고 '挂' 동작이 완결된 후에 사물이 존재하는 상태를 나타낸다.

예문 ②의 '浮动着'와 예문 ⑤의 '闪动着'는 다른 예문의 '동사+着'와는 좀 다르다. 동작성을 본다면 '浮动', '闪动'의 동작이 지속되고 있기 때문에, 그 문장들을 '동태존재문'이라고 부른다. 표현기능면에서 본다면 이러한 문장의 '동사+着'는 동작성이 강하지 않은 동작이 지속됨을 나타내는데, 지속을 나타내는 이러한 동작은 결국 하나의 상태로 볼 수 있다. 즉, 사람이나 사물이 나타내는 상태인 것이다. 표현기능면에 있어서, 이러한 문장은 묘사성을 가지며, 상태를 나타내는 존재문과 자주 어울리며, 문학작품 중에서 묘사를 나타내는 경우에만 출현한다. 이러한 존재문에서 출현하는 동사는 대부분 이음절이며, 그 예로는 '荡漾', '闪动', '飞舞', '闪烁', '翱翔', '飘浮' 등이 있다. 이러한 존재문의 목적어도 모두 동작의 행위자이다.

일반적인 존재문은 문학작품에서만 출현하는 것이 아니라, 자주 보이는 어법현상이다. 아래에서는 문학작품에만 출현하는 동태존재문에 대해서만 논의하는 것이 아니라, 일반적인 존재문에 대해서 주로 논의하겠다.

존재를 나타내는 '有'자문과 '是'자문은 본 장의 제1절, 제2절을 참고하기 바란다. 본 절은 술어동사가 '有'나 '是'가 아닌 경우의 존재문에 대해서만 다룬다.

 **존재문의 어법특징**

1 문두의 장소어구

존재문에서 장소어구는 묘사의 대상이므로 절대 생략할 수 없다. 주로 장소를 나타내는 명사나, '명사+방위사', 장소사, 방위사 등이 장소어구로 문두에 쓰인다.

(1) 명사+방위사

① 葫芦架下摆着一张矮腿的小桌。

    Húlu jià xià bǎizhe yì zhāng ǎituǐ de xiǎozhuō.

표주박 받침대 밑에 낮은 탁자가 놓여 있다

② 桌子上放着一本书。

    Zhuōzi shàng fàngzhe yì běn shū.

탁자 위에 책이 한 권 놓여 있다.

③ 叶公喜欢龙，他的屋子里门上、墙上都画满了龙。

    Yè Gōng xǐhuan lóng, tā de wūzi lǐ mén shàng、qiáng shàng dōu huà mǎn le lóng.

叶公이 용을 좋아하여 그의 집에는 문과 벽에 용이 가득 그려져 있다.

(2) 장소를 나타내는 명사

① 秋天，东高地长满了金色的庄稼。

    Qiūtiān, Dōnggāodì zhǎngmǎnle jīnsè de zhuāngjia.

가을에는 东高地에 황금빛의 농작물이 가득 자랐다.

② 洞口挂着一盏煤油灯。

    Dòngkǒu guàzhe yì zhǎn méi yóudēng.

동굴 입구에 석유램프가 하나 걸려 있다.

(3) 방위사

① 衣服的前面绣着一条龙，后面写着两个字。

    Yīfu de qiánmiàn xiùzhe yì tiáo lóng, hòumiàn xiězhe liǎng ge zì.

옷 앞면에는 한 마리 용이 수놓아져 있고, 뒷면에는 두 글자가 쓰여 있다.

② 上有天堂，下有苏杭。

    Shàng yǒu tiāntáng, xià yǒu SūHáng.

위(하늘)에는 천당이 있고 아래(땅위)에는 소주, 항주가 있다.

(4) 동사구, 개사구

① 靠墙摆着装满书籍的柜子。

    Kàoqiáng bǎizhe zhuāng mǎn shūjí de guìzi.

벽 쪽에 책을 가득 넣은 책장이 놓여 있다.

② 沿街两旁摆着很多地摊，吸引了很多游客。

    Yánjiē liǎngpáng bǎizhe hěn duō dìtān, xīyǐnle hěn duō yóukè.

길가 양쪽에는 많은 노점들이 늘어서 있는데, 많은 여행객들의 발길을 끈다.

③ 迎门挂着一架大水晶吊灯，非常气派。

    Yíngmén guàzhe yí jià dà shuǐjīng diàodēng, fēicháng qìpài.

문 앞에 큰 수정등이 하나 걸려 있는데, 매우 기품이 있다.

⑸ 장소를 나타내는 대사

① 原来这里住着二百多口人。

　　Yuánlái zhèlǐ zhùzhe èr bǎi duō kǒu rén.

② 那边放着一架钢琴, 是谁的?

　　Nàbiān fàngzhe yí jià gāngqín, shì shéi de?

③ 你说哪儿藏着一个人?

　　Nǐ shuō nǎr cángzhe yí ge rén?

알고 보니 이곳에 2백 여 명이 살고 있구나.

저쪽에 피아노가 한 대 놓여 있는데, 누구 것이 지?

어디에 사람 한 명이 숨 어 있다는 것이니?

② 존재문의 동사

　존재문의 동사는 두 종류가 있다. 사람이나 사물의 운동변화를 나타내는 것으로, '坐', '站', '蹲', '躺', '跪', '挤', '围' 등이 한 부류이며, 사람이 사물을 놓거나 처리하는 동작을 나타내는 것으로, '放', '挂', '捶', '摆', '存', '贴', '煮', '蒸', '刻', '绣', '画' 등이 한 부류이다

　존재문에서 동사 뒤에는 모두 시태조사 '着'를 부가한다. 술어동사의 뒤에 '着'를 부 가하여 사람이나 사물이 어떠한 자세나 방식으로 존재하는지를 나타낸다.

① 他的眼里闪动着泪花。

　　Tā de yǎn lǐ shǎndòngzhe lèihuā.

② 墙上挂着小明的照片。

　　Qiáng shàng guàzhe Xiǎomíng de zhàopiàn.

③ 屋两端的角落里和门口, 挤着一些热心的群众。

　　Wū liǎngduān de jiǎoluò lǐ hé ménkǒu, jǐzhe yìxiē rèxīn de qúnzhòng.

그의 눈에서 눈물방울 이 반짝인다.

벽에 小明의 사진이 걸 려 있다.

집 양 쪽의 모퉁이와 입 구에는 열성적인 군중 들로 붐빈다.

　동사 뒤에는 때로 '满'이 부가되어 '尽是', '都是' 등의 의미를 나타낸다. 이 때, '满' 의 뒤에 시태조사 '了'가 부가되는 경우가 많다.

① 天空上缀满了小星星。

　　Tiānkōng shàng zhuìmǎnle xiǎo xīngxing.

② 这时他的办公桌上摆满了文件、电报, 电话不断地响起来。

　　Zhèshí tā de bàngōngzhuō shàng bǎimǎnle wénjiàn、 diànbào, diànhuà búduàn de xiǎng qǐlai.

하늘에는 작은 별들이 가득히 수놓아져 있다.

이때, 사무실 탁자 위에 는 서류와 전보가 가득 놓여 있고 전화가 계속 울려댔다.

　술어동사 뒤에 '了'를 부가하여, 사람이나 사물이 존재하는 모습을 나타낼 수도 있다.

① 河边上围了两三千人。(两三千人围着)

　　Hébiān shàng wéile liǎng sān qiān rén.

강 주위에 이삼 천 명이 둘러싸고 있다.

② 左边放着一个白底蓝花仿明瓷的大口瓷缸，里面斜插了十几轴画。（十几轴画斜插着）

Zuǒbiān fàngzhe yí ge báidǐ lánhuā fǎngmíngcí de dà kǒu cígāng, lǐmiàn xiéchāle shí jǐ zhóu huà.

> 왼쪽에는 명나라 도자기를 모방한 흰 바탕의 청색무늬의 입 큰 자기 항아리가 놓여 있고, 그 안에 십 여 축의 그림이 비스듬히 꽂혀 있다.

예문 ①, ②의 '了'는 모두 '着'와 바꿀 수 있다. 그러나 동태를 나타내는 존현문 중의 '着'는 '了'로 바꿀 수 없다.

서면어에서 때로는 술어동사 뒤에 시태조사나 보어를 수반하지 않는 경우도 있다.

① 条案前立一张红木方桌……（曹禺≪北京人≫）

Tiáo'àn qián lì yì zhāng hóngmù fāngzhuō……

> 긴 테이블 앞에 홍목 사각탁자가 세워져 있다.

존재문은 때로는 동사가 없을 수도 있고, 술어 부분에 명사구만 올 수도 있는데, 이런 존재문도 묘사의 기능을 한다.

① 外面一片漆黑，真是伸手不见五指。

Wàimiàn yípiàn qīhēi, zhēn shì shēn shǒu bú jiàn wǔ zhǐ.

> 바깥이 칠흑같이 어두워서 정말 손을 뻗으면 다섯 손가락이 안보일 정도다.

② 这里一派欣欣向荣的景象，而那边满眼疮痍，这样鲜明的对比，令他十分感慨。

Zhèlǐ yí pài xīn xīn xiàng róng de jǐngxiàng, ér nàbiān mǎn yǎn chuāngyí, zhèyàng xiānmíng de duìbǐ, lìng tā shífēn gǎnkǎi.

> 이곳은 번영하는 모습이지만 저쪽은 보이는 것마다 참혹한 상황이다. 이처럼 분명한 대조에 그는 아주 개탄했다.

③ 他进屋一看，满地烟头，满屋烟尘，桌上杯盘狼藉，心中便十分不快。

Tā jìn wū yí kàn, mǎn dì yāntou, mǎn wū yān chén, zhuō shàng bēi pán láng jí, xīn zhōng biàn shífēn búkuài.

> 그는 방안에 들어와 보니, 바닥에는 온통 담배꽁초였고, 방안에는 먼지와 담배연기가 가득했고, 탁자 위에는 컵과 그릇이 어지러이 널려 있어서, 마음이 몹시 불쾌해졌다.

③ 존재문의 목적어

존재문의 목적어는 새로운 정보를 나타내며 일반적으로 명사 홀로 쓰이지 않고 그 앞에 수량사나 기타 관형어를 부가하는 경우가 많다.

① 蓬乱的头发上插着一根草棍儿。

Péngluàn de tóufa shàng chāzhe yì gēn cǎogùnr.

> 헝클어진 머리카락사이에 풀뿌리가 꽂혀있다.

② 墙上挂着一幅条屏，那上面的字写得曲里拐弯。

Qiáng shàng guàzhe yì fú tiáopíng, nà shàngmiàn de zì xiě de qū li guǎiwān.

> 벽에 족자가 걸려있고, 그 족자의 글자들은 구불구불하게 쓰여 있다.

③ 橱窗里摆着五光十色的货物。

Chúchuāng lǐ bǎizhe wǔ guāng shí sè de huòwù.

> 쇼윈도에 각종 상품이 진열되어 있다.

④ 碑身东西两侧上部，刻着由红星、松柏和旗帜组成的光辉永照
的装饰花纹。

Bēishēn dōngxī liǎngcè shàngbù, kèzhe yóu hóngxīng, sōngbǎi
hé qízhì zǔchéng de guānghuī yǒngzhào de zhuāngshì
huāwén.

⑤ 东方地平线上喷吐着嫩红鲜艳的光芒。

Dōngfāng dìpíngxiàn shàng pēntǔzhe nènhóng xiānyàn de
guāngmáng.

⑥ 这类胡同里拥挤着许多用厚纸片或洋铁叶子搭成的小窝棚。

Zhè lèi hútòng lǐ yōngjǐzhe xǔduō yòng hòuzhǐpiàn huò yángtiě
yèzi dāchéng de xiǎo wōpéng.

⑦ 驴背上驮着一条口袋，口袋里装着很多书。

Lǘ bēi shàng tuòzhe yì tiáo kǒudài, kǒudài lǐ zhuāngzhe hěn
duō shū.

⑧ 场的两面横着峨眉山的连山，东面流泻着大渡河的流水。

Chǎng de liǎngmiàn héngzhe Éméi Shān de liánshān,
dōngmiàn liúxiězhe dà dùhé de liúshuǐ.

비석 동서 양측상부에 붉은 별과 송백, 깃발로 구성된 오래도록 광채가 나는 장식무늬가 새겨 있다.

동쪽 지평선에서 연홍색 아름다운 빛이 분사되고 있다.

이런 골목 안에는 종이 판자나 양철 판자로 만든 작은 가건물들이 많이 밀집되어 있다.

당나귀 등에는 자루 하나가 실려 있고, 자루에는 많은 책이 담겨 있다.

무대 양쪽에는 峨眉山 산맥이 가로 놓여 있고 동쪽에는 大渡河의 강물이 빠르게 흐르고 있다.

존재문의 목적어가 고유명사이면, 대개 앞에 '(一)个' 등의 수량사가 온다.

① 两千年前的中国历史上有个秦始皇……

Liǎng qiān nián qián de Zhōngguó lìshǐ shàng yǒu ge
Qínshǐhuáng……

② 天安门广场上耸立着一座人民英雄纪念碑。

Tiān'ānmén guǎngchǎng shàng sǒnglìzhe yí zuò Rénmín
yīngxióng jìniànbēi.

2천년 전 중국역사에는 진시황이라는 인물이 있었는데, ……

천안문 광장에 인민영웅 기념비가 우뚝 서 있다.

대비를 나타낼 경우에는, 목적어 앞에 관형어가 오지 않아도 된다.

① 山上长着树，山下种着庄稼。

shān shàng zhǎngzhe shù, shān xià zhòngzhe zhuāngjia.

산위에는 나무가 자라고 있고 산 아래에는 농작물이 심어져 있다.

목적어가 병렬구조이거나, 존재문이 복문의 한 부분이 될 경우, 목적어는 아무런 수식성분을 수반하지 않아도 된다.

① 桌子上摆着酒、饼干、白糖、酱油等等。

Zhuōzi shàng bǎizhe jiǔ、bǐnggān、báitáng、jiàngyóu
děngděng.

탁자 위에는 술, 비스킷, 백설탕, 간장 등이 놓여 있다.

② 他进屋一看，桌子上摆着菜，却不见一个人。

    Tā jìn wū yí kàn, zhuōzi shàng bǎizhe cài, què bú jiàn yí ge rén.

그가 방에 들어가 보니, 탁자 위에 음식이 놓여 있고, 사람은 한 명도 보이지 않았다.

2 사람이나 사물의 출현, 소실을 나타내는 문장

출현이나 소실을 나타내는 문장을 '은현문(隐现文)'이라 부르기도 한다. 그 중, 출현을 나타내는 문장이 더 많이 쓰인다.

① 표현기능

중국어에서 어떠한 장소나 시간에 어떠한 사람이나 사물이 출현하거나 사라지는 것을 나타내려면, 일반적으로 다음 문형을 써서 표현한다.

> 장소어구(시간어구) + 동사 + 명사(출현이나 소실을 나타내는 사람이나 사물)

① 前面来了一个人。

    Qiánmiàn láile yí ge rén.

앞쪽에 사람이 한명 왔다.

② 昨天发生了一件大事。

    Zuótiān fāshēngle yí jiàn dà shì.

어제 큰 사건이 하나 발생했다.

③ 邻居家死了一只猫。

    Línjū jiā sǐ le yì zhī māo.

이웃집에 고양이 한 마리가 죽었다.

존재문과 비교하면, 출현, 소실을 나타내는 문장은 문두에 대개 시간어구를 부가할 수 있지만, 존재문은 동태를 나타내는 문장('这时天空盘旋着几架飞机') 외에는 대부분 시간사를 쓰지 않는다.

존재문과 같이, 문두에 부가되어 장소, 시간을 나타내는 어구는 일반적으로 개사 '在', '从' 등을 부가하지 않는다.

② 구조 특징

☐ 문두에 장소어구가 온다. 존재문과 같이 출현, 소실을 나타내는 문장의 문두에 오는 장소어구도 주로 장소를 나타내는 명사, 방위사 등이다.

① 这时前面开过来一辆面包车，我急忙躲开了。

    Zhèshí qiánmiàn kāi guòlai yí liàng miànbāochē, wǒ jímáng duǒ kāi le.

이때 앞에서 봉고차 한 대가 다가와서, 나는 급히 숨었다.

② 身后出现了一位挺英俊的军官。

    Shēn hòu chūxiànle yí wèi tǐng yīngjùn de jūnguān.

뒤에서 아주 잘생긴 장교가 나타났다.

③ 我们家来了几个客人。

Wǒmen jiā láile jǐ ge kèrén.

④ 迎面跑过来一个人。

Yíngmiàn pǎo guòlai yí ge rén.

⑤ 荒漠的低洼地区又出现了稀稀落落的村庄。

Huāngmò de dīwā dìqū yòu chūxiànle xī xī luò luò de cūnzhuāng.

② 술어동사는 대부분 자동사이다. 한 부류는 사람이나 물체의 이동과 관련 있는 동사로서, '走', '来', '跑', '掉', '开(汽车)' 등이 그에 속한다. 다른 한 부류는 출현, 소실을 나타내는 동사로서, '飘', '冒', '浮现', '涌', '响', '刮(风)', '弥漫' 등이 그에 속한다.

① 传说一年冬天，某村附近来了一只大老虎。

Chuánshuō yì nián dōngtiān, mǒu cūn fùjìn láile yì zhī dà lǎohǔ.

② 张家昨天死了一个人。

Zhāng jiā zuótiān sǐle yí ge rén.

③ 公元前二〇九年，中国历史上爆发了第一次农民大起义，这就是有名的陈胜吴广起义。

Gōngyuán qián èr líng jiǔ nián, Zhōngguó lìshǐ shàng bàofāle dì yī cì nóngmín dà qǐyì, zhè jiù shì yǒumíng de Chénshèng Wúguǎng qǐyì.

③ 동사 뒤에는 방향보어, 결과보어 및 시태조사 '了'가 오는 경우가 많다.

① 一天晚上，已经快七点钟了，新华旅馆门口开来了一辆摩托车。

Yì tiān wǎnshang, yǐjīng kuài qī diǎnzhōng le, Xīnhuá lǚguǎn ménkǒu kāiláile yí liàng mótuōchē.

② 地里走出几个累得摇摇晃晃的人，这是给地主周扒皮家干活的伙计们。

Dì lǐ zǒu chū jǐ ge lèi dei yáo yáo huàng huàng de rén, zhè shì gěi dìzhǔ Zhōu Bāpí jiā gàn huó de huǒjimen.

③ 休息的时候，天空飞过一群大雁。

Xiūxi de shíhou, tiānkōng fēi guò yì qún dàyàn.

④ 院子里新近搬走了三家，又搬进来两家。

Yuànzi lǐ xīnjìn bānzǒule sān jiā, yòu bān jìnlai liǎng jiā.

⑤ 河边柳丛里，忽然站起一个人。

    Hébiān liǔcóng lǐ, hūrán zhàn qǐ yí ge rén.

⑥ 昨天，我们班来了一个新同学。

    Zuótiān wǒmen bān láile yí ge xīn tóngxué.

⑦ 东边的村子死了一头牛。

    Dōngbiān de cūnzi sǐle yì tóu niú.

강가 버드나무 숲 속에서 갑자기 사람이 한 명 일어났다.

어제 우리 반에 새 학우가 한명 왔다.

동쪽 마을에서 소가 한 마리 죽었다.

④ 목적어는 출현, 소실을 나타내는 사람이나 사물이며, 이는 새로운 정보로서, 앞에 수량사가 오는 경우가 많다.

① 后边挤过一个解放军战士，把她抱起，一同上去了。

    Hòubiān jǐ guò yí ge jiěfàngjūn zhànshì, bǎ tā bào qǐ, yìtóng shàngqu le.

② 那个漫着烟雾的土屋门口，钻出一个五十多岁的老头。

    Nà ge mànzhe yānwù de tǔwū ménkǒu, zuān chū yí ge wǔ shí duō suì de lǎotóu.

③ 这时屋里走出来一位衣服破旧的老大娘。

    Zhèshí wū lǐ zǒu chūlai yí wèi yīfu pòjiù de lǎo dàniáng.

뒤에서 해방군전사 한 명이 밀치며 다가와, 그녀를 안아서, 함께 올라 갔다.

연기가 자욱한 저 흙집 문으로, 50이 넘은 노인 한명이 뚫고 나왔다.

이때 방에서 낡은 옷을 걸친 할머니가 걸어 나 왔다.

고유명사가 목적어가 될 경우에도, 항상 앞에 '(一)个'를 수반한다.

④ 明朝末年，陕西出了个李自成。

    Míng cháo mònián, Shǎnxī chūle ge Lǐ Zìchéng.

명나라 말년에, 陕西에서 李自成이란 사람이 나왔다.

때로 목적어 앞에 수량어구가 없는 경우도 있지만, 이 경우 문미에 '了'가 온다.

⑤ 来客人了。

    Lái kèrén le.

⑥ 张家死了人了。

    Zhāng jiā sǐ le rén le.

⑦ 刘胡兰想：'不好，出了叛徒了。'

    Liú Húlán xiǎng : 'bù hǎo, chūle pàntú le.'

손님이 왔다.

장씨 집에 사람이 죽었다.

刘胡兰은 '좋지 않아. 반역자가 생겼다.'라고 생각했다.

 존현문에서 장소어구와 시간어구의 문장 내에서의 지위

 존현문 내에서의 장소어구의 지위

존현문에서 장소사는 문장의 주어이다. 이유는 다음과 같다.

⊡ 존현문을 존재를 나타내는 '是'자문이나 '有'자문과 비교해보자.

① 桌子上有一本书。

Zhuōzi shàng yǒu yì běn shū.

桌子上是一本书。

Zhuōzi shàng shì yì běn shū.

桌子上放着一本书。

Zhuōzi shàng fàngzhe yì běn shū.

> 탁자 위에 책이 한권 있다.
>
> 탁자 위에 있는 것은 책이다.
>
> 탁자 위에 책이 한권 놓여 있다.

② 墙上有一个小窗户。

Qiáng shàng yǒu yí ge xiǎo chuānghu.

沿墙是一列书籍。

Yánqiáng shì yí liè shūjí.

门旁边摆着一张桌子。

Mén pángbiān bǎizhe yì zhāng zhuōzi.

> 벽에 작은 창문이 하나 있다.
>
> 벽을 따라서 책이 나란히 놓여 있다.
>
> 문 옆에 탁자가 하나 놓여 있다.

위 두 그룹의 문장에서 '有', '是' 앞의 장소사는 주어로만 분석할 수 있으며, 각 그룹의 세 번째 문장은 의미적, 형식적으로 각각 나머지 두 문장과 같기 때문에, 그 장소사도 주어로 보아야한다. 존현문의 장소사는 문장전체의 묘사대상이므로 당연히 주제어라고 볼 수도 있다.

② 존현문과 함께 존재를 나타내는 '是'자문, '有'자문, 형용사술어문을 연용해서 쓰는 경우를 보자.

① 炕上有一张桌子，还铺着一领破席。

Kàng shàng yǒu yì zhāng zhuōzi, hái pūzhe yì lǐng pòxí.

> 온돌 위에는 탁자 하나가 있고, 또 찢어진 돗자리가 깔려 있다.

② 桌子上放着几个茶杯，桌子下边是一个暖水瓶。

Zhuōzi shàng fàngzhe jǐ ge chábēi, zhuōzi xiàbiān shì yí ge nuǎnshuǐpíng.

> 탁자 위에는 몇 개의 찻잔이 놓여있고, 탁자 아래에는 보온병이 있다.

③ 屋子里满满当当的，堂屋、窗外都挤着人。

Wūzi lǐ mǎn mǎn dāng dāng de, tángwū、chuāng wài dōu jǐzhe rén.

> 집안 가득히 응접실, 창밖 모두 사람들로 붐빈다.

④ 街道上响起各种音调，热闹非常。

    Jiēdào shàng xiǎng qǐ gèzhǒng yīndiào, rènao fēicháng.

이러한 문장에서 문두의 장소사를 일률적으로 주어라고 분석하는 것이 적절하다.

③ 일반 동사술어문의 장소부사어는 대부분 개사를 사용하지만, 존재문 안의 장소어구는 대부분 개사를 사용하지 않는다.

① 桌子上放着一本书。

    Zhuōzi shàng fàngzhe yì běn shū.

② 小明在桌子上写作业。

    Xiǎomíng zài zhuōzi shàng xiě zuòyè.

    *桌子上小明写作业。

    *小明桌子上写作业。

그 이유는 존현문의 장소어구는 묘사의 대상이고, 일반 동사술어의 장소부사어는 묘사의 대상이 아니라, 동작이 진행되는 장소이기 때문이다. 이러한 사실은 존현문의 장소어구를 기타 일반 동사술어문의 장소어구와 구별해야함을 말해준다. 일반 동사술어문의 장소부사어도 때로는 개사를 사용하지 않기도 한다.

① 院子里，孩子们你追我赶地玩着。

    Yuànzi lǐ, háizimen nǐ zhuī wǒ gǎn de wánzhe.

② 大树下，老人们在乘凉。

    Dà shù xià, lǎorénmen zài chéngliàng.

그러나 부사어의 이러한 용법은 많이 보이지는 않으며, 일반적으로 부사어가 주어 앞에 쓰일 때에 한정되며, 주어는 생략될 수 없다.

    *院子里，你追我赶地玩着。

이는 이러한 부사어가 존현문에 쓰인 장소어구와 다르고, 개사를 포함하는 부사어보다 문장 내의 지위가 부각되어 그것을 주어로 분석할 수 있음을 말해준다.

② 존현문에서의 시간어구의 지위

존현문 문두의 시간어구는 부사어이다. 그 이유는 다음과 같다.

① 존현문에서 장소는 주요 묘사 대상으로서 일반적으로 생략될 수 없다. 그러나 시간은 주요 묘사 대상이 아니므로 존현문에서 반드시 있어야 하는 성분이 아니다. 앞에서 말했듯이 존재문에서는 시간어구가 쓰이지 않는 경우가 많이 있다.

① 院子里堆着很多东西。

    Yuànzi lǐ duīzhe hěn duō dōngxi.

② 教室里排列着整齐的桌椅。

    Jiàoshì lǐ páilièzhe zhěngqí de zhuōyǐ.

마당에 많은 물건들이 쌓여 있다.

교실 안에 책걸상이 가지런히 배열되어 있다.

이 두 문장은 '院子里', '教室里'에 현재 사물이 존재하는 상황을 묘사하므로, 시간어구를 필요로 하지 않는다. 출현이나 소실을 나타내는 문장은 시간어구를 자주 쓴다.

① 昨天来了几个客人。

    Zuótiān láile jǐ ge kèrén.

② 刚才沉下去一只小船。

    Gāngcái chén xiàqù yì zhī xiǎochuán.

어제 손님이 몇 분 오셨다.

방금 작은 배 한 척이 침몰했다.

이 두 문장은 일정한 언어 환경에서 장소어구('这里', '家里', '河里' 등)가 생략되었지만, 여전히 장소가 묘사의 대상이라고 할 수 있다.

② 존현문과 일반 동사술어문은 모두 시점을 나타내는 시간어구를 특별히 강조하는 경우를 제외하고는 항상 개사를 사용하지 않는다.

① 昨天我接到一封信。

    Zuótiān wǒ jiēdào yì fēng xìn.

② 昨天来了一位客人。

    Zuótiān láile yí wèi kèrén.

③ 刚才他看了场电影。

    Gāngcái tā kànle chǎng diànyǐng.

④ 刚才发生了一件事。

    Gāngcái fāshēngle yí jiàn shì.

어제 나는 편지를 한 통 받았다.

어제 손님이 한 분 오셨다.

방금 그는 영화를 한 편 봤다.

방금 사건이 하나 발생했다.

두 종의 다른 문형에서 시간사가 형식이 같고 기능이 유사함을 알 수 있다. 즉, 모두 사건 발생 시간을 나타내고 있으므로 부사어로 보는 것이 적절하다. 또한, 시간어구를 포함하는 존현문은 대부분 동시에 장소어구(묘사의 대상)를 포함한다. 시간어구를 주어로 분석한다면, 주술술어문의 수량이 크게 증가하여 중국어문법을 가르치고 배우는데 불편을 초래할 것이다.

参考文献

雷　涛　　存在句的范围、构成和分类, 中国语文, 1993年第4期。

聂文龙　　存在和存在句的分类, 中国语文, 1989年第2期。

宋玉柱　　经历体存在句, 汉语学习, 1991年第5期。

一. 주어진 단어로 빈칸을 채우시오.

　1. 有　　长满　　架着　　开遍

　　　我的家乡是一个小山村，村外（　　　）一条小河，小河上（　　　）一座木桥。走过木桥，可以看见一座小山，山上（　　　）了树木。夏天，山坡上（　　　）了野花，美丽极了。

　2. 是　　有　　放着　　摆满　　挂满　　摆着　　有　　是

　　　阿里的房间很干净，也很整齐。房间里（　　　）一张床，床旁边（　　　）一个大衣柜，里面（　　　）了衣服。靠墙（　　　）两个书架，书架上（　　　）了书。房间里还（　　　）一张桌子，桌子上（　　　）一台录音机，录音机旁边（　　　）一个台灯。

　3. 穿着　　走过来　　蹲着　　提着　　写满　　戴着

　　　休息时我走出房间，忽然看见前边（　　　）一个人，他头上（　　　）一顶蓝布帽子，身上（　　　）黑衣服，手里还（　　　）一个皮包。走近一看，原来是我弟弟。我叫他到屋里去。我们刚想进屋，又发现墙角（　　　）一个人，正在地上写着什么，地上（　　　）了字，这个人是谁呢？

二. 틀린 문장을 바르게 고쳐 쓰시오.

　1. 房间里走出那个人来。

　2. 在桌子上放着很多书。

　3. 教室里忽然跑几个孩子进来。

　4. 河边上围很多人。

　5. 一群人蹲着在草地上。

　6. 家里昨天来了几个客人。

　7. 张家死了黑猪。

1  '把'자문이란?

'把'자문은 개사 '把'로 구성된 개사구가 부사어로 쓰인 동사술어문을 가리킨다. 대다수의 '把'자문은 개사 '把'의 목적어와 문장 전체의 술어 동사 사이에 동목관계가 존재한다.

① 他从自己的座位上把挎包拿起来。[拿挎包]

　　Tā cóng zìjǐ de zuòwèi shàng bǎ kuàbāo ná qǐlai.

그는 자기자리에 놓인 끈가방을 집어 들었다.

② 终于把钻机卸了下来。[卸钻机]

　　Zhōngyú bǎ zuànjī xièle xiàlai.

결국 드릴을 분해해냈다.

③ 这个人，我把他恨死了。[恨他]

　　Zhè ge rén, wǒ bǎ tā hèn sǐ le.

이 사람이 나는 미워 죽겠다.

④ 连射三箭都没中靶子，把他气得不得了。[气他]

　　Lián shè sān jiàn dōu méi zhòng bǎzi, bǎ tā qì dei bùdéliǎo.

연속해서 세 발을 쏘았으나 모두 과녁을 맞히지 못하자 그는 몹시 화가 났다.

⑤ 昨天他把自行车丢了。[丢自行车]

　　Zuótiān tā bǎ zìxíngchē diū le.

어제 그는 자전거를 잃어버렸다.

⑥ 我不小心把杯子打了。[打杯子]

　　Wǒ bù xiǎoxīn bǎ bēizi dǎ le.

나는 조심하지 않아 컵을 깼다.

장소사가 '把'의 목적어로 쓰일 수 있는데, 이 때 장소사가 나타내는 장소와 술어동사는 동목관계를 이룬다.

⑦ 下午要来客人，一清早妈妈就把房间打扫得干干净净。

　　Xiàwǔ yào lái kèrén, yì qīngzǎo māma jiù bǎ fángjiān dǎsǎo de gān gān jìng jìng.

오후에 손님이 오시기로 하셔서 이른 아침부터 엄마는 깨끗하게 방을 청소했다.

때로는 동사와 '把'자의 목적어 사이에 동목관계가 존재하지 않지만, 동사가 보어와 결합하여 '把'의 목적어와 동목관계를 이룬다.

① 姑娘们把肠子都要笑断了。[笑断肠子]

　　Gūniangmen bǎ chángzi dōu yào xiào duàn le.

아가씨들은 배꼽이 빠지도록 웃었다.

때로는 목적어가 동작의 장소와 범위를 나타내고, 술어동사와 '把'의 목적어가 동목관계를 갖지 않기도 한다.

② 他把王府井跑遍了，也没找到那家书店。

　　Tā bǎ Wángfǔjǐng pǎobiàn le, yě méi zhǎodào nà jiā shūdiàn.

③ 你把抽屉再找一遍，看看那张票子是不是夹在什么东西里边了。

　　Nǐ bǎ chōuti zài zhǎo yí biàn, kànkan nà zhāng piàozi shì bu shì jiā zài shénme dōngxi lǐbiān le.

<table><tr><td>그는 王府井을 다 돌아다녀도 그 서점을 찾지 못했다.</td></tr><tr><td>너 서랍을 다시 한 번 살펴서, 그 티켓이 어떤 물건 안에 끼여 있는지 좀 봐.</td></tr></table>

때때로 '把'의 목적어는 술어 동사의 행위자로 쓰여서, '把'자는 대부분 '使', '让'의 의미를 갖는다. 이러한 '把'자문은 때로는 여의치 않는 상황을 나타낸다.

① 她真不幸，跟丈夫离婚不久，又把个孩子死了。（孩子死）

　　Tā zhēn búxìng, gēn zhàngfu líhūn bù jiǔ, yòu bǎ ge háizi sǐ le.

② 怎么把特务跑了？（特务跑）

　　Zěnme bǎ tèwù pǎo le?

<table><tr><td>그녀는 정말 불행하게도 남편과 이혼한지 얼마 되지 않아 또 아이가 죽었다.</td></tr><tr><td>어떻게 스파이를 놓쳤니?</td></tr></table>

때로는 여의치 않는 상황을 나타내지 않을 수도 있다.

술어는 '得'를 갖는 상태보어를 포함할 수도 있는데, 이 때 '把'의 목적어는 술어와 보어의 주체이다.

③ 接到公司录用的通知以后，把他高兴得一夜没睡着觉。（他高兴得一夜没睡着觉）

　　Jiēdào gōngsī lùyòng de tōngzhī yǐhòu, bǎ tā gāoxìng de yí yè méi shuì zháo jiào.

<table><tr><td>회사채용 통지를 받은 후에 그는 너무 기뻐서 하룻밤 동안 잠도 못 잤다.</td></tr></table>

이러한 문장은 때로 '得' 뒤의 성분이 생략되기도 한다.

④ 看把你累得(的)，快歇歇。[你累]

　　Kàn bǎ nǐ lèi de, kuài xiēxie.

<table><tr><td>많이 피곤해 보이는구나, 어서 좀 쉬어라.</td></tr></table>

때로는 '把'의 목적어는 보어의 행위자이다.

① 搬家把我搬怕了，再也不想搬了。[我怕]

　　Bān jiā bǎ wǒ bān pà le, zài yě bù xiǎng bān le.

② 你看这事新鲜不，他吃龙虾是竟把肚子吃坏了。[肚子坏]

　　Nǐ kàn zhè shì xīnxiān bù, tā chī lóngxiā shì jìng bǎ dùzi chī huài le.

<table><tr><td>나는 이제 이사하는 게 두려워. 다시는 이사하고 싶지 않아.</td></tr><tr><td>네가 보기에 이 일 신기하지 않니? 그가 바다가재 먹고 배탈 났어.</td></tr></table>

③ 有人说睡觉时把头朝南边比较好。[头朝南边]

Yǒurén shuō shuì jiào shí bǎ tóu cháo nánbiān bǐjiào hǎo.

누가 그러는데 잠잘 때 머리를 남쪽으로 향하게 하면 좋다더라.

‘把’자문은 구조와 용법이 매우 복잡한 문장이다. 아래에 구조와 용법의 두 가지로 나누어 토론하겠다.

2 ‘把’자문의 구조

‘把’자문은 중국어에서 상용되는 특수한 문형이다. ‘把’자문의 기본구조는 다음과 같다.

> (주어) + ‘把’ + ‘把’의 목적어 + 술어동사 + 기타성분

다시 말해서, ‘把’자문은 ‘把’의 목적어, 술어동사 외에도 동사 뒤에 보어 등의 기타 성분이 와야 한다. 또한 ‘把’자문에서 동사의 목적어, 술어동사, 보어의 쓰임에 특별한 조건이 있다.

1 개사 ‘把’의 목적어

개사 ‘把’의 목적어는 ‘把’자문 중 매우 중요하다. 이 목적어가 없으면 ‘把’자문도 없다고 말할 수 있다. ‘把’자문의 목적어는 명사성 성분이 많이 쓰이지만, 동사나 동사구가 오기도 한다.

① 今年夏天，他把游泳学会了。

Jīnnián xiàtiān, tā bǎ yóuyǒng xué huì le.

올해 여름에 그는 수영을 배웠다.

② 我们把在本世纪末实现四个现代化作为奋斗目标。

Wǒmen bǎ zài běn shìjì mò shíxiàn sì ge xiàndàihuà zuòwéi fèndòu mùbiāo.

우리는 본 세기 말 4대 현대화를 실현하는 것을 노력의 목표로 삼는다.

‘把’자문에서 술어는 항상 ‘把’의 목적어를 그 주요 대상으로 삼는다. 어떤 사람은 심지어 ‘把’의 목적어를 주제로 본다. 바로 이러한 이유로 그것은 듣는 사람이 이해하고 있고, 확실히 알고 있는 사물이어야 한다. 다시 말해서, 화자가 ‘把’자문을 사용할 때, 청자는 반드시 목적어가 가리키는 것이 무엇인지를 알아야 한다. ‘把’의 목적어가 가리키는 사물은 대부분 이미 알고 있는 것으로서, 앞 문장이나 담화맥락에 의해 제공된다.

① 学校明天不上课，我已经把这个消息告诉同学们了。['这个消息'='学校明天不上课']

Xuéxiào míngtiān bú shàng kè, wǒ yǐjīng bǎ zhè ge xiāoxi gàosu tóngxuémen le.

내일 학교 수업이 없다는 소식을 친구들에게 이미 알려줬다.

② 牧民们赶来，抱起这两个孩子，马上把她们送进了医院。['她们'='这两个孩子']

Mùmínmen gǎn lái, bào qǐ zhè liǎng ge háizi, mǎshàng bǎ tāmen sòng jìn le yīyuàn.

목민들이 급히 와서 두 아이를 앉고 곧바로 병원으로 데리고 갔다.

③ 他们决心把自己的家乡建设成现代化的新农村。['(他们)自己的家乡'은 이미 알고 있는 대상]

Tāmen juéxīn bǎ zìjǐ de jiāxiāng jiànshè chéng xiàndàihuà de xīn nóngcūn.

그들은 자기의 고향을 현대화된 신 농촌으로 건설하려고 결심했다.

만약에 '把'의 목적어가 앞 문장 중에 안 나타났거나 혹은 듣는 사람이 이미 알고 있는 것이 아니라면 이 목적어는 종종 수식어를 수반하여, 그것을 듣는 사람이 이해할 수 있도록 한다.

④ 老栓把一个碧绿的包，一个红红白白的破灯笼，一同塞进灶里。

Lǎo Shuān bǎ yí ge bìlǜ de bāo, yí ge hóng hóng bái bái de pò dēnglóng, yìtóng sāi jìn zào lǐ.

老栓은 청록색 보따리와 색이 군데군데 바랜 붉은색 낡은 초롱을 함께 아궁이에 쑤셔 넣었다.

⑤ 喂，哥哥，请你把我房间桌子左边抽屉里的存折给我送来好吗？我马上要用钱。

Wèi, gēge, qǐng nǐ bǎ wǒ fángjiān zhuōzi zuǒbiān chōuti lǐ de cúnzhé gěi wǒ sòng lái hǎo ma? Wǒ mǎshàng yào yòng qián.

여보세요, 형님, 내방 탁자 오른쪽 서랍에 있는 예금통장 좀 보내주실래요? 저 당장 돈을 써야 하거든요.

⑥ 这时我看见老张把刚刚从信箱里拿出来的报纸交给了老李。

Zhèshí wǒ kànjiàn lǎo Zhāng bǎ gānggāng cóng xìnxiāng lǐ ná chūlái de bàozhǐ jiāo gěi le lǎo Lǐ.

이때, 나는 장씨가 막 편지함에서 꺼낸 신문을 이씨에게 건네는 것을 보았다.

때로는 '把'의 목적어에 수량구 '一个'가 쓰인다. 이 때 목적어는 청자에 대해서는 한정된 것이 아니라 하나의 새로운 정보이다. 그러나 이 목적어는 여전히 지시하는 바가 있어서, 듣는 사람은 그것이 무엇인지 이해할 수 있다.

① 刚才我把一个孩子碰倒了。

Gāngcái wǒ bǎ yí ge háizi pèngdǎo le.

방금 나는 한 아이를 부딪쳐서 넘어지게 했다.

이 문장에서 '孩子'는 임의의 어떤 대상이 아니라 '내'가 부딪힌 그 대상이다. 이 문장에서 '孩子'가 누구인지는 중요하지 않으며, 화자는 상대방에게 '부딪혀 넘어진' 사람이 '한 노인'이나, '한 청년'이 아니라, '한 아이'인 것을 나타내는 것이다.]

② 老马从你的书架上把一本书拿走了，我没看书名。

    Lǎo Mǎ cóng nǐ de shūjià shàng bǎ yì běn shū ná zǒu le, wǒ méi kàn shūmíng.

> 老马가 네 책꽂이에서 책 한권을 가져갔는데, 내가 책이름을 못 봤네.

이 문장의 '一本书'는 '老马'가 가져간 그 책으로 여전히 지시하는 바가 있다.

  어떤 경우는 '把'의 목적어가 어떤 사물이나 추상적인 사물이지만, 청자는 그것이 무엇인지 이해할 수 있다.

① 这是个自动售报机，只要你把钱放进这个眼里，报纸就从另一边出来了。

    Zhè shì ge zìdòng shòubàojī, zhǐyào nǐ bǎ qián fàng jìn zhè ge yǎn lǐ, bàozhǐ jiù cóng lìng yìbiān chūlái le.

> 이것은 자동 신문판매기인데 돈을 이 구멍으로 집어넣기만 하면 신문이 다른 한쪽으로 나왔다.

자동판매기의 앞에서 이 문장의 '钱'은 자동판매기에서 규정된 돈으로 지시하는 대상이 아주 분명하다.

② 他中文很好，都能把中文诗翻成英文了。

    Tā Zhōngwén hěn hǎo, dōu néng bǎ Zhōngwén shī fānchéng Yīngwén le.

> 그는 중국어를 매우 잘 해서 중국어 시도 영어로 번역할 수 있다.

중국어를 배우는 것에 대한 대화에 쓰인 이 문장에서, 통칭으로 쓰인 '中文詩'는 확정된 대상, 즉 '그가 번역한 중국시'이다.

③ 他挥了一下手，似乎要把一切烦恼统统赶走。

    Tā huīle yíxià shǒu, sìhū yào bǎ yíqiè fánnǎo tǒngtǒng gǎn zǒu.

> 그가 손을 한 번 흔들자 마치 모든 걱정을 전부 쫓아버릴 것 같다.

이 문장에서 추상사물을 나타내는 '一切烦恼'는 분명히 '그에게 해당하는 것'으로 확정적인 대상이다.

  결론적으로 '把'의 목적어는 확정적인 대상으로, 청자가 알고 확인할 수 있는 사물이다. 만일 청자가 알 수 없는 것이면, '把'의 목적어가 될 수 없다. 만일 한 사람이 갑자기 교실 안에 있는 학생들에게 '我把信寄走了'라고 말한다면, 모두 이상하게 여길 것이다.

② '把'자문의 술어

  '把'자문은 동작을 통해서 '把'의 목적어가 어떤 변화를 겪도록 하므로, '把'자문의 술어는 일반적으로 하나의 동사가 아니라 그 앞뒤에 반드시 다른 성분이 부가된다. 즉, 그 의미와 기능 때문에 '把'자문 구조가 복잡한 것이다. '把'자문의 술어동사의 앞뒤에 오는 성분은 주로 다음과 같다.

① 보어

'把'자문의 술어동사 뒤에 자주 오는 성분은 보어이다.

① 你今年一定要把毕业论文写完。

    Nǐ jīnnián yídìng yào bǎ bìyè lùnwén xiě wán.

② 把门关上!

    Bǎ mén guān shàng!

③ 我把书拿起来，放到书架上。

    Wǒ bǎ shū ná qǐlai, fàng dào shūjià shàng.

④ 他把药放在桌子上。

    Tā bǎ yào fàng zài zhuōzi shàng.

⑤ 她把小明送给她的戒指拿起来看了一下就放在一边了。

    Tā bǎ Xiǎomíng sòng gěi tā de jièzhi ná qǐlai kànle yíxià jiù fàng
    zài yìbiān le.

너는 올해에 반드시 졸업 논문을 완성해야 된다.

문을 닫아라!

나는 책을 꺼내 책꽂이에 꽂았다.

그는 약을 탁자에 놓았다.

그녀는 소명이 그녀에게 준 반지를 꺼내 한 번 보고는 한쪽에 놓았다.

만일 동작이 이미 완성되었고, 그 뒤에 후속 절이 없으며(연동구조가 아님), 동작이 이미 완성되었음을 나타내는 성분(시간사 등)이 없다면, '把'자문의 동보구조 뒤에는 일반적으로 '了'를 써야 한다. '把'자문이 어떤 보어를 쓸 수 있는지에 대해서는 본 절의 (三)을 참조하기 바란다.

② 시태조사 '了', '着'

① 吃完晚饭，伙计们准备好了木棍，把灯熄了。

    Chī wán wǎnfàn, huǒjìmen zhǔnbèi hǎo le mùgùn, bǎ dēng xī
    le.

② 把杯子里的酒喝了!

    Bǎ bēizi lǐ de jiǔ hē le!

③ 他把这个月的工资丢了。

    Tā bǎ zhè ge yuè de gōngzī diū le.

④ 妈妈：把功课做了再看电视。

    Māma : Bǎ gōngkè zuòle zài kàn diànshì.

⑤ 下个月我一定把托福考了。

    Xià ge yuè wǒ yídìng bǎ tuōfú kǎo le.

⑥ 你不要再逼我了，我把知道的都说了。

    Nǐ búyào zài bī wǒ le, wǒ bǎ zhīdào de dōu shuō le.

저녁을 다 먹고 나서 동료들은 나무막대를 준비해서 불을 껐다.

잔의 술을 마셔 버려!

그는 이 달 월급을 잃어버렸다.

엄마: 숙제 다 하고 TV 보거라.

다음달에 나는 꼭 TOFEL시험을 본다.

나를 그만 다그쳐라, 나는 알고 있는 것을 모두 말했어.

⑦ A：我叫小王给老师写一封道歉的信，他怎么还没写？　我去催
催他。

    Wǒ jiào Xiǎo Wáng gěi lǎoshī xiě yì fēng dàoqiàn de xìn, tā
zěnme hái méi xiě? Wǒ qù cuīcui tā.

  B：他已经把那封信写了，你别催他了。

    Tā yǐjīng bǎ nà fēng xìn xiě le, nǐ bié cuī tā le.

내가 小王더러 선생님께 사과의 편지를 한 통 쓰라고 했는데, 그는 왜 아직도 안 썼지? 내가 좀 재촉해야겠다.

그는 이미 편지를 썼어. 재촉하지 마라.

모든 동사가 뒤에 ‘了’만을 부가해서 ‘把’자문이 성립되는 것은 아니다. 동작이 일단 발생하면 결과가 발생하게 되는 동사만이 그렇게 사용될 수 있다. 예를 들면, ‘喝’라는 동작이 일단 발생하면 ‘酒’, ‘水’는 줄어들게 되고, ‘丢’란 동작이 일단 발생하면 잃어버린 물건은 원래의 주인을 떠나게 되는 경우 등이 그러하다. 이러한 동사로는 다음과 같은 것들이 있다.

吃, 喝, 吞, 丢, 赔, 掉, 扔, 砍, 割, 劈, 剪(指甲), 刮(胡子), 铲, 撕, 拔, 抹(账), 摔, 掀, 揭, 炸(zhà), 除, 剔, 剃, 删, 剥, 熄, 灭, 停, 关, 闭, 吐, 政, 缴(枪), 休(妻子), 甩, 蹬(‘抛弃’의미), 倒(dào), 洒, 卖, 寄, 输, 当, 花(钱), 打(‘打破’의미), 砸, 洗, 拆, 摘, 卸, 脱, 撤, 废, 嫁, 毁, 忘, 误(时间), 撕, 烫, 湿, 退, 辞(工作), 戒(烟), 毙, 宰, 杀, 排除, 取消, 解除, 处理, 解决, 消灭

때로는, 어떤 사건이 청자와 화자가 해야 하거나 할 것임을 알고 있는 것이라면, 동사의 뒤에 ‘了’만을 부가할 수 있다. 예를 들면, ④,⑤,⑥,⑦의 경우가 그러하다. 이러한 문장에서는 보어를 하나 부가할 수 있다. 예를 들면, ④는 ‘完’을, ⑤에서는 ‘掉’를, ⑥에서는 ‘出來’를 부가할 수 있다.

여의치 않은 상황을 나타내는 ‘把’자문은 동사의 뒤에 ‘了’만 하나 쓸 수 있다. 예를 들면, ‘她眞不幸，跟丈夫離婚不久，又把个孩子死了’, ‘怎么把特務跑了’ 같은 경우가 그에 해당한다. 이러한 문장은 실제적으로 일 종의 결과를 나타내지만, 이러한 결과의 원인은 종종 분명히 말하기 어렵거나 복잡하다. 이 두 예문에 대해서 말하자면, ‘孩子死了’의 원인이 ‘병이 났거나’, ‘굶었기 때문’일 수 있고, ‘特务跑了’는 원인이 ‘조심하지 않았기’ 때문일 수 있는 경우 등이다.

‘把’자문의 동사 뒤에 ‘着’가 쓰여 명령을 나타낼 수 있다.

① 别走，你把这本书拿着!

  Bié zǒu, nǐ bǎ zhè běn shū názhe!

② 别忘了把机票带着。

  Bié wàngle bǎ jīpiào dàizhe.

가지 마, 너 이 책 가져!

비행기표 갖고 가는 것을 잊지 마라.

‘把’자문 중 ‘着’만을 부가하여도 문장이 성립될 수 있는 동사는 제한이 있다. 예를 들면, ‘带’, ‘背’, ‘扛’, ‘放’, ‘摆’, ‘搁’, ‘挂’, ‘拿’, ‘举(手)’, ‘开(窗户)’ 등이 그에 속한다.

시태조사 '过'만이 '把'자문의 술어동사 뒤에 쓰이는 경우는 드물다. 왜냐하면, '过'는 단지 어떤 경험이 있거나 어떤 일이 발생했음을 나타내지만, 동작이 결과가 있었는지를 나타내지 않기 때문이다.

　*我把北京去过两次。

그러나 만약에 결과의 의미를 나타내는 보어가 있을 때에는 동보구의 뒤에 '过'를 부가할 수 있다.

① A：她不会做家务事，昨天就把米饭做生了。

　　　Tā bú huì zuò jiāwùshì, zuótiān jiù bǎ mǐfàn zuò shēng le.

　B：你净瞎说，我从来没把米饭做生过。

　　　Nǐ jìng xiāshuō, wǒ cónglái méi bǎ mǐfàn zuò shēngguo.

그녀는 집안일도 할줄 몰라서, 어제는 밥을 덜 익혔다.

넌 헛소리만 하네, 나는 밥을 덜 익힌 적이 없어.

② 他很马虎，把自己的名字都写错过。

　　Tā hěn mǎhǔ, bǎ zìjǐ de míngzi dōu xiěcuòguo.

그는 일을 대충대충 해서 자기 이름도 틀리게 쓴 적이 있다.

③ 동사가 중첩식이다

① 他把伤口包了包，骑上车就走了。

　　Tā bǎ shāngkǒu bāole bāo, qí shàng chē jiù zǒu le.

그는 상처를 싸매고는 자전거를 타고 떠났다.

② 现在我把我的意见说说，大家看看是否可行。

　　Xiànzài wǒ bǎ wǒ de yìjiàn shuōshuo, dàjiā kànkan shìfǒu kě xíng.

지금 내가 내 의견을 말해볼 테니 여러분은 가능한지 여부를 좀 봐주세요.

④ 동사 뒤에 간접목적어가 있다.

① 不如把这件事告诉刘叔叔他们，大家想个办法来治他。

　　Bùrú bǎ zhè jiàn shì gàosu Liú shūshu tāmen, dàjiā xiǎng ge bànfǎ lái zhì tā.

이 일을 刘씨 아저씨 쪽 분들께 말씀드려 모두가 그의 버릇을 고칠 방법을 찾는 것이 좋겠어요.

② 售货员把应该找的零钱给了我。

　　Shòuhuòyuán bǎ yīnggāi zhǎo de língqián gěile wǒ.

판매원은 당연히 거슬러 줘야할 잔돈을 나에게 주었다.

여기서 설명해야 할 것은 이렇게 쓰일 수 있는 동사는 '告诉', '送', '给', '交' 등 '주다'의 의미를 나타내고, 이중목적어를 갖는 소수의 동사에 국한된다는 것이다. 기타 동사들이 '把'자문의 술어동사가 될 때는, 술어 중에 보어나 시태조사 등 다른 성분이 있어야 한다.

⑤ 동사 앞에 부사어가 온다.

① 民兵们把门一关，放进去的毒气又从原来的洞口出来了。

   Mínbīngmen bǎ mén yì guān, fàng jìnqu de dúqì yòu cóng yuánlái de dòngkǒu chūlai le.

   민병들이 문을 닫자, 들여보낸 독가스는 원래의 구멍으로 나왔다.

② 我把他向外拉，但拉不动。

   Wǒ bǎ tā xiàng wài lā, dàn lā bu dòng.

   나는 그를 밖으로 끌어당겼으나 끌려오지 않았다.

③ 别把纸满地乱扔。

   Bié bǎ zhǐ mǎndì luàn rēng.

   종이를 바닥에 바닥 가득히 함부로 버리지 마라.

주의해야 할 것은 여기서 가리키는 부사어는 그 자신이 결과, 완성의 의미를 포함하고 있다는 것이다. 예를 들면, '一'는 완성의 의미를 갖고 있으며, '向外', '满地'는 '把'의 목적어가 동작의 영향을 받아서 위치하게 되는 장소를 나타내므로, 결과의 의미가 있다. 부사어가 만일 결과, 완성의 의미를 나타내지 않으면 문장은 여전히 성립되지 않는다. 예를 들면, '*我努力把他拉', '*他昨天把书买', '*小明把书都买', '*玉梅从坑里把羊拉', '*我们彻底把宿舍打扫' 등이 그에 해당한다.

   그 외에 어떤 동사는 자신이 결과 혹은 완성의 의미를 포함하고 있어서(동보식이거나 접미사 '化'가 부가된 경우 등), 단독으로 '把'자문의 술어가 될 수 있다.

① 不把敌人消灭，我们就不得安宁。

   Bù bǎ dírén xiāomiè, wǒmen jiù bùdé ānníng.

   적군을 없애지 않으면, 우리는 안심할 수 없다.

② 马上把队伍解散!

   Mǎshàng bǎ duìwu jiěsàn!

   바로 군대를 해산하시오!

그러나 이 용법도 제한적으로 쓰인다. 대부분 청원문과 조건문에 쓰인다.

   이제까지 설명한 '把'자문의 술어를 종합해보면, 두 종류로 나눌 수 있다. 하나는 보어나 동사 자신이 결과의 의미를 갖는 경우와 결과 의미의 '了'를 포함하는 경우이다. 이러한 술어는 '把'의 목적어가 나타내는 사물이 동작을 겪은 후의 변화나 결과를 나타낸다. 이러한 '把'자문의 수가 아주 많다. 다른 한 종류는 완결의 의미를 나타내는 것으로 ②, ③, ④, ⑤의 경우가 이에 속한다. 이러한 '把'자문의 용법은 제한적으로 쓰인다.

3 '把'자문의 보어

   위에서 서술한 것과 같이, '把'자문은 어떤 사물이 동작을 겪은 후의 변화나 결과를 나타내며, 보어가 이러한 변화, 결과를 나타내고 있다. '把'자문 중에서 가장 자주 나타나는 성분이다. '把'자문은 아래와 같은 보어를 사용할 수 있다.

1 결과보어

① 我把钢笔用坏了。

　　Wǒ bǎ gāngbǐ yòng huài le.

나는 펜을 닳도록 사용했다.

② 你把作业写完了再去玩。

　　Nǐ bǎ zuòyè xiě wán le zài qù wán.

숙제 다 하고 나서 놀러 가거라.

③ 突然眼前如彩虹升起，一幅幅五光十色的织锦把我给吸引住了。

　　Tūrán yǎnqián rú cǎihóng shēng qǐ, yī fú fú wǔguāng shísè de zhījǐn bǎ wǒ gěi xīyǐn zhù le.

갑자기 눈앞에 무지개가 올라오는 것처럼 한 폭 한 폭의 울긋불긋한 아름다운 비단 천이 나를 매혹시켰다.

2 방향보어

① 你把苹果给他送两筐去。

　　Nǐ bǎ píngguǒ gěi tā sòng liǎng kuāng qù.

너는 사과 두 바구니를 그한테 보내 줘라.

② 主席亲自动手和我把它搭了起来。

　　Zhǔxí qīnzì dòngshǒu hé wǒ bǎ tā dāle qǐlai.

주석은 친히 나와 함께 그것을 세우기 시작했다.

③ 他把洗好的衣服收了起来。

　　Tā bǎ xǐhǎo de yīfu shōule qǐlai.

그는 세탁한 옷을 걷었다.

3 상태보어

① 他把斧子举得跟头一样高。

　　Tā bǎ fǔzi jǔ de gēntóu yíyàng gāo.

그는 머리높이까지 도끼를 높게 쳐들었다.

② 汽车轮子把泥浆溅得老高。

　　Qìchē lúnzi bǎ níjiāng jiàn de lǎo gāo.

차바퀴가 진흙탕 물을 매우 높이 튀겼다.

③ 我们要把这个小屋子布置得漂漂亮亮的。

　　Wǒmen yào bǎ zhè ge xiǎo wūzi bùzhì de piāo piāo liàng liàng de.

우리는 이 작은 집을 예쁘게 꾸밀 거야.

　　정도를 나타내는 '极', '很' 및 주어인 동작자를 묘사하는 상태보어는 '把'자문에 쓸 수 없다. 예를 들면, '我把他想极了', '我把这本书喜欢得很', '我把歌唱得很高兴'이라고 말 할 수 없다. 그러나 구어에서는 정도를 나타내는 보어를 사용하는 경우도 있다. 예를 들면, '把他气得不得了', '我把他恨死了'라고 말할 수 있는 것이다. 동작을 설명하는 상태보어는 일반적으로 '把'자문에 쓰이지 않는다. 예를 들면, '*我把汉语学得很差', '*他把床起得很早'의 경우가 그에 해당한다. 그러나 동작을 설명하는 상태보어가 '把'자문에 쓰이는 경우가 없는 것은 아니다.

④ 老师把作业看得很仔细，连一个标点符号都不放过。

  Lǎoshī bǎ zuòyè kàn de hěn zǐxì, lián yí ge biāodiǎn fúhào dōu
  bú fàngguò.

선생님은 숙제를 꼼꼼
히 보신다. 표점부호 하
나도 놓치지 않으신다.

④ 수량보어

'把'자문은 동량, 시량보어를 동반할 수 있다.

① 他把老人的话在心里重复了一遍。

  Tā bǎ lǎorén de huà zài xīn lǐ chóngfùle yí biàn.

② 妹妹把我的衣襟拉了一下。

  Mèimei bǎ wǒ de yījīn lāle yíxià.

③ 我不得不把出发的时间推迟一小时。

  Wǒ bùdébù bǎ chūfā de shíjiān tuīchí yì xiǎoshí.

④ 敌人把他在监狱里关了三个月。

  Dírén bǎ tā zài jiānyù lǐ guānle sān ge yuè.

시량보어가 '把'자문에 쓰이는 것은 제약이 있다. 술어동사는 지속적인 상황을 나타
낸다. 예를 들어 '关', '开', '捂', '押', '增加', '减少', '延长', '推迟' 등은 시량보어를 쓸
수 있다. 이들은 위의 경우와는 달리 수량보어를 부가해서 변화나 결과를 나타내지
못하고 동작의 완결만을 나타낸다.

⑤ 개사구보어

단지 '向', '于'로 구성되는 개사구만이 '把'자문에 쓰일 수 있다.

① 把革命事业继续推向前进。

  Bǎ gémìng shìyè jìxù tuīxiàng qiánjìn.

② 他把生死置于脑后。

  Tā bǎ shēngsǐ zhìyú nǎo hòu.

가능보어가 나타내는 것은 동작의 결과가 아니라, 주로 주객관적 조건이 어떤 결과
나 방향이동의 실현되는지를 용인하는지의 여부이다. 즉, 일종의 능력, 조건을 나타
내므로, '把'자문에 쓰일 수 없다. 예를 들면, '我把这件事办不好', '我把这碗饭吃不下'
라고 말할 수 없다.

④ '把'자문 술어동사의 목적어

개사 '把'의 목적어는 동작의 대상이 대부분이고 '把'자문의 주어는 행위자가 대부
분이므로, '把'자문의 술어동사가 만일 목적어를 가지면, 소수의 경우를 제외하고는
대부분 행위자도 대상도 아니다. '把'자문 술어동사의 목적어는 주로 다음의 몇 종류
에 속한다.

① 개사 '把'의 목적어의 접수자(보통 이중목적어 중의 간접목적어임)를 나타내는 경우

① 上午，我把家庭作业本交给老师了。

   Shàngwǔ, wǒ bǎ jiātíng zuòyèběn jiāo gěi lǎoshī le.

오전에 나는 숙제노트
를 선생님께 제출하였
다.

② 小苏，把皮包给我。

   Xiǎo Sū, bǎ píbāo gěi wǒ.

小苏, 가죽가방을 나한
테 줘.

③ 那年，帝国主义国家在一次分赃会议上，决定把德国在山东的
权利，划归日本。

   Nà nián, dìguó zhǔyì guójiā zài yí cì fēnzāng huìyì shàng,
juédìng bǎ Déguó zài Shāndōng de quánlì, huàguī Rìběn.

그 해, 제국주의 국가들
은 한 차례의 이익할당
을 위한 회의에서 독일
의 산동지역 권리를 일
본에게 넘겨주기로 결
정했다.

② 술어동사의 목적어가 개사 '把'의 목적어가 변화된 결과이거나 술어동사가 인정
의 의미를 나타내는 경우(술어동사는 '作, 成, 为' 등의 보어를 수반)

① 他家这几年生活有了很大的改善，已经把土房改建成砖房了。

   Tā jiā zhè jǐ nián shēnghuó yǒule hěn dà de gǎishàn, yǐjīng bǎ
tǔfáng gǎijiàn chéng zhuānfáng le.

그의 집은 요 몇 년 동
안 생활이 크게 개선되
어서, 이미 흙집을 벽돌
집으로 고쳐 지었다.

② 他要把自己锻炼成为一个有用的人。

   Tā yào bǎ zìjǐ duànliàn chéngwéi yí ge yǒuyòng de rén.

그는 스스로를 쓸모 있
는 사람으로 단련시키
고자 한다.

③ 人们亲切地把他叫做 '咱们的孩子'。

   Rénmen qīnqiè de bǎ tā jiào zuò 'zánmen de háizi'.

사람들은 다정하게 그
를 '우리의 아이'라고
부른다.

③ 술어동사의 목적어가 개사 '把'의 목적어가 동작에 의해 존재하게 되는 장소를 나
타내는 경우. 술어동사와 목적어 간에는 일반적으로 결과보어를 가진다.

① 反动派把他关入监牢。

   Fǎndòng pài bǎ tā guānrù jiānláo.

반동파는 그를 감옥에
가두었다.

② 接着他有把那张画放回原处。

   Jiēzhe tā yǒu bǎ nà zhāng huà fàng huí yuánchù.

이어서 그는 그 그림을
원래 장소에 갖다 놓았
다.

③ 我马上和海员们带着断指，把彼得送到了医院。

   Wǒ mǎshàng hé hǎiyuánmen dàizhe duànzhǐ, bǎ bǐdé sòng
dào le yīyuàn.

나는 즉시 선원들과 함
께, 잘린 손가락을 들
고, 피터를 병원으로 데
려갔다.

④ 不过到了抗日时期，我们就把这个方法建立在更加自觉的基础
之上了。

   Búguò dàole kàngrì shíqī, wǒmen jiù bǎ zhè ge fāngfǎ jiànlì zài
gèngjiā zìjué de jīchǔ zhī shàng le.

그러나 항일시기가 되
자 우리들은 이 방법을
더욱 스스로 각성하는
기반 위에 세웠다.

④ 술어동사의 목적어가 개사 '把'의 목적어가 어떤 동작을 거친 후 생성된 결과(소위 '결과목적어')인 경우

① 那树根跳了几下，把地面砸了个大坑。

　　Nà shù gēn tiàole jǐ xià, bǎ dìmiàn zále ge dà kēng.

　　그 나무의 뿌리가 몇 번 뛰니, 땅위에 큰 구덩이를 만들었다.

② 他把墙挖了一个洞。

　　Tā bǎ qiáng wāle yí ge dòng.

　　그는 담장에 구멍 하나를 팠다.

③ 他用力推了小明一下，把小明摔了个屁股墩儿。

　　Tā yònglì tuīle Xiǎo Míng yíxià, bǎ Xiǎo Míng shuāile gé pìgu dūnr.

　　그는 힘껏 小明을 한 번 밀쳐서, 小明이 엉덩방아를 찧게 했다.

⑤ 술어동사의 목적어가 '把'의 목적어를 처리하는데 사용하는 도구를 나타내는 경우

① 把粮食过了一遍筛子。

　　Bǎ liángshi guòle yí biàn shāizi.

　　곡물을 채로 한번 걸렀다.

② 把菜过过秤。

　　Bǎ cài guòguo chèng.

　　채소를 저울로 한 번 달아 봐라.

⑥ 술어동사의 목적어가 개사 '把'의 목적어가 표현하는 사물의 일부분이거나 '把'의 목적어와 밀접한 관련이 있는 경우

① 他把眼睛闭上了一只。

　　Tā bǎ yǎnjing bì shàng le yì zhī.

　　그는 한쪽 눈을 감았다.

② 他打老婆打得很厉害，有一次把她的头发揪下来一大把。

　　Tā dǎ lǎopo dǎ de hěn lìhai, yǒu yí cì bǎ tā de tóufa jiū xiàlái yí dà bǎ.

　　그는 마누라를 심하게 때리는데, 한번은 그녀의 머리카락을 한 움큼이나 쥐어뜯었다.

③ 把大门上了闩。

　　Bǎ dà mén shàng le shuān.

　　대문에 빗장을 걸었다.

④ 把他免了职。

　　Bǎ tā miǎn le zhí.

　　그를 면직했다.

⑦ 술어동사의 목적어가 동작의 대상이며, 개사 '把'의 목적어는 동사의 목적어가 위치하게 되는 장소를 나타내는 경우

① 把信封贴上邮票。

　　Bǎ xìn fēng tiē shàng yóupiào.

　　편지봉투에 우표를 붙여라.

② 把炉子生上火。

　　Bǎ lúzi shēng shàng huǒ.

　　아궁이에 불을 지펴라.

③ 把暖壶灌满水。

    Bǎ nuǎnhú guàn mǎn shuǐ.

보온병에 물을 가득 부
어라.

  여기서 '把'자문이 직접 대상으로 삼는 것은 '信封', '炉子', '暖壶' 등과 같은 장소이다. 주의해야 할 것은 만일 장소가 담화의 대상이 되지 않으면, 장소사를 '把'의 목적어 위치에 놓을 수 없다. 예를 들면, '把医院送他进去', '把学校送去一个学生', '把家回去'라고 말할 수 없다.

⑧ 주로 구어에서 술어동사의 목적어가 개사 '把'의 목적어를 재지지하는 경우

① 把这碗参汤喝了它。

    Bǎ zhè wǎn shēntāng hēle tā.

이 인삼탕을 마셔라.

5 '把'자문에서 기타 부사어의 순서

  '把'자문에서 개사 '把'와 그의 목적어는 부사어로 출현한다. 그 밖의 다른 부사어의 순서는 일반 문장과 동일하다. 특히 주의할 것은 다음 몇 가지 사항이다.

① 접속기능을 하고 부정, 중복을 나타내는 부사
  접속기능을 하는 '便', '就', '才', '再', '又', '终于' 등은 '把'의 앞에 쓰인다.

① 老师傅说完便把鲁班领到西屋里去。

    Lǎo shīfu shuō wán biàn bǎ Lǔ Bān lǐng dào xiwū lǐ qù.

선생님은 말을 마치자
곧 **鲁班**을 서쪽 방으로
데려갔다.

② 我刚会跑的时候，她就把我往海里赶。

    Wǒ gāng huì pǎo de shíhou, tā jiù bǎ wǒ wǎng hǎi lǐ gǎn.

내가 막 뛸 줄 알았을
때, 그녀는 나를 바다
속으로 몰았다.

③ 他们把砖绑在羊身上，再把羊赶上山。

    Tāmen bǎ zhuān bǎng zài yángshēn shàng, zài bǎ yáng gǎn shàng shān.

그들은 양의 몸에 벽돌
을 매고는 양을 산위로
몰았다.

  부정부사 '不'와 '没'는 일반적으로 '把'자의 앞에 쓰인다.

① 他没把收音机拿来。

    Tā méi bǎ shōuyīnjī nálai.

그는 라디오를 가지고
오지 않았다.

② 这样的支书能没人敬着？能没人拥护？能不把农业社搞出花来呀？

    Zhèyàng de zhīshū néng méi rén jìngzhe? Néng méi rén yōnghù? Néng bù bǎ nóngyèshè gǎo chū huā lái ya?

이런 공산당 지부 서기
를 존경하지 않는 사람
이 없겠어요? 옹호하는
사람이 없겠어요? 농업
생산협동조합에 꽃을
피우지 않을 수 있겠어
요?

숙어성 구조에서 부정부사는 '把'의 목적어 뒤에 쓰일 수 있다.

③ 真是太把人不放在眼里了。

   Zhēn shì tài bǎ rén bú fàng zài yǎn lǐ le.

정말로 다른 사람을 너무 안중에도 두지 않는다.

중복을 나타내는 '再', '又' 및 일부 부사들은 '把' 앞에 놓일 수도 있고, '把'의 목적어 뒤에 놓일 수도 있다.

① 你把他又叫回来干什么?

   Nǐ bǎ tā yòu jiào huílai gàn shénme?

   你又把他叫回来干什么?

   Nǐ yòu bǎ tā jiào huílai gàn shénme?

② 他拼死拼活地干, 想把地再买回来。

   Tā pīn sǐ pīn huó de gàn, xiǎng bǎ dì zài mǎi huílai.

   他拼死拼活地干, 想再把地买回来。

   Tā pīn sǐ pīn huó de gàn, xiǎng zài bǎ dì mǎi huílai.

너는 뭐 하러 그를 또 불러 왔니?

그는 필사적으로 일해서, 땅을 다시 사오려 한다.

② 묘사성 부사어

만일 주어 동작의 상태, 심리를 나타내면, '把'자의 앞에 쓰인다.

① 龙梅和玉荣急忙顶着风把羊往回赶。

   Lóngméi hé Yùróng jímáng dǐngzhe fēng bǎ yáng wǎng huí gǎn.

② 这个年轻人不辞辛苦地亲自把菜籽送上门来。

   Zhè ge niánqīngrén bù cí xīnkǔ de qīnzì bǎ càizǐ sòng shàng mén lái.

龙梅와 玉荣은 급히 바람을 안고 양을 몰아 돌아갔다.

이 젊은이는 고생을 마다하지 않고 몸소 야채 씨앗을 문까지 보내왔다.

술어동사를 수식하는 부사어는 '把'자 목적어 뒤에 놓일 수도 있고 '把'자의 앞에 놓일 수도 있다.

① 他们把决口的地方仔细观察了一番。

   Tāmen bǎ juékǒu de dìfang zǐxì guānchále yì fān.

   他们仔细地把决口的地方观察了一番。

   Tāmen zǐxì de bǎ juékǒu de dìfang guānchále yì fān.

② 咱们依靠群众, 把这个大难题初步解决了。

   Zánmen yīkào qúnzhòng, bǎ zhè ge dà nántí chūbù jiějué le.

   咱们依靠群众, 初步把这个大难题解决了。

   Zánmen yīkào qúnzhòng, chūbù bǎ zhè ge dà nántí jiějué le.

그 사람은 제방이 터진 부분을 한차례 자세하게 관찰하였다.

우리들은 대중에 의존하여, 이 힘든 문제를 초보적으로 해결하였다.

③ 他把我猛然往前一推……

　　Tā bǎ wǒ měngrán wǎng qián yì tuī……

他猛然把我往前一推……

　　Tā měngrán bǎ wǒ wǎng qián yì tuī……

그는 갑자기 나를 앞으
로 밀치더니……

　의미적으로 '把'의 목적어를 묘사하는 부사어는 일반적으로 '把'자 목적어의 뒤에 놓인다.

① 妈妈把相片端端正正地挂在墙上。[照片端端正正]

　　Māma bǎ xiāngpiàn duān duān zhèng zhèng de guà zài qiáng shàng.

엄마는 사진을 단정하
게 벽에 걸었다.

② 他把东西大包小包地都藏了起来。[东西大包小包]

　　Tā bǎ dōngxi dà bāo xiǎo bāo de dōu cángle qǐlai.

그는 물건들을 작은 묶
음, 큰 묶음으로 모두
감추었다.

③ 他把书一本一本地摆在书架上。[书一本一本]

　　Tā bǎ shū yì běn yì běn de bǎi zài shūjià shàng.

그는 책을 한권씩 책꽂
이에 놓았다.

　그러나 부사어의 수식기능을 강조하기 위해서, 개사 '把'의 앞에 놓을 수도 있다.

①′ 妈妈端端正正地把相片挂在墙上。

　　Māma duān duān zhèng zhèng de bǎ xiāngpiàn guà zài qiáng shàng.

엄마는 단정하게 사진
을 벽 위에 걸어두었다.

②′ 他大包小包地把东西都藏了起来。

　　Tā dà bāo xiǎo bāo de bǎ dōngxi dōu cángle qǐlai.

그는 작은 묶음, 큰 묶
음으로 물건을 모두 감
추었다.

③′ 他一本一本地把书摆在书架上。

　　Tā yì běn yì běn de bǎ shū bǎi zài shūjià shàng.

그는 한 권씩 책을 책꽂
이에 놓았다.

③ 개사구

　개사 '把'의 목적어의 이동방향을 나타내는 표현은 일반적으로 把자 목적어 뒤에 쓰인다. 이동 후의 위치를 나타내기 위해서, 개사는 주로 '向', '往', '朝'을 사용한다.

① 老虎扑来了，他把头往旁边一闪。

　　Lǎohǔ pū lái le, tā bǎ tóu wǎng pángbiān yì shǎn.

호랑이가 달려 들어왔
고, 그는 머리를 옆쪽으
로 재빨리 피했다.

② 阿Q将手向头上遮，不自觉地逃出门来。[将=把]

　　ĀQ jiāng shǒu xiàng tóu shàng zhē, bù zìjué de táo chū mén lái.

阿Q는 손으로 머리를
가리고서, 자기도 모르
게 문밖으로 도망갔다.

③ 你把地图朝左边挪挪。

　　Nǐ bǎ dìtú cháo zuǒbiān nuónuo.

너는 지도를 왼쪽으로
좀 옮겨라.

개사 '把'의 목적어가 어디로부터 이동시킬 것인지를 표현할 때, '从'으로 이끄는 개사구는 '把'자의 앞에 쓸 수도 있고, '把'자의 목적어 뒤에 쓸 수도 있다.

① 他把挎包从自己的座位上拿起来。

　　Tā bǎ kuàbāo cóng zìjǐ de zuòwèi shàng ná qǐlai.

그는 자루를 자신의 자리에서 들어올렸다.

　　他从自己的座位上把挎包拿起来。

　　Tā cóng zìjǐ de zuòwèi shàng bǎ kuàbāo ná qǐlai.

그는 자신의 자리에서 자루를 들어올렸다.

② 龙梅从雪沟里把羊拉了出来。

　　Lóngméi cóng xuěgōu lǐ bǎ yáng lāle chūlai.

龙梅는 눈구덩이에서 양을 끌어냈다.

　　龙梅把羊从雪沟里拉了出来。

　　Lóngméi bǎ yáng cóng xuěgōu lǐ lāle chūlai.

龙梅는 양을 눈구덩이에서 끌어냈다.

'在'가 이끄는 개사구가 와서 주어가 존재하는 장소를 나타내면, 그 개사구 주로 '把'자의 앞에 쓰인다.

① 你们要领导青年，在农村把农业搞好，在城市把工业搞好。

　　Nǐmen yào lǐngdǎo qīngnián, zài nóngcūn bǎ nóngyè gǎo hǎo, zài chéngshì bǎ gōngyè gǎo hǎo.

여러분들은 청년들이 농촌에서는 농업을 제대로 하고, 도시에서는 공업을 제대로 하도록 지도해야합니다.

② 我在教室里就把作业做完了。

　　Wǒ zài jiàoshì lǐ jiù bǎ zuòyè zuò wán le.

나는 교실에서 숙제를 다 끝냈다.

동작자가 이 장소에 존재하지 않고, 개사 '把'의 목적어만 이 장소에서 존재하는 경우는, 장소 부사어가 주로 '把'의 목적어 뒤에 온다.

③ 他把刀在磨石上磨了磨。

　　Tā bǎ dāo zài móshí shàng móle mó.

그는 칼을 숫돌에 좀 갈았다.

④ 我把手在盆里洗了洗。

　　Wǒ bǎ shǒu zài pén lǐ xǐle xǐ.

나는 손을 대야에 좀 씻었다.

'向', '给', '替' 등이 이끄는 전치사구가 동작의 대상을 나타내는 경우, 그 개사구들은 일반적으로 把의 목적어 뒤에 쓰인다.

① 小刘回到部队，把这件事向领导作了汇报。

　　Xiǎo liú huí dào bùduì, bǎ zhè jiàn shì xiàng lǐngdǎo zuòle huìbào.

小刘가 부대로 돌아와, 이 일을 상부에 보고했다.

② 我把信给他寄去了。

　　Wǒ bǎ xìn gěi tā jì qù le.

나는 편지를 그에게 부쳤다.

6 '把'자문의 술어동사가 될 수 없는 경우

   ① 판단, 존재, 소유를 나타내는 동사: 是, 像, 有, 姓, 属于, 存在
   ② 조동사
   ③ 동작자가 제어할 수 없는 심리활동이나 느낌을 나타내는 동사: 赞成, 知道, 同意, 觉得, 相信, 希望, 主张, 要求, 看见, 听见, 闻见 등
   ④ 장소목적어만을 갖는 일부 방향동사: 上, 下, 进, 出, 回, 过, 起, 到 등

3 언제 '把'자문을 사용하는가?

1 의미, 기능적 조건

행위자가 어떤 동작을 하는지를 서술하거나 질문할 경우, 중국어는 일반적으로 '주ㅡ동' 혹은 '주ㅡ동ㅡ목'의 문형을 사용한다.

① 甲 : 小王做什么呢?　　　　　　　　　　　샤오왕은 뭐하니?

    Xiǎo Wáng zuò shénme ne?

  乙 : 他复习功课呢。　　　　　　　　　　　그는 수업 복습하고 있어요.

    Tā fùxí gōngkè ne.

② 甲 : 小李到哪儿去了?　　　　　　　　　　小李는 어디 갔니?

    Xiǎo Lǐ dào nǎr qù le?

  乙 : 看电影去了。　　　　　　　　　　　　영화 보러 갔어요.

    Kàn diànyǐng qù le.

동작을 한 후 해당 사물에 어떠한 결과나 변화가 생겼는지 서술하거나 설명하는 경우, 세 가지 방식으로 표현할 수 있다. 주제ㅡ진술, '把'자문, '被'자문이 그것이다.

① 那个碗打破了。[주제ㅡ진술]　　　　　　그 그릇은 깨졌다.

    Nà ge wǎn dǎ pò le.

   妹妹把那个碗打破了。['把'자문]　　　　여동생은 그 그릇을 깨뜨렸다.

    Mèimèi bǎ nà ge wǎn dǎ pò le.

   那个碗叫/被妹妹打破了。['被'자문]　　그 그릇은 여동생이 깨뜨렸다.

    Nà ge wǎn jiào / bèi mèimei dǎ pò le.

첫 번째 주제ㅡ진술구조에서 서술의 대상은 '碗'이다. 세 번째 '被'자문에서 대상으로 삼는 것은 동작의 대상인 '碗'이다. '把'자문을 사용하는 경우도 주된 대상은 '把'의 목적어 '碗'으로, '把'의 목적어는 주제와 유사하다고 말할 수 있다. 그러나 '把'자문

에서는 동작자의 행위에 의해 변화나 결과가 발생함을 나타낸다. 예를 들면, 위 문장에서 동작자 '妹妹'는 '碗'의 변화인 '打破'란 상황이 발생한다. 따라서 넓은 의미에서 '把'자문의 주어가 나타내는 사람이나 사물을 동작 변화의 야기자, 책임자로 간주할 수 있다.1) 다른 예를 보자.

② 你怎么把这么重要的会都忘了? ['你'-질책을 받는 사람]

  Nǐ zěnme bǎ zhème zhòngyào de huì dōu wàng le?

  너 어째서 이렇게 중요한 회의를 잊을 수 있지?

③ A: 谁把花瓶打破了? ['谁' -책임자]

  Shéi bǎ huāpíng dǎ pò le?

  누가 화병을 깼지?

  B: 是小猫碰倒了以后打破的。

  Shì xiǎomāo pèng dǎo le yǐhòu dǎ pò de.

  고양이가 넘어뜨린 후에 깨진 거예요

④ 我把早点买回来了, 快吃吧。 ['我'-동작행위자]

  Wǒ bǎ zǎodiǎn mǎi huílái le, kuài chī ba.

  내가 간식을 사왔으니, 어서 먹자.

⑤ 请你把窗户关上。 ['你'-동작행위자]

  Qǐng nǐ bǎ chuānghu guān shàng.

  창문 좀 닫아줄래.

⑥ 洗衣服把手都洗疼了。 ['洗衣服'-'手疼'을 야기]

  Xǐ yīfu bǎ shǒu dōu xǐ téng le.

  빨래하니 손이 다 아프다.

⑦ 看你把眼睛都哭红了, 一会儿怎么出去? 别哭了。 ['你'-'眼睛红'을 야기]

  Kàn nǐ bǎ yǎnjing dōu kū hóng le, yíhuìr zěnme chūqu? Bié kū le.

  울어서 네 눈이 다 빨개졌어. 이따 어떻게 나가? 그만 울어.

⑧ A: 你好像有点不舒服?

  Nǐ hǎoxiàng yǒudiǎn bù shūfu?

  너 좀 몸이 불편한 것 같은데?

  B: 昨天吃了好多龙虾, 把肚子吃坏了。 ['龙虾'-'肚子坏'를 야기]

  Zuótiān chīle hǎo duō lóngxiā, bǎ dùzi chī huài le.

  어제 바다가재를 너무 많이 먹어서, 배탈이 났어.

따라서 '把'자문에서 '把'의 목적어는 없으면 안 된다. 그것은 서술, 담론의 대상이다. '把'자문은 '把'의 목적어가 동작을 겪은 후 어떤 변화나 결과가 발생했음을 말해준다. 주어도 생략될 수 없는데, 그것은 이러한 변화나 결과를 야기한 사람이나 사물이기 때문이다. 이러한 측면에서 그것은 대상이 주제로 쓰인 문장과는 다르다. 다음을 비교해보자.

⑨ A: 哎呀, 你看, 花瓶打破了? [책임자가 누군지는 관심이 없음]

  Āiyā, nǐ kàn, huāpíng dǎ pò le?

  아이고, 봐, 화병이 깨졌잖아?

---

1) '把'자문의 주어가 책임자라는 것은 작고한 미국 스탠포드 대학의 高恭亿교수가 1985년 제1차 国际汉语教学研讨会의 1차 장외회의에서 언급한 것이다.(高恭亿교수가 하루 저녁시간에 본회의 외에 따로 회의를 열어 '把'자문에 대해서 전문적으로 토론하였는데, 참가자는 10명 정도였다) 애석하게도 高恭亿교수는 그 내용을 문장으로 쓰지 못한 채, 얼마 지나지 않아서 세상을 떠나셨다.

B：妹妹真不小心，把花瓶打破了。[책임자가 '妹妹'임을 지적함]

　　Mèimei zhēn bù xiǎoxīn, bǎ huāpíng dǎ pò le.

여동생이 정말 조심성이 없어서, 화병을 깨트렸어요.

결론적으로, 한 사물에 대해서 어떤 동작을 하도록 명령하거나 어떤 동작을 했는지 서술하며, 그 동작으로 인해 어떤 변화나 결과가 발생하길 기대하거나 이미 발생했음을 서술하고, 그 동작자나 책임자를 지명할 때 '把'자문을 써야 한다는 것이다.

'把'자문과 '被'자문, 주제-진술문의 용법 비교에 관해서는 제5편 제4장 제3절을 참조하기 바란다.

❷ 문장의 구조적 조건

'把'자문의 사용이 의미적인 조건뿐만 아니라, 구조적인 조건에 의한 경우가 있다. 문장의 주어가 행위자일 경우 아래 상황 중의 하나는 반드시 '把'자문을 써야 한다.

① 술어동사가 두 개의 목적어를 갖고, 하나는 사물을 나타내는 명사이고, 다른 하나는 동작 후 사물이 소재하는 장소일 경우, 사물명사는 개사 '把'와 결합하여 술어 동사의 앞에 쓰이고, 장소를 나타내는 구는 술어동사의 뒤에 쓰인다. 이 때, 술어동사와 장소사 간에는 결과보어나 방향보어가 온다.

① 他们把鸡蛋放在桌子上就走了。

　　Tāmen bǎ jīdàn fàng zài zhuōzi shàng jiù zǒu le.

그들은 계란을 탁자위에 놓고는 바로 떠났다.

② 他把照片递到我面前叫我看。

　　Tā bǎ zhàopiàn dì dào wǒ miànqián jiào wǒ kàn.

그들은 사진을 내 앞으로 건네어 내가 보도록 했다.

③ 西门豹又叫人把三老扔进了河里。

　　Xī Ménbào yòu jiào rén bǎ sānlǎo rēng jìn le hé lǐ.

西门豹는 또 사람을 시켜 三老을 강으로 내던졌다.

④ 敌人没有办法，只好把他关进了监狱。

　　Dírén méi yǒu bànfǎ, zhǐhǎo bǎ tā guān jìn le jiānyù.

적들은 방법이 없어, 그를 감옥에 보낼 수밖에 없었다.

⑤ 工人们费了很大的力气才把机器运上了高山。

　　Gōngrénmen fèile hěn dà de lìqi cái bǎ jīqì yùn shàng le gāoshān.

노동자들은 많은 힘을 들여서 기계를 높은 산으로 옮겨냈다.

아래는 잘못된 문장들이다.

①′ *他们放鸡蛋在桌子上就走了。

②′ *他递照片到我面前叫我看。

③′ *西门豹又叫人扔三老进了河里。

④′ *敌人没有办法，祇好关他进了监狱。

⑤′ *工人们费了很大的力气才运机器上了高山。

② 동사 자신이 '成', '为', '作', '做'를 포함하고 있거나 '成', '为', '作', '做'가 결과보어로 쓰이고, 두 개의 목적어를 가질 경우 일반적으로 '把'자문을 써야 한다.

① 他们决心把家乡建成现代化的新农村，要把自己锻炼成为对祖国对人民有用的一代新人。

Tāmen juéxīn bǎ jiāxiāng jiànchéng xiàndàihuà de xīn nóngcūn, yào bǎ zìjǐ duànliàn chéngwéi duì zǔguó duì rénmín yǒuyòng de yí dài xīnrén.

그들은 고향을 현대화된 신 농촌으로 건설하기로 결심하고, 스스로를 단련시켜 조국과 인민에 필요한 한 세대의 새로운 사람이 되려고 한다.

② 人们亲切地把这头小象叫做'版纳'。

Rénmen qīnqiè de bǎ zhè tóu xiǎoxiàng jiào zuò 'bǎnnà'.

사람들은 다정하게 이 작은 코끼리를 '版纳'라고 부른다.

③ 年轻的赵永进把老主任和乡亲们当成老师。

Niánqīng de Zhào Yǒngjìn bǎ lǎo zhǔrèn hé xiāngqīnmen dāngchéng lǎoshī.

젊은 赵永进은 노주임과 마을사람들을 선생님으로 여겼다.

④ 那个女孩把头发染成了蓝色，很奇怪。

Nà ge nǚhái bǎ tóufa rǎn chéng le lánsè, hěn qíguài.

그 여자아이는 머리를 푸른색으로 물들였는데, 아주 이상하다.

이러한 문장은 때로는 연동문의 방식으로 표현한다. 예를 들어 예②는 "人们亲切地叫这头小象为'版纳'."라고 말할 수 있다. 그러나 일반적으로 보어가 만일 '为'가 아니거나 목적어가 되는 명사의 앞에 비교적 긴 관형어가 있는 경우 연동문을 사용하는 것이 적절하지 않고 '把'자문을 써야 한다.

동사에 두 개의 목적어가 있고, 그중 하나가 결과목적어일 경우도 '把'자문을 쓴다.

⑤ 突然一块石头飞过来，把地砸了一个坑。

Tūrán yí kuài shítou fēi guòlai, bǎ dì zále yí ge kēng.

*突然一块石头飞过来，砸了地一个坑。

갑자기 돌멩이 하나가 날아와서, 땅에 구멍이 하나 파였다.

③ 동사가 개사구 보어를 가지고, 또 동작의 대상이 되는 목적어도 가질 경우, '把'자문을 써야 한다.

① 大国不应该把自己的意志强加于小国。

Dàguó bù yīnggāi bǎ zìjǐ de yìzhì qiángjiā yú xiǎoguó.

대국은 자신의 의지를 소국에 강요해서는 안 된다.

② 要把群众的革命热情引向正确的轨道。

Yào bǎ qúnzhòng de gémìng rèqíng yǐnxiàng zhèngquè de guǐdào.

대중의 혁명 열정을 올바른 궤도로 인도해야 한다.

상술한 ①, ②, ③의 세 경우에 반드시 '把'자문을 써야하는 이유는 중국어에서 이중 목적어 외에는 동사나 동보구조의 뒤에 하나의 명사성 성분만 출현하기 때문이다. 첫 번째 경우, 동사의 뒤에는 하나의 장소명사가 왔다. 이 장소명사는 물체가 동작의 영향을 받은 후 존재하게 되는 장소를 나타내므로, 반드시 동사의 뒤에 놓여야 하고,

대상명사는 '把'의 목적어가 되어 동사의 앞에 놓여야 한다. 두 번째 경우도 두 개의 목적어가 있지만, 이들도 직접목적어와 간접목적어의 관계를 맺지 않고, 연동문도 사용할 수동 없으므로, 동사의 대상을 '把'의 바로 뒤에 놓은 것이다. 세 번째 경우는 첫 번째 경우와 유사하다.

④ 술어 동사가 '加以', '~化'이거나 동사를 포함한 관용구일 경우, 대상목적어가 오면 '把'자문을 써야 한다.

① (文艺)把其中的矛盾和斗争典型化.

   (Wényì) bǎ qízhōng de máodùn hé dòuzhēng diǎnxínghuà.

(문예는) 그 속의 모순과 투쟁을 전형화 한다.

② 方志敏同志在信里说，他已经抱定牺牲的决心，把生死置之度外.

   Fāng Zhìmǐn tóngzhì zài xìn lǐ shuō, tā yǐjīng bàodìng xīshēng de juéxīn, bǎ shēngsǐ zhì zhī dù wài.

方志敏 동지는 편지에서 그가 이미 희생할 결심을 품고 생사를 도외시한다고 말했다.

③ 他把会上的意见加以归纳，提出以下几点。

   Tā bǎ huì shàng de yìjiàn jiāyǐ guīnà, tíchū yǐxià jǐ diǎn.

그는 회의 중에 나온 의견을 귀납하여 다음 몇 가지 사항을 제기했다.

'~化' 가 목적어를 수반할 수 없고 '加以'도 동사목적어를 수반한 다음에 다시 명사목적어를 수반할 수 없다.

⑤ 만약 술어 앞에 '都', '全' 등 범위를 나타내는 부사가 와서 대상목적어를 총괄할 때, '把'자문을 써야 한다.

① 他立刻跑到银行把几年来存下的几百元钱全都取了出来.

   Tā lìkè pǎo dào yínháng bǎ jǐ nián lái cúnxià de jǐ bǎi yuán qián quán dōu qǔle chūlai.

그는 바로 은행에 뛰어가서 수년 동안 저축한 몇 백 원을 모두 인출했다.

② 我一定要把我全部的手艺都传给你.

   Wǒ yídìng yào bǎ wǒ quánbù de shǒuyì dōu chuán gěi nǐ.

나는 반드시 나의 모든 수공기술을 모두 너에게 전수하겠다.

'都', '全' 등의 부사는 반드시 그들이 개괄하는 명사의 뒤에 와야 하며 동사 뒤에 올 수 없기 때문이다

⑥ 만일 술어 동사가 이중목적어를 수반하고, 그 중 하나(혹은 두 개)의 목적어가 좀 복잡할 때, 직접목적어는 개사 '把'와 결합하여 술어동사 앞에 놓이고 간접 목적어는 동사 뒤에 놓인다.

① 玉宝就把周扒皮学鸡叫的事告诉了大家.

   Yùbǎo jiù bǎ Zhōu Bāpí xué jī jiào de shì gàosule dàjiā.

玉宝는 周扒皮가 닭 울음소리를 흉내 낸 일을 모두에게 알렸다.

② 结果，我便把这封最后通牒式的信退还了他们.

   Jiéguǒ, wǒ biàn bǎ zhè fēng zuìhòu tōngdiéshì de xìn tuìhuán le tāmen.

결국, 나는 곧 이 최후통첩과 같은 편지를 그들에게 돌려주었다.

만약 두 개의 목적어가 모두 동사 뒤에 놓일 경우, 동사 뒤의 성분이 길어지게 되는데, 일반적으로 중국어 문장은 '得'를 갖는 보어를 제외하고는 동사 뒤의 성분이 비교적 짧다. 직접목적어를 동사 앞에 놓아 '把'의 목적어가 되도록 하면 중국어의 일반 문장구조와 같아진다. 중국어의 부사어는 길고 복잡할 수도 있다.

⑦ 만일 술어 동사가 목적어를 갖고, 형용사(또는 형용사구)나 동사(또는 동사구)로 구성된 상태보어가 와서 목적어를 묘사하는 경우에 '把'자문을 쓴다.

① 他把这个家搞得富富足足，和和美美.

　　Tā bǎ zhè ge jiā gǎo de fù fù zú zú, hé hé měi měi.

② 你要把他看得比自己的生命还要宝贵啊.

　　Nǐ yào bǎ tā kàn de bǐ zìjǐ de shēngmìng hái yào bǎoguì a.

③ 领导同志看我回答得这么轻松，就说："你刚来不久，没送过信，可不要把这件工作看得太简单了。"

　　Lǐngdǎo tóngzhì kàn wǒ huídá de zhème qīngsōng, jiù shuō: 'nǐ gāng lái bù jiǔ, méi sòngguo xìn, kě búyào bǎ zhè jiàn gōngzuò kàn de tài jiǎndān le.'

그는 이 가정을 풍족하고 화목하게 만들었다.

너는 그를 자신의 생명보다 더 소중하게 여겨야 한다.

윗분은 내가 이렇게 가볍게 대답하는 것을 보고는, '네가 온지 얼마되지 않아 편지를 배달한 적이 없지만, 이 일을 너무 단순하게 보지마라'라고 말했다.

만일 상태보어가 목적어와 술어 동사를 모두 묘사할 경우, '把'자문을 사용 할 수도 있고 동사를 중복하는 방식을 사용할 수도 있다. 그러나 '把'자문을 사용하는 문장과 사용하지 않는 문장은 그 의미가 서로 다르다.

④ 他把猪养得很好。（어떤 '돼지'를 확정지칭함）

　　Tā bǎ zhū yǎng de hěn hǎo.

　他养猪养得很好。（총칭, '他很会养猪'의 의미）

　　Tā yǎng zhū yǎng de hěn hǎo.

⑤ 他把话说得很清楚..。（어떤 말임을 확정지칭함）

　　Tā bǎ huà shuō de hěn qīngchu.

　他说话说得很清楚。（총칭, '他口齿清楚'나 '语言表达很清楚'의 의미）

　　Tā shuō huà shuō de hěn qīngchu.

그는 (그) 돼지를 잘 길렀다.

그는 돼지를 잘 기른다.

그는 (그)말을 분명하게 했다. (어떤 말임을 확실하게 가리킴)

그는 말을 분명하게 한다.

参考文献

崔希亮　　"把"字句的若干句法语义问题,世界汉语教学,1995年第3期。

金立鑫　　选择使用"把"字句的流程,汉语学习,1998年第4期。

　　　　　"把 OV 在 L"的语义、句法、语用分析,中国语文,1993年第5期。

一. 주어진 단어로 '把'자문을 완성하시오.

  1. 老师　　发　　本子　　给　　我们　　了
  2. 妈妈　　找　　回来　　弟弟　　了
  3. 一幅美丽的图画　　吸引　　我们　　住　　了
  4. 农奴主　　打　　那个农奴　　一顿　　了
  5. 你　　看得　　这个问题　　太简单　　了
  6. 阿里　　打扫得　　房间　　很干净
  7. 妈妈　　抱　　孩子　　紧紧地　　在怀里
  8. 大夫　　输　　自己的血　　给　　那个受伤的战士　　了

二. 틀린 문장을 바르게 고쳐 쓰시오.

  1. 社员挖墙挖了一个洞。
  2. 大家说："可以扔石头到海里去！"
  3. 昨天晚上，我把电影没看完就走了。
  4. 雷锋献自己的一生给了人民。
  5. 运动员把比赛大厅走进来。
  6. 文清慢慢地放手在桌子上。
  7. 我们应该把他帮助。
  8. 小红洗手洗得雪白。
  9. 他们不但唱了歌一支，还把舞跳了一个。
10. 我们把这个问题讲座吧。
11. 今天我把录音听得完。
12. 明天你把这些练习应该做完。
13. 他没学过中文，怎么能把中文听懂？
14. 他把中文学得很努力。
15. 敌人赶全村的群众到广场上。
16. 我上大学时就把鲁迅有的小说读过了。

三. 주어진 어구로 문장을 완성하시오. ‘把’자문, 피동문, 주-동-목구조 등을 적절히
　　선택하고, 중복되는 단어를 생략하거나 대사로 명사를 대체해도 됩니다.

　1. 再版　　《红楼梦》　　了，　　我　　到　　书店　　买　　了　　一本
　　《红楼梦》，　　我　　回家以后　　就　　开始　　看　　《红楼梦》，
　　十天　　就　　看完　　了　　《红楼梦》。
　2. 六月初　　我　　开始　　学　　游泳，　　只　　学　　了　　三天
　　游泳，　　我　　就　　学会了　　游泳。
　3. 星期日上午八点　　我　　洗　　衣服。　　我先放衣服　　在　　洗衣机里，
　　然后　　开动　　机器，　　八点半　　就　　洗　　干净　　了　　衣服。

四. 괄호 안의 어구를 이용해서 ‘把’자문, 피동문, 주제-진술문, 주-동-목구조 등을
　　적절히 구성하여 빈칸을 채우시오.

　1. 老师正在讲课, 突然看见一个学生______________________, 就问他有什么问题。
　　（举手　　起来）
　2. 老师正在讲课, 看见一个学生______________________, 就叫他把脚拿下去。
　　（放　　脚　　在桌子上）
　3. 老师说：请同学们______________________, 把我说的话写下来。
　　（拿出来　　一张纸）
　4. A：前边发生了什么事?
　　　B：好像______________________。（自行车　　撞倒了　　一个人）
　5. A：房间里怎么这么黑? 为什么不开灯?
　　　B：______________________。（我　　打破　　了　　灯泡）
　6. 我想喝点茶, 请______________________。（递　　给　　我　　那个杯子）

 **무엇을 '被'자문이라고 하는가?**

술어 동사 바로 앞에 피동의미를 나타내는 개사 '被'가 오거나 '被'로 구성된 개사구가 부사어로 오는 문장을 '被'자문이라고 한다. 일반적으로 '被'자문의 주어는 술어동사의 대상이며, 개사 '被'의 목적어는 행위자이다. 피동의미를 나타내는 개사 '叫', '让', '给'로 구성된 부사어가 쓰인 문장도 '被'자문에 포함한다.

① 玉宝被地主打了一顿。

    Yùbǎo bèi dìzhǔ dǎle yí dùn.

玉宝는 지주에게 한 차례 맞았다.

② 他被大家选作小组长。

    Tā bèi dàjiā xuǎn zuò xiǎozǔzhǎng.

그는 여러 사람들에 의해 팀장으로 선출되었다.

③ 我的车叫小李开走了。

    Wǒ de chē jiào xiǎo Lǐ kāi zǒu le.

내 차는 小李가 몰고 가 버렸다.

④ 弟弟昨天放学后让老师留下了，因为他没有交作业。

    Dìdi zuótiān fàngxué hòu ràng lǎoshī liú xià le, yīnwèi tā méi yǒu jiāo zuòyè.

동생은 어제 수업이 끝난 후에 선생님이 남으라고 하셨는데, 그가 숙제를 제출하지 않았기 때문이다.

⑤ 小明被那帮人打怕了。

    Xiǎo míng bèi nà bāng rén dǎ pà le.

小明는 그 사람들에게 맞아 겁을 먹었다.

 **언제 '被'자문을 쓰는가?**

동작의 대상을 설명하는 것이 '被'자문을 사용하는 전제가 된다. 앞에서 본 바와 같이 중국어에는 대량의 주제-진술문이 존재하고 주제로 동작의 대상이 오는 경우가 적지 않다. 다시 말하면, 만일 담화맥락이나 상하문에 의해 대상을 주제로 선택하는 경우, 이 대상은 문두에 출현하고 피동의미의 '被', '叫', '让'은 사용하지 않아도 된다.

① 任务完成了。

    Rènwu wánchéng le.

임무가 완성되었다.

② 粮食产量提高了一倍。

    Liángshí chǎnliàng tígāole yí bèi.

양식 생산량이 배로 늘었다.

③ 信写好了。

    Xìn xiě hǎo le.

편지는 다 썼다.

④ 胜利的消息传遍了大江南北。

　　Shènglì de xiāoxi chuánbiànle dà jiāng nán běi.

승리의 소식이 양자강
남북으로 넓게 퍼졌다.

이러한 문장에 만일 '被'자가 부가되면, 오히려 문장이 이상해진다.

　'被'자문은 주로 대상이 어떤 동작행위의 영향을 받아 변화를 겪는 것을 나타낸다. 그 중 가장 많이 보이는 경우는 주어나 화자의 입장에서 볼 때, 불쾌하거나 손해를 보거나 어떤 것을 상실하게 되는 상황이다.

① 忽然，门被撞开了。

　　Hūrán, mén bèi zhuàng kāi le.

갑자기, 문이 부딪혀 열렸다.

② 敌人被赶走了。

　　Dírén bèi gǎn zǒu le.

적이 쫓겨났다.

③ 经过几个月的努力，这头野象基本上被驯服了。

　　Jīngguò jǐ ge yuè de nǔlì, zhè tóu yěxiàng jīběn shàng bèi xúnfú le.

몇 달간의 노력을 거쳐, 이 야생 코끼리는 기본적으로 길들여졌다.

④ 突然他头上的帽子叫一阵大风吹跑了。

　　Tūrán tā tóu shàng de màozi jiào yí zhèn dàfēng chuī pǎo le.

갑자기 그의 머리 위의 모자가 한 바탕 거센 바람에 날려갔다.

⑤ 他们刚才说的话不小心叫老板听见了，心里很害怕。

　　Tāmen gāngcái shuō de huà bù xiǎoxīn jiào lǎobǎn tīng jiàn le, xīn lǐ hěn hàipà.

그들이 방금 한 말은 부주의로 사장이 들어서, 마음속으로 두렵다.

예 ①, ②, ④는 모두 주어의 입장에서 불쾌하거나 무언가를 잃어버린 것을 나타내며, 예 ⑤는 화자의 입장에서 불쾌한 상황을 나타낸 것이다.

　이외에 대상주어가 사람을 나타내는 명사이고 언어 환경적으로 행위자와 대상의 관계가 분명하지 않는 경우, 행위자와 대상의 관계를 명확하게 하기 위해서 '被'자문을 사용한다.

① 他被派到外地去了。

　　Tā bèi pài dào wàidì qù le.

그는 파견되어 타지로 갔다.

② 你既然已经被大家选作组长，就应该负起责任来。

　　Nǐ jìrán yǐjīng bèi dàjiā xuǎnzuò zǔzhǎng, jiù yīnggāi fù qǐ zérèn lái.

당신은 이미 여러 사람들에 의해 조장으로 선출되었으니 책임을 져야 합니다.

③ 小王被送到学校去学习了。

　　Xiǎo Wáng bèi sòng dào xuéxiào qù xuéxí le.

小王은 공부하러 학교에 보내졌다.

④ 三年以后他才被追认为烈士。

　　Sān nián yǐhòu tā cái bèi zhuīrèn wéi lièshì.

3년 후에야 그는 열사로 추인되었다.

이 문장들은 대상주어가 동작을 받아서 변화됨을 나타낸다. 문장의 술어 동사로는 주로 '选', '派', '送', '说' 등에 한정되며 뒤에 일반적으로 '作', '成', '为', '到' 등의 보어가 온다.

문학 작품 혹은 공식적인 글에서는 불쾌하거나 상실되는 의미를 포함하지 않는 경우가 있으며, 심지어 대상이 동작에 의해 변화되는 의미도 나타내지 않는 '被'자문을 쓸 수 있다.

① 他觉得自己好像正在被一股强大的力量推向前方。

    Tā juéde zìjǐ hǎoxiàng zhèng zài bèi yì gǔ qiángdà de lìliang tuīxiàng qiánfāng.

그는 자신이 마치 강력한 힘에 의해 앞으로 밀리고 있는 것 같이 느꼈다.

② 我妹妹最近被省里授予先进工作者的光荣称号。

    Wǒ mèimei zuìjìn bèi shěng lǐ shòuyǔ xiānjìn gōngzuòzhě de guāngróng chēnghào.

내 여동생은 최근 성(省)으로부터 선진일꾼이라는 영광스런 칭호를 수여받았다.

③ 他曾经被人尊敬过，羡慕过，但是那已经是遥远的过去了。

    Tā céngjīng bèi rén zūnjìngguo, xiànmùguo, dànshì nà yǐjīng shì yáoyuǎn de guòqù le.

그는 일찍이 사람들에게 존경 받고 부러움을 산적도 있었지만 그것은 이미 아득히 먼 과거가 되었다.

④ 这本书已经被翻译成英文、法文、德文、日文和韩文。

    Zhè běn shū yǐjīng bèi fānyì chéng Yīngwén、Fǎwén、Déwén、Rìwén hé Hánwén.

이 책은 이미 영어, 프랑스어, 독어, 일어, 한국어로 번역되었다.

⑤ 太美! 你就是被称为世界屋脊的地方吗？

    Tài měi, nǐ jiù shì bèi chēngwéi shìjiè wūjǐ de dìfang ma?

너무 아름답구나! 네가 바로 세계의 지붕이라고 불리는 곳인가?

'被'자문의 주어가 행위의 대상이 아닌 경우도 있다.

① 他很可怜，被自己的亲生儿子活活给饿死了。

    Tā hěn kělián, bèi zìjǐ de qīnshēng érzi huóhuó gěi è sǐ le.

그는 불쌍하다, 자신의 친아들에 의해 비참하게 굶어 죽었다.

② 他被工作的事愁得吃不下饭，睡不着觉。

    Tā bèi gōngzuò de shì chóu de chī bu xià fàn, shuì bu zháo jiào.

그는 작업 일로 걱정해서 밥도 안 먹히고 잠도 못 이룬다.

이 문장은 사역의 의미를 포함한다.

①′ 他很可怜，自己的亲生儿子使他活活饿死了。

    Tā hěn kělián, zìjǐ de qīnshēng érzi shǐ tā huóhuó gěi è sǐ le.

그는 불쌍하다, 자신의 친아들이 그를 비참하게 굶어 죽게 했다.

②′ 工作的事使他愁得吃不下饭，睡不着觉。

    Gōngzuò de shì shǐ tā chóu de chī bu xià fàn, shuì bu zháo jiào.

작업 일로 그는 걱정하여 밥도 안 먹히고 잠도 못 이룬다.

 **'被'자문의 몇 가지 형식**

① 개사 '被' 뒤에 목적어가 있을 때
　이 형식에서 개사 '被'의 작용은 행위자를 소개하는 것이다.

① 敌人进了地道，没走几步，就被民兵消灭了。

　　Dírén jìnle dìdào, méi zǒu jǐ bù, jiù bèi mínbīng xiāomiè le.

② 卓玛被医生救活了。

　　Zhuōmǎ bèi yīshēng jiù huó le.

적은 지하도로 들어와 몇 발짝 못 가서 곧 민병에게 섬멸되었다.

卓玛는 의사에 의해 생명을 건졌다.

'被'자의 목적어가 총칭을 나타내는 '사람'인 경우, 행위자는 분명히 밝힐 필요가 없거나 밝힐 수 없는 경우가 더러 있다.

③ 这个秘密后来被人发现了。

　　Zhè ge mìmì hòulái bèi rén fāxiàn le.

④ 他逐渐被人忘记了。

　　Tā zhújiàn bèi rén wàngjì le.

이 비밀은 그 후에 사람들에게 밝혀졌다.

그는 점차 사람들에게 잊혀졌다..

② '被'자 뒤에 목적어가 없을 때
　'被'자 뒤에 술어동사가 바로 오는 형식에서 '被'자의 기능은 피동만 나타낸다.

① 突然，办公室的门'哐当'一声被撞开了。

　　Tūrán, bàngōngshì de mén 'kuāngdāng' yì shēng bèi zhuàng kāi le.

② 吴广被杀害，革命力量受到很大损失。

　　Wú Guǎng bèi shāhài, gémìng lìliang shòu dào hěn dà sǔnshī.

③ 行李很快地被装上了卡车。

　　Xíngli hěn kuài de bèi zhuāng shàng le kǎchē.

갑자기, 사무실 문이 '꽈당' 소리와 함께 부딪혀 열렸다.

吴广이 살해당해서, 혁명 역량은 큰 손실을 입었다.

짐이 빨리 트럭에 실렸다.

③ '被~所~' 형식
　서면어에서 '被~所~'의 형식이 있는데, 이는 고대 중국어의 '为~所~' 형식(현재도 서면어에 존재함)에서 온 것이다. 이 형식에서 개사 '被' 뒤에는 반드시 목적어가 있어야 하며 술어동사도 대부분 이음절이고 동사 뒤에는 일반적으로 다른 성분이 오지 않는다.

① 我被这情景所激动，也和大家一起引吭高歌。

　　Wǒ bèi zhè qíngjǐng suǒ jīdòng, yě hé dàjiā yìqǐ yǐn kēng gāo gē.

나는 이 광경에 흥분하여 여러 사람들과 같이 목청껏 노래도 불렀다.

② 我们确信，一切困难都将被全国人民的英勇奋斗所战胜。

    Wǒmen quèxìn, yíqiè kùnnan dōu jiāng bèi quánguó rénmín de yīngyǒng fèndòu suǒ zhànshèng.

우리는 모든 고난이 전국 인민의 용맹스런 분투에 의해 극복될 것이라고 확신한다.

③ 我深深地被赵大叔的话所感动，他的话说得多深刻啊!

    Wǒ shēnshēn de bèi Zhào dàshū de huà suǒ gǎndòng, tā de huà shuō de duō shēnkè a!

나는 赵씨 아저씨의 말에 깊이 감동되었다. 그가 한 말은 얼마나 심오한가!

④ 解放前，他为生活所迫，不得不下南洋。

    Jiěfàngqián, tā wéi shēnghuó suǒ pò, bùdébù xià nányáng.

해방 전, 그는 생활에 시달려 어쩔 수 없이 南洋으로 갔다.

⑤ 他不为金钱所动。

    Tā bù wéi jīnqián suǒ dòng.

그는 금전에 동요되지 않는다.

이 문형의 기능은 행위자, 즉 '被'의 목적어를 강조하는데 있다.

④ '被~给~' 형식

    '被'자가 '给'와 연용하여 '被~给~' 형식을 구성할 수 있다. 여기에서 '给'는 구조조사이며 특별한 의미는 없고 생략될 수도 있다. 그러나 '给'를 쓰면 더 구어적인 표현이 된다.

① 孩子被你给惯得越来越不听话了。

    Háizi bèi nǐ gěi guàn de yuèláiyuè bù tīng huà le.

아이는 네가 버릇없이 키워서 갈수록 말을 듣지 않는다.

② 他被这件事给吓坏了，晚上再也不敢一个人出去了。

    Tā bèi zhè jiàn shì gěi xià huài le, wǎnshang zài yě bù gǎn yí ge rén chūqu le.

그는 이 일로 몹시 놀래서 저녁에 다시는 감히 혼자서 외출하려 하지 못한다.

    이외에, 개사 '被'는 개사 '把'와 연용할 수 있는데, 개사 '被'와 그의 목적어는 앞에 오고, 개사 '把'와 그의 목적어는 뒤에 온다. 개사 '把'의 목적어는 문장의 주어를 복지하거나 문장 주어의 일부가 된다.

① 那个孩子叫人把他打了一顿。

    Nà ge háizi jiào rén bǎ tā dǎle yí dùn.

그 아이는 남에게 한 차례 맞았다.

② 他叫人把眼睛给蒙上了。

    Tā jiào rén bǎ yǎnjing gěi méng shàng le.

그는 남에게 눈이 가려졌다.

이러한 표현은 구어에만 쓰이므로, '叫', '让'를 쓰고 '被'를 쓰지 않는다.

 **‘被’자문의 구조 특징**

 **‘被’자문의 술어**

‘被’ 자문은 대상이 어떤 동작의 영향을 받음을 나타내기 때문에, 일반적으로 문장 중의 술어는 ‘把’자문과 마찬가지로 동사 하나만 오는 것이 아니라 동사 뒤에 동작의 완결이나 결과를 나타내는 성분이 와야 한다.

① 동사 뒤에 시태조사 ‘了’가 오는 경우

① 董大贵被小燕真挚诚恳的态度感动了。

   Dǒng Dàguì bèi xiǎo yàn zhēn zhì chéng kěn de tàidu gǎndòng le.

   董大贵는 小燕의 진실하고 간절한 태도에 감동 받았다.

② 他被大家说服了。

   Tā bèi dàjiā shuōfú le.

   그는 사람들에게 설득 당했다.

② 동사 뒤에 결과보어, 방향보어, 정도보어, 동량보어, 시량보어, 개사구보어 등이 오는 경우

① 但是，战士们没有被困难吓倒，他们振作起精神，继续前进，

   Dànshì, zhànshìmen méi yǒu bèi kùnnan xiàdǎo, tāmen zhènzuò qǐ jīngshén, jìxù qiánjìn.

   그러나 전사들은 고난에 놀라 자빠지지 않고, 정신을 가다듬어 계속 전진했다.

② 他的钱包被小偷偷去了。

   Tā de qiánbāo bèi xiǎotōu tōu qù le.

   그의 지갑은 소매치기에게 도둑맞았다.

③ 周扒皮已经被打得半死，躺在地上再也爬不起来了。

   Zhōu Bāpí yǐjīng bèi dǎ de bàn sǐ, tǎng zài dì shàng zài yě pá bu qǐlai le.

   周扒皮는 이미 반죽음이 되도록 맞아, 땅에 누워 다시는 일어 날 수 없었다.

④ 敌人被这突然袭击吓坏了。

   Dírén bèi zhè tūrán xíjī xià huài le.

   적은 이 갑작스런 기습에 몹시 놀랐다.

⑤ 那个农民被地主训斥了一顿。

   Nà ge nóngmín bèi dìzhǔ xùnchìle yí dùn.

   그 농민은 지주에게 한 차례 욕을 먹었다.

⑥ 因为偷东西，他被关了三年。

   Yīnwèi tōu dōngxi, tā bèi guānle sān nián.

   물건을 훔쳤기 때문에 그는 3년 동안 복역했다.

⑦ 他觉得自己好像正在被一股强大的力量推向前方。

   Tā juéde zìjǐ hǎoxiàng zhèng zài bèi yì gǔ qiángdà de lìliang tuīxiàng qiánfāng.

   그는 자신이 마치 어떤 강력한 힘에 의해 앞으로 밀려 나가는 것 같이 느꼈다.

⑧ 这支部队从来没被敌人打败过。

    Zhè zhī bùduì cónglái méi bèi dírén dǎbàiguo.

> 이 부대는 여태껏 적에게 패전한 적이 없었다.

③ 동사 뒤에 목적어가 오고 그 목적어 앞에 보어가 오는 경우에 자주 쓰이는 목적어는 아래 몇 가지이다.

  (1) 동작에 의해 주어가 변화나 결과를 겪는다.

① 我的衣服被钉子挂了一个大口子。

    Wǒ de yīfu bèi dīngzi guàle yí ge dà kǒuzi.

> 내 옷은 못에 걸려 큰 구멍이 생겼다.

② 他的头被撞了一个包。

    Tā de tóu bèi zhuàngle yí ge bāo.

> 그의 머리는 부딪혀 혹이 생겼다.

③ 后来，她又被选作全国 '三八' 红旗手。

    Hòulái, tā yòu bèi xuǎnzuò quánguó 'sān bā' hóngqíshǒu.

> 그 후, 그녀는 또 전국 여성 홍기수로 선출되었다.

④ 鲁迅的小说被翻译成许多国家的文字。

    Lǔ Xùn de xiǎoshuō bèi fānyì chéng xǔduō guójiā de wénzì.

> 鲁迅의 소설은 많은 국가의 문자로 번역되었다.

  (2) 주어의 접수 대상을 나타낸다.

① 九岁的妹妹被卖给了别人。

    Jiǔ suì de mèimei bèi mài gěi le biérén.

> 아홉 살인 여동생은 다른 사람에게 팔렸다.

  (3) 목적어는 주어의 일부분 혹은 주어에 속하는 것이다.

① 演完了这个杂技，夏菊花的头发被拨掉了一大把。

    Yǎn wán le zhè ge zájì, Xià Júhuā de tóufa bèi bō diào le yì dà bǎ.

> 이 곡예 공연이 끝나고 夏菊花의 머리카락은 한 움큼 빠졌다.

② 结果，敌人死的死，伤的伤，不多一会儿，就被消灭了一半儿。

    Jiéguǒ, dírén sǐ de sǐ, shāng de shāng, bù duō yíhuìr, jiù bèi xiāomièle yíbànr.

> 결국, 적은 죽은 사람은 죽고 다친 사람은 다쳐 얼마 안돼서 곧 절반이 섬멸 당했다.

  (4) 주어가 동작에 의해 존재하게 되는 장소를 나타낸다.

① 她被送进医院，医生给她治好了病。

    Tā bèi sòng jìn yīyuàn, yīshēng gěi tā zhì hǎo le bìng.

> 그녀는 병원에 보내졌고, 의사는 그녀에게 병을 치료해 주었다.

② 他……又被一直抓出衙门外去了。

    Tā yòu bèi yìzhí zhuā chū yámen wài qù le.

> 그는…… 또 곧바로 아문 밖으로 끌려 나갔다.

(5) 동사와 목적어는 하나의 고정구이다.

① 他被撤了职。

　　Tā bèi chèle zhí.

② 这项规定被他打了折扣。

　　Zhè xiàng guīdìng bèi tā dǎ le zhékòu.

그는 해직 당했다.

이 규정은 그에 의해 다 이행되지 못했다.

(6) 목적어는 대상이고, 주어는 목적어가 동작을 당한 후 부착되는 장소를 나타낸다.

① 天安门城楼被朝霞涂上了一层红色。

　　Tiān'ānmén chénglóu bèi zhāoxiá tú shàng le yì céng hóngsè.

② 奴隶的背上被烙上了船的名字。

　　Núlì de bēi shàng bèi lào shàng le chuán de míngzi.

천안문 성루는 아침놀에 한 겹의 붉은 색이 칠해졌다.

노예의 등에 배의 이름이 낙인 찍혔다.

④ 만일 개사 '被'가 목적어를 갖고 술어 동사 앞에 어떤 부사어가 있으면, 술어 동사의 뒤에는 다른 성분이 없어도 된다.

① 你这句话很容易被人误解。

　　Nǐ zhè jù huà hěn róngyì bèi rén wùjiě.

② 他的建议已被大家接受。

　　Tā de jiànyì yǐ bèi dàjiā jiēshòu.

③ 这种意见很可能被群众拒绝。

　　Zhè zhǒng yìjiàn hěn kěnéng bèi qúnzhòng jùjué.

너의 이 말은 쉽게 사람들에게 오해를 산다.

그의 건의는 이미 여러 사람들에게 받아들여졌다.

이런 의견은 정말 대중에게 거절당할 것 같다.

그러나 술어동사는 단음절이면 안 된다.

　*他忽然被敌人捕。

'被'자 뒤에 목적어가 없는 '被'자문에서 어떤 단음절 동사는 단독으로 술어가 될 수 있지만, 일반적으로 앞쪽에 부사어가 오거나, 후속되는 문장이 있어야 한다.

① 昨天老张忽然被捕。

　　Zuótiān lǎo Zhāng hūrán bèibǔ.

② ×月×日, 美国总统肯尼迪被刺……。

　　~Yuè ~rì, Měiguó zǒngtǒng kěnnídí bèi cì…….

어제 老张은 갑자기 붙잡혔다.

×월 ×일, 미국 대통령 케네디가 암살당해……

2 '被'자문에서의 기타 부사어의 순서

시간부사어, 대상의 상태를 묘사하는 부사어, 부정부사, 접속기능을 하는 부사는 개사 '被'의 앞에 온다.

① 敌人已经被我们消灭了。

    Dírén yǐjīng bèi wǒmen xiāomiè le.

적은 이미 우리에게 섬멸되었다.

② 阿Q糊里糊涂地被杀了头。

    ĀQ hú li hú tú de bèi shāle tóu.

阿Q는 영문도 모른 채 목을 베였다.

③ 由于乡亲们的掩护，他才没被敌人抓去。

    Yóuyú xiāngqīnmen de yǎnhù, tā cái méi bèi dírén zhuā qù.

마을 사람들의 비호 때문에 그는 겨우 적에게 잡혀가지 않았다.

④ 他刚回来就被爸爸叫去了。

    Tā gāng huílai jiù bèi bàba jiào qù le.

그는 막 돌아오자마자 아빠에게 불려갔다.

⑤ 敌人一定被我们的队伍打退了。

    Dírén yídìng bèi wǒmen de duìwu dǎ tuì le.

적은 틀림없이 우리 부대에게 격퇴되었다.

기타부사어는 일반적으로 개사'被'의 목적어 뒤에 온다.

① 那个包袱被敌人连抢带夺地拿走了。

    Nà ge bāofu bèi dírén lián qiǎng dài duó de ná zǒu le.

그 보자기는 적에게 탈취 당했다.

② 那条狗被人狠狠揍了一顿。

    Nà tiáo gǒu bèi rén hěnhěn zòule yí dùn.

그 개는 사람들에게 호되게 한 차례 맞았다.

③ 小明被妈妈一把拉住。

    Xiǎo míng bèi māma yìbǎ lā zhù.

小明은 엄마에게 덥석 붙잡혔다.

④ 这个建议被我们断然拒绝了。

    Zhè ge jiànyì bèi wǒmen duànrán jùjué le.

이 건의는 우리에게 단호하게 거절당했다.

⑤ 我突然被人一推，后退了好几步。

    Wǒ tūrán bèi rén yì tuī, hòutuìle hǎo jǐ bù.

나는 갑자기 사람들에게 밀려 수 발짝 뒤로 물러났다.

(3) 어떤 동사들이 '被'자문의 술어동사가 될 수 없는가?

'被'자문의 술어로 쓰일 수 없는 동사는 '把'자문보다 수가 좀 적다. 주로 '是', '有', '在', '像', '得', '起', '接近', '离开', '依靠', '产生' 등이 '被'자문에 쓰일 수 없다. 종합해 보면, '把'자문에 쓰이는 동사는 모두 '被'자문에 쓰일 수 있고, '被'자문에 쓰일 수 없는 동사는 반드시 '把'자문에 쓰일 수 없다.

5 개사 '叫', '让', '给'를 포함하는 문장

구어에서 피동의 의미를 나타낼 때, '让'과 '叫'를 '被'보다 더 많이 사용한다. '让'과 '叫'도 주어의 입장에서 기분 좋지 않거나 손해를 보는 일에 주로 쓰인다. '让'과 '叫'

를 포함한 문장은 구조적으로 '被'를 포함하는 문장과 기본적으로 동일하지만, 다만 개사 '让'과 '叫'의 목적어는 생략될 수 없다는 점이 다르다.

① 卓玛家有八口人，除了她以外，全叫农奴主打死了。

　　Zhuōmǎ jiā yǒu bā kǒu rén, chúle tā yǐwài, quán jiào nóngnúzhǔ dǎ sǐ le.

② 歪风邪气，全让她给挡住了。

　　Wāi fēng xié qì, quán ràng tā gěi dǎng zhù le.

③ 那张地图没叫人借走，你拿去用吧。

　　Nà zhāng dìtú méi jiào rén jiè zǒu, nǐ ná qù yòng ba.

④ ≪西游记≫叫小张借走了。

　　≪Xīyóujì≫ jiào xiǎo Zhāng jiè zǒu le.

⑤ 敌人叫我们打得狼狈逃窜。

　　Dírén jiào wǒmen dǎ de láng bèi táocuàn.

⑥ 我肚子里的这些话，全叫你们给采访光了。

　　Wǒ dùzi lǐ de zhèxiē huà, quán jiào nǐmen gěi cǎifǎng guāng le.

구어에서 개사 '给'도 피동의 의미를 나타내는데, 이는 남방 사람들이 비교적 많이 사용한다. 개사 '给' 뒤에는 목적어가 있어도 되고 없어도 된다.

① 大兰和小兰都给他说笑了。

　　Dàlán hé Xiǎolán dōu gěi tā shuō xiào le.

② 我可是这回一点没有得到好处，连剥下来的衣服都给管牢的红眼睛阿义拿去了。

　　Wǒ kěshì zhè huí yìdiǎn méi yǒu dédào hǎochu, lián bāo xiàlai de yīfu dōu gěi guǎnláo de hóng yǎnjing Āyì náqu le.

③ 我的杯子昨天给打破了。

　　Wǒ de bēizi zuótiān gěi dǎ pò le.

④ 孩子给吓坏了。

　　Háizi gěi xià huài le.

개사 '给'는 구조조사 '给'와 연용할 수 없다.

参考文献

　　王　还　英语和汉语的被动句,中国语文,1983年第6期。

연습문제

一. 주어진 어구로 주제-진술문이나, '被'자문을 완성하시오.

1. 已经　　寄出去　　了　　信
2. 放　　在　　哪儿　　了　　今天的报
3. 民兵　　消灭　　了　　敌人
4. 人　　发现　　了　　这个秘密
5. 困难　　没有　　吓倒　　战士们
6. 叫不开　　他家的门
7. 买来　　了　　报纸
8. 消灭　　了　　敌人　　一半

二. 틀린 문장을 바르게 고쳐 쓰시오.

1. 他的父亲被敌人杀害了，他得到朋友救了出来。
2. 刘胡兰不幸被敌人发现并逮捕了。
3. 那本新书被我买到了。
4. 我的杯子叫孩子摔。
5. 那张地图让人借了。
6. 小马被送医院，医生把她救活了。
7. 敌人被这突然的袭击吓了。
8. 十年前，他被关了监狱。
9. 中国杂技团被我国人民热烈欢迎了。
10. 孩子被妈妈喊了。
11. 《汉语课本》被卖得很快。
12. 这座大楼是一九五二年被盖的。

제 3 장

'是……的'문

현대중국어에서 술어부분에 '是……的' 형식을 취하는 문장은 두 가지가 있는데, 그것을 '是……的'문(一)과 '是……的'문(二)로 구분한다.

제 1 절

'是……的'문(一)

 **'是……的'문(一)의 구조적 특성**

'是……的'문(一)은 '是……的' 표지를 갖는 동사술어문이다. '是'는 주로 술어의 앞에 출현하고 때로는 주어의 앞에 출현할 수도 있다. '的'는 주로 문미에 출현하고, 때로는 술어동사의 뒤, 목적어의 앞에 출현할 수도 있다. '是……的'의 사이에는 일반적으로 부사어를 동반하는 동사구, 절 혹은 동사가 온다.

① 他是两点半出去的。 　Tā shì liǎng diǎn bàn chūqu de.	그는 2시 반에 나갔다.
② 我是在预售处买的票。 　Wǒ shì zài yùshòuchù mǎi de piào.	나는 예매소에서 표를 샀다.
③ 是小王告诉我的。 　Shì Xiǎo Wáng gàosu wǒ de.	小王이 나에게 알려 주었다.
④ 今天中午我们是吃的饺子。 　Jīntiān zhōngwǔ wǒmen shì chī de jiǎozi.	오늘 점심 때 우리는 만두를 먹었다.

 **'是……的'문(一)의 기능적 특성**

'是……的'문(一)은 일반적으로 동작이 이미 과거에 발생했거나 완료되었다는 것을 대화하는 쌍방이 이미 모두 알고 있는 경우에 쓰인다. '是……的'문(一)을 사용할 때, 화자가 부각시켜 전달하는 중점(전체 문장의 표현 초점)은 동작 자체가 아니라, 동작과 관련된 시간, 장소, 방식, 행위자, 대상 등이다. '是……的'형식은 이러한 동사술

어문의 표지로 사용되고, '是'는 그 뒤의 성분이 전체 문장이 표현하는 초점이라는 것을 나타내며, '的'는 술어 동사가 나타내는 동작이 이미 과거에 발생했거나 완성되었음을 나타낸다.

위 예문 ①~④에 상응하는 의문사의문문은 다음과 같다.

① 他是什么时候出去的?——他是两点半出去的。(不是其他时间)

Tā shì shénme shíhou chūqu de? — Tā shì liǎng diǎn bàn chū qu de.

> 그는 언제 나갔니? – 그는 2시 반에 나갔다.

② 你是在哪儿买的票?——我是在预售处买的票。(不是别处)

Nǐ shì zài nǎr mǎi de piào? — Wǒ shì zài yùshòuchù mǎi de piào.

> 너는 어디서 표를 샀니? – 나는 예매소에서 표를 샀다.

③ 是谁告诉你的?——是小王告诉我的。(不是别人)

Shì shéi gàosu nǐ de? — Shì Xiǎo Wáng gàosu wǒ de.

> 누가 너에게 알려 주었니? – 小王이 알려 주었다.

④ 今天中午你们是吃的什么?——今天中午我们是吃的饺子。(不是别的食物)

Jīntiān zhōngwǔ nǐmen shì chī de shénme? — Jīntiān zhōngwǔ wǒmen shì chī de jiǎozi.

> 오늘 점심 때 너희들은 무엇을 먹었니? – 오늘 점심 때 우리는 만두를 먹었다.

위 예문에서 '出去', '买票', '告诉', '吃'는 모두 말하기 전에 이미 알았던 정보이다. 물어보는 사람이 알고자 하는 것은 동작이 발생한 시간, 장소, 동작자 및 동작 대상으로서, '什么时候', '在哪', '谁', '什么'에 대한 대답이다. 그러므로 '两点半', '在预售处', '小王', '饺子'는 새로운 정보로서, 전체 문장의 초점이라고 말할 수 있다. 또 '两点半'은 기타 시간과 대비되는 시간이고, '在预售处'는 기타 장소와 대비되는 장소이며, '小王'은 기타 사람과 대조되는 사람이고, '饺子'는 다른 음식과 대비되는 음식이기 때문이다. '是……的'문(一)이 강조하는 것은 일종의 대비초점이라고 말할 수 있다. 초점은 항상 강세를 받으므로, 위의 예문에서 강세는 각각 '两点半', '在预售处', '小王', '饺子'에 놓인다.

 3 '是……的'문(一)의 유형

'是……的'형식에서 부각되는 초점성분의 차이에 따라 다음의 몇 가지 유형으로 분류할 수 있다.

 대비초점으로 시간, 장소, 방식, 조건, 목적, 대상, 도구 등의 부사어가 오는 경우

어떤 동작이 이미 과거에 발생되었을 때, 동작이 발생한 시간, 장소, 방식 등을 중점적으로 표현하고자 할 때 이 문형을 사용한다. 대비초점은 '是……的' 중간의 부사어로 표현되므로, 문장의 강세도 이 부사어에 놓인다.

① 我是'从农村来的。（장소）

　Wǒ shì cóng nóngcūn lái de.

　나는 농촌에서 왔다.

② 那本教材是'1958年编写的。（시간）

　Nà běn jiàocái shì yì jiǔ wǔ bā nián biānxiě de.

　그 교재는 1958년 펴낸 것이다.

③ 我对新事，是'一点一点明白的。（방식）

　Wǒ duì xīn shì, shì yì diǎn yì diǎn míngbai de.

　나는 새 일에 대해 조금씩 알게 되었다.

④ 老赵刚才那段话，好像就是'对我说的。（대상）

　Lǎo Zhào gāngcái nà duàn huà, hǎoxiàng jiù shì duì wǒ shuō de.

　老赵의 방금 그 말은, 마치 나에게 말하는 것 같다.

⑤ 这项工程是'在领导的关怀和群众的支持下完成的。（조건）

　hè xiàng gōngchéng shì zài lǐngdǎo de guānhuái hé qúnzhòng de zhīchí xià wánchéng de.

　이 공정은 상부의 관심과 대중의 지지 하에 완성되었다.

⑥ 他就是'为这个目的去的。（목적）

　Tā jiù shì wèi zhège mùdì qù de.

　그는 바로 이 목적을 위해 갔다.

‘是……的’형식의 사이에 연동구조가 와서 앞의 동사구가 도구나 방식을 나타낼 수 있다.

⑦ 李老师是'用红笔改的。（공구）

　Lǐ lǎoshī shì yòng hóngbǐ gǎi de.

　李선생님은 붉은붓을 이용해서 고쳤다.

⑧ 我们是'坐公共汽车去的。（방식）

　Wǒmen shì zuò gōnggòngqìchē qù de.

　우리는 버스를 타고 갔다.

위의 예 ①, ③, ⑥, ⑦, ⑧에서 주어는 ‘是……的’ 중의 술어 동사의 입장에서 보면 모두 행위자이다. 다시 말하면, 전체 문장은 능동의 의미를 나타낸다. 그러나 예 ②, ④, ⑤에서 문두의 단어는 모두 대상이다. 다시 말하면, 전체 문장은 피동의 의미를 나타낸다.

　만약 ‘是……的’의 중간에 동사가 목적어를 갖고 있다면, 그 목적어는 ‘的’의 앞뒤에 모두 놓일 수 있다. 구어에서는 다음과 같이 목적어가 ‘的’의 뒤에 놓이는 경우가 더 많이 보인다. 만일 목적어가 인칭대사이면 ‘的’의 앞에 온다.

⑨ 我是在外语学院学的英语。

　Wǒ shì zài wàiyǔ xuéyuàn xué de Yīngyǔ.

　나는 외국어대학에서 영어를 배웠다.

⑩ 她是昨天通知我的。

　Tā shì zuótiān tōngzhī wǒ de.

　그녀는 어제 나에게 알려 주었다.

만약 동사가 장소목적어와 방향보어를 동시에 가지면, 장소목적어와 방향보어는 반드시 '的'의 앞에 와야 한다. 만약 동사가 일반 사물목적어와 방향보어를 동시에 가지면 목적어는 '的' 앞뒤에 모두 놓일 수 있다. 목적어가 '的' 뒤에 놓일 때, 방향보어는 반드시 '的'의 앞에 와서 동사의 바로 뒤에 놓여야 한다.

⑪ 我们是五点半回学校来的。

　　Wǒmen shì wǔ diǎn bàn huí xuéxiào lái de.

우리는 5시 반에 학교로 돌아왔다.

⑫ 我是跟孩子们一起爬上山顶去的。

　　Wǒ shì gēn háizimen yìqǐ pá shàng shān dǐng qù de.

나는 아이들과 함께 산꼭대기로 올라갔다.

⑬ 阿里是昨天打电话来的。

　　Ālǐ shì zuótiān dǎ diànhuà lái de.

阿里는 어제 전화를 걸어 왔다.

⑭ 阿里是昨天打来的电话。

　　Ālǐ shì zuótiān dǎ lái de diànhuà.

阿里는 어제 전화를 걸어 왔다.

 대비초점이 행위자인 경우

어떤 일이 이미 과거에 완성된 경우, 이 일을 한 사람이 누구인지 강조하여 나타내고자 할 때, '是……的'문형을 사용할 수 있다. 이 때, '是……的'문 중간에 주술절이 온다. 주술절의 술어는 일반적으로 목적어를 동반하지 않는 동사이며, 문두의 명사나 명사구는 동사의 대상으로, 보통 주제가 된다. 말할 때 강세는 주술절 중의 주어에 두는데, 그 것이 대비초점이기 때문이다.

① 你快告诉我，这劈山、拦河、造地的主意是'谁出的。

　　Nǐ kuài gàosu wǒ, zhè pī shān、lán hé、zào dì de zhǔyì shì shéi chū de.

너 빨리 나에게 말해라. 산을 허물고, 강을 막아 땅을 만들자는 이 의견은 누가 내놓은 것이니?

② 我的一切都是'祖国和人民给的，光荣应该归于祖国和人民。

　　Wǒ de yíqiè dōu shì zǔguó hé rénmín gěi de, guāngróng yīnggāi guī yú zǔguó hé rénmín.

나의 모든 것은 조국과 인민이 준 것이기에 영광은 마땅히 조국과 인민에게 돌려야 한다.

③ 他的断指再植手术，一定是'张大夫做的。

　　Tā de duàn zhǐ zài zhí shǒushù, yídìng shì zhāng dàifu zuò de.

그의 절단된 손가락 재이식 수술은, 닥터 张선생이 한 것임에 틀림없다.

 대비초점이 전체 문장의 주어인 경우

'是'가 문두에 있을 때, '是……的' 중간의 술어동사는 목적어를 수반할 수도 있는데, 목적어는 보통 '的'의 뒤에 놓인다. 주의해야할 것은 이런 종류의 문형에서 목적어는 히 구조가 비교적 간단한데, 심지어 관형어를 수반하는 않는 하나의 단어일 수도 있다.

① 是谁把信寄走的?

Shì shéi bǎ xìn jì zǒu de?

② (是)谁给你起的名字, 这么好听!

(Shì) shéi gěi nǐ qǐ de míngzi, zhème hǎo tīng!

③ 是你引诱的我!

Shì nǐ yǐn yòu de wǒ!

④ (是)姐姐让我进的屋。

(Shì) jiějie ràng wǒ jìn de wū.

누가 편지 보냈니?

누가 너에게 이름 지어 주었기에, 이렇게 듣기 좋니!

네가 나를 유혹했구나!

언니가 나를 방으로 들어가게 했다.

 대비초점이 대상인 경우

‘是……的’가 동작의 대상을 강조할 때, ‘是……的’의 중간에 동사가 오고 대상목적어는 ‘的’의 뒤에 놓인다. 대비초점이 바로 이 대상목적어에 놓이므로, 문장의 강세도 이 목적어에 놓여야 한다.

① 昨天晚饭我是吃的馒头, 不是吃的米饭。

Zuótiān wǎn fàn wǒ shì chī de mántou, bú shì chī de mǐfàn.

② 老大是学的历史, 老二是学的水利, 他们俩毕业时的成绩都不错。

Lǎo dà shì xué de lìshǐ, lǎo èr shì xué de shuǐlì, tāmen liǎ bìyè shí de chéngjì dōu búcuò.

③ 每个同学都给墙报投了稿, 有人是作的诗, 有人是写的散文, 还有人是画的漫画。

Měi ge tóngxué dōu gěi qiángbào tóu le gǎo, yǒu rén shì zuò de shī, yǒu rén shì xiě de sǎnwén, hái yǒu rén shì huà de mànhuà.

어제 저녁 나는 찐빵을 먹었지, 밥을 먹지 않았다.

맏이는 역사를 공부했고, 둘째는 수리 공정을 공부했는데, 그들 둘은 졸업 때 성적이 모두 좋았다.

학우들마다 벽보에 글을 썼는데, 어떤 학생은 시를 지었고, 어떤 학생은 산문을 썼고, 또 어떤 학생은 만화를 그렸다.

 대비초점이 행위나 상황이며, 그 행위나 상황이 어떤 결과를 야기하는 원인인 경우

이러한 종류의 ‘是……的’문에서는 ‘是……的’ 중간에 동사가 오고, 전체 문장의 강세는 이 동사 위에 놓인다. 동사가 목적어를 수반할 경우는 반드시 목적어 뒤에 동사를 한 번 더 반복해야 한다. 이 때 문장의 강세는 반복된 동사에 놓인다. 어떤 때는 ‘是……的’ 중간에 주술절이 올 수도 있는데, 이 때, 문장의 강세는 술어 동사나 주어에 놓인다. ‘是……的’ 중간의 성분은 문장의 대비초점으로서, 그것은 원인이 된다. 전체 문장의 주어는 바로 그 원인에 의해 야기된 결과이다. 그러므로 주어는 히 하나의 주술절이거나 동사구로서 어떤 현상이나 사실을 나타낸다.

① 她脸红恐怕是海风′吹的。

　　Tā liǎn hóng kǒngpà shì hǎifēng chuī de.

② 秦发愤……说："睡不着，神经衰弱了。"……油娃钻出脑袋："牛似的，还衰弱呢！你呀，你是盼开钻′盼的!"……赵春生嘟囔着说："他那是′冻的!"

　　Qín fāfèn……shuō : "Shuì bu zháo, shénjīng shuāiruò le."…… Yóuwá zuān chū nǎodài : "Niú sìde, hái shuāiruò ne! Nǐ ya, nǐ shì pàn kāi chān pàn de!"……Zhào Chūnshēng dūnang zhe shuō : "Tā nà shì dòng de!"

그녀가 얼굴이 빨개진 것은 아마 바다바람이 불어서이다.

秦发愤이 ……"잠이 안 와, 신경이 쇠약해졌어."라고 말했다. 그러자 油娃는 머리를 내밀고는 "소와 같으면서, 쇠약하다니! 너, 네가 잠돌지 못한 것은 굴착하고 싶어서야." 라고 말했다. 赵春生는 "그가 잠돌지 못한 것은 너무 추워서야!"라고 중얼거렸다.

예 ①에서 '她脸红'이 '海风吹'의 결과이고, '海风吹'는 '她脸红'의 원인이다. 때로는 결과를 나타내는 어구가 이미 위 문장에 나타나서, 주어 위치에 오직 하나의 대명사가 사용되거나 행위자만 출현하기도 한다. 예를 들면, ②에서 '你是盼开钻盼的'의 뜻은 '你睡不着是盼开钻盼的'이고, '他那是冻的'에서의 '那'도 '睡不着'를 가리키는 것이다.

 4 '是……的'문(一)과 관련된 주의사항

 1 '是……的'문(一)의 부정 형식

　　'是……的'문(一) 의 부정형식은 '是' 앞에 '不'를 첨가하여 '不是……的'형식이 된다. 주의할 것은 이러한 부정형식이 부정하는 것은 동작 그 자체가 아니라 대비초점이라는 것이다.

① 她不是昨天来的，是前天来的。

　　Tā bú shì zuótiān lái de, shì qiántiān lái de.

② 他们不是骑车去的颐和园，是走着去的。

　　Tāmen bú shì qí chē qù de Yíhéyuán, shì zǒuzhe qù de.

③ 他的阑尾炎手术，不是张大夫做的，是王大夫做的。

　　Tā de lánwěiyán shǒushù, bú shì Zhāng dàifu zuò de, shì Wáng dàifu zuò de.

④ 不是我锁的门，是老王锁的。

　　Bú shì wǒ suǒ de mén, shì Lǎo Wáng suǒ de.

⑤ 上午我不是借的小说，我是借的杂志。

　　Shàngwǔ wǒ bú shì jiè de xiǎoshuō, wǒ shì jiè de zázhì.

⑥ 衣服的颜色褪了点儿，并不是洗的，是晒的。

　　Yīfu de yánsè tuìle diǎnr, bìng bú shì xǐ de, shì shài de.

그녀는 어제 온 것이 아니라, 그저께 온 것이다.

그들은 자전거를 타고 이화원에 간 것이 아니라, 걸어서 간 것이다.

그의 맹장염 수술은 닥터 张선생이 한 것이 아니라, 王선생이 한 것이다.

내가 문은 잠근 것이 아니라, 老王이 잠근 것이다.

오전에 나는 소설을 빌린 것이 아니라, 잡지를 빌린 것이다.

옷의 색깔이 좀 바랜 것은 세탁해서가 아니라, 햇볕을 쬐여서 그렇다.

‘是’의 기능은 그 뒤에 오는 성분이 대비초점이라는 것을 나타내는 것이다. 만약 ‘是’의 뒤에 많은 성분이 있어서 이러한 성분들이 모두 대비초점이 될 가능성이 있는 데, 구어에서는 강세를 이용하여 대비초점을 부각시킬 수 있다.

① 他是′上星期跟小张骑车去的书城。

    Tā shì shàng xīngqī gēn Xiǎo Zhāng qí chē qù de shūchéng.

② 他是上星期跟′小张骑车去的书城。

③ 他是上星期跟小张骑′车去的书城。

> 그는 지난주에 小张과 함께 자전거를 타고 서점가로 갔다.

대비초점이 아닌 부사어는 ‘是’ 앞에 놓을 수도 있다.

④ 他上星期是跟′小张骑车去的书城。

    Tā shàng xīngqī shì gēn Xiǎo Zhāng qí chē qù de shūchéng.

⑤ 他上星期跟小张是骑′车去的书城。

> 그는 지난주에 小张과 함께 자전거를 타고 서점가로 갔다.

③ ‘是……的’문(一)에서 ‘是’의 생략

‘是……的’문(一)에서 ‘是’는 대부분 생략할 수 있다.

① 他(是)上星期去的，我(是)这星期去的。

    Tā (shì) shàng xīngqī qù de, wǒ shì zhè xīngqī qù de.

> 그는 지난주에 갔고, 나는 이번 주에 갔다.

② (是)谁打的酒，(是)谁买的肉，你也不问一问，就知道坐下来吃！

    (Shì) shéi dǎ de jiǔ, (shì) shéi mǎi de ròu, nǐ yě bú wèn yi wèn, jiù zhīdào zuò xiàlai chī!

> 누가 술을 샀고 누가 고기를 샀는지, 너는 좀 물어보지도 않고, 앉아서 먹을 줄만 아네!

‘是……的’문(一)의 네 번째 유형에서 ‘是’는 자주 생략된다.

③ A：昨天你们俩都去看京剧了吗？

    Zuótiān nǐmen liǎ dōu qù kàn jīngjù le ma?

> 어제 너희 둘 다 경극 보러 갔었니?

   B：没有，他(是)看的京剧，我(是)看的电影。

    Méi yǒu, tā (shì) kàn de jīngjù, wǒ (shì) kàn de diànyǐng.

> 아니, 그는 경극을 보았고, 나는 영화를 봤어.

④ 你们来，(是)坐的几路车？—我们(是)坐的十六路。

    Nǐmen lái, (shì) zuò de jǐ lù chē? — Wǒmen shì zuò de shíliù lù.

> 너희들 올 때, 몇 번 버스 탄 거야? – 우리는 16번 버스 탔어.

아래 상황에서는 '是'를 생략할 수 없다.

① 주어로 '这', '那'가 사용될 때, '是'는 일반적으로 생략하지 않는다.

① 这是今天上午送来的，不是昨天送来的。

Zhè shì jīntiān shàngwǔ sòng lái de, bú shì zuótiān sòng lái de.

이것은 오늘 오전에 보내 온 것이지, 어제 보내 온 것이 아니다.

② '是……的'문의 다섯 번째 유형의 '是'도 일반적으로 생략하지 않는다.

② 祥子头上留了块疤，是小时候驴啃的。

Xiángzǐ tóu shàng liúle kuài bā, shì xiǎo shíhou lǘ kěn de.

祥子의 머리에 흉터가 남았는데, 어릴 적에 나귀가 문 것이다.

③ 부정형식 중의 '是'는 생략하지 못한다.

④ '是……的'문에서 여러 부사들의 위치

술어 전체를 수식하는 부사는 모두 '是'의 앞에 위치한다. 예를 들면, 범위를 나타내는 '都', '也' 등과 어기를 나타내는 '就', '一定', '却' 등이 그러하다. 그러나 어기를 나타내는 '原来', '难道' 등과 추측을 나타내는 '大概', '恐怕' 등은 '是'의 앞에 놓일 수도 있고, 주어의 앞에 놓일 수도 있다. 예를 들면 제1유형의 예 ④, ⑥과 제2유형의 예 ②, 그리고 제5유형의 예 ① 등이 그러하다.

⑤ '是……的'문(一)의 의문형식

네 가지 중요한 의문형식은 모두 '是……的'문(一)으로 표현한다.

① 시비문

① 他是从资料室借的图片吗?

Tā shì cóng zīliàoshì jiè de túpiàn ma?

그는 자료실에서 그림 카드를 빌려갔니?

② 安娜是跟代表团一起来的吗?

Ānnà shì gēn dàibiǎotuán yìqǐ lái de ma?

安娜는 대표단과 함께 왔니?

② 의문사의문: 의문대사는 항상 대비초점이 된다.

① 她是哪天来的?

Tā shì nǎ tiān lái de?

그녀는 어느 날 왔니?

② 他的阑尾炎手术是谁做的?

Tā de lánwěiyán shǒushù shì shéi zuò de?

그의 맹장염 수술은 누가 했니?

③ 老太太过生日你(是)送的什么?

  Lǎo tàitai guò shēngrì nǐ (shì) sòng de shénme?

마님 생일에 너는 무엇을 드렸니?

④ 她那两只眼睛是怎么红的? 是哭的吗? —— 不，是熬夜熬的。

  Tā nà liǎng zhī yǎnjing shì zěnme hóng de? Shì kū de ma? — Bú, shì áo yè áo de.

그녀는 두 눈이 왜 빨개졌니? 울었니? – 아니, 밤을 샜어.

③ 긍부정의문문은 '是不是……的?' 형식을 사용한다.

① 你是不是给我买的词典?

  Nǐ shì bu shì gěi wǒ mǎi de cídiǎn?

너 나에게 사전 사다주지 않았니?

② 衣服褪了颜色，是不是晒的?

  Yīfu tuìle yánsè, shì bu shì shài de?

옷이 색깔이 바랬는데, 햇볕에 쬐인 거니?

④ 선택의문문은 '是……，还是……?'의 형식을 사용한다.

① 你是投的赞成票，还是投的反对票?

  Nǐ shì tóu de zànchéng piào, háishi tóu de fǎnduì piào?

너는 찬성 투표했니, 아니면 반대 투표했니?

② 是公司派你去的，还是你自己要去的?

  Shì gōngsī pài nǐ qù de, háishi nǐ zìjǐ yào qù de?

회사가 너를 파견한 거야, 아니면 네 스스로 간 거니?

6   '是……的'문(一)과 시태조사 '了'를 수반하는 동사술어문

 시태조사 '了'를 수반하는 동사술어문에서 동작의 발생은 청자에게 전달되는 새로운 정보이다. 그러나 '是……的'문에서 동작의 발생은 청자가 이미 알고 있는 정보이다. 전달하려는 새로운 정보는 동작이 발생한 시간, 장소, 방식, 동작자, 대상 등이다. 다음 문장을 비교해보자.

① 他昨天来了。(그가 어제 왔는지 여부를 설명. 청자는 그가 왔는지 여부를 모름)

  Tā zuótiān lái le.

그가 어제 왔다.

② 他是昨天来的。(언제 왔는지를 설명. 청자는 그가 왔음을 알지만, 언제 왔는지를 모름)

  Tā shì zuótiān lái de.

그는 어제 온 것이다.

 그러므로 해당 동작이 이미 알고 있는 정보가 아닐 경우, 화자는 먼저 시태조사 '了'를 수반하는 동사술어문을 이용하여 동작이 이미 발생했거나 완성되었다는 사실을 알리고 나서, '是……的'를 수반하는 문장을 사용하여 동작의 발생 혹은 완성된 시간, 장소, 방식 등을 설명하게 된다. 그러므로 동작 행위의 발생 여부가 명확히 알려지지 않은 경우는 '是……的'문(一)으로 담화를 시작할 수 없다. 담화에서 처음으로 시작되는 문장은 일반적으로 '了'를 수반해야 하며, '是……的'문(一)은 후속 문장으로 쓰인다.

① 妈：三妹已经到家了，是昨天晚上九点多到的，路上也都顺利……

Mā : Sān mèi yǐjing dào jiā le, shì zuótiān wǎnshang jiǔ diǎn duō dào de, lù shàng yě dōu shùnlì……

엄마 : 三妹가 이미 집에 도착했다. 어제 저녁 9시 넘어서 도착했는데, 오는 길도 모두 순조로웠다.

② 同学们都上了车，罗琪和周英是最后上的，车上已经没有座位……

Tóngxuémen dōu shàngle chē, Luóqí hé Zhōuyīng shì zuìhòu shàng de, chē shàng yǐjing méi yǒu zuòwèi……

학우들이 모두 차에 탔다. 罗琪와 周英은 맨 마지막에 탔는데, 차에는 이미 자리가 없었다.

③ 甲：你姐姐结婚了吗？

Nǐ jiějie jiéhūn le ma?

네 누나 결혼했어?

乙：结了。

Jié le.

결혼했어.

甲：(是)什么时候结的(婚)？

(Shì) shénme shíhou jié de (hūn)?

언제 결혼한거야?

乙：前年结的，都有小孩儿了。

Qiánnián jié de, dōu yǒu xiǎoháir le.

재작년에 결혼했고, 이미 아이가 있어.

甲：(是)什么时候生的小孩儿。

(Shì) shénme shíhou shēng de xiǎoháir.

언제 아이를 낳은 거야?

乙：(是)去年生的(小孩儿)。

(Shì) qùnián shēng de xiǎoháir.

작년에 낳았어.

제 2 절
'是……的'문(二)

1 '是……的'문(二)의 구조적 특성

'是……的'문(二)는 '是……的' 표지를 가지는 일부 동사술어문과 형용사술어문을 가리킨다. '是'와 '的'는 모두 어기를 나타낸다. 이 유형의 문장은 주어에 대한 화자의 판단, 서술, 묘사를 나타내는 경우에 많이 쓰이며, 전체 문장은 상황을 설명하거나 이치를 밝히고, 청자에게 사실을 받아들이거나 신뢰하도록 하는 긍정적 어기를 지닌다.

① 我是历来主张军队要艰苦奋斗，要成为模范的。

Wǒ shì lìlái zhǔzhāng jūnduì yào jiānkǔ fèndòu, yào chéngwéi mófàn de.

나는 이전부터 군대가 각고 분투하고, 모범이 될 것을 주장하였다.

② 在现实生活中，这种现象是确实存在的。

Zài xiànshí shēnghuó zhōng, zhè zhǒng xiànxiàng shì quèshí cúnzài de.

현실생활에서, 이러한 현상은 확실히 존재한다.

③ 张思德同志是为人民的利益而死的，他的死是比泰山还要重的。

Zhāng Sīdé tóngzhì shì wèi rénmín de lìyì ér sǐ de, tā de sǐ shì bǐ Tàishān hái yào zhòng de.

张思德 동지는 인민의 이익을 위해 죽었기에, 그의 죽음은 泰山보다도 더 중요하다.

2 '是……的'문(二)의 기능적 특성

'是……的'문(二) 중의 '是'는 어기부사로 볼 수 있는데, 일반적으로 술어의 앞에 쓰인다. '的'는 어기조사로 문장의 끝에 쓰인다. '是……的' 중간에는 동사 혹은 형용사 술어가 있다. 자수 볼 수 있는 동사술어는 대부분 '능원동사 + 동사', 혹은 '동사 + 가능보어'의 형식이다.

① 经过三年修整以后，这里园林的面貌是会有变化的。

Jīngguò sān nián xiūzhěng yǐhòu, zhèlǐ yuánlín de miànmào shì huì yǒu biànhuà de.

3년에 걸쳐 손질하고 가꾸면, 이 곳 정원의 면모는 변화가 있을 것이다.

② 善意、恶意，不是猜想的，是可以看得出来的。

Shànyì、èyì, bú shì cāixiǎng de, shì kěyǐ kàn de chūlai de.

선의와 악의는, 짐작하는 것이 아니고, 봐서 알아차릴 수 있는 것이다.

형용사술어는 대부분 형용사구이다.

③ 猴子是很聪明的。

Hóuzi shì hěn cōngmíng de.

원숭이는 매우 총명하다.

④ 他们的文化生活是相当丰富的。

Tāmen de wénhuà shēnghuó shì xiāngdāng fēngfù de.

그들의 문화생활은 상당히 풍부하다.

형용사와 같은 어법기능을 가진 고정구도 '是……的'문(二)을 쓸 수 있다.

⑤ 他的要求，我认为是很合情合理的，你为什么这么反感？

Tā de yāoqiú, wǒ rènwéi shì hěn héqíng hélǐ de, nǐ wèishénme zhème fǎngǎn?

그의 요구는, 나는 매우 합리적이라고 생각하는데, 너는 왜 이렇게 반감을 가지니?

⑥ 他对你是诚心诚意的，你可别冤枉他。

Tā duì nǐ shì chéngxīn chéngyì de, nǐ kě bié yuānwang tā.

그는 너에게 성심성의껏 하니, 너는 그를 오해하지 마라.

⑦ 他就是有三头六臂也是插翅难飞的。

　　Tā jiù shì yǒu sān tóu liù bì yě shì chā chì nán fēi de.

　심리활동과 감정을 나타내는 동사도 '是……的'문(二)에 사용될 수 있다. 이러한 동사는 정도보어의 수식을 받을 수 있고, 술어동사의 대상은 종종 주제가 되어 문두에 놓인다.

⑧ 这些道理，广大人民群众是懂得的。

　　Zhèxiē dàolǐ, guǎngdà rénmín qúnzhòng shì dǒngde de.

⑨ 这个问题，我们也是很注意的。

　　Zhège wèntí, wǒmen yě shì hěn zhùyì de.

⑩ 十三四岁的少年便要当家管事，我父亲的实际家的手腕我是很
　　钦仰的。

　　Shísān sì suì de shàonián biàn yào dāng jiā guǎn shì, wǒ fùqin
　　de shíjì jiā de shǒuwàn wǒ shì hěn qīnyǎng de.

이러한 문장의 주제를 '是……的' 중간의 동사 뒤로 옮길 수도 있다. 예를 들면, 예문 ⑧은 '广大人民群众是懂得这些道理的'로 바꿀 수 있고, 예문 ⑨와 ⑩도 이렇게 바꿀 수 있다.

　단독으로 쓰인 형용사, 동사, 능원동사 등도 '是……的'문(二) 형식에 사용될 수 있다.

① 他心里是透亮的。

　　Tā xīn lǐ shì tòuliàng de.

② 我们面前的困难是有的，而且是很多的，但是我们确信：一切
　　困难都将被全国人民的英勇奋斗所战胜。

　　Wǒmen miànqián de kùnnan shì yǒu de, érqiě shì hěn duō de,
　　dàn shì wǒmen quèxìn : yíqiè kùnnan dōu jiāng bèi quánguó
　　rénmín de yīngyǒng fèndòu suǒ zhànshèng.

③ 十年树木是不对的，在南方要廿五年，在北方要更多的时间。
　　十年树人倒是可以的。

　　Shí nián shùmù shì bú duì de, zài nánfāng yào niàn wǔ nián, zài
　　běifāng yào gèng duō de shíjiān. Shí nián shù rén dào shì kěyǐ
　　de.

  **'是……的'문(二)와 관련된 주의사항**

'是……的'문(二)은 전체 문장이 긍정의미를 나타내기 때문에 이중부정 외에는 '不是……的'와 같은 부정형식을 잘 사용하지 않는다. 그러나 '是……的' 중간에 부정형식의 어구를 사용할 수 있는데, 이 때도 여전히 긍정의미를 나타낸다.

① 我看要是自称全智全能，像上帝一样，那种思想是不妥当的。

　Wǒ kàn yàoshi zìchēng quán zhì quán néng, xiàng shàngdì yíyàng, nà zhǒng sīxiǎng shì bù tuǒdang de.

내 생각에, 만약 스스로 전지전능하여 하느님과 같다고 한다면, 그런 생각은 옳지 않은 것이다.

② ……总是先进的意见克服落后的意见，要使"舆论一律"是不可能的，也是不应该的。

　……Zǒngshì xiānjìn de yìjiàn kèfú luòhòu de yìjiàn, yào shǐ "yú lùn yí lǜ" shì bù kěnéng de, yě shì bù yīnggāi de.

결국 진보적 의견이 낙후된 의견을 극복했다. 여론을 똑 같도록 만드는 것은 불가능한 것이고, 그렇게 해서도 안 되는 것이다.

③ 走路的人口渴了，摘一个瓜吃，我们这里是不算偷的。

　Zǒu lù de rénkǒu kě le, zhāi yí ge guā chī, wǒmen zhèlǐ shì bú suàn tōu de.

길 가던 사람이 목이 말라서 참외를 따 먹는 것을, 우리 여기에서는 훔치는 것으로 여기지 않는 것이다.

④ 蕃瓜弄的劳动人民和他们的后代是绝对不会忘记过去的。

　Fānguā nòng de láodòng rénmín hé tāmen de hòudài shì juéduì bú huì wàngjì guòqù de.

파파야는 노동자들과 그들의 후손들이 절대 과거를 잊지 못하도록 할 것이다.

이 예문들에서 부정부사 '不'를 '是'의 앞에 놓아서 다음과 같이 말할 수 없다.

①' *我看要是自称全智全能，像上帝一样，那种思想不是妥当的。

②' *……总是先进的意见克服落后的意见，要使"舆论一律"不是可能的，也不是应该的。

③' *走路的人口渴了，摘一个瓜吃，我们这里不是算偷的。

④' *蕃瓜弄的劳动人民和他们的后代不是绝对会忘记过去的。

② 이중 부정

이중부정을 사용하여 어떤 사실을 강조하려할 때에는 '是' 앞에 '不'를 부가하여 부정을 한 번 더 할 수 있다.

① 问题不是不能解决的。

　Wèntí bú shì bù néng jiějué de.

문제는 해결되지 않을 수 없다.

② 那件事我们并不是办不到的。

　Nà jiàn shì wǒmen bìng bú shì bàn bu dào de.

그 일은 우리가 해낼 수 없는 것이 아니다.

③ **'是'와 '的'의 생략**

'是……的'문(二)는 '这', '那'를 주어로 삼거나 이중 부정을 나타내는 것을 제외하고는 일반적으로 '是'와 '的'를 동시에 생략하거나, '是'만을 생략할 수 있다. 생략한 후, 문장의 뜻은 바뀌지 않는다. 단지 '是'와 '的'를 없애면 더 이상 '是……的'문(二)이 될 수 없고, 일반 동사술어문이나 형용사술어문이 되어 어기도 자연히 달라진다. '是……的'구문을 사용할 때, 어기는 긍정적이고 어투는 부드러워지며, 이치를 설명하는 의미를 가지게 되는데, 사용목적은 다른 사람이 그 사실을 믿도록 하는 것이다. '是……的'를 사용하지 않는 경우는 어기가 강하고 간결하며 직설적으로 느껴진다.

① 我看要是自称全智全能，像上帝一样，那种思想是不妥当的。

Wǒ kàn yàoshi zì chēng quán zhì quán néng, xiàng shàngdì yí yàng, nà zhǒng sīxiǎng shì bù tuǒ dang de.

我看要是自称全智全能，像上帝一样，那种思想不妥当。

Wǒ kàn yàoshi zì chēng quán zhì quán néng, xiàng shàngdì yí yàng, nà zhǒng sīxiǎng bù tuǒ dang.

내가 보기에, 만일 스스로 전지전능하여 하느님과 같다고 한다면, 그런 생각은 옳지 않은 것이다.

내가 보기에, 만일 스스로 전지전능하여 하느님과 같다고 한다면, 그런 생각은 옳지 않다.

② 走路的人口渴了，摘一个瓜吃，我们这里是不算偷的。

Zǒu lù de rénkǒu kě le, zhāi yí ge guā chī, wǒmen zhèlǐ shì bú suàn tōu de.

走路的人口渴了，摘一个瓜吃，我们这里不算偷。

Zǒu lù de rénkǒu kě le, zhāi yí gè guā chī, wǒmen zhèlǐ bú suàn tōu.

길 가던 사람이 목이 말라서 수박을 따 먹는 것을, 우리 이곳에서는 훔치는 것으로 여기지 않는 것이다.

길 가던 사람이 목이 말라서 열매를 따 먹는 것은 우리 마을에선 훔치는 것으로 여기지 않는다.

③ 猴子是很聪明的。

Hóuzi shì hěn cōngmíng de.

猴子很聪明。

Hóuzi hěn cōngmíng.

원숭이는 정말 영리하다.

원숭이는 영리하다.

④ **'是…的'문(二) 중 부사의 위치**

대상, 어기, 시간 등을 나타내는 부사어는 '是'의 앞뒤에 모두 놓일 수 있는데, 그 위치는 그것이 무엇을 수식하는지에 의해 결정된다. 만일 전체 '是……的'를 수식하면, '是' 앞에 놓여야 하고, '是……的' 중간의 어떤 성분을 수식한다면, '是'의 뒤, 수식 받는 성분의 앞에 놓여야 한다.

① A：这是群众创造的一种新形式，跟我们党历史上采取的形式是有区别的。

Zhè shì qúnzhòng chuàngzào de yì zhǒng xīn xíngshì, gēn wǒmen dǎng lìshǐ shàng cǎiqǔ de xíngshì shì yǒu qūbié de.

이것은 대중이 창조해 낸 새로운 형식으로, 우리 당이 역대로 채택했던 형식과는 구별되는 것이다.

B：这件事所以做得这样迅速和顺利，是跟我们把工人阶级同民族资产阶级之间的矛盾当作人民内部矛盾来处理，密切相关的。

Zhè jiàn shì suǒyǐ zuò de zhèyàng xùnsù hé shùnlì, shì gēn wǒmen bǎ gōngrén jiējí tóng mínzú zīchǎn jiējí zhī jiān de máodùn dàng zuò rénmín nèibù máodùn lái chǔlǐ, mìqiè xiāngguān de.

이 일이 이렇게 신속하고 순조롭게 진행된 것은 우리가 노동자 계급과 민족 자산계급 간의 모순을 인민 내부 모순으로 삼고 처리한 것과 밀접하게 관련된 것이다.

② A：我们相信，各地这种典型的好人好事是一定不少的。

Wǒmen xiāngxìn, gèdì zhè zhǒng diǎnxíng de hǎo rén hǎo shì shì yídìng bùshǎo de.

우리는, 각지에서 이러한 전형적인 호인과 선행이 틀림없이 적지 않을 것이라고 확신한다.

B：那时候，在这么高的山上，修这么大的工程，一定是很不容易的。

Nàshíhou, zài zhème gāo de shān shàng, xiū zhème dà de gōngchéng, yídìng shì hěn bù róngyì de.

그 때, 이렇게 높은 산에서 이런 큰 공사를 하기란 틀림없이 쉽지 않았다.

③ A：羊皮筏子，过去是听说过的。

Yángpí fázi, guòqù shì tīngshuōguo de.

양가죽 뗏목은 예전에 들어봤었다.

B：必须优先发展生产资料的生产，这是过去已经定了的。

Bìxū yōuxiān fāzhǎn shēngchǎn zīliào de shēngchǎn, zhè shì guòqù yǐjing dìng le de.

반드시 생산원료의 생산을 먼저 발전 시켜야 한다. 이는 과거에 이미 결정된 것이다.

5 '是……的'문(二)에서 전체 문장은 긍정의미를 나타내므로 일반적으로 의문형식을 사용할 수 없다. 단지 전체문장이 나타내는 사실에 대해서 의문을 제기하거나, 먼저 자신의 관점을 표현한 후 상대방에게 의견을 물을 경우에는 가능하다. 예를 들면, '他心理是透亮的吗?', '问题不是不能解决的, 对不对?' 등이다.

제 3 절
두 종류의 '是……的'문의 구별

1 '是……的'문(一)과 '是……的'문(二)의 구분 방법

1 '是……的'(一)과 '是……的'문(二)는 두 가지 다른 문형이다.

① 是……的'(一)은 과거에 실행된 어떤 동작의 시간, 장소, 방식, 행위자, 대상 등을 설명한다. '是……的' 중간에는 항상 동사가 오는데, 자주 보이는 구조는 다음과 같다.

(1) 是 + 부사어 + 동사 + 的 + (목적어)

① 新教材是1981年编写的。

　　Xīn jiàocái shì yī jiǔ bā yī nián biānxiě de.

새 교재는 1981년에 집필했다.

② 王老师他们是1981年编的新教材。

　　Wáng lǎoshī tāmen shì yī jiǔ bā yī nián biān de xīn jiàocái.

왕 선생님 팀은 1981년에 새 교재를 집필했다.

(2) 是 + 주술(동)구 + 的

③ 新教材是王老师他们编写的。

　　Xīn jiàocái shì Wáng lǎoshī tāmen biānxiě de.

새 교재는 왕 선생님 팀이 집필했다.

④ 这个主意是谁出的?

　　Zhège zhǔyi shì shéi chū de?

이 생각은 누가 한 것이니?

(3) 是 + 主 + 动 + 的 + (목적어)

⑤ 是谁检查出来的?

　　Shì shéi jiǎnchá chūlai de?

누가 조사해낸 것이니?

⑥ 昨天是我锁的门。

　　Zuótiān shì wǒ suǒ de mén.

어제는 내가 문을 잠갔다.

(4) 是 + 主 + 动 + 목적어

⑦ 新教材是写的校园生活。

　　Xīn jiàocái shì xiě de xiàoyuán shēnghuó.

새 교재는 학교생활을 썼다.

② '是……的'문(二)에서 '是……的' 술어는 긍정표현에 쓰여 주어에 대해 평가나 묘사를 한다. 자주 보이는 구조는 다음과 같다.

(1) 是 + 능원동사 + 동사 + 的

① 新教材是能够编好的, 因为参加编写的人都很有信心。

　　Xīn jiàocái shì nénggòu biān hǎo de, yīnwèi cānjiā biānxiě de rén dōu hěn yǒu xìnxīn.

새 교재는 잘 만들어 질 것이다. 왜냐하면, 집필에 참가하는 사람 모두 자신감이 있으니까.

(2) 是 + 동사/형용사 + 가능보어 + 的

② 新教材是一定编不好的, 因为参加编写的人都没有信心。

　　Xīn jiàocái shì yídìng biān bù hǎo de, yīnwèi cānjiā biānxiě de rén dōu méi yǒu xìnxīn.

새 교재는 틀림없이 잘 만들어지지 않을 것이다. 왜냐하면, 집필에 참가하는 사람 모두 자신감이 없으니까.

(3) 是 + 부사어 + 형용사 + 的

③ 新教材是很不错的。

   Xīn jiàocái shì hěn búcuò de.

새 교재는 **훌륭**하다.

 만일 '是……的' 술어에서 동사의 뒤에 목적어가 있는 경우, '的'의 위치로 구분할 수 있다.

① 在昨天的会上，他是同意的'这种意见，并不是那种意见，他说他觉得这种意见有道理。[第(四)种类型的。] ['是……的'문(一)]

   Zài zuótiān de huì shàng, tā shì tóngyì de zhè zhǒng yìjiàn, bìng bú shì nà zhǒng yìjiàn, tā shuō tā juéde zhè zhǒng yìjiàn yǒu dàolǐ.

어제 회의에서 그는 그 의견이 아닌, 이 의견에 동의했다. 그는 이 의견이 이치에 맞다고 생각한다고 말했다.

② 在昨天的会上，他是'同意这种意见的，不知道为什么今天又不同意了。['是……的'문(二)]

   Zài zuótiān de huì shàng, tā shì tóngyì zhè zhǒng yìjiàn de, bù zhīdào wèishénme jīntiān yòu bù tóngyì le.

어제 회의에서, 그는 이 의견에 동의했는데, 왜 그런지 오늘은 또 동의하지 않았다.

예문 ①에서 '这种意见' 앞의 '的'는 문미로 옮길 수 없다. 예문 ②에서 문미의 '的'도 '这种意见'의 앞으로 이동될 수 없다. 두 문장에서 강세가 놓이는 위치는 다르다. 예문 ①에서 강세는 '这种'에 놓이고 예문 ②에서는 '同意'에 놓인다.

 만일 '是……的' 술어에 부사어가 있으면, 부사어의 위치로 구별할 수 있다.

① 这件事，我昨天是知道的，只是想晚一点儿告诉大家。['是……的'문(二)]

   Zhè jiàn shì, wǒ zuótiān shì zhīdào de, zhǐshì xiǎng wǎn yìdiǎnr gàosu dàjiā.

이 일을 나는 어제 알았으나, 단지 모두에게 좀 늦게 말하고 싶었다.

② 这件事，我是昨天知道的，别人都比我知道得早。[제 1유형의 '是……的'문(一)]

   Zhè jiàn shì, wǒ shì zuótiān zhīdào de, biérén dōu bǐ wǒ zhīdào de zǎo.

이 일을 나는 어제 알았고, 다른 사람들을 나보다 빨리 알았다.

'是……的'문(二)에서 시간을 나타내는 부사어는 종종 '是'의 앞이나 주어의 앞에 놓인다. '是……的'문(一)에서 어떤 시간부사어가 대비초점이 되고, 다른 대비초점이 없다면 이 시간부사어는 '是'의 뒤에 놓인다.

④ 부정형식을 보자. '是……的'문(一)의 부정형식은 '不是……的'이고, '是……的'문(二)은 '是……的'문의 내부성분을 부정형식으로 표현한다.

---

① 我不是同意的这种意见。[제 4유형의 '是……的'문(一)]

　　Wǒ bú shì tóngyì de zhè zhǒng yìjiàn.

② 我是不同意这种意见的。['是……的'문(二)]

　　Wǒ shì bù tóngyì zhè zhǒng yìjiàn de.

> 나는 이 의견에 동의하는 것이 아니다.
>
> 나는 이 의견에 동의하지 않는다.

5 '的'를 생략할 수 있는지 여부로 구별할 수 있다. '是……的'문(一)에서 '是'는 생략 가능하지만 '的'는 생략할 수 없다. '是……的'문(二)에서 '是'와 '的'는 동시에 생략할 수 있다.

① 我(是)同意的这种意见，你(是)同意的哪种意见？[제 4유형의 '是……的'문(一)]

　　Wǒ (shì) tóngyì de zhè zhǒng yìjiàn, nǐ shì tóngyì de nǎ zhǒng yìjiàn?

② 我(是)同意这种意见(的)，到现在我的态度也没改变。['是……的'문(二)]

　　Wǒ (shì) tóngyì zhè zhǒng yìjiàn (de), dào xiànzài wǒ de tàidu yě méi gǎibiàn.

> 나는 이 의견을 동의하는데, 당신은 어느 의견에 동의하나요?
>
> 나는 이 의견에 동의하는데, 지금까지 내 입장은 변함이 없다.

2 '是……的'문(二)와 술어부분이 '是'와 '的'자구가 결합된 '是'자문의 구별

1 제 5유형의 '是……的'문(一)은 때로는 '是'와 '的'자구가 결합된 술어가 쓰인 '是'자문과 혼동된다. 전자는 그 주어로 주술절이 와서 어떤 상황을 나타내며, '是……的'술어는 이러한 상황의 원인을 나타내는 경우가 많다. 후자는 술어('是'+'的'자구)가 분류를 나타내는 경우가 많고, 원인을 잘 나타내지 않는다.

① 他也有了将军肚儿，我说：这是喝啤酒喝的。他开玩笑说：这不是(喝啤酒)喝的，这是(老婆)气的。

　　Tā yě yǒu le jiāngjūn dùr, wǒ shuō : zhè shì hē píjiǔ hē de. Tā kāi wánxiào shuō : zhè bú shì (hē píjiǔ) hē de, zhè shì (lǎopo) qì de.

② 我烧了些水……那不是喝的，是洗碗(用)的。

　　Wǒ shāole xiē shuǐ……nà bú shì hē de, shì xǐ wǎn (yòng) de.

> 그도 배가 나왔기에, 내가 "맥주 마셔서 그런 거야."라고 말했다. 그는 농담하길, "맥주 마셔서 그런 게 아니라 마누라 때문에 화나서 그런 거야."라고 했다.
>
> 나는 물을 좀 끓였다. ……그건 마시는 것이 아니라, 설거지 하는 것이다.

2 만일 '的'의 앞에 다른 성분을 수반하지 않는 단순한 동목구가 있고, '的'가 목적어의 앞으로 갈 수 없다면, 이는 '是'와 '的'자구가 결합된 '是'자문이다. 왜냐하면, 네 번째 유형의 '是……的'문(一)은 '的'가 목적어의 앞에 오는 형식만 있고, '的'가 문미에 오는 상황은 없기 때문이다.

① 人们常说：靠山吃山，靠水吃水。我们村里人这几年生活水平
的提高，全是靠的水，不是靠的山。[제 4유형의 '是……的'문(一)]

Rénmen cháng shuō : kào shān chī shān, kào shuǐ chī shuǐ.
Wǒmen cūn lǐ rén zhè jǐ nián shēnghuó shuǐpíng de tígāo, quán
shì kào de shuǐ, bú shì kào de shān.

사람들은 산을 낀 곳에선 산에 의지해 살아가고, 강을 낀 곳에서는 강에 의지해 살아간다고 먹고 산다고 자주 말한다. 요 몇 년간의 우리 마을 생활수준의 향상은 모두 물에 의지한 것이지 산에 의지한 것이 아니다.

② 园中建筑十之八九全是靠水的。

Yuán zhōng jiànzhù shí zhī bā jiǔ quán shì kào shuǐ de.

정원의 건축물 중 십중팔구는 모두 물을 끼고 있다.

예문 ①에서 '全是靠的水'는 '全是靠水的'라고 말할 수 없다. 예문 ②의 '全是靠水的'도 '全是靠的水'라고 말할 수 없다. 다음을 비교해보자.

③ 那两位顾客是买的帽子，不是买的衣服，所以那天他们只去了
二楼鞋帽部，没去三楼服装部。[제 4유형의 '是……的'문(一)]

Nà liǎng wèi gùkè shì mǎi de màozi, bú shì mǎi de yīfu, suǒyǐ nà
tiān tāmen zhǐ qùle èr lóu xiémàobù, méi qù sān lóu fúzhuāng
bù.

그 두 명의 고객은 모자를 산 것이지 옷을 산 것이 아니다. 그래서 그날 그들은 2층 신발 모자 매장만 가고 3층의 의류 매장은 가지 않았다.

④ 那两位顾客是买帽子的，不是买衣服的，所以这会儿他们要去
二楼鞋帽部，不去三楼服装部。['是'와 '的'자구가 결합한 '是'자문]

Nà liǎng wèi gùkè shì mǎi màozi de, bú shì mǎi yīfu de, suǒyǐ
zhèhuìr tāmen yào qù èr lóu xiémàobù, bú qù sān lóu
fúzhuāngbù.

그 두 명의 손님은 모자를 사려는 것이지 옷을 사려는 게 아니다. 그래서 이때 그들은 2층 신발 모자 매장만 가고 3층의 의류 매장은 가지 않는다.

예문 ③은 '那两位顾客'가 일찍이 모자를 샀음을 나타내며, '买'는 이미 발생한 동작이다. 예문 ④는 '那两位顾客'는 모자를 사는 사람으로서, '买'의 동작은 아직 발생하지 않았다. 예문 ③에서 '的'는 '帽子'와 '衣服'의 앞에 놓일 수만 있고, 그 뒤에는 놓일 수 없다. 예문 ④에서 '的'는 '帽子'와 '衣服'의 뒤에만 놓일 수 있고, 그 앞에 놓일 수 없다. 또한, 예문 ①과 ③에서 앞의 절에 있는 '是'는 모두 생략할 수 있지만, ②와 ④에서는 '是'를 생략할 수 없다.

③ 형태는 같지만 구조가 다른 경우는 앞뒤 문에 근거해서 주어와 목적어가 동일한 관계인지를 판단하여 중의성을 배제할 수 있다.

① A : 这只小母鸡是四月份孵的鸡，现在又要孵鸡了。[제 1유형의 '是……的'문(一)]

Zhè zhī xiǎo mǔjī shì sì yuèfèn fū de jī, xiànzài yòu yào fū jī le.

이 작은 암탉은 4월에 병아리를 부화시켰는데, 지금 또 병아리를 부화하려 한다.

B : 这只小母鸡是四月份孵的鸡，现在长得个儿已经不小了。
['是'자문]

Zhè zhī xiǎo mǔjī shì sì yuèfèn fū de jī, xiànzài zhǎng de gèr
yǐjing bù xiǎo le.

이 작은 암탉은 4월에 부화를 했는데, 지금은 덩치가 이미 작지 않다.

② A : 他是从中医医院请的大夫， 是自己开车把大夫接回来的。

　　　　[제 1유형의 '是……的'문(一)]

　　　　Tā shì cóng zhōngyī yīyuàn qǐng de dàifu, shì zìjǐ kāi chē bǎ
　　　　dàifu jiē huílai de.

　　B : 他是从中医医院请的大夫， 医术是很高明的。 ['是'자문]

　　　　Tā shì cóng zhōngyī yīyuàn qǐng de dàifu, yīshù shì hěn
　　　　gāomíng de.

> 그는 한의원에서 의사를 초빙했고, 자신이 차를 몰아 의사를 모셔 왔다.

> 그는 한의원에서 초빙해온 의사인데, 의술이 매우 뛰어나다.

예 ①, A에서 뒷 절의 의미에 근거해서 보면, '这只小母鸡'는 4월에 병아리를 부화시켰고, 그것은 '四月份孵的鸡'와 동일하지 않으므로, 앞 절은 제 1유형의 '是…的'문(一)이며, '是'는 생략 가능하다. B에서 뒷 절의 의미에 근거해서 보면, 앞 절의 의미는 '这只小母鸡'는 4월에 부화된 것이며, 그 것은 뒤의 '四月份孵的鸡'과 동일하므로 앞 절은 '是'자문이며, 이 때 '是'는 생략 할 수 없다.

마찬가지로 예 ②, A에서 앞 절은 한의원에서 의사 한 명을 초빙한 것을 나타내므로 '是'는 생략할 수 있고, 이는 제 1유형의 '是…的'문(一)이다. B에서는 앞 절은 '他'가 바로 한의원에서 초빙한 의사이므로 '是'를 생략할 수 없고, 이는 '是'자문이다.

 ## '是……的'문(二)와 '是'＋'的'자구가 술어로 쓰인 '是'자문의 구별

'是……的'문(二)와 술어부분이 '是'＋'的'자구인 '是'자문은 모두 문미에 '的'를 갖고 있다. 형식이 같으면서도 구조가 다른 경우를 어떻게 구분할 수 있는가? 다음 세 가지 상황을 고려할 수 있다.

 '的' 뒤에 주어와 동일관계에 있는 중심어를 부가할 수 있는지 살펴본다.

① 他是有'子女的(人)， 跟你们这些单身汉不同， 要多一份负担，
多一分一责任。 ['是'＋'的'자구가 술어로 쓰인 '是'자문]

　　Tā shì yǒu zǐnǚ de (rén), gēn nǐmen zhèxiē dānshēnhàn bù
　　tóng, yào duō yí fèn fùdān, duō yì fēn yì zérèn.

② 他是'有子女的， 只是都不在身边， 一个在海南， 一个在国外。
['是……的'문(二)]

　　Tā shì yǒu zǐnǚ de, zhǐ shì dōu bú zài shēnbiān, yí ge zài Hǎinán,
　　yí ge zài guówài.

> 그는 자식이 있는 사람이야, 너희들과 같은 총각과는 달라, 더 많은 부담과 책임이 필요하지.

> 그는 자식이 있어, 곁에 있지 않을 뿐이야. 하나는 해남에, 하나는 외국에 있어.

예문 ①에서 '的'자 뒤에 주어 '他'와 동일관계를 갖는 중심어 '人'이 올 수 있고, 뒷 절의 주어는 '有子女的人'인데, 생략되었다고 볼 수 있다. 예문 ②에서는 '的' 뒤에 중심어를 부가할 수 없다. 왜냐하면, '他是有子女的'는 '他有子女'란 의미를 나타내기 때문이다. 이 때 '的'는 구조조사가 아니라 어기조사이다. 뒷 절의 주어는 '子女'이며

앞 절과 연결되어 생략된 것이다. 또한 예문 ①에서 강세는 '子女'에 놓이고, 예문 ②
에서는 강세가 '有'에 놓인다.

③ 老张是看'报的(人), 我是借书的；他去报刊室, 我去书库。
['是'＋'的'자구를 사용한 '是'자문]

Lǎo Zhāng shì kàn bào de (rén), wǒ shì jiè shū de; tā qù bàokānshì, wǒ qù shūkù.

老张은 신문을 보고, 나는 책을 빌린다. 그는 간행물실에 가고, 나는 서고에 간다.

④ 老张是'看报的, 只是看得不够仔细。['是……的'문(二)]

Lǎo Zhāng shì kàn bào de, zhǐshì kàn de bú gòu zǐxì.

老张은 신문을 보긴 봤어, 단지 자세히 보지 않았을 따름이야.

또한, '是……的'문(二)에서 '是……的' 중간에 쓰인 동사의 대상이 문두나 '是'의 앞에
이동될 수 있으며, 이 때 전체문장의 의미는 바뀌지 않는다. 그러나 '是'＋'的'자구가
쓰인 '是'자문은 이러한 변환형식이 없다. 예를 들면 예문 ②와 ④는 다음과 같이 바
꿀 수 있다.

②' 子女他是有的(또는, 他子女是有的), 只是都不在身边, 一个
在海南, 一个在国外。

Zǐnǚ tā shì yǒu de, zhǐshì dōu bú zài shēnbiān, yí ge zài Hǎinán,
yí ge zài guówài.

그는 자식은 있지만, 곁에 있지는 않아. 하나는 해남에, 하나는 외국에 있어.

④' 报老张是看的(또는, 老张报是看的), 只是看得不够仔细。

Bào lǎo Zhāng shì kàn de, zhǐshì kàn de bú gòu zǐxì.

老张은 신문은 보는데, 자세히 보지는 않아.

② '是'와 '的'의 생략 여부를 본다. 생략할 수 있으면 '是……的'문(二)이고, 생략 할 수
없으면, '是'＋'的'자구이다.

③ 부정형식을 본다. '是……的' 중간에 부정형식을 쓰면 '是……的'문(二)이고, '不是……
的'로 부정을 표현하면 '是'자문이다.

参考文献

方　梅　汉语对比焦点的句法表现手段,中国语文,1995年第4期。

胡裕树、范晓主编　　动词研究综述,山西高校联合出版社,1996年。

牛秀兰　关于"是……的"结构句的宾语位置问题,世界汉语教学,1991年第3期。

回　泉　"是"、"的"合用及单用非句法功能初探,汉语学习,1996年第5期。

岳中奇　"是 W/P"的结构分析与"是"和"的"的词性考辨,语文学刊,1997年第6期。

张宝林　"是……的"句的歧义现象分析,世界汉语教学,1994年第1期。

연습문제

一. 아래 '是……的'문(一)에서 대비초점을 찾아내고, 상응하는 의문사의문문을 적으시오.

1. 新同学是上星期五到的。
2. 我是从小李那儿借的书。
3. 胡老板昨天是在江城酒家请的客。
4. 上星期我们去野餐，每人带一样食品。我是带的沙拉，小杨是带的水果，小周是带的香肠和面包。
5. 我是在老师的指导和同学们的帮助下取得的好成绩。
6. 我们是为你准备的这顿晚饭。
7. 孩子们是用自己的零用钱给灾区捐的款。(不是向家长要的钱)
8. 王先生是自己开车跟我去的郊区。(不是坐公共汽车去的)

二. 아래 문장에서 '是……的'문(一), '是……的'문(二), '是'자문을 구별하여, 각각 ①, ②, ③으로 표시하시오.

1. 这里的学习环境是非常令人满意的。
2. 我们是坐火车去的上海，不是坐船去的。
3. 如果你不亲自去处理，那些问题是处理不好的。
4. 村里新建的房子都是靠着山的，而且大部分都是向阳的。
5. 这部≪古代汉语≫是1954年出版的。
6. 他们是不会同意这种意见的。
7. 我是从来不主张这样做的。
8. 他们是在非常艰苦的环境下完成的这项工作。
9. 我们是上午七点半吃的早点。
10. 这本≪汉法词典≫是我昨天从资料室借的。
11. 这些年轻的工作人员是可以服务得很周到的。
12. 这种小船我是从来没有坐过的，也是没有听说过的。
13. 老张不是跟老王一起去的，是跟他弟弟一起去的。
14. 这份调查报告是老王他们的。
15. 这次歌舞晚会，有很多节目是新的，有的是非常精彩的。

三. 다음 문장이 '是……的'문(一)의 제 1유형에 속하는지 아니면 제 2유형에 속하는
　　지를 밝히시오.

　1. 他昨天发烧了，我想大概是让雨淋的。
　2. 我是寄的航空信，他明天就可以接到。
　3. 这部著作是1962年在东北农村写成的。
　4. 他是1942年去的延安。
　5. 这次的断指再植手术是王大夫做的。
　6. 今天是谁来作的报告？听的人可真不少！
　7. 你头晕可能是看书看的，出去散散步就好的。
　8. 她和她妹妹都大学毕业了，她是这的物理，她妹妹是学的数学。
　9. 这几项建议是谁提出来的？
　10. 今天会上是王老师第一个发的言。

四. 둘 중 옳은 문장을 선택하시오.
　1. A：不下苦功夫，不是学得会的。
　　 B：不下苦功夫，是学不会的。
　2. A：我们是下午四点钟回宿舍来的。
　　 B：我们是下午四点钟回宿舍来的。
　3. A：我是不在阅览室看的杂志。
　　 B：我不是在阅览室看的杂志。
　4. A：昨天晚上睡觉前我是喝的茶，不是喝的咖啡。
　　 B：昨天晚上睡觉前我是喝茶的，不是喝咖啡的。
　5. A：他得了关节炎，是不是洗冷水澡洗的？
　　 B：他得了关节炎，是不是洗冷水澡的？
　6. A：我不是会赞成他的主张的。
　　 B：我是不会赞成他的主张的。
　7. A：你填那个表，是不是用的钢笔？
　　 B：你填那个表，是不是用钢笔的？
　8. A：我是从来不吸烟的。
　　 B：我不是从来吸烟的。

五. 아래 문장을 '是……的'문(一)으로 고쳐 쓰시오.

1. 我不在语言文化大学学汉语。

2. 我朋 友从外文书店买来了≪英汉词典≫。

3. 昨天我在北京饭店遇见了我的老同学。

4. 他下午四点半给你打来了电话。

5. 马同志跟张同志一起去南方了。

6. 昨天中午我吃西餐，晚上吃中餐。

7. 屋子里太冷了，谁把窗户打开了?

8. 她喝茶喝得睡不着觉了。

제 4 장

의문문, 반어문, 반향의문문

제 1 절

의문문

의문문은 의문을 제기하는 문장으로서, 의문을 제기하는 방식에 따라 다음의 몇 종류로 나눌 수 있다.

 **판단의문문**

 **어기 조사 '吗'를 쓰는 판단의문문**

'吗'를 평서문의 문미에 부가되어 의문문을 만들 수 있다. 이러한 문장에서 술어는 긍정 형식 일수도 있고 부정 형식일 수도 있지만, 긍정 형식이 대부분이다.

① 他是东北人吗?

Tā shì Dōngběi rén ma?

그는 동북 사람입니까?

② 这个月三十一天吗?

Zhège yuè sānshíyī tiān ma?

이 달은 31일입니까?

③ 你的表准吗?

Nǐ de biǎo zhǔn ma?

네 시계는 정확하니?

④ 王老师会来吗?

Wáng lǎoshī huì lái ma?

왕 선생님은 올까요?

⑤ 他身体好吗?

Tā shēntǐ hǎo ma?

그는 건강한가요?

⑥ 小李不去北海划船吗?

Xiǎo Lǐ bú qù Běihǎi huá chuán ma?

小李는 北海에 배 타러 가지 않나요?

⑦ 安娜没给家里打电话吗?

Ānnà méi gěi jiā lǐ dǎ diànhuà ma?

安娜는 집에 전화하지 않았나요?

　평서문의 문미에는 때로는 어기조사 '的', '呢', '了'가 오기도 한다. 이러한 문장에 '吗'를 첨가해도 마찬가지로 판단의문문을 만들 수 있다.

① 他是昨天来的吗?

　　Tā shì zuótiān lái de ma?

② 他们正在开会呢吗?

　　Tāmen zhèng zài kāi huì ne ma?

③ 柳树绿了吗?

　　Liǔshù lǜ le ma?

그는 어제 온 건가요?

그들은 지금 회의를 하고 있나요?

버드나무는 푸르러 졌나요?

이러한 의문문을 쓰는 경우에는 일반적으로 질문하는 사람이 질문하는 사건이 실현될 것이거나 사실이라고 생각한다. 그러나 때로는 어떤 상황에 대해서 확신이 없음을 나타낼 수도 있다.

　'吗'를 사용한 판단의문문에 대답할 때에는 '是的', '对', '对了', '嗯', '不', '没有' 등으로 의문문에 대한 긍정이나 부정을 표시할 수 있다. 특히 주의할 것은 대답할 때에는 의문문이 긍정형식인지 부정형식인지 상관없이, 대답하는 사람이 의문문이 나타내는 의미에 동의하기만 하면, '是的', '对了', '嗯'을 사용하고, 의문문의 의미에 동의하지 않으면, '不', '没有' 등을 사용한다.

① A : 王老师会来吗?

　　　Wáng lǎoshī huì lái ma?

　 B : 嗯, 王老师会来(的)。

　　　Ǹg, Wáng lǎoshī huì lái (de).

　 B : 王老师不会来(的)。

　　　Wáng lǎoshī bú huì lái (de).

② A : 柳树绿了吗?

　　　Liǔshù lǜ le ma?

　 B : 是的, 柳树绿了。

　　　Shì de, liǔshù lǜ le.

　 B : 没有, 柳树还没绿呢。

　　　Méi yǒu, liǔshù hái méi lǜ ne.

③ A : 小李不去北海划船吗?

　　　Xiǎo Lǐ bú qù Běihǎi huá chuán ma?

　 B : 嗯, 他不去北海划船。

　　　Ǹg, tā bú qù Běihǎi huá chuán.

왕 선생님은 오실까?

응, 왕 선생님은 오실거야.

왕 선생님은 오시지 않을 거야.

버드나무는 푸르러졌니?

그래, 버드나무는 푸르러졌어.

아니, 버드나무는 아직 푸르러지지 않았어.

小李은 北海에 배 타러 가지 않니?

응, 小李은 북해에 배 타러 가지 않아.

B：不，他去北海划船。

Bù, tā qù Běihǎi huá chuán.

④ A：安娜没给家里打电话吗？

Ānnà méi gěi jiā lǐ dǎ diànhuà ma?

B：对了，她没给家里打电话。

Duì le, tā méi gěi jiā lǐ dǎ diànhuà.

B：不，她给家里打电话了。

Bù, tā gěi jiā lǐ dǎ diànhuà le.

이 예문들을 보면, 대답에서 '是的', '不' 등이 반드시 뒷 절의 긍정, 부정과 일치하지 않음을 알 수 있다. 왜냐하면, 이러한 표현은 의미적으로 의문문과 직접적인 관련이 있는 것이지 뒷 절과 관련이 있는 것이 아니기 때문이다.

또한, 대답에서 주어나 목적어를 생략하고, 술어의 주요 성분만 남길 수도 있다.

① A：他是东北人吗？

Tā shì Dōngběi rén ma?

B：不是东北人。

Bú shì Dōngběi rén.

B：他不是。

Tā bú shì.

B：不是。

Bú shì.

② A：这个月三十一天吗？

Zhège yuè sānshíyī tiān ma?

B：不，三十天。

Bù, sānshí tiān.

③ A：安娜没给家里打电话吗？

Ānnà méi gěi jiā lǐ dǎ diànhuà ma?

B：不，打了。

Bù, dǎ le.

 **'好吗', '行(成)吗', '对吗', '可以吗' 등을 쓰는 판단의문문**

때로는 화자가 먼저 자기 의견, 추측, 요구 등을 제기하고 나서 상대방의 의견을 구하는 경우에 이러한 의문문을 사용한다.

① 我们明天一起去长城，好吗?

   Wǒmen míngtiān yìqǐ qù Chángchéng, hǎo ma?

우리 내일 함께 만리장성에 가는 게 어때?

② 你是日本人，对吗?

   Nǐ shì Rìběnrén, duì ma?

너는 일본인이지, 그렇지?

③ 借我词典用用，行(成)吗?

   Jiè wǒ cídiǎn yòngyong, xíng (chéng) ma?

내가 사전 좀 빌려 써도 되겠지?

④ 我们从东门进去，可以吗?

   Wǒmen cóng dōngmén jìnqù, kěyǐ ma?

우리가 동쪽 문으로 들어가도 되겠지?

대답을 할 때 일반적으로 긍정 또는 부정의 대답만 하면 된다. 긍정의 대답은 '好'(또는 '好吧'), '对', '行(成)', '可以' 등을 사용한다. 부정의 대답은 '不', '不对', '不行(不成)' 등을 사용한다. '可以吗'에 대답할 때도 '不行(不成)'을 주로 사용하며 '不可以'를 잘 쓰지 않는다.

③ 억양으로써 의문을 표시하는 의문문

평서문이 의문의 억양을 가지면, 즉 문미에서 억양이 상승하면 의문문이 될 수 있다.

① 这么大的风雪，丢下羊群回家去? 不能!

   Zhème dà de fēngxuě, diūxià yángqún huí jiā qù? Bù néng!

이렇게 큰 눈바람에 양떼를 버리고 집에 돌아간다고? 안돼!

② 这时，一位大嫂走过来……着急地问："同志，听说老白的伤很厉害?……"

   Zhèshí, yí wèi dàsǎo zǒu guòlai …… zháojí de wèn : "Tóngzhì, tīng shuō Lǎo Bái de shāng hěn lìhai? ……"

이때 아주머니 한분이 다가와서…… 다급하게 물었다. "동지, 老白의 상처가 심하다고 들었는데?……"

③ 今天晚上你不去图书馆了?

   Jīntiān wǎnshang nǐ bú qù túshūguǎn le?

오늘 저녁 너는 도서관에 안 가려고?

④ 小张没来?

   Xiǎo Zhāng méi lái?

小张이 안 왔어요?

이런 종류의 의문문은 담화맥락이나 상하문에 대한 의존성이 강하다. 예문 ①과 같은 경우는 자문자답이며, 본인이나 다른 사람이 '양떼를 버리고 집으로 돌아가려' 하는 것에 대한 의문을 표현한 것이다. 예문 ②는 반드시 '백씨의 상처가 심하다'는 말을 들었을 경우만 할 수 있는 질문이다. 예문 ③은 '네가 도서관에 안 가려고 한다'는 것을 다른 사람을 통해 들었거나 징조를 알아차렸을 경우에만 쓸 수 있는 의문이다. 예문 ④는 '장씨가 오지 않았다는 것'을 알았거나 들었을 경우에만 쓸 수 있다. 이런 종류의 억양의문문은 일반적으로 놀라거나 의심스러움을 나타낸다.

대답하는 방식이나 성분이 생략되는 상황은 '吗'를 사용하는 의문문과 같다

질문하는 사람이 어떤 사실이나 상황에 대해 추측을 하지만 완전히 확신할 수 없을 때는 평서문의 끝에 어기조사 '吧'를 부가하여 의문문을 만든다. 이런 종류의 의문문은 탐문, 추측의 의미를 가진다. 긍정형식과 부정형식 모두 잘 쓰인다.

① 这是你女儿吧?
　Zhè shì nǐ nǚ'ér ba?

이 사람이 당신 딸이지요?

② 现在快十二点了吧?
　Xiànzài kuài shí'èr diǎn le ba?

지금 12시가 다 되어 가죠?

③ 老张不来了吧?
　Lǎo Zhāng bù lái le ba?

장씨는 안 오려나 보죠?

 의문사의문문

❶ 일반 의문사의문문

일반 의문사의문문은 의문대사를 사용하여 질문하는 의문문이다. 이런 종류의 의문문은 어순이 평서문과 같으며, 물으려고 하는 성분 대신에 의문대사를 쓰면 된다.

① 谁是你们的体育老师?
　Shéi shì nǐmen de tǐyù lǎoshī?

누가 네 체육선생님이시니?

② 他的病怎么样了?
　Tā de bìng zěnmeyàng le?

그의 병은 어때?

③ 他在哪儿?
　Tā zài nǎr?

그는 어디에 있어?

④ 玛丽是哪个班的学生?
　Mǎlì shì nǎge bān de xuésheng?

玛丽는 어느 반 학생이니?

⑤ 他什么时候回国?
　Tā shénme shíhou huí guó?

그는 언제 귀국하지?

⑥ 这个句子怎么分析?
　Zhège jùzi zěnme fēnxī?

이 문장은 어떻게 분석하지?

⑦ 她学得怎么样?
　Tā xué de zěnmeyàng?

그녀는 공부하는 것이 어때요?

⑧ 他们工厂有多少工人?
　Tāmen gōngchǎng yǒu duōshao gōngrén?

그들 공장은 노동자가 몇 명 있습니까?

⑨ 考试以前，你们准备复习几天?

　　Kǎoshì yǐqián, nǐmen zhǔnbèi fùxí jǐ tiān?

⑩ 那条公路有多长?

　　Nà tiáo gōnglù yǒu duō cháng?

＜상＞ 시험 전에 너희는 며칠 동안 복습할 거니?

그 도로는 얼마나 길지?

‘多’를 사용하는 의문은 정도를 묻는 표현으로서, 뒤에는 대부분 적극적인 의미의 형용사가 온다. 길이를 물을 때는 ‘多长’을, 면적이나 용적을 물을 때는 ‘多大’를, 높이를 물을 때는 ‘多高’를, 두께를 물을 때는 ‘多厚’를, 너비를 물을 때는 ‘多宽’을 사용한다. 이것은 우리가 ‘长度’, ‘高度’, ‘厚度’, ‘宽度’(‘大度’란 표현은 없다)라고만 말하고, ‘短度’, ‘低度’, ‘薄度’, ‘窄度’라고 말하지 않는 것과 관련이 있다. 대답할 때는 수량만 말하면 되고 형용사를 다시 반복할 필요는 없다.

① A : 那条街有多长?

　　　Nà tiáo jiē yǒu duō cháng?

　B : 有两公里(长)。

　　　Yǒu liǎng gōnglǐ (cháng).

그 거리는 얼마나 기니?

2킬로미터 쯤 됩니다.

② A : 那个房间有多大?

　　　Nàge fángjiān yǒu duō dà?

　B : 那个房间有十八平方米。

　　　Nàge fángjiān yǒu shí bā píngfāng mǐ.

그 방은 얼마나 크지?

그 방은 18제곱미터 쯤 됩니다.

③ A : 他多高?

　　　Tā duō gāo?

　B : 他一米七五。

　　　Tā yì mǐ qī wǔ.

그는 키가 얼마냐?

그는 키가 1미터 75센티미터이다.

④ A : 昨天下的雪有多厚?

　　　Zuótiān xià de xuě yǒu duō hòu?

　B : 有五厘米(厚)。

　　　Yǒu wǔ límǐ (hòu).

어제 내린 눈의 두께는 얼마냐?

5밀리미터 쯤 됩니다.

‘多大’는 연령을 물을 수도 있다. 이는 주로 아이나 손아래사람에게 묻거나 나이가 비슷한 젊은 사람끼리 서로 물을 경우에 쓰인다.

① A : 他的孩子多大了?

　　　Tā de háizi duō dà le?

　B : 五岁。

　　　Wǔ suì.

그의 아이는 몇 살이냐?

다섯 살이다.

② A：小伙子，你多大了？有二十五没有？

    Xiǎohuǒzi, nǐ duō dà le? Yǒu èrshíwǔ méiyǒu?

  B：老大爷，您猜得差不离儿，我二十四了。

    Lǎodàye, nín cāi de chà bu lír, wǒ èrshísì le.

③ A：喂，小张，你多大了？

    Wèi, Xiǎo Zhāng, nǐ duō dà le?

  B：我十九。你呢？我看，你也就十七。

    Wǒ shíjiǔ. Nǐ ne? Wǒ kàn, nǐ yě jiù shíqī.

> 젊은이, 몇 살이오? 스물다섯 살쯤 되었소?
>
> 어르신, 대충 맞추셨네요. 저는 스물넷입니다.
>
> 헤이, 小张, 나이가 어떻게 되죠?
>
> 나는 열아홉입니다. 당신은? 내가 보기에 당신도 열일곱이겠군.

나이를 묻는 표현으로는 '多大年纪'(노인에게 물을 때 사용함), '多大岁数'(노인이나 성인에게 물을 때 사용함)도 있다. '几岁'는 중국 북방에서는 열 살 이하의 어린아이에게 물을 때만 쓴다.

'多'에 형용사를 더해 술어를 만들 때 앞에 '有'를 잘 부가한다. 이 때 '有'는 '도달'의 의미를 나타낸다. 앞의 예문 ①, ②, ④의 경우의 예가 그러하다. 술어로 쓰이지 않으면, '有'를 잘 쓰지 않는다. 예를 들어 '你喜欢住多大的房子', '做西装要多宽的面料?' 라고 표현한다.

② 어기조사 '呢'를 사용하는 의문사의문문

한 개의 단어, 구, 문장 뒤에 어기조사 '呢'를 사용하여 만든 의문문이다.

'呢'를 명사, 대사, 명사구의 뒤에 부가한 이런 의문문을 대화에서 처음으로 사용하는 것은 소재를 물을 때 사용된다. 즉, '在哪儿'의 의미를 나타낸다.

① 玉荣，你的靴子呢？

    Yùróng, nǐ de xuēzi ne?

② 阿里呢？

    Ālǐ ne?

> 玉荣, 당신의 부츠는요?
>
> 阿里는요?

만약 상하문이 있으면, 상하문에 의거해서 의문내용을 판단한다.

③ 窗户已经擦干净了，地板呢？（地板擦干净了没有？）

    Chuānghu yǐjīng cā gānjìng le, dìbǎn ne? (Dìbǎn cā gānjìng le méiyǒu?)

④ 他的衬衫已经洗了，你的呢？（你的衬衫洗了没有？）

    Tā de chènshān yǐjīng xǐ le, nǐ de ne? (Nǐ de chènshān xǐ le méiyǒu?)

> 창문은 이미 깨끗하게 닦았는데, 마루는? (마루는 깨끗이 닦았니?)
>
> 그의 셔츠는 이미 빨았는데, 네 것은? (네 셔츠는 빨았니?)

만약 '呢'를 평서문 뒤에 사용하면 그 의미는 "만약 ……하다면, 어떡하지(뭘 하지)?"라는 의미를 나타낸다.

⑤ 他不同意呢？［如果他不同意，那么怎么办呢？］　　　그가 동의하지 않으면?

　　Tā bù tóngyì ne? (Rúguǒ tā bù tóngyì, nàme zěnme bàn ne?)

⑥ 学完了第一册呢？［学完了第一册做什么？］　　　제 1권을 다 배우면?

　　Xué wán le dì yí cè ne? (Xué wán le dì yí cè zuò shénme?)

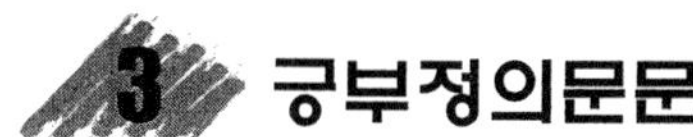

3 긍부정의문문

1 일반 긍부정의문문

　　이 의문문은 주로 술어의 긍정형식과 부정형식을 병렬하여 만든 것으로서 대답하는 사람은 그중 하나를 선택하여 대답을 한다. 질문하는 사람은 대답에 대해 미리 예상을 하지 않는다.

① 这种录音机好不好？　　　이런 종류의 녹음기는 좋습니까?

　　Zhè zhǒng lùyīnjī hǎo bu hǎo?

② 你母亲工作不工作？　　　네 어머니는 일을 하시니?

　　Nǐ mǔqin gōngzuò bu gōngzuò?

③ 他是不是教外国学生的汉语教师？　　　그는 외국학생을 가르치는 중국어선생님이니?

　　Tā shì bu shì jiāo wàiguó xuésheng de Hànyǔ jiàoshī?

④ 你有没有≪现代汉语词典≫？　　　너는 ≪现代汉语词典≫을 갖고 있니?

　　Nǐ yǒu méi yǒu≪Xiàndài Hànyǔ cídiǎn≫?

　　동사술어문에서 만약 동사 뒤에 목적어가 있으면, 긍부정의문문형식은 세 가지의 가능한 형식이 있다. 첫째, 술어동사의 긍정과 부정형식을 병렬하고 그 뒤에 다시 목적어를 부가한다. 둘째, 긍정형식에 목적어를 부가하고 부정형식에는 목적어를 부가하지 않는다. 셋째, 긍정 부정형식 모두 목적어를 갖는다.

① 你看不看京剧？　　　너는 경극을 보니?

　　Nǐ kàn bu kàn jīngjù?

② 你看京剧不看？　　　너는 경극을 보니?

　　Nǐ kàn jīngjù bú kàn?

③ 你看京剧不看京剧？　　　너는 경극을 보니?

　　Nǐ kàn jīngjù bú kàn jīngjù?

　　세 번째 형식은 잘 쓰지 않으며, 목적어가 비교적 간단한 경우에만 쓴다.

만약 동사나 형용사 뒤에 '了'를 사용하게 되면, 부정형식은 '没有'만을 쓴다. 동사 뒤에 목적어를 가질 때 '了'는 목적어 뒤에 쓴다.

① 同学们去了没有?

　　Tóngxuémen qùle méiyǒu?

학우들은 갔니?

② 水热了没有?

　　Shuǐ rèle méiyǒu?

물이 뜨거워졌니?

③ 她听到这个消息了没有?

　　Tā tīng dào zhège xiāoxi le méiyǒu?

그녀는 이 소식을 들었니?

　　주술술어문의 긍부정의문문형식은 대부분의 상황이 모두 짧은 술어의 긍정과 부정 형식을 병렬하는 것이다. 전체 주술구조의 결합이 긴밀한 경우에는 주술구조 전체를 긍부정형식으로 만들 수 있다.

① 那个图书馆书多不多?

　　Nàge túshūguǎn shū duō bu duō?

그 도서관은 책이 많습니까?

② 她最近身体好不好?

　　Tā zuìjìn shēntǐ hǎo bu hǎo?

그녀는 최근 건강이 어떻습니까?

③ 病人腰疼不腰疼?

　　Bìngrén yāo téng bù yāo téng?

환자는 허리가 아픕니까?

④ 比比人家, 看看自己, 你脸红不脸红?

　　Bǐbi rénjia, kànkan zìjǐ, nǐ liǎn hóng bù liǎn hóng?

다른 사람과 비교 좀 하고, 네 자신을 보면, 부끄럽지 않겠어?

② '是不是'를 사용하는 긍부정의문문

　　만약 질문하는 사람이 어떤 사실이나 상황에 대해 이미 비교적 긍정적인 추측을 하면서 다시 확인하려고 할 때, 이 의문문을 사용하여 질문할 수 있다. '是不是'는 평서문의 술어 앞에 쓸 수도 있고 문장의 처음이나 끝에 사용할 수도 있다.

① 你们是不是明天动身?

　　Nǐmen shì bu shì míngtiān dòng shēn?

너희들은 내일 출발하지?

② 你们明天是不是去颐和园?

　　Nǐmen míngtiān shì bu shì qù Yíhéyuán?

너희들은 내일 이화원에 갈 거지?

③ 是不是你们不打算出去旅行了?

　　Shì bu shì nǐmen bù dǎsuàn chūqù lǚxíng le?

너희들은 여행을 안 갈 거지?

④ 你家住在北京的郊区, 是不是?

　　Nǐ jiā zhù zài Běijīng de jiāoqū, shì bu shì?

네 집은 북경 교외에 있지?

때로는 '是不是'를 사용하는 것이 결코 확인하려는 것이 아니라, 상대방의 동의를 구하면서, '…해도 되겠습니까?'라는 의미를 나타낸다. 이런 종류의 의미를 나타내는 '是不是'는 일반적으로 술어 앞에 사용한다. 때로는 주어 앞에서도 사용할 수도 있지만, 문미에 사용할 수는 없다.

① 我们是不是找她谈一谈?

    Wǒmen shì bu shì zhǎo tā tán yi tán?

우리들이 그녀를 찾아가서 논의 좀 해 볼까요?

② 是不是我去帮助他一下?

    Shì bu shì wǒ qù bāngzhù tā yí xià?

내가 그를 좀 도와주러 갈까요?

3 '好不好', '成不成' 등을 사용하는 긍부정의문문

'好吗', '行吗', '对吗', '可以吗' 등 판단의문문과 같이 진술문 끝에 '好不好', '成不成', '行不行', '对不对' 등을 써서 긍부정의문문을 만들 수 있다. 주의해야 할 점은 '好不好', '成不成', '行不行', '对不对' 등은 문장 끝에만 놓이며, 문장 앞이나 술어 앞에 놓여서는 안 된다. 이 점은 '是不是'를 쓰는 긍부정의문문과 다르다. 예를 들면,

① 把你的工具箱借给我用用，成不成?

    Bǎ nǐ de gōngjùxiāng jiè gěi wǒ yòngyong, chéng bu chéng?

너의 공구함을 내게 좀 빌려줄 수 있겠니?

② 下午我们一块去打网球，好不好?

    Xiàwǔ wǒmen yíkuài qù dǎ wǎngqiú, hǎo bu hǎo?

오후에 우리 함께 테니스를 치러가는 게 어때?

4 선택의문문

이 의문문은 선택해야 하는 두 가지 이상의 가능성을 '……(是)……还是……', '……(是)……还是……还是……' 형식으로 연결하여, 대답하는 사람이 그중 한 가지를 대답으로 선택하도록 요구한다.

① 你是去，还是不去?

    Nǐ shì qù, háishi bú qù?

너는 가니, 안가니?

② 是你去，还是他去?

    Shì nǐ qù, háishi tā qù?

네가 가니, 그가 가니?

③ 你是去北海，还是去中山公园?

    Nǐ shì qù Běihǎi, háishi qù Zhōngshān gōngyuán?

너는 북해에 가니, 아니면 중산공원에 가니?

④ 你是去北海，还是去天坛，还是去中山公园?

    Nǐ shì qù Běihǎi, háishi qù Tiāntán, háishi qù Zhōngshān gōngyuán?

너는 북해에 가니, 천단에 가니, 아니면 중산공원에 가니?

⑤ 你是喝汽水，还是吃冰激凌？

    Nǐ shì hē qìshuǐ, háishi chī bīngjīlíng?

⑥ 是你去送，还是他来接？

    Shì nǐ qù sòng, háishi tā lái jiē?

예문 ①, ⑤는 술어를 묻는 것이고, ②는 주어를 묻는 것이다. ③, ④는 목적어를 묻는 것이고, ⑥은 단문을 묻는 것이다. 주의해야 할 것은 술어를 묻든 목적어를 묻든, '是'와 '还是'는 ①, ③, ④, ⑤처럼 모두 술어 앞에 두어야 한다. 만약 주어나 문장을 묻는 것이면 '是'와 '还是'는 예문 ②, ⑥처럼 두 개의 단문 앞에 사용한다.

    의문문은 모두 문미에 물음표를 사용한다. '……(是)……还是……'를 사용하는 선택 의문문은 문미에 한 개의 물음표를 사용하고, 매 절의 뒤에는 쉼표를 사용한다.
    가끔 평서문 안에 의문문형식이 출현할 수 있지만, 이 문장은 여전히 평서문이므로 문장 끝에 마침표를 사용해야 하고, 물음표를 사용해서는 안 된다.

① 我不知道他赞成不赞成。[목적어]

    Wǒ bù zhīdào tā zànchéng bù zànchéng.

② 小组长已经通知他们几点开会了。[직접목적어]

    Xiǎozǔzhǎng yǐjing tōngzhī tāmen jǐ diǎn kāi huì le.

③ 需要多少人参加试验的问题还没有决定。[목적어]

    Xūyào duōshao rén cānjiā shìyàn de wèntí hái méiyǒu juédìng.

④ 怎么样办好我厂幼儿园是一个急待解决的问题。[주어]

    Zěnmeyàng bàn hǎo wǒ chǎng yòu'éryuán shì yí ge jídài jiějué de wèntí.

제 2 절

반어문

    평서문과 각종 의문문은 모두 반문 어기를 더해 반어문을 구성할 수 있다. 반어문을 쓰는 것은 반문하는 어기로 긍정이나 부정형식을 사용해서 어떤 명백한 이치나 사실을 강조하려는 목적을 갖고 있다. 반어문은 부정형식의 문장을 이용하여 긍정의 뜻을 강화하거나, 긍정형식의 문장을 사용하여 부정의 뜻을 강화한다.
    반어문의 뒤에는 물음표를 사용할 수도 있고 느낌표를 사용할 수도 있다. 반문의 어기가 강할 때는 물음표를 많이 쓰고, 감탄의 의미가 강할 때는 느낌표를 많이 사용한다.

반어문의 형식에는 다음과 같은 것들이 있다.

 ## 판단의문형식의 반어문

 일반 판단의문에 반문 어기가 있는 경우

① 这是哪儿和哪儿的事呀? 挨得着吗? 你真能胡思乱想! [挨不着]

Zhè shì nǎr hé nǎr de shì ya? Āi de zháo ma? Nǐ zhēn néng hú sī luàn xiǎng!

두 가지 일이 무슨 관계가 있어? 아무 관련성도 없잖아? 너는 정말 터무니없는 생각을 하는구나.

② 还想进去看电影? 你有票吗? [你没有票]

Hái xiǎng jìnqù kàn diànyǐng? Nǐ yǒu piào ma?

영화 보러 들어가고 싶다고요? 당신은 표가 있어요?

‘不是…吗’의 형식을 사용하여 긍정을 강조하고 어떤 명확한 사실을 주의하도록 일깨워 준다. 때로는 약간 놀라거나(갑자기 어떤 사실을 알았기 때문) 불만스러움을 나타낸다.

① 不是早就跟你说过了吗? 这就是赶上个寸劲儿。 [早就跟你说过了]

Bú shì zǎojiù gēn nǐ shuō guò le ma? Zhè jiù shì gǎn shàng ge cùnjìnr.

진작 당신에게 말하지 않았어요? 이건 우연이야.

② 你不是去过那个地方吗? 那就给我们带带路吧! [你去过那个地方]

Nǐ bú shì qùguo nà ge dìfang ma? Nà jiù gěi wǒmen dàidai lù ba!

당신은 그곳에 간 적이 있지 않습니까? 그렇다면 우리에게 길 좀 안내해 주세요.

‘是’자문, ‘是……的’문에서는 ‘不……吗’만 더 부가하면 된다.

③ 现在辩论的是什么问题呢? 不就是经验交流的问题吗? [就是经验交流的问题]

Xiànzài biànlùn de shì shénme wèntí ne? Bú jiù shì jīngyàn jiāoliú de wèntí ma?

지금 토론하는 것은 무슨 문제입니까? 바로 경험을 교류하는 문제가 아닙니까?

④ 啊! 你不是张大中吗? 要不是你招呼我, 我都认不出来了。 [你是张大中]

Ā! Nǐ bú shì Zhāng Dàzhōng ma? Yào bú shì nǐ zhāohu wǒ, wǒ dōu rèn bu chūlai le.

아! 당신은 张大中이 아닙니까? 만약 당신이 내게 인사하지 않았다면, 나는 알아보지 못했을 것입니다.

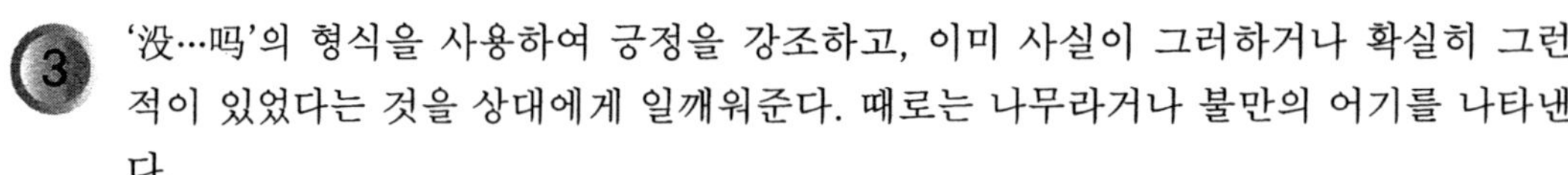

③ '没…吗'의 형식을 사용하여 긍정을 강조하고, 이미 사실이 그러하거나 확실히 그런 적이 있었다는 것을 상대에게 일깨워준다. 때로는 나무라거나 불만의 어기를 나타낸다.

① 我没告诉你吗? 那个地方不能去! [我已经告诉你了]

　　Wǒ méi gàosu nǐ ma? Nàge dìfang bù néng qù!

내가 당신에게 알려주지 않았습니까? 그곳은 가면 안 된다고요.

② 你没听见他说吗? 天气预报今天有七级大风。[你听见他说过]

　　Nǐ méi tīngjiàn tā shuō ma? Tiānqì yùbào jīntiān yǒu qī jí dà fēng.

당신은 그가 말하는 것을 듣지 않았습니까? 일기예보에서 오늘 풍속이 7등급이라고요.

③ 你没看出来吗? 他对这事儿有点意见哩! [你已经看出来了]

　　Nǐ méi kàn chūlai ma? Tā duì zhè shìr yǒu diǎn yìjiàn li!

당신은 알아차리지 못했습니까? 그는 이 일에 대해 불만이 좀 있어요.

④ '难道', '……不成', '难道……不成'을 사용하는 경우이다. 때로는 문장 끝에 '吗'도 부가할 수도 있고, 종종 부사 '还'나 조동사 '能', '会', '得' 등을 사용하기도 한다. 전체 문장은 '不会', '不应该', '不可能', '不一定' 등의 의미를 나타내는데, 반박을 불허하는 의미를 많이 나타낸다.

① 我已经在他桌上留了个条子, 难道他没看见? [他不应该没看见]

　　Wǒ yǐjīng zài tā zhuō shàng liúle ge tiáozi, nándào tā méi kànjiàn?

나는 이미 그의 탁자에 쪽지를 남겼는데, 설마 그가 못 보았겠어요?

② 我还能飞到天上去不成? [我不能飞到天上去]

　　Wǒ hái néng fēi dào tiān shàng qù bùchéng?

내가 하늘 위로 나를 수 있겠어요?

③ 难道非得同意他的做法不成? [不一定非得同意他的做法]

　　Nándào fēiděi tóngyì tā de zuòfǎ bùchéng?

설마 그의 방법에 동의해야만 하는 것은 아니겠지요?

④ 我们死都不怕, 难道还怕困难吗? [不怕困难]

　　Wǒmen sǐ dōu bù pà, nándào hái pà kùnnan ma?

우리는 죽음도 두려워하지 않는데 설마 어려움을 두려워하겠는가?

⑤ 부사 '还'를 사용하여 반문어기를 나타내며, '不应该'의 의미를 가지는 경우

① 这么好的条件, 你还不满意! [你不应该不满意]

　　Zhème hǎo de tiáojiàn, nǐ hái bù mǎnyì!

이렇게 좋은 조건인데도 너는 불만이냐!

② 这孩子! 已经给了你了, 你还哭! [你不应该哭了]

　　Zhè háizi! Yǐjīng gěile nǐ le, nǐ hái kū!

이 애가! 이미 네게 주었는데, 아직도 울어!

이런 종류의 문장도 문미에 '吗'를 사용할 수 있다.

③ 狼说 : '这样的人还不该吃吗?' [这样的人该吃]

　　Láng shuō : 'Zhèyàng de rén hái bù gāi chī ma?'

 **일반 평서문이 반문 어기를 갖는 경우**

① 这是你的? 你能叫得它答应你么? [这不是你的]

　　Zhè shì nǐ de? Nǐ néng jiào de tā dāying nǐ me?

이게 네 것이냐? 네가 불러서 그것이 네 것이라고 대답하겠니?

② 他不是人? 他也是人, 也得吃饭。[他是人]

　　Tā bú shì rén? Tā yě shì rén, yě děi chī fàn.

그는 사람이 아니라고? 그도 사람이고 밥을 먹어야 해.

이런 문장도 문미에 '吗'를 사용하여 어기조사 '吗'를 가지는 판단의문문 형식을 만들 수 있다

③ 这是你的吗? 你看看上边写着他的名字哪!（这不是你的）

　　Zhè shì nǐ de ma? Nǐ kànkan shàngbiān xiězhe tā de míngzi na!

이게 네 것이니? 위에 그의 이름이 씌어있는 것을 좀 봐!

 **의문사의문 형식의 반어문**

 일반적인 의문사의문문은 반문의 어기를 띤다. 의문대사는 의문을 나타내지만, 전체 문장은 의문을 나타내지 않고 반문을 나타낸다.

① 玉荣急忙拦住说："姐姐, 你不能脱, 把你的脚冻坏了, 谁去保护羊群哪!' [没有人保护羊群]

　　Yùróng jímáng lánzhù shuō : "Jiějie, nǐ bù néng tuō, bǎ nǐ de jiǎo dòng huài le, shéi qù bǎohù yángqún na!"

玉荣이 급히 가로막으며 말했다. "누나, 벗지 마. 누나 발이 동상에 걸리면, 누가 양떼를 보호하러 가겠어!

② 自己既然事先看到了问题, 为什么要闷在肚子里? [不应该闷在肚子里]

　　Zìjǐ jìrán shìxiān kàn dào le wèntí, wèishénme yào mēn zài dùzi lǐ?

자신이 사전에 문제를 봤으면, 왜 잠자코 있어?

③ 这样的好事为什么不做? [应该做]

　　Zhèyàng de hǎo shì wèishénme bú zuò?

이렇게 좋은 일을 왜 안 해?

④ （我)怎么不认得? 我爸爸, 我哥哥, 还有我妈妈。[我认得]

　　(Wǒ) zěnme bù rènde? Wǒ bàba, wǒ gēge, hái yǒu wǒ māma.

(내가) 어떻게 못 알아보겠어? 우리 아빠, 우리 형, 그리고 우리 엄마를.

⑤ 山上的石头又搬到哪儿去呢? [山上的石头没有地方可搬]

Shān shàng de shítou yòu bān dào nǎr qù ne?

⑥ 这件事, 我什么时候告诉他了? [我从来都没告诉他]

Zhè jiàn shì, wǒ shénme shíhou gàosu tā le?

 술어에 '哪儿', '哪里'나 '怎么'가 쓰인 경우, '哪儿', '哪里', '怎么'가 반문을 나타내고, 장소나 방식, 원인을 나타내지 않는다. 동사 '是'나 형용사 앞에 쓰이거나, 뒤에 능원동사 '能', '会', '敢' 등을 자주 사용한다.

① 狼说: "他刚才捆住我的腿, 把我装在口袋里, 上面还压了很多书, 哪里是救我, 明明是想闷死我!" [不是救我]

Láng shuō : 'Tā gāngcái kǔn zhù wǒ de tuǐ, bǎ wǒ zhuāng zài kǒudài lǐ, shàngmiàn hái yāle hěn duō shū, nǎlǐ shì jiù wǒ, míngmíng shì xiǎng mēn sǐ wǒ!'

② 这篇文章哪儿难啊! 我看一年级的学生都能看懂。 [不难]

Zhè piān wénzhāng nǎr nán a! Wǒ kàn yì niánjí de xuésheng dōu néng kàn dǒng.

③ 他们辛辛苦苦地写了, 送来了, 其目的是要我们看的, 可是怎么敢看呢? [不敢看]

Tāmen xīnxīnkǔkǔ de xiě le, sòng lái le, qí mùdì shì yào wǒmen kàn de, kěshì zěnme gǎn kàn ne?

④ 我想, 我眼见你慢慢倒地, 怎么会摔坏呢? [不会摔坏]

Wǒ xiǎng, wǒ yǎnjiàn nǐ mànmàn dǎodì, zěnme huì shuāi huài ne?

⑤ 听了这话, 她怎么能不把心伤透? [会把心伤透]

Tīngle zhè huà, tā zěnme néng bù bǎ xīn shāng tòu?

⑥ 大家见他有了困难, 哪里会不帮他呢? [一定会帮他]

Dàjiā jiàn tā yǒu le kùnnan, nǎlǐ huì bù bāng tā ne?

 복문에서 앞 절의 술어가 '不'로 부정되고, 뒷 절은 의문사의문형식일 경우, 전체 문장은 앞 절의 긍정의미를 강조하여, '应该', '必须', '只能', '当然'과 같은 의미를 내포한다. 때로는 강조를 나타내는 '就'의 의미를 갖기도 한다.

① 他不管我, 谁管我呢? [他当然应该管我]

Tā bù guǎn wǒ, shéi guǎn wǒ ne?

② 我不这么办, 怎么办? [只能这么办]

Wǒ bú zhème bàn, zěnme bàn?

③ 我们不问你问谁呀? [只能问你]

Wǒmen bú wèn nǐ wèn shéi ya?

우리가 너한테 묻지 않으면 누구한테 묻겠어?

④ 我不干这个干什么? [只能干这个]

Wǒ bú gàn zhège gàn shénme?

이거 안 하면 뭐 하라고?

⑤ 这不是封锁是什么? [这就是封锁][这当然是封锁]

Zhè bú shì fēngsuǒ shì shénme?

이게 봉쇄가 아니면 뭐야?

 형용사나 심리활동을 나타내는 동사의 뒤에 '什么'를 부가하여, 어떤 성질이나 판단을 부정한다. 이 때 동의하지 않거나 반박하는 의미를 나타내며, 문장의 강세는 '什么'에 놓인다.

① 这个句子难什么? 一点儿也不难。[这个句子不难]

Zhège jùzi nán shénme? Yìdiǎnr yě bù nán.

이 문장이 뭐가 어려워? 하나도 안 어렵구만.

② 那件衬衫好什么? 样子太旧, 颜色也不好。[那件衬衫不好]

Nà jiàn chènshān hǎo shénme? Yàngzi tài jiù, yánsè yě bù hǎo.

그 셔츠가 뭐가 좋아? 디자인도 너무 구식이고, 색상도 안 좋아.

③ 这间教室大什么? 只坐得下十几个人。[这间教室不大]

Zhè jiān jiàoshì dà shénme? Zhǐ zuò de xià shí jǐ ge rén.

이 교실이 뭐가 커? 열 몇 명밖에 못 앉는데.

④ A : 你一定很喜欢你的小孙子。

　　 Nǐ yídìng hěn xǐhuan nǐ de xiǎo sūnzi.

당신은 틀림없이 손자를 좋아하시군요.

　 B : 喜欢什么? 他太淘气。[不喜欢]

　　 Xǐhuan shénme? Tā tài táoqì.

좋아하긴. 그 애가 어찌나 장난을 치는지.

　 일반 동사 뒤에 '什么'를 부가하면 '没有必要', '不应该', '不能实现' 등의 의미를 나타낸다. 만일 동사가 목적어를 가지면 '什么'는 목적어의 앞에 쓰인다. 이러한 반어문은 불만, 반대, 책망의 어기를 나타내기도 한다. 문장의 강세는 동사나 목적어에 놓이고, '什么'는 약하게 읽는다.

① 哭什么? 这么大了还哭! [不应该哭]

Kū shénme? Zhème dàle hái kū!

왜 울어? 이렇게 커서도 울어!

② 你嚷嚷什么? 同学们都在午睡呢! [不应该嚷嚷]

Nǐ rāngrang shénme? Tóngxuémen dōu zài wǔshuì ne!

너 왜 고함치니? 학우들이 모두 낮잠 자고 있는데.

③ 忙什么? 再坐一会儿, 时候还早呢! [没有必要忙]

Máng shénme? Zài zuò yíhuìr, shíhou hái zǎo ne!

뭐가 바빠? 좀 더 앉아 있지, 시간도 아직 이른데.

④ 你和我, 见什么外! [不该见外]

Nǐ hé wǒ, jiàn shénme wài!

너와 나 사이에 뭐 그렇게 남처럼 대하니!

⑤ 外边不下雨了，还穿什么雨衣! [没有必要穿雨衣]

Wàibiān bú xià yǔ le, hái chuān shénme yǔyī!

밖에 비가 그쳤는데, 무슨 비옷을 입고 그래?

⑥ 已经下起雨来了，还去什么公园! [不能去公园了]

Yǐjing xià qǐ yǔ lái le, hái qù shénme gōngyuán!

벌써 비가 오기 시작했는데, 무슨 공원에 간다고 그래!

⑦ 钱都丢了，还买什么衣服啊! [买不成衣服了]

Qián dōu diū le, hái mǎi shénme yīfu a!

돈 다 잃어버렸는데, 무슨 옷을 산다고 그래!

⑧ 衣服那么多了，还买什么衣服啊! [没有必要再买衣服了]

Yīfu nàme duō le, hái mǎi shénme yīfu a!

옷이 그렇게 많은데, 또 무슨 옷을 사려고 그래!

5 '有什么'는 형용사술어의 앞이나 '很'이 수식하는 동사구 앞에 놓여 반문을 나타낸다. 문장이 긍정형식이면 문장전체가 부정의미를 나타내게 되고, 문장이 부정형식이면 문장전체가 긍정의 의미를 지니게 된다.

① 织女说：“……人们都说天上好，其实天上有什么好呢？我在那儿一点儿自由都没有……” [其实天上一点儿也不好]

Zhīnǔ shuō : "……rénmen dōu shuō tiānshàng hǎo, qíshí tiān shàng yǒu shénme hǎo ne? Wǒ zài nàr yì diǎnr zìyóu dōu méi yǒu……"

직녀가 말했다. "……사람들은 모두 하늘나라가 좋다지만, 실은 무슨 좋은 것도 없어. 내가 거기 있었을 때 자유라곤 조금도 없었어……'

② 这件事有什么难办? 很简单嘛! [这件事一点也不难办]

Zhè jiàn shì yǒu shénme nán bàn? Hěn jiǎndān ma!

이일이 뭐가 하기 어렵다는 거야. 아주 간단하잖아!

③ 他说的这句话有什么不公道呢? [他说的这句话很公道]

Tā shuō de zhè jù huà yǒu shénme bù gōngdao ne?

그의 말에 틀린 것이 뭐가 있어?

만일 술어가 '有'에 목적어가 부가된 형용사성 어구일 경우, 목적어의 앞에 '什么(啥)'를 쓰면 이러한 의문문을 만들 수 있다.

④ 老纪暗想：卧虎岭有个有名的后进队，有啥学头? [没有学头]

Lǎo Jì ànxiǎng : Wòhǔlǐng yǒu ge yǒumíng de hòujìnduì, yǒu shá xuétou?

老纪는 마음속으로 생각했다. 卧虎岭에는 잘 알려진 좀 뒤떨어진 부대가 있을 뿐인데, 배울게 뭐가 있어?

⑤ 如果人民不觉悟，就是有了健康的身体，对国家又有什么用呢? [对国家没有用]

Rúguǒ rénmín bù juéwù, jiùshì yǒu le jiànkāng de shēntǐ, duì guójiā yòu yǒu shénme yòng ne?

국민들이 자각하지 못한다면, 건강한 신체가 있더라도, 국가에 무슨 쓸모가 있겠는가?

⑥ 牛郎想只要把老牛分给他，离开家不离开家又有什么关系呢? [离开家不离开家 都没有关系]

Niúláng xiǎng zhǐyào bǎ lǎo niú fēn gěi tā, líkāi jiā bù líkāi jiā yòu yǒu shénme guānxi ne?

목동은 "늙은 소를 그에게 주기만 하면, 집을 떠나든 떠나지 않든 무슨 상관이 있겠어?"라고 생각했다.

‘有什么’는 단독으로 술어로 쓰일 수도 있다.

⑦ 这有什么? 平日没事，我还不是把这屋的门槛都踩平了！[这没有什么]

Zhè yǒu shénme? Píngrì méi shì, wǒ hái bú shì bǎ zhè wū de ménkǎn dōu cǎi píng le!

어때서? 평일에 일이 없을 때, 나는 이집 문지방이 다 닳아지도록 들렀잖아!

이러한 반어문은 어기가 아주 강하다. 만일 상응하는 평서문으로 바꾼다면, 예문 ⑦을 제외하고는 ‘有什么’를 ‘没’나 ‘不’로 바꾸는 것이 좋으며(‘有什么不’는 ‘很’으로 전환), ‘没什么’라고 바꾸어서는 안 된다.

‘干什么’, ‘干吗’, ‘做什么’를 써서 반문을 나타낼 경우 ‘不必’, ‘不该’의 뜻을 지닌다.

‘干什么’, ‘干吗’, ‘做什么’는 동사술어문에서 술어의 앞이나 문미에 쓴다.

① 有些同志问他 : “雷锋，你就一个人，也没有家，存那么多钱干什么?” [没必要存那么多钱]

Yǒuxiē tóngzhì wèn tā : ‘Léi Fēng, nǐ jiù yí ge rén, yě méi yǒu jiā, cún nàme duō qián gàn shénme?’

몇 몇 동지들이 그에게 물었다. “雷锋, 당신은 혼자인데, 가족도 없는데, 그렇게 저금을 많이 해서 뭐해요?

② 您干吗给他买这么讲究的衣服? 买一件普通的就行了。[不必买这么讲究的]

Nín gànmá gěi tā mǎi zhème jiǎngjiu de yīfu? Mǎi yí jiàn pǔtōng de jiù xíng le.

당신은 왜 그에게 이렇게 품격 있는 옷을 사주려고 하는 거죠? 그냥 평범한 걸로 하나 사면 되는데.

③ 她没记下的诗还多着呢，偏要记下这首来做什么? 由它自生自灭好了……[也不必记下这首来]

Tā méi jì xià de shī hái duōzhe ne, piān yào jì xià zhè shǒu lái zuò shénme? Yóu tā zì shēng zì miè hǎo le……

그녀는 쓰지 않은 시가 아직 아주 많은데, 오직 이 시만 적어서 뭐 하려는 거야? 그냥 그대로 두면 돼.

④ 送礼干什么? 这样反而生分了。[不应该送礼]

Sòng lǐ gàn shénme? Zhèyàng fǎn’ér shēng fēn le.

뭐 하러 선물해? 이러면 오히려 서먹서먹해질 텐데.

이러한 문장에서 ‘干什么’, ‘做什么’ 등은 일반적으로 술어나 전체 문장이 나타내는 어떤 사실을 부정할 때 쓰인다. 때로는 부정의 중점이 예문 ③처럼 목적어에 놓이거나 ②처럼 목적어의 수식어에 놓인다.

‘谁说’, ‘谁说的’는 상대방이나 다른 사람의 판단을 부인하거나 반박하는 의미를 나타낸다.

① 谁说我们干不成? 我们就要干成给他们看看。[我们一定干得成]

Shéi shuō wǒmen gàn bùchéng? Wǒmen jiù yào gàn chéng gěi tāmen kànkan.

우리가 못해낼 거라고 누가 그래? 꼭 해내서 그들에게 좀 보여줄 거야.

② 谁说的今天有雨? 你看准是个大晴天。[今天肯定没有雨]

Shéi shuō de jīntiān yǒu yǔ? Nǐ kàn zhǔn shì ge dà qíngtiān.

> 누가 오늘 비 온다고 했어? 봐, 아주 맑은 날임에 틀림없을 거야.

 반문을 나타내는 부사 '何必', '何况', '何尝', '何妨', '何不', '何苦', '何至于', '岂' 등을 사용하는 반어문

① 读诗, 有什么感受, 就按照自己的心去感受好了, 何必看那些注释呢? [不必看那些注释]

Dú shī, yǒu shénme gǎnshòu, jiù ànzhào zìjǐ de xīn qù gǎnshòu hǎo le, hébì kàn nàxiē zhùshì ne?

> 시를 읽을 때, 무슨 느낌이 드는지는 자기 자신의 마음에 따라서 느끼면 되지, 그 주석을 볼 필요가 어디 있어?

② 一年级的学生都读得懂, 何况二年级的呢? [二年级当然读得懂]

Yì niánjí de xuésheng dōu dú de dǒng, hékuàng èr niánjí de ne?

> 1학년 학생 모두 읽고 이해하는데, 하물며 2학년 학생들이야!

③ 你就去问一问他又何妨呢? [你就去问一问他也无妨]

Nǐ jiù qù wèn yi wèn tā yòu héfāng ne?

> 네가 가서 그 사람한테 좀 물어본들 무슨 상관 있겠어?

④ 天气这样晴朗, 何不去湖边散散步? [应该去散散步]

Tiānqì zhèyàng qínglǎng, hé bú qù húbiān sànsan bù?

> 날씨가 이렇게 맑은데, 왜 호숫가에 산책하러 안가니?

⑤ 这个方法我何尝没有试验过, 只是都没有成功。[这个方法我曾经试验过]

Zhège fāngfǎ wǒ hécháng méiyǒu shìyànguo, zhǐshì dōu méiyǒu chénggōng.

> 이 방법을 내가 왜 써 보지 않았겠어요? 모두 성공하지 못했을 뿐이죠.

⑥ 你叫人把信捎来就行了, 何苦自己跑一趟。[不必自己跑一趟]

Nǐ jiào rén bǎ xìn shāo lái jiù xíng le, hékǔ zìjǐ pǎo yí tàng.

> 네가 편지를 인편에 부치면 되지, 직접 한 번 다녀오는 고생을 왜 해.

⑦ 你要是早一点儿作准备, 何至于现在这么紧张呢! [就不至于这么紧张了]

Nǐ yàoshi zǎo yìdiǎnr zuò zhǔnbèi, hézhìyú xiànzài zhème jǐnzhāng ne!

> 네가 만일 조금 일찍 준비해 두었으면, 지금 이렇게까지 촉박하지는 않았잖아!

⑧ 你若是真那样做, 岂不让人笑掉大牙? [会让人笑掉大牙的]

Nǐ ruòshì zhēn nàyàng zuò, qǐ bú ràng rén xiào diào dàyá?

> 네가 만일 정말 그렇게 하면, 사람들을 웃겨서 배꼽 다 빠지게 할 거야.

 궁부정의문형식의 반어문

 긍정을 나타내어 분명히 반드시 그렇다는 의미를 강조한다. 문두에는 '看', '你看', '你想', '你说' 등이 자주 와서, 상대를 설득하거나, 상대방이 동감해주길 바라는 의미를 나타낸다.

① 你看看这个人厉害不厉害？[这个人确实厉害]

　Nǐ kànkan zhège rén lìhai bu lìhai?

② 你这么做丢人不丢人？[你这么做确实丢人]

　Nǐ zhème zuò diū rén bu diū rén?

③ 他得了便宜还卖乖，你说可气不可气？[确实可气]

　Tā déle piányi hái mài guāi, nǐ shuō kěqì bu kěqì?

④ 我只学了两个月汉语就当翻译，你想想，我的困难大不大？[我的困难肯定很大]

　Wǒ zhǐ xuéle liǎng ge yuè Hànyǔ jiù dāng fānyì, nǐ xiǎngxiang, wǒ de kùnnan dà bu dà?

> 좀 봐. 이사람 대단하지 않니?
>
> 너 이렇게 하는 거 망신스럽지 않니?
>
> 그는 이익을 챙겼으면서 남는 것 없다고 하니, 생각해봐 화 안 나겠어?
>
> 난 중국어를 겨우 두 달 공부해서 통역을 하는데, 네가 생각 좀 해봐, 나의 어려움이 크지 안 큰지.

 **2** 부정을 강조하며, 문장 내에 '还'를 자주 사용한다.

① 要是让牧主知道，你还想活不想活？[你这是不想活了]

　Yàoshi ràng mùzhǔ zhīdào, nǐ hái xiǎng huó bù xiǎng huó?

② 他这样无理纠缠，还让不让人工作了？[他这是不让人工作]

　Tā zhèyàng wúlǐ jiūchán, hái ràng bu ràng rén gōngzuò le?

> 목장주인이 알게 된다면, 너 살고 싶어 살기 싫어?
>
> 그는 이렇게 쓸데없이 트집 잡으니, 남더러 일을 하라는 거야 말라는 거야?

3 '是不是'를 사용해서 긍정을 강조하여, 언급한 사실이 예상되었던 것임을 나타낸다. 주의할 점은 이 때 '是不是'가 일반적으로 문장의 중간에 쓰이지 않는다는 것이다.

① 我就知道，你准得赶来，是不是？

　Wǒ jiù zhīdào, nǐ zhǔn děi gǎn lái, shì bu shì?

② 是不是？我没猜错吧。他一去问题就解决了。

　Shì bu shì? Wǒ méi cāi cuò ba. Tā yí qù wèntí jiù jiějué le.

③ 是不是？他一定会来这一手儿！

　Shì bu shì? Tā yídìng huì lái zhè yì shǒur!

> 난 네가 틀림없이 달려 왔다는 것을 알고 있어. 맞지?
>
> 맞지? 내 짐작이 틀리지 않았잖아. 그가 가자 문제가 바로 해결됐잖아.
>
> 안 그래? 그는 틀림없이 이렇게 할 거야.

 ## 선택의문형식의 반어문

1 선택의문문의 형식은 두 가지 이상의 경우에 사용된다. 반문의 어기로 전체를 부정하고, 화자가 표현하는 주된 의미를 두드러지게 한다.

① 越说越奇！……他要上房，还是要放火来着？[他既没上房，也没放火]

Yuè shuō yuè qí! …… tā yào shàng fáng, háishi yào fàng huǒ láizhe?

② 你给的钱是够买粮的，还是够买菜的？[既不够买粮，也不够买菜的]

Nǐ gěi de qián shì gòu mǎi liáng de, háishi gòu mǎi cài de.

③ 我跟你是亲戚，是老朋友，还是我欠你的？[既不是亲戚，也不是老朋友，更不欠你的]

Wǒ gēn nǐ shì qīnqī, shì lǎo péngyou, háishi wǒ qiàn nǐ de?

예문 ①의 주요 의미는 '他什么也没想干, 他并不淘气'이다. 예문 ②의 중요한 의미는 '你给的钱太少, 买什么都不够'이다. 예문 ③의 주요 의미는 '我跟你既没有亲戚朋友的关系, 也不欠你的, 因此没有责任帮助你'이다.

긍정과 부정이 병렬하여 의미적으로 대립되는 두 가지 상황에서는, 일반적으로 앞 절은 긍정이고 뒷 절은 부정이다. 앞 절이 나타내는 상황은 예기된 목적으로, 화자가 마땅히 그러해야 한다고 여기고 있는 것이다. 뒷 절이 나타내는 것은 현실 상황으로서 화자가 그렇게 해서는 안 된다고 여기는 것이다. 화자는 어떤 상황을 관찰하여 실제 상황은 후자라고 인식하고 있다. 따라서 말을 할 때 질문, 불만, 책망의 의미를 나타내게 된다.

① 你们是念书来了，还是来玩儿来了？

Nǐmen shì niàn shū lái le, háishi lái wánr lái le?

② 他是想解决问题呀，还是想打架呀？

Tā shì xiǎng jiějué wèntí ya, háishi xiǎng dǎ jià ya?

제 3 절
반향의문문

갑과 을이 대화를 하는 상황에서 갑은 질문을 하고 을은 여러 이유로 갑이 제기한 의문의 내용과 형식을 반복해서 질문을 하는데, 이러한 의문문이 반향의문문이다. 갑이 제기한 질문은 선도문이라고 부른다.

반향의문문은 구조적으로 선도의문문과 기본적으로 일치하지만, 때로는 문미에 어기조사 '吗', '吧'를 부가하고, 앞에는 '你说', '你问' 등을 쓸 수 있다.

대화 중에서 반향의문문의 중요한 기능은 청자(을)가 화자(갑)의 질문에 대해서 잘 모르거나, 믿지 않거나, 이해하지 못했거나, 동의하지 않는 경우에 반복해서 질문하는 것이다. 청자가 반복해서 질문을 할 때, 놀람, 의문, 불만 등의 느낌을 표현한다.

① 甲：小张到哪儿去了？

    Xiǎo Zhāng dào nǎr qù le?

  乙：你问小张到哪儿去了吗？［没听清楚］

    Nǐ wèn Xiǎo Zhāng dào nǎr qù le ma?

  甲：对，我半天没看见他了。

    Duì, wǒ bàntiān méi kànjiàn tā le.

  乙：我好像也没看见他，他是不是去打电话了？

    Wǒ hǎoxiàng yě méi kànjiàn tā, tā shì bu shì qù dǎ diànhuà le?

> 小张 어디 갔어?
>
> 小张 어디 갔냐고 물었니?
>
> 응, 한참 못 봤거든.
>
> 나도 못 본 것 같은데, 전화 걸러 간 거 아냐?

② 甲：小张到哪儿去了？

    Xiǎo Zhāng dào nǎr qù le?

  乙：小张到哪儿去了？他不会走吧？［不相信，惊奇］

    Xiǎo Zhāng dào nǎr qù le? Tā bú huì zǒu ba?

> 小张이 어디 갔어?
>
> 小张이 어디 갔다고? 떠났을 리가 없는데.

③ 甲：小张到哪儿去了？

    Xiǎo Zhāng dào nǎr qù le?

  乙：小张到哪儿去了？他不在实验室里吗？［不相信，怀疑］

    Xiǎo Zhāng dào nǎr qù le? Tā bú zài shíyànshì lǐ ma?

> 小张이 어디 갔어?
>
> 小张이 어디 갔다고? 그가 실험실에 없어?

④ 甲：小张到哪儿去了？

    Xiǎo Zhāng dào nǎr qù le?

  乙：小张到哪儿去了？你问我，我问谁去呀？［不理解，不满］

    Xiǎo Zhāng dào nǎr qù le? Nǐ wèn wǒ, wǒ wèn shéi qù ya?

> 小张이 어디 갔어?
>
> 小张이 어디 갔다고? 네가 나한테 물으면, 나는 누구한테 물어?

⑤ 甲：你为什么没把小张找回来？

    Nǐ wèishénme méi bǎ xiǎo Zhāng zhǎo huílai?

  乙：你说，我为什么没把小张找回来？我为什么要把小张找回来？［不同意，不满］

    Nǐ shuō, wǒ wèishénme méi bǎ Xiǎo Zhāng zhǎo huílai? Wǒ wèishénme yào bǎ Xiǎo Zhāng zhǎo huílai?

> 너 왜 小张을 찾아오지 않은 거야?
>
> 내가 왜 小张을 안 찾아왔냐고 말했니? 내가 왜 小张을 찾아와야 돼?

위의 예문에서처럼 청자가 반향의문문을 제기한 후 더 나아가서 자신이 믿지 않거나, 이해하지 못했거나, 동의하지 않는 등의 이유나 원인을 설명할 수도 있다. 예를 들면, ②의 '他不会走吧?', ③의 '他不在实验室里吗?', ④의 '你问我, 我问谁去呀', ⑤의 '我为什么要把小张找回来?' 등이 그러하다. 때로는 화자가 이 질문에 대해서 더 설명 할 수도 있는데, 예문 ①의 '我半天没看见他了'가 그 경우이다.

参考文献

刘月华　　语调是非问句,语言教学与研究,1988年第2期。
邵敬敏　　现代双语疑问句研究,华东师范大学出版社,1996年。
史金生　　语用疑问句,世界汉语教学,1995年第2期。

一. 다음 대답에 근거하여 의문문을 만드시오.

(一) 어기사 '吗'를 사용한 판단의문문

 1. 我是清华大学的外国留学生。
 2. 他是在第一外国语大学学的英语。
 3. 我想去河边散散步。
 4. 明天星期三。
 5. 这种圆珠笔很好用。
 6. 她看过那个芭蕾舞剧。

(二) '……不……', '……没……' 또는 '……了(过)没有' 등을 사용한 긍부정의문문

 1. 我看过鲁迅的小说≪阿Q正传≫。
 2. 她的口头表达能力很强。
 3. 学过的生词我都记住了。
 4. 他有≪现代汉语词典≫。
 5. 我会翻译这个句子。
 6. 我相信这个消息是真的。
 7. 他家的彩色电视机是新买的。
 8. 这部作品中的几个主要人物写得很真实。
 9. 他们能按期完成这项工程。
10. 电影开演以前，我们到不了。

(三) '(是)……还是……'를 사용한 선택의문문

 1. 我去颐和园，不去故宫。
 2. 我到医院去看内科，不看外科。
 3. 这次考试的题目不容易，很难。
 4. 昨天晚上的气温是零下十二度，不是零下十四度。
 5. 我会骑自行车，不会开汽车。
 6. 我是学生，不是工人。
 7. 我喜欢北京的秋天，不喜欢北京的春天。
 8. 这篇文章他看不懂。
 9. 他来找我，我不去找他。
10. 她在教室学习，不在图书馆学习。

(四) 의문대사로 밑줄 친 부분을 대체하여 의문사의문문을 만드시오.

  1. <u>她</u>是教育代表团的副团长。
  2. 老马是<u>昨天</u>动身到广州去的。
  3. 孩子们到<u>操场上</u>去玩儿了。
  4. 我给他借了<u>两本</u>《现代短篇小说选》。
  5. <u>这个班</u>明天要和外国留学生联欢。
  6. 那条路有<u>三公里</u>长。
  7. 他女儿<u>五岁</u>了。
  8. 老马的父亲<u>七十二岁</u>了。

(五) '呢'를 사용하는 의문문으로 바꾸시오.

  1. 我的帽子在这儿。
  2. 屋子里已经打扫干净了, 院子还没打扫。
  3. 我哥哥已经结婚了, 我姐姐还没有。
  4. 这个问题比较简单, 那个问题有点复杂。
  5. 这位客人是我父亲的朋友, 那位客人我不认识。

二. '是的', '对了', '不', '没有' 등의 용법에 주의해서 다음 질문에 답하시오.

    보기 : 你不看书吗?
          对了, 我不看书。(부정문으로 대답)
          不, 我看书。(긍정문으로 대답)

  1. 明天下午你们学校有足球赛吗? (부정문으로 대답)
  2. 病人需要到室外去晒太阳吗? (긍정문으로 대답)
  3. 你不参加今天晚上的招待会吗? (긍정문으로 대답)
  4. 你昨天没看那个歌剧吗? (부정문으로 대답)
  5. 他不是这个班的学生吗? (긍정문으로 대답)
  6. 昨天晚上你不是在学校食堂吃的晚饭吧? (긍정문으로 대답)
  7. 你母亲还没吃晚饭吗? (부정문으로 대답)
  8. 明天你们别去长城了, 好吗? (부정문으로 대답)
  9. 你是不是把房门钥匙丢在商店里了? (부정문으로 대답)
 10. 对完成这项任务, 大家都很有信心吗? (긍정문으로 대답)

三. 아래 반어문에서 어느 단어가 반어 어조를 나타내는지 지적하고, 문장의 본래 의미를 쓰시오.

　　보기 : 这么难的文章，我怎么能看得懂？
　　　　　这么难的文章，我怎么能看得懂？（这么难的文章，我看不懂。）

　1. 问题已经解决了，你还着急！
　2. 天气已经这么暖和了，你怎么还穿大衣？
　3. 我叫了他好几声，他难道没听见吗？
　4. 这么容易的句子，你还不会翻译吗？
　5. 这不是我的字典吗？原来在这儿。
　6. 你要是不来参加联欢会，我们的大合唱谁来指挥呢？
　7. 这么好的机会，你怎么不利用？
　8. 这哪儿是帮忙呀！简直是给我找麻烦！
　9. 这个责任我不承担，谁承担呢？
10. 这间屋子大什么？只有十四平方米。
11. 这本小说有什么好？一点儿意思也没有。
12. 你笑什么？难道这是可笑的事？
13. 票都丢了，还看什么电影？
14. 他有什么理由不让我们工作呢？
15. 你拿伞干什么？外边又没下雨。
16. 谁说她不会画画儿？人家还举办过个人画展呢！
17. 你打个电话就行了，何必自己跑去呢？
18. 风浪那么大，还要坐这么小的船出海，你还想活不想活了？
19. 是不是？我就知道你一定得感冒！
20. 我们想搞个课外活动站，可是既没有经费，又找不到活动地点，你说难办不难办？
21. 你们是来帮忙来了，还是看热闹来了？怎么不动手啊？
22. 谁说妇女不顶用，我们要顶半边天！

四. 아래 평서문을 반어문으로 바꾸시오.
　1. 那个体育馆很大，我听说坐得下一万五千人呢！（不是……吗）
　2. 这种圆珠笔很好用，你怎么说不好用呢？（不是……吗）
　3. 一个人吃不下这么多苹果。（哪儿）
　4. 我没看过那本科学幻想小说，不知道它的内容是什么。（怎么能……呢）
　5. 对狼这样的坏东西不能仁慈。（难道……吗）
　6. 路那么远，你应该坐汽车去。（还）

7. 既然你们两个人都懂法语，就用法语交谈吧！（为什么……呢）

8. 你是群众代表，这个会你应该参加。（你不……谁……）

9. 这儿没有茶，只有汽水，我只能喝汽水。（我不……什么）

10. 解决这个问题并不难。（有什么）

11. 我们的假期很短，没有必要借那么多小说。（……干什么）

12. 我们一定能成功，我们有信心有决心，一定要试验成功！（谁说……）

13. 听说他去过那个地方，我们可以请他来介绍介绍那里的情况。（何不）

14. 孩子那么小就那么懂礼貌，真可爱。（你说……不……）

15. 这种东西既不能吃，又不能穿，没有用。（是……还是……，有什么）

五. 상하문의 의미에 근거해서, 주어진 어구로 반어문을 완성하시오.

1. 今天很多朋友都来祝贺我母亲的生日，我母亲＿＿＿＿＿＿？（怎么能不……呢）

2. ＿＿＿＿＿＿？信封上还有你的名字呢？（不是……吗）

3. 去年试制新产品的时候，我们遇到那么大的困难都没灰心，现在遇到这么一点困难，＿＿＿＿＿＿？（难道……吗）

4. 我认识她，＿＿＿＿＿＿？（不是……吗）

5. ＿＿＿＿＿＿？不能，一定要坚强起来！（难道……吗）

6. ＿＿＿＿＿＿？那个剧团是很有名的。（没……吗）

7. 人民大会堂是非常雄伟壮丽的，＿＿＿＿＿＿？（谁不……）

8. 他给了我们这么大的帮助，＿＿＿＿＿＿？（哪儿能不……呢）

9. 我是她唯一的亲人，他有了困难，＿＿＿＿＿＿？（我不……谁……）

10. 这种家具的样子＿＿＿＿＿＿？我觉得很难看。（有什么）

11. ＿＿＿＿＿＿？汽车马上就来。（什么）

12. ＿＿＿＿＿＿？没有必要！（……干什么）

13. ＿＿＿＿＿＿？我们就要争这口气。（谁说……）

14. 这块布太小了，＿＿＿＿＿＿？（是……还是……）

제 5 장

청원문

청원문은 명령, 부탁을 나타내는 문장으로서, 다른 사람(때로는 자신을 포함)에게 무엇을 하거나 하지 말 것을 명령하거나 부탁하는 것을 나타낸다.

제 1 절

긍정청원문과 부정청원문

긍정청원문은 다른 사람에게 무엇을 할 것을 명령, 부탁하는 문장이며, 부정청원문은 다른 사람이 어떤 행위를 하도록 허락하지 않거나 권유하는 문장이다. 이 두 종의 청원문은 구조적으로 다르다. 긍정청원문은 다음과 같다.

① 走!
　Zǒu!
가!

② 拿着!
　Názhe!
들고 있어!

③ 把药喝了!
　Bǎ yào hē le!
약 마셔!

④ 快跑!
　Kuài pǎo!
빨리 뛰어!

⑤ 我们马上离开这里!
　wǒmen mǎshàng líkāi zhèlǐ!
우리 곧 이곳을 떠나자!

⑥ 照片挂得再高点儿!
　Zhàopiàn guà de zài gāo diǎnr!
사진을 좀 더 높이 걸어!

⑦ 抓紧我。
　Zhuā jǐn wǒ.
날 꼭 잡아!

⑧ 冷静点儿!
　Lěngjìng diǎnr!
침착해!

⑨ 去搬把椅子来!

　　Qù bān bǎ yǐzi lái!

⑩ 叫他赶紧逃!

　　Jiào tā gǎnjǐn táo!

⑪ 钥匙! ['给我钥匙'의 의미]

　　Yàoshi!

⑫ (매표원이 승객에게)票! ['把你的票给我/给我看看'의 의미]

　　Piào!

⑬ 赶紧! ['赶紧做什么'의 의미]

　　Gǎnjǐn!

가서 의자 하나 갖고 와!

그에게 어서 도망가라고 해!

열쇠!

표요!

어서!

　　부정의 청원문은 '别', '不要', '不必', '不用', '甭'에 다른 술어 성분을 더 해서 구성한다.

① 别走!

　　Bié zǒu!

② 不要相信他!

　　Búyào xiāngxìn tā!

③ 手别松开!

　　Shǒu bié sōng kāi!

④ 作业别都做完了, 留一点明天做!

　　Zuòyè bié dōu zuò wán le, liú yìdiǎn míngtiān zuò!

⑤ 别光坐着! 找点事儿做!

　　Bié guāng zuòzhe! Zhǎo diǎn shìr zuò!

⑥ 别喝了! 你快醉了。 [계속 마시는 것을 금지함]

　　Bié hē le! Nǐ kuài zuì le.

⑦ 这是农药, 别叫人喝了! ['了'는 결과의 의미임]

　　Zhè shì nóngyào, bié jiào rén hē le!

⑧ 这瓶酒还没打开, 咱们别喝了, 喝打开的吧。 [원래 이 술을 마실 생각이었지만, 지금은 만류함]

　　Zhè píng jiǔ hái méi dǎ kāi, zámen bié hē le, hē dǎ kāi de ba.

⑨ 甭太高兴了! 一会儿还不知道会发生什么事呢?

　　Béng tài gāoxìng le! yíhuìr hái bù zhīdào huì fāsheng shénme shì ne?

가지마!

그 사람 믿지 마!

손떼지 마!

숙제는 다 하지 말고 좀 남겼다가 내일 해!

앉아있지만 말고, 일 좀 찾아서 해라!

그만 마셔! 취하겠다.

이거 농약이니까, 사람들이 마시지 않도록 해!

이 술은 개봉 안 한 것이니 우리 마시지 말고, 개봉한 것을 마십시다.

너무 좋아할 필요 없어! 잠시 후에 무슨 일이 생길지 모르잖니?

⑩ 別走得那么快!

　　Bié zǒu de nàme kuài!

그렇게 빨리 걷지 마!

　위의 문장을 보면 동사와 동사구, 형용사구, 명사, 부사 등은 모두 청원문을 구성할 수 있음을 알 수 있다. 동사와 형용사가 청원문을 구성하는 문제에 대해서는 '청원문의 구조적 특징'을 다룰 때 다시 보도록 하자.

　명사가 구성하는 긍정청원문은 모두 상대방에게 어떤 물건을 요구하며, 요구하는 물건은 반드시 청자가 알고 있는 것이어야 한다. 예를 들면, 예 ⑪은 한 사람이 다른 사람에게 '열쇠'를 요구하는 것이다. 예 ⑫는 버스 매표원이 승객에게 '차표'를 요구하는 것이다.

　부사가 단독으로 청원문을 구성하는 상황은 적다. 예 ⑬은 '서둘러서(赶紧)' 어떤 일을 할 것을 재촉하는 것으로, 그 일이 무엇인지 청자도 잘 알고 있다. 따라서 명사와 부사가 구성하는 청원문은 실제로 동사를 생략한 것이다.

제 2 절

청원문의 구조적 특징

> 청원문은 명령, 부탁의 기능을 갖고 있어서, 그 구조 형식은 평서문, 의문문 등과 다른 특징을 갖는다.

 **1 청원문의 동사**

　명령, 부탁은 사람과 사람 간에 진행되는 것이며 다른 사람이 어떤 일을 하도록 부탁하므로, 긍정청원문이든 부정청원문이든 상관없이 사용하는 동사는 반드시 동작동사이어야 한다. 일반적으로 동사가 나타내는 동작이 구체적일수록 청원문을 구성하기가 쉽다. 그러나 모든 동사가 청원문을 구성할 수 있는 것은 아니다.

(1) 일정한 조건하에서만 청원문을 만들 수 있는 동사

① 醒醒!

　Xǐngxing!

좀 일어나!

醒一下!

　Xǐng yíxià!

좀 일어나!

*醒!

② 宣传一下!

   Xuānchuán yíxià!

  *宣传!

이러한 동사로는 '醒', '叙', '逛', '宣传', '反映', '表示', '说明', '活动', '观察', '吓唬', '打听', '打扮' 등이 있다. '歇', '躺'도 단독으로 청원문을 만들 수 없다. 그들이 청원문을 구성하기 위해서 중첩을 하거나 '一下'를 부가해야 한다. 이러한 단어가 청원문을 구성할 때, 다른 방식을 선택할 수도 있다. 예를 들면, '一会儿'이나 보어를 부가하는 방식도 가능하다.

이러한 동사는 때로는 단독으로 부정청원문을 구성할 수 있다. 예를 들면, '别宣传', '别反映', '别活动', '别打听', '别打扮' 등과 같이 말할 수 있다.

때로는 동사가 청원문을 구성할 때 중첩과 비중첩은 서로 다른 의미를 나타낸다.

① A : 对方的代表来了, 你们谈谈/一下吧。

    Duìfāng de dàibiǎo lái le, nǐmen tántan / yíxià ba.

  B : 你们谈吧, 我走了。

    Nǐmen tán ba, wǒ zǒu le.

② A : 你们收拾收拾吧, 我们不吃了。

    Nǐmen shōushi shōushi ba, wǒmen bù chī le.

  B : 你们收拾吧, 我走了。

    Nǐmen shōushi ba, wǒ zǒu le.

예문 ①, ②의 A는 동작이 아직 시작되지 않았음을 나타내고 B는 아직 동작이 시작되지 않았거나 이미 어느 정도 진행된 것을 모두 나타낼 수도 있다.

② 이러한 동사 뒤에 '着'을 부가해서 청원문을 만들 수 있다.

① 跪着!

  Guìzhe!

  跪下!

  Guì xià!

  *跪!

② 扶着!

  Fúzhe!

  *扶!

이런 동사는 일반적으로 인체의 동작을 나타내거나 동작 뒤의 상태나 자세를 나타내는 것으로, '仰', '站', '躺' '跪', '伸', '趴', '呆', '搁', '托', '扶', '举', '捧', '搂', '披', '记

(기억하다)' 등이 있다.

　　이러한 동사는 대부분 단독으로 부정의 청원문을 만들 수 없지만, '別跪', '別扶' 등 일부는 그것이 가능하다.

③ 보어를 부가하여 청원문을 만들 수 있다.

① 藏起来!　　　　　　　　　　　　　　　　　　　숨어라!

　　Cáng qǐlai!

　*藏!

② 站出来!　　　　　　　　　　　　　　　　　　　나와!

　　Zhàn chūlai!

　　站起来!　　　　　　　　　　　　　　　　　　　일어 서!

　　Zhàn qǐlai!

　　站着!　　　　　　　　　　　　　　　　　　　　서 있어!

　　Zhànzhe!

　*站!

이러한 동사는 대부분 단음절이다. 나타내는 동작은 동작 후에 생기는 결과나 방향을 나타낸다. 예를 들면, 어떤 사람이 문을 닫으면, 문은 닫히게 된다. 어떤 사람이 숨은 후에는 일반적으로 다른 사람이 그를 볼 수 없는 결과가 발생한다. 이동을 나타내는 술어동사가 오는 경우, 뒤에는 '出来!', '回去!' 등의 표현이 온다(제3편 제5장 제2절 '방향보어' 참조). 이러한 동사로는 '合', '闭', '关', '塞', '盖', '存', '藏', '避', '躲', '住', '渡', '骑', '出', '回', '过', '起' 등이 있다.

　　이런 동사 중 어떤 것은 단독으로 부정의 청원문을 만들 수 있다. 예를 들면, '別关', '別盖', '別存', '別藏', '別躲', '別住', '別骑' 등이 그러하다.

④ 주어가 출현할 수 있다. 어떤 동사는 추상적인 동작을 나타내고, 주어는 동작을 하는 사람이나 당사자로서 청원의 대상이 되어, 주어가 해당 동작에 대해 권리와 책임을 가지므로 매우 중요한 역할을 할 경우, 청원문에 주어가 나타나야 한다.

① 你负责!　　　　　　　　　　　　　　　　　　　네가 책임져!

　　Nǐ fùzé!

　*负责!

② 你批准吧!　　　　　　　　　　　　　　　　　　당신 허가하세요!

　　Nǐ pīzhǔn ba!

　*批准!

이러한 동사로는 '决定', '领导', '批准', '负责', '代理'. '代表', '承担', '担任', '防守', '驾

驶', '解决', '发行' 등이 있다.

　이러한 동사 중 어떤 것은 단독으로 부정청원문을 구성할 수 있다. 예를 들면, '别批准'과 같이 쓰인다.

⑤ 어떤 동사는 청원문을 구성할 때는 목적어를 갖지 않으면 동작대상이 명확하지 않아서 반드시 목적어를 동반한다.

① 帮助你弟弟!

　　Bāngzhù nǐ dìdi!

　*帮助!

② 救人!

　　Jiù rén!

　*救!

동생을 도와라!

사람 살려!

이러한 동사로는 '禁止', '利用', '逼', '处罚', '救', '帮助', '替', '养活', '请教', '加入', '生产' 등이 있다.

　이러한 동사는 일정한 언어 환경적 조건하에서 어떤 것은 단독으로 부정의 청원문을 구성할 수 있다. 예를 들면, '别禁止', '别处罚', '不要救', '别生产' 등과 같이 쓰인다.

⑥ 부사어가 출현해야 하는 경우가 있다. 어떤 동작들은 한 쪽만 참여해서 완성되는 것이 아니어서, 긍정청원문을 만들 때, 일반적으로 상대방을 반드시 언급해야 한다. 이 때, 개사 '跟', '对', '向' 등을 사용한다.

① 向他赔罪!

　　Xiàng tā péi zuì!

　*赔罪!

② 跟他讲道理!

　　Gēn tā jiǎng dàoli!

　*讲道理!

그에게 사과해!

그에게 이치를 설명해라!

이러한 동사로는 '请教', '讲理', '道歉', '赔罪', '吵', '要求', '请求', '要(요구하다)', '接头', '接洽' 등이 있다.

　이러한 동사 중 일부는 단독으로 부정청원문을 구성할 수 있다. 예를 들면, '别道歉', '不要赔罪', '别吵', '别要求', '别要' 등으로 표현할 수 있다.

⑦ 연동문의 형식으로 청원문을 만드는 경우가 있다. 어떤 동작은 반드시 원래 장소를 떠나야만 실현되므로, 청원문을 만들 때 '去'+동사'의 연동형식을 사용해야 한다.

① 去旅行吧!

　　Qù lǚxíng ba!

　*旅行吧!

② A：那封信我怎么才能拿到?

　　　Nà fēng xìn wǒ zěnme cái néng ná dào?

　 B：来取!

　　　Lái qǔ!

　*取!

이러한 동사로는 '打仗', '战斗', '旅行', '出差', '演戏', '迎接', '欢迎' 등이 있다.

⑧ 능원동사 '要' 등을 쓴다.

① 要节约, 不要浪费!

　　Yào jiéyuē, búyào làngfèi!

　*节约!

② 对他, 你要支持!

　　Duì tā, nǐ yào zhīchí!

　*对他, 你支持!

③ 要同情他!

　　Yào tóngqíng tā!

　*同情他!

⑨ 단독으로 청원문을 만들 수 없는 일부의 동사는 '请'을 더해서 청원문을 만들 수 있다.

① 请帮忙!

　　Qǐng bāng máng!

② 请指教!

　　Qǐng zhǐjiào!

　이제까지 동사가 청원문을 구성할 때의 조건을 열거했다. 그 중 대부분의 동사들은 그 중의 한 가지만을 사용할 수 있다. 그러나 어떤 동사들은 몇 가지를 선택할 수 있는데, 예를 들면, '打听'은 '打听打听', '打听一下', '打听清楚', '跟小张打听', '去打听' 등으로 말할 수 있고, '总结'는 '总结一下', '总结总结', '你总结' 등으로 말할 수 있으며, '讲理'는 '跟他讲理', '要讲理' 등으로 말할 수 있다.

구령을 할 때는 위에서 서술한 제한을 받지 않는다. 훈련을 할 때는 교관이 '蹲!', '起!' 등으로 구령을 할 수 있는 것이다.

위의 분석을 통해서, 동사가 부정청원문을 구성하는 경우는 긍정청원문을 구성하는 경우보다 제한이 더 적음을 알 수 있다.

의문문, 청원문, 감탄문, 평서문 중에서 감탄문의 구조는 비교적 특수하고, 의문문의 구조는 일반적으로 그다지 복잡하지 않으며, 특히 의문에 대한 대답은 아주 간단하다. 평서문의 구조는 일반적으로 다른 몇 가지 어투보다 복잡하다. 청원문은 일반적으로 평서문의 구조보다는 간단하여, 하나의 동사가 단독으로 청원문을 이룰 수도 있다. 만일 어떤 동사가 단독으로 청원문을 이룰 수 없다면, 단독으로 평서문을 이룰 수도 없다. 따라서 위에서 단독으로 청원문을 이룰 수 없다고 열거한 아홉 종의 동사들은 평서문도 이룰 수 없는 것이다.

② 청원문을 만들 수 없는 동사

[1] 비동작동사 및 사람의 동작을 나타내지 못하는 동사

'是', '成', '像', '有', '在' 등의 관계동사와 존재동사, '知道', '懂', '失意', '消', '相似', '缺乏', '消亡', '涌现', '痊愈' 등의 상태동사, 그리고 능원동사는 청원문을 만들 수 없다.

[2] 비의지 동작동사는 긍정청원문을 만들 수 없다. 어떤 것은 부정청원문을 만들 수 있다. 청원문은 다른 사람에게 동작을 하도록 명령, 부탁하는 것이므로, 청원문을 구성하는 동사는 반드시 사람이 하고 싶으면 하고, 하고 싶지 않으면 하지 않을 수 있는 동작이어야 하며, 사람이 제어할 수 있는 동작이어야 한다. 이러한 동작을 나타내는 동작을 의지동작동사라고 부르거나, '의지동사'라고 부른다. (제2편 제4장 '동사' 참조) 비의지동작동사는 긍정의 청원문을 구성할 수 없다. 예를 들면, '打哈欠!', '呕吐!', '颤斗!', '流汗!', '生气!', '丢东西(물건을 잃다)!', '做梦!', '摔跟头!' 등과 같이 표현할 수 없다.

'笑', '哭', '咳嗽' 등은 원래 비자주동작동사이지만 공연을 하거나, 사진을 찍을 때 혹은 암호를 댈 때는 의지동작동사가 될 수 있다. 이것은 일종의 특수한 상황이다. 예를 들면, 사진을 찍을 때, '笑一笑'라고 말하고, 의식적으로 기침을 하라고 할 때는 '咳嗽一下, 卡在嗓子里的东西就可以出来了'라고 말할 수 있는 것이다.

부정청원문을 만들 때, 의지동작동사는 당연히 문제가 없으며, 일부 비의지동사도 부정청원문을 만들 수 있다.

① 别坐错了车!

   Bié zuò cuò le chē!

② 这件事很重要, 千万别忘了!

   Zhè jiàn shì hěn zhòngyào, qiānwàn bié wàng le!

차를 잘못 타지 마!

이 일은 중요하니 절대로 잊지 마!

③ 别把钱丢了!

    Bié bǎ qián diū le!

돈을 잃어버리지 마!

④ 别误会!

    Bié wùhuì!

오해하지 마!

⑤ 小心别病了。

    Xiǎoxīn bié bìng le.

병나지 않도록 조심해!

⑥ 别着急!

    Bié zháojí!

서두르지 마!

⑦ 不要不好意思!

    Búyào bù hǎo yìsi!

사양하지 마!

⑧ 不要小看女生!

    Búyào xiǎokàn nǚshēng!

여학생을 얕보지 마!

⑨ 别生气!

    Bié shēng qì!

화내지 마!

⑩ 别哭!

    Bié kū!

울지 마!

⑪ 别做梦! [比喻义]

    Bié zuò mèng!

꿈꾸지 마! (비유적인 의미)

⑫ 注意, 别摔跟头!

    Zhùyì, bié shuāi gēntou!

조심해, 넘어지지 않도록!

이러한 청원문은 모두 좋지 않은 상황이 발생하지 않도록 주의하도록 하거나, 상대방이 감정을 제어하기를 권고하는 의미를 나타낸다. 사용한 동사가 비록 비자주적인 동작이지만, 그 동작의 발생을 피하도록 주의할 수 있거나(①, ②, ③, ⑤, ⑧, ⑫의 예), 감정을 제어할 수 있다(④, ⑥, ⑦, ⑨, ⑩, ⑪의 예).

③ 나쁜 의미의 동사는 긍정청원문을 만들 수 없고, 좋은 의미의 동사는 부정청원문을 만들 수 없다. 의미적으로 좋거나 나쁜 느낌을 나타내는 동사는 청원문을 구성할 때 이처럼 제약이 있지만, 나쁜 의미를 갖지 않는 중성적 의미의 동사는 청원문을 구성할 때 특별한 의미 제한이 없다.

  나쁜 의미의 동사는 긍정청원문을 만들 수 없다. 정상적인 상황에서는 일반적으로 공개적으로 다른 사람에게 나쁜 일을 하도록 하지 않기 때문이다. 이런 동사로는 '惹', '剥削', '侵略', '隐瞒', '骗', '欺骗', '哄(속이다)', '捣乱', '敲诈', '撒慌', '欺负', '侮辱', '糟蹋', '辩解', '残害', '吹嘘', '篡改', '谋杀' 등이 있다. 특수한 상황에서 의도적으로 사주할 경우에는 긍정청원문를 사용할 수도 있다. 좋은 의미의 동사가 긍정청원문을 구성할 경우는 이러한 제한이 없다.

　부정청원문은 이와 달리, 나쁜 의미나 중성 의미의 동사를 사용할 수 있다. 그러나 일반적으로 좋은 의미의 동사를 사용하지 않는다. 일반적인 상황에서는 다른 사람이 좋은 일을 하지 않도록 막지 않을 것이기 때문이다. 좋은 의미의 동사로는 '贍养', '赞美', '发扬', '改善', '增进', '团结', '爱惜', '珍惜' 등이 있다.

 청원문의 형용사

　형용사로 이루어진 청원문은 두 가지 의미를 나타내며, 각 경우에 쓰이는 형용사가 구별된다.

 어떤 행위에 대해서 요구를 하는 경우

① 明天去爬山，早点儿!

　Míngtiān qù pá shān, zǎo diǎnr!

내일 등산하러 가자, 좀 일찍!

② 明天检查卫生，房间整齐点儿!

　Míngtiān jiǎnchá wèishēng, fángjiān zhěngqí diǎnr!

내일 위생검사를 하니, 방을 좀 정리해라!

③ 这篇文章你再校对一遍，仔细点儿!

　Zhè piān wénzhāng nǐ zài jiàoduì yí biàn, zǐxì diǎnr!

너 다시 한 번 더 이 문장을 교정해라, 좀 자세하게!

이 문장들은 장차 일어날 동작에 대해서 요구하는 것이다. 이미 발생한 동작에 대해서 어떤 변화를 요구할 수도 있다.

④ (갑이 그림을 걸고 있다)

　乙 : 左边高一点儿!

　　　Zuǒbiān gāo yìdiǎnr!

갑이 그림을 걸고 있다
을: 왼쪽을 좀 더 올려!

⑤ 这朵花颜色太浅了，深一点儿!

　Zhè duǒ huā yánsè tài qiǎn le, shēn yìdiǎnr!

이 꽃 색깔이 너무 옅으니, 좀 짙게 해라!

⑥ 声音再大一点儿!

　Shēngyīn zài dà yìdiǎnr!

목소리를 좀 더 크게 해!

형용사로 구성된 이상의 청원문은 실제로 모두 동사를 함축하고 있다. 예를 들면, ①는 '起' 혹은 '来'를, ②는 '收拾'을, ③은 '校对'를, ④은 '挂'를, ⑤은 '涂'를, ⑥은 '说话' 혹은 '唱歌'를 함축하고 있다. 이런 동사들은 일정한 상하문이나 언어맥락에서 생략된다.

　이러한 형용사는 많다. 예를 들면, '大', '小', '长', '短', '远', '近', '干', '湿', '直', '弯', '便宜', '彻底', '干净', '清楚', '明确', '具体', '简单' 등이 그에 속한다. 일반적으로 모두 나쁜 의미를 나타내지 않는다. 청원문을 구성할 때, 일반적으로 뒤에 '(一)点儿', '一

些’를 부가하지만, ‘快’, ‘安静’의 뒤에는 쓰지 않아도 된다. ‘慢’의 뒤에도 쓰지 않는 경우가 더러 있다.

　　부정청원문을 만들 때는 ‘那么’를 더해야 한다. 긍정청원문보다 적게 쓰인다.

① 别那么快!
　　Bié nàme kuài!

그렇게 빨리 하지 마!

② 别那么弯!
　　Bié nàme wān!

그렇게 구부리지 마!

2 상대방의 사람됨이나 일처리, 직무태도, 생활태도 등에 대한 요구를 나타낸다. 때로는, 상대방이 현재 조건을 만족시키지 못함을 나타낸다.

① 严肃点儿, 不许笑!
　　Yánsù diǎnr, bùxǔ xiào!

좀 엄숙해라, 웃지 마!

② 别马马虎虎的, 认真点儿!
　　Bié mǎmǎhūhū de, rènzhēn diǎnr!

대충하지 말고 좀 진지하게 해!

때로는 단지 주의를 환기시키기 위해서 쓰인다.

③ 路滑, 小心点儿!
　　Lù huá, xiǎoxīn diǎnr!

길이 미끄러우니 좀 조심해!

④ 看问题实际点儿!
　　Jàn wèntí shíjì diǎnr!

문제를 좀 현실적으로 봐!

⑤ 坚决点儿!
　　Jiānjué diǎnr!

좀 단호해라!

⑥ 别难过!
　　Bié nánguò!

슬퍼하지 마!

⑦ 别这么骄傲!
　　Bié zhème jiāo’ào!

이렇게 교만하지 마!

⑧ 不要那么罗嗦!
　　Búyào nàme luósuō!

그렇게 수다 떨지 마!

이러한 형용사로는 ‘实际’, ‘成熟’, ‘聪明’, ‘老实’, ‘随便’, ‘勇敢’, ‘冷静’, ‘大方’, ‘大胆’, ‘热情’, ‘朴实’, ‘扑素’, ‘严’, ‘狠’, ‘干脆’, ‘谦虚’, ‘活泼’, ‘勤快’, ‘高兴’, ‘主动’, ‘积极’, ‘自觉’, ‘耐心’, ‘规矩’, ‘客气’ 등이 있다. 이러한 형용사는 대부분 좋은 의미이다. 만일 어떤 나쁜 의미의 형용사를 사용하면, 화자는 그것을 나쁜 의미로 보지 않는다. 예를 들어, ‘马虎点儿’는 그다지 신중할 필요가 없음을 나타낸다. ‘保守点儿’이라고 말하

면, '保守'가 좋다고 여기고 있는 것이다.

　반대로 부정 청원문을 사용할 경우는 좋은 의미를 사용할 수 없고, 나쁜 의미를 사용한다. 예를 들면, '麻烦', '忙,' '骄傲', '自满', '冒矢', '大意', '麻痹', '急躁', '性急', '小气', '胆小', '顽固', '自私', '懒', '勉强', '难过', '消极', '悲观' 등을 사용한다. 만일 상대방에게 이러한 형용사가 나타내는 상황이 있는 경우, 부정 청원문에 '这么', '那么'를 부가할 수 있다.

　결국, 동사와 마찬가지로 형용사가 청원문을 구성할 수 있는지의 여부는 주로 그 의미와 관련이 있다. 첫째로는 형용사가 나타내는 성질, 상태가 사람이 제어하거나 변화시킬 수 있는지의 여부와 관련이 있으며, 둘째로는 좋은 의미인지 아니면 나쁜 의미인지와 관련이 있다.

 **청원문의 시태조사와 보어**

 **시태조사의 사용**

　긍정청원문은 아직 발생하지 않은 동작을 나타내므로, 의미적으로 이와 충돌하는 시태조사는 사용할 수 없다. 예를 들면, 긍정청원문에서는 일반적으로 발생, 출현의 의미를 나타내는 '了'를 사용할 수 없다. 왜냐하면, 이미 발생한 동작이나 출현한 상태를 요구할 수 없기 때문이다.

① *穿了这件衣服!

② *高了!

그러나 결과의미를 가지는 '了'를 사용할 수 있다.

① 把手里的脏东西扔了! [扔了=扔掉]

　　Bǎ shǒu lǐ de zāng dōngxi rēng le!

② 喝了这杯酒! [喝了=喝掉]

　　Hēle zhè bēi jiǔ!

연속해서 발생하는 두 동작을 나타내는 문장은 비록 아직 발생하지 않는 동작이지만 첫 번째 동사 뒤에 시태조사 '了'를 쓸 수 있다.

③ 见了老师要行礼! 记住了吗?

　　Jiànle lǎoshī yào xíng lǐ! Jìzhù le ma?

이것은 '见了'가 '要行礼'의 시간을 나타내기 때문이다.

어기조사 '了'를 포함한 문장이 시간사가 없다면 나타내는 시간은 현재이다. 따라서 다음과 같은 청원문을 쓴다.

④ 开饭了!　　　　　　　　　　　　　　밥 먹자!

　　Kāi fàn le!

⑤ 走了，走了!　　　　　　　　　　　　가자, 가!

　　Zǒu le, zǒu le!

⑥ 上车了，上车了!　　　　　　　　　　차에 타라, 차에 타라!

　　Shàng chē le, shàng chē le!

부정청원문은 결과의미의 '了'와 어기조사 '了'를 쓸 수 있다.

⑦ 别说了，打发它们走吧! [계속 말하는 것을 제지함]　　그만 말하지 말고 그들을 보내세요!

　　Bié shuō le, dǎfa tāmen zǒu ba!

⑧ 你不必提了。 [어떤 일을 말하는 것을 제지함]　　너 말 할 필요 없어!

　　Nǐ búbì tí le.

청원문에서는 시태조사 '着'를 쓸 수 있다.

① 跪着! 别站起来! [꿇어앉아 있는 상태를 유지하기를 요구함]　　꿇어앉아 있어! 일어서지 말고!

　　Guìzhe! Bié zhàn qǐlai!

② 跪着，不能蹲着! [쪼그려 앉아 있는 것에서 꿇어앉기를 요구함]　　꿇어앉아 있어, 쪼그려 앉아 있지 말고!

　　Guì zhe, bù néng dūnzhe!

③ 别站着说，坐下!　　　　　　　　　　서서 말하지 말고 앉아!

　　Bié zhànzhe shuō, zuò xià!

④ 这些东西放着吧，以后会有用的。　　이 물건들은 넣어두세요, 나중에 쓸 데가 있을 것입니다.

　　Zhèxiē dōngxi fàngzhe ba, yǐhòu huì yǒuyòng de.

⑤ 背着! 别提着，太重。　　　　　　　짊어지고 있어! 들고 있지 마. 너무 무거워.

　　Bēizhe! Bié tízhe, tài zhòng.

⑥ 看着我的脸说!　　　　　　　　　　내 얼굴을 보면서 말해!

　　Kànzhe wǒ de liǎn shuō!

⑦ 听着，今天你们哪儿也不许去!　　들어봐, 오늘 너희들 어디에도 못 가!

　　Tīng zhe, jīntiān nǐmen nǎr yě bùxǔ qù!

경험을 나타내는 '过'와 동작의 진행을 나타내는 '在', '呢'는 청원문에 쓸 수 없다.

‘동사＋결과보어’가 청원문을 만들 때도 의미의 제한을 받는다. 비의지동작, 나쁜 의미의 동작을 나타내는 동결구는 긍정청원문을 만들기 어렵다.

① *看见那个人!
② *要听懂我说的话!
③ *你得马上睡着!
④ *诈光他的财产!

동사＋방향보어‘가 청원문을 만들 때의 제약은 주로 방향보어가 나타내는 의미와 관련이 있다. 일반적으로 방향, 결과를 나타내는 방향보어는 청원문을 만들 수 있다.

① 爬出来! Pá chūlai!	기어 나와라!
② 别下来! Bié xiàlai!	내려오지 마
③ 关上门! Guān shàng mén!	문 닫아라!
④ 别把他捆起来, 放他走吧! Bié bǎ tā kǔn qǐlai, fàng tā zǒu ba!	그를 묶지 말고 놓아주 세요!
⑤ 大家散开! Dàjiā sànkāi!	모두 대형 벌려!
⑥ 他头上有根草, 你给他摘下来! Tā tóu shàng yǒu gēn cǎo, nǐ gěi tā zhāi xiàlai!	그의 머리에 풀이 있네. 네가 떼어 줘라!

어떤 방향보어의 결과적 의미는 때로는 비의지적인 결과를 나타내므로, 청원문을 만들 수 없다. 예를 들면, ‘出来’가 그러하다.

① *这是谁的声音, 你听出来!
② *他们的阴谋诡计你看出来!

’听出来’, ‘看出来’는 ‘능력’이 있다는 뜻을 나타내므로, 그 결과는 제어할 수 있는 것이 아니다.

정태에서 동태로 바뀌는 ‘起来’, ‘上’, ‘开’ 및 동태에서 정태로 바뀌는 ‘下来’ 등은 청원문을 만들 수 없다. 이러한 보어들은 ‘자신도 모르게’ 변화가 나타난다는 비의지적인 의미를 나타내기 때문이다.

① *他们已唱得很好, 你们也唱上!

② *时间已经到了, 你们比开吧!

③ *现在你们考起试来吧!

④ *上课了, 同学们静下来!

⑤ *让茶快一点凉下来!

'계속'의 뜻을 나타내는 '下来'는 청원문을 만들 수 있다.

① 说下去!

    Shuō xiàqu!

계속 얘기해라!

② 念下去!

    Niàn xiàqu!

계속 읽어!

③ 别闹下去了, 没有什么好处!

    Bié nào xiàqu le, méi yǒu shénme hǎochu!

소란 그만 피워, 무슨 도움이 되겠어!

문미에 복합방향보어가 쓰이는 구조에 대한 통사구조적 제약에 관해서는 제3편 제5장 제2절 '방향보어'를 참고하기 바란다.

상태보어가 묘사성일 경우 청원문에 잘 쓰이지 않는다.

① *明天起得早!

② *你说得太快了, 说得慢!

동작의 진행을 묘사하는 이러한 상태보어는 '点儿'을 부가해서 청원문을 만들 수 있다.

①' 明天起得早点儿!

    Míngtiān qǐ dé zǎo diǎnr!

일 좀 일찍 일어나라!

②' 你说得太快了, 说得慢点儿!

    Nǐ shuō de tài kuài le, shuō de màn diǎnr!

너는 말이 너무 빠르구나, 좀 천천히 말해라!

그러나 이러한 문장에서 '得'는 모두 생략이 가능하다.

①" 明天起早点儿!

    Míngtiān qǐ zǎo diǎnr!

내일 좀 일찍 일어나라!

②" 你说得太快了, 说慢点儿!

    Nǐ shuō de tài kuài le, shuō mà diǎnr!

너 말이 너무 빠르구나, 좀 천천히 말해라!

동작자를 묘사하는 상태보어는 청원문을 만들 수 없다.

① *你工作得很忙!

② *你高兴得跳起来!

어떤 것은 부정청원문을 구성할 수 있다.

③ 别喝得醉醺醺的!

    Bié hē dé zuì xūn xūn de

곤드레만드레 취하지 마!

상태보어가 동작대상을 묘사할 경우 청원문을 구성하기 힘들다.

① *把衣服洗得干干净净的!

② *把字写得整整齐齐的!

위의 두 문장에 '要'를 부가하면 문장이 성립한다.

①' 要把衣服洗得干干净净的!

    Yào bǎ yīfu xǐ de gān gān jìng jìng de!

옷을 깨끗하게 빨아야 한다!

②' 要把字写得整整齐齐的!

    Yào bǎ zì xiě de zhěng zhěng qí qí de!

글자를 가지런하게 써야 한다!

가능보어는 청원문을 만들 수 없다.

동량보어와 시량보어가 청원문을 만드는 경우는 특별한 제한이 없다.

① 推他一下!

    Tuī tā yíxià!

그를 한 번 밀어요!

② 看一会儿书!

    Kàn yíhuìr shū!

책을 잠시 보세요!

 4 청원문을 만들 때의 제한

연동문, 겸어문, '把자문'은 청원문으로 만드는데 특별한 제한이 없으나, '被자문'은 긍정청원문을 만들 수 없고, 존현문은 청원문을 만들 수 없다.

'被'자문의 주어는 동작의 대상이므로, 술어동사는 당연히 의지동사가 아니다.

① *你被派到北京去!

② *被选为主席!

그러나 부정청원문을 구성할 수 있다.

③ 注意，别叫人看见!

　　Zhùyì, bié jiào rén kànjiàn!

존현문은 묘사의 기능을 하므로, 청원문에 사용될 수 없다.

 ## 청원문의 주어

중국어에서 청원문의 주어는 그 출현이 자유로워서, 출현할 수도 있고 출현하지 않을 수도 있다. 다음과 같은 상황에서 주어의 출현은 일정한 기능을 한다.

① 주어가 해야 하는 동작을 나타내는 동사가 사용된 경우 주어를 생략할 수 없다.
② 대화의 상대가 두 사람 이상일 때, 주어를 사용하여 청원대상을 명확히 한다.
③ '您' 등과 같이 연장자에 대한 호칭을 주어로 쓰일 경우, 더욱 격식을 차린 표현을 할 수 있다.

① 不要走!

　　Búyào zǒu!

② 你不要走!

　　Nǐ búyào zǒu!

③ 妈不要走!

　　Mā búyào zǒu!

④ 您不要走!

　　Nín búyào zǒu!

가지마!

너는 가지마!

엄마 가지 마세요!

가지 마세요!

이 네 개의 청원문에서 아래쪽으로 내려올수록 더 격식을 차린 표현이다.

 ## 청원문의 억양

청원문의 문미에 쓰인 비경성음절은 억양이 하강한다. 같은 청원문이라도 억양이 다르면 표현의 완화 정도가 달라진다. 박자가 급할수록 문미 억양의 하강 폭이 더 커지며, 표현은 더욱 강경해진다. 그와 반대상황일수록 표현은 더욱 부드러워진다.

 ## 청원문의 형식표지

중국어의 청원문은 구조적으로 평서문과 다르지 않으며, 청원문 내부에도 특별한 형식표지가 없다. 따라서 일정한 언어 환경을 벗어나게 되면, 하나의 문장이 청원문인지 평서문인지 판단하기 어렵다.

① 曾　霆：爹，我到爷爷屋里去了。

　　　　Diē, wǒ dào yéye wū lǐ qù le.

　曾文清：去吧!

　　　　Qù ba!

여기에서 '去吧'는 형식적으로 청원문이다.

　　그러나 어떤 단어들은 청원문에서만 쓰이므로, 청원문 표지로 삼을 수 있다.

1 경어 '请'

① 请坐!

　　Qǐng zuò!

② 现在我们都是上年纪的人了，这些话请你也不必说了。

　　Xiànzài wǒmen dōu shì shàng niánjì de rén le, zhèxiē huà qǐng nǐ yě búbì shuō le!

경어로 쓰이는 '请'은 동사로 쓰이는 '请'과 달리, 어휘의 실제의미는 없다.

2 동사 '放'

　　'放'의 한 용법은 형용사로 구성되는 두 번째 유형의 긍정청원문에서 사용된다.

① 放老实点儿!

　　Fàng lǎoshi diǎnr!

② 你放尊重些!

　　Nǐ fàng zūnzhòng xiē!

③ 眼光放远点儿!

　　Yǎnguāng fàng yuǎn diǎnr!

④ 心放宽点儿!

　　Xīn fàng kuān diǎnr!

경고를 나타내는 경우는, ①, ②처럼 '放'이 어기를 강화하며, 예의를 차리지 않는 표현으로서 훈계하는 의미를 갖는다. 설득하는 의미를 나타내는 경우는 ③, ④처럼 '放'은 어기가 간절한 느낌을 나타낸다. 그러나 이러한 표현은 동년배 간이나 윗사람이 아랫사람에게 말할 경우에 쓰이고, 아랫사람이 윗사람에게 쓰지는 않는다.

3 '可', '千万', '少', '给我' 등

　　'可'는 당부하는 어기를 나타낸다.

① 这个文件很重要，你可别丢了!

　　Zhège wénjiàn hěn zhòngyào, nǐ kě bié diū le!

② 到了美国，你可别忘了马上打个电话!

　　Dàole Měiguó, nǐ kě bié wàngle mǎshàng dǎ ge diànhuà!

이 서류는 매우 중요하니까, 정말 잃어버리면 안 돼!

미국에 도착하면, 곧바로 전화하는 것 잊어버리면 안 돼!

'千万'도 '신신 당부하다'의 뜻을 나타낸다.

① 千万别丢了钥匙!

　　Qiānwàn bié diūle yàoshi!

② 千万保重!

　　Qiānwàn bǎozhòng!

절대로 열쇠를 잃어버리면 안 돼!

부디 몸조심하세요!

'少'는 아직 완성되지 않은 동작 동사의 앞에 쓰여 제지를 나타낸다. 공손하지 못한 어기를 갖는다.

① 少管闲事!

　　Shǎo guǎn xiánshì!

② 少废话，快给钱!

　　Shǎo fèihuà, kuài gěi qián!

③ 少在这儿指手划脚!

　　Shǎo zài zhèr zhǐ shǒu huá jiǎo!

쓸데없는 일에 참견 마!

쓸데없는 소리 그만하고, 빨리 돈 줘!

여기서 이래라 저래라 하지 마!

'给我'는 청원문에서 실제의 뜻은 없고, 공손하지 못한 어감을 갖는다.

① 给我滚!

　　Gěi wǒ gǔn!

② 你给我闭嘴!

　　Nǐ gěi wǒ bì zuǐ!

③ 你今天一定要把衣服给我洗干净，否则我决不答应!

　　Nǐ jīntiān yídìng yào bǎ yīfu gěi wǒ xǐ gānjìng, fǒuzé wǒ jué bù dāying!

썩 나가버려!

너 입 닥쳐!

너는 오늘 옷을 깨끗하게 빨아야 한다. 그렇지 않으면 결코 승낙하지 않을 거야!

❹ 别

'别'는 부정의 청원문에만 사용하기 때문에, 청원문임을 나타내는 표지가 된다.

　중국어 청원문은 공통적인 형식표지가 없다. 위의 몇 가지 표지를 사용하는 청원문은 소수에 불과하다.

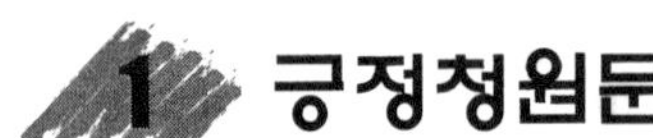

제 3 절
청원문의 어기와 그 표현방식

청원문에 따라 어기를 완화하는 정도가 다르다.

 **1 긍정청원문**

1 동사(구), 형용사(구), 및 부사, 명사 등으로 이루어진 청원문은 강제적인 명령, 독촉을 나타내며, 어기가 직설적이다.

① 快走! | 빨리 가!

Kuài zǒu!

② 收据! | 영수증!

Shōujù!

③ 赶紧! | 서둘러!

Gǎnjǐn!

④ 亮一点儿! | 좀 밝게!

Liàng yìdiǎnr!

2 긍정 청원문의 어기를 바꿀 수 있는 방식

① 아래 나열한 방식은 어기를 부드럽게 만들 수 있다.
(1) 동사중첩형식을 사용하거나, 동량사, 명량사 등 짧은 시간, 소량을 나타내는 단어를 부가한다.

① 你快去打听打听! | 네가 빨리 가서 좀 알아봐!

Nǐ kuài qù dǎting dǎting!

② 那儿情况怎么样, 你说说。 | 거기 사정이 어떤지, 네가 좀 말해봐!

Nàr qíngkuàng zěnmeyàng, nǐ shuōshuo.

③ 你来看一下, 这样做行不行? | 당신 한 번 보세요, 이렇게 하면 되나요?

Nǐ lái kàn yíxià, zhèyàng zuò xíng bu xíng?

④ 快回去睡一会儿! | 너는 돌아가서 잠 좀 자거라!

Kuài huíqu shuì yíhuìr!

⑤ 让开点儿!

    Ràng kāi diǎnr!

좀 비켜주세요!

⑥ 你喝点啤酒, 我喝冰水。

    Nǐ hē diǎn píjiǔ, wǒ hē bīngshuǐ.

너는 맥주 좀 마셔, 나는 냉수 마실게.

짧은 시간, 소량을 나타내는 단어는 어기를 완화시키는 기능을 한다.

  (2) 어기사 '吧', '啊'를 부가한다.

① 快来呀!

    Kuài lái ya!

빨리 오렴!

② 吃呀!

    Chī ya!

먹어!

③ 你慢慢看吧。

    Nǐ mànmàn kàn ba.

천천히 보세요.

④ 回来吧。

    Huílai ba.

돌아와요.

  (3) 공손함을 나타내는 표현 '您', '你老', '请' 등을 사용한다.

① 您慢走!

    Nín màn zǒu!

살펴 가세요!

② 你老多包涵!

    Nǐ lǎo duō bāohan!

당신이 너그럽게 봐주세요!

③ 请坐!

    Qǐng zuò!

앉으시죠!

② 다음과 같은 표현방식은 어기를 강화시킨다.
  (1) 공손하지 못하거나 모욕적인 표현을 사용한다.

① 滚蛋!

    Gǔndàn!

썩 꺼져버려!

② 住口!

    Zhù kǒu!

입 닥쳐!

③ 快塞吧! (快塞-'吃饭'을 가리킴)

    Kuài sāi ba!

빨리 처먹어!

(2) '放'이나 '给我'를 부가한다.

① 放规矩点儿!

　　Fàng guīju diǎnr!

② 你们给我出去!

　　Nǐmen gěi wǒ chūqu!

단정하게 좀 해라!

너희들은 썩 물러가거라!

 ## 부정의 청원문

　부정의 청원문에서는 '别', '不要', '不许', '不能' 등의 표현을 자주 사용한다.

　'别'와 '不要'의 의미는 서로 비슷하여 모두 제지, 만류의 뜻을 나타내지만 다른 점이 있다. '别'는 '不要'보다 구어에서 많이 쓰이기 때문에 '别'의 어기는 자유스러운 편이지만, '不要'는 공식적이고 정중한 표현이므로 아랫사람이 윗사람에게, 하급자가 상급자에게 사용하는 경우가 드물다.

　'不必', '不用', '甭'은 모두 '不需要', '用不着'의 의미를 가지고 있어서, 제지, 만류의 뜻을 나타내지만, '别'의 의미와는 다르며, '甭'은 구어적 표현이다.

① 那本书已经找到了, 你不必找了。

　　Nà běn shū yǐjing zhǎo dào le, nǐ búbì zhǎo le.

② 明天我叫车了, 你甭来送我!

　　Míngtiān wǒ jiào chē le, nǐ béng lái sòng wǒ!

③ 这么点小事, 甭放在心上。

　　Zhème diǎn xiǎoshì, béng fàng zài xīn shàng.

그 책은 이미 찾았으니까, 네가 찾을 필요 없게 됐다.

내일 내가 차를 불렀으니, 당신이 바래다주지 않아도 돼!

이런 하찮은 일을 마음에 둘 필요는 없어요.

　'不许'는 제지의 의미를 나타내며, 어기가 강경하다.

① 上课不许随便说话!

　　Shàng kè bùxǔ suíbiàn shuō huà!

② 不许随地吐痰!

　　Bùxǔ suídì tǔ tán!

수업 중에 함부로 떠들면 안 된다!

아무데나 침을 뱉으면 안 된다!

　'不能'도 제지, 만류의 뜻을 나타낸다.

① 屋里正在开重要的会议, 你不能进去!

　　Wū lǐ zhèngzài kāi zhòngyào de huìyì, nǐ bù néng jìnqu!

② 她身体很虚弱, 现在你不能见她!

　　Tā shēntǐ hěn xūruò, xiànzài nǐ bù néng jiàn tā!

지금 방안에서 중요한 회의가 진행 중이라서, 들어가면 안 돼요!

그녀의 몸이 너무 약해져 있어서, 지금 그녀를 만나면 안 됩니다!

몇몇 특수한 형식의 청원문

 **1 의문문과 반어문 형식의 청원문**

① 四爷，您不宽宽大衣?

　　Sì yé, nín bù kuānkuan dà yī?

四爷, 외투를 좀 안 벗으시겠어요?

② 小姐，可以给我一个杯子吗?

　　Xiǎojie, kěyǐ gěi wǒ yí ge bēizi ma?

아가씨, 잔 하나만 줘요?

③ 糊涂东西，还不快跑! [명령－'快跑']

　　Hútú dōngxi, hái bù kuài pǎo!

멍청한 녀석, 더 빨리 안 뛰어!

④ 看什么，还不快点吃!

　　Kàn shénme, hái bù kuài diǎn chī!

뭘 봐, 빨리 안 먹고!

 **2 기타 제지의 방식**

① 대화도중 사람의 이름이나 호칭을 불러서 그 사람이 계속 말을 하는 것을 제지한다.

① 周　　冲：你这个人真有点不懂人情。

　　　　　　Nǐ zhège rén zhēn yǒudiǎn bù dǒng rénqíng.

너는 정말 인정을 모르는 인간이야.

　　鲁大海：对了，我不懂人情，我不懂你们这种虚伪，这种慈悲，我不懂……

　　　　　　Duì le, wǒ bù dǒng rénqíng, wǒ bù dǒng nǐmen zhè zhǒng xūwěi, zhè zhǒng cíbēi, wǒ bù dǒng……

맞아, 나는 인정을 몰라, 난 너희의 이런 위선, 가식적인 자비를 모르고, 난 ……

　　鲁四凤：哥哥!

　　　　　　Gēge!

형!

② '得了', '得了, 得了'도 어떤 사람의 말이나 행위의 진행에 대한 제지의 의미를 나타낼 수 있다.

① 陈白露：小东西，快谢谢潘经理。

　　　　　　Xiǎo dōngxi, kuài xièxie Pān jīnglǐ.

꼬마야, 어서 潘씨 사장님께 고맙다고 해라. (꼬마가 앞으로 나가려 한다.)

潘月亭：(拦住她)得了，得了。

      Dé le, dé le.

(그녀를 제지하면서)
됐어요, 됐어.

参考文献

刘月华　从≪雷雨≫、≪日出≫、≪北京人≫看汉语的祈使句,≪语法研究和探索≫
　　　　(三),北京大学出版社,1985年。
　　　　句子的用途,人民教育出版社,1990年。
袁毓林　现代汉语祈使句研究,北京大学出版社,1993年。

연습문제

一. 가장 적절한 청원문을 고르시오.

　1. a. 老先生，喝茶。
　　 b. 老先生，请喝茶。
　　 c. 老先生，把茶给我喝了！
　2. a. 亲爱的，别走吧，留下来陪陪我。
　　 b. 亲爱的，别走，留下来陪我。
　　 c. 亲爱的，不要走，留下来陪我。
　　 d. 亲爱的，请别走了，留下来陪我。
　3. a. 坏蛋，请你滚！
　　 b. 坏蛋，你滚吧！
　　 c. 坏蛋，你给我滚！
　4. a. 太不像话了，请住口！
　　 b. 太不像话了，住住口吧！
　　 c. 太不像话了，给我住口！

二. 아래 청원문에서 맞는 문장을 고르시오.

　1. a. 你给我跪！
　　 b. 你给我跪下！
　　 c. 跪着！
　2. a. 站起来！
　　 b. 你站！
　　 c. 站着！
　　 d. 站站！
　3. a. 等一下！
　　 b. 等等！
　　 c. 等！
　　 d. 等起来！
　4. a. 太低了，高！
　　 b. 太低了，高一点儿！
　　 c. 太低了，高一高！

현대중국어에서 사물, 성질, 정도의 높고 낮음이나 차이 등을 비교하는 많은 방식이 있지만, 크게 두 가지 종류로 나눌 수 있는데, 하나는 사물, 성질의 동일 여부를 비교하는 것이고, 다른 하나는 성질, 정도의 차이를 비교하는 것이다.

제 1 절

사물, 성질상태의 동일 여부 비교

사물, 성질의 동일 여부를 비교하는 형식은 다음과 같다.

 **A 跟 B 一样**

'A跟B一样'의 문형에서 A와 B는 서로 비교되는 두 가지 사물이나 성질을 대표하고, '一样'은 비교의 결과로서 술어의 주요성분이 된다. '跟B'는 '一样'을 수식하는 부사어이다. 때로는 '一样'의 뒤에 형용사나 심리상태를 나타내는 동사나 동사구가 올 수 있다. 이 때 '跟B一样'은 이 형용사나 동사의 부사어가 된다. 'A跟B一样+형용사/동사'의 문형은, 'A는 어떤 점에서 B와 같다'는 뜻을 나타낸다.

① 这个字的声调跟那个字的声调一样。

    Zhège zì de shēngdiào gēn nàge zì de shēngdiào yíyàng.

이 글자의 성조는 저 글자의 성조와 같다.

② 这间屋子跟那间屋子一样大。

    Zhè jiān wūzi gēn nà jiān wūzi yíyàng dà.

이 방은 저 방과 크기가 같다.

③ 她跟我一样喜欢孩子。

    Tā gēn wǒ yíyàng xǐhuan háizi.

그녀는 나와 똑같이 어린아이를 좋아한다.

예 ①의 '一样'은 두 글자의 성조를 비교한 결과이고, ②는 두 방의 면적이 같다는 것을 나타내며, ③은 그녀와 내가 어린아이를 똑 같이 좋아한다는 것을 나타낸다.

이러한 문형에서 비교의 용법으로 사용되는 형용사는 보통 '高', '长', '宽', '厚', '大',

‘多’ 등과 같이 높이, 넓이, 두께, 용적, 면적, 수량 등을 나타내는 적극적 의미의 형용사들이다. 그러나 만일 특성을 확실히 밝힐 필요가 있는 경우는 ‘矮’, ‘短’, ‘窄’, ‘薄’, ‘小’, ‘少’ 등과 같은 소극적 의미의 형용사도 사용할 수 있다.

① 这本书跟那本书一样厚，大概都是三百多页。[두께를 설명]

 Zhè běn shū gēn nà běn shū yíyàng hòu, dàgài dōu shì sān bǎi duō yè.

이 책과 그 책의 두께는 비슷한데, 대략 모두 삼백여 쪽 정도 된다.

② 这块布跟那块布一样薄，看起来都不太结实。[얇은 정도를 밝힘]

 Zhè kuài bù gēn nà kuài bù yíyàng báo, kàn qǐlai dōu bú tài jiēshi.

이 천과 그 천은 둘 다 얇은 것이, 모두 그다지 튼튼해 보이지 않는다.

‘跟……一样’이 부사어로 쓰일 경우, 뒤에 ‘地’를 부가할 수 있다. 특히 수식 받는 성분이 하나의 단어일 경우는 그러하다.

① 他会跟我们一样地想念祖国。

 Tā huì gēn wǒmen yíyàng de xiǎngniàn zǔguó.

그는 우리와 마찬가지로 조국을 그리워할 것이다.

‘跟……一样’은 관형어가 될 수 있다.

① 还有跟这本一样的字典吗?

 Hái yǒu gēn zhè běn yíyàng de zìdiǎn ma?

이것하고 같은 자전이 또 있나요?

② 这里将要盖一幢跟那幢一样的楼房。

 Zhèlǐ jiāng yào gài yí zhuàng gēn nà zhuàng yíyàng de lóufáng.

여기에 저 동과 똑같은 아파트가 지어질 것이다.

‘跟’ 앞뒤의 성분 A와 B는 명사나 대사를 쓰는 것 외에, 동사나 형용사 혹은 동사구, 형용사구를 쓸 수도 있다.

① 读跟写一样需要下功夫。

 Dú gēn xiě yíyàng xūyào xià gōngfu.

읽기는 쓰기와 마찬가지로 노력해야한다.

② 长跟短怎么能一样呢?

 Cháng gēn duǎn zěnme néng yíyàng ne?

긴 것이 짧은 것과 어떻게 같을 수가 있어?

③ 用钢笔写和用毛笔写一样吗?

 Yòng gāngbǐ xiě hé yòng máobǐ xiě yíyàng ma?

펜으로 쓰는 것이 붓으로 쓰는 것과 같니?

④ 你来跟他来一样，谁来都能解决问题。

 Nǐ lái gēn tā lái yíyàng, shéi lái dōu néng jiějué wèntí.

네가 오든 그가 오든 마찬가지야, 누가 와도 문제를 해결할 수 있어.

‘A跟B一样’의 부정형식은 ‘A跟B不一样’이다.

① 他的意见跟我的意见不一样。

　　Tā de yìjiàn gēn wǒ de yìjiàn bù yíyàng.

② 七班的节目跟别的班的都不一样，他们跳了一个民族舞。

　　Qī bān de jiémù gēn bié de bān de dōu bù yíyàng, tāmen tiàole yí ge mínzúwǔ.

때로는 '不跟……一样'을 사용할 수 있다. 이러한 형식의 부정하는 것은 '跟……'이며, '不一样'이 아니다.

③ 她不跟我一样高，跟我妹妹一样高。

　　Tā bù gēn wǒ yíyàng gāo, gēn wǒ mèimei yíyàng gāo.

이러한 문장의 긍부정의문형식은 다음과 같다.

① 他的意见跟你的意见一样不一样？

　　Tā de yìjiàn gēn nǐ de yìjiàn yíyàng bu yíyàng?

② 他跟你一样高不一样高？

　　Tā gēn nǐ yíyàng gāo bù yíyàng gāo?

주의할 것은 예 ②는 '他跟你一样高不高'라고 말할 수 없다. 왜냐하면 묻는 내용은 키가 같은지 여부이지 키가 큰지 아닌지가 아니기 때문이다.

　사물, 성질이 같거나 다름을 나타내는 것은 '跟……一样' 이외에 '跟……相同'을 사용할 수도 있다. 부정형식은 '跟……不同(不相同)'이다.

① 这个零件跟那个零件的形状相同。

　　Zhège língjiàn gēn nàge língjiàn de xíngzhuàng xiāngtóng.

② 他的看法跟我们的看法不同。

　　Tā de kànfǎ gēn wǒmen de kànfǎ bùtóng.

주의해야 할 것은 '跟……相同'과 '跟……不同'은 모두 부사어가 될 수 없으므로, '我跟他相同高', '我跟他不同高'와 같이 말할 수 없다.

　만일 두 가지 사물이나 성질이 비슷하면, '跟……相似(近似, 类似)', '跟……差不多' 등을 사용한다.

① 这个故事的情节跟那个故事相似。

　　Zhège gùshi de qíngjié gēn nàge gùshi xiāngsì.

② 小张的个子跟他差不多。

　　Xiǎo Zhāng de gèzi gēn tā chà bu duō.

‘跟’은 ‘与’, ‘和’, ‘同’ 등과 바꿔 쓸 수 있다.

① 他的样子没有多大的变化，但是服装却与土改时的补钉衣服明
显地不同了。

Tā de yàngzi méi yǒu duō dà de biànhuà, dànshì fúzhuāng
què yǔ tǔgǎi shí de bǔdīng yīfu míngxiǎn de bùtóng le.

그의 모습에 큰 변화는 없지만, 옷차림새는 토지개혁시대의 기워진 옷과는 분명히 달라졌다.

② 今天才晓得他们的眼光，全同外面的那伙人一样。

Jīntiān cái xiǎode tāmen de yǎnguāng, quán tóng wàimiàn
de nà huǒ rén yíyàng.

오늘에야 그들의 안목이 모두 밖에 있는 저 무리의 사람들과 같다는 것을 알았다.

③ 小贩不论肩挑叫卖，……其需要一个变更现状的革命，也和贫
农相同。

Xiǎo fàn búlùn jiān tiāo jiào mài, ……qí xūyào yí ge biàngēng
xiànzhuàng de gémìng, yě hé pínnóng xiāngtóng.

소상인은 어깨에 메고 소리치며 장사를 하거나 해도, ……그것이 현 상황을 변화할 개혁이 필요하다는 것도 빈농과 같다.

④ ……他们除双手外，别无长物，其经济地位和产业工人相似，
惟不及产业工人的集中和在生产上的重要。

…… tāmen chú shuāngshǒu wài, bié wú cháng wù, qí jīngjì
dìwèi hé chǎnyè gōngrén xiāngsì, wéi bù jí chǎnyè gōngrén de
jízhōng hé zài shēngchǎn shàng de zhòngyào.

……그들은 두 손 이외에는, 잘 하는 게 아무것도 없고, 경제적 지위는 비슷하지만, 산업노동자들의 집중성과 생산의 중요성에 못 미친다.

⑤ 根据地也有学生，但这些学生和旧式学生也不相同，他们不是
过去的干部，就是未来的干部。

Gēnjù de yě yǒu xuésheng, dàn zhèxiē xuésheng hé jiùshì
xuésheng yě bù xiāngtóng, tāmen bú shì guòqù de gànbù, jiù
shì wèilái de gànbù.

근거지에도 학생이 있지만, 이런 학생들은 구시대의 학생과도 다르다. 그들은 과거의 간부이거나 미래의 간부이다.

‘A跟B’ 중의 A, B는 생략될 수 있다(생략 규칙은 본 장 제2절 제1항 (二) 참조)

2 A 有 B 那么(这么)

이러한 문형이 나타내는 의미는 A와 B 두 가지 사물을 서로 비교할 때, B를 표준으로 삼고 A가 B의 정도에 이르게 됨을 나타낸다. ‘有’는 ‘达到’의 의미를 갖고, ‘那么’나 ‘这么’는 성질이나 정도를 가리키는데, 멀리 있는 대상을 가리킬 경우는 ‘那么’를 쓰고, 가깝게 있는 대상을 가리킬 때는 ‘这么’를 쓴다.

① 那棵小树有那座房子那么高了。

Nà kē xiǎo shù yǒu nà zuò fángzi nàme gāo le.

그 묘목은 그 건물만큼 높이 자랐다.

② 他弟弟快有我这么高了。

Tā dìdi kuài yǒu wǒ zhème gāo le.

그의 남동생은 얼른 나만큼 컸다.

이러한 형식은 의문문과 반문문에 많이 쓰인다.

③ 这座楼有那座楼那么高吗?

　　Zhè zuò lóu yǒu nà zuò lóu nàme gāo ma?

④ 她哪儿有你这么会说话呀!

　　Tā nǎr yǒu nǐ zhème huì shuō huà ya!

'A有B那么(这么)……' 형식의 부정형식은 'A没有B那么(这么)……'를 써서 A가 B의 정도에 이르지 못했음을 나타낸다. 즉, 'A不及B……'의 의미를 나타낸다. (본 장 제2절 (三) 참조)

제 2 절
성질, 정도 차이의 비교

1 '比'자문

1 '比'자문의 분류

① A(주어)＋比B(부사어)＋술어
　술어로는 형용사, 동사 및 형용사구, 동사구, 주술구 등이 온다.

① 这座山比那座山高一些。

　　Zhè zuò shān bǐ nà zuò shān gāo yìxiē.

② 刘继武激动地说:"爷爷, 你比我更懂得枪的用处, 你比我更喜欢这支枪……"

　　Liú Jìwǔ jīdòng de shuō : "Yéye, nǐ bǐ wǒ gèng dǒngde qiāng de yòngchu, nǐ bǐ wǒ gèng xǐhuan zhè zhī qiāng……"

③ 我父亲比我母亲身体好。

　　Wǒ fùqīn bǐ wǒ mǔqīn shēntǐ hǎo.

때로는, 형용사, 동사, 주술구 등의 구조의 뒤에 구체적인 정도나 수량을 나타내는 보어나 목적어를 더해서 차이를 나타내기도 한다. 이러한 표현으로는 다음의 몇 가지 경우가 있다

(1) 술어 형용사의 뒤에 '一点儿', '一些', '多了', '得多' 등의 수량을 나타내는 보어가 온다.

① 这座山比那座山高一些。

　　Zhè zuò shān bǐ nà zuò shān gāo yìxiē.

② 这棵树比那棵树粗一点儿。

  Zhè kē shù bǐ nà kē shù cū yìdiǎnr.

이 나무는 저 나무보다 좀 굵다.

③ 虽然他比我只大一岁，可是什么事情我都听他的。

  Suīrán tā bǐ wǒ zhǐ dà yí suì, kěshì shénme shìqing wǒ dōu tīng tā de.

비록 그가 나보다 한 살 많지만, 무슨 일이든지 나는 그의 말을 듣는다.

④ 往后的日子比这好一百倍。

  Wǎng hòu de rìzi bǐ zhè hǎo yì bǎi bèi.

앞으로의 날이 이보다 백배는 좋다.

⑤ 我比他大得多，自然头发也比他白得多。

  Wǒ bǐ tā dà de duō, zìrán tóufa yě bǐ tā bái de duō.

나는 그보다 나이가 훨씬 많아서, 자연히 머리카락도 그보다 훨씬 더 하얗다.

⑥ A：这块布比那块布只长一公尺吗？

  Zhè kuài bù bǐ nà kuài bù zhǐ cháng yì gōngchǐ ma?

이 천은 그 천보다 단지 1미터 긴 거지?

 B：不，长多了。

  Bù, cháng duō le.

아니, 훨씬 더 길어.

(2) '有'+추상명사의 구조를 갖는 술어는 주어를 묘사하고, 기능이 형용사와 유사하다. 그 뒤에는 마찬가지로 '多了', '得多'를 가질 수 있다. 그러나 구체적인 정도 차이를 나타내는 수량사를 가질 수 없다.

① 那位老中医比我们有经验得多，而且下药十分谨慎。

  Nà wèi lǎo zhōngyī bǐ wǒmen yǒu jīngyàn de duō, érqiě xià yào shífēn jǐnshèn.

그 나이든 한의사는 우리보다 경험이 훨씬 많고, 게다가 약을 쓰는 것도 아주 신중하다.

② 小王比他师傅有办法多了，办事也很灵活。

  Xiǎo Wáng bǐ tā shīfu yǒu bànfǎ duō le, bàn shì yě hěn línghuó.

小王은 그의 선생님보다 훨씬 재간이 있고, 일 처리도 재빠르다.

'一点儿', '一些'를 사용할 때는, 추상명사의 앞에 관형어로 쓴다.

③ 老张的看法比他的有一些道理。

  Lǎo Zhāng de kànfǎ bǐ tā de yǒu yìxiē dàoli.

老张의 견해는 그보다 일리가 있다.

④ 他比他哥哥有点儿眼光，看得出办这类公司的前景。

  Tā bǐ tā gēge yǒudiǎnr yǎnguāng, kàn de chū bàn zhè lèi gōngsī de qiánjǐng.

그는 그의 형보다 안목이 좀 더 있어서, 이러한 회사를 경영하는 전망을 파악할 수 있다.

(3) 술어로 심리상태를 나타내는 동사가 와서 뒤에 '一点儿', '一些', '得多' 등의 보어를 부가할 수 있다.

① 他对这儿的情况比我了解得多。

  Tā duì zhèr de qíngkuàng bǐ wǒ liǎojiě de duō.

그는 여기 상황에 대해서 나보다 더 많이 이해한다.

② 姐妹两个都喜欢跳舞，姐姐比妹妹更喜欢一些。

Jiěmèi liǎng ge dōu xǐhuan tiào wǔ, jiějie bǐ mèimei gèng xǐhuan yìxiē.

자매는 둘 다 춤추는 것을 좋아하는데, 언니가 동생보다 좀 더 좋아한다.

(4) 술어가 일반동사일 경우, 앞에 '早', '晚', '先', '后', '难', '好(易)', '多', '少' 등의 부사어가 오고, 동사 뒤에 대상목적어를 가질 수 있다.

① 显然老纪已比我先认出了对方，他紧抿着的嘴角有些颤动。

Xiǎnrán Lǎo Jì yǐ bǐ wǒ xiān rènchūle duìfāng, tā jǐn mǐnzhe de zuǐjiǎo yǒuxiē chàndòng.

확실히 老纪는 나보다 먼저 상대를 알아차렸는데, 그의 꼭 닫힌 입이 약간 떨렸다.

② ……我家什么人也没有，就我老杆一个，再苦也比你们好对付。

……Wǒ jiā shénme rén yě méi yǒu, jiù wǒ lǎo gān yí ge, zài kǔ yě bǐ nǐmen hǎo duìfù.

……우리 집에는 아무도 없고, 나 老杆 혼자만 있어서, 아무리 고생스러워도 너희들보다 더 잘 꾸려간다.

이러한 부사어를 더한 동사의 뒤에는 의미만 맞으면 여전히 '一点儿', '一些', '多了', '得多' 등을 부가할 수 있으며, 구체적인 수량이나 정도 차이를 나타내는 보어나 목적어를 부가할 수도 있다.

③ 这些汉字比那些汉字难写一些。

Zhèxiē Hànzì bǐ nàxiē Hànzì nán xiě yìxiē.

이 한자들은 저 한자들보다 좀 더 쓰기 어렵다.

④ 他比我们少看了一遍。

Tā bǐ wǒmen shǎo kànle yíbiàn.

그는 우리보다 한 번 덜 봤다.

⑤ 她今天比我早来十分钟。

Tā jīntiān bǐ wǒ zǎo lái shí fēnzhōng.

그녀는 오늘 나보다 10분 일찍 온다.

⑥ 小刘比我们多吃了很多南瓜粥。

Xiǎo Liú bǐ wǒmen duō chīle hěn duō nánguā zhōu.

小刘는 우리보다 호박죽을 훨씬 많이 먹었다.

⑦ 我们只比他们多打了四环。

Wǒmen zhǐ bǐ tāmen duō dǎle sì huán.

우리는 그들보다 단지 4점을 더 얻었다.

⑧ 我比他少做了一道题。

Wǒ bǐ tā shǎo zuòle yí dào tí.

나는 그들보다 한 문제를 덜 풀었다.

⑨ 这条路比那条路好走多了。

Zhè tiáo lù bǐ nà tiáo lù hǎo zǒu duō le.

이 길은 그 길보다 훨씬 걷기 편하다.

⑥, ⑦, ⑧과 같이 '多', '少'를 부가한 동사의 뒤에 만일 명사, 명사구, 수량사가 와서 그들이 동사의 대상이 될 경우, 그것을 목적어로 간주해야 한다. 그러나 만일 ④, ⑤의 경우처럼 '대상+동량/시량'형식의 구일 경우 동량보어나 시량보어로 간주해야 한다.

⑸ 술어는 일반동사이고, 뒤에 형용사가 상태보어로 쓰일 경우, 형용사의 뒤에 '一
点儿', '一些', '多了', '得多' 등이 온다.

① 她比我睡得晚一点儿。

   Tā bǐ wǒ shuì de wǎn yìdiǎnr.

그녀는 나보다 조금 늦게 잔다.

② 她睡得比我晚得多。

   Tā shuì de bǐ wǒ wǎn de duō.

그녀는 나보다 훨씬 늦게 잔다.

③ 弟弟看书比我看得快多了。

   Dìdi kàn shū bǐ wǒ kàn de kuài duō le.

남동생이 책을 보는 것이 나보다 빠르다.

이러한 '比'자문에서 '比……'는 ①과 같이 동사의 앞에 놓일 수 있고, ②처럼 보어의 앞에 놓일 수도 있다. 만일 동사가 목적어를 가지면, ③과 같이 '比……'는 중복된 동사의 앞에 놓일 수도 있다.

그 밖에 상태보어로 쓰인 형용사의 뒤에는 구체적인 차이를 나타내는 수량사를 부가할 수 있다. 예를 들면, '她比我睡得晚半个小时'라고 말할 수 없다.

⑹ 술어가 '조동사＋동사'인 경우도 동사구는 묘사성을 가진다. 이러한 구조에 자주
쓰이는 조동사로는 '会', '能' 등이 있다. 의미만 잘 맞으면, '一些', '多了' 등의 보
어를 가질 수 있다.

① 妹妹比姐姐能吃苦。

   Mèimei bǐ jiějie néng chī kǔ.

여동생은 언니보다 고생을 잘 견딘다.

② 她比我会说话多了。

   Tā bǐ wǒ huì shuō huà duō le.

그녀는 나보다 말을 훨씬 더 잘 한다.

③ 我们俩都不大会写诗，老张比我们能写一些。

   Wǒmen liǎ dōu bú dà huì xiě shī, Lǎo Zhāng bǐ wǒmen néng xiě yìxiē.

우리 둘은 모두 시를 잘 쓰지 못하는데, 老张은 우리들보다 좀 더 잘 쓴다.

이러한 동사구는 아주 긴밀하게 결합되어 있어서 하나의 단어 개념을 나타내기도 한다. 조동사는 위치를 바꿀 수 없고, 그 것과 동사의 사이에 일반적으로 다른 성분을 삽입할 수 없다.

때로는 '比'자문에서 조동사가 '比'자의 앞에 오기도 한다. 예를 들어, '她能比你来得早吗?'란 문형에서 조동사는 뒤에 오는 전체 단어, 즉 '比你来得早'를 관할한다. 따라서 그것을 위의 제 6유형으로 간주해서는 안 된다.

제 6유형의 '比'자문에서는 '比'자의 앞에 다시 조동사를 부가할 수 있다. 예를 들어 '妹妹会比姐姐能吃苦的', '她应该比我会说话'에서 '会', '应该'는 바로 앞의 '能'과 기능이 같다.

(7) 술어는 증가나 감소, 상승이나 하강 등의 의미를 나타내는 동사이다. 이러한 동
사의 뒤에 오는 수량사, 명사구는 모두 목적어로 보아야 한다.

① 今年这个村粮食亩产比几年前增加了二百多公斤。

  Jīnnián zhège cūn liángshi mǔ chǎn bǐ jǐ nián qián zēngjiāle èrbǎi duō gōngjīn.

올해 이 마을 식량의 1묘 당 생산량은 몇 년 전에 비해 200 여 킬로 그램 증가했다.

② 我的体重比上个月减轻了，而且减轻了很多。

  Wǒ de tǐzhòng bǐ shàng ge yuè jiǎnqīng le, érqiě jiǎnqīngle hěn duō.

나의 체중은 지난달에 보다 줄어들었다. 게다가 많이 줄었다.

예 ②에서 '很多'는 명사성 구로 보아야 한다. 그것이 대표하는 것이 수량이며, '많은
양'이란 의미를 나타내기 때문이다.

2 주어＋A比B(부사어)＋술어

이러한 문장은 종종 동일 사물이 시간이나 장소에 따라 달라짐을 나타낸다.

① 他现在比以前进步多了。

  Tā xiànzài bǐ yǐqián jìnbù duō le.

그는 현재 이전보다 훨씬 진보되었다.

② 这孩子在幼儿园比在家表现好。

  Zhè háizi zài yòu'éryuán bǐ zài jiā biǎoxiàn hǎo.

이 아이는 집에서보다 유치원에서 행동을 더 잘한다.

③ 你的发言这次比上次好多了。

  Nǐ de fāyán zhè cì bǐ shàng cì hǎo duō le.

너의 발언이 지난번보다 이번이 훨씬 좋다.

'一年比一年', '一天比一天' 등도 상용되는 구조이다. 문장 중에서 부사어로 쓰이며
정도차이가 누적됨을 나타낸다.

④ 他身体一天比一天好了。

  Tā shēntǐ yì tiān bǐ yì tiān hǎo le.

그는 몸이 날이 갈수록 좋아졌다.

⑤ 发行数量一年比一年增加。

  Fāxíng shùliàng yì nián bǐ yì nián zēngjiā.

발행수량이 매년 증가한다.

⑥ ……又听喊声，越发大起来，'杜奎你敢出来……' 一声比一声高。

  ……Yòu tīng hǎnshēng, yuèfā dà qǐlai, 'Dùkuí nǐ gǎn chūlai ……' yì shēng bǐ yì shēng gāo.

……또 함성이 들리는데, 갈수록 커졌다. '杜奎 네가 감히 나와서……' 한 마디씩 말할수록 소리가 점점 높아진다.

⑦ 他考试的成绩一次比一次好。

  Tā kǎoshì de chéngjì yí cì bǐ yí cì hǎo.

그의 시험 성적이 매번 좋아진다.

② '比'자문 내 성분의 생략

일반적으로 말하면, '比' 앞뒤 성분은 품사가 같고, 내부구조도 같다. 만일 '比' 앞뒤 성분에서 같은 부분이 있으면 간략한 표현을 위해서 생략할 수 있다(대부분 '比' 뒤의 성분 중에서 생략된다). 생략 원칙은 원래 문장의 의미를 유지하는 것을 원칙으로 한다. 아래의 몇 가지 상황을 보자.

☐ 중심어의 생략

만일 '比' 앞뒤의 성분 A와 B가 모두 '명사·대명사관형어＋的＋명사중심어'이고, 그중의 중심어가 같을 때, 일반적으로 '比' 뒤의 성분 B 중의 중심어가 생략되어 관형어성분과 구조조사 '的'만을 남길 수 있다.

① 小英的布娃娃比她的(布娃娃)好看。

  Xiǎo Yīng de bùwáwa bǐ tā de bùwáwa hǎo kàn.

小英의 헝겊인형이 그녀 것보다 예쁘다.

② 老虎的爪子比耗子的(爪子)大。

  Lǎohǔ de zhuǎzi bǐ hàozi de (zhuǎzi) dà.

호랑이의 발이 쥐의 것보다 크다

③ 真丝的衬衫比的确良的(衬衫)贵。

  Zhēnsī de chènshān bǐ díquèliáng de (chènshān) guì.

순견 셔츠가 데이크론으로 만든 것보다 비싸다.

이상 각 예문 중의 '的'는 생략할 수 없다. 만일 생략하게 되면, 원래 문장의 의미와는 달라진다.

①' 小英的布娃娃的比她好看。

  Xiǎo Yīng de bùwáwa de bǐ tā hǎokàn.

小英의 헝겊인형이 그녀보다 예쁘다.

②' 老虎的爪子比耗子大。

  Lǎohǔ de zhuǎzi bǐ hàozi dà.

호랑이의 발이 쥐보다 크다

③' 真丝的衬衫比的确良贵。

  Zhēnsī de chènshān bǐ díquèliáng guì.

순견 셔츠가 데이크론보다 비싸다.

'小英的布娃娃'는 '她'와 생김새가 비교될 수 있고, '老虎的爪子'는 '耗子'와 크기가 비교될 수 있으며, '真丝的衬衫'는 '的确良' 옷감과 가격이 비교될 수 있다. 따라서 만일 비교의 속성(예를 들면, '보기 좋다', '크다', '비싸다' 등)이 '比' 앞뒤의 A항과 B항 및 B항 중의 명사, 대사관형어에 모두 적용될 수 있다면, '的'의 생략은 원래의 의미를 변화시키게 되므로 '的'를 생략될 수 없다.

관형어와 중심어가 모두 친족관계를 나타낼 때 생략형식을 사용하지 않는 것이 원칙이다.

① 这些孩子的父母都比你们的父母年轻。

  Zhèxiē háizi de fùmǔ dōu bǐ nǐmen de fùmǔ niánqīng.

이 아이들의 부모는 너희 부모보다 젊다.

② 他的弟弟比我的弟弟淘气。

　　Tā de dìdi bǐ wǒ de dìdi táoqì.

③ 他们的领导比我们的领导能体谅下情。

　　Tāmen de lǐngdǎo bǐ wǒmen de lǐngdǎo néng tǐliàng xiàqíng.

그의 남동생은 내 남동
생보다 장난이 심하다.

그들의 상사 우리들의
상사보다 민정을 더 잘
이해한다.

② 중심어와 구조조사 ‘的’의 생략

(1) 일반적으로 비교되는 속성이 A항과 B항에만 적용될 수 있고, B항 중의 관형어
　　에는 적용될 수 없다면, 중심어뿐만 아니라 구조조사 ‘的’도 생략될 수 있고, 원
　　래 문장의 의미도 바뀌지 않는다.

① 他的字比我(的)(字)潦草。

　　Tā de zì bǐ wǒ (de)(zì) liáocǎo.

② 王先生的行李比你(的)(行李)多。

　　Wáng xiānsheng de xíngli bǐ nǐ (de)(xíngli) duō.

③ 我觉得猫的眼睛比狗(的)(眼睛)亮。

　　Wǒ juéde māo de yǎnjing bǐ gǒu (de) (yǎnjing) liàng.

그의 글씨는 나보다 더
흘려 쓴다.

왕 선생님의 짐은 나보
다 많다.

나는 고양이 눈이 개보
다 밝다고 생각한다.

위의 세 예문에서 ‘潦草’, ‘多’, ‘亮’은 모두 ‘我’, ‘你’와 ‘狗’에 적용될 수 없으므로, 중
심어와 ‘的’가 생략되어도 오해를 불러일으키지는 않는다.

(2) A, B 두 항이 시간이나 장소를 비교할 경우, 일반적으로 중심어와 ‘的’를 생략하
　　여, 시간사나 장소사로 된 관형어만 남겨둔다.

① 今年的收成比去年(的)(收成)好多了。

　　Jīnnián de shōuchéng bǐ qùnián (de)(shōuchéng) hǎo duō le.

② 老李这个月的收入比上个月(的)(收入)少。

　　Lǎo Lǐ zhège yuè de shōurù bǐ shàng ge yuè (de)(shōurù) shǎo.

③ 我们家北京的亲戚比天津(的)(亲戚)多。

　　Wǒmen jiā Běijīng de qīnqī bǐ Tiānjīn (de) (qīnqī) duō.

금년 수확은 작년보다
훨씬 좋다.

老李은 이 달 수입이 전
달보다 적다.

우리 집안은 북경 친척
이 천진보다 많다.

만일 A, B 두 항의 중심어가 동일한 사람이나 사물을 가리키면 ‘的’자를 생략하는 것
이 좋다.

④ 南方的夏天比北方(的夏天)热。

　　Nánfāng de xiàtiān bǐ běifāng (de xiàtiān) rè.

⑤ 十年前的我要比现在(的我)更糊涂。

　　shí nián qián de wǒ yào bǐ xiànzài (de wǒ) gèng hútú.

남방의 여름이 북방보
다 덥다.

십 년 전의 나는 현재보
다 더 어리석을 것이다.

⑥ 今天的南湖疗养中心比1990年前(的南湖疗养中心)扩大了一倍。

　　Jīntiān de Nánhúliáoyǎng zhōngxīn bǐ yī jiǔ jiǔ líng nián qián (de Nánhúliáoyǎng zhōngxīn) kuòdàle yí bèi.

지금의 南湖요양센터는 1990년 전보다 두 배로 넓어졌다.

③ 관형어의 생략

　A, B 두 항의 명사구가 만일 관형어가 같고 중심어가 다르면, '比' 뒤의 성분 중의 관형어는 생략할 수 있다.

① 我看他的法语说得比英语流利。

　　Wǒ kàn tā de Fǎyǔ shuō de bǐ Yīngyǔ liúlì.

나는 그가 불어를 영어보다 유창하게 말한다고 생각한다.

② 他的小说比诗歌写得好。

　　Tā de xiǎoshuō bǐ shīgē xiě de hǎo.

그의 소설이 시가보다 더 잘 썼다

③ 老王的腿比手勤快。

　　Lǎo Wáng de tuǐ bǐ shǒu qínkuài.

老王의 다리는 손보다 부지런하다.

④ 他家的老二比老大爱学习。

　　Tā jiā de lǎo èr bǐ lǎo dà ài xuéxí.

그의 집안에서 둘째가 첫째 보다 공부하는 것을 더 좋아한다.

이러한 관형어는 대부분 소유관계를 나타낸다.

④ 관형어와 중심어 중의 동일 부분 생략

　만일 A, B 두 항의 명사구에서, 일부 관형어와 중심어가 같다면, '比'의 앞이나 뒤에 있는 동일 성분을 생략할 수 있다.

① 你的口头表达能力比(你的)笔头(表达能力)好。

　　Nǐ de kǒutou biǎodá nénglì bǐ (nǐ de) bǐtou (biǎodá nénglì) hǎo.

그의 구두 표현능력은 필기보다 낫다.

② 我们学英语的时间比(我们)学法语(的时间)长。

　　Wǒmen xué Yīngyǔ de shíjiān bǐ (wǒmen) xué Fǎyǔ (de shíjiān) cháng.

우리가 영어를 배우는 시간은 불어를 배우는 것보다 길다.

③ 他们(前进的脚步)比我们前进的脚步快。

　　Tāmen (qiánjìn de jiǎobù) bǐ wǒmen qiánjìn de jiǎobù kuài.

그들은 우리보다 발전하는 속도가 빠르다.

⑤ 주술구 중의 술어와 주어

　A, B 두 항은 모두 주술절이다. 만일 주술절 중의 술어가 같다면 '比' 앞뒤의 성분을 생략할 수 있다. 만일 주술절 중의 주어가 같다면 '比' 뒤의 성분만 생략할 수 있다.

① 他睡觉比我(睡觉)早。

　　Tā shuìjiào bǐ wǒ (shuìjiào) zǎo.

그는 잠을 나보다 일찍 잔다.

② 我(吃饭)比他吃饭香。

　　　Wǒ (chī fàn) bǐ tā chī fàn xiāng.

③ 你的年龄比他大，斗争经历比他长一些，你受国家的培养也比
　　他(受国家的培养)多些，应该多帮助他。

　　　Nǐ de niánlíng bǐ tā dà, dòuzhēng jīnglì bǐ tā cháng yìxiē, nǐ
　　　shòu guójiā de péiyǎng yě bǐ tā (shòu guójiā de péiyǎng) duō
　　　xiē, yīnggāi duō bāngzhù tā.

④ 我学汉语比(我)学日语快。

　　　Wǒ xué Hànyǔ bǐ (wǒ) xué Rìyǔ kuài.

⑤ 我住在北京比(我)住在广州好。

　　　Wǒ zhù zài běijīng bǐ (wǒ) zhù zài Guǎngzhōu hǎo.

　　예문 ①, ②, ③은 '他比我睡觉早', '我吃饭比他香', '……你也比他爱国家的培养多些……'로 바꿀 수 있다. 그러나 예문 ④는 '学汉语比我学日语快'로 바꿀 수 없으며, 예문 ⑤는 '主在北京比我主在广州好'라고 바꿀 수 없다. 만일 두 주술절 중의 주어와 술어가 같지 않다면, 생략할 수 없다.

⑥ 他大伯，欢娃年轻，你吃盐比他吃米多，他说得不对，你甭计
　　较。

　　　Tā dàbó, Huānwá niánqīng, nǐ chī yán bǐ tā chī mǐ duō, tā shuō
　　　de bú duì, nǐ béng jìjiào.

　　⑥ 'A比B'가 부사어가 될 때, 일반적으로 '比' 앞의 성분 A는 생략할 수 없다.
　　'A比B가 부사어가 되는 문장은 동일한 사물이 다른 시간, 다른 장소에 있는 경우를 비교하는 것이다. 만일 '比'앞의 A가 '现在', '当时', '在这里', '这一次' 등을 나타내면, A는 생략할 수 있다.

① 微风起来，吹动他的短发，确乎比去年白得多了。[现在]

　　　Wēifēng qǐlái, chuīdòng tā de duǎn fà, quèhū bǐ qùnián bái de
　　　duō le.

② 我的身体比以前好多了。[现在]

　　　Wǒ de shēntǐ bǐ yǐqián hǎo duō le.

③ 这几个孩子都比在家里听话。[在这儿]

　　　Zhè jǐ ge háizi dōu bǐ zài jiā lǐ tīng huà.

④ 今天我们比第一次谈得好。[这一次]

　　　Jīntiān wǒmen bǐ dì yí cì tán de hǎo.

　　⑦ A, B 두 항이 모두 동사구이거나 형용사구일 경우, 같은 성분이 있다하더라도, 대

부분 생략할 수 없다.

① 长一点比短一点好。

    Cháng yìdiǎn bǐ duǎn yìdiǎn hǎo.

② 有文化比没有文化好。

    Yǒu wénhuà bǐ méi yǒu wénhuà hǎo.

③ 阿爸也说："这条路是陈占鳌逼我们走的，拼死总比饿死好……"

    Ābà yě shuō : "Zhè tiáo lù shì Chén Zhānáo bī wǒmen zǒu de, pīn sǐ zǒng bǐ è sǐ hǎo……"

좀 긴 것이 **좀 짧은** 것보다 낫다.

지식이 있는 것이 없는 것보다 낫다.

아빠도 "이 길은 陈占鳌가 우리에게 강요한 길이다. 목숨을 걸고 싸우는 것이 어쨌든 굶어 죽는 것보다 낫다……" 고 말씀하셨다.

때로는 상하문이나 언어 환경이 분명할 경우, '比' 앞의 성분을 모두 생략할 수 있다.

④ 焦振藏今天比哪天说话都多，比干一天木匠活还要累。

    Jiāo Zhènzàng jīntiān bǐ nǎ tiān shuō huà dōu duō, bǐ gàn yìtiān mùjiàng huó hái yào lèi.

焦振藏은 오늘 어느 날보다 말을 많이 했다, 하루 목공 일하는 것보다도 더 피곤할 것이다.

이 문장에서 뒷 절은 '说话(那么)多比干一天木匠活还要累'란 의미를 나타낸다.

③ '比'자문 중의 '更', '还', '再'

'比'자문에서 비교를 나타내는 술어의 앞에 부사 '更', '还', '再'를 부가하여('很'은 쓸 수 없음), A의 정도가 한 층 더 심함을 나타낸다.

① 听说西安城东坝桥镇啥地方，修起一座纱厂，比国棉一、二厂两个合起来还大。

    Tīng shuō Xī'ān chéng dōng Pèiqiáozhèn shá dìfang, xiū qǐ yí zuò shā chǎng, bǐ guó mián yī、èr chǎng liǎng ge hé qǐlai hái dà.

듣건대, **西安城** 동쪽의 坝桥镇 어느 곳에 방직 공장을 하나 짓는데, 국영 면직 제 1,2공장을 합친 것보다도 크다고 한다.

② 那里的情况他比我更了解一些。

    Nàlǐ de qíngkuàng tā bǐ wǒ gèng liǎojiě yìxiē.

그 곳 상황은 그가 나보다 좀 더 잘 안다.

③ 你汗也流尽了……你手也软了，你会觉得世界末日也不会比这再坏。

    Nǐ hàn yě liú jìn le …… nǐ shǒu yě ruǎn le, nǐ huì juéde shìjiè mòrì yě bú huì bǐ zhè zài huài.

너는 땀도 흠뻑 흘렸고……네 손에 힘도 빠져서, 너는 세계 최후의 날도 이보다 더 나쁘지 않을 것이라 생각할 것이다.

④ 他的话比你的更有说服力。

    Tā de huà bǐ nǐ de gèng yǒu shuōfúlì.

그의 말이 너보다 더욱 설득력이 있다.

⑤ 他比你更会安排时间。

    Tā bǐ nǐ gèng huì ānpái shíjiān.

그는 너보다 시간분배를 더욱 잘 한다.

⑥ 你还可以写得比这再精练一点儿。

    Nǐ hái kěyǐ xiě de bǐ zhè zài jīngliàn yìdiǎnr.

당신은 이보다 좀 더 간명하게 써도 된다.

위 예문 ①, ③, ④, ⑤에서 '更', '还', '再'가 형용사, 동사, 동사구('有+목적어', '조동사+동사' 등의 형식 포함)의 앞에 쓰였다. ②, ⑥에서는 형용사나 동사의 뒤에 '一点儿', '一些'가 부가되는 형식에서 쓰였다.

만일 형용사, 동사의 뒤에 '多了'나 구체적인 수량을 나타내는 수량보어, 목적어를 가질 경우, 앞에는 일반적으로 정도를 나타내는 '更', '还', '再'(어기나 중복을 나타내는 '还', '再'는 제외)를 사용하지 않는다.

① 我们的物质基础也比过去雄厚多了，增产节约的潜力很大。

    Wǒmen de wùzhì jīchǔ yě bǐ guòqù xiónghòu duō le, zēngchǎn jiéyuē de qiánlì hěn dà.

우리의 물질적 기반도 과거보다 훨씬 풍부해져서, 증산하고 절약하는 잠재력이 커졌다.

② 今年来华留学生的数目比前年增加了一倍多。

    Jīnnián lái Huá liúxuéshēng de shùmù bǐ qiánnián zēngjiāle yí bèi duō.

올해 중국에 온 유학생의 수가 제 작년보다 배가 넘게 늘었다.

③ 一个小时他比我多看了两页书。

    Yí ge xiǎoshí tā bǐ wǒ duō kànle liǎng yè shū.

한 시간 동안 그는 나보다 두 쪽을 더 보았다.

'比'자문에서 '更', '还', '再'의 쓰임은 서로 어떻게 다른지 살펴보자.

'A 比 B 更……'의 형식은 B가 이미 일정한 정도를 유지하고 있고, A의 정도는 B보다 한층 더 높음을 나타낸다. 그러나 일반적으로 전체 문장은 특별한 감정을 나타내지 않는다.

'A 比 B 还……'의 형식은 B의 정도가 이미 충분히 높아서, 화자가 이미 매우 만족하고 (혹은 불만을 가지고) 있으나, A가 B보다 정도가 더 심함을 나타낸다. '还'는 정도를 더욱 분명히 강조한다.

'A 比 B 再……'의 형식은 가정, 의문 혹은 부정문 등에 많이 쓰인다.

① 这种帽子好，那种帽子比这种更好。[표시정도]

    Zhè zhǒng màozi hǎo, nà zhǒng màozi bǐ zhè zhǒng gèng hǎo.

이런 모자가 좋지만, 저런 모자는 이런 것 보다 더 좋다.

② 我觉得这种帽子已经够好了，可是那种帽子比这种还好。[강조 정도, 유감정색채]

    Wǒ juéde zhè zhǒng màozi yǐjing gòu hǎo le, kěshì nà zhǒng màozi bǐ zhè zhǒng hái hǎo.

나는 이런 모자는 이미 충분히 좋다고 생각하지만, 저런 모자는 이런 것보다도 더 좋다.

③ 那种帽子比这种帽子再好，我也不买。[가정]

    Nà zhǒng màozi bǐ zhè zhǒng màozi zài hǎo, wǒ yě bù mǎi.

저런 모자가 이런 모자보다 더 좋다 하더라도 나는 사지 않는다.

④ 那种帽子不会比这种再好了。[사실부정]

    Nà zhǒng màozi bú huì bǐ zhè zhǒng zài hǎo le.

저런 모자는 이런 것보다 더 좋을 리 없다.

⑤　还有比这种帽子再好的吗？［의문］

　　Hái yǒu bǐ zhè zhǒng màozi zài hǎo de ma?

이런 모자보다 더 좋은 것이 있습니까?

⑥　没有比这种再好的了。［부정］

　　Méi yǒu bǐ zhè zhǒng zài hǎo de le.

이런 것 보다 더 좋은 것은 이제 없어요.

'更', '还', '再'는 일반적으로 비교를 나타내는 술어 앞에 놓인다. 소수의 경우, '更', '再'가 '比' 앞에 놓일 수도 있다.

①　去年的收成就不错，今年更比去年强。

　　Qùnián de shōuchéng jiù búcuò, jīnnián gèng bǐ qùnián qiáng.

작년의 작황이 좋았지만, 올해는 작년보다 더 낫다.

②　再比它大的没有了。

　　Zài bǐ tā dà de méi yǒu le.

그 것보다 더 큰 것은 이제 없다.

2　'不比'문

'不比'문은 'A 不比 B……'형식의 문장을 가리킨다. 이러한 문형은 형식적으로 보면 '比'자문의 부정형식이라 할 수 있다. 그러나 실제로 '比'자문의 부정형식은 'A 没有 B……'을 쓴다. '不比'문은 'A 跟 B 差不多'라는 의미, 즉 A와 B의 차이가 거의 없음을 나타낸다. 즉, 적극적인 의미에서 약간 정도가 심함을 나타낼 수 있고, 소극적인 의미에서 정도가 약간 약함을 나타낼 수 있으며, 양자가 기본적으로 서로 같을 수도 있다.

①　A : 小李比你高吧？

　　　　Xiǎo Lǐ bǐ nǐ gāo ba?

小李가 당신보다 키가 큰가요?

　　B : 他不比我高。我一米七，他也一米七。

　　　　Tā bù bǐ wǒ gāo. Wǒ yì mǐ qī, tā yě yì mǐ qī.

그는 나보다 크지 않아요. 내가 170이고, 그도 170입니다.

　　　/他不比我高，可能还比我矮一点。

　　　　Tā bù bǐ wǒ gāo, kěnéng hái bǐ wǒ ǎi yìdiǎn.

그는 나보다 크지 않아요. 아마도 나보다 약간 작을 겁니다.

위 대화에서는 '小李는 나만큼 키가 크지 않거나 나와 키가 같음'을 나타낸다. '不比' 문을 사용할 때는 종종 무엇에 대해서 말하는지를 주의해야 한다. 위의 문장에서는 A가 제기한 의문 '小李가 당신보다 키가 큽니까?'라는 내용에 대해 주의하고 있는 것이다.

②　A : 我觉得小王比你矮。

　　　　Wǒ juéde Xiǎo Wáng bǐ nǐ ǎi.

나는 小王이 당신보다 작다고 생각해요.

　　B : 他不比我矮，他跟我一样高，只是我显高。

　　　　Tā bù bǐ wǒ ǎi, tā gēn wǒ yíyàng gāo, zhǐshì wǒ xiǎn gāo.

그는 나보다 작지 않고, 그는 나와 키가 같아요, 단지 내가 커 보일 뿐이죠

/他不比我矮，可能还略高一点。

    Tā bù bǐ wǒ ǎi, kěnéng hái lüè gāo yìdiǎn.

그는 나보다 작지 않아요, 아마도 약간 클걸요.

특정한 언어 환경이 아니면 '不比'로 대화를 시작할 수 없다. 그것이 진술하는 것은 앞에서 언급된 어떤 잘못된 비교결과를 정정하거나 반박하는 것이다. '不比'문은 이처럼 구체적인 담화맥락에서 적절히 선택되어 사용된다.

① 他订了五份杂志，我也订了五份。他也不比我订的多，我也不比他订的少。[A跟B一样]

    Tā dìngle wǔ fèn zázhì, wǒ yě dìngle wǔ fèn. Tā yě bù bǐ wǒ dìng de duō, wǒ yě bù bǐ tā dìng de shǎo.

그는 잡지를 5부 구독 신청했고, 나도 5부를 구독 신청했다. 그도 나보다 많이 신청하지 않았고, 나도 그보다 적게 신청하지 않았다.

이 문장은 어떤 사람이 "他比我订的杂志多."라고 말한 것에 대해서 반박한 것으로, 이 때, '不比'문은 A와 B가 같다는 의미를 나타낸다.

② 小李的工作能力一点也不比老张差，我觉得新的工作还是让小李负责比较合适。[A跟B一样强，甚至比B更强]

    Xiǎo Lǐ de gōngzuò nénglì yìdiǎn yě bù bǐ Lǎo Zhāng chà, wǒ juéde xīn de gōngzuò háishi ràng Xiǎo Lǐ fùzé bǐjiào héshì.

小李의 업무능력은 조금도 老张보다 뒤떨어지지 않아서, 나는 새로운 업무를 小李가 담당하도록 하는 것이 비교적 적절하다고 생각한다.

이 문장은 어떤 사람이 "老张工作能力强，想让老张负责新的工作。"라고 말한 것에 대해 반박한 것이다. 즉, 화자는 '一点也不……'란 표현으로 자신의 생각을 강조하여 '小李의 업무능력이 최소한 老张과 똑 같고, 심지어 老张보다 좀 더 뛰어날 수도 있다'고 표현했다.

③ 都说外边的世界好，可是我在外面这么多年，跑了好多地方，觉得哪儿也不比家乡好。[A没有B好，A不如B好]

    Dōu shuō wàibiān de shìjiè hǎo, kěshì wǒ zài wàimiàn zhème duō nián, pǎole hǎo duō dìfang, juéde nǎr yě bù bǐ jiāxiāng hǎo.

다들 바깥세계가 좋다고 말한다. 하지만 나는 외지에서 이렇게 오랫동안 지냈고, 아주 많은 곳을 돌아 다녔지만, 어디라도 고향보다 좋지는 않다고 생각한다.

이 문장의 '不比'는 분명히 '都说外边的世界好'에 대한 반박이다. 그래서 단지 'A不如B好'라는 뜻으로 이해된다.

④ 这个房间不比那个房间大多少，而且采光也不好，还是住那个房间吧。[A可能略大一点，但大得不多，因此够不上有什么优越之处]1)

    Zhège fángjiān bù bǐ nàge fángjiān dà duōshao, érqiě cǎiguāng yě bù hǎo, háishi zhù nàge fángjiān ba.

이 방은 저 방보다 얼마 크지 않고 채광도 좋지 않으니, 저 방에 묵도록 합시다.

이 문장의 '不比'는 어떤 사람이 '이 방은 좀 크다'라고 말한 사실에 주의 했다.

이 밖에 만일 '不比' 뒤의 형용사가 예 ③의 '好'와 같이 긍정적 의미를 갖고 있으면, 'A不比B好'는 'A 没有/不如 B 好'의 의미를 지닌다. 예 ②와 '差'와 같이 부정적 의미를 나타내면, 적극적인 면에서 좀 더 낫다'는 의미, 즉 'A比B好'의 의미를 나타낸다.

⑤ A：他的发音不比你好。［他的发音跟你差不多一样好或不如你，总之在'好'的方面不超过你］ 　　Tā de fāyīn bù bǐ nǐ hǎo.	그의 발음은 너보다 좋지 않다.
B：他的发音不比你差。［他的发音跟你差不多一样好，甚至可能比你更好一些，即在'好'的方面超过你］ 　　Tā de fāyīn bù bǐ nǐ chà.	그의 발음은 너보다 나쁘지 않다.
⑥ A：他的个子不比我高。［他的个子跟我差不多一样高或没有我高，总之在'高'的方面不超过我］ 　　Tā de gèzi bù bǐ wǒ gāo.	그의 키는 나보다 크지 않다.
B：他的个子不比我矮。［他个子跟我差不多一样高，甚至可能比我高一些，即在'高'的方面超过我］ 　　Tā de gèzi bù bǐ wǒ ǎi.	그의 키는 나보다 작지 않다.
⑦ A：我得的奖状不比他多。［我得的奖状跟他差不多一样多或没有他多，总之在'多'的方面不超过他］ 　　Wǒ dé de jiǎngzhuàng bù bǐ tā duō.	내가 받은 상장은 그보다 많지 않다.
B：我得的奖状不比他少。［我得的奖状跟他差不多一样多或没有他多，总之在'多'的方面不超过他］ 　　Wǒ dé de jiǎngzhuàng bù bǐ tā shǎo.	내가 받는 상장은 그보다 적지 않다.

3 '没有'문

'没有'문은 '没有'를 이용해 비교를 표현하는 구문을 가리킨다. 그 형식은 'A(주어)+没有B(부사어)+술어'이다. 이러한 형식이 나타내는 의미는 "A의 정도가 B에 미치지 못한다"는 것이며, 비교의 기준은 B가 된다. 'A 没有 B……'의 뜻은 'B 比

---

1) '不比'문에서, 만일 비교를 나타내는 형용사의 뒤에 '多少'가 있으면 일반적으로 "약간 초과되었다"는 의미를 나타낸다. 또한, 어떤 특징을 갖고 있지만, 정도가 약해서 크게 우월하지는 않다는 느낌을 표현한다. 따라서 긍정적이거나 찬양하는 경우에 잘 쓰이지 않고, 부정적이거나 폄하하는 경우에도 잘 쓰이지도 않는다. 다음 문장을 비교해보자.

(1) 这套家具不比那套便宜多少，而且款式陈旧，还是买那套吧。(这套家具虽然略微便宜一些，但便宜不了多少，不足以构成优点，再加土款式陈旧，因此不值得选购)

(2) 这套家具不比那套贵多少，而且款式新颖，还是买这套吧。(这套家具虽然略微贵一些，但贵不了多少，算不上什么缺憾，再加上款式新颖，所以还是可以选购)

A……'에 상당한다. 즉, 'A 没有 B 好 = B 比 A 好'이다. 그러므로 의미적으로 보면, 'A 没有 B……'는 'A 比 B ……'와 반대의 의미임을 알 수 있다.

이 형식은 구조적으로 다음과 같은 형식을 갖는다.

비교를 나타내는 술어 앞에는 '那么(那样)'이나 '这么(这样)'를 써서 정도를 나타내는데, 일반적으로 '那么"를 더 많이 쓴다. 만일 B가 '我', '我们', '这里', '这儿' 등의 대사이거나, 관형어 중에 이러한 대사를 갖는 명사구가 있으면 '这么'를 쓸 수 있다.

① 这座楼没有那座楼高。

　　Zhè zuò lóu méi yǒu nà zuò lóu gāo.

이 건물은 저 건물만큼 높지 않다.

② 谁也没有俺这么清楚俺爹。

　　Shéi yě méi yǒu ǎn zhème qīngchu ǎn diē.

아무도 저처럼 이렇게 우리 아빠를 잘 이해하지 못한다.

③ (她)眼光没有先前那样精神了。

　　(Tā) yǎnguāng méi yǒu xiānqián nàyàng jīngshen le.

(그녀는) 눈빛이 이전 만큼 그렇게 생기 있지 않다.

④ 他们那里没有这儿这么冷。

　　Tāmen nàli méi yǒu zhèr zhème lěng.

그들이 있는 곳은 이곳 만큼 이렇게 춥지 않다.

⑤ 他们班同学没有我们班同学这么活跃。

　　Tāmen bān tóngxué méi yǒu wǒmen bān tóngxué zhème huóyuè.

그들 반의 학우들은 우리 반 동학만큼 활발하지 않다.

비교를 나타내는 술어는 다음과 같은 상황이 있다.

① 형용사나 '有(没有) + 목적어'
② 심리상태를 나타내는 동사
③ 일반동사뒤에 상태보어를 갖는 경우
④ 조동사+동사

그 예는 다음과 같다.

① 他唱歌没有小李唱歌好。

　　Tā chàng gē méi yǒu Xiǎo Lǐ chàng gē hǎo.

그가 노래 부르는 것은 小李가 노래 부르는 것만큼 잘 하지 못한다.

② 这篇小说没有那篇那么有吸引力。

　　Zhè piān xiǎoshuō méi yǒu nà piān nàme yǒu xīyǐnlì.

이 소설은 그것만큼 매력이 없다.

③ 姐姐没有弟弟那么爱打球。

　　Jiějie méi yǒu dìdi nàme ài dǎ qiú.

누나는 동생만큼 구기를 좋아하지 않는다.

④ 我没有他来得那么早!

　　Wǒ méi yǒu tā lái de nàme zǎo!

나는 그 사람처럼 그렇게 일찍 오지 않습니다!

⑤ 她没有你这么会造句。

    Tā méi yǒu nǐ zhème huì zàojù.

다음 사항을 주의해야 한다.

⑴ 증가나 감소 등의 의미를 나타내는 동사는 이러한 형식에 쓰일 수 없다. 앞에 '早', '晩', '先', '后', '多', '少' 등을 부가한 일반 동사도 이러한 형식을 사용할 수 없다.

⑵ 비교를 나타내는 술어의 뒤에는 구체적인 차이를 나타내는 표현 '一点儿', '得多' 등이 올 수 없다.

⑶ 술어 주요성분의 앞에는 '更', '还', '再' 등을 쓸 수 없다.

⑷ 'A 没有 B……'문에서 생략할 수 있는 성분은 '比'자문과 같다.

 '不如'문

'不如'문은 'A(주어) + 不如 B ……'의 형식으로 비교를 표현하는 구문이다.

'不如'는 동사이므로 술어가 될 수 있다. 그래서 'A 不如 B'자체로 완전한 문장을 이룰 수 있다. 의미는 'A 没有 B 好'로서, 'A 不如 B 好'라고 말할 수도 있다. 만일 비교하는 것이 좋고 나쁨이 아닌 다른 의미라면, B 뒤에 비교의 내용을 명확히 나타내주면 된다.

① ……可是她们比我们组织起来的晚，能有这样的成绩是不简单的，这说明我们的工作不如他们。

    …… Kěshì tāmen bǐ wǒmen zǔzhī qǐlai de wǎn, néng yǒu zhèyàng de chéngjì shì bù jiǎndān de, zhè shuōmíng wǒmen de gōngzuò bùrú tāmen.

② 晚去不如早去好。

    Wǎn qù bùrú zǎo qù hǎo.

③ 他不如前几年身体好了。

    Tā bùrú qián jǐ nián shēntǐ hǎo le.

④ 我不如他念得流利。（또는, 我念得不如他流利。）

    Wǒ bùrú tā niàn de liúlì. (Wǒ niàn de bùrú tā liúlì.)

'不如'를 쓰는 문장에서 비교를 나타내는 형용사는 대부분 적극적인 의미이다. 그러한 형용사로는 '高', '大', '好', '干净', '亮', '宽', '长', '美', '积极', '勤快' 등이 있으며, '矮', '小', '坏', '脏', '暗', '窄', '短', '丑', '消极', '懒' 등은 소극적 의미의 형용사로서 쓰이지 않는다. 그러나 어떤 문장에서 소극적 의미의 형용사가 출현하더라도 화자가 적극적인 의미로 여길 수 있는 경우가 있다. 예를 들면, 어떤 사람이 좀 어두운

집에서 휴식을 취하려 할 때, '这间屋子不如那间暗, 还是让他到那间屋子去吧'라고 말
할 수 있을 것이다.

'不如'를 사용하는 경우는 구조적 특징이 'A没有B……'와 같다. 단지 '不如'가 술어
로 쓰일 수 있고, '没有'는 그렇지 않다는 점이 다르다.

参考文献

李成才　　“跟……一样”用法浅谈,语言教学与研究,1991年第2期。

马　真　　“比”字句内比较项Y的替换规律试探,中国语文,1986年第6期。

邵敬敏　　“比”字句替换规律刍议,中国语文,1990年第6期。

相原茂(日本)　汉语比较句的两种否定形式——“不比”型和“没有”型,语言教学与研
　　　　　　　究,1992年第3期。

徐燕青　　“不比”比较句的语义类型,语言教学与研究,1996年第2期。

一. '跟', '比', '有', '没有'를 사용하여 빈칸을 채우시오.

1. 我弟弟十五岁，他十七岁。他＿＿＿＿我弟弟大两岁，我弟弟＿＿＿＿他大。
2. 我哥哥二十三岁，他也二十三岁。他＿＿＿＿我哥哥一样大。
3. 我妹妹十八岁，她十九岁。她＿＿＿＿我妹妹不一样大。她＿＿＿＿我妹妹大，我妹妹＿＿＿＿她小，我妹妹＿＿＿＿她大。
4. 这棵树三米高，那棵树也三米高，这棵树＿＿＿＿那棵树一样高。
5. 这棵树三米五高，那座房子也是三米五高，这棵树＿＿＿＿那座房子那么高。
6. 这棵树是四米高，那座房子是三米五高，这棵树＿＿＿＿那座房子不一样高。那座房子＿＿＿＿这棵树这么高，这棵树＿＿＿＿那座房子高，那座房子＿＿＿＿这棵树矮。
7. 这本书300页，那本书200页，这本书＿＿＿＿那本书厚。那本书＿＿＿＿这本书薄。那本书＿＿＿＿这本书厚。
8. 我们班有20个学生，他们班也有20个学生。我们班＿＿＿＿他们班的学生一样多，我们班的学生＿＿＿＿他们班那么多。
9. 他从前身体不好，现在身体很好，他从前＿＿＿＿现在身体好，他＿＿＿＿从前身体好。
10. 这条路远，那条路近。这条路＿＿＿＿那条路不一样远。这条路＿＿＿＿那条路远，那条路＿＿＿＿这条路近。这条路＿＿＿＿那条路那么近，那条路＿＿＿＿这条路这么远。

二. 보기를 참고하여 작문하시오.

보기A : 我一米八零，他一米七九。
작문 : (1) 我比他高。
　　　 (2) 他比我矮。
　　　 (3) 他没有我(这么)高。
　　　 (4) 他跟我不一样高。

1. 那个房间十八平方米，这个房间十六平方米。
　 ("大", "小"를 쓰는 것을 주의하시오)
2. 他的衣服长，我的衣服短。
3. 这篇文章深，那篇文章浅。
4. 我们学校有两千个学生，他们学校有一千多个学生。
　 ("我们学校的学生"과 "他们学校的学生"으로 바꾸는 것을 주의하시오)

보기B : 这条街一公里长，那条街也是一公里长。
　작문 : (1)这条街跟那条街一样长。
　　　　(2)这条街有那条街那么长吗?

1.姐姐喜欢听音乐，妹妹也喜欢听音乐。
2.你的女儿十一岁，他的女儿也十一岁。
3.她从前爱跳舞，现在仍然爱跳舞。
4.这个公园的风景很美，那个公园的风景也很美。
5.轻工业展览很受欢迎，农业展览也很受欢迎。

三. 괄호 안에 주어진 표현을 사용하는 문장으로 고치시오.

1.一班表演的节目不如二班表演的好。（没有）（比）
2.这个故事的情节没有那个故事的情节复杂。（比）（不如）
3.这本古代寓言比那本有意思。（没有）（不如）
4.这本词典收的词可能有那本那么多。（跟……一样）
5.学滑雪有学滑冰那么容易吗？（跟……一样）
6.他跟你一样喜欢游泳吗?(有)
7.他怎么会跟你哥哥一样高啊!（有）他没有你哥哥高。（比）
8.他们小组讨论得没有我们热烈。（不如）（比）
9.王先生的课比张先生的课讲得更好。（没有）（不如）
10.他的汉语说得不比她流利。（跟……一样）（没有）

四. 생략할 수 있는 부분을 찾으시오.

1.她发音比我发音清楚得多。
2.他的身体现在比从前更健康了。
3.他父亲的年纪跟我父亲的年纪一样大。
4.他开车比我开车慢。
5.他学英语比他学法语更快。
6.他们班的同学比我们班的同学早来一个星期。
7.那种纪念邮票没有这处纪念邮票好看。
8.图书馆的中文书比阅览室的中文书多。
9.北京的夏天没有我们那儿的夏天热。
10.我的汉语水平不如他的汉语水平高。

五. 틀린 문장을 바르게 고치시오.

1. 今天跟昨天相同暖和。
2. 你们学的汉字跟他们学的汉字一样多不多？
3. 他的儿子十二岁，我的儿子也十二岁，他的儿子跟我一样大。
4. 这辆自行车比那辆很新。
5. 这件事情有那件事情更重要吗？
6. 昨天晚上没有早上凉快一点。
7. 她家的生活比解放以前完全不同了。
8. 那里教中文的方法比我们大学的方法不一样。
9. 姐姐比我五岁多。
10. 那个箱子有这个箱子一样重。
11. 他的录音机更好比我的。
12. 那个医院很大比这个医院。
13. 我母亲每天早上都比我起得早半个小时。
14. 她比我喜欢得多看杂技。

六. '不比'를 사용해서 다음 문장을 완성하시오.

1. 卧室是14平方米，书房也是14平方米，卧室＿＿＿＿＿＿＿＿＿＿＿＿＿＿＿＿＿大，书房＿＿＿＿＿＿＿＿＿＿＿＿小。
2. ＿＿＿＿＿＿＿＿＿＿＿＿＿＿＿＿＿，看来，图书馆是最安静的地方了，我们还是在图书馆复习功课吧。
3. 小马和小金都可以当班长，有人想选小金，我觉得＿＿＿＿＿＿＿＿＿＿＿＿＿＿，我还是想选小马。
4. 今天的考试题＿＿＿＿＿＿＿＿＿＿＿＿，可能比上次还难一点，所以大家考的分都不高。
5. 虽然我们这个城市在南方，但是夏天＿＿＿＿＿＿＿＿＿＿＿＿，北京夏天最高气温可以达到38℃，我们这里也就是34℃左右。
6. 看起来这个会场有点儿小，其实＿＿＿＿＿＿＿＿＿＿＿多少，那个会场能坐五百人，这个会场也能坐四百七八十人呢。
7. 他有四件行李，我也有四件行李，他的行李＿＿＿＿＿＿＿＿＿＿＿＿＿，我的行李＿＿＿＿＿＿＿＿＿＿＿＿。
8. 那个人，看样子＿＿＿＿＿＿＿＿＿＿＿多少，我今年三十九岁，他也就四十刚出头吧。

제 7 장

비주술문

일반적인 문장은 주어와 술어 두 부분으로 이루어져있다. 주어와 술어 두 부분으로 이루어지지 않은 문장을 비주술문이라고 부른다. 비주술문은 두 가지 종류가 있다. 하나는 주어가 없는 것으로 무주어문이라 부르며, 다른 하나는 하나의 단어나 구로 이루어지고, 이러한 단어와 구는 그것이 문장의 주어인지 술어인지 판단할 수 없는 경우로서 그것을 독립문이라고 부른다.

제 1 절

무주어문

 ## 무주어문과 주어가 함축되거나 생략된 문장의 구별

무주어문은 주어가 전혀 없는 문장이다. 이러한 문장의 작용은 동작, 변화 등의 상황을 묘사하는 것이며, '어떤 사람'이나 '어떤 사물'의 동작이나 변화를 설명하는 것이 아니다. 그것은 주술문에서 주어가 생략되거나 함축된 것과는 다르다. 다음을 비교해보자.

① 刮风了!

    Guā fēng le!

바람이 분다!

② 上课了!

    Shàng kè le!

수업이 시작됐다!

③ 问 : 昨天你看电影了吗?

    Zuótiān nǐ kàn diànyǐng le ma?

어제 당신은 영화 보셨나요?

    答 : 看了。

    Kàn le.

봤습니다.

④ 小张是上海人,（　）在北京大学学习。

    Xiǎo Zhāng shì Shànghǎi rén, (　) Zài Běijīng dàxué xuéxí.

小张은 상해 사람입니다. (小张은) 북경대학에서 공부합니다.

예 ③, ④는 불완전한 주술문이다. 예 ①, ②는 무주어문이다. 두 가지는 다음과 같은 점에서 구별된다.

① 불완전 주술문의 주어는 확정되어 있어서 보충할 수 있다(제5편 제2장 제1절 참조). 무주어문은 영원히 주어가 없는 형식으로 쓰인다. 만일 인위적으로 주어를 넣더라도 그것은 불확정적이어야 한다. 어떤 무주어문은 전혀 주어를 넣을 수 없다. 예 ②는 주어를 보충할 수 있는가? '天'을 넣어서 '天刮风'이라고 만들면, 어색한 문장으로서 중국어 습관에 맞지 않게 된다. 예 ③, ④는 그렇지 않아서, 예 ③은 주어 '我'를 보충할 수 있고, 예 ④는 '小张'이 함축되어 있다.

② 불완전주술문은 상하문장이나 일정한 언어 환경을 떠나서는 완정하고 명확한 의미를 나타낼 수 없다. 예를 들면, 어떤 사람이 갑자기 근거 없이 '看了'라고 말한다면, 다른 사람은 틀림없이 이상하게 생각할 것이다. 무주어문은 그와 달라서 상하문이나 일정한 언어 환경이 필요 없다. 즉, 나타내는 의미는 완전하고 명확하다. 무주어문은 일반적으로 특정한 경우에 출현한다. 예를 들면, '小心烟火'는 불에 타거나 폭발하기 쉬운 물건을 놓아둔 곳에 쓰이고, '下雨了'는 날씨가 변화하는 상황에서 쓰는 표현이다. 불완전한 주술문이 쓰이는 언어 환경과는 다르다.

2 무주어문의 구조분석

　무주어문과 주술문의 술어는 구조적, 의미적으로 유사하여, 일반 주술문의 술어부분을 분석하는 방법에 의거해서 분석한다. 그러나 무주어문은 주술문의 술어부분과 본질적인 차이는 있다. 무주어문은 완전한 문장으로 문장의 일부가 아니며, 술어도 아니다. 주어, 술어는 상대적인 표현이며 상호 의존하는 것이다. 진술대상인 주어가 없으면, 그에 대한 진술인 술어도 없다. 따라서 무주어문을 분석할 때는 그것을 술어로 분석해서는 안 된다. 무주어문은 일반적으로 모두 동사를 포함한다. 분석할 때, 동사를 중심으로 동사의 부사어, 목적어 등을 분석한다.

① 
刮　风了!

Guā fēng le
바람이 분다!

② 
不许乱扔果皮纸屑!

Bù xǔ luàn rēng guǒpí zhǐ xiè!
과일껍질이나 종이부스러기를 함부로 버려서는 안 된다!

3 무주어문의 분류

무주어문이 표현하는 의미는 제한이 있다. 그것은 항상 어떤 특정한 언어 상황에서 쓰인다. 그 의미에 의거해서 무주어문은 다음의 몇 가지로 분류할 수 있다

1 날씨 등 자연현상을 설명하거나 새로운 상황이 생긴 것을 알리는 경우

① 下雨了!
   Xià yǔ le! — 비가 온다!

② 要出太阳了!
   Yào chū tàiyáng le! — 해가 뜨려한다!

③ 结冰了!
   Jié bīng le! — 얼음이 얼었다!

④ 起床了!
   Qǐ chuáng le! — 일어나라!

⑤ 到站了!
   Dào zhàn le! — 도착했다!

⑥ 开会了!
   Kāi huì le! — 회의가 시작됐다!

이러한 무주어문은 대부분 하나의 동목구이며, 문미에는 변화를 나타내는 어기조사 '了'가 온다.

2 명령문이나 금지

① 随手关门。
   Suí shǒu guān mén. — 수시로 문을 닫으세요.

② 请按顺序上车!
   Qǐng àn shùnxù shàng chē. — 순서대로 승차하세요!

③ 请勿吸烟!
   Qǐng wù xīyān! — 담배를 피우지 마세요!

이러한 무주어문은 대부분 동목구이다.

③ 격언이나 속담

① 一锹挖不出个井，一口吃不成个胖子。

Yì qiào wā bu chū ge jǐng, yì kǒu chī bu chéng ge pàngzi.

② 留得青山在，不愁没柴烧。

Liú de qīngshān zài, bù chóu méi chái shāo.

③ 吃一堑，长一智。

Chī yí qiàn, zhǎng yí zhì.

④ 活到老，学到老。

Huó dào lǎo, xué dào lǎo.

한 삽에 우물을 팔 수 없고, 한 술 밥에 배부를 수 없다.

청산이 있는 한 땔나무 걱정은 없다.

한번 좌절하면 그만큼 교훈을 얻는다.

살아 있는 한 계속 배운다.

④ 기원을 나타냄

① 为我们两国人民的友谊干杯！

Wèi wǒmen liǎng guó rénmín de yǒuyì gānbēi!

② 祝你健康！

Zhù nǐ jiànkāng!

③ 愿这五兄妹更加健康地成长，去迎接更加美好的未来。

Yuàn zhè wǔ xiōngmèi gèngjiā jiànkāng de chéngzhǎng, qù yíngjiē gèngjiā měihǎo de wèilái.

④ 纪念伟大的革命先行者孙中山先生！

Jìniàn wěidà de gémìng xiānxíngzhě Sūnzhōngshān xiānsheng.

우리 양국 국민의 우정을 위해 건배!

당신이 건강하길 기원합니다!

다섯 형제가 더욱 건강하게 자라고, 더욱 아름다운 미래를 맞이하길 바랍니다.

위대한 혁명 선구자 孙中山 선생을 기립시다!

⑤ '是'자를 갖는 무주어문

(제4편 제2장 제1절 '是'자문 참조)

⑥ '有'자를 갖는 무주어문

(제4편 제2장 제2절 '有'자문 참조)

 1 독립문의 정의

하나의 단어 혹은 구로 이루어진 문장을 독립문이라 부른다.

① 火!

Huǒ!

불이야!

② 注意!

Zhùyì!

주의하시오!

③ 多么壮观的景色!

Duōme zhuàngguān de jǐngsè.

얼마나 수려한 경치인가!

독립문도 완전한 문장이다. 그것은 주술문의 주어와 다르고 주술문의 술어와도 다르다. 그것은 상하문이나 일정한 언어 환경에 의존하지 않고도 완전하고, 확정적인 의미를 나타낼 수 있다. 무주어문과 같이 독립문도 어떤 성분이 생략된 것이 아니므로 확정적인 주어나 술어를 보충할 수 없다.

 2 독립문의 분류

 1 구조에 따른 분류

① 명사문: 명사와 명사구로 구성된다.

① 好大雪啊!

Hǎo dà xuě a!

정말 눈 많이 내린다.

② 多好的孩子!

Duō hǎo de háizi!

얼마나 좋은 아이들인가!

③ 蛇!

Shé!

뱀이다!

② 형용사문

① 好热!

Hǎo rè!

너무 뜨거워!

② 真棒!

  Zhēn bàng!

정말 멋지다!

③ 감탄문

① 啊!

  Ā!

아!

② 唉!

  Āi!

아이고!

② 의미에 따른 분류

독립문이 나타내는 의미도 제한이 있어서 일정한 상황에서만 출현한다. 두 가지 경우로 나누어 볼 수 있는데, 하나는 사물을 설명하는 것으로 이러한 독립문은 모두 명사나 명사구로 구성된다.

① 사물의 속성에 대해서 감탄하는 경우

① 好香的干菜!

  Hǎo xiāng de gāncài.

아주 향기로운 건채로다!

② 多么可爱的孩子!

  Duōme kě'ài de háizi!

얼마나 귀여운 아이인가!

③ 这样的婆娑!

  Zhèyàng de pósuō!

바람에 이렇게 춤을 출 수가!

④ 这个该死的东西!

  Zhège gāi sǐ de dōngxi!

이 죽을 놈!

② 어떠한 새로운 상황이 나타난 것을 발견하거나 알려 주는 경우

① 啊，火!

  Ā, huǒ!

아, 불이야!

② 水! 水!

  Shuǐ! Shuǐ!

물! 물!

③ 火车!

  Huǒchē!

기차다!

③ 청원을 나타내는 경우

① (우체부가 편지를 건네주며)信!

　　Xìn!

　　　　　　　　　　　　　　　　　　편지요!

② (매표원이 승객에게 표를 요구하며)票!

　　Piào!

　　　　　　　　　　　　　　　　　　표요!

④ 사건이 발생한 시간 혹은 장소를 설명하는 경우로서, 극본이나 소설에서 많이 쓰인다.

① 早晨，列宁的办公室。

　　Zǎochén, Lièníng de bàngōngshì.

　　　　　　　　　　　　　　　　　　새벽, 레닌의 사무실.

② 秋天。

　　Qiūtiān.

　　　　　　　　　　　　　　　　　　가을.

　두 번째 종류는 사물을 설명하지 않는 경우이다. 이러한 독립문을 구성하는 것으로는 명사, 형용사, 의문대사, 부사, 감탄사, 숙어성 구 등이다.

⑤ 호칭

① 玉荣! 玉荣!

　　Yùróng! Yùróng!

　　　　　　　　　　　　　　　　　　옥영! 옥영!

② 祥林嫂!

　　Xiánglín sǎo!

　　　　　　　　　　　　　　　　　　祥林 아주머니!

③ 喂!

　　Wèi!

　　　　　　　　　　　　　　　　　　여보세요!

⑥ 동의, 반대, 의문, 반문에 대한 반응

① 是。

　　Shì.

　　　　　　　　　　　　　　　　　　예.

② 行。

　　Xíng.

　　　　　　　　　　　　　　　　　　괜찮습니다.

③ 好。

　　Hǎo.

　　　　　　　　　　　　　　　　　　좋아요.

④ 当然!

　　Dāngrán!

　　　　　　　　　　　　　　　　　　물론이죠!

⑤ 怎么?

    Zěnme?

                            뭐라고?

⑥ 什么?

    shénme?

                            뭐라고?

⑦ 감탄어

① 啊,（长城真雄伟!）

    Ā, (Chángchéng zhēn xióngwěi!)

                            아, (장성은 정말 웅장하다!)

② 天哪!

    Tiān na!

                            세상에!

③ 唉!

    Āi!

                            아이고!

⑧ 경어

① 谢谢!

    Xièxie!

                            고마워요!

② 劳驾,（十楼在哪儿?）

    Láo jià, (shí lóu zài nǎr?)

                            실례합니다, (10층이 어디죠?)

③ 对不起, 对不起!

    Duì bu qǐ, duì bu qǐ!

                            미안해요, 정말.

④ 不敢当, 不敢当。

    Bù gǎndàng, bù gǎndàng.

                            무슨 말씀을.

⑤ 辛苦了, 辛苦了。

    Xīnkǔ le, xīnkǔ le.

                            수고하셨어요, 정말.

기타 책망하는 말과 단독으로 사용되는 의성어도 독립문에 속한다.

一. 아래 문장 중에서 주술문, 비주술문을 구별하고, 주술문 중에서 무주어문과 독립문을 구별하시오.

1. 请按顺序上车。
2. 小心火车!
3. 随手关灯。
4. 一九五五年三月。
5. 虎!
6. 为实现四个现代化而奋斗。
7. 哈尔滨到了。
8. 出太阳了。
9. 多美的夜晚啊!
10. 请大家安静。
11. 太阳出来了!
12. 风停了。
13. 刮风了。
14. 车票!
15. 劳驾!
16. 妈妈!
17. 活到老，学到老。
18. 肃静!
19. 好漂亮的球!
20. 虚心使人进步，骄傲使人落后。

제5편

통사론(下)
복문과 텍스트

의미상 관련이 있는 두 개 이상의 단문으로 구성되어 하나의 완전한 의미를 나타내는 문장을 복문이라고 부르고, 복문을 구성하는 단문을 절이라고 부른다.

복문은 반드시 다음과 같은 특징을 가져야 한다.

1 복문을 구성하는 각 절은 반드시 의미적으로 관련을 맺어 하나의 완전한 의미를 나타내야 한다.

① 北京不但是中国的政治、经济中心，而且也是文化中心。

    Běijīng búdàn shì Zhōngguó de zhèngzhì、jīngjì zhōngxīn, érqiě yě shì wénhuà zhōngxīn.

> 북경은 중국의 정치, 경제의 중심일 뿐 아니라, 문화의 중심지이다.

② 总工会还成立了科技协会，组织工程技术人员结合本厂实际开展专题学术讨论。

    Zǒnggōnghuì hái chénglìle kējì xiéhuì, zǔzhī gōngchéng jìshù rényuán jiéhé běn chǎng shíjì kāizhǎn zhuāntí xuéshù tǎolùn.

> 총노동조합은 과학기술협회를 설립했고, 설계기술자들을 조직하고 본 공장의 실제상황과 관련하여 전문학술세미나를 열었다.

③ 我妹妹学英文，我弟弟也学英文，他们的成绩都很好。

    Wǒ mèimei xué Yīngwén, wǒ dìdi yě xué Yīngwén, tāmen de chéngjì dōu hěn hǎo.

> 내 여동생은 영어를 배우고, 남동생도 영어를 배우는데, 그들의 성적은 모두 좋다.

2 복문에서 절과 절의 사이에는 음성적으로 짧은 휴지가 있다. 서면어에서는 쉼표나 세미콜론을 많이 쓴다. 단문과 단문의 사이에는 휴지가 긴 편이며, 서면어에서는 마침표, 물음표, 감탄부호가 온다.

3 ①-③에서와 같이 복문에서 하나의 절이 다른 절의 일부가 되어서는 안 된다.

① 培养儿童具有健康的体魄，是我们的一个重要目标。

    Péiyǎng értóng jùyǒu jiànkāng de tǐpò, shì wǒmen de yí ge zhòngyào mùbiāo.

> 아동을 건강한 몸과 정신을 가지도록 육성하는 것은 우리의 중요한 목표이다.

② 我们谁都知道，他工作积极，学习努力。

    Wǒmen shéi dōu zhīdào, tā gōngzuò jījí, xuéxí nǔlì.

> 우리는 누구라도 그가 적극적으로 일하고, 열심히 공부한다는 것을 알고 있다.

여기에서 '他工作积极, 学习努力'는 술어동사 '知道'의 목적어이다.

복문과 문단 간의 한계는 중국어에서 명확하지 않다. 특히 중국어 표점부호의 사용이 자유로우며, 때로는 사람에 따라서 차이를 보여서, 같은 단락의 말이라도 갑이 쓴 것은 복문이고, 을이 쓴 것은 문단이 될 수 있다. 그러나 단어와 구, 복문, 축약문 등을 서로 구분하기 힘들 듯이 복문과 문단을 구분하는 문제도 대외 중국어 교육에 그다지 큰 문제가 되지 않는다.

제 1 장

복문의 유형

절과 절 간의 어법관계에 근거하여, 복문을 연합복문과 주종복문으로 나눌 수 있다. 만일 복문의 절이 다시 몇 개의 절을 포함하는 경우, 즉 복문이 복문을 포함하게 되면 복문은 다시 단순 복문과 다중복문 두 종류로 대별된다.

제 1 절

연합복문

> 만일 복문의 각 절이 어법적인 특징이 같고, 서로 수식하거나 설명하는 관계가 아니면, 연합복문이다. 절과 절 간의 의미 관계에 따라 연합복문은 다음의 몇 종류로 나뉜다.

 병렬복문

병렬 복문의 각 절의 의미 관계는 복잡하고 다양하며, 주로 다음의 몇 가지 종류가 있다.

(1) 병렬관계

각 절은 각각 몇 가지 관련이 있는 일, 몇 가지 상황, 동일한 사물의 몇 가지 측면을 서술한다. 이러한 복문은 접속어(접속사와 접속기능을 하는 부사)를 쓰지 않을 수 있다.

① 我们每天复习生词，写汉字，做练习。

　Wǒmen měitiān fùxí shēngcí, xiě Hànzì, zuò liànxí.

우리는 매일 단어를 복습하고, 한자를 쓰고, 연습문제를 푼다.

② 历史在斗争中发展，世界在动摇中前进，（这是任何人也不能阻止的）。

　Lìshǐ zài dòuzhēng zhōng fāzhǎn, shìjiè zài dòngyáo zhōng qiánjìn, (zhè shì rènhé rén yě bù néng zǔzhǐ de).

역사는 투쟁 속에서 발전했고, 세계는 동요 속에서 진보했는데, (이것은 누구도 막을 수 없는 것이다).

③ 大年初一的早晨，妹妹忙着数得到的压岁钱，妈妈在厨房煮饺子，爸爸打电话给亲友拜年，我坐在电视机前看歌舞。

새해 첫날 아침, 여동생은 받은 세뱃돈을 세느라 바쁘고, 어머니는 주

Dànián chūyī de zǎochén, mèimei mángzhe shǔ dédào de yāsuìqián, māma zài chúfáng zhǔ jiǎozi, bàba dǎ diànhuà gěi qīnyǒu bàinián, wǒ zuò zài diànshìjī qián kàn gēwǔ.

방에서 만두를 삶고, 아버지는 친척과 친구 분들께 전화를 걸어 새해 인사를 하시고, 저는 텔레비전 앞에 앉아 가무를 봅니다.

때로는 '也', '又', '同时', '又……, 又……', '一面……, 一面', '一边……, 一边……' 등 접속어를 사용한다.

④ 这是新书, 那也是新书。

　　Zhè shì xīn shū, nà yě shì xīn shū.

이것은 새 책이고, 저것도 새 책이다.

⑤ 他又会汉语, 又会英语。

　　Tā yòu huì Hànyǔ, yòu huì Yīngyǔ.

그는 중국어도 할 수 있고, 영어도 할 수 있다.

⑥ 欢迎的群众一边唱歌, 一边跳舞。

　　Huānyíng de qúnzhòng yìbiān chàng gē, yìbiān tiào wǔ.

환영하는 군중들이 노래 부르며 춤을 춘다.

② 대비관계

　　이러한 병렬복문은 일반적으로 두 개의 절로 이루어진다. 두 개의 절은 의미적으로 상호 대비되는 작용을 한다. 이러한 복문은 두 번째 절의 시작이 접속사 '而'을 사용하는 것 이외에는 다른 접속어를 잘 사용하지 않는다.

① 河东, 是个炮弹壳 '钟', 桥南, 是个钢轨 '钟'。

　　Hé dōng, shì ge pàodànké 'zhōng', qiáo nán, shì ge gāngguǐ 'zhōng'.

강의 동쪽은 포탄껍질 시계이고, 다리 남쪽은 철궤시계이다.

② 我们的人越来越多, 山上的石头越搬越少。

　　Wǒmen de rén yuèláiyuè duō, shān shàng de shítou yuè bān yuè shǎo.

우리 사람 수은 갈수록 많아지고, 산 위의 돌은 옮길수록 적어진다.

③ 张老师教三班, 李老师教四班。

　　Zhāng lǎoshī jiāo sān bān, Lǐ lǎoshī jiāo sì bān.

장 선생님은 3반을 가르치고, 이 선생님은 4반을 가르치신다.

④ 在修建南昆铁路的日日夜夜里, 困难一个接着一个出现, 而胜利的喜悦也一个接着一个传来。

　　Zài xiūjiàn nánkūn tiělù de rì rì yè yè lǐ, kùnnan yí ge jiēzhe yí ge chūxiàn, ér shènglì de xǐyuè yě yí ge jiēzhe yí ge chuán lái.

南昆철로를 공사하는 동안의 매일 낮 밤은 어려움이 연이어 출현했지만, 승리의 기쁨도 잇달아 전해졌다.

⑤ 这时他们想到的不是自己, 而是正在进行的施工不能停。

　　Zhèshí tāmen xiǎngdào de bú shì zìjǐ, ér shì zhèng zài jìnxíng de shīgōng bù néng tíng.

이때 그들이 생각한 것은 자신이 아니라, 진행 중인 공사를 멈출 수 없다는 것이다.

분합관계의 복문은 먼저 총설하고 나서 각설하거나, 먼서 각설하고 총설하는데, 총설부분과 각설부분이 병렬관계를 이룬다.

① 来客也不少，有送行的，有拿东西的，有送行兼拿东西的。

Lái kè yě bùshǎo, yǒu sòngxíng de, yǒu ná dōngxi de, yǒu sòngxíng jiān ná dōngxi de.

> 손님도 적지 않은데, 배웅하는 사람도 있고, 물건을 가져가는 사람도 있고, 배웅도 하고 물건도 가져가는 사람도 있다.

② 两头都要抓紧，学习工作要抓紧，睡眠休息娱乐也要抓紧。

Liǎngtou dōu yào zhuājǐn, xuéxí gōngzuò yào zhuājǐn, shuìmián xiūxi yúlè yě yào zhuājǐn.

> 둘 다 확보해야 하는데, 공부와 일도 잘 확보해야 하고, 수면, 휴식, 여가도 확보해야 한다.

③ ……或者把老虎打死，或者被老虎吃掉，二者必居其一。

……Huòzhě bǎ lǎohǔ dǎsǐ, huòzhě bèi lǎohǔ chī diào, èr zhě bì jū qí yī.

> ……호랑이를 죽이던지, 아니면 호랑이에게 잡아먹히던지, 반드시 둘 중 하나다.

④ 中央要注意发挥省市的积极性，省市也要注意发挥地、县、区、乡的积极性，都不能框得太死。

Zhōngyāng yào zhùyì fāhuī shěngshì de jījíxìng, shěngshì yě yào zhùyì fāhuī dì、xiàn、qū、xiāng de jījíxìng, dōu bù néng kuāng de tài sǐ.

> 중앙기관은 각 성과 시의 적극성을 발휘하도록 주의해야 하고, 성과 시는 각 지, 현, 구, 향의 적극성을 발휘하도록 주의를 기울여야 하며, 너무 지나치게 제한해서는 안 된다.

예 ①, ②는 먼저 총설하고, 각설한 것이며, 예 ③, ④는 각설하고 총설한다.

2 연접복문

연접복문의 각 절은 순서에 따라서 연속적으로 발생하는 몇 개의 동작이나 몇 개의 사건을 서술한다. 각 절의 선후 순서는 일정하며 바꿀 수 없다. 각 절은 모두 접속어를 쓰지 않아도 된다.

① 他低声一说，大家听了都哈哈大笑起来。

Tā dīshēng yì shuō, dàjiā tīngle dōu hāhā dàxiào qǐlai.

> 그가 낮은 소리로 말하자, 사람들은 모두 '하하' 크게 웃음을 터뜨렸다.

② 走着走着，他停住了。

Zǒuzhe zǒuzhe, tā tíngzhù le.

> 한참을 걷다가, 그는 멈춰 섰다.

'(首先)……, 然后……'를 써서 접속할 수 있다.

③ ××大使首先讲了话，然后中国外交部长也讲了话。

×× dàshǐ shǒuxiān jiǎngle huà, ránhòu Zhōngguó wàijiāo bùzhǎng yě jiǎngle huà.

> ××대사가 먼저 연설하고, 이어서 중국 외교부장도 연설했다.

④ 你先到后勤组去领工作服和防护用品，随后我领你到阿华师傅
那儿去。

    Nǐ xiān dào hòuqínzǔ qù lǐng gōngzuòfú hé fánghù yòngpǐn,
suíhòu wǒ lǐng nǐ dào Āhuá shīfu nàr qù.

당신은 먼저 후방근무팀에 가서 작업복과 보호용품을 받으시고, 곧바로 제가 阿华 선생님이 있는 곳으로 안내하겠습니다.

두 번째 절에서만 '便', '就', '又', '也', '于是' 등의 접속어 사용이 가능하다.

⑤ 我和母亲也有些惘然，于是又提起闰土来。

    Wǒ hé mǔqīn yě yǒuxiē wǎngrán, yúshì yòu tíqǐ rùntǔ lái.

나와 어머니도 좀 망연해져서, 또 闰土에 관한 이야기를 꺼냈다.

⑥ 欧阳海看了看停在旁边的火车，又看了看火车上下来的人，微
笑了一下，就闭上了眼睛。

    Ōuyáng hǎi kànle kàn tíng zài pángbiān de huǒchē, yòu kànle
kàn huǒchē shàng xiàlai de rén, wēixiàole yíxià, jiù bì shàng le
yǎnjing.

欧阳海는 옆에 정차해 있는 기차를 보고, 또 기차에서 내리는 사람들을 보고는, 한 번 미소를 짓고는 바로 눈을 감았다.

⑦ 王进喜听了，二话没说，转身就出了门，一口气走了两个多小
时，来到了马家窑。

    Wáng Jìnxǐ tīngle, èr huà méi shuō, zhuǎnshēn jiù chūle mén, yì
kǒu qì zǒule liǎng ge duō xiǎoshí, láidàole Mǎ jiā yáo.

王进喜는 듣고서, 두말 없이 몸을 돌려 나갔고, 단숨에 두 시간을 걸어서 马家窑에 도착했다.

⑧ 老头子使了一个眼色，阿Q便也被抓进栅栏门里去了。

    Lǎotóuzi shǐle yí ge yǎnsè, ĀQ biàn yě bèi zhuā jìn zhàlanmén lǐ
qù le.

노인이 눈짓을 보내자, 阿Q도 사립문 안으로 잡혀 들어갔다.

3 점층복문

　점층복문의 뒷 절이 나타내는 의미는 앞 절보다 한 단계 더 발전된 의미이다. 이러한 복문이 상용하는 접속어는 앞 절에서는 '不但', '不仅', 뒷 절은 '而且', '并(且)', '也', '还', '更', '甚至' 등을 사용한다.

① 他不但会说英文，而且说得很流利。

    Tā búdàn huì shuō Yīngwén, érqiě shuō de hěn liúlì.

그는 영어를 할 수 있을 뿐 아니라, 유창하게 말한다.

② 劳动人民的生活不但有了保障，而且生活水平一天比一天高。

    Láodòng rénmín de shēnghuó búdàn yǒule bǎozhàng, érqiě
shēnghuó shuǐpíng yì tiān bǐ yì tiān gāo.

근로자들의 생활이 보장되었을 뿐만 아니라, 생활수준도 나날이 높아진다.

③ 现在针灸技术不仅得到普遍采用，而且有了新的发展和创造。

    Xiànzài zhēnjiǔ jìshù bùjǐn dédào pǔbiàn cǎiyòng, érqiě yǒu le
xīn de fāzhǎn hé chuàngzào.

현재 침술은 보편적으로 채용되었을 뿐만 아니라 새로운 발전과 창조를 했다.

두 번째 절에서만 접속어를 사용할 수도 있다.

④ 他一定得来，而且一定得早到。

　　Tā yídìng děi lái, érqiě yídìng děi zǎo dào.

⑤ 我珍惜这件礼物，更珍惜彼得对中国人民的友情。

　　Wǒ zhēnxī zhè jiàn lǐwù, gèng zhēnxī Bǐdé duì Zhōngguó rénmín de yǒuqíng.

⑥ 抗日战争开始不久，日本侵略者占领了清苑县，并且经常到周围的村子‘扫荡’。

　　Kàngrì zhànzhēng kāishǐ bù jiǔ, Rìběn qīnlüèzhě zhànlǐngle Qīngyuànxiàn, bìngqiě jīngcháng dào zhōuwéi de cūnzi ‘sǎodàng’.

⑦ 现在有些国家的领导人就不愿意提，甚至不敢提这个口号。

　　Xiànzài yǒuxiē guójiā de lǐngdǎorén jiù bú yuànyì tí, shènzhì bù gǎn tí zhè ge kǒuhào.

첫째 절이 ‘不但’, ‘不仅’ 등 접속어를 사용하는 경우와 그렇지 않은 경우는 의미적으로 약간의 차이가 있다.

① 他会说英语，而且还会说法语。

　　Tā huì shuō Yīngyǔ, érqiě hái huì shuō Fǎyǔ.

② 他不但会说英语，而且还会说法语。

　　Tā búdàn huì shuō Yīngyǔ, érqiě hái huì shuō Fǎyǔ.

‘不但’, ‘不仅’을 사용하지 않는 경우, 화자는 두 절의 의미를 모두 나타내려 하지만, 뒷 절의 의미를 더 강조한다. ‘不但’, ‘不仅’을 사용하면 화자의 목적은 쌍방이 이미 알고 있는 첫째 절의 의미보다는 둘째 절의 의미를 강조하는데 있다. 따라서 ‘不但’, ‘不仅’을 사용하는지 여부는 언어 상황을 고려해야 한다.

그러나 첫째 절에서만 ‘不但’, ‘不仅’을 사용하고 둘째 절은 상응하는 접속어를 사용하지 않으면 안 된다는 것을 주의해야 한다.

① *他不但会说英语，会说法语。

어떤 절은 단계가 두 번 심화될 수 있다.

① 他不但会说英语，而且会说法语，甚至还会说阿拉伯语。

　　Tā búdàn huì shuō Yīngyǔ, érqiě hái huì shuō Fǎyǔ, shènzhì hái huì shuō Ālābóyǔ.

만일 부정적인 의미로 말을 하려면, ‘不但不(没有)……, 反而(倒)……’를 써서 표현한다.

① 困难不但不会把他们吓倒，反而会把他们锻炼得更坚强。

   Kùnnan búdàn bú huì bǎ tāmen xià dǎo, fǎn'ér huì bǎ tāmen duànliàn de gèng jiānqiáng.

② 你这样说不但不能解决问题，反而会影响团结。

   Nǐ zhèyàng shuō búdàn bù néng jiějué wèntí, fǎn'ér huì yǐngxiǎng tuánjié.

어려움은 그들을 놀래 쓰러지게 할 수 없을 뿐 아니라, 오히려 그들을 더욱 강하게 단련시킬 것이다.

네가 이렇게 말하는 것은 문제를 해결할 수 없을 뿐 아니라, 오히려 결속력에도 영향을 줄 수 있다.

4 선택복문

두 개 이상의 절은 각 각 다른 사건을 말하고, 그 중 하나의 사건을 선택해야하는 복문을 선택복문이다. 선택복문은 다음의 두 가지 종류가 있다.

① 두 개 이상의 항목 중에서 임의로 하나의 항목을 선택하여, '이것 혹은 저것'의 의미를 나타낸다. 평서문에서 '或者(或是,或)……, 或者(或是,或)……', '要么……, 要么……'를 사용하고, 의문문에서는 '(是)……, 还是……'를 사용한다.

① 去北海，或者去颐和园，他都没兴趣。

   Qù Běihǎi, huòzhě qù Yíhéyuán, tā dōu méi xìngqù.

북해에 가든, 颐和园에 가든, 그는 관심이 없다.

② 或者你去，或者我去，我看都可以。

   Huòzhě nǐ qù, huòzhě wǒ qù, wǒ kàn dōu kěyǐ.

네가 가든, 내가 가든, 나는 다 괜찮다.

③ 路那么远，我们要么坐车去，要么骑车去，步行去就太累了。

   Lù nàme yuǎn, wǒmen yàome zuò chē qù, yàome qí chē qù, bùxíng qù jiù tài lèi le.

길이 너무 멀어서, 우리는 차를 타고 가거나, 자전거를 타고 가야지, 걸어서 가면 너무 피곤하다.

④ 你们坐飞机去，还是坐火车去？

   Nǐmen zuò fēijī qù, háishi zuò huǒchē qù?

너희는 비행기 타고 가니 아니면 기차 타고 가니?

⑤ 明天你们是去颐和园，还是去香山？

   Míngtiān nǐmen shì qù Yíhéyuán, háishi qù Xiāng Shān?

내일 너희는 颐和园이 가니, 아니면 香山에 가니?

⑥ 教你们体育的是张老师，还是王老师？

   Jiāo nǐmen tǐyù de shì Zhāng lǎoshī, háishi Wáng lǎoshī?

너희들에게 체육을 가르치는 사람이 장 선생님이니, 아니면 왕 선생님이니?

② 두 항목 중에서 하나의 항목만 선택할 수 있어서, '이것 아니면 저것'의 의미를 갖는다. 상용하는 접속어는 '不是……, 就是(便是)……'이다.

① 这孩子每天不是打球，就是游泳。

   Zhè háizi měitiān bú shì dǎ qiú, jiù shì yóu yǒng.

이 아이는 매일 구기가 아니면 수영을 한다.

② 今天没来上课的，不是生病了，就是有事。

Jīntiān méi lái shàng kè de, bú shì shēng bìng le, jiù shì yǒu·shì.

③ 我们班的同学，不是欧洲人，就是亚洲人，没一个其他洲的。

Wǒmen bān de tóngxué, bú shì Ōuzhōurén, jiù shì Yàzhōurén, méi yí ge qítā zhōu de.

오늘 수업을 못 들은 사람은, 병이 났거나 무슨 일이 생긴 것이다.

우리 반 학생들은 유럽인이 아니면 아시아인이지, 다른 대륙사람은 한 명도 없다.

제 2 절
주종복문

복문 중의 절이 만일 의미적으로 하나는 아주 중요하고 다른 하나는 부차적이라면, 이러한 복문은 주종복문이다. 주종복문 중 중요한 의미를 나타내는 절은 주절이고, 다른 한 절은 종속절이다. 종속절과 주절의 의미관계에 따라, 복문은 다음의 몇 가지 종류로 나뉜다.

 **인과복문**

종속절은 원인을 나타내고, 주절은 결과를 나타낸다. 인과관계는 두 가지 종류가 있다.

① 인과를 설명하는 문장

이러한 복문의 종속절은 원인을 나타내고, 주절은 이러한 원인에 의해 발생하는 결과를 나타낸다. 상용하는 접속어는 '因为……, 所以……', '由于', '因而', '因此', '以致于' 등이 있다. 인과를 설명하는 절은 두 개의 절이 모두 접속어를 사용할 수도 있고, 하나의 절만 접속어를 사용할 수도 있으며, 접속어를 전혀 사용하지 않을 수도 있다.

① 因为天气不好，所以我们没去颐和园。

Yīnwèi tiānqì bù hǎo, suǒyǐ wǒmen méi qù Yíhéyuán.

② 由于路太远，病人在半路不幸死去了。

Yóuyú lù tài yuǎn, bìngrén zài bànlù búxìng sǐ qù le.

③ 教条主义者不遵守这个原则，他们不了解诸种革命情况的区别，因而也不了解应当用不同的方法去解决不同的矛盾。

Jiàotiáo zhǔyìzhě bù zūnshǒu zhè ge yuánzé, tāmen bù liǎojiě zhūzhǒng gémìng qíngkuàng de qūbié, yīn'ér yě bù liǎojiě yīngdāng yòng bùtóng de fāngfǎ qù jiějué bùtóng deì máodùn.

날씨가 좋지 않기 때문에, 이화원에 못 갔다.

길이 너무 멀어서, 환자는 도중에 불행히도 죽고 말았다.

교조주의자는 이 원칙을 준수하지 않고, 그들은 여러 종류의 혁명 상황의 차이를 이해하지 못 한다. 그래서 다른 방법을 통해서 다른 모순을 해결해야 하는 것도 이해하지 못한다.

④ 由于他优柔寡断，以致于铸成大错。

　　Yóuyú tā yōu róu guǎ duàn, yǐzhìyú zhù chéng dà cuò.

⑤ 吴广被杀害后，革命力量受到很大损失。

　　Wú Guǎng bèi shāhài hòu, gémìng lìliang shòudào hěn dà sǔnshī.

　그는 우유부단하기 때문에 큰 잘못을 저지르게 되었다.

　吴广이 살해당한 후, 혁명역량은 큰 손실을 입었다.

　'因为……, 所以……'는 대구를 이루어 사용한다. '由于'는 단독으로 사용하는 경우가 많고, '以致于'는 결과가 좋지 않는 상황에 많이 쓰인다.

② 인과를 추론하는 문장

　종속절은 원인을 나타내고, 주절은 이러한 원인에 근거한 추론을 나타낸다. 상용하는 접속어는 '既然……就……'이다.

① 好吧，既然问题你都回答上来了，我就把你收下吧。

　　Hǎo ba, jìrán wèntí nǐ dōu huídá shànglai le, wǒ jiù bǎ nǐ shōu xià ba.

　좋아, 문제를 네가 모두 맞혔으니, 나는 너를 받아들일게.

② 田大爷，你说我是记者，那我就向你采访一下吧!

　　Tián dàye, nǐ shuō wǒ shì jìzhě, nà wǒ jiù xiàng nǐ cǎifǎng yíxià ba!

　田씨 할아버지, 내가 기자라고 말하셨으니, 그럼 내가 인터뷰 좀 할게요.

③ 既然帝国主义垄断资本可以勾结在一起，……那么发展中国家又为什么不可以团结起来，冲破帝国主义的垄断，维护自己的经济权益呢？

　　Jìrán dìguózhǔyì lǒngduàn zīběn kěyǐ gōujié zài yìqǐ, …… nà hé fāzhǎn zhōng guójiā yòu wèishénme bù kěyǐ tuánjié qǐlai, chōngpò dìguózhǔyì de lǒngduàn, wéihù zìjǐ de jīngjì quányì ne?

　제국주의와 독점자본은 함께 결탁해도 된다면, …… 개발도상국은 왜 함께 단결하여, 제국주의의 횡포를 타파하고 자국의 경제권익을 보호할 수 없겠는가?

④ 但他既然错了，为什么大家又仿佛格外尊敬他呢？

　　Dàn tā jìrán cuò le, wèishénme dàjiā yòu fǎngfú géwài zūnjìng tā ne?

　그러나 그는 잘못을 했는데도, 왜 모두들 마치 더 각별하게 그를 존경하는 것 같은가?

　인과를 추론하는 문은 주절이다. 때로는 예 ③, ④처럼 강조의 의문형식을 사용하기도 한다.

　인과를 설명하는 문과 인과를 추론하는 문은 구별된다.
　① 인과를 설명하는 문에서 주절이 말하는 내용은 이미 실현된 사실이다. 인과를 추론한 문에서 주절이 말하는 내용은 아직 실현되지 않았거나 이미 실현되었는지 불명확하다.

① A : 小刚为什么没去打球？

　　Xiǎo gāng wèishénme méi qù dǎ qiú?

　소강은 왜 공놀이 안가니?

B：因为外边下雨，所以小刚没有去打球。

    Yīnwèi wàibiān xià yǔ, suǒyǐ Xiǎo gāng méiyǒu qù dǎ qiú.

② A：现在外面在下雨，小刚还会去打球吗？

    Xiànzài wàimiàn zài xià yǔ, Xiǎo gāng hái huì qù dǎ qiú ma?

  B：既然外边下雨了，小刚就不会去打球了。

    Jìrán wàibiān xià yǔ le, Xiǎo gāng jiù bú huì qù dǎ qiú le.

2 인과를 추론하는 문에서 '既然'이 이끄는 절은 청자와 화자 쌍방이 이미 알고 있는 정보이며, 화자는 이에 근거해서 뒷부분의 결론을 추론한다. 인과를 설명하는 복문에서 '因为'가 이끄는 절은 청자가 이미 알고 있는 정보가 아니다.

① 学生：老师我头疼。

    Lǎoshī wǒ tóuténg.

  老师：既然你头疼，就不要上课了，回家去吧。

    Jìrán nǐ tóuténg, jiù búyào shàng kè le, huí jiā qù ba.

② 老师：你昨天为什么没来上课？

    Nǐ zuótiān wèishénme méi lái shàng kè?

  学生：因为我昨天头疼得很厉害，所以没来上课。

    Yīnwèi wǒ zuótiān tóuténg de hěn lìhai, suǒyǐ méi lái shàng kè.

③ 既然玛丽告诉你她不喜欢你了，你就不要再去找她了。

    Jìrán Mǎlì gàosu nǐ tā bù xǐhuan nǐ le, nǐ jiù búyào zài qù zhǎo tā le.

④ A：你为什么最近不去找玛丽了？

    Nǐ wèishénme zuìjìn bú qù zhǎo Mǎlì le?

  B：因为玛丽告诉我她不喜欢我了。

    Yīnwèi Mǎlì gàosu wǒ tā bù xǐhuan wǒ le.

2 전환복문

종속절은 하나의 사실을 서술하고, 주절은 이러한 사실에 의거해서 하나의 상반되거나 부분적으로 상반된 결론을 내리는 복문을 전환복문이라고 한다. 전환복문은 두 가지로 나뉜다.

① 무거운 전환

두 절의 의미가 완전히 상반된 경우로서, 상용하는 접속어는 '虽然……, 但是(可是)……', '否则', '不然' 등을 쓴다.

① 她虽然不是他的妈妈，可是比妈妈对他还好。

Tā suīrán bú shì tā de māma, kěshì bǐ māma duì tā hái hǎo.

그녀는 비록 그의 엄마는 아니지만, 엄마보다도 그에게 더 잘해준다.

② 孩子们虽然失去了父母，但是更多的父母、叔叔、阿姨在关心着他们。

Háizimen suīrán shīqùle fùmǔ, dànshì gèng duō de fùmǔ、shūshu、āyí zài guānxīnzhe tāmen.

아이들은 비록 부모를 잃었지만, 더 많은 부모와 삼촌, 이모들이 그들에게 관심을 쏟고 있다.

③ 幸而车夫早点停步，否则伊定要栽一个大斤斗，跌到头破血出了。

Xìng'ér chēfū zǎo diǎn tíng bù, fǒuzé yī dìng yào zāi yí ge dà jīn dou, diē dào tóu pò xiě chū le.

다행히 인력거꾼은 일찍 걸음을 멈추었는데, 그렇지 않았더라면 그녀는 틀림없이 크게 넘어져서 머리를 다쳐 피를 흘렸을 것이다.

④ 应当承认，每个民族都有它的长处，不然它为什么能存在?

Yīngdāng chéngrèn, měi ge mínzú dōu yǒu tā de chángchu, bùrán tā wèishénme néng cúnzài?

민족마다 그 고유의 장점을 가지고 있는 것을 인정해야 한다. 그렇지 않으면 그들이 어찌 존재할 수 있겠는가?

어떤 복문에서는 종속절은 '虽然' 등을 사용하지 않고, 주절에서만 '但是', '但', '可是', '然而' 등을 사용한다. 이러한 전환복문은 어감이 좀 부드럽다.

⑤ 人们都在灯下匆忙，但窗外很寂静。

Rénmen dōu zài dēng xià cōngmáng, dàn chuāng wài hěn jìjìng.

사람들은 등불 아래에서 몹시 분주하지만, 창밖은 아주 조용하다.

⑥ 岸上看的人怎能不提心吊胆呢? 然而，羊皮筏子上的人却从容地在谈笑……

Àn shàng kàn de rén zěn néng bù tí xīn diào dǎn ne? Rán'ér, yángpí fázi shàng de rén què cóngróng de zài tánxiào……

언덕 위에서 바라보는 사람들은 어찌 안절부절 못하지 않을 수 있겠는가? 그러나 양가죽 뗏목 위의 사람들은 오히려 조용히 담소를 나눈다……

② 가벼운 전환

상용하는 접속어 '不过', '却', '只是', '就是' 등이 주절에 쓰인다.

① 对，在说话，不过这只有海员才懂。

Duì, zài shuō huà, búguò zhè zhǐ yǒu hǎiyuán cái dǒng.

맞아, 말하고 있어. 그러나 이 말은 선원들만 이해할 수 있어.

② 叔叔，我爸爸妈妈常讲到你呀，就是不知道你在什么地方。

Shūshu, wǒ bàba māma cháng jiǎng dào nǐ ya, jiùshì bù zhīdào nǐ zài shénme dìfang.

아저씨, 저희 아빠 엄마는 아저씨에 대해 자주 말씀하셨어요, 단지, 아저씨가 어디 계시는지 몰랐을 뿐이죠.

③ 每个中国人对于这三项都有选择的自由，不过时局将强迫你迅速地选择罢了。

Měi ge Zhōngguórén duìyú zhè sān xiàng dōu yǒu xuǎnzé de zìyóu, búguò shíjú jiāng qiǎngpò nǐ xùnsù de xuǎnzé bàle.

모든 중국인이 이 세 사항을 선택할 자유가 있으나, 시국은 네가 빨리 선택하도록 강요할 것이다.

 **조건복문**

종속절은 조건을 나타내고, 주절은 결과를 나타낸다. 조건절은 다음의 두 가지가 있다.

① 특정조건문

주절은 결과를 나타내고, 종속절은 이 결과를 실현하기 위한 조건을 나타낸다. '只要'는 충분조건을 이끌어내므로, 이 조건만 있으면 주절의 결과를 만들어 낼 수 있음을 나타낸다. 주절은 일반적으로 '就'를 써서 접속한다.

① 只要你肯努力，就一定能学好。

Zhǐyào nǐ kěn nǔlì, jiù yídìng néng xué hǎo.

네가 노력만 하면, 반드시 마스터할 수 있어

② 只要你给他写封信，他就会帮助你。

Zhǐyào nǐ gěi tā xiě fēng xìn, tā jiù huì bāngzhù nǐ.

네가 그에게 편지 한 통만 쓰면, 그는 널 도와줄 거야.

'除非', '只有'는 결과를 실현하는 유일한 조건을 이끌어낸다. 즉, 이 조건이 없으면 주절이 말하는 결과를 만들어 낼 수 없는 것이다. 주절은 일반적으로 '才'를 써서 접속한다.

③ 只有你开车来接我，我才跟你去。

Zhǐyǒu nǐ kāi chē lái jiē wǒ, wǒ cái gēn nǐ qù.

네가 차로 나를 데리러 와야만, 내가 너와 갈 거야.

④ 只有掌握了汉语，才能很好地研究中国文学。

Zhǐyǒu zhǎngwòle Hànyǔ, cái néng hěn hǎo de yánjiū Zhōngguó wénxué.

중국어를 잘 알아야만, 중국문학을 잘 연구할 수 있다.

⑤ 除非他是个聋子，才会听不见这么大的声音。

Chúfēi tā shì ge lóngzi, cái huì tīng bu jiàn zhème dà de shēngyin.

그가 귀머거리가 아니고서는 이렇게 큰 소리를 못 들을 리 없다.

⑥ 除非你也去，不然我才不去呢！

Chúfēi nǐ yě qù, bùrán wǒ cái bú qù ne!

너도 가지 않으면, 나는 절대 안 가!

종속절이 '除非'를 사용할 경우, 주절에 부정이 두 번 나오면, '就'를 써서 접속할 수도 있다.

⑦ 除非你也去，不然我就不去。

  Chúfēi nǐ yě qù, bùrán wǒ jiù bú qù.

너도 가야지, 그렇지 않으면 나는 안 가.

② 무조건문

　이런 복문은 어떤 조건에서도 주절이 말하는 결과를 만들어 낼 수 있음을 나타낸다. 자주 사용하는 접속어는 '不管(不论, 无论)……, 却(也, 总, 还)……'가 있다.

① 不管有多大困难，我也要干下去。

  Bùguǎn yǒu duō dà kùnnan, wǒ yě yào gàn xiàqu.

아무리 큰 어려움이 있어도, 나는 해 나가야 해.

② 我们不论有什么事，都愿意找他谈。

  Wǒmen búlùn yǒu shénme shì, dōu yuànyì zhǎo tā tán.

우리는 어떤 일이 있어도, 그를 찾아 이야기하길 원한다.

③ 无论谁参加我们组，我都欢迎。

  Wúlùn shéi cānjiā wǒmen zǔ, wǒ dōu huānyíng.

누가 우리 팀에 참가하든지, 나는 다 환영한다.

4 가정복문

　종속절은 가정을 나타내고, 주절은 이러한 상황에서 출현하는 결과를 나타낸다. 구어에서 상용하는 접속어는 '要(是)……, (就)', '如果……, (就)……' 등이 있다. 문어에서는 종속절에 '假如', '倘若', '如', '倘使', '设若' 등을 많이 사용하고, 주절에 '就', '便', '那么' 등을 많이 사용한다.

① 如果我父母还活着，他们一定不会拒绝一个儿子的钱……

  Rúguǒ wǒ fùmǔ hái huózhe, tāmen yídìng bú huì jùjué yí ge érzi de qián……

만약 내 부모님이 아직 살아 계셨다면, 틀림없이 한 아들의 돈을 거절하지 않으셨을 텐데……

② 你要不关心群众的痛痒，群众一辈子也不会亲近你。

  Nǐ yào bù guānxīn qúnzhòng de tòngyǎng, qúnzhòng yíbèizi yě bú huì qīnjìn nǐ.

네가 민중의 고통에 관심을 갖지 않는다면, 민중도 한평생 너에게 다가가지 않을 것이다.

③ 要是找到了鸡，也就能找到鸡蛋的主人了。

  Yàoshi zhǎodàole jī, yě jiù néng zhǎodào jīdàn de zhǔrén le.

닭을 찾아냈으면, 달걀 주인을 찾아낼 수도 있을 거야.

④ 如今，你若是从井冈山山坳走过，便能看到一条条修长的竹滑道。

  Rújīn, nǐ ruòshì cóng Jǐnggāngshān shān'ào zǒu guò, biàn néng kàndào yì tiáotiáo xiūcháng de zhúhuádào.

지금, 네가 井冈山 산길로 걸어간다면, 줄기줄기 가느다란 대나무 비탈길을 볼 수 있을 것이다.

⑤ 你若被敌人反对，那就证明我们同敌人划清界限了。

  Nǐ ruò bèi dírén fǎnduì, nà jiù zhèngmíng wǒmen tóng dírén huáqīng jièxiàn le.

네가 만일 적에게 배척되었다면, 그것은 우리가 적과 경계가 명확함을 증명하게 된다.

⑥ 倘若你们背叛了主人，他是会无情地惩罚你们的。

　　Tǎngruò nǐmen bèipànle zhǔrén, tā shì huì wúqíng de chéngfá nǐmen de.

만약 너희가 주인을 배반한다면, 그는 무정하게 너희들을 처벌할 것이다.

종속절이 접속어를 사용하지 않을 수도 있다.

⑦ 你早说，我今天就不来了。

　　Nǐ zǎo shuō, wǒ jīntiān jiù bù lái le.

네가 일찍 말했다면, 나는 오늘 오지 않았어.

⑧ 你不来，我就给你送去。

　　Nǐ bù lái, wǒ jiù gěi nǐ sòng qù.

네가 오지 않는다면, 내가 너에게 보내 줄게.

종속절, 주절이 모두 접속어를 사용하지 않을 수 있다.

⑨ 有什么困难，我们一定帮您解决。

　　Yǒu shénme kùnnan, wǒmen yídìng bāng nín jiějué.

무슨 어려움이 있으면, 우리가 반드시 너에게 해결해줄게.

　가정복문이 서술하는 것은 이미 실현 된 상황일 수도 있고, 아직 실현되지 않은 상황일 수도 있는데, 후자가 더 많이 쓰인다.

① 如果你早来两天，就看见老李了。

　　Rúguǒ nǐ zǎo lái liǎng tiān, jiù kànjiàn lǎo Lǐ le.

만일 네가 이틀만 일찍 왔으면, 老李를 만났다.

② 你要是早点来，还能看见老李。

　　Nǐ yàoshi zǎo diǎn lái, hái néng kànjiàn lǎo Lǐ.

네가 만일 일찍 오면, 老李를 만날 수도 있다.

예 ①에서 말하는 것은 이미 과거의 사실로서, 언급된 가정은 실현 불가능한 것이다. 예 ②에서 말하는 것은 아직 실현되지 않은 사실이고, 언급된 가정은 장차 실현될 수도 있다.

　또 다른 종류의 가정복문이 있는데, 두 절의 내용이 서로 관련되어 있어서, 만일 앞 절의 내용이 사실임을 인정하면, 뒷 절의 내용도 사실임을 인정하게 된다.

① 正如周恩来同志所说，如果说党的第七次代表大会同它以前一个时期全党的思想、政治上的整风，奠定了我们党统一思想的基础，在这个基础上取得了反对帝国主义、封建主义和官僚资本主义这种民主革命的胜利，那末，这一次会议就会使我们取得社会主义的胜利。

　　Zhèngrú Zhōu ēnlái tóngzhì suǒ shuō, rúguǒ shuō dǎng de dì qī cì dàibiǎo dàhuì tóng tā yǐqián yí ge shíqī quándǎng de sīxiǎng、zhèngzhì shàng de zhěngfēng, diàndìngle wǒmen dǎng tǒngyī sīxiǎng de jīchǔ, zài zhège jīchǔ shàng qǔdéle

周恩来 동지가 말했듯이, 만약 당의 제7차 대표대회와 그 이전 한 시기의 전체 당의 사상, 정치적 정풍이 우리 당의 사상통일의 기초를 다졌고, 이 기초 위에서 제국주의, 봉건주의, 관료자본주의를 반대하는 민주 혁명적 승리를 얻었다고 한다면, 이번 회의는 우리에게 사회주의적 승리를 얻게 해 줄 것이다.

fǎnduì dìguózhǔyì、 fēngjiànzhǔyì hé guānliáo zīběnzhǔyì zhè
zhǒng mínzhǔ gémìng de shènglì, nàme, zhè yī cì huìyì jiù huì
shǐ wǒmen qǔdé shèhuìzhǔyì de shènglì.

가정복문과 조건복문은 서로 통하는 점이 있다. 가정복문의 종속절도 조건의 의미를 포함하고, 조건복문의 종속절도 가정의 의미를 내포한다. 다른 점은 하나는 가정에 주안점을 두고 하나는 조건에 주안점을 둔다는 것이다.

5 양보복문

종속절이 어떤 사실을 인정하지만 양보를 나타내고, 주절은 상반된 면에서 긍정적인 의미를 나타내는 문장을 양보복문이라고 부른다. 접속사는 종속절에 '尽管', '纵然', '固然', '即使', '哪怕', '就是' 등을, 주절에는 '也', '都' 등을 주로 쓴다. 양보복문은 두 가지로 구분된다.

① 사실상의 양보

종속절에서 말한 사실이 이미 실현된 경우

① 尽管有了昨日的经验, 仍然出乎意料。

Jǐnguǎn yǒu le zuórì de jīngyàn, réngrán chūhūyìliào.

이전의 경험이 있었는데도 불구하고, 여전히 예상을 빗나갔다.

② 他固然不对, 可是你的态度也不好啊!

Tā gùrán bù duì, kěshì nǐ de tàidù yě bù hǎo a!

물론 그가 틀렸지만, 너의 태도도 좋지 않아.

종속절에 접속사를 쓰지 않을 수도 있다.

③ 你是很聪明, 可是因为不努力, 学习成绩一直不好。

Nǐ shì hěn cōngmíng, kěshì yīnwèi bù nǔlì, xuéxí chéngjì yìzhí bù hǎo.

너는 똑똑하지만, 노력을 하지 않으니까 학습 성적이 계속 좋지 않다.

② 가정적 양보

종속절이 제기한 사실이 일종의 가정일 경우

① 即使这些意见暂时通不过, 他也不会放弃它, 而是耐心地做工作, 直至最后胜利。

Jíshǐ zhèxiē yìjiàn zànshí tōng bu guò, tā yě bú huì fàngqì tā, érshì nàixīn de zuò gōngzuò, zhízhì zuìhòu shènglì.

이 의견들이 잠시 통과되지 못할지라도, 그는 그것을 포기하지 않을 것이고, 최후에 승리할 때까지 인내심을 가지고 일할 것이다.

② 就是有天大的困难, 我们也要把这种新产品试制成功。

Jiùshì yǒu tiāndà de kùnnan, wǒmen yě yào bǎ zhè zhǒng xīn chǎnpǐn shìzhì chénggōng.

설사 아무리 큰 어려움이 있다 하더라도, 우리는 이 새 제품을 성공적으로 시험제조해야 한다.

③ 哪怕就剩下我一个人，也要坚持下去。

　　Nǎpà jiù shèng xià wǒ yí ge rén, yě yào jiānchí xiàqu.

설사 나 혼자 남더라도,
계속 버텨나가겠다.

 **취사복문**

　두 절이 다른 사물을 나타내고, 화자가 그 중에서 하나를 택하고 하나를 버리는 의미를 전달한다. '与其……, 不如……'를 사용할 때는 뒷부분을 선택하고, '宁可……, 也(决)不……'를 사용할 때는 앞부분을 선택한다.

① 与其等死，不如起义反抗。

　　Yǔqí děng sǐ, bùrú qǐyì fǎnkàng.

죽기를 기다리느니, 봉기해서 반항하는 것이 낫다.

② 你与其找他谈，还不如先到群众中去了解一下情况。

　　Nǐ yǔqí zhǎo tā tán, hái bùrú xiān dào qúnzhòng zhōng qù liǎojiě yíxià qíngkuàng.

너는 그를 찾아가 이야기하는 것보다는, 먼저 민중 속으로 가서 상황을 좀 이해하는 것이 더 낫다.

③ 一个伙计说：“宁可回家饿死，也不给周扒皮干了。”

　　Yí ge huǒjì shuō: “Nìngkě huí jiā è sǐ, yě bù gěi Zhōu Bāpí gàn le.”

한 녀석이 "집에 돌아가 굶어 죽을지언정, 周扒皮를 위해 일하지 않겠다"라고 말했다.

④ 他们宁可饿死，决不动摇。

　　Tāmen nìngkě è sǐ, jué bù dòngyáo.

그들은 굶어 죽을지언정, 절대 동요하지 않는다.

　'宁可……, 也……'를 사용할 때는 두 절이 나타내는 것이 모두 선택된다.

⑤ 我宁可一夜不睡觉，也要把这篇文章写完。

　　Wǒ nìngkě yí yè bú shuì jiào, yě yào bǎ zhè piān wénzhāng xiě wán.

나는 차라리 하룻밤 안 잘지라도, 이 문장을 다 써야 해.

　취사복문은 선택복문과 달리 이미 비교를 해서 취사를 결정한 것을 나타낸다.

 **목적복문**

　종속절은 목적을 나타내고, 주절은 이 목적을 위해서 취하는 행동을 나타낸다. 일반적으로 종속절 안에 접속어 '为', '为了' 등이 쓰인다.

① 为了使教师无后顾之忧，政府不仅给他们提高工资，还努力改善他们的居住条件。

　　Wèile shǐ jiàoshī wú hòu gù zhī yōu, zhèngfǔ bùjǐn gěi tāmen tígāo gōngzī, hái nǔlì gǎishàn tāmen de jūzhù tiáojiàn.

교사가 뒷걱정이 없도록 하기 위해, 정부는 그들에게 월급을 올려 주었을 뿐만 아니라 그들의 주거조건도 개선하려 노력했다.

② 为了搞好设计，技术人员不怕危险，吊在悬崖上进行工作。

　　Wèile gǎo hǎo shèjì, jìshù rényuán bú pà wēixiǎn, diào zài xuányá shàng jìnxíng gōngzuò.

설계를 잘 해내기 위해, 기술자들은 위험을 두려워하지 않고 낭떠러지에 매달려 일을 했다.

두 번째 절에 '免得', '以免', '以便' 등 접속어를 쓸 수도 있다.

③ 我坚持着不让自己发出一点声音，免得惊醒正在睡觉的老人。

　　Wǒ jiānchízhe bú ràng zìjǐ fāchū yìdiǎn shēngyīn, miǎnde jīngxǐng zhèngzài shuì jiào de lǎorén.

④ 他近来减少了社会活动，以免影响学习。

　　Tā jìnláii jiǎnshǎole shèhuì huódòng, yǐmiǎn yǐngxiǎng xuéxí.

⑤ 老师用了三天的时间给我们复习，以便巩固前一阶段的学习成果。

　　Lǎoshī yòngle sān tiān de shíjiān gěi wǒmen fùxí, yǐbiàn gǒnggù qián yì jiēduàn de xuéxí chéngguǒ.

자고 있는 노인이 놀라 깨지 않도록 하기 위해, 자신이 약간의 소리도 내지 않으려 계속 노력하고 있다.

그는 공부에 방해되지 않도록, 최근 사회활동을 줄였다.

선생님은 전 단계의 학습 성과를 다지기 위해, 3일의 시간을 사용하여 우리에게 복습시켜 주셨다.

 ## 시간복문

　　종속절은 시간을 나타내고, 주절은 그 시간에 발생한 일이나 출현한 상황을 나타낸다. 시간복문은 일반적으로 접속사를 사용하지 않지만, 둘째 절은 접속어 '就', '还', '才' 등을 쓸 수 있다.

① 走了没有二十里地，天气就变了。

　　Zǒule méiyǒu èr shí lǐ dì, tiānqì jiù biàn le.

② 到山上干了半天活，天还不亮。

　　Dào shān shàng gàn le bàntiān huó, tiān hái bú liàng.

③ 华大妈候他喘气平静，才轻轻地给他盖上了满幅补丁的夹被。

　　Huà dàmā hòu tā chuǎnqì píngjìng, cái qīngqīng de gěi tā gàishàngle mǎn fú bǔdīng de jiábèi.

20리를 못 가서, 날씨가 변했다.

산에 와서 한참동안 일했는데도, 날이 아직 밝지 않았다.

华씨 아주머니는 그가 한숨 돌려 진정하고 나서야, 그에게 헝겊 조각을 가득 댄 겹이불을 살짝 덮어 주셨다.

접속어를 사용하지 않는 경우도 있다.

④ 从病人家里回来，已经是深夜了。

　　Cóng bìngrén jiā lǐ huílai yǐjīng shì shēnyè le.

⑤ 我刚走进教室，上课铃响了。

　　Wǒ gāng zǒu jìn jiàoshì, shàng kè líng xiǎng le.

⑥ 当地群众发现山上有象群出现，立即报告了当地政府。

　　Dāngdì qúnzhòng fāxiàn shān shàng yǒu xiàngqún chūxiàn, lìjí bàogàole dāngdì zhèngfǔ.

⑦ 太阳出来一人高了，伙计们睡得正香。

　　Tàiyáng chūlái yì rén gāo le, huǒjìmen shuì de zhèng xiāng.

환자 집에서 돌아오니, 이미 깊은 밤이 되었다.

내가 막 교실에 들어오자, 수업시작 종이 울렸다.

해당 지역 사람들은 산에 코끼리 떼가 나타난 것을 발견하고, 즉시 해당지역 공관에 알렸다.

해가 중천에 떴는데도, 녀석들은 달게 자고 있다.

⑧ 我说了半截话，抬头看见老洪笑呵呵地从外边走进来。

Wǒ shuōle bàn jié huà, tái tóu kànjiàn lǎo Hóng xiàohēhē de cóng wàibiān zǒu jìnlai.

9 연쇄복문

종속절과 주절은 긴밀히 연결되어 있고, 일반적으로 두 절에는 동일한 단어가 출현한다. 예를 들면, '越……, 越……'와 같은 표현을 쓰거나, 같은 의문대사를 두 절에 사용한다.

① 谁为人民服务，我就向谁学习。

Shéi wèi rénmín fúwù, wǒ jiù xiàng shéi xuéxí.

② 哪里有困难，他就出现在哪里。

Nǎli yǒu kùnnan, tā jiù chūxiàn zài nǎli.

③ 时间越长，效果越显著。

Shíjiān yuè cháng, xiàoguǒ yuè xiǎnzhù.

④ 我怎么说，你怎么做。

Wǒ zěnme shuō, nǐ zěnme zuò.

주종복문에서는 일반적으로 종속절은 앞에, 주절은 뒤에 온다. 그러나 어떤 주종복문에서는 주절이 앞에 오고 종속절이 뒤에 올 수도 있는데, 이 때 뒤에 오는 종속절은 반드시 접속어를 사용해야 한다. 이런 복문은 보충 설명하는 의미를 갖고 있어서, 때로는 종속절을 두드러지게 하는 작용을 한다.

① 他的性格，在我的眼里和心里是伟大的，虽然他的姓名并不为许多人所知道。

Tā de xìnggé, zài wǒ de yǎn lǐ hé xīn lǐ shì wěidà de, suīrán tā de xìngmíng bìng bù wéi xǔduō rén suǒ zhīdào.

② 科学的东西，随便什么时候都是不怕人家批评的，因为科学是真理，决不怕人家驳。

Kēxué de dōngxi, suíbiàn shénme shíhou dōu shì bú pà rénjia pīpíng de, yīnwèi kēxué shì zhēnlǐ, jué bú pà rénjia bó.

③ 所以我们决不可拒绝继承和借鉴古人和外国人，哪怕是封建阶级和资产阶级的东西。

Suǒyǐ wǒmen jué bùkě jùjué jìchéng hé jièjiàn gǔrén hé wàiguórén, nǎpà shì fēngjiàn jiējí hé zīchǎn jiējí de dōngxi.

④ 这个月也可以提前完成任务，只要大家再加一把劲。

　　Zhè ge yuè yě kěyǐ tíqián wánchéng rènwu, zhǐyào dàjiā zài jiā yìbǎ jìn.

이번 달에도 앞당겨 임무를 완수할 수 있다. 모두가 다시 힘을 좀 더 내기만 한다면.

⑤ 我一定要坚守岗位，继续战斗，即使最后只剩下我一个人。

　　Wǒ yídìng yào jiānshǒu gǎngwèi, jìxù zhàndòu, jíshǐ zuìhòu zhǐ shèng xià wǒ yí ge rén.

나는 반드시 본분을 굳게 지키고 계속 투쟁할 것이다. 설사 최후에 오직 나 혼자 남는다 할지라도.

이처럼 종속절이 뒤에 오는 상황은 일반적으로 전환, 인과, 조건, 가정, 양보 등의 복문에 제한된다.

제 3 절

다중복문

어떤 복문은 절 자체가 복문이라서, 절 안에 또 절을 포함하고 있는데, 이러한 복문을 다중복문이라고 부른다.

다중복문을 분석할 때, 우선 직접 전체 복문을 구성하는 절들을 찾아내어, 절과 절 사이에 '｜' 부호를 써서 절과 절의 관계를 분석한다. 만일 주종복문이면 대부분 두 개의 절일 것이며, 연합복문이면 두 개 이상이 될 수도 있다. 그 다음으로 하위 단계에서 절과 절을 구분하여 '‖'부호를 써서 절과 절 간의 관계를 분석한다.

① 我们要和一切资本主义国家的无产阶级联合起来(1), ‖要和日本的、英国的、德国的、意大利的以及一切资本主义国家的无产阶级联合起来(2), ｜才能打倒帝国主义(3), ‖解放我们的人民(4), ‖解放世界的民族和人民(5)。

　　Wǒmen yào hé yíqiè zīběnzhǔyì guójiā de wúchǎn jiējí liánhé qǐlai, yào hé Rìběn de、Yīngguó de、Déguó de、Yìdàlì de yǐjí yíqiè zīběnzhǔyì guójiā de wúchǎn jiējí liánhé qǐlai, cái néng dǎdǎo dìguó zhǔyì, jiěfàng wǒmen de rénmín, jiěfàng shìjiè de mínzú hé rénmín.

우리는 모든 자본주의 국가의 무산계급과 연합해야 하는데, 일본, 영국, 독일, 이태리 및 모든 자본주의 국가의 무산계급과 연합해야만 제국주의를 타도하고, 우리 인민을 해방시키고, 세계의 민족과 인민을 해방시킬 수 있다.

(1), (2)는 (3), (4), (5)과 조건복문을 구성한다. (1)과 (2)는 병렬관계이고, (3),(4),(5)도 병렬관계이다.

② 为了搭起滑道(1), ‖他们翻越了多少陡峭的悬岩绝壁(2)；｜为了寻找水路(3), ‖他们踏遍了多少曲折的幽谷荒滩(4)。

　　Wèile dā qǐ huádào, tāmen fānyuèle duōshao dǒuqiào de xuányán juébì, wèile xúnzhǎo shuǐlù, tāmen tā biàn le duōshao qūzhé de yōugǔ huāngtān.

비탈길을 놓기 위해 그들은 많은 험준하고 깎아지른 듯한 절벽을 뛰어 넘었고, 수로를 찾기 위해 그들은 굽이 진 수많은 굽은 골짜기와 황량한 개펄을 다 다녔다.

(1), (2)와 (3), (4)는 병렬복문을 구성한다. (1), (2)는 목적관계이고, (3),(4)도 목적관계이다.

③ 虽然我们耕地减少了(1), │ 但是因为我们引进了新技术(2), ┃ 因
　 为兴修水利(3), ┃ 加上发展化肥农药生产(4), ┃ 所以改革开放以后
　 粮食产量还是大大增加了(5)。

　　Suīrán wǒmen gēngdì jiǎnshǎo le, dànshì yīnwèi wǒmen yǐnjìnle
　　xīn jìshù, yīnwèi xīngxiū shuǐ lì, jiāshàng fāzhǎn huàféi nóngyào
　　shēngchǎn, suǒyǐ gǎigé kāifàng yǐhòu liángshi chǎnliàng háishi
　　dàdà zēngjiā le.

(1)과 (2), (3), (4), (5)는 전환복문이고, (2), (3), (4)와 (5)는 인과관계이며, (2), (3), (4)는 병
렬 관계이다.

④ 今后, 我们的队伍里, 不管死了谁, (1), ┃ 不管是炊事员(2), ┃
　 是战士(3), ┃ 只要他是做过一些有益的工作的(4), │ 我们都要给他
　 送葬(5), ┃ 开追悼会(6)。

　　Jīnhòu, wǒmen de duìwu lǐ, bùguǎn sǐle shéi, bùguǎn shì
　　chuīshìyuán, shì zhànshì, zhǐyào tā shì zuòguo yìxiē yǒuyì de
　　gōngzuò de, wǒmen dōu yào gěi tā sòng zàng, kāi zhuīdào
　　huì.

(1), (2), (3), (4)와 (5), (6)은 조건복문을 구성한다. (1), (2), (3)과 (4)는 병렬관계이고, (1)
과 (2), (3)도 병렬관계이며, (2)와 (3)은 선택관계, (5)와 (6)은 병렬관계이다.
　복문 중에서 두 단계의 분석을 할 수 있는 것으로, ①, ②는 이중복문이다. 세 단계
의 분석을 할 수 있는 것으로, 예 ③은 삼중복문이다. 네 단계의 분석을 할 수 있는
것으로, 예 ④는 사중복문이다. 계속 이와 같은 방식으로 분석을 진행할 수 있다.

　다중 복문을 분석할 때는, 우선 전체적으로 첫 단계의 절을 찾아내고, 그 다음 점차
아래 단계로 분석해 내려가야 한다. 그 밖에 주의해야 할 것은 어떤 접속어를 사용했
는가하는 것이다. 만일, 접속어가 없다면, 절과 절 간의 의미 관계를 분석하거나 적
절한 접속사를 부가할 수 있는지 살펴봐서 절과 절 간의 관계를 판단해야 한다. 또
길이가 길지만 다중복문이 아닌 경우에 주의해야 한다. 아래의 문장은 길이가 긴 복
문이다.

① 发展中国家掌握和保护自己的资源, 不仅对于巩固政治独立、
　 发展民族经济是必要的, 而且对于反对超级大国扩军备战、制
　 止它们发动侵略战争, 也是必要的。

　　Fāzhǎn zhōng guójiā zhǎngwò hé bǎohù zìjǐ de zīyuán, bùjǐn
　　duìyú gǒnggù zhèngzhì dúlì、fāzhǎn mínzú jīngjì shì bìyào de,
　　érqiě duìyú fǎnduì chāojí dàguó kuòjūn bèizhàn、zhìzhǐ tāmen
　　fādòng qīnlüè zhànzhēng, yě shì bìyào de.

이것은 점층복문으로서, '不仅……, 而且……'로 접속되었다. 첫 번째 절의 주어는 '发展中国家掌握和保护自己的资源'이고, 술어는 '(对于巩固政治独立、发展民族经济—부사어)是必要的'이며, 두 번째 절의 주어는 첫 번째 절과 같고, 술어는 '(对于反对超级大国扩军备战、制止它们发动侵略战争—부사어)也是必要的'이다.

一. 다음 복문을 분석하여 각 절의 관계를 설명하시오.

1. 山洞里不仅没有木板，就连草也找不到。
2. 你如果有这种想法，就干不好工作。
3. 一锹挖不出个井，一口吃不成一个胖子。
4. 小刘虽然明白了，但怎么也想不通。
5. 只要有愚公移山的精神，再大的困难也能克服。
6. 你们要好好学习，将来好为四个现代化做贡献。
7. 既然你们都决定了，我还说什么？
8. 他不在家，他的东西我们不要随便动。
9. 我们早晨八点吃的饭，九点就出发了。
10. 老人被打的半死，躺在床上再也爬不起来了。
11. 他们之间的矛盾是暂时的，而友谊是永恒的。
12. 图书馆星期日也开放，以便学生借阅图书。
13. 只有代表群众；才能教育群众；只有做群众的学生，才能做群众的先生。
14. 他虽然不认识鲁迅，也从来没有通过信，可是确信他——鲁迅先生，一定能够满足
    一个共产党人临死之前念念不忘的这个庄严的要求。
15. (大家表示)：只要还有一口气，还能坚持一分钟，就不离开这里。
16. 从不懂到懂，从掌握知识不多到掌握知识较多，必须坚持学习，坚持实践。
17. 既然你晚上不去看电影，我就不来找你了。
18. 因为走得急，我没来得及多说，只告诉她要按时吃药，注意休息。

二. 다음 문장 중에서 맞는 문장과 틀린 문장을 구별하시오.

1. A. 到哪个地方，我都看到中国人民在辛勤地劳动着。
   B. 无论到哪个地方，我都看到中国人民在辛勤地劳动着。
2. A. 这个村子不但很穷，而且迷信思想还很厉害。
   B. 这个村子虽然很穷，但迷信思想还很厉害。
3. A. 他已经跑了四千米了，可是还不觉得累。
   B. 虽然他已经跑了四千米了，而且还不觉得累。
4. A. 如果今天不预习，明天上课有困难。
   B. 如果今天不预习，明天上课就有困难。
5. A. 既然你今天没时间，为什么还去看电影？
   B. 既然你今天没时间，那么还去看电影？

6. A. 无论有多大困难，我们都要想办法克服它。

　　B. 尽管有多大困难，但是我们都要想办法克服它。

7. A. 他的军装已经很旧了，不想领新的，可是把它补一补。

　　B. 他的军装已经很旧了，可是还不想领新的，而是把它补一补。

8. A. 他们虽然白天黑夜地干活，但是还是没有办法生活下去。

　　B. 他们不管白天黑夜地干活，都没有办法生活下去。

9. A. 我们应该爱护国家财产，哪怕是一颗钉子、一粒米都不能浪费。

　　B. 我们应该爱护国家的财产，哪怕是一颗钉子还是一粒米。

10. A. 尽管这种武器的威力有多么大，最后决定战争胜负的还是人。

　　B. 不管这种武器的威力有多么大，最后决定战争胜负的还是人。

三. 다음 틀린 문장을 바르게 고쳐 쓰시오.

1. 只要你努力，才一定能学好汉语。

2. 因为学好中文，我一定多听多说。

3. 除了大部分人都参加了讨论会以外，只有病人没有参加。

4. 不管谁提出意见，我们应该听。

5. 还要进一步了解新中国，为了发展两国人民的友谊。

6. 他打太极拳打得不太好，动作差不多都对。

7. 他请我去看电影，但是我推辞了，并没有工夫。

8. 东郭先生救了狼，狼却没有感谢他，可是要吃他。

9. 我们先解决重点问题，就解决别的问题。

10. 要是没有同志们的帮助，否则他就变坏了。

제 2 장
복문의 주어와 접속어

제 1 절
복문 주어의 차이와 생략

> 하나의 복문은 몇 개의 절을 포함한다. 각 절의 주어는 같을 수도 있고 다를 수도 있으며, 출현할 때도 있고 출현하지 않을 때도 있다.

1 중국어 복문에서 각 절의 주어가 같으면, 주어는 일반적으로 그 중 한 절에서만 나타나고, 나머지 절에서는 나타나지 않는다. 즉, 중국어에서 문장과 문장, 절과 절을 연결할 경우 주어가 잘 생략된다. 만일 주어를 모두 쓰게 되면, 수사적인 효과를 요구하는 경우를 제외하고는, 각 절은 독립된 문장을 이루게 되어, 하나의 복문이 서로 관련 없는 두 개 이상의 문장이 되어 버리는 것이다.

주어는 첫 번째 절에만 나타난다.

① 在这欢乐的时刻，驱逐舰上分队长李新民悄悄跑回住舱，（李新民)拿来一颗晶莹的玻璃珠，（李新民)把它投入太平洋。

Zài zhè huānlè de shíkè, qūzhú jiàn shàng fēnduìzhǎng Lǐ Xīnmín qiāoqiāo pǎohuí zhùcāng, (Lǐ Xīnmín) nálai yì kē jīngyíng de bōlízhū, (Lǐ Xīnmín) bǎ tā tóurù tàipíngyáng.

이 즐거운 시간, 구축함의 분대장 李新民은 조용히 객실로 뛰어 돌아왔는데, 투명하게 반짝이는 유리구슬 하나를 가지고 와서, 그것을 태평양으로 던졌다.

② 人才问题是百年大计，（人才问题)是四化建设的紧迫问题。

Réncái wèntí shì bǎinián dàjì, (réncái wèntí) shì sìhuà jiànshè de jǐnpò wèntí.

인재문제는 백년대계이자, 四化를 달성하기 위한 긴박한 문제이다.

위 문장에서, 각 절의 술어 유형은 같다. 모두 동사술어문이다.

③ 山洞里湿得很，（山洞里)没有木板，（山洞里)就连稻草也找不到。

Shāndòng lǐ shī de hěn, (shāndòng lǐ) méiyǒu mùbǎn, (shāndòng lǐ) jiù lián dàocǎo yě zhǎo bu dào.

산굴 안은 아주 습하고, 나무판이 없으며, 볏짚조차도 찾을 수 없다.

④ 车夫听了这老女人的话，（车夫)却豪不踌躇，（车夫)仍然搀扶着伊的臂膊，便一步一步的(地)向前走。

Chēfū tīngle zhè lǎo nǚrén de huà, (chēfū) què háo bù chóuchú, (chēfū) réngrán chānfúzhe yī bìbó, biàn yī bù yī bù de xiàng qián zǒu.

인력거군은 이 늙은 여인의 말을 듣고서도, 조금의 망설임도 없이, 여전히 그녀의 팔을 부축하여 한 발짝 한 발짝씩 앞으로 걸어갔다.

위 문장에서 각 절 술어의 의미유형은 같지 않다.

① (他)做熟了饭，他到处找儿子。

　(Tā) zuò shú le fàn, tā dàochù zhǎo érzi.

② (我)不管遇到什么事，我也要坚持着活下去。

　(Wǒ) bùguǎn yùdào shénme shì, wǒ yě yào jiānchízhe huó xiàqu.

③ (我们)绕过场地，(我们)穿过灯器室，我们来到材料间。

　(Wǒmen) ràoguò chǎngdì, (wǒmen) chuānguò dēngqìshì, wǒmen láidào cáiliàojiān.

주어가 중간의 절에만 나타날 수도 있다.

① (他)为了报答大伙的好意，他要尽心竭力给大家做活，努力把工作做好。

　(Tā) wèile bàodá dàhuǒ de hǎoyì, tā yào jìnxīnjiélì gěi dàjiā zuò huó, nǔlì bǎ gōngzuò zuò hǎo.

편지를 쓰거나 상대방과 대화하는 등의 일정한 언어 환경에서, 주어가 분명하다면 생략할 수 있다

① 因为(我)刚到学校，(我)比较忙，所以(我)没有马上给你写信。

　Yīnwèi (wǒ) gāng dào xuéxiào, (wǒ) bǐjiào máng, suǒyǐ (wǒ) méiyǒu mǎshàng gěi nǐ xiě xìn.

② 既然(你)信不过我，(你)有何必让我承担这个任务！

　Jìrán (nǐ) xìn bu guò wǒ, (nǐ) yǒu hébì ràng wǒ chéngdān zhè ge rènwu.

만일 각 절에서 모두 주어가 출현하면 주어의 수사적 기능을 강조하게 된다.

① 他们不懂得党的民主集中制，他们不知道共产党不但要民主，尤其要集中。

　Tāmen bù dǒngde dǎng de mínzhǔ jízhōngzhì, tāmen bù zhīdào gòngchǎndǎng búdàn yào mínzhǔ, yóuqí yào jízhōng.

② 你要知道原子的组织同性质，你就得进行物理学和化学实验，变革原子的情况。

　Nǐ yào zhīdào yuánzǐ de zǔzhī tóngxìngzhì, nǐ jiù děi jìnxíng wùlǐxué hé huàxué shíyàn, biàngé yuánzǐ de qíngkuàng.

 각 절의 주어가 다를 때, 일반적으로 하나씩 나타낼 필요가 있다.

① 夜空漆黑，风在怒吼，浪在咆哮。

    Yèkōng qīhēi, fēng zài nùhǒu, làng zài páoxiāo.

② 我于是日日盼望新年，新年到，闰土也就到了。

    Wǒ yúshì rìrì pànwàng xīnnián, xīnnián dào, Rùntǔ yě jiù dào le.

③ 他赢而又赢，铜钱变成角洋，角洋变成大洋，大样变成了迭。

    Tā yíng ér yòu yíng, tóngqián biànchéng jiǎoyáng, jiǎoyáng biànchéng dàyáng, dà yàng biànchéng le dié.

때로는 절의 주어가 다른 절의 어떤 성분을 빌어서 나타나지 않을 수도 있다. 예를 들어 앞 절의 목적어를 받을 수 있다.

① 当时中国分成了许多诸侯国，（诸侯国）主要有齐、楚、燕、赵、韩、魏、秦七国。

    Dāngshí Zhōngguó fēnchéngle xǔduō zhūhóuguó, (zhūhóuguó) zhǔyào yǒu Qí、Chǔ、Yān、Zhào、Hán、Qín qī guó.

② 那船里便突然跳出两个男人来(这两个男人)像是山里人，一个抱住她，一个帮着，拖进船里去了。

    Nà chuán lǐ biàn tūrán tiào chū liǎng ge nán rén lái (zhè liǎng ge nánrén) xiàng shì shān lǐ rén, yí ge bào zhù tā, yí ge bāng zhe, tuō jìn chuán lǐ qù le.

앞 절 주어의 관형어를 받는다.

③ 大爷的党龄比我的年龄都大，（大爷）为革命几十年如一日，村子里谁不尊敬大爷，这还用说吗？

    Dàyé de dǎnglíng bǐ wǒ de niánlíng dōu dà, (dàyé) wèi gémìng jǐ shí nián rú yī rì, cūnzi lǐ shéi bù zūnjìng dàyé, zhè hái yòng shuō ma?

④ 他的精神，现在只在一个包上，（他）仿佛抱着一个十世单传的婴儿，别的事情，都已置之度外了。

    Tā de jīngshén, xiànzài zhǐ zài yí ge bāo shàng, (tā) fǎngfú bào zhe yí ge shí shì dānchuán de yīng'ér, biéde shìqing, dōu yǐ zhì zhī dù wài le.

앞 절의 주어가 뒷 절의 성분으로 인해 나타나지 않을 수 있다.

⑤ （她）想着想着，她的决心大了起来。

    (Tā) xiǎngzhe xiǎngzhe, tā de juéxīn dàle qǐlai.

생각하고 또 생각하니, 그녀의 결심이 커졌다.

어떤 복문에서는 각 절의 주어가 동일여부가 복잡하여 생략된 주어를 자세히 살펴 보아야 한다. 이렇게 해야만 전체 문장의 의미를 정확히 이해할 수 있다.

① 他是我的本家，（他）比我长一辈，（我）应该称之曰'四叔'，（他）是一个讲理学的老监生。

    Tā shì wǒ de běnjiā, (tā) bǐ wǒ zhǎng yí bèi, (wǒ) yīnggāi chēng zhī yuē 'sì shū', (tā) shì yí ge jiǎng lǐxué de lǎo jiānshēng.

그는 우리 종친인데 나보다 촌수가 높아 그를 '넷째 삼촌'이라 불러야 하며, 이학을 가르치는 사감이다.

② 母亲问他，（母亲）知道他的家里事物忙，（他）明天便得回去；（他）又没有吃过午饭，（母亲）便叫他自己到厨房炒饭吃去。

    Mǔqīn wèn tā, (mǔqīn) zhīdào tā de jiā lǐ shìwù máng, (tā) míngtiān biàn děi huíqù, (tā) yòu méiyǒu chī guò wǔfàn, (mǔqīn) biàn jiào tā zìjǐ dàochú fáng chǎo fàn chī qù.

모친은 그에게 물어보아, 그의 집에 바쁜 일이 있어서 내일 바로 돌아가야 하는지를 알았다. 또 점심도 먹지 않아서, 그가 직접 부엌에 밥을 볶아 먹으러 가도록 했다.

그러나 각 절의 주어가 다를 때는 나타내는 의미가 명확하여 오해를 야기하지 않는 상황에서만, 절의 주어가 생략 될 수 있다. 그렇지 않으면 마음대로 생략할 수 없다. 이 점은 매우 주의해야 한다.

제 2 절
복문의 접속어

복문의 접속어는 복문의 각 절을 연결하는 접속사와 일부 부사를 가리킨다. 접속사는 종속절에 사용될 수도 있고, 주절에 사용될 수도 있다. 관련부사는 일반적으로 주절에만 쓰인다.

접속어의 위치

접속사의 위치

첫 번째 절의 접속사는 두 가지 위치에 올 수 있는데, 두 절의 주어가 같을 때, 접속사는 주로 주어의 뒤에 온다. 이 때 주어는 일반적으로 주제로서 문장을 연결하는 기능을 한다.

① 先生既然救了我，就应该救到底。

    Xiānsheng jìrán jiùle wǒ, jiù yīnggāi jiù dàodǐ.

선생님이 이왕 나를 도와주셨으니, 끝까지 도와주셔야 합니다.

② 贫农因为最革命，所以他们取得了农会的领导权。

Pínnóng yīnwèi zuì gémìng, suǒyǐ tāmen qǔdéle nónghuì de lǐngdǎoquán.

③ 马克思不但参加了革命的实际运动，而且进行了革命的理论创造。

Mǎkèsī búdàn cānjiāle gémìng de shíjì yùndòng, érqiě jìnxíngle gémìng de lǐlùn chuàngzào.

때로는, 두 절의 주어가 같지만 접속사가 연결 기능을 해서 뒤의 문장과 앞의 문장을 연결할 때, 접속사는 주어 앞에 와야 한다.

④ A：你为什么看得那么清楚?

　　Nǐ wèishénme kàn de nàme qīngchu?

　B：因为我坐在前边，所以看得非常清楚。

　　Yīnwèi wǒ zuò zài qiánbiān, suǒyǐ kàn de fēicháng qīngchu.

반대로, 주어가 연결기능을 하면, 접속사의 앞에 놓아야 한다.

⑤ A：昨天你们去开会，主席台上的人谁看得最清楚?

　　Zuótiān nǐmen qù kāi huì, zhǔxítái shàng de rén shéi kàn de zuì qīngchu?

　B：我因为坐在前边，所以看得很清楚。

　　Wǒ yīnwèi zuò zài qiánbiān, suǒyǐ kàn de hěn qīngchu.

두 절의 주어가 다를 경우, 첫째 절의 접속사는 일반적으로 주어의 앞에 놓인다.

① 虽然座谈会的时间比较长，但大家都不觉得累。

Suīrán zuòtánhuì de shíjiān bǐjiào cháng, dàn dàjiā dōu bù jué de lèi.

② 只要你说得对，我就改正。

Zhǐyào nǐ shuō de duì, wǒ jiù gǎizhèng.

③ 即使他已睡到床上，也要把他给拖起来。

Jíshǐ tā yǐ shuì dào chuáng shàng, yě yào bǎ tā gěi tuō qǐlai.

그러나 만일 주어가 연결 기능을 하면, 접속사의 앞에 놓아야 한다.

④ A：喂，老李，我来了，时间也到了，咱们走吧。

　　Wèi, lǎo Lǐ, wǒ lái le, shíjiān yě dào le, zámen zǒu ba.

B : 你虽然来了，可是别的人还没来，等一会吧。

   Nǐ suīrán lái le, kěshì biéde rén hái méi lái, děng yíhuì ba.

당신은 왔지만, 다른 사
람이 아직 안 왔으니,
잠시 기다리죠.

예 ④에서 '虽然'이 주어의 앞에 놓이면, 앞의 문장과 잘 연결되지 않는다.

④′ A : 喂，老李，我来了，时间也到了，咱们走吧。

   Wèi, lǎo Lǐ wǒ lái le, shíjiān yě dào le, zámen zǒu ba.

어이, 이씨. 나왔어. 시
간도 됐으니 이젠 우리
갑시다.

 B : ?虽然你来了，可是别的人还没来，等一会吧。

   Suīrán nǐ lái le, kěshì biéde rén hái méi lái, děng yíhuì ba.

비록 당신이 왔어도, 다
른 사람이 아직 오지 않
아서, 잠시 기다리죠.

둘째 절의 접속사는 반드시 주어의 앞에 놓여야 한다.

① 虽然并不相识，然而他读过鲁迅先生的文章，深知鲁迅先生对
革命的忠诚。

  Suīrán bìng bù xiāngshí, rán'ér tā dúguo Lǔxùn xiānsheng
de wénzhāng, shēnzhī Lǔxùn xiānsheng duì gémìng de
zhōngchéng.

비록 서로 알지 못하지
만, 그는 노신선생의 문
장을 읽고 혁명에 대한
노신 선생의 충성심을
깊이 알게 되었다.

② 我认为，那个国家，不是领导人互相打起来，就是人民起来革
命，而且时间一定不会过太久。

  Wǒ rènwéi, nàge guójiā, bú shì lǐngdǎo rén hùxiāng dǎ qǐlai,
jiùshì rénmín qǐlai gémìng, érqiě shíjiān yídìng bú huì guò tài jiǔ.

내가 생각하기에 저 나
라는 지도자끼리 서로
싸우거나, 인민들이 혁
명을 일으킨다. 게다가
시간이 얼마 남지 않았
음에 틀림없다.

③ 因为累了，所以我没去。

  Yīnwèi lèi le, suǒyǐ wǒ méi qù.

피곤해서 나는 가지 않
았다.

④ 因为他还是个不懂事的孩子，所以说的话没有引起大家的注
意。

  Yīnwéi tā hái shì ge bù dǒng shì de háizi, suǒyǐ shuō de huà méi
yǒu yǐnqǐ dàjiā de zhùyì.

그는 아직 철들지 않은
아이여서, 하는 말은 사
람들의 주의를 끌지 못
했다.

⑤ 他们家不但他很聪明，而且他的妹妹也很聪明。

  Tāmen jiā búdàn tā hěn cōngmíng, érqiě tā de mèimei yě hěn
cōngmíng.

그의 집에서는 그가 똑
똑할 뿐만 아니라 그의
여동생도 똑똑하다.

❷ 관련부사의 위치

접속기능을 하는 부사는 제한적이다. 주로 '就', '还', '也', '都', '才', '却', '越' 등이
쓰인다. '越'를 제외하고는 관련부사는 주절인 둘째 절에 출현하며, 반드시 주어의 뒤
에 놓여야 한다.

① 外面北风呼啸，屋里却温暖如春。

  Wàimiàn běifēng hūxiào, wū lǐ què wēnnuǎn rú chūn..

밖에서는 북풍이 휘파
람을 부는데, 집안은 오
히려 봄처럼 따뜻했다.

② 如果明天不下雨，我就去北海公园。

    Rúguǒ míngtiān bú xià yǔ, wǒ jiù qù Běihǎi gōngyuán.

③ 他越说，我越生气。

    Tā yuè shuō, wǒ yuè shēngqì.

만약 내일 비가 오지 않
으면, 나는 북해공원에
간다.

그가 말을 할수록 나는
더 화가 났다.

 접속어의 단용과 합용

각 종 복문에 쓰이는 접속어 중에서 어떤 것은 반드시 쌍을 이루어 사용되고, 어떤 것은 홀로 쓰이거나 같이 쓰이는 것이 모두 가능하며, 또 어떤 것은 홀로만 쓰인다. 아래에는 각 복문에서 상용되는 접속어를 열거하였다. 하나만 나열한 것은 홀로 쓰이는 것이며, 두 개를 나열한 것은 함께 쓰이는 것이다. 괄호 안에 출현하는 것은 일반적으로 홀로 쓰일 수 없는 것이며, '……'는 접속어를 사용하지 않음을 나타낸다.

		접속어	
		종속절	주절
연합복문	병렬복문	①접속어 사용 안 함	
		②……,	也……。
		③……,	还……。
		④又……,	又……。
		⑤既……	又……。
		⑥一边……,	一边……。
		⑦一面……,	一面……。
	연접복문	①접속어 사용 안 함	
		②……,	于是……。
		③(首先……,)	然后……。
		④……,	就……
		⑤……,	便……。
	점층복문	①(不但/不仅……,)	而且/并且…。
		②(或是……,)	或是……。
		③……,	更……。
		④……,	还……。
		⑤……,	甚至……。
	선택복문	①(或者……,)	或者……。
		②(或是,……,)	或是……。
		③……,	或……。
		④(是……,)	还是……。
		⑤要么……,	要么……。
		⑥不是……,	就是……。

<table>
<tr><td colspan="2" rowspan="2"></td><td colspan="2" style="text-align:center">접속어</td></tr>
<tr><td style="text-align:center">종속절</td><td style="text-align:center">주절</td></tr>
<tr>
<td rowspan="8" style="text-align:center">주
종
복
문</td>
<td style="text-align:center">인과설명복문</td>
<td>①접속어 사 용 안 함
②(因为…… ,)
③由于……,
④……,</td>
<td>
所以……。
所以……。
因而……。</td>
</tr>
<tr>
<td style="text-align:center">인과추론복문</td>
<td>①……,
②(因为……,)
③(既然……,)
④……,</td>
<td>因此……。
以致于……。
(那)就……。
可见……。</td>
</tr>
<tr>
<td style="text-align:center">전환복문</td>
<td>①(虽然/虽……,)
②(虽然……,)
③……,
④……,
⑤……,
⑥……,
⑦……,
⑧尽管……,</td>
<td>但是/可是……。
却……。
然而……。
否则……。
不然……。
不过……。
就是……。
然而/但是/却……。</td>
</tr>
<tr>
<td style="text-align:center">특정조건복문</td>
<td>①只要……,
②只有……,
③除非……,</td>
<td>就……。
才……。
才……。</td>
</tr>
<tr>
<td style="text-align:center">무조건문</td>
<td>①无(不)论……,
②不管……,</td>
<td>也f都……。
也/都……。</td>
</tr>
<tr>
<td style="text-align:center">가정복문</td>
<td>①접속어 사 용 안 함
②如果……,
③要是/若是……,
④倘若/假若……,
⑤……,</td>
<td>
就……。
就……。
就……。
就……。</td>
</tr>
<tr>
<td style="text-align:center">양보복문</td>
<td>①即使……,
②固然……,
③就是……,
④纵然……,</td>
<td>也……。
但是/可是/却/也……。
也……。
也……。</td>
</tr>
<tr>
<td style="text-align:center">목적복문</td>
<td>①为了/为……,
②……,
③……,
④……,</td>
<td>……。
以便……。
以免……。
免得……。</td>
</tr>
</table>

		접속어	
		종속절	주절
주종복문	시간복문	①접속어 사용 안 함 ②……,	就/还/才……。
	연쇄복문	①越……, ②의문대명사……,	越……。 종속절과 같은 의문대명사
	취사복문	①与其……, ②宁可……,	不如……。 也不……。

연습문제

一. 아래 문장을 사용해서 하나의 복문을 만드시오. 적절히 개별단어를 추가하거나
생략해도 좋습니다.

1. 北京是中国的政治经济中心。
   北京是中国的文化中心。
2. 这个人头发全白了。
   这个人的儿子才十几岁。
3. 他出了门。
   大家立刻把他围住了。
4. 昨天晚上十点我写完了作业。
   昨天晚上十点我就睡觉了。
5. 大家赶紧上车。
   火车就要开了。
6. 这个电影我喜欢看。
   这个电影阿里喜欢看。
7. 下雨了。
   我们不去打球了。
8. 我愿意站着死。
   我不愿意跪着生。
9. 汉语比较难学。
   阿里学习汉语很努力。
   阿里的汉语成绩很好。
10. 你坚持下去。
    你一定会胜利。
11. 这本书很有意思。
    这本书太厚了。
12. 我去过中国。
    我在中国学过汉语。
13. 我们取得了很大的成绩。
    我们不能骄傲。
14. 阿里想学汉语。
    阿里买了一台录音机。

二. 맞는 문장과 틀린 문장을 구별하시오.

1. A：她特别喜欢音乐，晚上，她不是弹钢琴，就听唱片。
   B：她特别喜欢音乐，晚上不是弹钢琴就是听唱片。
2. A：只有搞好经济建设，人民的生活才能幸福。
   B：只有搞好经济建设，才人民的生活很幸福。
3. A：我替他从图书馆不但借来一本书，而且简单地给他介绍了一下书的内容。
   B：我不但从图书馆给他借来一本书，而且还简单地给他介绍了一下书的内容。
4. A：我们希望尽快地上课，老师们立刻便满足了我们的要求。
   B：我们希望尽快地上课，老师们便立刻满足了我们的要求。
5. A：把东西整整齐齐地如果放在桌子上，就会用起来特别方便。
   B：如果把东西整整齐齐地放在桌子上，用起来就会特别方便。
6. A：因为只有半个小时了，所以了跑着到车站去。
   B：他只有半个小时了，跑着到车站去。
7. A：在所长的领导下，研究人员深入群众，深入实际，解决了很多问题。
   B：研究人员在所长的领导下，深入群众，深入实际，解决了很多问题。
   C：研究人员在所长的领导下，研究人员深入群众，深入实际，解决了很多问题。
8. A：我们到中国各地旅游，还参观了很多工厂和农村。
   B：我们到中国各地旅游，我们还参观了很多工厂和农村。
9. A：因为不让敌人发现这些材料，所以他用特殊的墨水来写这些材料。
   B：为了不让敌人发现这些材料，所以他用特殊的墨水来写。
10. A：这个问题不但我解答不了，他也解答不了。
    B：这个问题我不但解答不了，他也解答不了。

三. 다음 틀린 문장을 바르게 고쳐 쓰시오.

1. 要是现在不努力学习汉语，就是中国话以后说不好。
2. 学习中文的同学因为比较少，我们所以彼此都认识。
3. 我们参观了车间以后，就我们去访问工人家庭。
4. 只是他可怜他，没有别的意思。
5. 我不管别人去，我一定要去。
6. 只有多听、多说、多写，就能中文学得好。
7. 不单单地做好自己的工作，他还常常帮助别人。
8. 他开始记日记时，他有的字不会写，他只好画图。
9. 他因为不爱说话，所以你如果不问他，他就不理你。
10. 他白白去了王府井一趟，可是东西还是没有买到。

제 3 장
축약문

1 축약문이란?

축약문은 단문형식으로 복문의 내용을 표현하는 문장으로서, 일반적으로 복문을 줄여서 만든 것으로 본다. 소위 '복문의 내용을 줄여서 표현한다'는 것은 축약문의 술어부분이 반드시 두 개의 '서로 독립적인' 서술내용을 포함하고 있다는 것을 말해 준다. 이 두 서술내용 사이에는 연접, 조건, 양보, 인과 등의 관계가 존재한다. 축약문의 두 술어는 서로 포함하지도, 수식하지도 않는다.

'단문형식'은 축약문이 비록 두 개의 술어로 이루어졌지만, 일반적으로 접속사 '虽然', '但是', '因为', '所以' 등을 사용하지 않고, 하나 혹은 한 쌍의 접속기능을 하는 부사를 사용해서 두 부분을 하나로 줄인 가리킨다. 음성적으로 중간에 끊어 읽기가 없고, 서면어에서는 쉼표를 사용하지 않아서, 형식적으로 단문의 술어부분과 같다.

① 站住，不站住就开枪了。

　　Zhàn zhù, bú zhàn zhù jiù kāi qiāng le.

② 看得清楚才能对得准。

　　Kàn de qīngchu cái néng duì de zhǔn.

멈춰라, 멈추지 않으면 총을 쏘겠다.

정확하게 봐야지만 정확하게 조준할 수 있다.

예 ①의 둘째 절은 축약문이다. 문중의 '不站住', '开枪'은 두 개의 술어이며, 접속어 '就'는 두 개의 술어를 하나로 연결하며, 중간에는 휴지가 없다. 의미적으로는 가정관계를 나타내는 복문에 해당한다. 전체 문장의 의미는 '站住, 你要是不站住, 我就开枪了'이다. 그러나 접속사가 없고, 쉼표도 없다. 예 ②의 '看得清楚'와 '能对得准'은 두 개의 술어이다. 관련부사 '才'는 그들을 하나로 연결해주며, 중간에 휴지가 없다. 의미적으로 보면, 조건관계를 나타내는 복문에 상응한다. 전체 문장의 의미는 '我们只有看得清楚, (我们)才能对得准'이다. 그러나 접속사도 없고 쉼표도 없다.

대부분의 축약문은 복문으로 확장할 수 있고, 복문의 어법관계를 이용해 의미적인 해석을 할 수 있다. 그러나 모든 축약문이 다 확장될 수 있는 것은 아니다. 예를 들어

"我们的人越多越好"이란 문장이 "我们的人越多, 我们越好"으로 확장되면 문장이 자
연스럽지 않다.

축약문은 비교적 복잡한 의미를 간단한 형식으로 나타낸 것이므로, 훨씬 경제적이
고 간단명료하다. 축약문의 구조유형은 많지 않고, 구조도 대체적으로 고정적이다.
다시 말하면, 중국어에서 축약문은 장기간 사용되다가 굳어진 형식이지, 임의로 임
시적으로 만들어 사용한 것이 아니다.

2 축약문과 연동문, 겸어문의 구분

절대다수의 축약문은 모두 접속어로써 두 개의 술어를 하나로 연결하므로, 대체로
접속어의 사용 여부에 의해 축약문을 연동문, 겸어문과 구별할 수 있다. 즉, 접속어
를 포함하는 것은 일반적으로 축약문이다.

① 他披上衣服走出门去。[연동문]

　　Tā pī shàng yīfu zǒu chū mén qù.

그는 옷을 걸치고 문을 나섰다.

② 他披上皮袄还冷。[축약문]

　　Tā pī shàng pí'ǎo hái lěng.

그는 가죽코트를 걸쳤지만 여전히 추웠다.

③ 小明哭着说："我要永远记住这个教训。"[연동문]

　　Xiǎomíng kūzhe shuō : 'wǒ yào yǒngyuǎn jì zhù zhège jiàoxùn.'

小明은 울면서 "나는 영원히 이 교훈을 기억할 것이다."라고 말했다.

④ 小明哭着也能吃得下两碗饭。[축약문]

　　Xiǎomíng kūzhe yě néng chī de xià liǎng wǎn fàn.

小明은 울면서도 밥 두 그릇을 먹을 수 있다.

어떤 문장은 술어가 비록 두 개의 동사나 동사구를 갖고 중간에 하나의 부사를 갖고
있지만, 접속기능을 하지 않으므로 축약문으로 볼 수 없는 경우가 있다. 다음 문장을
비교해보자.

⑤ 你有事明天再说。

　　Nǐ yǒu shì míngtiān zài shuō.

일이 있으면 내일 다시 이야기합시다.

⑥ 走吧! 理他呢! 到食堂里再拿一套回去。[축약문이 아님. '再'는 중복
을 표시함]

　　Zǒu ba! Lǐ tā ne! Dào shítáng lǐ zài ná yí tào huíqu.

가자! 그를 내버려둬? 식당에 가서 한 세트를 더 갖고 가야지.

⑦ 过去! 过去想也不敢想啊! [축약문: '也'는 양보관계를 나타내는 접속어
임]

　　Guòqù! Guòqù xiǎng yě bù gǎn xiǎng a!

과거! 과거는 감히 생각도 할 수 없어!

⑧ 桐桐想了想也没回答出来。[축약문 아님. '也'는 '동반'을 나타냄]

　　Tóngtong xiǎngle xiǎng yě méi huídá chūlai.

桐桐은 생각하고 또 생각해보았지만, 그도 대답해내지 못했다.

⑨ "我一定要……" 我想说 '保护你', 可是话到嘴边又咽回去了。
[축약문. '又'는 전환관계를 나타냄]

"Wǒ yídìng yào……" Wǒ xiǎng shuō 'bǎohù nǐ', kěshì huà dào zuǐ biān yòu yān huíqu le.

⑩ "怕什么?……" 老胡想了想又找补了一句, …… [축약문이 아님. '又'는 '첨가'를 나타냄]

"Pà shénme?……" Lǎo hú xiǎngle xiǎng yòu zhǎobule yí jù, ……

위 문장 중에 접속기능을 하는 부사는 가볍게 읽고, 접속기능을 하지 않는 부사는 강하게 읽어야 한다.

축약문인지의 여부는 의미적으로도 구별이 가능하다. 비록 접속어를 갖고 있지 않더라도, 두 개의 술어 간에 가정, 조건, 양보, 인과 등의 주종관계가 존재하면 축약문이다.

① 您年老体弱干不了这一行了。[因为年老体弱, 所以干不了这一行了]

Nín niánlǎo tǐruò gàn bu liǎo zhè yì háng le. (Yīnwèi niánlǎo tǐruò, suǒyǐ gàn bu liǎo zhè yì háng e)

② 明天参观, 不下雨去, 下雨不去。[要是不下雨就去, 下雨就不去]

Míngtiān cānguān, bú xià yǔ qù, xià yǔ bú qù. (Yàoshi bú xià yǔ jiù qù, xià yǔ jiù bú qù)

③ 有缺点不怕, 只怕不知道缺点在什么地方, 或是知道了不改。[即使有缺点, 也不怕] [即使知道了, 也不改]

Yǒu quēdiǎn bú pà, zhǐ pà bù zhīdào quēdiǎn zài shénme dìfang, huòshì zhīdàole bù gǎi. (jíshǐ yǒu quēdiǎn, yě bú pà) (jíshǐ zhīdào le, yě bù gǎi)

④ 大西瓜喽, 不甜不要钱。[如果不甜, 就不要钱]

Dà xīguā lou, bù tián bú yào qián. (rúguǒ bù tián, jiù bú yào qián)

3 다중축약문

다중복문과 같이 다중관계를 가지는 축약문을 다중축약문이라고 부른다.

① 你爱信不信。

Nǐ ài xìn bu xìn.

② 霆儿，你记着再穷也别学你姑丈，有本事饿死也别吃丈人家的
　　饭。

　　Tíngér, nǐ jìzhe zài qióng yě bié xué nǐ gūzhàng, yǒu běnshì è sǐ
　　yě bié chī zhàngrén jiā de fàn.

예문 ①은 접속어가 없는 축약문이다. 이러한 문장에서는 비록 다섯 자로만 이루어
졌지만, 가정관계를 포함하여, 전체 문장의 의미는 "如果你爱相信, 就相信; 如果你不
相信, 就算了"라는 의미를 나타낸다. 예문 ②의 두 절은 가정관계와 양보관계를 갖고
있다. 이 문장의 의미는 '如果你有本事, 就是饿死也别吃丈人家的饭'이다.

 4 축약문의 주어에 관해서

축약문은 두 개의 술어를 갖는다. 그러나 주어는 문두에 하나만 출현하는 것이 일
반적이다.

① 人困得多厉害啊，那么大的露水，湿了他们的衣服都不知道。

　　Rén kùn de duō lìhai a, nàme dà de lòushuǐ, shī le tāmen de
　　yīfu dōu bù zhīdào.

② 邓海对春梅说：“你来热烈欢迎，别人来概不接待。”

　　Dèng Hǎi duì Chūnméi shuō: '‘nǐ lái rèliè huānyíng, biérén lái
　　gài bù jiē dài.’

예문 ①의 축약문에서는 두 개의 술어가 있다. 첫째 술어는 '湿'이고, 둘째 술어는 '不
知道'이다. '露水'는 '湿'의 주어이다. 둘째 술어 '不知道'의 주어는 '他们'인데, 생략되
었다. 예문 ②는 두 개의 축약문을 갖고 있지만, '你来热烈欢迎', '别人来概接待'은 모
두 하나의 주어만 출현했다. 첫째 축약문의 주어는 '你'이고 둘째 축약문의 주어는
'别人'이다. 두 개의 축약문에서 둘째 주어 '我们'은 모두 생략되었다. 만일 첫째 술어
와 둘째 술어의 주어가 같다면, 주어는 문두에만 한 번 출현한다.

③ 你干得就干得像个样子。

　　Nǐ gàn de jiù gàn de xiàng ge yàngzi.

④ 咱们穷死也不受这窝囊气。

　　Zánmen qióng sǐ yě bú shòu zhè wōnangqì.

제 2 절
자주 보는 축약문의 유형

 **짝을 이루는 접속어로 구성된 관용 표현**

① '越……越……'로 연결되는 경우

① 这一老一少真是越干越有劲儿。

　Zhè yì lǎo yì shǎo zhēn shì yuè gàn yuè yǒujìnr.

> 이 한 노인과 한 어린이는 일을 할수록 힘이 난다.

② 小魏越看越觉得心慌。

　Xiǎo Wèi yuè kàn yuè juéde xīn huāng.

> 小魏는 보면 볼수록 당황하는 것 같았다.

③ 雨越下越猛，像瓢泼一样。

　Yǔ yuè xià yuè měng, xiàng piáopō yíyàng.

> 비는 내릴수록 심해져서 마치 바가지로 부어 대는 것과 같았다.

④ 可是包善卿是青松翠柏，越老越绿。

　Kěshì Bāo Shànqīng shì qīngsōng cuìbǎi, yuè lǎo yuè lǜ.

> 그러나 包善卿은 청송취백과 같아서 나이 들수록 더 활기 있다.

⑤ 越忙越应该巧安排。

　Yuè máng yuè yīnggāi qiǎo ānpái.

> 바쁠수록 잘 안배해야 한다.

⑥ 身体越不好越要加强锻炼。

　Shēntǐ yuè bù hǎo yuè yào jiāqiáng duànliàn.

> 몸이 안 좋을수록 더욱 단련해야한다.

⑦ 找他谈话那天，他越说越难过，最后还是哭起来了。

　Zhǎo tā tán huà nà tiān, tā yuè shuō yuè nánguò, zuìhòu háishi kū qǐlai le.

> 그를 찾아가 이야기하는 그 날, 그는 말할수록 괴로워해서 결국은 울음을 터트렸다.

'越……越……'로 연결되는 축약문은 모두 연쇄관계를 나타낸다. 두 번째 '越'의 뒤에 오는 구가 나타내는 동작이나 상태는 첫 번째 '越'의 뒤에 오는 구가 나타내는 동작이나 상태에 따라 변화한다.

② '不……不……'로 연결되는 경우

연결되는 것은 두 개의 동사(구)나 두 개의 형용사(구)일 수도 있고, 하나의 동사(구)나 하나의 형용사(구)일 수도 있다.

① 咱们不见不散啊!

　Zámen bú jiàn bú sàn a!

> 우리 만날 때까지 기다리자.

② 灯不拨不亮，您这一席话使我豁然开朗。

    Dēng bù bō bú liàng, nín zhè yī xí huà shǐ wǒ huò rán kāi lǎng.

③ 这种果子不晒不红。

    Zhè zhǒng guǒzi bú shài bù hóng.

④ 棉衣不厚不暖和。

    Miányī bú hòu bù nuǎnhuo.

⑤ 东西不好不要。

    Dōngxi bù hǎo bú yào.

등불도 켜야 밝아진다. 당신의 이 말이 나의 생각을 트이게 했다.

이 과일은 햇볕을 쬐지 않으면 익지 않는다.

면 옷은 두껍지 않으면 따뜻하지 않다.

물건이 좋지 않으면 필요 없다.

'不……不……'로 연결되는 축약문은 일반적으로 '要是不……就不……'의 의미, 즉 가정 관계를 나타낸다. 주의할 점은 이러한 축약문은 술어가 병렬구조인 문장과 구별된다는 것이다.

① 咱们在校门口，不见不散! [축약문]

    Zámen zài xiào ménkǒu, bú jiàn bú sàn!

② 祥子站在那儿，不吭不动。[술어가 병렬구조임]

    Xiángzǐ zhàn zài nàr, bù kēng bú dòng.

우리 교문 앞에서 만날 때까지 기다리자.

祥子는 거기에 서서 소리를 내지도 움직이지도 않았다.

③ '再……也……'로 연결되는 경우

첫째 술어는 대부분 형용사(구)이고, 둘째 술어는 대부분 동사(구)이지만, 두 개 모두 동사(구)일 수도 있다. '再……也……'의 의미는 '即使/就是……也……'와 유사하다. 즉 양보관계를 나타낸다.

① "行了，行了! 再难也得叫孩子上学!"爸爸说。

    "Xíng le, xíng le! Zài nán yě děi jiào háizi shàng xué!" bàba shuō.

② 我管保比他们水性好，水再深点也不怕。

    Wǒ guǎnbǎo bǐ tāmen shuǐxìng hǎo, shuǐ zài shēn diǎn yě bú pà.

③ 如果有了正确的理论，只是把它空谈一阵，束之高阁，并不实行，那末，这种理论再好也是没有意义的。

    Rúguǒ yǒu le zhèngquè de lǐlùn, zhǐshì bǎ tā kōngtán yí zhèn, shù zhī gāo gé, bìng bù shíxíng, nàme zhè zhǒng lǐlùn zài hǎo yě shì méi yǒu yìyì de.

④ 狐狸再狡猾也斗不过好猎手哇!

    Húli zài jiǎohuá yě dòu bu guò hǎo lièshǒu wa.

"됐어, 됐어! 아무리 어렵더라도 아이를 학교에 보내야지!" 아버지는 말했다.

내가 보장하는데, 그들보다 수영을 잘해. 물이 더 깊어도 겁나지 않아.

만약 정확한 이론이 나왔더라도 단지 그것을 한 번 공담할 뿐, 방치해 둔 채 실행하지 않는다면, 이러한 이론은 아무리 좋다 해도 의미가 없다.

여우가 아무리 교활하더라도 좋은 사냥꾼을 이길 수는 없다.

이러한 형식의 부사 '再'의 의미는 동작행위의 중복을 나타내는 것이 아니라 정도가 심화된 것을 나타낸다. '再……也……'는 설사 주어가 가리키는 사물의 성질이 현재보다 더 심화될지라도 상황은 변하지 않는다는 것을 나타낸다. 예를 들면, '再难也得叫孩子上学'는 '어려움이 현재보다 더 많다 해도 아이가 학교에 가는 것은 달라지지 않는다'는 것을 나타낸다.

4 '(不)……也……'로 연결되는 경우

두 개의 술어가 모두 동사(구)일 수도 있고, 하나는 형용사(구)이고, 다른 하나는 동사(구)일 수도 있다.

① 我十辈子不见他也不想他。

Wǒ shí bèizi bú jiàn tā yě bù xiǎng tā.

나는 열 평생 그를 보지 않더라도 그리워하지 않을 것이다.

② 这份礼物, 你要也得要, 不要也得要, 这是专为你买的。

Zhè fèn lǐwù, nǐ yào yě děi yào, bú yào yě děi yào, zhè shì zhuān wèi nǐ mǎi de.

이 선물은 네가 원해도 가져야 하고, 원하지 않아도 가져야 해. 이것은 오직 너를 위해 산 것이다.

③ 为了糊口, 你想不干也得行啊?

Wèile húkǒu, nǐ xiǎng bú gàn yě děi xíng a?

생계를 잇기 위해서, 일하고 싶지 않아도 되겠어?

④ 你的想法不成熟也可以提出来。

Nǐ de xiǎngfǎ bù chéngshú yě kěyǐ tí chūlai.

너의 생각이 성숙되지 않았더라도 제기해도 된다.

⑤ 人家不喜欢看也没办法。

Rénjia bù xǐhuan kàn yě méi bànfǎ.

사람들이 보기 싫어해도 방법이 없다.

'(不)……也……'로 연결된 두 개의 술어는 일반적으로 예문 ①, ②, ③, ④처럼 '就是……, 也……'의 의미를 나타내고, 예문 ⑤처럼 '如果……, 也……'의 의미를 나타낼 수 있다. 즉, 양보나 가정의 의미를 나타낼 수 있는 것이다. 하나의 문장이 어떤 관계를 나타내는지는 때로는 일정한 언어 환경에 의거해서 판단해야 한다. 예를 들어, ③, ④는 가정관계를 나타낼 수도 있고, 양보관계를 나타낼 수도 있는 것이다.

5 '一……就……'로 연결되는 경우

두 개의 술어는 모두 동사(구)나 형용사(구)일 수도 있고, 하나는 동사(구)이고, 다른 하나는 형용사(구)일 수도 있다.

① 母亲一知道就糟糕了, 她会发病的。

Mǔqīn yì zhīdào jiù zāogāo le, tā huì fā bìng de.

어머니가 알면 큰일 나. 아마 병나실 거야.

② 这把刀的钢特别好, 稍微一磨就很快。

Zhè bǎ dāo de gāng tèbié hǎo, shāowēi yì mó jiù hěn kuài.

이 칼의 쇠는 유달리 좋아서 조금만 갈면 잘 든다.

③ 可不能糊涂，多好的心，一不清醒就会办坏了事。

　　Kě bù néng hútú, duō hǎo de xīn, yí bù qīngxǐng jiù huì bàn huài le shì.

④ 奶奶年纪大了，一着急就糊涂。

　　Nǎinai niánjì dà le, yì zháojí jiù hútú.

'一……就……'로 연결되는 축약문은 일반적으로 가정, 조건의 관계를 포함한다. 예를 들면, 예문 ①은 가정이나 조건관계를 나타내어, "要是母亲知道了, 就糟糕了"의 뜻을 표현한다. 예문 ②도 조건관계를 나타내어, "这把刀只只要一磨, 就会很快"의 뜻을 표현한다. 예문 ③, ④도 조건관계를 나타낸다.

⑥ '非……, 不……'로 연결되는 경우

첫째 술어는 대부분 동사이고, 때로는 명사나 대사일 수도 있다. 둘째 술어는 대부분 '可(行, 成)'이고, 때로는 동사술어일 수도 있다. 이것은 이중부정으로 더욱 강한 긍정을 나타내는 문형으로서, 의미는 '一定', '必须'이다. 주로 '非'자 뒤의 구를 강조한다.

① 你非来不可(行、成)，我们都在等着你。['来'를 강조함]

　　Nǐ fēi lái bù kě (xíng、chéng), wǒmen dōu zài děngzhe nǐ.

② 当领导的非精通业务不可。['精通业务'를 강조함]

　　Dāng lǐngdǎo de fēi jīngtōng yèwù bùkě.

③ 脚跟不稳，非摔跟头不可。['摔跟头'를 강조함]

　　Jiǎogēn bù wěn, fēi shuāi gēntou bùkě.

④ 他非拉过一定的钱数不收车。['拉过一定的钱数'를 강조함]

　　Tā fēi lā guò yídìng de qiánshù bù shōu chē.

⑤ 告诉你，我还非坐花轿不出这个大门。['坐花轿'를 강조함]

　　Gàosu nǐ, wǒ hái fēi zuò huājiào bù chū zhè ge dàmén.

⑥ 要解决这个问题，非你不可。['你'를 강조함]

　　Yào jiějué zhè ge wèntí, fēi nǐ bùkě.

2 접속어를 하나만 사용하는 축약문

상용하는 접속어로는 '就', '也', '再', '又', '都', '倒', '却' 등이 있다. 접속어는 두 술어의 사이에 쓰인다.

① '如果……就……'의 의미를 나타낸다. 두 개의 동사(구)나 두 개의 형용사(구)가 올 수도 있고, 하나의 동사(구), 하나의 형용사(구)가 올 수도 있다.

① 你有什么问题就直接谈吧!

  Nǐ yǒu shénme wèntí jiù zhíjiē tán ba!

  문제가 있으면 직접 얘기해.

② 没有困难就不来求你了。

  Méi yǒu kùnnan jiù bù lái qiú nǐ le.

  어려움이 없다면 네게 도움을 청하지 않는다.

③ 不重要就不这样急了呀!

  Bú zhòngyào jiù bú zhèyàng jí le ya?

  중요하지 않으면 이렇게 조급해하지 않지!

④ 他愿意来就叫他来。

  Tā yuànyì lái jiù jiào tā lái.

  그가 오고 싶다면 오라고 해.

⑤ 要学什么就要努力学习。

  Yào xué shénme jiù yào nǔlì xuéxí.

  무엇을 배우고 싶다면 열심히 공부해야지.

'就'가 연결하는 구는 완전히 같거나 부분적으로 같다.

⑥ 一个穷孩子, 一回到自己的队伍就像回到了自己的家, 饿了就吃, 渴了就喝, 想说就说, 想笑就笑, 该打仗就打仗, 该行军就行军, 这不很好吗?

  Yí ge qióng háizi, yì huí dào zìjǐ de duìwu jiù xiàng huí dào le zìjǐ de jiā, è le jiù chī, kě le jiù hē, xiǎng shuō jiù shuō, xiǎng xiào jiù xiào, gāi dǎ zhàng jiù dǎ zhàng, gāi xíngjūn jiù xíngjūn, zhè bù hěn hǎo ma?

  한 가난한 아이가 자신의 부대로 돌아오자 마치 자기의 집에 온 것 같이 배고프면 먹고, 목마르면 마시고, 말하고 싶으면 말하고, 웃고 싶으면 웃고, 싸워야 되면 싸우고, 행군해야 하면 행군하고, 이것 정말 좋지 않나요?

⑦ 王子是国王的儿子, 想要什么就要什么, 想去哪儿就去哪儿, 愿意干什么, 就干什么……

  Wángzǐ shì guówáng de érzi, xiǎng yào shénme jiù yào shénme, xiǎng qù nǎr jiù qù nǎr, yuànyì gàn shénme, jiù gàn shénme……

  왕자는 국왕의 아들이어서, 갖고 싶은 것 갖고, 가고 싶은데 가고, 하고 싶은 것 하고……

⑧ 闯王笑着说: "仗要活打, 不要死打。……能够打硬仗就打, 不能打硬仗就避开。"

  Chuǎngwáng xiàozhe shuō: 'zhàng yào huó dǎ, búyào sǐ dǎ, nénggòu dǎ yìng zhàng jiù dǎ, bù néng dǎ yìng zhàng jiù bìkāi.'

  闯王은 웃으며 말했다. "싸움을 하려면 요령껏 하고, 무조건 싸우지는 마라.……직접 부딪혀 싸울 수 있다면 싸우고 아니면 피해라."

⑨ 你自己主动点儿, 该干什么就干, 甭等我说。

  Nǐ zìjǐ zhǔdòng diǎnr, gāi gàn shénme jiù gàn, béng děng wǒ shuō.

  너는 좀 주동적으로 행동해라. 무엇인가 해야 하면 하고 내가 말하길 기다릴 필요 없어.

⑩ 跑得了就跑，跑不了就跟他拼。

　　Pǎo de liǎo jiù pǎo, pǎo bu liǎo jiù gēn tā pīn.

⑪ 玩就玩个痛快。

　　Wán jiù wán ge tòngkuai.

⑫ 干就大干一场。

　　Gàn jiù dà gàn yì chǎng.

⑬ 搞就把它搞得像个样子。

　　Gǎo jiù bǎ tā gǎo de xiàng ge yàngzi.

⑭ 这篇文章好就好在实事求是。

　　Zhè piān wénzhāng hǎo jiù hǎo zài shí shì qiú shì.

［2］ '既然……, 就……'는 양보관계를 나타내며, 두 개의 술어는 일반적으로 동사(구)이다.

① 说了就得算。

　　Shuō le jiù děi suàn.

② 欠账就得还钱!

　　Qiàn zhàng jiù děi huán qián!

③ 好, 那就算了吧! 脾气做成就改不了啦!

　　Hǎo, nà jiù suàn le ba! Píqi zuò chéng jiù gǎi bu liǎo la!

［3］ '只要……, 就……'의 의미를 갖는 조건관계를 나타낸다.

① 我心想：“送信这工作简单不简单，看看老白就清楚了。”

　　Wǒ xīn xiǎng : “Sòng xìn zhè gōngzuò jiǎndān bù jiǎndān, kànkan Lǎo Bái jiù qīngchu le.”

② 你把箱子打开看看就知道装什么东西了。

　　Nǐ bǎ xiāngzi dǎkāi kànkan jiù zhīdào zhuāng shénme dōngxi le.

③ 阿凤见人就问：“你见到我家小花猫了吗?”

　　Āfèng jiàn rén jiù wèn : ‘nǐ jiàn dào wǒ jiā xiǎo huāmāo le ma?’

④ 试工期内，她整天地做，似乎闲着就无聊。

　　Shìgōng qīnèi, tā zhěngtiān de zuò, sìhū xiánzhe jiù wúliáo.

⑤ 你以为关上电门就解决问题啦?

　　Nǐ yǐwéi guān shàng diànmén jiù jiějué wèntí la?

⑥ 这件衣服你做得好坏没关系，能做上就行了。

　　Zhè jiàn yīfu nǐ zuò de hǎohuài méi guānxi, néng zuò shàng jiù xíng le.

> 이 옷은 네가 잘 만들고 못 만들고는 상관없어. 만들 수만 있으면 돼.

④ ‘因为……, 就……’의 의미를 갖는 인과관계를 나타낸다.

① 他看你不在这就回去了。

　　Tā kàn nǐ bú zài zhè jiù huí qù le.

> 그는 당신이 여기에 없는 것을 보고는 돌아갔다.

② 我让石头碰一下儿就软下来，那还能干什么大事呀？

　　Wǒ ràng shítou pèng yíxiàr jiù ruǎn xiàlai, nà hái néng gàn shénme dàshì ya?

> 나는 돌에 한 번 부딪치자마자 주저앉았는데도 이렇게 큰일을 해낼 수 있을까?

⑤ 전환관계를 나타낸다.

① 那部电影写得太公式化了，刚看一半就知道结局了。

　　Nà bù diànyǐng xiě de tài gōngshìhuà le, gāng kàn yí bàn jiù zhīdào jiéjú le.

> 그 영화는 너무 전형적인 내용이다. 막 반을 보았는데도 결말을 알겠다.

② 这几年气候异常，还没到伏天就这么热了。

　　Zhè jǐ nián qìhòu yìcháng, hái méi dào fútiān jiù zhème rè le.

> 요 몇 년 간 기후가 이상하다. 아직 복날이 되지 않았는데도 이렇게 덥다니.

② ‘也’로 연결하는 경우

① ‘即使……, 也……’의 의미를 가진 양보관계를 나타낸다.

① 你有意见也少说，能说的说，不能说的少说。

　　Nǐ yǒu yìjiàn yě shǎo shuō, néng shuō de shuō, bù néng shuō de shǎo shuō.

> 당신은 의견이 있더라도 말을 삼가라. 할 수 있는 얘기만 하고, 할 수 없는 얘기는 하지마라.

② 你不赞成也得表个态啊！

　　Nǐ bú zànchéng yě děi biǎo ge tài a!

> 당신이 찬성은 하지 않더라도 태도를 보여야지!

③ 我死了也忘不了蒙受这些玷辱。

　　Wǒ sǐle yě wàng bu liǎo méngshòu zhè xiē diànrǔ.

> 나는 죽어도 이러한 모욕을 당한 것을 잊지 못한다.

④ 你跑遍北京城也买不到减肥灵。

　　Nǐ pǎo biàn Běijīng chéng yě mǎi bu dào jiǎnféilíng.

> 당신은 북경을 다 돌아다녀도 减肥灵을 못 산다.

⑤ 别理他，这样的人没理也要强占几分。

　　Bié lǐ tā, zhèyàng de rén méi lǐ yě yào qiángzhàn jǐ fēn.

> 그를 내버려둬. 이런 사람은 이치에 맞지 않아도 억지로 얼마큼은 우긴다.

⑥ 老主任，平时请你也请不来，现在来了，就不能走了。

　　Lǎo zhǔrèn, píngshí qǐng nǐ yě qǐng bù lái, xiànzài lái le, jiù bù néng zǒu le.

> 주임! 평소 당신을 초청해도 오지 않았는데, 지금 왔으니 갈 수 없어요.

② '如果……也……'의 의미를 가진 가정관계를 나타낸다.

① 咱们俩干的不是一行，想也想不到一块儿，说也说不到一块儿。

　Zánmen liǎ gàn de bú shì yì háng, xiǎng yě xiǎng bu dào yíkuàir, shuō yě shuō bu dào yíkuàir.

우리 둘이 하는 것은 같은 업종이 아니다. 생각도 같지 않고, 말하는 것도 같지 않다.

② 忘了也得唱，不能停，记住了吗？

　Wàngle yě děi chàng, bù néng tíng, jì zhù le ma?

잊어먹어도 불러야 하고, 멈추면 안 돼. 알았지?

③ 我们没有事也不会到这儿来打搅。

　Wǒmen méi yǒu shì yě bú huì dào zhèr lái dǎjiǎo.

우리가 일이 없어도 여기에 와서 폐를 끼치지 않을 것이다.

④ 我自己会看病也不来求医了。

　Wǒ zìjǐ huì kàn bìng yě bù lái qiú yī le.

나는 스스로 진단할 수 있으면, 진찰을 받으러 안 온다.

③ '无论……也……'의 의미를 가진 조건관계이다.

① 你说什么也得去。

　Nǐ shuō shénme yě děi qù.

당신이 뭐라고 하던 가야 한다.

② 风多大也要出海。

　Fēng duō dà yě yào chū hǎi.

바람이 아무리 세게 불더라도 바다에 나가야 한다.

③ 妈妈怎么劝也听不进去。

　Māma zěnme quàn yě tīng bu jìnqu.

엄마가 어떻게 충고를 하셔도 귀에 들어오지 않는다.

④ 机器出问题了，怎么修也不转了。

　Jīqì chū wèntí le, zěnme xiū yě bù zhuǎn le.

기계에 문제가 생겨서 아무리 고쳐 봐도 작동되지 않는다.

④ '虽然……，但是……' 혹은 '就是 / 即使……，也……'의 뜻으로 전환관계이거나 양보관계이다.

① 你经验多也不能粗心大意。

　Nǐ jīngyàn duō yě bù néng cū xīn dà yì.

너는 경험이 많더라도 세심하게 주의해야한다.

② 他身体不好也没耽误了工作。

　Tā shēntǐ bù hǎo yě méi dānwule gōngzuò.

그는 몸이 좋지 않았지만 일에 지장을 주지 않았다.

③ 法官来了也解决不了你我之间的矛盾。

　Fǎguān láile yě jiějué bu liǎo nǐ wǒ zhījiān de máodùn.

법관이 오더라도 너와 나 사이의 모순을 해결할 수 없다.

④ 去过也可以再去一趟看看，这么多年总会有变化。

　Qùguo yě kěyǐ zài qù yí tàng kànkan, zhème duō nián zǒng huì yǒu biànhuà.

가보았더라도 한 번 더 가 보자. 이렇게 많은 세월동안 어쨌든 변화가 생겼을 것이다.

⑤ 这件事与我们没关系也应该关心关心。

　　Zhè jiàn shì yǔ wǒmen méi guānxi yě yīnggāi guānxīn guānxīn.

이번 일이 우리와 관계
가 없더라도 관심을 좀
가져야 한다.

③ '又'로 연결된 경우

⑴ '虽然……, 但是……'의 의미를 갖는 전환관계를 나타낸다.

① 他心碎了，怕看又不能不看。

　　Tā xīn suì le, pà kàn yòu bù néng bú kàn.

보기가 두려웠지만 안
볼 수도 없어서 마음이
대단히 아팠다.

② 刚才我话到舌尖又咽回去了

　　Gāngcái wǒ huà dào shéjiān yòu yān huíqu le.

방금 내 말이 혀끝까지
나왔지만 다시 속으로
삼켰다.

③ 老钟看见王林，想说什么又忍住了。

　　Lǎo Zhōng kàn jiàn Wáng Lín, xiǎng shuō shénme yòu rěnzhù le.

老钟은 王林을 보고 뭐
라고 말하고 싶었지만
참았다.

④ 当时瑞娟好象要说不去又没说出来。

　　Dāngshí Ruìjuān hǎoxiàng yào shuō bú qù yòu méi shuō chūlai.

당시에 瑞娟은 가지 않
겠다고 말을 하려 했지
만 말을 꺼내지 않는 것
같았다.

⑤ 方立想要又不好意思开口。

　　Fāng Lì xiǎng yào yòu bù hǎo yìsi kāi kǒu.

方立는 하고 싶어 하지
만 말을 꺼내기를 쑥스
러워 한다.

⑵ '如果(说)……'의 의미를 갖는 가정관계를 나타낸다.

① 我家小胖胖吃又能吃，睡又能睡，没有什么病。

　　Wǒ jiā xiǎo pàngpang chī yòu néng chī, shuì yòu néng shuì, méi yǒu shénme bìng.

우리 집 통통이는 먹는
것도 잘 먹고, 잠도 잘
자서 아무런 병이 없다.

② 这种旅行袋背又好背，提又好提，买一个吧。

　　Zhè zhǒng lǚxíngdài bēi yòu hǎo bēi, tí yòu hǎo tí, mǎi yí ge ba.

이 여행가방은 짊어지
기도 좋고 손으로 들기
도 좋으니 하나 사자.

③ 大刘跑又跑得快，跳又跳得高，为什么不参加运动会？

　　Dà Liú pǎo yòu pǎo de kuài, tiào yòu tiào de gāo, wèishénme bù cānjiā yùndònghuì?

大刘는 달리는 것도 빠
르고, 뛰는 것도 높이
뛰는데 왜 운동회에 참
가하지 않지?

④ 这些事在信里写又写不清楚，还是面谈吧。

　　Zhè xiē shì zài xìn lǐ xiě yòu xiě bù qīngchu, háishi miàn tán ba.

이런 일은 편지에 쓰기
도 명확하게 쓸 수 없으
니, 그래도 만나서 이야
기하자.

⑤ 这么远的路，骑车又不会骑，走路又走不动，还是不去的好。

　　Zhème yuǎn de lù, qí chē yòu bú huì qí, zǒu lù yòu zǒu bu dòng, háishi bú qù de hǎo.

이렇게 먼 길은 자전거
도 탈 수 없고 걸을 수
도 없으니 가지 않는 것
이 좋겠다.

③ '即使……'의 의미를 갖는 양보관계를 나타낸다.

① 这群歹徒! 烧了房子又能吓住谁?

Zhè qún dǎitú! Shāole fángzi yòu néng xiàzhù shéi?

② 我就不说又能把我怎么样?

Wǒ jiù bù shuō yòu néng bǎ wǒ zěnmeyàng?

③ 你比别人都能干又有什么了不起的?

Nǐ bǐ biérén dōu néng gàn yòu yǒu shénme liǎobuqǐ de?

④ 隔壁有人又怎么样?

Gébì yǒurén yòu zěnmeyàng?

④ '还'로 연결된 경우

① '虽然……, 但是还……'의 의미를 가진 전환관계를 표현한다.

① 老伯伯头发都白了还练基本功呢。

Lǎo bóbo tóufa dōu bái le hái liàn jīběngōng ne.

② 他们失败了还要干。

Tāmen shībài le hái yào gàn.

③ 这孩子饱了还想吃。

Zhè háizi bǎo le hái xiǎng chī.

④ 祥子冻得穿着棉袄还不住得挫着手。

Xiángzǐ dòng de chuānzhe mián'ǎo hái bú zhù de cuòzhe shǒu.

② '即使……' 혹은 '就是……'의 의미를 가진 양보관계를 표현한다.

① 你这个人真是! 打狗还得看得主人呢!

Nǐ zhè ge rén zhēn shì! dǎ gǒu hái děi kàn de zhǔrén ne!

② 您真抠门, 买个小孩玩意还得块八毛呢! 给这么几个钱……

Nín zhēn kōu mén, mǎi ge xiǎohái wányì hái děi kuài bā máo ne! gěi zhème jǐ ge qián……

③ 你别小看这个工作, 你想干还不让你干呢。

Nǐ bié xiǎokàn zhè ge gōngzuò, nǐ xiǎng gàn hái bú ràng nǐ gàn ne.

④ 嗯, 你不让我去, 下次请我去还不去了。

Ńg, nǐ bú ràng wǒ qù, xià cì qǐng wǒ qù hái bú qù le.

③ '如果……'의 의미를 지닌 가정관계를 나타낸다.

① 我不信任你还告诉你这事。

　　Wǒ bú xìnrèn nǐ hái gàosu nǐ zhè shì.

② 我们要不开车厂子，你们想拉车还没地儿拉呢。

　　Wǒmen yào bù kāi chē chǎngzi, nǐmen xiǎng lā chē hái méi dìr lā ne.

③ 我懂还来问你?

　　Wǒ dǒng hái lái wèn nǐ?

④ 有意见还不提? 用得着你来问。

　　Yǒu yìjiàn hái bù tí? Yòng de zháo nǐ lái wèn.

내가 당신을 신임하지 않지만 당신에게 이 일을 알려준다.

우리가 만일 인력거 회사를 영업하지 않으면, 너희들 인력거를 몰고 싶어도 몰 방법이 없어.

내가 안다면 네게 와서 묻겠니?

의견이 있으면 말하지 않겠어? 네가 물어볼 필요 없어.

⑤ '再'로 연결된 경우

'如果……'의 의미를 지닌 가정관계를 나타낸다.

① 有意见以后再提, 现在不是时候。
　　Yǒu yìjiàn yǐhòu zài tí, xiànzài bú shì shíhou.

② 我看就这么办吧，出了问题再研究。
　　Wǒ kàn jiù zhème bàn ba, chūle wèntí zài yánjiū.

③ 计划就这样吧，他不同意再改。
　　Jìhuà jiù zhèyàng ba, tā bù tóngyì zài gǎi.

의견이 있다면 다음에 말하세요. 지금은 때가 아닙니다.

내가 보기엔, 이렇게 하고, 문제가 생기면 다시 연구합시다.

계획은 이러한데, 그가 동의하지 않는다면 다시 바꿀 것이다.

⑥ '才'로 연결된 경우

'只有……, 才……'의 의미를 지닌 조건관계를 나타낸다.

① 坚持到底才能胜利。
　　Jiānchí dàodǐ cái néng shènglì.

② 果子熟了才能摘。
　　Guǒzi shú le cái néng zhāi.

③ 站得高才能看得远。
　　Zhàn de gāo cái néng kàn de yuǎn.

끝까지 계속 해나가야만 승리할 수 있다.

과일은 익어야만 딸 수 있다.

높은 서있어야만 멀리 볼 수 있다.

⑦ '都'로 연결된 경우

① '就是……'혹은 '即使……' 의 의미를 지닌 양보관계를 나타낸다.

① 你走都走不稳，还想跑。

　　Nǐ zǒu dōu zǒu bu wěn, hái xiǎng pǎo.

② 老人生气了，看都没看一眼，接过去就撕了。

　　Lǎorén shēng qì le, kàn dōu méi kàn yì yǎn, jiē guòqu jiù sī le.

③ 那天，他来我家，坐都没坐一会儿就匆忙地走了。

　　Nà tiān, tā lái wǒ jiā, zuò dōu méi zuò yíhuìr jiù cōngmáng de zǒu le.

④ 王欢喝水都长肉，他胖的发愁。

　　Wáng Huān hē shuǐ dōu zhǎng ròu, tā pàng de fā chóu.

② '无论……都……'의 의미를 지닌 조건관계를 나타낸다.

① 谁看见她都喜欢得不得了。

　　Shéi kàn jiàn tā dōu xǐhuan de bù dé liǎo.

② 走吧，走吧，跟他说啥都白搭唾沫。

　　Zǒu ba, zǒu ba, gēn tā shuō shá dōu báidā tuòmo.

③ 那天来参加婚礼的人,谁看见新郎新娘都多看两眼。

　　Nà tiān lái cānjiā hūnlǐ de rén, shéi kànjiàn xīnláng xīnniáng dōu duō kàn liǎng yǎn.

④ 前门我已经开开了,什么时候想跑都可以跑掉。

　　Qiánmén wǒ yǐjīng kāikāi le, shénme shíhou xiǎng pǎo dōu kěyǐ pǎo diào.

⑧ '却'로 연결된 경우

'虽然……, 但是……'의 의미를 지닌 전환관계를 나타낸다.

① 三姑娘有才却不外露。

　　Sān gūniang yǒu cái què bú wài lù.

② 这个戏情节简单却引人深思。

　　Zhè ge xì qíngjié jiǎndān què yǐnrén shēnsī.

③ 喜旺看见了却只装没看见。

　　Xǐ Wàng kànjiànle quèzhǐ zhuāng méi kànjiàn.

3 접속어를 사용하지 않는 축약문

접속어를 사용하지 않는 축약문도 상당히 많이 있다.

① 干吧! 出了问题找我。

Gàn ba! Chūle wèntí zhǎo wǒ.

해봐! 문제가 생기면 나를 찾아.

② 你身子骨又弱, 工作又累, 病倒了怎么办?

Nǐ shēnzigǔ yòu ruò, gōngzuò yòu lèi, bìng dǎo le zěnmebàn?

너는 몸도 약하고 일도 피곤한데 병나 누우면 어떻게 해?

③ 猜错了可挨罚。

Cāi cuò le kě ái fá.

알아맞히지 못 했으니 벌을 받아야지.

④ 不同意别勉强。

Bù tóngyì bié miǎnqiǎng.

동의하지 않는다고 강요하지는 마라.

⑤ 老师教的单词我学几个忘几个。

Lǎoshī jiāo de dāncí wǒ xué jǐ ge wàng jǐ ge.

선생님이 가르치는 단어는 내가 배우는 만큼 잊어 먹는다.

⑥ 我老孙头有啥说啥。

Wǒ Lǎo Sūntóu yǒu shá shuō shá.

나 老孙은 무엇이든 말한다.

⑦ 这事儿你看着办, 该怎办怎办。

Zhè shìr nǐ kànzhe bàn, gāi zěn bàn zěn bàn.

이 일은 네가 알아서 해라. 해야 하는 방식대로 해라.

⑧ 你们该吃吃, 该玩玩该干什么干什么, 别客气。

Nǐmen gāi chīchi, gāi wánwan gāi gàn shénme gàn shénme, bié kèqi.

너희들 좀 먹어야지. 할 것 하고. 체면 차릴 필요 없어.

⑨ 咱们哪, 还是干什么说什么, 卖什么吆喝什么。

Zámen na, háishi gàn shénme shuō shénme, mài shénme yāo he shénme.

우리들은 할 것만 말한다, 팔 것만 외친다.

⑩ 钱? 钱是我的, 我爱给谁给谁。

Qián? Qián shì wǒ de, wǒ ài gěi shéi gěi shéi.

돈? 돈은 내거야. 나는 누구든 주고 싶은 사람에게 준다.

⑪ 这孩子站没站相, 坐没坐相, 磕头也没有磕头相。

Zhè háizi zhàn méi zhàn xiàng, zuò méi zuò xiàng, kē tóu yě méi yǒu kē tóu xiàng.

이 아이는 제대로 서 있는 것도 아니고, 제대로 앉아 있는 것도 아니고, 제대로 인사하는 것도 아니다.

4 접속사가 있는 축약문

축약이 철저하게 이루어지지 않은 축약문이 있다. 그러나 접속사를 사용하므로, 두 술어의 관계는 비교적 명확하다.

① 要是他不同意怎么办?

　　Yàoshi tā bù tóngyì zěnme bàn?

② 我因为等你才没去。

　　Wǒ yīnwèi děng nǐ cái méi qù.

만약 그가 동의하지 않으면 어쩌지?

내가 너를 기다렸기 때문에 가지 않았다.

　　이제까지 축약문의 주요 유형을 간략히 열거했다 접속어는 모두 여러 가지 의미관계를 나타내기 때문에 축약문이 도대체 어떤 의미를 나타내는지는 상하문이나 언어 환경을 보고 결정해야 한다. 축약문이 상하문과 언어 환경에 대한 의존도는 일반 문장보다 훨씬 강하다.

　　축약문은 단어를 적게 사용하지만, 함의가 풍부하며, 생동적이고 간략 명료하여 구어에서 많이 쓰인다.

参考文献

施关淦　　用"一……就(便)……"关联的句子,汉语学习,1985年第5期。

汪志远　　口语式"X就X"研究,武汉大学学报,1993年第3期。

邢福义　　"越X,越Y"句式,中国语文,1985年第3期。

俞敦雨　　"爱X不X"式的分析,汉语学习,1982年第2期。

张中行、唐磊　　谈谈紧缩句,中学语文教学,1984年第1期。

一. 다음 문장을 접속어를 사용하여 의미관계를 분명하게 표현하시오.

1. 八点钟不上来车就不等了。
2. 人来齐了才开演呢。
3. 你想参加就报名。
4. 他有多大的困难也不愿麻烦别人。
5. 不了解情况不要乱说。
6. 有票才能进去。
7. 路再远也得去。
8. 你哭也不让你去。
9. 我自己有办法还来求你？
10. 他吃了多少药也不见好。
11. 不让去就不去，以后请我也不去了。
12. 你的劲儿再大也搬不动这么大的石头。
13. 有了真本事才能为人民服务。
14. 你不说我也知道。
15. 你非来不可，这儿需要你。
16. 他向来不问不说。
17. 这是大家举手通过的，你不同意也得照办。
18. 你爱来不来，你来欢迎，你不来也不缺你。
19. 这种技术不努力学不会。
20. 你再有学问也不可能什么都知道。
21. 他一感冒就发烧。
22. 条件再好不努力也学不好。
23. 没事情就不来找你了。
24. 能来就来，不能来就打个电话。
25. 坏就坏了，再买一个新的吧。
26. 深挖才能见水。
27. 怎么劝他也不听。
28. 知道就说知道，不知道就说不知道。
29. 人来齐了才发票。
30. 再不抓紧可要完不成任务了。

二. 다음 문장을 축약문으로 바꾸시오.

　1. 要是你不想看，就把电视给关上吧。
　2. 你既然不同意，就不要举手。
　3. 我不让他去，他一定要去。('非……不可'를 쓰시오)
　4. 我想了多少次他家的地址，还是想不起来。
　5. 我宁愿饿死，也不替敌人做事。
　6. 你们既然已经决定了，就别再犹豫了。
　7. 产品的质量要是不合格，就不能出厂。
　8. 咱们既然决定去，就应该早一定儿去，不要迟到。
　9. 即使题目比这个还难，我也做得出来。
10. 我跟你说的话，你愿意相信就相信，不愿意相信就算了。
11. 要是样子不好看，就不买。
12. 你如果不想去，可以不去。
13. 你只有认真找，才能找出错误来。
14. 即使你比现在还有钱，也不应该浪费。
15. 这是一项紧急任务，你即使不想干，也得干。
16. 既然大家都希望去颐和园，那么咱们就去颐和园吧。
17. 你不是不舒服吗，怎么还来上班？
18. 你无论怎么努力，也赶不上他。
19. 他想要说什么，可是又没说。
20. 只要大家齐心，就能把工作做好。

제 4 장

텍스트

우리가 말을 할 때, 일반적으로 단어 하나만을 사용하지는 않고, 문장 하나만을 말하지도 않는다. 여러 개의 문장을 연결하여 말하는 것이 일상적인 담화이다. 담화에서는 완전한 의미를 나타내는 가장 작은 단위가 문장이고, 문장보다 더 큰 단위는 문단과 텍스트다.

문단은 앞뒤로 연속되는 여러 개의 문장으로 이루어져서 하나의 문단은 전체 의미가 조화롭고 통일되게 된다.

텍스트는 여러 개의 문단으로 구성되고, 하나의 텍스트는 하나의 완전한 언어교제과정이다. 예를 들면, 하나의 완전한 대화, 한 편의 글, 한 수의 시, 하나의 광고, 하나의 설명서 등이 모두 텍스트가 될 수 있다.

중국어를 말할 때, 하나의 연속된 담화에서 문장의 구조, 배열은 텍스트의 영향을 크게 받는다. 많은 어법문제들, 예를 들면, '把'자문, '被'자문, 주제-진술문, 시태조사 '了'등은 문장의 범위를 벗어나야 설명할 수 있는 경우가 많다. 텍스트연구는 언어연구에서 하나의 독립된 영역이다. 본 절은 대외 중국어교육문법과 관련된 텍스트에 관한 내용만 소개한다.

제 1 절

정보, 주제, 초점

사람들이 언어를 사용하여 교제를 할 때, 문장은 내용이 있고, 정보를 담고 있다. 문장은 통사구조도 갖고 정보구조도 갖고 있다.

 ## 구 정보와 신 정보

말을 할 때, 화자와 청자 간에는 정보교류가 끊임없이 진행된다. 정보는 두 종으로 나누어진다. 하나는 이미 알고 있는 정보이며, 다른 하나는 새로운 정보이다. 중국어 문장의 정보구조는 이미 알고 있는 정보가 앞에 오며, 새로운 정보는 뒤에 온다.

소위 이미 알고 있는 정보와 새로운 정보의 구분은 청자나 독자가 언어 성분이 갖는 정보를 어느 정도 알고 있는지에 대해서 화자가 판단한다. 만일 청자가 어떤 정보에 대해서 모르고 있다고 생각하면, 화자는 이러한 정보를 새로운 정보로 삼아 상대방에게 전달하게 된다. 신 정보는 신지정보라고 부르기도 한다. 새로운 정보가 아닌 정보는 이미 알고 있는 정보이므로 구 정보라고 부른다.

소위 이미 알고 있는 정보는 상하문과 담화맥락에서 이미 제공된 정보이다. 상하문에 의해서 어떤 정보가 이미 알고 있는 것인지를 판단할 수 있다.

① A : 我上个月去了一趟雅鲁藏布大峡谷。

　　 Wǒ shàng ge yuè qùle yí tàng Yǎlǔzàngbù dàxiágǔ.

　 B : 那个地方我也去过，非常雄伟壮观。

　　 Nà ge dìfang wǒ yě qùguo, fēicháng xióngwěi zhuàng-guān.

나는 지난달 브라마푸트라 대협곡에 한번 갔다.

그 곳에는 나도 간 적이 있는데 굉장히 웅장하고 장관이었다.

'雅鲁藏布大峡谷'은 첫 문장에서 언급되어, 두 번째 문장에서는 구 정보가 되어서, 문두에 '那个地方'으로 출현했다.

② 昨天我买了一本刚刚出版的新书。那本书很有意思，回来以后我一口气把它看完了。

　 Zuótiān wǒ mǎile yì běn gānggāng chūbǎn de xīn shū. Nà běn shū hěn yǒu yìsi, huílai yǐhòu wǒ yìkǒuqì bǎ tā kàn wán le.

어제 나는 막 출판된 새 책을 한 권 샀다. 그 책이 재미있어서, 돌아온 후에 단숨에 그것을 다 읽었다.

'一本书'는 첫째 문장에서 출현하여, 구정보가 되었다. 가장 뒷 절에서 그것은 '看完'의 뒤에 출현하지 않았고, '把'자의 뒤에 쓰였다.

담화맥락은 담화시의 주위의 상황을 포함한다.

① (在商店里)这件衣服你喜欢吗？['这件衣服'는 이미 알고 있는 정보]

　 (Zài shāngdiàn lǐ) Zhè jiàn yīfu nǐ xǐhuan ma?

② 请你把桌子上那本词典递给我。['桌子上那本词典'은 이미 알고 있는 정보]

　 Qǐng nǐ bǎ zhuōzi shàng nà běn cídiǎn dì gěi wǒ.

(상점에서) 이 옷을 당신은 좋아합니까?

테이블 위에 있는 사전을 내게 주시겠습니까?

사람들이 생활 중의 사물에 대해서 공통적으로 인식하고 있는 것도 이미 알고 있는 정보이다. 예를 들면, 일반적으로 사람들은 매일 세 끼의 밥을 먹는 것, 학생들이 수업을 하고, 리포트를 쓰고, 시험을 보고, 성적을 받는 일, 선생님이 수업을 하고, 과제를 수정해주고, 시험 문제를 출제하는 일, 집을 나와서 비행기, 기차를 타고 여행하는 일, 표를 사고, 여관에 묵는 일, 영화나 연극, 경기를 보기 위해서 표를 사는 일 등이 모두 그러하다.

대화를 하는 쌍방이 서로에 대해서 이해하고 있는 것도 이미 알고 있는 정보이다. 예를 들면, 상대방 집에 '小白'라고 부르는 강아지가 한 마리 있다면, 상대방을 만나서 '小白怎么样'이라고 물을 수 있다.

이미알고 있는 정보는 종교 신앙, 사회행위방식, 사회문화 및 자연에 대한 지식 등도 포함한다. 예를 들면, 대중교통, 서쪽 작은 마을의 교회, 유명한 학교, 달, 태양, 사회에 대한 정보 및 기타 사람들이 공동으로 알고 있는 사물 등을 모두 포함할 수 있다.

1 주제

주제는 진술대상이며, 진술은 주제에 대한 설명이다. 구조적으로 주제는 한 문장의 문두에 쓰인 명사성 성분이다. 주제는 반드시 이미 알고 있는 정보이며, 설명은 일반적으로 새로운 정보이다.

① 我姐姐上个月从美国回来了。[주제—我姐姐]

　　Wǒ jiějie shàng ge yuè cóng Měiguó huílai le.

언니는 지난달에 미국에서 돌아왔다.

② 这本书我看过了，一点意思也没有，你不要看了。[주제—这本书]

　　Zhè běn shū wǒ kànguo le, yìdiǎn yìsi yě méi yǒu, nǐ búyào kàn le.

이 책은 내가 읽어본 적이 있는데, 전혀 재미가 없으니 너는 보지 말거라.

③ 这个地方只能摆一张床，想再放一个柜子，根本不可能。[주제—这个地方]

　　Zhè ge dìfang zhǐnéng bǎi yì zhāng chuáng, xiǎng zài fàng yí ge guìzi, gēnběn bù kěnéng.

이 곳엔 겨우 침대 하나밖에 놓을 수 없다. 장을 하나 더 놓고 싶어도 전혀 불가능하다.

④ 这本书虽然写完了，可是我还没有做索引呢，你不能拿走。[주제—这本书]

　　Zhè běn shū suīrán xiě wán le, kěshì wǒ hái méiyǒu zuò suǒyǐn ne, nǐ bù néng ná zǒu.

이 책은 비록 다 썼지만, 나는 아직 색인을 만들지 못했으니 네가 가져갈 수 없어.

⑤ 这把刀你别切肉，太钝了，切菜还可以。[주제—这把刀]

　　Zhè bǎ dāo nǐ bié qiē ròu, tài dùn le, qiē cài hái kěyǐ.

이 칼은 네가 고기를 썰지 마라. 너무 무디다. 야채를 써는 것은 그래도 괜찮다.

⑥ 这件事大家都很关心，你处理得好不好关系很大。[주제—这件事]

　　Zhè jiàn shì dàjiā dōu hěn guānxin, nǐ chǔlǐ de hǎo bu hǎo guānxi hěn dà.

이 일에 모두 관심이 많으니, 네가 처리를 잘 하는지 못하는지는 매우 중요하다.

⑦ 婚姻的事，应该让孩子自己做主，都什么年代了！[주제—婚姻的事]

　　Hūnyīn de shì, yīnggāi ràng háizi zìjǐ zuò zhǔ, dōu shénme niándài le!

혼인사는 아이들 자신이 주체가 되도록 해야 한다. 이미 무슨 시대인가?

위 문장들에서 주제를 찾아보면, ①은 행위자 '我姐姐'이고, ②는 대상인 '这本书'이며, ③은 장소인 '这个地方'이고, ⑤는 도구인 '这把刀'이다. ⑥은 계사인 '这本书'가 주제이며 앞에 '关于'나 '对于'를 부가할 수 있으며, ⑦에서도 계사인 '婚姻的事'가 주제이다.

주제는 동사와 행위자, 대상, 도구 등의 의미관계를 가질 수 있다. 주제가 대상일 때 '这本书写完了－写完了这本书'처럼 구조적으로 뒤에서 앞으로 이동하는 것과 같다. 그러나 이와 같은 관계를 갖지 않는 경우도 있는데, 예를 들면 '婚姻的事应该由孩子自己作主'와 같은 문장에서 '婚姻的事'는 '应该由孩子自己作主'의 뒤에 올 수는 없는 것이다.

만일 하나의 문장에 행위자가 출현하고, 또 계사나 장소, 도구, 대상 등의 성분이 출현하고, 행위자와 계사 혹은 행위자와 대상, 지점, 도구 등이 모두 이미 알고 있는 정보이면, 계사, 장소, 도구, 대상은 모두 행위자보다 더 주제가 되기 쉽다.

② 주제와 주어

주어는 문장의 구조와 관련된 개념이며, 주제는 텍스트와 관련된 개념으로 일반적으로 일정한 언어맥락과 상하문이 필요하다. 주어와 주제는 각각 어떤 특징을 가지는가?

① 주어의 특징
  (1) 주어와 술어동사 간의 의미관계는 밀접하다. 예를 들어 술어가 동작동사일 때 주어는 항상 동작의 행위자이다. 술어동사가 관계동사일 경우, 주어는 판단의 대상이고, '被'자문에서 주어는 동작의 대상이다.
  (2) 주어 앞에는 개사가 없다.

② 주제의 특징
  (1) 주제는 보통 문두에 위치하고, 대부분 명사성성분인 경우가 많다. 주제 뒤에는 휴지가 올 수 있고, 어기조사 '啊', '吧', '吗', '呢'등이 올 수 있다.

  (2) 주제는 이미 알고 있는 정보이다.

  (3) 주제를 주어보다 술어동사와의 의미관계가 더 소원하다. 앞에서 언급했듯이 동작의 대상, 도구, 장소나 기타 관련 사물이 주제로 쓰인다.

① '巴扎' 是维语, 汉语是 '集市' 的意思。
   'Bāzhā' shì Wéiyǔ, Hànyǔ 'shì jíshì' de yìsi.

'巴扎'는 위구르 말이며, 중국어로는 '集市'라는 뜻이다.

위 문장에서 '巴扎'는 주제이고, 둘째 절과 의미관계가 멀다.

② 看书写文章, 他都在晚上。
   Kàn shū xiě wénzhāng, tā dōu zài wǎnshang.

책을 보고 글을 쓰는 것은, 그는 모두 밤에 한다.

③ 吃饭, 我喜欢西餐。
   Chī fàn, wǒ xǐhuan xīcān.

식사는 나는 양식을 좋아한다.

(4) 주제의 의미범위는 하나의 단락내의 여러 문장에 미칠 수 있다.

① 这本书我看过了，没有意思，你不要买。

  Zhè běn shū wǒ kànguò le, méi yǒu yìsi, nǐ búyào mǎi.

이 문장에서 '这本书'는 주제이고, 의미적으로 두 개의 문장을 관할한다. '我'는 첫째 문장의 주어이고, '你'는 둘째 문장의 주어이다.

이미 알고 있는 정보를 제공하는 상하문이나 언어 환경이 없거나, 동작의 행위자만이 이미 알고 있는 정보이거나, 문장 내에 이미 알고 있는 정보가 전혀 없다면, 주어와 주제는 하나가 된다.

① 教师是人类灵魂的工程师。

  Jiàoshī shì rénlèi línghún de gōngchéngshī.

② 我每天早上八点起床，八点半上班。

  Wǒ měitiān zǎoshang bā diǎn qǐ chuáng, bā diǎn bàn shàng bān.

③ 一个穿红衣服的女孩突然站起来向台上走去，引起了全场的人的注意。

  Yí ge chuān hóng yīfu de nǚhái tūrán zhàn qǐlai xiàng tái shàng zǒu qù, yǐnqǐle quánchǎng de rén de zhùyì.

# 3 초점

문장 내에서 초점은 새로운 정보의 핵심이다. 화자, 저자, 청자, 독자가 가장 알고 싶어 하거나 주의를 기울이는 부분이며, 문장 내에서 의미적으로 가장 두드러지는 부분이다. 초점은 세 가지가 있다. 자연초점, 대비초점, 주제대비초점이 그것이다.

① 자연초점

자연초점은 일반초점, 중성초점이라고도 부른다. 앞에서 말했듯이, 중국어 문장의 정보구조는 이미 알고 있는 정보가 앞에 오고 새로운 정보가 뒤에 온다. 자연초점은 새로운 초점의 핵심으로, 통상 문미에 위치한다. 즉, 문미의 실사는 통상 자연초점이 된다. 자연초점의 형식표지는 문장의 자연강세이다.

① 我明天要去'上海。

  Wǒ míngtiān yào qù Shànghǎi.

② 今天的功课我都做'完了。

  Jīntiān de gōngkè wǒ dōu zuò wán le.

③ 这封信请你交给′小马。

　　Zhè fēng xìn qǐng nǐ jiāo gěi Xiǎo Mǎ.

④ 我写字写得很′慢。

　　Wǒ xiě zì xiě de hěn màn.

⑤ 把书放在′桌子上。

　　Bǎ shū fàng zài zhuōzi shàng.

⑥ 他今天早睡到′十点。

　　Tā jīntiān zǎo shuì dào shí diǎn.

⑦ 姐姐刚才买了′三件衣服。

　　Jiějie gāngcái mǎile sān jiàn yīfu.

⑧ 他′轻轻地把书′放下了。

　　Tā qīngqīng de bǎ shū fàng xià le.

이 편지를 小马에게 좀 건네주십시오.

나는 글씨를 매우 느리게 쓴다.

책을 탁자위에 올려놓아라.

나는 오늘 아침에 열시까지 잤다.

언니는 방금 옷 세 벌을 샀다.

그는 책을 살며시 내려놓았다.

중국어에서 수식어는 일반적으로 쉽게 자연초점이 된다. 예를 들어, 예문 ⑦의 ‘三件’, 예문 ⑧의 ‘轻轻的’가 그에 해당한다.

　자연초점이 의문문에 대답할 경우, 초점에 대해서만 대답할 수 있다.

① 你明天要去′哪儿?

　　Nǐ míngtiān yào qù nǎr?

　　上海。

　　Shànghǎi.

내일 너는 어디에 가려하니?

상해.

② 今天的功课你都做′完了吗?

　　Jīntiān de gōngkè nǐ dōu zuò wán le ma?

　　(做)完了。

　　Zuò wán le.

오늘의 숙제는 다 했니?

다했어.

③ 那封信你交给′谁了?

　　Nà fēng xìn nǐ jiāo gěi shéi le?

　　小马。

　　Xiǎo Mǎ.

그 편지를 누구에게 주었니?

小马에게

④ 你写字写得′快不快?

　　Nǐ xiě zì xiě de kuài bu kuài?

　　不快。

　　Bú kuài.

너는 글씨를 빨리 쓰니?

빠르지 않아.

⑤ 把书放在′哪儿?

   Bǎ shū fàng zài nǎr?

  桌子上。

   Zhuōzi shàng.

⑥ 他今天早上睡到′什么时候?

   Tā jīntiān zǎoshang shuì dào shénme shíhou?

  十点。

   Shí diǎn.

⑦ 姐姐刚才买了′几件衣服?

   Jiějie gāngcái mǎile jǐ jiàn yīfu?

  三件(衣服)。

   Sān jiàn (yīfu).

⑧ 他把书′放下了吗?

   Tā bǎ shū fàng xià le ma?

  放下了。

   Fàng xià le.

⑤ 책을 어디에 놓았니?

탁자 위에.

⑥ 그는 오늘 아침 언제까지 잤니?

열시.

⑦ 언니는 방금 옷을 몇 벌 샀어?

세 벌.

⑧ 그는 책을 내려놓았니?

내려놓았어.

② 대비초점

대비초점은 청자 혹은 청자와 화자가 모두 알고 있는 어떤 내용을 대비해서 표현하는 초점으로, 화자가 특히 강조하는 내용이다. 대비초점도 강세가 놓인다. 그러나 대비초점과 자연초점은 공존할 수 없다. 즉, 대비초점이 있으면, 자연초점은 자동적으로 소실된다.

A : 小李明天去上海，是不是?

   Xiǎo Lǐ míngtiān qù Shànghǎi, shì bu shì?

B : 不，他′后天去(上海)。['小李明天去上海'가 아님]

   Bù, tā hòutiān qù Shànghǎi.

小李는 내일 上海에 가지?

아니, 모레 가.

허사를 제외하면, 문장 중의 모든 성분은 대비초점이 될 수 있다.

′我们班昨天来了一位男老师。['别的班'이 아님]

Wǒmen bān zuótiān láile yí wèi nán lǎoshī.

我们班′昨天来了一位男老师。['今天', '明天'이 아님]

我们班昨天′来了一位男老师。['走了一位老师'가 아님]

우리 반에 어제 남선생님이 한 분 오셨다.

우리 반에 어제 남선생님이 한 분 오셨다.

우리 반에 어제 남선생님이 한 분 오셨다.

我们班昨天来了′一位男老师。['两位', '三位'이 아님]

我们班昨天来了一位′男老师。['来了一位女老师'가 아님]

우리 반에 어제 남선생
님 한분이 오셨다.

우리 반에 어제 남선생
님 한분이 오셨다.

대비초점을 나타내는 형식표지가 있는데, 그 중 하나는 강세를 두지 않는 '是'이다.

① 我是′救你，不是′害你。

　　Wǒ shì jiù nǐ, bú shì hài nǐ.

나는 너를 구하려 한 것이지, 너를 해하려 한 것이 아니다.

② 是′我救了你，不是′他。

　　Shì wǒ jiùle nǐ, bú shì tā.

내가 너를 구한 것이지, 그가 아니다.

③ 他是′明天来，不是′今天。

　　Tā shì míngtiān lái, bú shì jīntiān.

그는 내일 오지, 오늘이 아니다.

다른 하나는 '是……的' 문에 쓰이는 '是'이다(제4편 제3장 참조). '是……的'문에서 술어동사는 이미 알고 있는 정보이다. 초점표지 '是' 뒤의 성분은 화자가 전달하고자 하는 새로운 정보로서 초점이 된다. 강세는 '是' 뒤의 단어에 놓이고, '是'는 생략할 수 있다.

① 你是′什么时候来的?

　　Nǐ shì shénme shíhou lái de?

너는 언제 온 것이니?

② 我是′坐飞机去的。

　　Wǒ shì zuò fēijī qù de.

나는 비행기를 타고 간 것이다.

③ 你是′跟谁一起来的?

　　Nǐ shì gēn shéi yìqǐ lái de?

당신은 누구와 함께 온 것이니?

④ 这双鞋我是′在欧洲买的。

　　Zhè shuāng xié wǒ shì zài Ōuzhōu mǎi de.

이 신발은 내가 유럽에서 산 것이다.

대비초점을 포함하는 의문문에 대답할 경우 초점에 대해서만 대답할 수 있다.

① A：我问你，我这样做是′救你还是′害你?

　　　Wǒ wèn nǐ, wǒ zhèyàng zuò shì jiù nǐ háishi hài nǐ?

물어볼게. 내가 이렇게 하는 것이 너를 돕는 것이니, 해하는 것이니?

　　B：救我。

　　　Jiù wǒ

나를 돕는 것이지.

② A：是′谁救了她?

　　　Shì shéi jiù le tā?

누가 그녀를 구했지?

　　B：她男朋友。

　　　Tā nán péngyou.

그녀 남자친구가.

③ A：你是′什么时候来的?

    Nǐ shì shénme shíhou lái de?

  B：昨天。

    Zuótiān.

너는 언제 왔니?

어제.

④ A：你是′怎么来的?

    Nǐ shì zěnme lái de?

  B：坐飞机。

    Zuò fēijī.

당신은 어떻게 왔니?

비행기로.

⑤ A：你们班昨天来了一位男老师, 是吗?

    Nǐmen bān zuótiān láile yí wèi nán lǎoshī, shì ma?

  B：不, 是′今天。

    Bù, shì jīntiān.

너희 반은 어제 남자 선생님이 한 분 오셨지?

아니, 오늘인데.

⑥ A：听说你哥昨天给你寄来很多钱?

    Tīngshuō nǐ gē zuótiān gěi nǐ jì lái hěn duō qián?

  B：不, 是我′姐姐寄了一些钱。

    Bù, shì wǒ jiějie jìle yìxiē qián.

네 형이 어제 네게 돈을 많이 보내 왔다면서?

아니, 우리 언니가 돈을 좀 보냈어.

예문 ⑤, ⑥에서처럼, 부정대답을 할 경우, 일반적으로 '是'를 부가하며, 때로는 술어의 다른 성분도 부가한다. 이는 의문문에 대비초점이 없고, 대답하는 문장이 의문문의 어떤 성분에 대한 대비초점을 갖고 있어서, 어느 성분이 대비초점인지 나타내기 위한 것이다.

③ 주제대비초점

일반적인 상황에서는 이미 알고 있는 주제는 초점이 되기 힘들다. 그러나 대비성을 갖는 문장에서 주제는 초점이 된다. 자주 볼 수 있는 것으로 다음 몇 가지 종류가 있다.

① '주어＋대상성분＋……, 대상성분＋……'의 대비형식을 사용하는 문장

일반적으로 동작의 대상이 만일 새로운 정보를 나타내면 동사의 뒤에 와야 한다. 만일 이미 알고 있는 정보를 나타내면 문두에 주제로 쓰여야 한다. 그렇지 않으면 문장이 성립하지 않는다.

① 我认识老李。

    Wǒ rènshi lǎo Lǐ.

  老李我认识。

    Lǎo Lǐ wǒ rènshi.

나는 老李를 안다.

老李, 난 그를 알아.

위 예문의 의미를 나타내기 위해서는 '我老李认识'라고 말할 수는 없고, 이는 대비되는 문장에서만 가능하다. 이 때 강세는 대상성분에 놓인다.

② 我'老李认识, '老张不认识。

    Wǒ lǎo Lǐ rènshi, lǎo Zhāng bú rènshi.

③ 我'鸡不吃了, 拿走吧, '鱼还吃。

    Wǒ jī bù chī le, ná zǒu ba, yú hái chī.

④ 玛丽'北京去过, '上海没去过。

    Mǎlì Běijīng qùguo, Shànghǎi méi qùguo.

이러한 문장이 대상이나 장소 명사를 행위자명사의 뒤에 놓는 것은 행위자명사가 주제이면서 주어로서 의미적으로 뒤의 두 절을 관할하고, 대상명사나 장소명사는 두 번째 주제, 즉 대비주제가 되기 때문이다.

② '连……也/都……' 형식

'连……也/都……' 형식에서 '连' 뒤에 대비주제가 오며, 강세가 놓인다.

① 这么容易的字连'一年级小学生都认识, 你这个'大学教授怎么会不认识呢?

    Zhème róngyì de zì lián yì nián jí xiǎoxuéshēng dōu rènshi, nǐ zhè ge dàxué jiàoshòu zěnmeo huì bú rènshi ne?

② A : 你去过很多国家吧?

    Nǐ qùguo hěn duō guójiā ba?

  B : 哪里, 我连'北京城都没出去过。

    Nǎli, wǒ lián Běijīng chéng dōu méi chūqùguo.

③ A : 约翰的中文怎么样?

    Yuēhàn de Zhōngwén zěnmeyàng?

  B : 相当好, 他连≪红楼梦≫都能看了。

    Xiāngdāng hǎo, tā lián ≪Hónglóumèng≫ dōu néng kàn le.

④ A : 我今天请客, 老张敢吃生鱼片吗?

    Wǒ jīntiān qǐng kè, Lǎo Zhāng gǎn chī shēngyúpiàn ma?

  B : 他呀, 连'生老鼠都敢吃。

    Tā ya, lián shēng lǎoshǔ dōu gǎn chī.

'连'자 뒤에 오는 명사는 언급된 것 중에서 가장 극단적인 것 하나를 나타낸다. 예를 들면, 가장 좋거나 가장 나쁜 것, 가장 총명하거나 가장 어리석은 것, 가장 쉽거나 가장 어려운 것 등이 그에 해당한다. '连……也/都……'형식의 의미는 가장 극단적인 상황도 그러하니, 일반적인 상황은 말할 필요도 없다는 것이다. 예문 ①에서 화자가 말하려는 것은 '这个汉字'가 쉬우며, 쉬운 정도가 일반적으로 생각하기에 가장 어린 '一年级的小学生'도 안다는 것이다. 함의는 다른 사람은 말할 필요도 없으니, 대학교수는 더 문제가 되지 않는다는 것이다 예문 ②에서 '没出过北京城'란 표현으로 '我'가 간 곳이 정말 적다는 것을 나타낸다. 예문 ③은 '能看≪红樓梦≫'란 표현으로 한 외국인의 중국어 실력이 아주 뛰어남을 설명하고 있다. 예문 ④는 일반인이 감히 먹지 못하는 '生老鼠'를 먹는 다는 사실로 '他'가 무엇이든 다 먹는 것을 설명한다.

'连……'는 문두에 쓰일 수도 있다.

②′ A : 你去过很多国家吧?

　　　Nǐ qùguo hěn duō guójiā ba?

　 B : 哪里, 连′北京城我都没出去过。

　　　Nǎli, lián Běijīng chéng wǒ dōu méi chūqùguo.

너 여러 나라에 가봤지?

아니, 북경성조차도 나는 가보지 않았어.

③′ A : 约翰的中文怎么样?

　　　Yuēhàn de Zhōngwén zěnmeyàng?

　 B : 相当好, 连′≪红楼梦≫他都能看了。

　　　Xiāngdāng hǎo, lián ≪Hónglóumèng≫ tā dōu néng kàn le.

约翰의 중국어는 어떠니?

상당히 좋아. ≪红楼梦≫도 그는 볼 수 있어.

④′ A : 我今天请客, 老张敢吃生鱼片吗?

　　　Wǒ jīntiān qǐng kè, Lǎo Zhāng gǎn chī shēngyúpiàn ma?

　 B : 没问题, 连′生老鼠他都敢吃。

　　　Méi wèntí, lián shēng lǎoshǔ tā dōu gǎn chī.

내가 오늘 살게. 老张은 생선회를 먹니?

문제없어, 쥐고기조차도 그는 먹어.

'连……也/都……' 형식에서 동사성 성분이 대비초점이 되기도 한다.

① 她的男朋友给她买了一本书, 她连′看都没看就扔到一边去了。

Tā de nán péngyou gěi tā mǎile yì běn shū, tā lián kàn dōu méi kàn jiù rēng dào yìbiān qù le.

그녀의 남자친구가 그녀에게 책 한 권을 사주었는데, 그녀는 읽지도 않고 한쪽으로 던져다.

② 他把一件穿过好长时间的衣服, 从脏衣服堆里翻出来, 连′洗都没洗, 就穿上作客去了。

Tā bǎ yí jiàn chuānguo hǎo cháng shíjiān de yīfu, cóng zāng yīfu duī lǐ fān chūlai, lián xǐ dōu méi xǐ, jiù chuān shàng zuò kè qù le.

그는 아주 오랫동안 입었던 옷 한 벌을 더러운 옷 무더기에서 뒤져내어서, 빨지도 않은 채 입고서 손님으로 갔다.

③ 客人进来以后, 他连′头也不抬, 只是努努嘴, 示意叫他坐下。

Kèrén jìnlai yǐhou, tā lián tóu yě bù tái, zhǐshì nǔnu zuǐ, shì yì jiào tā zuò xià.

손님이 들어온 후 그는 머리조차 들지 않고 단지 입만 좀 삐죽 내밀어 그에게 앉으라고 표시했다.

예문 ③에서 동사 '抬'를 생략했다. 이렇게 사용하는 '连……也/都……' 형식은 모두 마땅히 그렇게 해야 하지만, 어떤 사람은 그렇게 하지 않음을 화자가 표현하려 함이다.

예문 ②에서 '他'가 '作客'한다면, 새로운 옷을 입지 않아도 깨끗한 옷을 입는 것이 상식이지만, '他'는 "把一件穿过好长时间的衣服，从脏衣服堆里翻出来，没洗，就穿上作客去了。"란 행위를 한 것이다.

'连……也/都……' 형식에서 '连'도 생략할 수 있다. 강세는 바뀌지 않고 여전히 화제대비초점에 놓인다.

① 这么容易的字'一年级小学生都认识，你这个'大学教授怎么会不认识呢？

　Zhème róngyì de zì yì niánjí xiǎoxuéshēng dōu rènshi, nǐ zhè ge dàxué jiàoshòu zěnme huì bú rènshi ne?

이렇게 쉬운 글자는 초등학교 1학년학생도 아는데, 대학교수인 당신이 어떻게 모르겠어요?

② A：你去过很多国家吧？

　Nǐ qùguo hěn duō guójiā ba?

너는 많은 나라들을 가봤지?

　B：哪里，我'北京城都没出去过。

　Nǎli, wǒ Běijīng chéng dōu méi chūquguo.

아니, 난 북경도 벗어나지 못했는데.

③ A：约翰的中文怎么样？

　Yuēhàn de Zhōngwén zěnmeyàng?

约翰의 중국어는 어떠니?

　B：相当好，他'≪红楼梦≫都能看了。

　Xiāngdāng hǎo, ≪Hónglóumèng≫ dōu néng kàn le.

상당히 좋아. 그는 ≪红楼梦≫도 볼 수 있어.

④ 她的男朋友给她买了一本书，她'看都没看就扔到一边去了。

　Tā de nán péngyou gěi tā mǎile yì běn shū, tā kàn dōu méi kàn jiù rēng dào yìbiān qù le.

그녀의 남자친구가 그녀에게 책 한 권을 사주었는데, 그녀는 읽지도 않고 한쪽으로 던졌다.

③ 의문대명사의 임의지칭

의문대사의 임의지칭 용법도 주제대비초점을 나타낸다.

① 这儿的人，我'谁都不认识。

　Zhèr de rén, wǒ shéi dōu bú rènshi.

여기 있는 사람들은, 나는 아무도 모른다.

② 他这个人见多识广，'哪儿都去过。

　Tā zhè ge rén jiàn duō shí guǎng, nǎr dōu qùguo.

그 사람은 식견이 넓어서, 어디든 다 가 보았다.

③ 我现在还不饿，'什么都不想吃。

　Wǒ xiànzài hái bú è, shénme dōu bù xiǎng chī.

나는 지금 아직 배가 고프지 않아서 어떤 것도 먹고 싶지 않다.

이러한 의문대사는 일반적으로 행위자의 앞으로 이동할 수도 있다.

①' 这儿的人，'谁我都不认识。

　Zhèr de rén, shéi wǒ dōu bú rènshi.

여기 있는 사람들은, 나는 아무도 모른다.

②′ 他这个人见多识广，'哪儿他都去过。

    Tā zhè ge rén jiàn duō shí guǎng, nǎr tā dōu qùguo.

그 사람은 식견이 넓어서, 어디든 다 가보았다.

③′ 我现在还不饿，'什么我都不想吃。

    Wǒ xiànzài hái bú è, shénme wǒ dōu bù xiǎng chī.

나는 지금 아직 배가 고프지 않아서 어떤 것도 먹고 싶지 않다.

그러나 의문대사를 동사의 뒤로 이동할 수는 없다.

①″ *这儿的人我不认识'谁。

②″ *他这个人见多识广，去过'哪儿。

③″ *我现在还不饿，不想吃'什么。［의미가 의문대사의 임의지칭과 다름］

4 '一……也/都不'도 주제대비초점을 나타낸다.

① 这些书他'一本都不喜欢。

    Zhè xiē shū tā yì běn dōu bù xǐhuan.

이러한 책들은 그는 한 권도 좋아하지 않는다.

② 那儿'一户人家都没有，不太安全。

    Nàr yì hù rénjia dōu méi yǒu, bú tài ānquán.

거기에는 인가가 한 채도 없어서 별로 안전하지 않다.

③ 这件事跟你'一点关系也没有，你着什么急？

    Zhè jiàn shì gēn nǐ yìdiǎn guānxi yě méi yǒu, nǐ zháo shénme jí?

이 일은 너와 조금도 관련이 없는데, 너는 무엇을 조급해하니?

④ 你不必担心，我们'一点困难都没有。

    Nǐ búbì dānxīn, wǒmen yìdiǎn kùnnan dōu méi yǒu.

너는 걱정할 필요 없어. 우리는 조금도 어려움이 없어.

이러한 문장에서 '一+명사'는 동사의 뒤로 이동할 수 없다.

만일 주제대비초점이 있으면, 질문에 대답할 때 술어는 생략할 수 없다.

① A : 你连这么简单的问题都不会回答吗？

    Nǐ lián zhème jiǎndān de wèntí dōu bú huì huídá ma?

너는 이렇게 간단한 문제도 대답할 수 없니?

   B : 对，（连这么简单的问题也）不会回答。

    Duì, (lián zhème jiǎndān de wèntí yě) bú huì huídá.

맞아. (이렇게 간단한 문제도) 대답할 수 없어.

② A : 你飞机票和旅行用的箱子都买好了吗？

    Nǐ fēijīpiào hé lǚxíng yòng de xiāngzi dōu mǎi hǎo le ma?

너는 비행기표와 여행용 트렁크를 모두 샀니?

   B : 我飞机票买了，箱子还没买。

    Wǒ fēijīpiào mǎi le, xiāngzi hái méi mǎi.

나는 비행기표는 샀는데, 트렁크는 아직 안 샀어.

③ A : 这件事跟你有关系吗？

    Zhè jiàn shì gēn nǐ yǒu guānxi ma?

이 일은 너와 관련이 있니?

B : 一点关系也没有。

　　　Yìdiǎn guānxi yě méi yǒu.

④ A : 你都去过哪些国家？

　　　Nǐ dōu qùguo nǎ xiē guójiā?

B : 哪个国家我也没去过，我就没出过北京城。

　　　Nǎ ge guójiā wǒ yě méi qùguo, wǒ jiù méi chūguo Běijīng
　　　chéng.

조금도 관련이 없어.

너는 어느 나라에 가 봤
니?

어떤 나라도 나는 가보
지 못했어. 난 북경을
벗어나본 적이 없어.

제 2 절

텍스트의 연결

> 담화에서 하나하나 연결되어 문단을 이루는 문장은 앞뒤가 관련되어 있고 독립적이거나 무관할 수는 없다. 문장이 어떻게 연결되는가? 문장을 연결하는 수단은 많다. 그 중 중요하고 형식이 명확한 것을 몇 가지 소개한다.

 **단어의 대체와 생략**

　　문장과 문장을 연결한 후에는 특별한 수사적 요구가 아니면 일반적으로 하나의 단어를 중복해서 사용하지 않는다.

　　첫째 문장에서 화제나 주어가 있을 경우, 만일 뒤 문장에서 주제나 주어가 변하지 않을 경우는 뒤의 문장은 대사를 사용해서 주어나 주제를 대체할 수도 있고, 주어나 주제를 생략할 수도 있다.

① 潘文石先生在中科院动物所的研究成果发表后不久就公开发表反对意见，他希望预防一种负面情况的出现：如果公众因此对熊猫保护产生误解，漠视熊猫野外生存环境的保护，那将是对熊猫最大的威胁。

　　Pān Wénshí xiānsheng zài zhōngkēyuàn dòngwùsuǒ de yánjiū chéngguǒ fābiǎo hòu bù jiǔ jiù gōngkāi fābiǎo fǎnduì yìjiàn, tā xīwàng yùfáng yì zhǒng fùmiàn qíngkuàng de chūxiàn : rúguǒ gōngzhòng yīncǐ duì xióngmāo bǎohù chǎnshēng wùjiě, mòshì xióngmāo yěwài shēngcún huánjìng de bǎohù, nà jiāng shì duì xióngmāo zuì dà de wēixié.

潘文石 선생은 중국 과학원 동물연구소에서 연구 성과를 발표한 후 얼마 지나지 않아 반대의견을 공개적으로 발표하였다. 그는 부정적 상황의 출현을 예방하기를 바랐다. 즉, 만일 대중이 이로 인하여 판다 곰의 보호에 대해서 오해를 하고, 판다 곰 야외생존 환경의 보호를 경시한다면, 그것은 장차 판다 곰에 대한 최대의 위협일 것이라고 한 것이다.

　　이 문장의 주어는 첫째 절의 '潘文石先生'이고, 둘째 절에서 그것을 대사 '他'로 대체했다. 만일 둘째 문장에서 여전히 '潘文石先生'을 쓰면, 이 두 개의 절은 독립적이며 관련이 없는 두 개의 문장이 된다.

② 白如信得意非凡，（白如信)兴致勃勃地赶回结构车间。他没有
回办公室，（白如信)直接一到了现场。焊接已经结束，但焊工
们一个个都有点垂头丧气，连平时闲话最多的刘民也躲到一
边，（刘民)像被人割去了舌头。白如信觉得情况不妙，他奔到
焊好的大轴跟前。

*Bái Rúxìn déyì fēifán, (Bái Rúxìn) xìng zhì bó bó de gǎn huí
jiégòu chējiān. Tā méi yǒu huí bàngōngshì, (Bái Rúxìn) zhíjiē yí
dàole xiànchǎng. Hànjiē yǐjīng jiéshù, dàn hàngōngmen ye gè
gè dōu yǒudiǎn chuí tóu sàng qì, lián píngshí xiánhuà zuì duō
de Liú Mín yě duǒ dào yìbiān, (Liú Mín) xiàng bèi rén gēqùle
shétou. Bái Rúxìn juéde qíngkuàng búmiào, tā bèn dào hàn
hǎo de dàzhòu gēnqián.*

白如信은 대단히 득의양양하여 （白如信은) 흥미진진하게 구조물작업장으로 급히 돌아왔다. 그는 사무실로 돌아오지 않고 직접 현장으로 갔다. 용접은 이미 끝났지만 용접공들은 제각기 모두 약간 의기소침했고, 평소에 잡담이 가장 많은 刘民도 한쪽으로 피하여, （刘民은) 마치 혀를 잘린 것 같았다. 白如信은 상황이 이상하다고 느끼고 용접이 끝난 큰 축 옆으로 달려갔다.

이 단락에서 첫째 문단의 주어는 '白如信'이고, 둘째 절은 이 주어를 생략했다. 다음 문장에서 다시 이 사람을 언급할 때는 대사 '他'를 사용했다. 다음 절에서는 또 '白如信'을 생략했다. 중간에 주제가 바뀌었다. 그 다음 절에서 '白如信'을 언급할 때는 이미 앞의 '白如信'과 거리가 멀어졌고, 중간에 또 '刘民'을 언급했었기 때문에, 만일 '他'를 쓰거나 생략을 하게 되면, 가리키는 대상이 불명확해지므로, '白如信'이 다시 출현한 것이다. 그 다음 절은 대사 '他'를 사용했는데, 이 '他'는 생략할 수도 있다. 그러나 이 문장은 뒤의 동사가 앞의 동작에 바로 이어지는 것이 명확하므로 '就'나 '赶紧'을 부가하는 것이 좋다. 예를 들면, '就奔到焊好的大轴跟前'이나 '赶紧奔到焊好的大轴跟前'이라고 말하는 것이다. 이렇게 고치면, 원래의 문장보다 연결이 더 자연스러워진다.

주제나 주어를 대체하거나 생략할 때는, 일반적으로 원형단어(주어나 주제 등)에서 가까워질수록 생략하기 더 적절하다. 좀 멀어지면, 대사를 사용하고, 멀어서 청자나 독자가 원형에 대한 인상이 모호해지게 되면, 원형을 중복하게 된다.

 텍스트의 기타 연결수단

텍스트 연결수단은 모두 문두에 놓인다. 주로 아래의 몇 가지 종류가 있다.

① 주제 연접

주제로 뒤 문장을 앞 문장에 연결한다.

① 编辑部到了。这是一座北方城市常见的旧四合院，（编辑部)据
说当年是一位绸缎资本家的偏房的住宅。

*Biānjíbù dào le。zhè shì yí zuò běifāng chéngshì chángjiàn de
jiù sìhéyuàn, (biānjíbù) jùshuō dāngnián shì yí wèi chóuduàn
zīběnjiā de piānfáng de zhùzhái.*

편집부에 도착했습니다. 이것은 북방도시에 자주 보이는 오래된 四合院으로, （편집부는) 해당 연도에는 한 견직물자본가의 첩의 주택이었다고 합니다.

이 문장에서 이미 알고 있는 정보 '编辑部'는 주제이며, 뒤 문장을 앞 문장과 연결시키고, '这'도 뒤 문장을 앞 문장에 연결시키고 있다.

② A : 明明，妈妈新买的花瓶呢?

　　　Míngming, māma xīn mǎi de huāpíng ne?

　B : 花瓶被猫咪打破了。

　　　Huāpíng bèi māomī dǎ pò le.

'被'자문의 주어도 주제로서 텍스트연결 기능을 갖는다. 여기서 '把'자문을 사용하지 않고 '被'자문을 사용한 것은 말하고 있는 대상인 '花瓶'을 문두에 놓아야 하기 때문이다. 게다가 '花瓶'은 뒤의 문장을 앞의 문장에 연결시킨다.

　A : 谁把花瓶打破了?

　　　Shéi bǎ huāpíng dǎ pò le?

　B : 猫咪把花瓶打破了。

　　　Māomī bǎ huāpíng dǎ pò le.

여기서 텍스트연결 작용을 하는 것은 '猫咪'이다.

2 시간사, 장소사, 부사의 연결

제3편 '부사어'에서 언급했듯이, 어떤 부사어는 주어의 앞에 놓일 수도 있고, 주어의 뒤에 놓일 수도 있다. 이러한 부사어는 상하문이 없이 쓰이는 자연스러운 단문에서는 주어의 뒤에 놓이지만, 연속되는 담화에서는 문장 연결을 위해서 주제(또는 주어)의 앞에 놓일 수도 있다.

서술체의 문장에서 서술하는 동작행위나 사건은 시간, 공간적으로 전개, 발전하는 것이므로, 문장도 시간사, 장소사로 잘 연결된다. 또한, 시과 어기를 나타내는 부사도 연접 작용을 할 수 있다.

① 那天夜里他终于听见了隔壁母亲发出的鼾声，但他却失眠了。他靠在床上吸了好几支烟，出神地倾听着那低柔的呼吸的声响。后来他悄悄取过纸笔，在黑暗中嚓嚓写了起来。

Nà tiān yè lǐ tā zhōngyú tīngjiànle gébì mǔqīn fāchū de hānshēng, dàn tā què shī mián le. Tā kào zài chuáng shàng xǐle hǎo jǐ zhī yān, chūshén de qīngtīngzhe nà dīróu de hūxī de shēngxiǎng. Hòulái tā qiāoqiāo qǔguo zhǐbǐ, zài hēi'àn zhōng cācā xiěle qǐlai.

② 复印技术的发明，难以找到一个确切的时间。本世纪初，文件
图纸的复印主要是通过两种方法来实现：一种是蓝图法，一种
是重氮法，二者都是在复印纸表面涂上某种化合物，经过曝光
后获得图像。
之后，复印机几经改良，又出现了可复印彩色文件的复印机等
家庭新成员。复印的精度也逐步提高，甚至复印钞票时竟会'以
假乱真'，以至有时候不得不对复印机的使用加以限制。

Fùyìn jìshù de fāmíng, nányǐ zhǎo dào yí ge quèqiè de shíjiān.
Běn shìjì chū, wénjiàn túzhǐ de fùyìn zhǔyào shì tōngguò liǎng
zhǒng fāngfǎ lái shíxiàn: yì zhǒng shì lántúfǎ, yì zhǒng shì
zhòngdànfǎ, èrzhě dōu shì zài fùyìnzhǐ biǎomiàn tú shàng mǒu
zhǒng huàhéwù, jīngguò bàoguāng hòu huòdé túxiàng.
Zhīhòu, fùyìnjī tóng jǐ jīng gǎiliáng, yòu chūxiànle kě fùyìn cǎisè
wénjiàn de fùyìnjī děng jiātíng xīn chéngyuán. Fùyìn de jīngdù
yě zhúbù tígāo, shènzhì fùyìn chāopiào shí jìng huì 'yǐ jiǎ luàn
zhēn', yǐzhì yǒushíhou bùdébù duì fùyìnjī de shǐyòng jiāyǐ xiànzhì.

예문 ②는 짧은 설명문으로서, 복사기기술의 발전을 설명하고 있다. 두 개의 단락은
시간사로 연결되었다.

③ 他先是在急诊室里，后来又在病房里守着母亲，整整守了四天
四夜。
这四天里，他没有做日语习题，也没有温习地理讲义……

Tā xiānshì zài jízhěnshì lǐ, hòulái yòu zài bìngfáng lǐ shǒuzhe
mǔqīn, zhěngzhěng shǒule sì tiān sì yè.
Zhè sì tiān lǐ, tā méi yǒu zuò Rìyǔ xítí, yě méiyǒu wēnxí dìlǐ jiǎng yì
……

예문 ③의 첫째 단락에서 '他'는 주어이며, 주제이기도 하다. 즉, 주제로 앞의 단락과
연결하고 있으며, 시간사는 연결작용을 하지 않는다. 둘째 절은 시간어구 '这四天里'
를 써서 위 단락과 연결하였다.

④ 他们进了工厂区。两侧高耸的烟囱吐着团团浓云，路上拥挤着
穿工作服的人群。

Tāmen jìnle gōngchǎngqū. Liǎngcè gāosǒng de yāncōng
tǔzhe tuántuán nóngyún, lù shàng yōngjǐzhe chuān gōngzuòfú
de rénqún.

이 단락은 '两侧'과 장소사 '路上'을 사용해서 연결하고 있다.

⑤ 大学毕业十五年以后，有一天，我来到了母校。在那里，我看
望了曾经教过我的老师，留校任教的同学，还去凭吊园中的古
塔、假山，仿佛又回到了那难忘的岁月。

Dàxué bìyè shí wǔ nián yǐhòu, yǒu yī tiān, wǒ láidàole mǔxiào.
zài nàli, wǒ kànwàngle céngjīng jiāoguo wǒ de lǎoshī, liú xiào
rènjiāo de tóngxué, hái qù píng diàoyuán zhōng de gǔtǎ、
jiǎshān, fǎngfú yòu huídàole nà nánwàng de suìyuè.

이 단락은 먼저 시간사 '大学毕业十五年后, 有一天'으로 연결하고, 다음으로는 장소
어구 '在那里'로 연결하였다.

대학을 졸업한지 15년이 지나, 어느 날 모교를 찾았다. 거기에서 나는 이전에 나를 가르쳤던 선생님, 학교에 남아 교편을 잡고 있는 동창을 만나고, 또 정원 안의 고탑과 인조산을 둘러보며 회상하니, 잊을 수 없는 그 세월로 다시 돌아온 듯 하였다.

⑥ 好像后来妈妈吃的时候落泪了，他回忆着，当然我现在不会落
泪。

Hǎoxiàng hòulái māma chī de shíhou luò lèi le, tā huíyìzhe,
dāngrán wǒ xiànzài bú huì luò lèi.

이 단락은 '当然'으로 연결하였다.

그 후에 어머니가 식사를 하실 때 눈물을 흘리셨던 것 같다고 그는 기억하고 있었다. 물론 나는 지금 눈물을 흘리지는 않는다.

⑦ 永定河没有屈服，它不像你，原来，你完全配不上这些北方的
河。

Yǒngdìnghé méi yǒu qūfú, tā bú xiàng nǐ, yuánlái, nǐ wánquán
pèi bu shàng zhèxiē běifāng de hé.

이 단락은 어기부사 '原来'로 연결하였다.

永定河은 굴복하지 않았다, 너와는 달리. 알고 보니, 너는 이런 북방의 강과는 완전히 어울리지 않는다.

⑧ (明白了，这恐怕是今天的中心议题，连忙采取推挡术：
"不敢当，我们的庙小，容不下大菩萨。"
"你们的庙也不小呀，就看庙主的眼力。")
幸亏那三套鸭帮了忙，当它被拆开以后，人们便顾不上说话
了，因为嘴巴的两种功能是不便于同时使用的。

(Míngbáile, zhè kǒngpà shì jīntiān de zhōngxīn yìtí, liánmáng
cǎiqǔ tuīdǎngshù :
"Bù gǎn dāng, wǒmen de miào xiǎo, róng bu xià dà púsà."
"Nǐmen de miào yě bù xiǎo ya, jiù kàn miàozhǔ de yǎnlì.")
Xìngkuī nà sān tào yā bāng le máng, dāng tā bèi chāikāi
yǐhòu, rénmen biàn gù bu shàng shuō huà le, yīnwèi zuǐba de
liǎng zhǒng gōngnéng shì bú biànyú tóngshí shǐyòng de.

이 단락에서는 어기부사 '幸亏'로 연결했다.

(알았어. 이것이 오늘의 중심의제인 것 같다. 얼른 막는 술책을 써서 말하기를,
"무슨 말씀을, 우리 절은 작아서 큰 보살을 받아들일 수 없습니다."
"당신들 절은 작지도 않아요. 절 주지의 안목을 봐야죠.")
다행히도 세 세트의 오리요리가 도왔다. 그것들이 찢겨진 다음에는, 사람들이 말할 틈이 없었다. 왜냐하면 입의 두 가지 기능은 동시에 사용하기 쉽지 않기 때문이다.

⑨ 你们为什么不让我们去？难道男同志能做到的事，我们女同志
做不到吗？

당신들 왜 우리를 못 가게 한거죠? 설마 남성 동지들이 할 수 있는 일

Nǐmen wèishénme bú ràng wǒmen qù? Nándào nán tóngzhì néng zuò dào de shì, wǒmen nǚ tóngzhì zuò bu dào ma?

이 단락에서는 어기부사 '难道'로 연결했다.

만일 시간사, 장소사, 어기부사가 접속기능을 하지 않으면 주제나 주어가 되는 어구의 뒤에 놓인다.

① A : 你怎么看起来很疲劳?

　　　Nǐ zěnme kàn qǐlai hěn píláo?

　B : 我昨天晚上没睡好觉，不知为什么，昨天我同屋打鼾的声音特别大。

　　　Wǒ zuótiān wǎnshang méi shuì hǎo jiào, bù zhī wèishénme, zuótiān wǒ tóngwū dǎhān de shēngyīn tèbié dà.

② A : 你昨天丢的钱找到了吗?

　　　Nǐ zuótiān diū de qián zhǎo dào le ma?

　B : 我柜子、抽屉、提包、衣服兜都翻遍了，哪儿也没有。

　　　Wǒ guìzi、chōuti、tíbāo、yīfudōu dōu fānbiàn le, nǎr yě méi yǒu.

③ 你原来躲在这儿! 难怪我到处找你找不到。

　Nǐ yuánlái duǒ zài zhèr! nánguài wǒ dàochù zhǎo nǐ zhǎo bu dào.

③ 논리관계를 나타내는 성분의 연결

논리관계의 연결을 나타내는 성분은 많다. 접속사는 문장을 연결해서 문단을 만들 수도 있다. 이러한 접속사는 제2편 제8장 및 제5편 제2장 제2절을 참조하기 바란다. 또 다른 연결성분들은 텍스트연결기능을 한다. 즉, 문장을 연결하여 문단을 만들거나 문단을 연결하여 텍스트를 이루는 것이다.

예를 들면, 원인, 상황 등을 나열할 경우, '一, 二, 三……', '第一, 第二, 第三……', '首先, 其次, 再次, 最后' 등을 사용할 수 있다. 몇 가지 상황을 병렬하는 경우는 '与此同时', '一方面……(另)一方面', '与此相应地', '无独有偶' 등을 사용할 수 있다. 진일보된 설명을 하는 경우는 '推而广之', '更有甚者' 등을 사용한다. 부가 설명시에는 '此外', '(再)补充一句', '除此之外' 등을 사용한다. 열거할 때는 '例如', '比如', '比方说', '拿…来说', '以……为例', '就说' 등을 사용한다. 총결을 나타낼 때는 '总之', '总的来说', '总的来看', '总而言之', '概括起来说', '一句话', '一言以蔽之' 등을 사용한다. 대립 상황을 설명할 때에는 '与词相反', '反过来(说)' 등을 사용한다. 대비를 할 때에는 '相比之下', '比较起来', '相形之下' 등을 사용한다. 부대적인 내용을 설명할 때에는 '顺便说一下', '附带说一句' 등을 사용한다. 긍정을 나타낼 때는 '是的', '是啊', '真的', '的确',

'确实', '不错' 등을 사용한다. 추론을 할 때는 '由此(看来)', '由此可见', '显然', '显而易见', '毫无疑问', '毋庸讳言' 등을 사용한다. 의외의 상황을 나타낼 때에는 '岂料', '谁知', '没想到' 등을 사용한다. 그 밖에 '换而之', '换句话说', '也就说说', '即', '具体地说' 등이 있다.

4 둘 이상의 술목동사를 연결한다

어떤 술목동사는 몇 개의 문장을 목적어로 갖고, 심지어 몇 개의 어단을 목적어로 취하기도 한다. 이러한 동사는 절을 초월하는 언어성분이라고 부른다.[1) 어떤 어법저작에서는 텍스트관할어구라고 부른다.[2) 이러한 동사는 사실 문장을 연결하는 기능을 한다.

① 조동사

① 你老人家是想当陪房丫头一块儿嫁过去，好成天给人家端砚拿纸啊，还是给人家铺床叠被到了晚上当姨老爷啊？

　　Nǐ lǎorénjia shì xiǎng dāng péifang yātou yíkuàir jià guòqu, hǎo chéngtiān gěi rénjia duānyàn ná zhǐ a, háishi gěi rénjia pūchuáng diébèi dàole wǎnshang dāng yí lǎoyé a?

당신 노인네는 몸종이 되어 함께 시집가서 매일 벼루와 종이를 날라줄 거니? 아니면 남에게 침구를 챙겨주고 밤이 되면 첩 노릇 할 생각이니?

② 감각, 지각, 심리활동, 의지를 나타내는 동사와 동사구.

이러한 동사로는 '看见', '听到', '感到', '觉得', '喜欢', '讨厌', '抱怨', '埋怨', '害怕', '着急', '知道', '晓得', '懂得', '了解', '明白', '人为', '相信', '注意(到)', '舍不得', '担心', '考虑', '同意', '忘(了)', '怀疑', '猜', '打算', '希望', '盼望' 등이 있다.

① 我明白，一个女人岁数一天天的大了，高不成，低不就，人到了三十岁了，父母不在，也没有人做主，孤孤单单，没有一个体己的人，真的有一天，老了，没有人管了，没有孩子，没有亲戚，老，老，老得像……

　　Wǒ míngbái, yí ge nǚrén suìshu yì tiān tiān de dà le, gāo bu chéng, dī bu jiù, rén dàole sānshí suì le, fùmǔ bú zài, yě méi yǒu rén zuò zhǔ, gū gū dān dān, méi yǒu yí ge tǐjǐ de rén, zhēnde yǒu yì tiān, lǎo le, méi yǒu rén guǎn le, méi yǒu háizi, méi yǒu qīnqi, lǎo, lǎo, lǎo de xiàng……

나는 안다. 한 여자의 나이가 하루하루 많아지는데, 마음에 맞으면 이루어지지 않고 마음에 안 차면 하기 싫으니, 사람이 서른이 되면, 부모가 안 계셔서 주관할 사람도 없다. 쓸쓸히 자신을 알아줄 사람도 하나 없이, 정말 어느 날 늙어서 신경 쓰는 사람 없고, 아이도 없고, 친척도 없어서, 늙고 늙어 늙은 것이 마치……

③ 직접목적어나 간접목적어를 갖는 동사

이러한 동사로는 '听说', '说', '讲', '告诉', '打听', '交代', '叫', '喊', '嚷', '骂', '劝',

---

1) 이는 刘月华의 관점을 채택했다. (刘月华<超越分句的语言成分>, 《汉语研究》第一辑, 南开大学出版社, 1986年)

2) 廖秋忠은 둘 이상의 문장을 관할하는 언어성분을 텍스트관할어구라고 불렀다. 그이 텍스트관할어구는 위에서 언급한 텍스트연결수단을 포함한다. (廖秋忠<篇章中的管界问题>, 《中国语文》1987年, 第4期)

‘问’, ‘答应’, ‘回答’, ‘约定’, ‘介绍’, ‘要求’, ‘嘱咐’, ‘允许’, ‘称赞’, ‘夸’, ‘鼓励’, ‘号召’, ‘声明’, ‘说明’, ‘解释’, ‘反映’, ‘决定’, ‘赞成’, ‘商量’, ‘批准’, ‘启发’, ‘说服’, ‘批评’, ‘承认’, ‘提出’, ‘指出’, ‘坦白’, ‘表示’, ‘请示’, ‘保证’, ‘请求’, ‘同志’, ‘广播’, ‘证明’, ‘命令’ 등이 있다.

① 我声明，不要把我算在里面，你们房子买不买，我从来没有想过。

　　Wǒ shēngmíng, búyào bǎ wǒ suàn zài lǐmiàn, nǐmen fángzi mǎi bu mǎi, wǒ cónglái méi yǒu xiǎngguo.

내가 말하건대, 나를 안에 넣어서 생각하지 마. 당신들이 집을 사거나 안 사는 것은, 나는 여태껏 생각해본 적이 없어.

④ 일부 관계동사

　이러한 동사로는 ‘好象’, ‘算’, ‘等于’, ‘是’ 등이 있다.

① 我好像突然发现我喜欢周围的人，觉得活着还是好的，觉得死有一点可怕了。

　　Wǒ hǎoxiàng tūrán fāxiàn wǒ xǐhuan zhōuwéi de rén, juéde huózhe háishi hǎo de, juéde sǐ yǒu yìdiǎn kěpà le.

난 갑자기 알게 되었다. 내가 주위의 사람들을 좋아하고 살아 있다는 것이 좋은 것이고 죽는 것은 좀 두렵다는 것을.

⑤ ‘使得’, ‘免得’, ‘用不着’, ‘支持’, ‘争取’, ‘预备’, ‘准备’, ‘强迫’, ‘发现’, ‘值得’, ‘开始’, ‘继续’ 등의 동사

　그 밖에 텍스트는 어구의 의미에 의해서 연결되기도 한다. 즉, 하나의 문단에서 어구는 동일한 주제를 설명하므로 사용하는 어구의 의미가 서로 연관되는 경우가 많은에, 이러한 어구도 문장을 연결하는 작용을 하는 것이다. 또한, 텍스트의 문장에서 시간단어가 출현하지 않더라도, 그 순서는 동작 사건이 발생하거나 관찰되는 순서, 중요성, 거리의 원근 등에 의해 배열될 수 있다. 이러한 배열 순서도 연결 기능을 한다고 볼 수 있는 것이다.

제 3 절
주－동－목 문장, 주제－진술문, ‘把’자문, ‘被’자문의 선택

　다음 문장을 보자

① 妈妈，妹妹打破了一个杯子。[주－동－목 문장]

　　Māma, mèimei dǎpòle yí ge bēizi.

엄마, 여동생이 컵을 하나 깼어요.

② 妈妈，妹妹把您刚买的杯子打破了。[‘把’자문]

　　Māma, mèimei bǎ nín gāng mǎi de bēizi dǎpò le.

엄마, 여동생이 엄마가 막 사 오신 컵을 깼어요.

③ A：怎么不用妈妈新买的杯子？

    Zěnme búyòng māma xīn mǎi de bēizi?

  B：那个杯子打破了。 [주제-진술문]

    Nà gè bēizi dǎpò le.

④ 妈妈新买的那个杯子叫妹妹打破了。 ['被'자문]

    Māma xīn mǎi de nàge bēizi jiào mèimei dǎpò le.

왜 엄마가 새로 사온 컵을 안 쓰니?

그 컵은 깨졌어.

엄마가 새로 사 오신 그 컵은 동생이 깨버렸어.

이 네 개의 문장은 모두 '妹妹打破了杯子'의 의미를 나타내지만, 네 가지 다른 문형을 사용하고 있다. 이 네 가지 문형이 사용되는 언어 환경과 표현기능이 다르므로, 임의로 바꿔서 사용할 수 없다. 여기서는 주로 텍스트, 문체, 표현기능의 세 가지 측면에서 주-동-빈 문장, 주제-진술 문장, '把'字문, '被'字문을 설명한다.

1 주-동-목 문장

주-동-목 문장은 평서문에 많이 쓰인다.

① 天青和菊豆相对跪坐，中间隔着铺好的天青的被与枕。菊豆穿着当年出嫁的那身衣裳，蒙了红盖头。天青也穿得干干净净，新剃的头皮光亮如月。俩人像拜天地的新郎新娘。

Tiānqīng hé Júdòu xiāngduì guìzuò, zhōngjiān gézhe pū hǎo de Tiānqīng deì bèi yǔ zhěn. Júdòu chuānzhe dāngnián chū jià de nà shēn yīshang, méngle hónggàitou. Tiānqīng yě chuān de gān gān jìng jìng, xīn tì de tóupí guāng liàng rú yuè. Liǎ rén xiàng bài tiāndì de xīnláng xīnniáng.

天青과 菊豆는 마주보며 꿇어 앉아 있고, 중간은 펴놓은 天青의 이불과 베개로 갈려 있다. 菊豆는 당시 출가한 때 그 옷을 입고, 붉은 수건을 쓰고 있었다. 天青도 깨끗하게 옷을 차려입고 새로 이발한 머리는 달처럼 빛나고 있다. 둘은 천지에 절을 하는 신랑과 신부 같다.

② 市面繁华，到处是年货棚和购物的人流。李慧泉慢悠悠地骑着那辆没有车板的旧三轮，车把吊的网兜里装满了食物和酒瓶。他把车停在路边，盯住了书摊上悬着的广告画。

Shìmiàn fánhuá, dàochù shì niánhuòpéng hé gòuwù de rénliú. Lǐ Huìquán mànyōuyōu de qízhe nà liàng méi yǒu chēbǎn de jiù sānlún, chēbǎdiào de wǎngdōu lǐ zhuāngmǎnle shíwù hé jiǔpíng. Tā bǎ chē tíng zài lùbiān, dīngzhùle shūtān shàng xuánzhe de guǎnggàohuà.

시의 면모는 번화했다. 도처가 설날 물건상과 물건 사는 인파였다. 李慧泉은 널빤지도 대지 않은 낡은 삼륜차를 여유 있게 타고 있었는데, 운전대 주머니에는 먹을 것과 술병들이 가득 채워져 있었다. 그는 차를 길가에 세우고는, 책 노점에 걸려 있는 광고그림을 쳐다보았다.

③ 吃完饭后，妹妹洗碗，不小心打破了一个杯子。

Chī wán fàn hòu, mèimei xǐ wǎn, bù xiǎoxīn dǎpòle yí ge bēizi.

식사 후에, 동생이 설거지를 하다가 부주의로 컵을 하나 깼다.

따라서 주-동-빈 문장은 언어 환경의 제약을 크게 받지 않는다. 전체 문장은 이미 알고 있는 정보가 없을 수도 있다. 이러한 문형에서 사용할 수 있는 문체도 가장 다양하다. 소설, 이야기 등의 서술체 문장에서 주-동-빈 문장은 많이 보이며, 묘사, 설명, 논설 등 다양한 어투의 문장에도 많이 쓰인다.

 **주제–진술문**

여기서 다루는 주제–진술문은 동작의 대상, 도구 등이 주제가 되고, 동작자가 주제가 되지 않는 문장을 가리킨다.

주제–진술문에서 주제는 반드시 이미 알고 있는 정보이며, 전체 문장의 새로운 정보는 진술부분에 온다.

① 唐德源：回去跟这几位东家说，今天是福聚德算大账的日子，我脱不开身，明儿一早二掌柜带着钱到各柜上去，一笔了清。常贵，包两只大鸭子，叫福顺先送钱师爷回去。

    Táng Déyuán : Huíqù gēn zhè jǐ wèi dōngjiā shuō, jīntiān shì fújùdé suàn dàzhàng de rìzi, wǒ tuō bu kāi shēn, míngr yìzǎo èrzhǎngguì dàizhe qián dào gè guì shàng qù, yì bǐ liǎo qīng. Chángguì, bāo liǎng zhǐ dàyāzi, jiào fúshùn xiān sòng qián shī é huíqù.

    钱师爷：我谢谢您，鸭子我不带了，拿张鸭票子就得了。

    Qián shīyé : Wǒ xièxie nín, yāzi wǒ bú dài le, ná zhāng yāpiàozi jiù déle.

唐德源이 앞에서 '常贵, 包两只大鸭子, 叫福顺先送钱师傅回去'라고 했으므로, 뒤에서 钱师爷는 '鸭子'를 주제로 삼아서 동작자 '我'의 앞에 놓아 '鸭子我不带了'라고 표현했다.

② 罗大头：(不理)全这样！　这是贪便宜进的病鸭子。掌柜的，这鸭子我不能烤。

    Luódàtóu : (bù lǐ) Quán zhèyàng! zhè shì tān piányi jìn de bìngyāzi. Zhǎngguì de, zhè yāzi wǒ bù néng kǎo.

앞 문장에서 '这是贪便宜进的病鸭子'라 말했으므로, 다음 문장에서 '这鸭子'를 주제로 썼다.

③ A : 我的汽车呢？

    Wǒ de qìchē ne?

  B : (汽车)你妹妹开走了。

    (Qìchē) Nǐ mèimei kāi zǒu le.

④ 马义甫：你这鞋怎么卖呀？

    Nǐ zhè xié zěnme mài ya?

唐德源 : 돌아가서 지주 몇 분에게 말하시기를, 오늘은 福聚德가 대 청산을 하는 날이어서, 나는 빠질 수가 없다. 내일 일찍 부사장이 돈을 가지고 각 점포로 들러서 한 번에 깨끗이 청산한다. 상귀는 큰오리 두 마리를 포장해서, 福顺을 시켜 钱고문을 모시고 가거라.

钱师爷 : 고맙지만, 오리는 가져가지 않겠습니다. 오리거리 영수증을 받으면 됩니다.

(상관 않고) 모두 이러한가! 이건 싸게 들여온 병든 오리잖아. 주인장, 이 오리는 나는 구울 수 없네.

내 차는?

(차는) 네 여동생이 몰고 갔어.

너는 이 신발 어떻게 팔았어?

......

李慧泉(厌倦)：这鞋你拿去穿吧。

    Zhè xié nǐ náqu chuān ba.

이 신발 네가 가져가 신
어라.

또한, 대상·도구 등이 주제가 되는 문장은 대부분 주제가 나타내는 사물에 대해서 상황, 용도 등을 설명한다. 따라서 행위자가 어떤 동작을 하는지를 설명하는 서술성 문장에서는 잘 출현하지 않는다. 주제-진술문은 가끔 청원문에 쓰이기도 하는데, 예문 ④의 두 번째 문장이 그 예이다.

3 '把'자문

제4편 제2장 제6절에서 이미 설명했듯이, 텍스트 측면에서 보면 '把'자문의 목적어 는 일반적으로 이미 알고 있는 정보이다. 표현기능을 보면, '把'자문은 행위자나 책임 자를 부각시킨다. 즉 '把'자문의 문두에는 명사를 꼭 써야 하는 것이다.

① 刘宝铁：(刚欲走再回头,)把屋里和厨房拾掇拾掇，过日子得有
    个过日子的样儿么，对不对？你说我说的对不对？

    *(gāng yù zǒu zài huítóu,) Bǎ wū lǐ hé chúfáng shíduo shíduo,
    guò rìzi děi yǒu ge guò rìzi de yàngr me, duì bu duì? Nǐ shuō wǒ
    shuō de duì bu duì?*

刘宝铁 : (막 떠나려다
가 다시 돌아와서는) 방
과 주방을 좀 정리하고,
생활하는 것도 제대로
해야지? 내 말이 맞지
않아?

이 문장에서 '屋里'와 '厨房'은 이미 알고 있는 정보이다. 일반 가정에 모두 있기 때문 이다. 이 것은 청원문으로서 화자가 '把'자문을 사용하는 것은 '屋里'와 '厨房'이 너무 더럽고 어수선하다고 여기기 때문이다. 주인은 '拾掇'해야 하는 책임이 있다.

② (李慧泉)用舌头舔邮票贴好，又从饭锅里挑出一根面条儿，粘
    信封。披衣来到街上，……他在胡同口把信件扔进了邮筒。

    *(Lǐ Huìquán) Yòng shétou tiǎn yóupiào tiē hǎo, yòu cóng
    fànguō lǐ tiāochū yì gēn miàntiáor, zhān xìnfēng. Pī yī láidào jiē
    shàng, ……tā zài hútòngkǒu bǎ xìnjiàn rēngjìnle yóutǒng.*

혀로 우표를 핥아 붙이
고, 다시 밥솥에서 면발
하나 꺼내서 편지 봉투
를 붙였다. 옷을 걸치고
거리로 나가서, …… 그
는 골목 입구에서 편지
를 우체통에 던져 넣었
다.

두 번째 문장에서 '信'은 이미 알고 있는 정보이다. 전체 문장은 동작자 '他'의 동작을 서술하므로, 자연히 '他'는 생략될 수 없다.

③ 市面繁华，到处是年货棚和购物的人流。李慧泉慢悠悠地骑着
    那辆没有车板的旧三轮，车把吊的网兜里装满了食物和酒瓶。
    他把车停在路边，盯住了书摊上悬着的广告画。

    *Shìmiàn fánhuá, dàochù shì niánhuòpéng hé gòuwù de rénliú.
    Lǐ Huìquán mànyōuyōu de qízhe nà liàng méi yǒu chē bǎn de
    jiù sānlún, chēbǎdiào de wǎngdōu lǐ zhuāngmǎnle shíwù hé*

시의 면모는 번화했다.
도처가 설날 물건상과
물건 사는 인파였다.
李慧泉은 널빤지도 대
지 않은 낡은 삼륜차를
여유 있게 타고 있었는
데, 운전대 주머니에는
먹을 것과 술병들이 가
득 채워져 있었다. 그는

jiǔpíng. Tā bǎ chē tíng zài lùbiān, dīngzhùle shūtān shàng xuánzhe de guǎnggàohuà.

차를 길가에 세우고는, 책 노점에 걸려 있는 광고그림을 쳐다보았다.

이 단락의 세 번째 절에서 '把'자문을 사용한 것은 '把'의 목적어 '车'가 이미 알고 있는 정보이기 때문이다. '他'는 행위자이며 동사 뒤에 '在路边'이라는 장소어구가 있으므로 의미나 구조적으로 '把'자문을 사용할 수밖에 없다.

④ 天青将金山死死卡在炕角，金山面显灰色，双眼突凸。菊豆看看天青，倒突然有了主意。她快步上前，把疲软的金山从鲜花堆中拎起，金山不愿，嘴里呜呜的听不清楚。女人不由分说把金山一路拖到墙边，栽直他精疲力竭的身体。菊豆把脸凑近金山，送他一个微笑。

Tiānqīng jiāng Jīnshān sǐ sǐ kǎ zài kàngjiǎo, Jīnshān miàn xiǎn huīsè, shuāngyǎn tūtū. Júdòu kànkan tiānqīng, dào tūrán yǒu le zhǔyì. Tā kuàibù shàng qián, bǎ píruǎn de jīnshān cóng xiānhuā duī zhōng līnqǐ, Jīnshān bú yuàn, zuǐ lǐ wūwū de tīng bu qīngchu. Nǚrén bùyóufēn shuō bǎ jīnshān yílù tuō dào qiángbiān, zāizhí tā jīng pí lì jié de shēntǐ. Júdòu bǎ liǎn còujìn Jīnshān, sòng tā yí ge wēixiào

天青은 金山을 구들 구석에 꼼짝없이 억류해 두어, 金山은 얼굴이 창백하고, 두 눈은 돌출되었다. 菊豆는 天青을 보니, 갑자기 방법이 생각났다. 그녀는 빠른 걸음으로 걸어와 지쳐있는 金山을 꽃무더기에서 들어올렸으나, 金山은 원하지 않고, 입속에 중얼거렸지만 잘 들리지 않았다. 여인은 다짜고짜로 金山를 담벼락까지 끌고 가서 그의 심신이 쇠약한 몸을 바로 세웠다. 菊豆는 얼굴은 金山 가까이 대어, 그에게 미소를 한 번 보냈다.

이 단락에서 '金山'은 앞 문장에서 이미 출현했으므로, 이미 알고 있는 정보이다. '她快步上前, 把疲软的金山从鲜花堆中拎起'는 '菊豆'가 '金山'에게 무엇을 했는지를 서술하고 있으므로, '菊豆'는 생략할 수 없다.

⑤ A：你怎么了？不舒服？

　　Nǐ zěnme le? Bù shūfu?

　B：嗯，龙虾把肚子吃坏了。

　　Ng, lóngxiā bǎ dùzi chī huài le.

너 왜 그래? 몸이 안 좋니?

응, 대하 먹어서 배탈이 났어.

이 문장에서 '龙虾'는 '肚子坏了'의 '책임자'이므로, 문두에 쓰였다.

　　'把'자문은 평서문 중의 서술문과 청원문을 가장 많이 사용한다. 이는 '把'자문이 동작자나 책임자를 부각시키는 표현기능과 관련이 있는 것이다.

3 '被'자문

　　텍스트 관점으로 보면, '被'자문에서 문두에 오는 대상은 주어이면서 주제이고, 이미 알고 있는 정보이다. 의미적으로 보면, 제4편 제2장 제7절 '被'자문'에서 언급했듯이 '被'자는 당사자가 불쾌한 감정을 갖거나 어떤 것이 결핍된 상황에 쓰인다.

① 金山用一只好手揪住女人的脑袋往地上撞，女人咬牙不叫。撞
了几下,剧烈的疼痛终于挑醒了女人的斗志，女人开始反扑。翻
滚蹬踹，瘫了的金山到底不是女人的对手。金山被重重地搡躺
到板柜角下。

Jīnshān yòng yì zhī hǎoshǒu jiū zhù nǚrén de nǎodài wǎng dì
shàng zhuàng, nǚrén yǎo yá bú jiào. Zhuàngle jǐ xià, jùliè de
téngtòng zhōngyú tiāoxǐngle nǚrén de dòuzhì, nǚrén kāishǐ
fǎnpū. Fāngǔn dēngchuai, tānle de jīnshān dàodǐ bú shì nǚrén
de duìshǒu. Jīnshān bèi chóngchóng de sǎngtǎng dào bǎn-
guìjiǎo xià.

> 金山은 다치지 않은 한 손으로 여인의 머리통을 잡고 땅에 박았다. 여인은 이를 악물고 소리치지 않았다. 몇 번 박고 나니, 극도의 통증은 결국 여인의 투지를 일깨웠고, 여인은 반격하기 시작했다. 구르고 짓밟고, 반신불수인 金山은 도저히 여인의 적수가 아니었다. 金山은 힘껏 카운터 모퉁이 아래로 밀쳐 쓰러졌다.

이 단락에서 맨 마지막 문장 중의 ‘金山’은 주제로서 앞 문장의 ‘瘫了的金山到底不是
女人的对手’와 연결된다. 또한 ‘重重地搡躺到板柜角下’는 ‘金山’이 불쾌한 일을 당했
으므로 ‘被’자문을 사용한 것이다.

② 正房内。金山掐住了天白，整个身子几乎压在孩子身上。门撞
开，赤身的天青飞扑金山拼命撕扯，金山死不撒手。天青卡住
金山喉咙，往炕角拖拉。天白被甩在炕席上，哭出了声音。

Zhèngfáng nèi. Jīnshān qiā zhù le tiānbái, zhěng ge shēnzi jīhū
yā zài háizi shēn shàng. Mén zhuàng kāi, chìshēn de tiānqīng
fēipū jīnshān pīnmìng sīchě, jīnshān sǐ bù sā shǒu. Tiānqīng kǎ
zhù jīnshān hóulóng, wǎng kàngjiǎo tuōlā. Tiānbái bèi shuǎi zài
kàngxí shàng, kū chū le shēngyīn.

> 본채 안. 金山은 天白를 꽉 안아서 온 몸이 거의 아이 몸 위를 눌렀다. 문이 열리자, 알몸의 天青은 金山을 덮쳐 들어 죽을 각오로 떼어 놓았지만, 金山은 절대로 손을 놓지 않았다. 天青은 金山의 목을 조여 온돌 구석으로 끌고 갔다. 天白는 온돌 위에 내던져져 소리 내어 울었다.

③ 妈妈刚刚买的一个花瓶叫弟弟打破了。

Māma gānggāng mǎi de yí ge huāpíng jiào dìdi dǎ pò le.

> 엄마가 방금 사 온 화병은 남동생이 깨버렸다.

예문 ②에서 마지막 문장에서 ‘天白’는 이미 알고 있는 정보로서 주제이다, ‘被甩在炕
席上’도 불쾌하고, 손해를 입는 일이다.

주제-진술문에서 주제가 대상인 경우도 많다.

　　A : 妈妈刚刚买的一个花瓶呢？

　　　　Māma gānggāng mǎi de yí ge huāpíng ne?

　　B : (花瓶)(弟弟)打破了。

　　　　(huāpíng) (dìdi) Dǎ pò le.

> 엄마가 방금 사 온 꽃병 하나는?
>
> 깨졌어.

‘被’, ‘叫’, ‘让’을 사용하는 ‘被’자문과 비교하면, 이러한 주제-진술문은 그다지 행위
자를 강조하지 않는다.

　　문체를 본다면, ‘被’자문은 서술체의 문장에 출현할 수 있지만, 청원문에는 출현할
수 없다. 이 점은 주제-진술문과 다른 점이다.

이제까지 살펴 본 네 가지 문형의 텍스트, 문체특징, 의미기능을 정리하면 다음과 같다.

			주-동-목	주제-진술문	'把'자문	'被'자문
텍스트			상하문에 대한 조건이 없고, 독립성 강함	주제는 구 정보이며, 연결기능 있음	'把'의 목적어는 구 정보지만, 연결기능 없음	주어가 화제가 됨 연결기능 있음
문체	평서문	서술체, 비서술체	서술체, 비서술체	비서술체 (설명체)	평서문에서 서술체 많음	서술체, 비서술체
	의문문		의문문	의문문	의문문	의문문
	청원문		청원문	청원문	청원문	
	감탄문					
의미기능			다기능	진술기능	행위자나 책임자를 부각, 서술기능과 청원기능이 강함	대상이 불쾌하거나 무엇을 잃어버렸음을 나타냄 진술기능이 서술기능보다 강함

제 4 절
형용사의 술어와 관형어 선택

아래 예문은 중국어를 배우는 외국 학생들의 오류 문장이다.

① 我觉得美国孩子有太多的钱和太多的时间，所以他们想做什么就做什么。[미국학생]

Wǒ juéde Měiguó háizi yǒu tài duō de qián hé tài duō de shíjiān, suǒyǐ tāmen xiǎng zuò shénme jiù zuò shénme.

나는 미국 아이들은 너무 많은 시간과 돈이 있어서, 하고 싶은 대로 한다고 생각한다.

② 从这个电影来看，中国人偏向大儿子，父母给他最多的东西。[미국학생]

Cóng zhège diànyǐng láikàn, Zhōngguórén piānxiàng dàérzi, fùmǔ gěi tā zuì duō de dōngxi.

텔레비전을 보면, 중국인들은 장남을 편애해서 부모는 그에게 가장 많은 것을 준다.

③ 老师问不难的问题，我们都会回答。[일본학생]

Lǎoshī wèn bù nán de wèntí, wǒmen dōu huì huídá.

선생님은 어렵지 않은 문제를 물어보셔서 우리는 모두 대답할 수 있었다.

④ 她穿了一件漂亮衣服，我也想买一件。[일본학생]

Tā chuānle yí jiàn piàoliang yīfu, wǒ yě xiǎng mǎi yí jiàn.

그녀는 예쁜 옷을 한 벌 입고 있었는데, 나도 한 벌 사고 싶다.

⑤ 这个节目介绍了五个人，都住在一起，可是每个人都有不同的想法。[미국학생]

Zhè ge jiémù jièshàole wǔ ge rén, dōu zhù zài yìqǐ, kěshì měi ge rén dōu yǒu bùtóngde xiǎngfǎ.

이 프로그램은 다섯 명을 소개했다. 모두 같이 살지만, 각자 다 다른 생각을 갖고 있다.

이 다섯 개의 문장은 모두 여러 개의 절로 나누어 보면, 무엇이 맞지 그른지 판단하기 쉽지 않다. 그러나 두 개 이상의 절의 연결을 보면 이상한 것을 볼 수 있다. 다음과 같이 바꾼다면 자연스런 문장이 될 것이다.

①' 我觉得美国孩子的钱和时间太多了，所以他们想做什么就做什么。

Wǒ juéde Měiguó háizi de qián hé shíjiān tài duō le, suǒyǐ tāmen xiǎng zuò shénme jiù zuò shénme.

나는 미국 아이들은 돈과 시간이 너무 많아서 하고 싶은 대로 한다고 생각한다.

②' 从这个电影来看，中国人偏向大儿子，父母给他的东西最多。

Cóng zhège diànyǐng láikàn, Zhōngguórén piānxiàng dà érzi, fùmǔ gěi tā de dōngxi zuì duō.

텔레비전을 보면, 중국인들은 장남을 편애해서 부모가 그에게 주는 것이 가장 많다.

③' 老师问的问题不难，我们都会回答。

Lǎoshī wèn de wèntí bù nán, wǒmen dōu huì huídá.

선생님께서 물으신 문제는 어렵지 않아서 우리는 다 대답할 수 있었다.

④' 她穿的衣服很漂亮，我也想买一件。

Tā chuān de yīfu hěn piàoliang, wǒ yě xiǎng mǎi yí jiàn.

그녀가 입은 옷은 예뻐서, 나도 한 벌 사고 싶다.

⑤' 这个节目介绍了五个人，都住在一起，可是每个人的想法不同。

Zhège jiémù jièshàole wǔ ge rén, dōu zhù zài yìqǐ, kěshì měi ge rén de xiǎngfǎ bùtóng.

이번 프로그램에서 다섯 명을 소개했다. 모두 같이 살지만, 각자의 생각이 다르다.

바꾸기 전의 문장에서 '太多的', '最多的', '不难的', '漂亮' 등의 형용사성 단어는 모두 관형어의 위치에 왔었다. 수정된 문장에서는 이러한 형용사성 단어가 모두 술어의 위치에 놓였다. 왜 그렇게 해야 하는가?

① 중국어 형용사가 관형어가 될 때의 문장에서의 지위와 작용

'很多', '漂亮' 등은 명사의 앞에 쓰여 묘사성 관형어가 될 수 있다. 그 작용은 중심어가 나타내는 사물의 성질, 상태를 묘사, 설명한다. 중국어에서 형용사가 관형어가 되면 주어의 앞에 나타날 수도 있고, 목적어의 앞에 나타날 수도 있다. 주어의 앞에 출현하여 관형어로 쓰일 경우, 주어는 이미 알고 있는 정보를 나타낸다.

① 这只旧衣柜，又拿来了？

Zhè zhī jiù yīguì, yòu nálai le?

이 낡은 옷장을 또 갖고 왔어?

② 昨天来的那位漂亮姑娘是谁？

Zuótiān lái de nà wèi piàoliang gūniang shì shéi?

어제 온 그 예쁜 아가씨는 누구지?

③ 午饭后，天气更阴沉，更热。低沉沉潮湿的空气，使人异常烦躁。

Wǔfàn hòu, tiānqì gèng yīnchén, gèng rè. dīchénchén cháoshī de kōngqì, shǐ rén yìcháng fánzào.

점심 식사 후, 날씨는 더욱 흐리고 더웠다. 우중충하고 습한 공기는 사람들을 유달리 갑갑하게 만든다.

묘사성 관형어가 목적어의 앞에 나타날 때, 목적어는 새로운 정보를 나타내는 경우
가 많다.

① 我当时小猫般好奇的心里，只是想到了一个幼稚的问题。

　　Wǒ dāngshí xiǎomāo bān hàoqí de xīn lǐ, zhǐshì xiǎngdàole yí ge yòuzhì de wèntí.

나는 당시에 어린 고양이 같은 호기심에 그냥 유치한 질문을 하나 생각했다.

② 我晃晃悠悠地看见两个穿黑衣服的鬼。

　　Wǒ huànghuangyōuyōu de kànjiàn liǎng ge chuān hēi yīfu de guǐ.

나는 검은 옷을 입은 두 귀신을 비틀비틀 거리며 보았다.

③ 触目的是一张旧照片。

　　Chùmù de shì yì zhāng jiù zhàopiàn.

눈에 들어온 것은 낡은 사진 한 장이었다.

④ 我不愿意喝这种苦东西。

　　Wǒ bú yuànyì hē zhè zhǒng kǔ dōngxi.

나는 그렇게 쓴 것을 마시고 싶지 않다.

형용사가 목적어의 관형어로 쓰일 때는 목적어는 새로운 정보를 나타낸다는 것을 알
수 있다.

❷ 중국어의 형용사가 술어가 될 때의 기능

　중국어의 형용사는 직접 술어가 될 수 있다. 술어가 되는 것이 관형어가 되는 것보
다 더 자유롭다.

① 她的衣服衣服朴素，洁净……

　　Tā de yīfu pǔsù, jíjìng……

그녀의 옷은 소박하고, 단정하고……

② 室内陈设华丽……

　　Shìnèi chénshè huálì……

실내의 진열품들은 화려하고……

③ 大灯笼的颜色很蓝也很光洁，伸手就可以摸到。

　　Dàdēnglóng de yánsè hěn lán yě hěn guāngjí, shēn shǒu jiù kěyǐ mōdào.

큰 등의 색깔은 푸르고 광체가 나며, 손을 뻗으면 닿을 수 있다.

④ 这个女孩很可爱。

　　Zhè ge nǚhái hěn kě'ài.

이 여자아이는 정말 귀엽다.

⑤ 春天到了，柳树绿了，河水解冻了。

　　Chūntiān dào le, liǔshù lù le, héshuǐ jiědòng le.

봄이 와서, 버드나무는 녹색으로 변하고, 냇물은 녹아 흐릅니다.

형용사가 술어가 될 때, 주어는 이미 알고 있는 정보인 경우가 많지만(예 ①, ②, ③,
④), 새로운 정보일 수도 있다(예 ⑤). 형용사가 술어가 될 때, 주어에 대해서 새로운
정보를 나타내고, 일반적으로 문미에 와서 의미초점이 된다.

중국어의 형용사는 관형어가 될 수도 있고 술어가 될 수도 있다. 그렇다면 동일한 형용사가 관형어로 쓰인 경우와 술어로 쓰인 경우는 기능적으로 무엇이 다른가? 다음을 비교해보자.

① 我……想到了一个很幼稚的问题。

　　Wǒ……xiǎng dào le yí ge hěn yòuzhì de wèntí.

我……想到的问题很幼稚。

　　Wǒ……xiǎng dào de wèntí hěn yòuzhì.

② 触目的是一张旧照片。

　　Chùmù de shì yì zhāng jiù zhàopiàn.

这张照片很很旧。

　　Zhè zhāng zhàopiàn hěn jiù.

③ 她的衣服朴素，洁净……

　　Tā de yīfu pǔsù, jiéjìng……

她穿着朴素、洁净的衣服。

　　Tā chuānzhe pǔsù、jiéjìng de yīfu.

④ 这个女孩很可爱。

　　Zhè ge nǚhái hěn kě'ài.

我看见了一个很可爱的女孩。

　　Wǒ kànjiànle yí ge hěn kě'ài de nǚhái.

나는 …… 유치한 질문 하나를 생각했다.

내가 …… 생각해낸 질문은 유치하다.

눈에 띄었던 것은 오래된 사진 한 장이었다.

이 사진은 오래되었다.

그녀의 옷은 소박하고, 깨끗하고……

그녀는 소박하고, 깨끗한 옷을 입었습니다.

이 여자아이 참 귀엽다.

나는 귀여운 여자 아이를 한 명 보았다.

형용사가 관형어로 쓰인 문장에서 그 뒤의 명사는 모두 새로운 정보이다. 형사의 작용은 이러한 명사가 나타내는 묘사하는 것이다. 형용사도 새로운 정보의 일부분이지만, 문장의 의미초점은 형용사가 수식하는 명사에 놓인다. 형용사가 술어가 될 때는 새로운 정보를 나타낼 뿐만 아니라 직접 문장의 의미초점이 된다. 그것이 묘사하는 명사가 나타내는 사물은 이미 알고 있는 정보이다. 앞에서 말했듯이 중국어 정보구조의 특징은 신정보가 구 정보의 뒤에 놓이고, 초점은 신 정보의 핵심이 되며, 구 정보의 뒤에 온다는 것이다. 따라서 하나의 명사가 나타내는 것이 이미 알고 있는 정보이고 문장의 의미초점이 아니라면, 신 정보이면서 문장의 의미초점인 형용사가 올 경우, 이 형용사는 해당 명사의 뒤에 놓아야 한다. 즉, 명사를 주어의 위치에 두고 형용사는 술어의 위치에 두는 것인데, 이렇게 하면 앞의 문장은 다음과 같이 된다.

①′ 我觉得美国孩子的钱和时间太多了，所以他们想做什么就做什么。

　　Wǒ juéde Měiguó háizi de qián hé shíjiān tài duō le, suǒyǐ tāmen xiǎng zuò shénme jiù zuò shénme.

나는 미국 아이들은 돈과 시간이 너무 많아서 하고 싶은 대로 한다고 생각한다.

②′ 从这个电影来看，中国人偏向大儿子，父母给他的东西最多。

    Cóng zhège diànyǐng láikàn, Zhōngguórén piānxiàng dà érzi, fùmǔ gěi tā de dōngxi zuì duō.

텔레비전을 보면, 중국인들은 장남을 편애해서 부모가 그에게 주는 것이 가장 많다.

③′ 老师问的问题不难，我们都会回答。

    Lǎoshī wèn de wèntí bù nán, wǒmen dōu huì huídá.

선생님이 물으신 문제는 어렵지 않아서 우리는 다 대답할 수 있었다.

④′ 她穿的衣服很漂亮，我也想买一件。

    Tā chuān de yīfu hěn piàoliang, wǒ yě xiǎng mǎi yí jiàn.

그녀가 입은 옷은 예뻐서, 나도 한 벌 사고 싶다.

⑤′ 这个节目介绍了五个人，都住在一起，可是每个人的想法不同。

    Zhège jiémù jièshào le wǔ ge rén, dōu zhù zài yìqǐ, kěshì měi ge rén de xiǎngfǎ bùtóng.

이번 프로그램에서 다섯 명을 소개했다. 모두 같이 살지만, 각자의 생각이 다르다.

①′에서 '时间', '钱'은 새로운 정보가 아니다. 일반적으로, 사람들은 모두 시간도 있고 돈도 있는 것이다. '太多'는 새로운 정보이며, '他们想做什么就做什么'의 원인이 된다. 따라서 첫째 절의 의미초점인 '太多'를 술어의 위치에 놓아야 하는 것이다. 예 ②′~⑤′의 상황도 마찬가지이다.

    술어로 써야 하는 형용사를 관형어의 위치에 놓는 것은 중국어를 배우는 외국인 학생들이 가장 잘 범하는 오류의 하나이며, 교정하기는 쉽지가 않다. 텍스트 관점에서 이미 알고 있는 정보는 주제의 위치에 놓여야 하고, 초점이 되는 새로운 정보는 술어의 위치에 놓인다고 설명해야 한다.

参考文献

曹逢甫　　主题在汉语中的功能研究——迈向语段分析的第一步,语文出版社,1995年。

崔希亮　　汉语"连"字句的语用分析,中国语文,1995年第3期。

廖秋忠　　现代汉语篇章中的连接成分,中国语文,1986年第6期。

        篇章中的管界问题,中国语文,1984年第4期。

刘丹青、徐烈炯　　焦点与背景、话题及汉语"连"字句,中国语文,1998年第4期。

刘月华　　超越分句的语言成分,汉语研究(一),南开大学出版社,1986年。

一. 적절한 텍스트 연결방식을 사용해서 아래 문장을 연결하시오.

①他的脑子里包容的东西太多。看起来他的头好像比平常的人大了点。
②老师的培养启发重要。学生的钻研苦干也很要紧。
③战争力量的优劣本身，是决定主动或被动的客观基础。战争力量的优劣本身不是
　主动或被动的现实事物。
④这时老周来请他们去吃晚饭。他们都高高兴兴地跟他走了。
⑤这里气候宜人，风景优美。这里有美丽的海滩。这里夏天游人很多。
⑥我看见前边围着很多人。我不知出了什么事。我走了过去。

二. 빈칸에 적절한 연결 어구를 써 넣으시오.

　　①清代学者称"追惟仲尼闻望之隆，则在门籍"，孔子______首开私学整修古籍、
收徒讲学______成"万世师表"。博学多才的孔子是他那个时代名闻遐迩的通才。孔子
______不仅属于中国，______属于世界。______了解他的学说的人，不分时代、地
域、阶级，______曾从中汲取过思想营养。______古籍整理______，______他之后两
千多年______，许多学者以此为终身事业，如司马迁、刘向刘歆父子、郑玄，______
清代乾嘉诸贤，______成为当时博古通今的卓然大家。
　　______，______学术分工的日趋细密，古籍整理更变为专门之学。专事其职的
今日古籍整理研究者们深谙历史，______，______遭轻视，______仍持有正大仪容，
肃然胸襟。他们深信今之学者欲读书稽古于千百年之后，没有古籍整理者的远绍旁
搜，广征博取，无以存国学之梗概，窥中华文化之大略。______有关传统文化的种种
研究，无不得益于古籍整理者所提供的原始文献资料。（因此、也、在……方面、
在……内、都、由于、虽、但、因为、而、都、以致于、因此、因为、而今、凡是）
　　②______我们______面临编纂《中华大典》的极好机遇，______存在各种困难，
______编纂出版经费尚有很大缺口。______，我们相信，______社会各界和海内外炎
黄子孙的关心支持______，通过广大专家学者的不懈努力，一定会较好地完成这项艰
巨的文化出版工程，编就一部______服务当代，______服务于后人的前所罕见的新型
工具书。（既……又、但是、当前、在……下、特别是、既……又）
　　③在周代，仅黄土高原的森林面积______多达4.8亿亩，黄河流域森林覆盖率达
50%左右。______，战争火和无休止的垦伐使大量的森林消失，______也注定了后人
的灾难。（曾几何时、就、从而）
　　④改革开放______，我国山区广大群众总结了过去忽视林业建设的教训，开始把
目光从有限的耕地转向丰富的山地。通过大搞山地综合开发，涌现出一批靠林致富，
以林兴村、兴乡、兴县的典型。各地在山区林业综合开发中还创造了不少成功的经

验。______，______，我国山区开发还处于较浅层次上，山区开发的经济价值和巨大潜力，在很多地区还没有被人们所认识。一些地方盲目模仿平原和城郊的做法，______潜在的山区优势难以发挥出来；有些山区______至今还未找到经济发展的主导产业，贫困状态迟迟不能改变，______大量的山梁、沟峁、荒地还在沉睡之中。______说明，进一步加大改革力度，采取政策的、行政的、经济的等各种手段，吸引和组织山区广大群众向山地进军，大力开展综合开发，潜力巨大，前景广阔。（但是、总的来说、以来、以至、所以、这、由于）

⑤把市场竞争机制引入铁路安全管理，让大动脉强筋壮骨。______这一目的，齐齐哈尔铁路分局一步一个脚印，经历了3652个日日夜夜。8月17日，他们______为全路安全史又增添一个十周年的辉煌。国务院总理______欣然题词："安全第一，当好先行。"（终于、为了、为此）

⑥那年冬天我回家探亲去了。在家一呆就是半年。______，拿着姨父给我弄好的返城证明，去农场办户口。______正好碰到了游斗抢劫杀人犯"狮子头"的刑车。"狮子头"一点没见瘦，他的目光无意同我相遇，慢慢把头转过去了。______他的表情仍是满不在乎。（然而、在镇口/在路上、第二年夏天）

三. 다음 학생들의 작문내용을 바르게 고치시오.

有一天，一个小和尚走路。两只鸟他的周围飞来飞去。路上有一个乌龟。小和尚摔倒了。小和尚爬山到一个庙。他给菩萨磕头了。水缸里没有水。他拿起两个水桶，一条扁担，去到湖边儿挑水。他把水倒在水桶和花瓶。花瓶里花花了。他每天去挑水，念经，工作很好。

四. 틀린 문장을 바르게 고치시오.

①我每天有太少的睡觉时间，所以常常迟到。
②小林昨天从老家回来了，小林带回来很多好吃的东西。他到很多同学的房间，他都给每个人好吃的东西。
③我觉得城市里有太多安全问题，所以住在乡下。
④昨天我去一家商店买衣服。我到那家商店以后，看见很多衣服都在打折，我很高兴，就把很多衣服买了。
⑤这种汽车又涨价了，你有够钱吗?
⑥(打电话)对不起，我打了错号码。
⑦刚才邮递员来了，交给我一封信，我接过来那封信一看，信是被我弟弟写的。
⑧你有好成绩，才能上这个大学。

第三编

제1장 주어와 술어

一. 1. 脸色(A) 2. 腿(C) 他(A) 3. 她(B) 4. 回答(A) 5. 大伯(A) 政策(B) 衬里(C)
　　6. 花草(B) 7. 我(A) 那个小姑娘(A) 8. 断指(B) 手术(B)
　　9. 火车票(B) 16次的(B) 10. 小山上(C) 11. 花生(B) 12. 天气(C)
　　13. 愚公(A) 你(C) 14. 地方(C) 15. 远处(C)

二. 1. 南方(名)
　　2. 一切(代) 你(代)
　　3. 字(名)
　　4. 工作(动) 劳动(动)
　　5. 三十年(数量词)
　　6. 天(名) 地里(名)
　　7. 房子后边(名) 孩子们(名)
　　8. 事(名)
　　9. 舞会(名)
　　10. 方式(名) 睡觉(动) 散步(动) 下棋(动宾短语) 听音乐(动宾短语) 出去逛公园(动词短语/连动短语)
　　11. 不同意的("的"字短语)
　　12. 按时工作(动词短语) 按时休息(动词短语)
　　13. 看着一棵好花生病要死(动词短语)
　　14. 聪明(形)
　　15. 运动场上(名) 打球的("的"字短语) 赛跑的("的"字短语) 打拳的("的"字短语)
　　16. 他这样做(主谓短语)
　　17. 勇敢(形)
　　18. 对人平等相待(动词短语)

제2장 목적어

一. 1. 海员(类别) 中国(处所) 2. 枪声(施事) 3. 三张纸(数量) 两千字(数量)
　　4. "留念"两个字(结果) 5. 岸(处所) 6. 相(结果) 7. 姑娘(施事) 辫子(结果)
　　8. 小王一个人(数量) 9. 船(处所) 三十多里(数量) 家(处所) 10. 长诗(结果)

11.精神(对象)　12.雪(施事)　雪人(结果)　13.树运(对象)　三棵(数量)
14竹床(工具)　木板床(工具)　15.大花脸(原因)　16.箱(工具)　车(工具)
17.人(存在的事物)

二．1.我们(代)　2.500页(数量词)　3.街上(名)　来往的车辆(名词短语)
4.东北人(名词短语)　冷(形)　5.成功的一半(数量词)　6.表扬(动)
7.这样的人(名词短语)　8.庄严(形)　美丽(形)
9.姓张的("的"字短语)　哪一位(疑问代词+数量词)
10.老张让他妻子从家乡寄来的("的"字短语)　11.学习中国历史(动宾短语)
12.这部小说写得好，值得看一看(主谓短语)　13.到哪儿去玩(连动短语)
14.很不习惯(动词短语)　15.滑冰(动宾短语)　游泳(动)
16.老北京(名词短语)　北京的地理环境(名词短语)　17.小说(名)　18.外国语(名)

제3장 관형어

一．1.新社员　　　　2.健康的身体　　　3.北京的春天
4.他(的)组姐　　　5.三块蛋糕　　　　6.老实人
7.普普通通的房子　8.操场(的)前面　　9.非常关键的时刻
10.中国(的)老师　　11.身体好的学生　12.前面的山岭
13.小刘的信心　　　14.白茫茫的山上　15.很多问题
16.小花　　　　　　17.多么简单的方法　18.石头桌子
19.嘹亮雄壮的歌声　20.穿蓝衣服的人　21.光明正大的事情
22.非常幸福的生活　23.雷锋的母亲　　24.联欢晚会
25.参加劳动的人　　26.学习(的)方法

二．1.这是一张从画报上剪下来的彩色照片。
2.老张的一个不满周岁的男孩子病了。
3.他们把羊赶到山坡下的一块开满野花的草地上。
4.昨天做报告的那个穿蓝衣服的男同志是小李的爸爸。
5.这时一个年纪最小的穿着一身新军装的高个子解放军走了过来。
6.他们正在执行上级交给的一项光荣的任务。
또는 他们正在执行一项上级交给的光荣的任务。
7.小刘是一个勇敢的、朝气蓬勃的、有远大理想的青年。
또는 小刘是一个朝气蓬勃的、有远大理想的、勇敢的青年。
또는 小刘是一个有远大理想的、朝气蓬勃的、勇敢的青年。

三．2, 10번이 정확함
1.到中国以后，我认识了很多中国朋友。
3.我要积极参加技术学习和技术革新活动，刻苦钻研技术，为祖国生产更多的优质产品。

4.中国人民满怀信心地迎接新的大好形势。

5.今天参加游行的人很多。

6.我的学习成绩不太好。

7.昨天我去看了一个朋友。

8.我哥哥不喜欢蓝颜色，他喜欢白颜色。

9.我们每学期进行两次考试。

四. 1.B 2.A 3.B 4.A 5.A 6.B 7.B 8.B 9.A 10.B 11.A 12.B

제4장 부사어

一. 1.热烈(地)讨论　　　2.快走　　　　　3.努力(地)学习
　　4.积极(地)参加　　　5.明天出发　　　6.亲自动手
　　7.渐渐(地)走远　　　8.高喊　　　　　9.在宿舍下棋
　　10.跟小王谈话　　　11.一步一步(地)接近　12.吃惊地看着
　　13.自由自在地飞翔　14.高高兴兴地回家　15.笔直地站着
　　16.一次解决问题　　17.一下午没说话　18.不由自主地站了起来
　　19.仔细(地)观察　　20.顺利(地)进行

二. 1.孩子们昨天下午兴高采烈地向公园走去。
　　2.他昨天已经跟小李一起去上海了。
　　3.几天来他为大家到处奔走着。
　　4.小王高兴地从座位上很快地站了起来。
　　5.姐姐忽然激动地对小明说："快走吧!"
　　6.老师在课堂上大声地给学生朗读课文。

三. 1.B 2.A 3.B 4.A 5.B 6.B 7.B 8.A

四. 2, 7, 9번은 정확함
　　1.你到底同意不同意，直爽地跟他说一说。
　　3.他们正在那个地方唱歌，我们去听听吧。
　　4.我们1980年2月16日从法国来到北京。
　　5.我们走进礼堂的时候，大家正在为做报告的人热烈鼓掌。
　　6.鸡早也不叫，晚也不叫，长工们刚躺下就叫了起来。
　　8.你在村里干什么活儿?
　　10.朋友，你怎样回答这个问题呢?

제5장 보어

제1절 결과보어

一. 1.在 2.见 3.给 4.倒/死 5.给 6.通 7.住 8.瘦 9.到 10.完
　　 11.到 12.给 13.在 14.到 15.光 16.到/着

二. 1.B, C 2.A C 3.B 4.A 5.B 6.B 7.A 8.A 9.B 10.A 11.A 12.B

제2절 방향보어

一. 1.出来 2.出 3.起　开 4.上去 5.到……去
　　 6.起来 7.起来 8.过去/过来 9.出/出来 10.上
　　 11.下来 12.下 13.起来 14.下去 15.下去
　　 16.出来 17.开 18.上去 19.下去/进去 20.起
　　 21.进　起来 22.过来 23.过 24.过 25.起

二. 1.我们进了幼儿园，小朋友们正在门口排着队欢迎我们。
　　 2.吴清华逃出了地主家以后，向大森林走去。
　　 3.琴声一响，孩子们就唱了起来。
　　 4.小刚把书包一放就跑出去了。
　　 5.你的朋友回来了，难道你没看见吗?
　　 6.时间飞快地过去，眼看就要放假了。
　　 7.孩子一看见我，就向我扑了过来。
　　 8.你的钢笔坏了，应该修理修理。
　　 9.一九六二年，周师傅和他的妻子先后病死了，留下了三个儿子和两个女儿。
　　 10.每到这个时候，我就想起他的名字来。
　　 11.老张进商店的时候，已经快十二点了。
　　 12.他把小女儿叫到面前来说："你要永远记住这个教训。"
　　 13.受伤的人从床上坐了起来，大家劝他赶快躺下。
　　 14.风一吹，飘过来一阵花香/飘过一阵花香来。
　　 15.房间里不时地传出来一阵阵的笑声/传出一阵阵笑声来。
　　 16.同学们，上课了，快进教室去。
　　 17.吃完饭，我们都回宿舍去。
　　 18.小李，你给我拿一个杯子来。
　　 19.鸽子飞上天去了。
　　 20.农民的生活一天比一天好起来。
　　 21.我一边看着江面一边想："这条江有多宽?"
　　 20.老师不但关心我们的学习，还关心我们的生活。

제3절 가능보어

一. 1.不清楚　　　 2.不起来　　　 3.不进去(来)　　 4.不到(着)　　 5.得出来(到)
　　6.不了　　　　 7.不起来　　　 8.不上(得)　　　 9.不起来　　　 10.得下(了)
　　11.不起来　　 12.不懂　　　　 13.不起　　　　 14.不了　　　　 15.不下来
　　16.得下　　　 17.得了　　　　 18.得出来　　　 19.不开　　　　 20.不起来

二. 1.今天学的课文我背不下来。
　　2.星期日小刘不能回来看电影。
　　3.这两道题有什么区别，我看不出来。
　　4.他说的话我听不懂。
　　5.这个问题小王答不上来。
　　6.一块钱买不了五斤苹果。
　　7.电影七点半演不完。
　　8.你在这样的灯光下看书，眼睛近视不了(或不会近视)。
　　9.这件事我不能详细地写出来(或……我写不详细)。
　　10.童年时代的生活他记不得了。

三. 1.B　2.A　3.B　4.A　5.A　6.A　7.B　8.A

四. 1.你连一块石头都搬不动，怎么能把山搬走呢?
　　2.今天天气不好，还照得了相吗(或还能照相吗)?
　　3.要不是老师帮助我，我就学不好中文。
　　4.因为钱不够，所以他买不了(或不能买)那件大衣了。
　　5.下午你能来帮助我吗?
　　6.我打开水龙头，看看现在水来没来。
　　7.现在，那座小山上一棵树也看不见。
　　8.蕃瓜弄是上海一个有名的贫民窟，去参观以前，我真想像不到过去的劳动人民生活是那
　　　样的悲惨。
　　9.小张的伤势很重，大家都知道他已经救不活了，禁不住哭了起来。
　　10.你这样工作，工作不好(或不能把工作做好)。

제5절 정도보어

一. 1.阿里激动得很。
　　2.(1)小刚把身体锻炼得很结实。
　　　　(2)小刚身体锻炼得很结实。
　　3.他的脸胀得通红。
　　4.运动员们表演得很好。
　　5.谢利(说)汉语说得比我流利。

6.(1)小王忙得忘了吃饭。
  (2)小王忙得把吃饭都忘了。
7.李明把饭吃得干干净净。
8.(1)火把他的脸烤得通红。
  (2)火烤得他脸通红。

二. 1.B 2.A 3.B 4.B 5.A 6.B 7.A 8.B 9.B 10.B

三. 1.我要把这项工作做得更好。
2.我听见他们(唱歌)唱得高兴极了。
3.他学汉语学得很好，说得也很对，写得也很快。
4.(1)工人把工厂管理得很好。
  (2)工人管理工厂管理得很好。
5.他慢慢地散着步。
6.敌人恶狠狠地说：“你回答得全不对!”
7.我们在教室里讨论得很热烈。
8.孩子们把水果吃了个一干二净。

제6절 수량보어

一. 1.B 2.A 3.A 4.B 5.B, C 6.A 7.B 8.B 9.A 10.B
   11.B 12.B 13.A 14.A

二. 1.(1)我跟农村医生用汉语谈话谈了一个上午。
    (2)我跟农村医生用汉语谈了一上午话。
2.关于回国的问题他们俩谈了一个小时。
3.(1)我们每天在课堂上写半个小时汉字。
    (2)我们每天在课堂上写汉字写半个小时。
4.(1)他在农村干了十一年活。
    (2)他在农村干活干了十一年。
5.我们在这儿学习半年到一年。
6.咱们打一场球，怎么样?
7.他敲了几下儿门，屋里没有人答应。
8.阿里比谢利高三厘米。
9.他不喜欢家里的猫，常常无缘无故踢猫一脚。
10.他一进门就打了我一下，我吓了一跳。

三. 1.(1)孩子看书看了三个小时了。
    (2)孩子看了三个小时书了。
2.狗在雷锋的腿上咬了一口。

　　3. 王刚去美国已经三年了。

　　4. 阿里比谢利重五公斤。

　　5. (1)小明游泳游了一上午。

　　　　(2)小明游了一上午泳。

　　6. (1)我昨天看了一晚上歌舞。

　　　　(2)我昨天看歌舞看了一个晚上。

　　7. (1)你去找一下儿小李。

　　　　(2)你去找小李一下儿。

　　8. 奶奶死了整整五年了。

　　9. 他当老师当了二十年了。

제7절　개사구보어

一. 1. 于　2. 自　3. 从向　4. 自　5. 向　6. 于

二. 1. 这个故事是从老师那里听来的。
　　2. 后来小王从东北来到北京。
　　3. 我们从一个胜利走向另一个胜利。
　　4. 中华人民共和国成立于一九四九年。
　　5. 我们来自不同的国家。

제8절　보어와 부사어 비교

一. 1. 那时候有七个家庭妇女在这儿工作。
　　2. 下星期我就要和中国同学住在一个房间里了。
　　3. (敌人来了,)你快走吧!
　　4. (我很快地走着,)怕来晚了。
　　5. 你把这本书放在床上。
　　6. 孩子在床上睡觉。
　　7. (1)我听录音听了一个小时。
　　　　(2)我听了一个小时录音。
　　8. 我一天看完一本书。

二. 1. B, C　2. A, B　3. A　4. B　5. B　6. A　7. A　8. A

三. 1. 在旧社会，地主不让农民吃饱穿暖。
　　2. 你注意记住这个字，不要忘了。
　　3. 张明去火车站跑得很快。
　　4. 他练习做得这样少，哪能得100分？
　　5. 我已经到故宫去了三次了。

6. 我在大学学了三年中文。

7. 如果晚来一点儿，就买不到了。

8. 在通货膨胀的情况下，粮食一天涨好几次价。

9. 因为怕迟到，他很快打了一个电话，叫了一辆出租汽车。

10. 不论什么工作，完成得好，都是光荣的。

11. 我想我算错了。

12. (1)请你把话说清楚。

    (2)请你说话说得清楚一点儿。

13. 自从中华人民共和国成立以来，北京变多了。

14. 今天你来得太早，明天晚一点儿来吧。

제6장 재지시사와 삽입어

一. 1. 红旗　鲜艳的红旗

  2. 上海　这座工业发达的城市

  3. 她们　姐妹俩

  4. 我　张老汉

  5. 五本书　一本语文　一本数学　一本历史　一本地理　一本英语

  6. 我们　大家

  7. 爱吸烟喝酒的人　他们

  8. 主治医生　王大夫

  9. 我们　兄弟　几个

  10. 恩人　老张　叔叔

  11. 你　自己

  12. 对工作认真负责的人　他们

  13. 好多东西　三张办公桌　十几把椅子两个书柜

  14. 苹果、桃子、石榴、糖、花生　这些吃的东西

  15. 人家　张大爷

  16. 小王　他们

  17. 中学老师　金建　先生

  18. 几名研究生　张力、李平、赵凡　他们

  19. 一天　一九六六年七月一日

  20. 那部书的手稿　一部不朽的巨著

二. 1. 我看　　　2. 据说　　　3. 总而言之　　　4. 说实在的　　　5. 不瞒你说

  6. 看来　　　7. 你想想　　　8. 听说　　　9. 据了解　比如　　10. 看样子

  11. 不想　　　12. 看起来

第四编

제1장 주술문

一. 1.(A)(B)(A)　　2.(B)(B)　　3.(D)(D)　　4.(C)(C)
　　5.(A)　　6.(D)　　7.(C)(A)　　8.(A)(A)(A)(B)
　　9.(C)(C)　　10.(A)　　11.(A)(A)　　12.(A)
　　13.(A)(A)　　14.(A)　　15.(A)　　16.(A)
　　17.(C)(C)　　18.(B)(B)　　19.(B)　　20.(B)
　　21.(A)(A)(A)　　22.(B)(B)

二. 1.我北京人。
　　2.我今年十八岁了。
　　3.我二年级。
　　4.今天18号。
　　5.今天星期二。
　　6.现在5:30。
　　7.五块钱一斤。
　　8.嗯，我东北人。
　　9.我小儿子六岁了。
　　10.我两个孩子，一儿一女。
　　11.我的房子又高又大，三间一套。
　　12.我家三口人。
　　13.我北师大的(北京师范大学的)。
　　14.他一米七九。

三. 생략

四. 1.亮　2.热　3.忙　轻松　4.黑咕隆咚　5.干干净净　整整齐齐　6.宽　长　7.静悄悄
　　8.绿油油　笔直笔直　平平坦坦　9.矮　10.激动

五. 1.看见收发室里有你一封信
　　2.打算明天就离开这里
　　3.说这次语言实习收获很大
　　4.请您看看并给以指正
　　5.跟你的建议正好相反
　　6.写得很好　又清楚又整齐
　　7.在这个学校继续学习专业
　　8.她都沿着校园的围墙走一圈

9. 记下来　三天之内都办完
10. 请你通知大家游泳比赛3:00开始

第2장 특수한 동사술어문

제1절 '是'자문

一.　1. 这位先生是中国足球队的领队。
　　2. 我父亲也是医生。
　　3. 李四光先生是中国有名的地质学家。
　　4. 他的汽车不是白颜色的，是红颜色的。（他的汽车是红颜色的，不是白颜色的。）
　　5. 教学楼的前边是一片草地。
　　6. 我们不是这儿的主人。
　　7. 地上、房上、树上都是雪。
　　8. 读书是学习，使用也是学习。
　　9. 我们学校的旁边是一座大教堂。
　　10. 知识就是力量。
　　11. 他的业余爱好是用毛笔写汉字。（用毛笔写汉字是他的业余爱好。）
　　12. 这两只小熊猫是那只大熊猫新生出来的。
　　13. 我们的目的不是赚钱。（赚钱不是我们的目的。）
　　14. 看小说、看电影也是休息。
　　15. 中国古代的四大发明是造纸、印刷术、火药和指南针。（造纸、印刷术、火药和指南针是中国古代的四大发明。）
　　16. 那几个年轻人都是外国留学生。
　　17. 种花、养花对他是一种乐趣。
　　18. 他们都是中国中央电视台的。
　　19. 时间就是生命。
　　20. 他昨天没来是因为病了。

二.　1. 这种布贵是贵一点儿，可是结实、耐穿。
　　2. 他写得慢是慢，可是写得整齐。
　　3. 小王来是来过了，可是你要的东西没有给你带来。
　　4. 这篇论文写得是好，难怪得了头等奖。
　　5. 那个地区，农民的生活是比以前好多了，许多农家都住进了二三层小楼。
　　6. 我看她是被深深地感动了，眼泪一直含在眼圈里。
　　7. 无论学习什么都应该做到：懂就是懂，不懂就是不懂，不要装懂。
　　8. 王师傅说：我是老了，可是我身体还行，我还想为大伙儿干点事儿。
　　9. 这种小野花，在北方农村到处都是。
　　10. 这是一座花园城市，走到哪里，哪里都是花草。

三. 1.(A)　　　　2.(B)　　　　3.(E)(E)(E)　　　　4.(E)
　　5.(I)(C)　　　6.(B)　　　　7.(D)(D)　　　　　8.(A)
　　9.(I)(F)　　　10.(H)(H)　　11.(D)(D)(B)　　　12.(F)(F)
　　13.(J)　　　　14.(G)　　　15.(F)　　　　　　16.(C)(E)

四. 1.这本字典是老师的不是?(这本字典是不是老师的?)
　　2.这位女士是不是您的秘书?
　　3.老师, 请问, 这是什么?
　　4.你是北京语言文化大学的学生, 是不是?
　　5.这本新杂志是你的吗?
　　6.这件蓝色的衬衫是新的, 那件白的是旧的。
　　7.以前你是不是这个学校的学生?
　　8.我的书都是英文的, 那些中文书都不是我的。
　　9.您以前是我们的老师, 现在还是我们的老师。
　　10.巴黎是法国的首都。
　　11.我们都是留学生。
　　12.这句话的意思是什么?

제2절 '有'자문

一. 생략

二. 1.(B)　　　2.(B)　　　3.(D)　　　4.(D)　　　5.(E)
　　6.(F)　　　7.(D)　　　8.(A)(A)　　9.(C)(D)　　10.(D)

三. 1.我有一个弟弟和一个妹妹。
　　2.这座城市有一千四百多万人。
　　3.她对学好中文有充分的信心。
　　4.我只有一本汉英词典, 没有英汉词典。
　　5.我们学校有游泳池, 也有滑冰场。
　　6.这座小楼里一共有十五间房。
　　7.那张桌子上只有一些书报, 没有别的东西。
　　8.湖心的小岛上有一片树林, 树林里只有一座中国式的小楼。
　　9.我住的房间里有一张书桌, 两把椅子, 还有一个书架和一个衣柜。
　　10.这条河上有一座很有名的石拱桥。

四. 1.二十年来, 我国的农业有很大的发展。
　　2.我们这里, 乡镇企业的生产水平有了大幅度的提高。
　　3.听了您的报告, 我们对中国的饮食文化有了一些了解。
　　4.今天的谈判, 双方都作了一些让步, 有了一些进展。

五. 1. 他对京剧很有兴趣吗？

2. 一个星期之内，完成这个任务有没有困难？

3. 这位大夫做这种手术，有经验没有？

4. 我们在这里谈话对你学习有影响吗？

5. 你参加了汉语水平测试，有没有可能得到95分？

6. 先问问大家的意见有必要没有？

7. 他有没有认识到做这件事很必要？

8. 他有很强的办事能力吗？（他有办这件事的能力吗？）

9. 我有资格参加这个会议吗？（我有参加这个会议的资格吗？）

10. 每一个成年人都有权力参加选举吗？（每一个成年人都有参加选举的权力吗？）

六. 1. 问：这个人有学问吗？
　　答：当然有。人家有很多著作呢。

2. 问：你们的图书馆有很多书，是吗？
　　答：对，我们的图书馆有很多书。

3. 问：这个新来的小工人很有经验吧？
　　答：没有，他第一次干这种活。

4. 问：他的报告对你们很有帮助吗？
　　答：他的报告很好，对我们很有帮助。

5. 问：是不是天气预报说明天傍晚有小雷阵雨？
　　答：对，明天傍晚有雨，可能还有风。

6. 问：这种小手提包很有用吗？
　　答：没有什么用。

7. 问：今天晚上你有没有时间？
　　答：有时间，你有什么事？

8. 问：老师，您有几个孩子？
　　答：我有两个孩子。

9. 问：你的宿舍里有没有电视机？
　　答：我的宿舍里没有电视机。

10. 问：这个句子有没有语法错误？
　　答：这个句子没有语法错误。

제3절 연동문

一. 1. 想了一下儿说(A)　2. 找时间去你家(B)　看看你的母亲(B)　3. 搬到北京郊外住(B)

4. 去那个公园玩(B)　5. 坐船到南方奶奶家(C)　过暑假(B)　6. 有个青年要见你(E)

7. 用于轻轻地摸了摸小力的新铅笔盒(C)　8. 开门出去(A)看了看(B)

9.有什么理由不同意他的要求(E)　10.放着没吃(D)　11.抢着干又脏又重的活儿(C)

　　12.有一些问题想请教你一下儿(E)　有时间帮助我(E)　13.放在抽屉里没带(D)

二.　①咱们每个人用树枝在地上画一条蛇。

　　②于是，每个人就拿起一根小树枝在地上画起来。

　　③他笑着看了看四周……

　　④(他)抱着酒壶得意地说："你们谁有本事能比我画得快，我还有时间给蛇画上几只脚。"

　　⑤另一个人……指着地上的蛇说……

三.　1.他回宿舍取眼镜去了。

　　2.孩子们听完都哭起来了。

　　3.所以她一直保存着没用。

　　4.昨天他们坐火车去南方旅行了。

　　5.姐姐正忙着写论文，没有时间陪着我玩。

　　6.阿里从书包里拿出来一封信交给我。

　　7.下午咱们带着水果去看她，好吗？

　　8.他花了几十块钱买了一辆旧自行车。

　　9.你不应该躺着看书。

　　10.他们没有理由不参加这个会。

　　11.孩子们都争着回答："喜欢!"

　　12.我去买一束花儿插在花瓶里好吗？

四.　1.他花了三百多元又买了一辆新型摩托车

　　2.这位年轻的作家用一年左右的时间写了一个剧本。

　　3.他没有理由不回答我的问题。

　　4.我现在还没有条件住那么好的房子。

　　5.下星期天，我来找你，咱们一起去颐和园划船。

　　6.他坐公共汽车去北京图书馆借书。

　　7.走在半路上，汽车停住不走了。

　　8.看完儿子的信，老人拉起衣袖擦了擦眼泪。

　　9.我每次去看他，他总是笑着走过来迎接我。

　　10.看了我织的毛衣，姐姐捂着嘴直笑。

五.　1. A. 小方先开门后出去。

　　　 B. 小方先出去再开门。

　　2. A. 老队长先接过那把锄头，然后看了看，最后说……

　　　 B. 老队长先看了看那把锄头，然后接过去，最后说……

　　3. A. 他们坐着汽车进城。(坐着表示进城的方式)

　　　 B. 他们先进城去后坐汽车。

　　4. A. 她先下床再穿衣服。

  B. 她先穿好衣服后再下床。
 5. A. 他们先轻轻地推开门，再走进去。
  B. 他们先轻轻地走进去，然后推开门。
 6. A. 小明先站起来，然后拍拍身上的土。
  B. 小明先拍了拍身上的土，然后才站起来。

제4절 겸어문

一. 1. 别人　2. 谁　3. 他　4. 别人　5. 哥哥　6. 卫兵　他　7. 我们　8. 外号
 9. 我　10. 录音机

二. （一）1. 老师叫我八点来。
   2. 弟弟让我教他日语。
   3. 今晚，学校请我们看京剧《贵妃醉酒》。
   4. 图书馆催我还书。
   5. 老王托我带东西。
   6. 你劝劝他别生气了。
   7. 领导派他们去西藏了。
   8. 你这样做使我很不安。
   9. 学校将组织我们到各地去游览。
   10. 你怎么强迫人家同意你的意见呢？

  （二）1. 大家都表扬他服务态度好。
   2. 同学们都佩服这位老师有学问。
   3. 谁都嫌小明太淘气。
   4. 同志们都喜欢他爱帮助人。
   5. 人人都称赞小力刻苦好学。
   6. 邻居们都骂他太不讲道理。
   7. 孩子们都恨他自私自利。
   8. 全车间的同志一致选他当车间主任。
   9. 人家都笑我太粗心。
   10. 我们组的同志都感谢你这么大力地帮助我们。

  （三）1. 小明有个姑姑在乡下。
   2. 他家有一张桌子(是)三条腿。
   3. 那间大屋子有两个窗户朝南。
   4. 图书馆买了一套大百科全书是英文版的。
   5. 她还有个弟弟叫小明。

三. 1. 那天晚上，是看大门的老工人给我开的门。
 2. 是谁杀害了我的父亲？

3. 是我们的老师教育我们长大成人的。

4. 是风把蜡烛吹灭了。

5. 是一位工人师傅帮我修理好了我的自行车。

四. 1. 他请我去他家。（B）　我去他家玩过两次。（A）

2. 领导上让我回来。（B）　我回来看看您老人家。（A）

3. 齐王派晏子到楚国去。（B）　晏子到楚国去当大使。（A）

4. 大妈让我赶快把汗水浸透的衣服脱下来。（B）
　　我赶快把汗水浸透的衣服脱下来换上干的。（A）

5. 他有个哥哥调到西北去了。（B）
　　哥哥调到西北去支援边疆了。（A）

6. 我爹急急忙忙跑回来让我(叫大家先躲一躲)。（A）
　　让我叫大家(先躲一躲)。（B）　我叫大家先躲一躲。（B）

7. 我们厂长让厂里的职工都能坐上厂子的班车。（B）
　　厂里的职工都能坐上厂子的班车回家。（A）

8. 大家都选她当代表。（B）
　　她当代表去北京开经验交流会。（A）

9. 节日那天，很多学生到我家里来请我。（A）
　　请我给他们演戏。（B）

10. 老师不让我们单独一个人到河里去。（B）
　　我们单独一个人到河里去游泳。（A）

11. 你打电话叫他。（A）　你叫他来。（B）

12. 你叫他来。（B）　他来打电话。（A）

五. 1. 老王托我去他家看望一下儿他的母亲。

2. 国画社请了一位画家来我们美术学院给我们做报告。

3. 我们系里请张教授来我们学校参加论文答辩会。

4. 老王命令小王立刻去连队报告新接到的情报。

5. 大家都推选大刘当组长组织这次活动。

제5절 존재문

一. 1. 我的家乡是一个小山村。衬外有一条小河，小河上架着一座小木桥。走过木桥，可以看
见一座小山，山上长满了树木。夏天，山坡上开遍了野花，美丽极了。

2. 阿里的房间很干净，也很整齐。房间里有一张床，床旁边是一个大衣柜，里面挂满了衣
服。靠墙放着两个书架，书架上摆满了书。房间还有一张桌子，桌子上摆着一台录音
机，录音机旁边是一个台灯。

3. 休息时我走出房间，忽然看见前边走过来一个人。他头上戴着一顶蓝布帽子，身上穿着
黑衣服，手里还提着一个皮包。走近一看，原来是我弟弟。我叫他到屋里去。我们刚想
进屋，又发现墙角蹲着一个人，正在地上写着什么，地上写满了字，这个人是谁呢？

二.　1.房间里走出一个人来。（또는　那个人从房间里走出来。）

　　2.桌子上放着很多书。

　　3.教室里忽然跑进来几个孩子。

　　4.河边上围了(着)很多人。

　　5.草地上蹲着一群人。（또는　有一群人在草地上蹲着。）

　　6.家里昨天来了几个客人。

　　7.张家死了一头黑猪。

　　8.去年发生了一件奇怪的事。

제6절　'把'자문

一.　1.老师把本子发给我们了。

　　2.妈妈把弟弟找回来了。

　　3.一幅美丽的图画把我们吸引住了。

　　4.农奴主把那个农奴打了一顿。

　　5.你把这个问题看得太简单了。

　　6.阿里把房间打扫得很干净。

　　7.妈妈把孩子紧紧地抱在怀里。

　　8.大夫把自己的血输给了那个受伤的战士。

二.　1.社员把墙挖了一个洞。

　　2.大家说："可以把石头扔到海里去!"

　　3.昨天晚上，我没看完电影就走了。

　　4.雷锋把自己的一生献给了人民。

　　5.运动员走进了比赛大厅。

　　6.文清慢慢地把手放在桌子上。

　　7.我们应该帮助他。

　　8.小红把手洗得雪白。

　　9.他们不但唱了一支歌，还跳了一个舞。

　10.我们把这个问题讨论讨论(또는　一下)吧。

　11.今天我能把录音听完。

　12.明天你应该把这些练习做完。

　13.他没学过中文，怎么能听懂中文?

　14.他学中文很努力。

　15.敌人把全村的群众赶到广场上。

　16.鲁迅有的小说我上大学时就读过了。

三.　1.≪红楼梦≫再版了，我到书店买了一本。回家以后我就开始看，十天就把它看完了。

　　2.六月初我开始学游泳，只学了三天，就把游泳学会了。

　　3.星期日上午八点我洗衣服。我先把衣服放在洗衣机里，然后开动机器，八点半就把衣服
　　　洗干净了。

四. 1. 老师正在讲课，突然看见一个学生把手举起来，就问他有什么问题。
2. 老师正在讲课，看见一个学生把脚放在桌子上，就叫他把脚拿下去。
3. 老师说：请同学们拿出一张纸来，把我说的话写下来。
4. A：前边发生了什么事?
　　B：好像自行车撞倒了一个人。
　　또는　好像自行车把一个人撞倒了。
5. A：房间里怎么这么黑?为什么不开灯?
　　B：灯泡叫我打破了。
6. 我想喝点茶，请把那个杯子递给我。

제7절 '被'자문

一. 1. 信已经寄出去了。
2. 今天的报放在哪儿了?
3. 敌人被民兵消灭了。
4. 这个秘密叫人发现了。
5. 战士们没有被困难吓倒。
6. 他家的门叫不开。
7. 报纸买来了。
8. 敌人被消灭了一半。（또는　一半敌人被消灭了。）

二. 1. 他的父亲被敌人杀害了，朋友把他救了出来。
2. 刘胡兰不幸被敌人发现并被逮捕了。
3. 那本新书我买到了。
4. 我的杯子叫孩子摔了。
5. 那张地图让人借走了。
6. 小马被送进医院，医生把她救活了。
7. 敌人被这突然的袭击吓坏了。
8. 十年前，他被关进了监狱。
9. 中国杂技团受到我国人民的热烈欢迎。
10. 妈妈喊孩子。
11. ≪汉语课本≫卖得很快。
12. 这座大楼是一九五二年盖的。

제3장 '是……的'문

一. 1. 新同学是<u>上星期五</u>到的。
　　新同学是什么时候到的?
2. 我是<u>从小李那儿</u>借的书。

你是从哪儿借的书？

   3. 胡老板昨天是<u>在江城酒家</u>请的客。

     胡老板昨天是在哪儿请的客？

   4. 上星期我们去野餐，每人带一样食品。我是带的<u>沙拉</u>，小杨是带的<u>水果</u>，小周是带的<u>香肠和面包</u>。

     上星期你们去野餐，每人带一样食品。你是带的什么？小杨是带的什么？小周是带的什么？

   5. 我是<u>在老师的指导和同学们的帮助下</u>取得的好成绩。

     你是在什么条件下取得的好成绩？

   6. 我们是<u>为你</u>准备的这顿晚饭。

     你们是为谁准备的这顿晚饭？

   7. 孩子们是<u>用自己的零用钱</u>给灾区捐的款。（不是向家长要的钱）

     孩子们是用什么钱给灾区捐的款？

   8. 王先生是<u>自己开车</u>跟我去的郊区。（不是坐公共汽车去的）

     王先生是怎么跟你去的郊区？

二. 1.② 2.① ① 3.② 4.③ ③ 5.① 6.② 7.② 8.① 9.① 10.①
   11.② 12.② ② 13.① ① 14.③ 15.③ ②

三. 1.⑤ 2.④ 3.① 4.① 5.② 6.③ 7.⑤ 8.④ ④ 9.② 10.③

四. 1.b 2.a 3.b 4.a 5.a 6.b 7.a 8.a

五. 1.我不是在语言文化大学学的汉语。
   2.我朋友是从外文书店买来的《汉英词典》。
   3.昨天我是在北京饭店遇见的我的老同学。
   4.他是下午四点半给你打来的电话。
   5.马同志是跟张同志一起去的南方。
   6.昨天中午我是吃的西餐，晚上吃的中餐。
   7.屋子里太冷了，是谁把窗户打开的？
   8.他睡不着觉是喝茶喝的。

제4장 의문문, 반어문, 반향의문문

一. （一）1.你是清华大学的外国留学生吗？
     2.他是在第一外国语大学学的英语吗？
     3.你想去河边散散步吗？
     4.明天星期三吗？
     5.这种圆珠笔好用吗？

6.她看过那个芭蕾舞剧吗?

（二）1.你看过鲁迅的小说≪阿Q正传≫没有?
　　　你看过没看过鲁迅的小说≪阿Q正传≫?
　　2.她的口头表达能力强不强?
　　3.学过的生词你都记住了没有?
　　4.他有≪现代汉语词典≫没有?
　　　他有没有≪现代汉语词典≫?
　　5.你会不会翻译这个句子?
　　　你会翻译这个句子不会?
　　6.你相信不相信这个消息是真的?
　　7.他家的彩色电视机是不是新买的?
　　　他家的彩色电视机是新买的不是?
　　8.这部作品中的几个主要人物写得真实不真实?
　　9.他们能不能按期完成这项工程?
　　　他们能按期完成这项工程不能?
　　10.电影开演以前，你们到得了到不了?
　　　电影开演以前，你们能不能到?

（三）1.你(是)去颐和园，还是去故宫?
　　2.你到医院去(是)看内科，还是看外科?
　　　你(是)到医院去看内科，还是看外科?
　　3.这次考试的题目(是)容易，还是难?
　　4.昨天晚上的气温是零下十二度，还是零下十四度?
　　5.你会骑自行车，还是会开汽车?
　　6.你是学生，还是工人?
　　7.你(是)喜欢北京的秋天，还是喜欢北京的春天?
　　8.这篇文章他(是)看得懂，还是看不懂?
　　9.(是)他来找你，还是你去找他?
　　10.她(是)在教室学习，还是在图书馆学习?

（四）1.谁是教育代表团的副团长?
　　2.老马是什么时候动身到广州去的?
　　　老马是哪天动身到广州去的?
　　3.孩子们到哪儿去玩儿了?
　　4.你给他借了几本≪现代短篇小说选≫?
　　5.哪个班明天要和外国留学生联欢?
　　6.那条路有多长?
　　7.他女儿几岁了?
　　　他女儿多大了?

　　　8.老马的父亲<u>多大岁数</u>了?
　　　　老马的父亲<u>多大年纪</u>了?

　(五) 1.你的帽子呢?
　　　　2.屋子里已经打扫干净了,院子呢?
　　　　3.你哥哥已经结婚了,你姐姐呢?
　　　　4.这个问题比较简单,那个问题呢?
　　　　5.这位客人是你父亲的朋友,那位客人呢?

二. 　1.没有,明天下午我们学校没有足球赛。
　　　2.是的,病人需要到室外去晒太阳。
　　　3.不,我参加今天晚上的招待会。
　　　4.对了,我昨天没看那个歌剧。
　　　5.不,他是这个班的学生。
　　　6.不,昨天晚上我是在学校食堂吃的晚饭。
　　　7.对了,我母亲还没吃晚饭。
　　　8.好,我们明天不去长城了。
　　　9.没有,我没把房门钥匙丢在商店里。
　　10.是的,对完成这项任务,大家都很有信心。

三. 　1.问题已经解决了,你<u>还</u>着急!(你不应该着急)
　　　2.天气已经这么暖和了,你<u>怎么</u>还穿大衣?(你不应该再穿大衣了)
　　　3.我叫了他好几声,他<u>难道</u>没听见吗?(他应该听见)
　　　4.这么容易的句子,你<u>还</u>不会翻译吗?(你应该会翻译)
　　　5.这<u>不是</u>我的字典吗?原来在这儿。(这是我的字典)
　　　6.你要是不来参加联欢会,我们的大合唱<u>谁</u>来指挥呢?(我们的大合唱就没有人指挥了)
　　　7.这么好的机会,你<u>怎么</u>不利用?(你应该利用)
　　　8.这<u>哪儿</u>是帮忙呀!简直是给我找麻烦!(这不是帮忙)
　　　9.这个责任我不承担,<u>谁</u>承担呢?(这个责任就应该我承担)
　　10.这间屋子大<u>什么</u>?只有十四平方米。(这间屋子不大)
　　11.这本小说有<u>什么</u>好?一点意思也没有。(这本小说不好)
　　12.你笑<u>什么</u>?难道这是可笑的事?(你不应该笑,这不是可笑的事)
　　13.票都丢了,还看<u>什么</u>电影啊?(不能看电影了)
　　14.他有<u>什么</u>理由不让我们工作呢?(他没有理由不让我们工作)
　　15.你拿伞<u>干什么</u>?外边又没下雨。(你不必拿伞)
　　16.<u>谁</u>说她不会画画儿?人家还举办过个人画展呢!(她会画画)
　　17.你打个电话就行了,<u>何必</u>自己跑去呢?(不必自己跑去)
　　18.风浪那么大,还要坐这么小的船出海,你<u>还想活不想活</u>了?(你是不想活了)
　　19.<u>是不是</u>?我就知道你一定得感冒!(必然会是这样)
　　20.我们想搞个课外活动站,可是既没有经费,又找不到活动地点,<u>你说难办不难办</u>?(确实

难办）

21.你们<u>是来帮忙来了，还是来看热闹来了</u>？怎么不动手啊？（你们实际上是来看热闹来了）

22.<u>谁说</u>妇女不顶用，我们要顶半天边！（妇女是顶用的）

四. 1.那个体育馆不是很大吗？我听说坐得下一万五千人呢！

   2.这种圆珠笔不是很好用吗？你怎么说不好用呢？

   3.一个人哪儿吃得下这么多苹果？

   4.我没看过那本科学幻想小说，怎么能知道它的内容是什么呢？

   5.对狼这样的坏东西难道能仁慈吗？

     难道对狼这样的坏东西能仁慈吗？

   6.路那么远，你还不坐汽车去？

   7.既然你们两个人都懂法语，为什么不用法语交谈呢？

   8.你是群众代表，这个会你不参加谁参加？

   9.这儿没有茶，只有汽水，我不喝汽水喝什么？

 10.解决这个问题有什么难？

 11.我们的假期很短，借那么多小说干什么？

 12.谁说我们不能成功？我们有信心有决心，一定要试验成功。

 13.昕说他去过那个地方，我们何不请他来介绍介绍那里的情况？

 14.孩子那么小就那么懂礼貌，你说可爱不可爱？

 15.这种东西是能吃呀，还是能穿哪，有什么用啊！

五. 1.今天很多朋友都来祝贺我母亲的生日，我母亲怎么能不高兴呢！

   2.这不是你的信吗？信封上还有你的名字呢！

   3.去年试制新产品的时候，我们遇到那么大的困难都没灰心，现在遇到这么一点困难，难道就灰心了吗？

   4.我认识她，她不是老张的妹妹吗？

   5.难道就这样软弱下去吗？不能，一定要坚强起来！

   6.你没昕说吗？那个剧团是很有名的。

   7.人民大会堂是非常雄伟壮丽的，谁不想去参观一下呢？

   8.他给了我们这么大的帮助，我们哪儿能不感谢他呢？

   9.我是她唯一的亲人，她有了困难，我不管谁管？

 10.这种家具的样子有什么好看？我觉得很难看。

 11.着什么急呀？汽车马上就来。

 12.请大夫干什么？没有必要！

 13.谁说我们不能成功？我们就要争这口气。

 14.这块布太小了，是够做衬衫的，还是够做裤子的？

제5장 청원문

一. 1.b 2.a 3.c 4.c

二. 1.b, c 2.a, c 3.a, b 4.b

제6장 비교의 방식

一. 1.比　没有 2.跟 3.跟　比　比　没有 4.跟 5.有 6.跟　没有　比　比
　　7.比　比　没有 8.跟　有 9.没有　比 10.跟　比　比　没有　没有

二. A 1.那个房间比这个(房间)大。
　　　　这个房间比那个(房间)小。
　　　　这个房间没有那个(房间)(那么)大。
　　　　这个房间跟那个(房间)不一样大。
　　　2.他的衣服比我的(衣服)长。
　　　　我的衣服比他的(衣服)短。
　　　　我的衣服没有他的(衣服)长。
　　　　我的衣服跟他的(衣服)不一样长。
　　　3.这篇文章比那篇(文章)深。
　　　　那篇文章比这篇(文章)浅。
　　　　那篇文章没有这篇(文章)(这么)深。
　　　　那篇文章跟这篇(文章)不一样深。
　　　4.我们学校的学生比他们学校(的学生)多。
　　　　他们学校的学生比我们学校(的学生)少。
　　　　他们学校的学生没有我们学校(的学生)多。
　　　　他们学校的学生跟我们学校(的学生)不一样多。

　　B 1.姐姐跟妹妹一样喜欢听音乐。
　　　　姐姐有妹妹那么喜欢听音乐吗?
　　　2.你的女儿跟他的女儿一样大。
　　　　你的女儿有他的女儿(那么)大吗?
　　　3.她从前跟现在一样爱跳舞。
　　　　她从前有现在这么爱跳舞吗?
　　　4.这个公园的风景跟那个公园(的风景)一样美。
　　　　这个公园的风景有那个公园(的风景)那么美吗?
　　　5.轻工业展览跟农业展览一样受欢迎。
　　　　轻工业展览有农业展览那么受欢迎吗?

三. 1.一班表演的节目没有二班表演的好。
　　　二班表演的节目比一班表演的好。

2. 那个故事的情节比这个故事(的情节)复杂。
　　这个故事的情节不如那个故事(的情节)复杂。

3. 那本古代寓言没有这本有意思。
　　那本古代寓言不如这本有意思。

4. 这本词典收的词可能跟那本一样多。

5. 学滑雪跟学滑冰一样容易吗?

6. 他有你那么喜欢游泳吗?

7. 他怎么会有你哥哥那么高啊! 你哥哥比他高。

8. 他们小组讨论得不如我们热烈。
　　我们小组讨论得比他们热烈。

9. 张先生的课没有王先生讲得好。
　　张先生的课讲得不如王先生。

10. 他的汉语说得跟她一样流利。
　　他的汉语说得没有她流利。

四. 1. 她发音比我(发音)清楚得多。
　　她(发音)比我发音清楚得多。

2. 他的身体(现在)比从前更健康了。

3. 他父亲的年纪跟我父亲(的年纪)一样大。
　　他父亲(的年纪)跟我父亲的年纪一样大。

4. 他开车比我(开车)慢。
　　他(开车)比我开车慢。

5. 他学英语比(他)学法语更快。

6. 他们班的同学比我们班(的同学)早来一个星期。

7. 那种纪念邮票没有这种(纪念邮票)好看。

8. 图书馆的中文书比阅览室(的中文书)多。
　　图书馆(的中文书)比阅览室的中文书多。

9. 北京的夏天没有我们那儿(的夏天)热。

10. 我的汉语水平不如他(的汉语水平)高。
　　我(的汉语水平)不如他的汉语水平高。

五. 1. 今天跟昨天一样暖和。

2. 你们学的汉字跟他们学的汉字一样多不一样多?

3. 他的儿子十二岁,我的儿子也十二岁,他的儿子跟我的儿子一样大。

4. 这辆自行车比那辆新。

5. 这件事情有那件事情重要吗?

6. 昨天晚上没有早上凉快。

7. 她家的生活跟解放以前完全不同了。

8. 那里教中文的方法跟我们大学的方法不一样。

9. 姐姐比我大五岁。

10. 那个箱子跟这个箱子一样重。

11. 他的录音机比我的更好。

12. 那个医院比这个医院大。

13. 我母亲每天早上都比我早起半个小时。

14. 她喜欢看杂技比我喜欢得多。

六. 1. 不比书房　不比卧室

2. 教室不比图书馆安静

3. 小金不比小马强

4. 不比上次简单

5. 不比北京热

6. 不比那个会场小

7. 不比我少　不比他多

8. 不比我大

제7장 비주술문

一. 1. 무주어문　　2. 무주어문　　3. 무주어문　　4. 독립문　　5. 독립문
6. 무주어문　　7. 주술문　　8. 무주어문　　9. 독립문　　10. 무주어문
11. 주술문　　12. 주술문　　13. 무주어문　　14. 독립문　　15. 독립문
16. 독립문　　17. 무주어문　　18. 독립문　　19. 독립문　　20. 주술문

第五编

제1장 복문의 유형

一. 1. 점층복문　　2. 가정복문　　3. 병렬복문　　4. 전환복문　　5. 조건복문
6. 목적복문　　7. 인과복문　　8. 인과복문　　9. 연접복문　　10. 인과·연접복문
11. 전환복문　　12. 목적복문
13. 다중복문
　　只有代表群众, ‖ 才能教育群众, | 只有做群众的学生, ‖ 才能做群众的先生。
　　　　　　　　　　①　　　　　　②　　　　　　③　　　　　　④
　　①, ②와 ③, ④는 병렬관계이고, ①과 ②는 조건관계, ③과 ④도 조건관계이다.
14. 다중복문
　　他虽然不认识鲁迅, ‖ 也从来没有通过倍, | 可是确信他——鲁迅先生,
　　　　　　①　　　　　　②　　　　　　③
　　一定能够满足一个共产党人临死之前念念不忘的这个庄严的要求。

①, ②와 ③은 전환관계, ①과 ②는 병렬관계이다.

15. 다중복문

　　(大家表示：) 只要还有一口气，‖还能坚持一分钟，｜就不离开这里。
　　　　　　　　　　　　①　　　　　　　　②　　　　　　　③

　　①, ②와 ③은 조건관계, ①과 ②는 병렬관계이다.

16. 다중복문

　　从不懂到懂，‖ 从掌握知识不多到掌握知识较多，｜必须坚持学习，｜坚持实践。
　　　　　①　　　　　　　　　　②　　　　　　　　　　③　　　　　　④

　　③, ④와 ①, ②는 조건관계, ③, ④는 종속절, ①, ②는 주절, ①과 ②, ③과 ④는
　　모두 병렬관계이다.

17. 인과복문

18. 다중복문

　　因为走得急，‖ 我没来得及多说，｜只告诉她要按时吃药，注意休息。
　　　　①　　　　　　　②　　　　　　　　　　③

　　①과 ②, ③은 인과관계를 설명하는 것이고, ②와 ③은 병렬관계이다.

二. 1. B　2. A　3. A　4. B　5. A　6. A　7. B　8. A　9. A　10. B

三. 1. 只要你努力，就一定能学好汉语。
　　2. 为了学好中文，我一定多听多说。
　　3. 大部分人都参加了讨论会，只有病人没有参加。
　　　 또는 除了病人以外，大部分人都参加了讨论会。
　　4. 不管谁提出意见，我们都应该听。
　　5. 为了发展两国人民的友谊，还要进一步了解新中国。
　　6. 他打太极拳打得不太好，不过动作差不多都对。
　　7. 他请我去看电影，我推辞了，因为没有工夫。
　　8. 东郭先生救了狼，狼不但不感谢他，反而要吃他。
　　9. 我们先解决重点问题，然后再解决别的问题。
　　10. 要是没有同志们的帮助，他就变坏了。
　　　　 또는 多亏有同志们的帮助，否则他就变坏了。

제2장 복문의 주어와 접속어

一. 1. 北京不但是中国的政治经济中心，而且也是文化中心。
　　　 또는 北京是中国的政治经济中心，也是文化中心。
　　2. 这个人(虽然)头发全白了，可是儿子才十几岁。
　　3. 他一出门，大家就立刻把他围住了。
　　4. 昨天晚上十点我写完作业马上就睡觉了。
　　5. 火车就要开了，大家赶紧上车。

6.这个电影我喜欢看，阿里也喜欢看。

7.下雨了，我们不去打球了。

8.我们宁可站着死，也不跪着生。

9.虽然汉语比较难学，但阿里学习很努力，所以成绩很好。

10.你只要坚持下去，就一定会胜利。

11.这本书很有意思，就是太厚了。

12.我去过中国，（而且）在那里学过汉语。

13.我们虽然取得了很大的成绩，但不能骄傲。

14.阿里为了学汉语，买了一台录音机。

二. 1.B 2.A 3.B 4.B 5.B 6.A 7.A, B 8.A 9.B 10.A

三. 1.要是现在不努力学习汉语，以后就说不好中国话。

2.因为学习中文的同学比较少，所以我们彼此都认识。

3.我们参观了车间以后，就去访问工人家庭。

4.他只是可怜她，（并）没有别的意思。

5.不管别人去不去，我一定要去。

6.只有多听、多说、多写，才能学好中文。

7.他不单单做好自己的工作，还常常帮助别人。

8.他开始记日记时，有的字不会写，只好画图。

9.他不爱说话，所以如果你不问他，他就不理你。

10.他白白去了王府井一趟，东西还是没有买到。
　　　或는 他去了王府井一趟，可是东西还是没有买到。

제3장 축약문

一. 1.要是（你们）八点钟不来上车，（我们）就不等了。

2.只有人来齐了，（咱们）才开演呢。

3.你要是想参加，（你）就报名。

4.他无论布多大困难，（他）也不愿去麻烦别人。

5.你要是不了解情况，（你）就不要乱说。

6.你只有有票，（你）才能进去。

7.就是路再远，（我们/你）也得去。

8.你就是哭，（我们）也不让你去。

9.如果我自己有办法，（我）还来求你？

10.他虽然吃了很多药，可是（他的）病也不见好。

11.既然你不让我去，我就不去，以后就是你请我去，我也不去了。

12.你的劲儿就是（比现在）再大，（你）也搬不动这么大的石头。

13.你（/我们）只有有了真本事，（你/我们）才能为人民服务。

14. 即使你不说，我也知道。

15. 你不来可不行，你一定要来，这儿需要你。

16. 他向来是如果你不问他，他就不说。

17. 这是大家举手通过的，你就是不同意，(你)也得照办。

18. 你愿意来，你就来，要是你不愿意来，那就算了，随你的便。
    要是你来了，我们欢迎你，要是你不来，我们这里也不缺你。

19. 这种技术，你(/我们)要是不努力，(你/我们)就学不会。

20. 就是你再有学问，(你)也不可能什么都知道。

21. 他只要一感冒，(他)就发烧。

22. 就是条件再好，(你)要是不努力，(你)也学不好。

23. 我假如没有事情，(我)就不来找你了。

24. 你要是能来，(你)就来，(你)要是不能来，(你)就打个电话来。

25. 既然坏了，就算了(别想/说它了)，再买一个新的吧。

26. 你(我们)只有深挖，(你/我们)才能见水。

27. 你(我们)怎么劝他，(他)也不听。

28. 你要是知道，(你)就说知道，你要是不知道，(你)就说不知道。

29. 只有人来齐了以后，咱们才发票。

30. 咱们如果再不抓紧，(咱们)可就要完不成任务了。

二. 1. 不想看就把电视关上吧。

2. 不同意就不要举手。

3. 我不让他去，他非去不可。

4. 他家的地址，我怎么想也想不起来了。

5. 我饿死也不替敌人做事。

6. 决定了就别再犹豫了。

7. 产品的质量不合格就不能出厂。

8. 决定去就早一点儿去，不要迟到。

9. 题目再难也做得出来。

10. 我跟你说的话，你爱信不信。

11. 样子不好看就不买。

12. 不想去就不去。

13. 你认真找才能找出错误来。

14. 你再有钱也不应该浪费。

15. 这是一项紧急任务，不想干也得干。

16. 去颐和园就去颐和园吧。

17. 你不舒服还来上班？

18. 你怎么努力也赶不上他。

19. 他要说又没说。

20. 咱们大家齐心就能把工作做好。

제4장 텍스트

一. ①由于……，所以……　②固然……，但是……　③固然/虽然……，但是……
　　④于是……　⑤因为……，所以……　⑥于是……

二. ①因为、而、因此、也、凡是、都、在……方面、在……内、以至于、都、而今、由于、
　　　因此、虽、但、因为
　　②当前、既……又、特别是、但是、在……下、既……又
　　③就、曾几何时、从而
　　④以来、但是、总的来说、以至、由于、所以、这
　　⑤为了、终于、为此
　　⑥第二年夏天、在镇口/在路上、然而

三. 有一天，一个小和尚在路上走着(중국어 동사는 시태변화가 없지만, 일정한 어법형식은 필
　　요하다. 이 문장은 어린 승려가 길을 걷기 시작해서 지금도 걷는 행위를 계속하고 있으므
　　로, 이 문장처럼 고치고 쉼표를 두어야 한다. 중국어 문장은 주어와 술어가 하나의 절을 이
　　룬다고 해서 바로 마침표를 찍지는 않는데, 이것은 학생들이 잘 틀리는 문제점이다.)，忽
　　然(看见)有两只鸟在他的周围飞来飞去(여기서 시간사를 사용해서 연결을 해야 하는데,
　　'忽然'을 사용해도 되고, '这时候'를 사용해도 된다. '两只鸟'는 처음으로 출현하는 신 정보
　　이므로, 목적어 위치에 두고 앞에 동사 '有'를 두어야한다. 지금 서술하는 것은 어린 승려
　　이므로 저자의 관점이 바뀌지 않는다면, '小和尚'과 '鸟'를 연결하기 위해 '看见'을 사용해
　　야 한다.)，路上还有一个乌龟(혹은, '还看见了一个乌龟'라고 말해도 된다. 여기서 '还'는
　　새가 있거나 어린 승려가 새를 본 것 외에 '乌龟'가 있거나 '乌龟'를 보았음을 나타내기 위
　　해서 쓰였는데, '还'도 연결기능이 있는 것이다.)。走了一会儿小和尚摔倒了(여기서는 여
　　러 가지 방법으로 연결을 할 수 있는데, 일반적으로 시간어구를 필요로 한다.)。最后小和
　　尚爬过一座山来到了一座庙前(동사 '爬'의 뒤에는 결과상태를 나타내는 보어가 있어야 한
　　다. '到'가 동사가 될 때, 동작이 이미 실현되었으면 '了'를 사용해야 한다. 앞 문장에서처
　　럼 그것은 보어로 쓰일 수도 있는데, 동작이 이미 실현되었으므로 마찬가지로 '了'를 부가
　　하는 것이 좋다.)。他走进庙里以后，先给菩萨磕了一个头(시간을 나타내는 '进…以后'란
　　표현을 사용해서 이 문장과 앞 문장을 연결하고 나서, '先'을 사용하여 이 문장과 다음 문
　　장을 연결하였다.)，发现水缸里没有水('发现'을 사용해서 이 문장과 앞 문장을 연결했
　　다.)，(他)就拿起两个水桶('就'를 사용해서 이 문장과 앞 문장을 연결했다.)，一条扁担,
　　去湖边儿挑水('V到'는 일반적으로 이미 완성된 동작을 나타낸다.)。水挑回来以后，他把
　　水倒在水缸里，然后往瓶里倒了一些水(물항아리에 물을 붓는 것과 화병에 물을 붓는 것은
　　완전히 다른 일이므로 '和'로 연결할 수 없다.)。瓶里的花开(花)了。就这样他每天去挑
　　水，念经，工作很好('就这样'을 사용해서 이 문장과 앞 문장을 연결했다.)。

四. ①我每天睡觉的时间太少，所以常常迟到。
　　②小林昨天从老家回来了，带回来很多好吃的东西。他到很多同学的房间，把好吃的东西
　　　都给了大家。

③我觉得城市里安全问题太多，所以住在乡下。

④昨天我去一家商店买衣服。到那家商店以后，看见很多衣服都在打折，我很高兴，就买了很多衣服。

⑤这种汽车又涨价了，你的钱够吗？

⑥(打电话)对不起，我打错了号码。

⑦刚才邮递员来了，交给我一封信，我(把信)接过来一看，是我弟弟写的。

⑧你成绩好才能上这个大学。

역자약력

김현철   ▸現 연세대학교 중어중문학과 교수

박정구   ▸現 성균관대학교 중어중문학과 교수

오문의   ▸現 한국방송통신대학교 중어중문학과 교수

최규발   ▸現 고려대학교 중어중문학과 교수

실용현대한어어법(下)

인 쇄 일	·	2005년 9월 10일
발 행 일	·	2005년 9월 16일
발 행 인	·	윤우상
저 자	·	刘月华·潘文娱·故 铧
역 자	·	김현철·박정구·오문의·최규발 공역
편 집	·	김영조
편집디자인	·	유후랑
등 록 일	·	76. 2. 2. 제9-40호
펴 낸 곳	·	송산출판사
		120-094
		서울·서대문구 홍제4동 104-6
영 업 부	·	(02)735-6189
편집부/팩스	·	(02)737-2260
E-mail	·	master@songsanpub.co.kr
홈 페 이 지	·	www.songsanpub.co.kr
값	·	18,000원

잘못된 책은 바꾸어 드립니다.
ISBN 89-7780-092-7 14720
89-7780-088-9 전2권